让我们 一起追寻

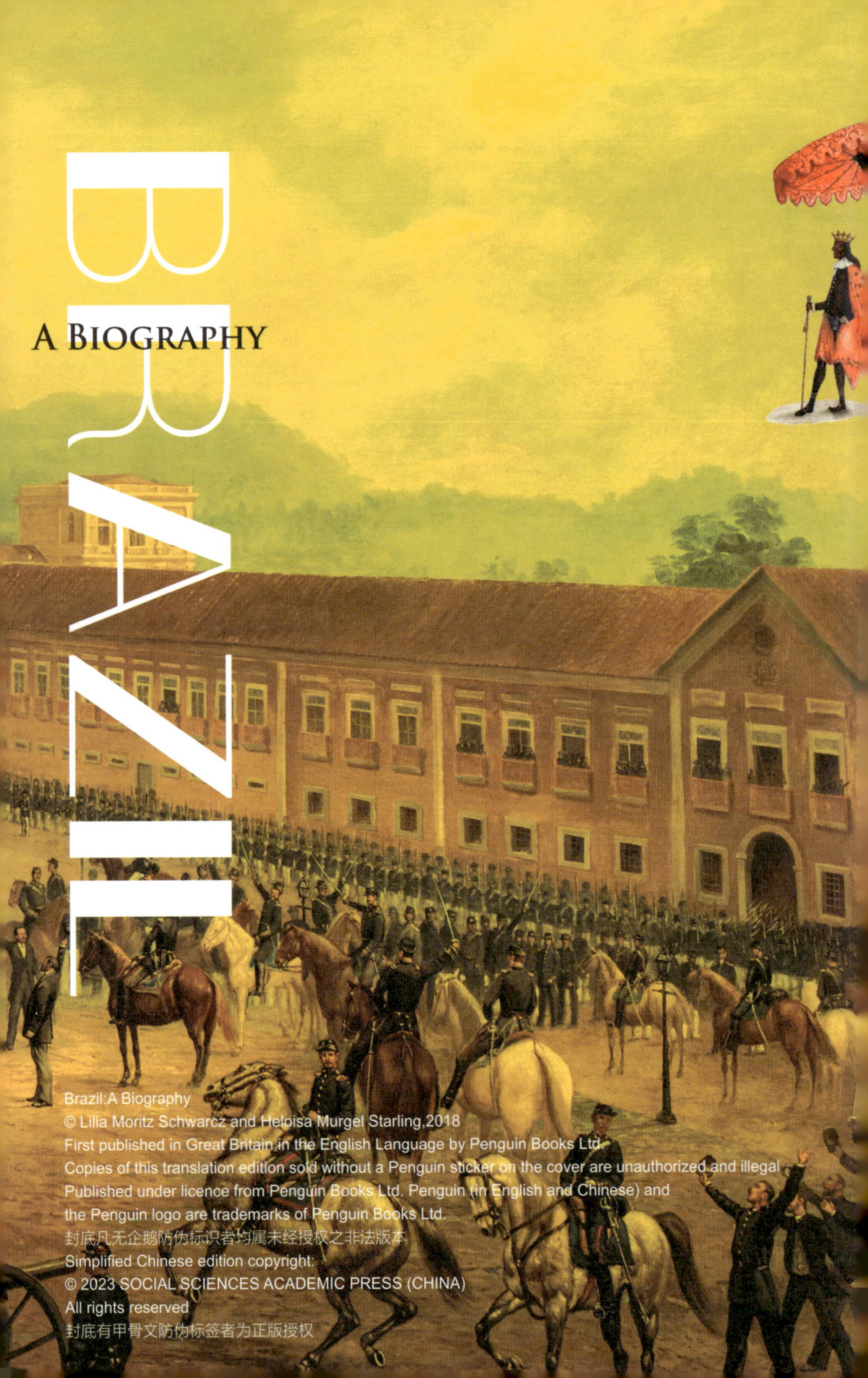
BRAZIL
A BIOGRAPHY

巴西

一部传记

［巴西］莉利亚·莫里茨·施瓦茨
［巴西］埃洛伊萨·穆尔热尔·斯塔林　著
熊芳华　译

LILIA MORITZ SCHWARCZ
HELOISA MURGEL STARLING

社会科学文献出版社
SOCIAL SCIENCES ACADEMIC PRESS (CHINA)

本书获誉

《泰晤士报》《金融时报》2018年最佳图书

细节充分，论述深刻且详尽……富有启发性，引人入胜且始终兼具思想性。

——拉里·罗特，《纽约书评》

令人回味……施瓦茨和斯塔林采用了她们所谓的传记式方法：试图讲述一代又一代巴西人的集体故事……她们通过对殖民地巴西和帝国巴西的丰富回忆，以自己的才华实现了这一点……内容丰富而引人入胜。

——帕特里克·威尔肯，《泰晤士报文学增刊》

引人入胜且富有洞察力……施瓦茨和斯塔林的一大优势是她们对不断变化的种族身份的剖析。

——杰夫·戴尔，《金融时报》

一次深入巴西灵魂的发人深省之旅……从这本书中浮现的巴西确实是一个迷人的、复杂的、多彩的、矛盾的和具有挑战性的有机体，它更像是一个有生命的存在，而不是一个政治、文化和地理实体。

——劳伦蒂诺·戈梅斯，《圣保罗页报》

一段时间以来，我们一直需要一部关于巴西的全面历史，一部敏感的、基于严谨研究的作品：这部作品将承认过去五个世纪的进步，但也将坦率地展示建立完整的社会、政治和种族公民身份过程中固有的许多障碍。因此，这两位巴西最伟大的历史学家的非凡杰作实际上是一部非常中肯的作品。

——肯尼思·马克斯韦尔，哈佛大学大卫·洛克菲勒
拉丁美洲研究中心巴西研究项目创始人

这本书是一部非官方的传记，刻画了一个名叫“巴西”的复杂人物。它巧妙地结合了这个角色的各个方面，这个角色在五个多世纪里已经形成、发生改变，并且在肉眼可见的范围内仍在发展。

——鲍里斯·福斯托，《巴西简史》作者

我们正在讨论的是一部非官方的巴西传记，它没有刻板的解释方法，没有文牍主义，也没有对赞扬或谴责的担忧。这是一种新的解释性叙事，具有挑战性，并以与通常学术术语不同的透明语言塑造。读者将认识到他的国家，包括它的光芒和阴影，并将受到鼓励，参与其建设的冒险。

——若泽·穆里洛·德·卡瓦略，
《灵魂的形成：巴西共和国的意象》作者

献给路易斯和奥塔维奥，

因为正如吉马良斯·罗萨曾说的："一本书的价值可能不只限于被写入其中的一切。"

目　录

插图列表

并在逃跑时被杀》，水粉水彩，若阿金·若泽·德·米兰达，18 世纪。CBMPC

11. 《蒂拉登特斯的愿景》或《自由之梦》，布面油画，安东尼奥·帕雷拉斯，1926 年。UFMG
12. 《国王节期间国王的加冕礼》，卡洛斯·茹利昂，日期不详。s. d. FBN
13. 《佩德罗一世加冕礼》，布面油画，让-巴普蒂斯特·德布雷，1828 年。BAS
14. 《瓦隆古市场街》，纸面平版印刷画，让-巴普蒂斯特·德布雷，1835 年。MCM；BBGJM and IPHAN
15. 《被扣留的巴西运奴船》，弗朗西斯·梅内尔，1845 年。NMM
16. 《阿瓦伊战役》，布面油画，佩德罗·阿梅里科，1872—1877 年。MNBA
17. 《伊拉塞玛》，布面油画，若泽·玛丽亚·梅代罗斯，1881 年。MNBA
18. 《在圣安娜广场宣布成立共和国》，布面油画，爱德华多·德·萨，1889 年。MCM and IPHAN
19. 《共和国寓言》，弗雷德里科·安东尼奥·斯特克尔，1889 年。MMGV
20. 《巴西废奴户外集体感恩庆祝活动》，安东尼奥·路易斯·费雷拉摄，1888 年 5 月 17 日。IMS
21. a）中央大道，里约热内卢，若昂·马丁斯·托雷斯摄，约 1905 年。FBN 88b。b）圣保罗市立剧院，摄影师未知，1923 年。IMS 88。c）自由广场俯视图，贝洛奥里藏特，摄影师未知，日期未知。s. d. APM
22. 《兵营十八人》，布面油画，若昂·蒂莫特奥·达·科斯塔，

地　图

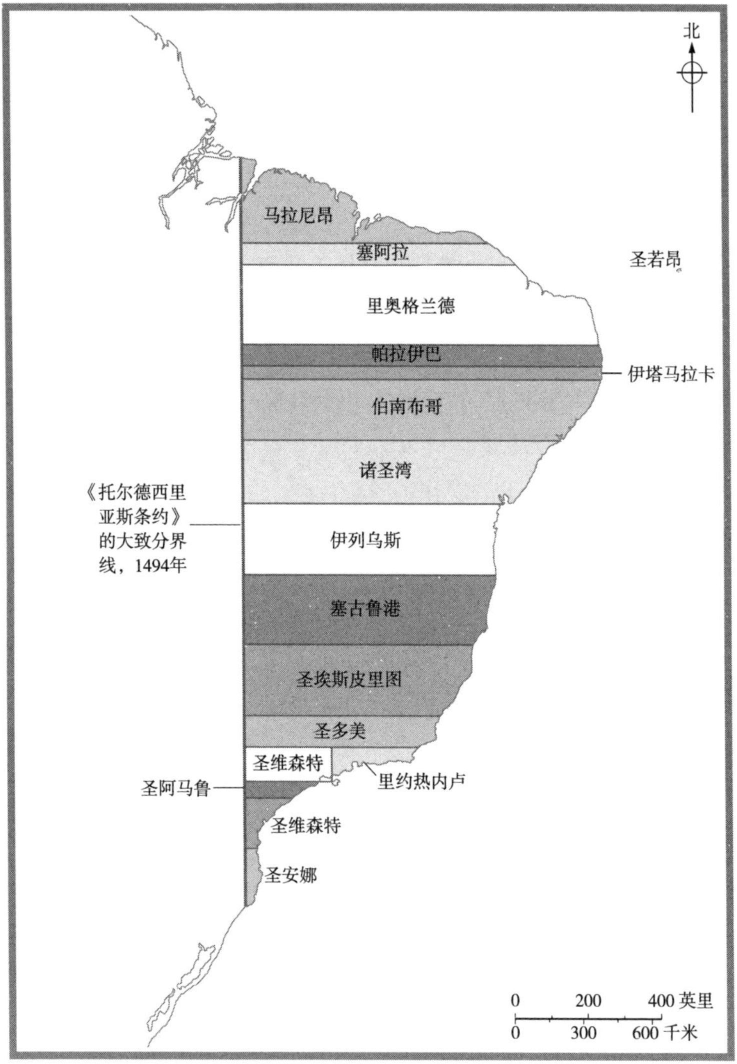

1. 最初的领地，1534 年

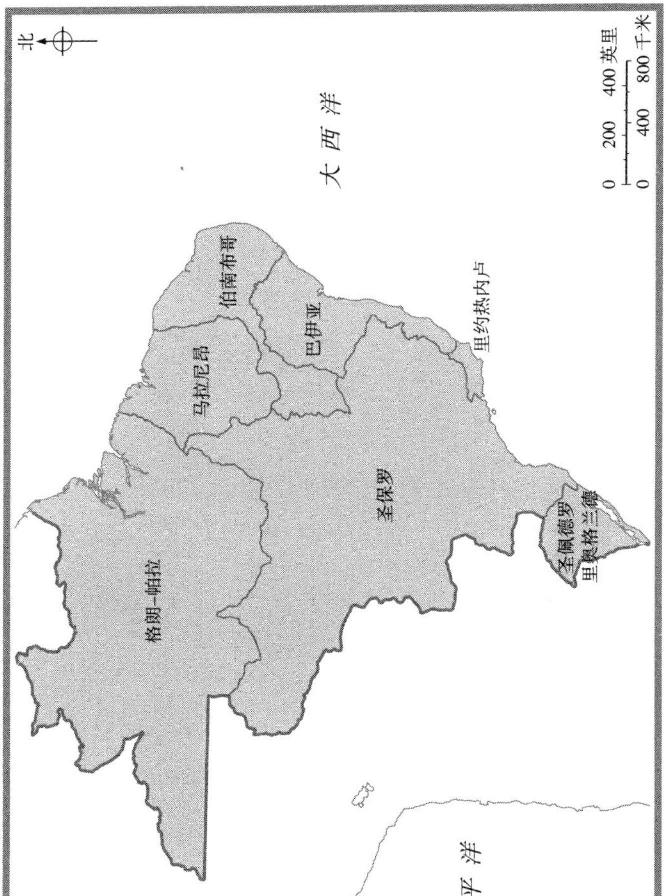
北
大西洋
0 200 400 英里
0 400 800 千米
伯南布哥
马拉尼昂
巴伊亚
里约热内卢
圣保罗
格朗-帕拉
圣佩德罗
里奥格兰德
太平洋

2. 巴西，1709 年

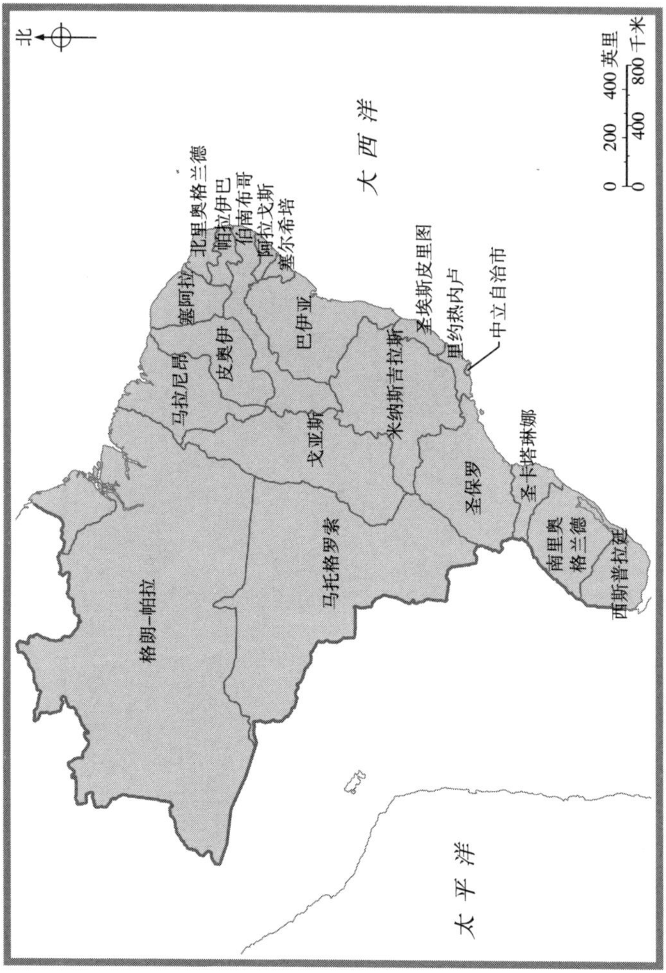
北
大西洋
太平洋
0 200 400 英里
0 400 800 千米
北里奥格兰德
帕拉伊巴
伯南布哥
阿拉戈斯
塞尔希培
塞阿拉
皮奥伊
马拉尼昂
巴伊亚
圣埃斯皮里图
里约热内卢
中立自治市
米纳斯吉拉斯
戈亚斯
格朗—帕拉
马托格罗索
圣保罗
圣卡塔琳娜
南里奥
格兰德
西斯普拉廷

3. 巴西帝国，1824 年

北
亚马孙
帕拉
马拉尼昂
塞阿拉
北里奥格兰德
帕拉伊巴
伯南布哥
阿拉戈斯
塞尔希培
皮奥伊
巴伊亚
戈亚斯
马托格罗索
米纳斯吉拉斯
圣埃斯皮里图
里约热内卢
中立自治市
圣保罗
巴拉那
圣卡塔琳娜
南里奥格兰德
大 西 洋
太 平 洋
0 200 400 英里
0 400 800 千米

4. 巴西帝国，1889 年

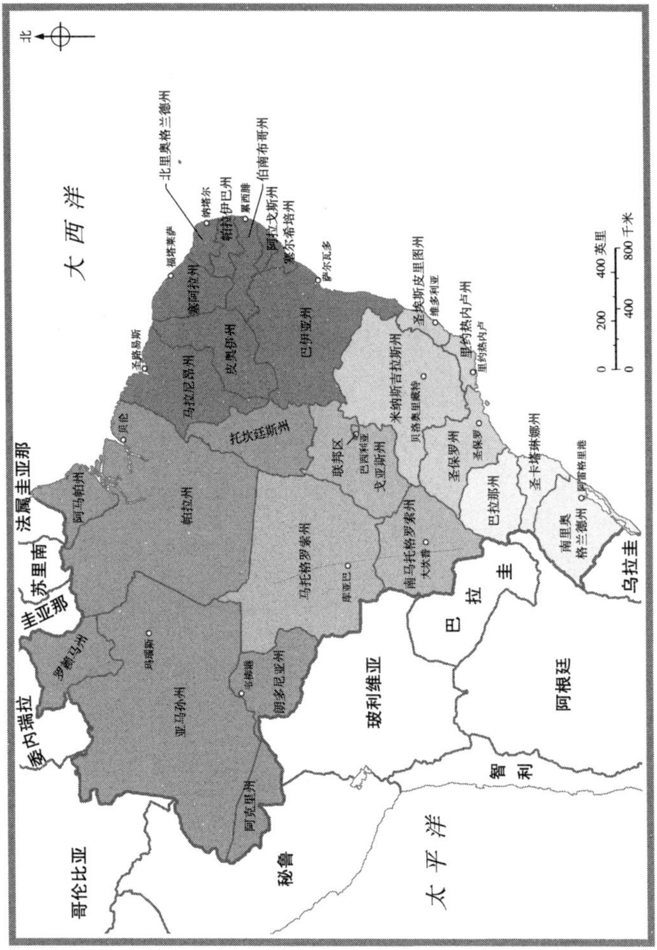
北
大西洋
北里奥格兰德州
伯南布哥州
帕拉伊巴州
纳塔尔
累西腓
阿拉戈斯州
塞尔希培州
萨尔瓦多
福塔莱萨
塞阿拉州
皮奥伊州
巴伊亚州
圣路易斯
马拉尼昂州
贝伦
托坎廷斯州
阿马帕州
帕拉州
法属圭亚那
苏里南
圭亚那
委内瑞拉
罗赖马州
马瑙斯
亚马孙州
朗多尼亚州
阿克里州
哥伦比亚
秘鲁
玻利维亚
太平洋
智利
阿根廷
巴拉圭
乌拉圭
马托格罗索州
库亚巴
南马托格罗索州
大坎普
联邦区
巴西利亚
戈亚斯州
米纳斯吉拉斯州
贝洛奥里藏特
圣埃斯皮里图州
维多利亚
里约热内卢州
里约热内卢
圣保罗州
圣保罗
巴拉那州
圣卡塔琳娜州
南里奥格兰德州
阿雷格里港
0 200 400 英里
0 400 800 千米

5. 当代巴西

引　言

“巴西近在咫尺”

> 1888年，奴隶制被废除，城市［里约热内卢］里的人们欢欣鼓舞，而且在全国各地都能感受到这座城市里的喜悦，这一点让人倍感欣慰。人们不可能不感同身受，因为在日常生活中，所有人都感受到了奴隶制源于不公。我在雷森德街上的一所公立学校上学，那里的孩子们都很高兴。我记得我们的老师特蕾莎·皮门特尔·杜·阿马拉尔夫人（D. Tereza Pimentel do Amaral）是位非常聪明的女性，她向我们解释了废奴的真正含义；而作为单纯的孩童，我能想到的只有：自由！自由！我想我们现在都可以随心所欲了；从那时起，我们所梦想的进步将没有限制。但我们离那有多远！我们仍囿于偏见、规则和法律的蛛网中！……这些回忆是美好的：它们有一丝怀旧的气息，给我们一种永恒的感觉。一成不变的时间是死神的后代和兄弟，它逐渐扼杀了我们的抱负，摧毁了我们的希望，留给我们的只有悲伤和对过去的回忆——这些往往只是微不足道的小事，却经常起到安慰的作用。 xvii

写下这段话的人是利马·巴雷托（Lima Barreto）。作为来自该市的记者、散文家和专栏作家，他是为数不多将自己界定为黑人的巴西作家之一——无论是作为个人还是在他的作品中，尽管他生活在一个人口普查显示大多数居民是黑人和梅斯蒂索人（mestizo）① 的国家。这段话似乎不是为后代写的。这段情绪爆发的话被他匆匆记在了战争部的一张纸背面，当时他在那里担任文员，是公务员中等级相对较低的政府雇员。

他的父亲若昂·恩里克斯·德·利马·巴雷托（João Henriques de Lima Barreto）与君主制有关联，是新共和政府领
xviii 导下最先失业的人之一。他在一个仓库找到了工作，随后被安排负责一家精神病院。1902 年，他被诊断为"精神错乱"，被迫从公职上退下来。精神错乱，在当时被认为是异族通婚导致种族退化的结果，将贯穿其子的一生。利马·巴雷托在 1914 年和 1919 年两次被关押在国家精神病院。"疯狂"、"沮丧"和"排斥"这些词经常出现在这位作家的作品中，并在很大程度上定义了他这一代人。

这段话似乎没有任何随意或武断的地方。它揭示了巴西短暂历史的一些持久特征，至少是那段从 1500 年该国被"发现"开始的历史，正如一些人声称的那样，尽管"入侵"这个词其实更加准确。尽管在这个国家存在的五个世纪里，发生了各种各样的事件，但在不同的政治和文化背景下，可以观察到某些根深蒂固的特征。其中恰恰包括建立公民身份的充满挑战和曲折的过程。正如本书将展示的那样，在某些情况下，公众会表现出公民意识和热情，例如，利马·巴雷托提到的 1888 年当奴隶制被废除时。当伊莎贝尔公主在里约热内卢皇

① 混血儿，尤指拉丁民族与印第安民族之间的混血。（本书脚注均为译者注或编者注，后文不再特别说明。）

宫（Paço Imperial）的阳台上宣布大家期待已久的法令时，人们纷纷涌入下方的广场。虽然它最终由政府颁布，但这部被称为“黄金法”的法律在很大程度上是公众舆论压力的结果。尽管这部法律很重要，但它对那些长期以来既不享有公民身份也不享有权利的巴西人融入社会所起的作用微乎其微。它揭示了一种反复出现的模式。许多此类法令都伴随着政治和社会挫折，例如未能产生包容性社会的计划和利马·巴雷托所描述的没有共和价值观的共和国。

这就是为什么往来和反复、前进和挫折是巴西历史的重要组成部分，从某种意义上说，这段历史可以被描述为“梅斯蒂索的”或“混杂的”，就像巴西人民一样。这段历史提供了多种且有时自相矛盾的答案，它不能用传统上的庆祝日期和事件来解释，不能仅仅通过客观的考虑来追溯，也不能以一种明确清晰的演变来展现。巴西的历史是产生不同形式“记忆”的混合体。它被称为“梅斯蒂索的”，不仅因为它是一种“混合”，而且很明显，它也是一种“隔离”。在一个以土地所有 xix
者——他们中的许多人拥有庞大的庄园，每一个庄园都如城市那么大——权力为特征的国家里，专制主义和个人利益始终根深蒂固，它们破坏了公民权利的自由行使，削弱了公共机构，从而削弱了争取人民权利的斗争。有一句流行的巴西谚语是“如果你偷了一点点，你就是小偷；但如果你偷了很多，你就是首领”[①]，似乎意在使这个概念合法化，即富人和有权势的人被免责且是不受怀疑的公民，而“公民”是在当今备受争议和讨论的概念。

---

① 类似于中国人说的“窃钩者诛，窃国者诸侯”。

此外，巴西的历史还有另一个特征，这种特征是社会性的而非自然性的，它并非巴西独有的但无法被改变，这一点着实令人震惊，并且这种特征在巴西历史上持续存在。暴力的逻辑和语言是巴西文化根深蒂固的决定因素。自殖民初期以来，暴力就成为巴西历史的特征，其标志就是奴隶制度。这段暴力历史已经渗透整个巴西社会，四处扩散，几乎已经被社会吸收。尽管巴西不再实行奴隶制，但其后遗症投下了长长的阴影。暴力和痛苦的经历在现代巴西社会反复、扩散并持续存在，影响着人们生活的方方面面。

巴西是最后一个废除奴隶制的西方国家，且当今仍是社会不平等和种族主义的“捍卫者”，这种不平等和种族主义尽管被掩盖了，但同样是有悖常理的。虽然没有法律形式的歧视，但穷人，尤其是黑人，受到司法系统最严苛的对待，他们寿命最短，接受高等教育和获得高资格工作的机会最少。奴隶制不可磨灭的印记制约着巴西文化，巴西人根据肤色的层级定义自己。成功的人会变得“更白”，而贫穷的人会变得“更黑”。不过，巴西人的自我认同并没有因这种漏洞百出的种族意识而终结，因为在该国许多最著名的文化活动中都存在种族包容性，例如卡波耶拉、坎东布雷、桑巴和足球。巴西音乐和文化在起源和独特性上都是“梅斯蒂索的”。尽管如此，众多社会排斥过程也不容忽视，它们反映在获得娱乐和休闲、就业市场和医疗服务（影响出生率）的有限机会以及警察的日常恐吓中，其中种族定性是常态。

xx 在某种程度上，这种肤色和习俗的混合、种族的混合，塑造了巴西的形象。暴力以及被强行输入的民族、文化和经验都加强了这种混合。不同种族被有意混合在一起，而非进行任何所谓的社会和谐尝试。这是因为大量非洲人口被购买并强行带到巴西，且数量远远超过在其他任何国家的。在从非洲带到葡属美洲种植园工作的所有奴隶中，巴西接收了 40% 以上的奴隶，总共约 380 万人。今天，该国 60% 的人口是黑人和“棕色皮肤的人”，因此，它可以被列为除尼日利亚以外人口最多的“非洲”国家。此外，尽管存在诸多争议，但据估计，1500 年土著人口在 100 万至 800 万之间，其中 25% 至 95% 的人在与欧洲人“会面”后遭到屠戮。

另一方面，不可否认的是，正是其他任何国家都无法与之匹敌的种族混合产生了一个由异族通婚、节奏、艺术、运动、香气、美食和文学表达所定义的社会。可以说“巴西灵魂”是五彩缤纷的。巴西人的面孔、特征、思维方式和看待这个国家的方式多种多样，这证明了种族混合的根深蒂固，以及它如何从其混合性质和各种经历中孕育出新文化。文化多样性也许是这个国家最重要的方面之一，它深受“隔离”的影响和制约，但也受到长期“种族混合”过程中产生的“混合”的影响和制约。

尽管美洲印第安人、非洲人和欧洲人混合而成的巴西混合种族的灵魂是几个世纪以来歧视性做法的结果，但它提供了新的视角。一个不遵守统治者和被统治者——欧洲人和美洲印第安人、白人和非洲人——之间既定关系的国家所产生的文化中有多种含义。正如吉马良斯·罗萨（Guimarães Rosa）笔下最重要的虚构人物之一里奥巴尔多·塔塔拉纳（Riobaldo Tatarana）曾经说过的那样，“这棵树被囚禁在它小小的尘世命运中，张开了许多臂膀”——同样，拥有混合种族灵魂的巴西也有许多臂膀。巴西不能通过模糊最明显的文化习俗来分类：这个国家既是世界的一部分，又不同于世界其他地区——但始终是“巴西的”。

xxi 而且这个国家有很多特点。利马·巴雷托在那段话的最后讽刺地说：“我们继续倔强地生活，期望，期望……期望什么？可能在明天或将来某个时候发生的意外事件？谁知道呢？突然的运气？就像花园里藏的宝藏？”这就是巴西的民族情结，历史学家塞尔吉奥·布阿尔克·德·奥兰达（Sérgio Buarque de Holanda）在他1936年的开创性著作《巴西之根》（*Raízes do Brasil*）中写到了这一点，巴西是一个寻找日常奇迹或某个意想不到救世主的国家。他将这种特质称为“包法利主义”（Bovarism），用这个概念来指代“对我们自己的现实不可战胜的幻灭”。从那时起，这位里约热内卢文人就用这个概念来描述巴西对“外国习俗”的沉迷，即“把一切都当作自己的原材料来复制”。

“包法利主义”一词源于古斯塔夫·福楼拜的《包法利夫人》，它定义了一个人将自己视为他人时在现实感上的改变。这种心理状态会产生长期的不满，这种不满是由幻想和愿望之间的差异，尤其是这些幻想与现实之间的持续差距产生的。现在想象一下，同样的现象从个体转移到整个社会，这个社会把自己想象成一个它并不是的东西，并等待着一些意想不到的事件来改变其惨淡的现实。据布阿尔克·德·奥兰达（和利马·巴雷托）所言，所有巴西人都有包法利夫人身上的某种元素。

在作为巴西民族标志性象征的足球比赛中，每个人都在等待能够挽救比赛的“事情发生”。人们交叉手指，希望一些神奇的干预会从天而降（缓解不适并解决所有问题）。即时主义取代了规划实质性的长期变化。新近的时尚是巴西人把自己视为金砖国家的一员，并坚持认为该国由于近年来非同寻常的经济增长而加入了俄罗斯、印度、中国和南非的行列，并拥有更大程度的自治。[1]即便巴西真的实现了如此显著的经济增长——并且真的是世界第七大经济体，更不用说该国巨大而很少开发的自然资源——它也不应忽视交通、卫生、教育和住房等领域严重的社会问题，虽然这些领域已取得了相当大的进步，但仍然无法满足人们的需求。

“包法利主义”也隐含在一种非常巴西式的集体逃避中， xxii
这使巴西人可以拒绝接受这个国家的现状并想象一个完全不同的国家——因为真正的巴西并不令人满意，更糟糕的是，公民无力做出改变。在巴西人是什么样的和他们如何看待自己之间的空白中，几乎所有可能的身份都被探索过：白人、黑人、穆拉托人（mulatto）①、野蛮人、北美人、欧洲人，现在是金砖国家的人。哈姆雷特的“生存还是毁灭”的热带版本是“生存就是毁灭”。或者，用影评人保罗·埃米里奥·萨莱斯·戈梅斯（Paulo Emílio Sales Gomes）的话来说，“我们自身的艰难建构是在不成为和成为别人之间的微妙辩证法中发展起来的”。

这个概念也解释了另一种当地情结，即看着镜子里的自己，却总是看到不同的东西：有时更像法国人，有时更像美洲人；有时更落后，有时更先进——但总不一样。在巴西历史的各个阶段，这种理想化的国家建构助长了巴西民族主义。

无论如何，尽管民族话语模棱两可，但近代殖民地国家，如巴西，却痴迷于创造一种类似充气床垫的身份。对于这些国

① 黑人与白人的混血后代，主要生活在南北美洲和加勒比地区。

家来说，国家认同始终是个问题。然而，我们知道，身份并不是本质性的，更不是永久的。相反，它们是动态、政治和灵活的表现形式，是对特定情况下谈判的反应。这也许就是为什么巴西人坚持认为这种可塑性和自发性是他们国家习俗和民族精神不可或缺的组成部分。从这个观点来看，巴西成了即兴创作之地，那里的事情总是顺利进行。这样一来，我们就能理解那句“上帝是巴西人”（带着毫不掩饰的确定性）的流行谚语了。无论是通过巫术和祈求圣人的帮助，还是通过祈祷和咒语，信仰和宗教交织在一起，以实现所期望的奇迹。

巴西“包法利主义”还隐含在定义民族性的另一个特征中，即“家庭主义”——将公共问题转化为私人问题的根深蒂固的习俗。一个好的政治家会成为“家庭成员”，且人们总是以教名来称呼他们，例如热图利奥、儒塞利诺、然戈、卢拉和迪尔玛。在独裁统治时期，人们用将军们的姓氏来称呼他们，这似乎并非巧合，例如卡斯特略·布朗库、科斯塔·席尔瓦、盖泽尔、梅迪西和菲格雷多。正如布阿尔克·德·奥兰达
xxiii 所说，巴西的特点一直是情感和情绪优先于严格的客观原则，后者在其他许多国家将社会组织成有机整体。正如布阿尔克·德·奥兰达所说，“我们要给世界热情的人”，他不是用庆祝的口吻，而是对巴西曲折地步入现代性表示遗憾和批评。“热情”（cordial）一词源自拉丁语“cor，cordis”，在语义上与巴西的“心”（coração）一词相关联，并与一种假设相关联，即在巴西亲密是一种规范（甚至圣人的名字也用小写形式），它揭示出对公共利益理念极度缺乏投入，以及对当权者的明显厌恶。更糟糕的是，布阿尔克·德·奥兰达的观点在大多数圈子里遭到拒绝，他的“热情”概念也被广泛曲解。它被视为对

巴西热情的戏仿，而巴西人就是一个拒绝暴力、和谐、乐于助人的民族。这句话没有被理解为带有批评含义的，而是被认为意指在建立有效的机构时很难做到积极主动。“包法利主义”的另一个例子是巴西的自我形象十分持久——这是一个爱好和平的国家、一个拒绝激进主义的国家，尽管无数的反抗、叛乱和抗议从一开始就贯穿了巴西的历史。巴西是，也不是，这种模棱两可远比少数生硬的官方形象更有成效。

因此，健全的意识形态可以比作文身或某种“痴迷”，它们似乎有能力将自己强加于社会并创造现实。巴西人不停地听到这些声音，他们最终信奉一个传闻比现实更重要的国家。巴西人根据自己的想象力、幸福感和应对困难的特殊方式构建了一个不同于巴西的梦幻形象，而这最终成了它的镜像。这一切都很好。但这个国家仍然是社会不平等的“捍卫者”，并且仍然在努力构建真正的共和价值观和真正的公民身份。

一旦认识到这种内在辩证法，下一步就是要理解它实际上并不完全是内在的。这个国家总是由那些从外面看的人来定义。自 16 世纪以来，在巴西还未成为巴西之前，当它仍是一个未知的葡属美洲殖民地时，人们就带着相当大的好奇心在观察它。其领土，即西方眼中的“他者”，要么通过它**没有**的东西——法律、规则和等级制度，要么通过它过度展示的东西——欲望、性、懒惰和聚会来表现。从这个角度看，这个国家只会处于文明世界的边缘，一种粗俗的文化里充斥着粗俗的人，尽管如此，他们仍然热爱和平并且快乐。在宣传方面，以 xxiv
及根据外国人的说法，巴西仍然热情好客，具有带异国情调的价值观，并且是“全世界土著”的家园，因为这个国家显然居住着来自世界各地的“外国人民”的混合群体。

尽管不可否认，巴西幸运地拥有一系列“奇迹”：温和的气候（16 世纪的旅行者称其为“永春之地”），没有自然灾害（飓风、海啸或地震），以及针对某些群体的制度化和官方的敌意。但它当然既不是应许之地，也不是“未来之地”。有人试图将巴西塑造成解决西方僵局和矛盾的替代方案。“食人主义”最早由第一批来访者见证，后来由蒙田发展，甚至后来在 20 世纪由奥斯瓦尔德·德·安德拉德（Oswald de Andrade）在他的《食人宣言》（“Manifesto antropófago”, 1928，又译为《食人族宣言》）中重新诠释。受此启发的巴西人痴迷于重塑自我，将失败转化为美德和预兆。蚕食习俗、违抗惯例和扰乱契约仍然是当地的特征，是不墨守成规者的不服从仪式，这或许使巴西人与众不同，或者至少使乌托邦的火焰保持活力。

自从佩德罗·阿尔瓦雷斯·卡布拉尔（Pedro Álvares Cabral）和他的卡拉维尔帆船船队来到巴西，巴西对一些人来说是天堂，对另一些人来说是无尽的地狱，而对其他人来说则是人间炼狱。尽管这些特征是由过去定义的，但它们仍然“健在”。1630 年前后，被认为是巴西第一位历史学家的方济各会修士维森特·杜·萨尔瓦多（Vicente do Salvador）在他的短篇《巴西历史》（*History of Brazil*）中写道：“这片土地上没有一个人是共和主义者，关心或管理公共财富；相反，每个人都是为了自己。”

自该国 500 年左右的短暂历史开始以来，从在后来构成巴西的领土上建立第一批种植园开始，分享权力和引发公共利益意识的困难就显而易见了。然而，尽管维森特修士发表了以上评论，但巴西确实存在共和价值观。创造公共生活的想象结构是一种典型的巴西式的，可以避免在社会内部产生僵局，这个社会在某些方面是成功的，而在另一些方面则是失败的。

因此，巴西的发展源于矛盾和对比。一方面，它是一个社会高度不平等和高文盲率的国家；而另一方面，它的选举制度 xxv 是世界上最先进和最可靠的制度之一。巴西迅速实现了工业园区的现代化，其脸谱网（Facebook）用户数量居世界第二。与此同时，广阔的地理区域被人遗弃，特别是在北部，那里的主要交通工具是简陋的帆船。巴西拥有先进的宪法，禁止任何形式的歧视，但实际上，沉默和反常的偏见形式根深蒂固，并普遍存在于日常生活中。在巴西，传统与国际化、城市与乡村、异国情调与文明并肩前进。古老与现代交织在一起，其中一方在持续的审讯中质疑另一方。

没有一本书能讲述巴西的历史。事实上，没有哪个国家的历史可以以线性形式、一系列事件甚至单一版本来讲述。本书不是要讲述巴西的故事，而是要让巴西成为故事。用汉娜·阿伦特（Hannah Arendt）的话来说，历史学家和她或他的读者都学会了“训练想象力去参观”。本书非常重视她的“参观”（a visit）概念。它并不打算构建一部“巴西人民的通史”，而是选择传记作为从历史角度理解巴西的另一种形式，目的是了解塑造这个国家并在一定程度上保留在国家议程上的许多事件。

传记是公共领域和私人领域之间的深刻联系的最基本的例子：只有这些领域被阐明时，它们才能构成生活的结构，使生活永远真实。书写这个国家的生活意味着质疑随着时间的推移形成轨迹的历史片段，并从中了解公共生活、世界和当代巴西——以便了解过去的巴西人，以及那些应该或可能已经成为巴西人的人。

想象力和原始资料的多样性是构成传记的重要前提。传记包括伟人、政治家、公职人员和其他“名人”，还包括几乎不为人知的无足轻重的人。然而，构建一部传记从来都不是一件容易的事：要还原激发某种状态的时刻是非常困难的。历史学家埃瓦尔多·卡布拉尔（Evaldo Cabral）认为，人们必须“站 xxvi 在过去人的立场上”，才能将公众与私人联系起来，进入一个不属于我们的时代，打开一扇不属于我们的门，了解历史上人们的感受，并试图理解传记中的主体——在本书中是巴西人民——在他们生活的那段时间里的轨迹，例如几个世纪以来，他们利用现有资源在公共领域取得的成就，以及他们是按照那个时代的要求而不是我们这个时代的要求生活的事实。同时，不要对巴西人日常的痛苦和快乐无动于衷，而是要进入他们的私人世界，倾听他们的声音。历史学家必须找到一种方法来处理找回经历、认识到这种经历是脆弱和不确定的、解释其意义这三者之间的模糊界限。因此，传记也是一种史学形式。

出于类似的原因，本书并没有记叙 1995 年以后的历史，那一年费尔南多·恩里克·卡多佐（Fernando Henrique Cardoso）总统当选，标志着独裁统治结束后民主化的最后阶段。我们认为，卡多佐政府及其继任者卢拉政府的影响尚未充分显现，它们标志着该国历史新阶段的开始。当下已受到这两位总统的影响，记录其政府的影响也许是记者的任务。

很明显，本书并没有试图涵盖巴西的整个历史。相反，考虑到上述问题，它讲述了构建一个复杂的“热带社会”的冒险经历。正如作家马里奥·德·安德拉德（Mário de Andrade）所说，巴西颠覆了我们对它的每一种理解。巴西在本书中的形象远非一个拥有所谓的种族民主、温和和平的国家；相反，本书描述了一个国家的变迁，这个国家以其深度的“混合”成功调和了僵化的等级制度，受共同的内部价值观制约，并拥有自己独特的社会风格。从这个角度来看，用作词者兼作曲家汤姆·裘宾（Tom Jobim）的话来说，“巴西不适合新手”。它需要彻底的释义。

一　巴西
先有其名，后有其国

1 佩德罗·阿尔瓦雷斯·卡布拉尔，一个逃避单调乏味的年轻人，发现了一片喧嚣之地；换言之，他发现了巴西。

——斯坦尼斯劳·庞德·普雷塔（Stanislaw Ponte Preta）[1]

关于新大陆的变迁

我们很难想象“发现新世界”的影响和意义。说它新，是因为它未被绘制在已有地图上；说它新，是因为那里栖息着不知名的野生动物和植物；说它新，是因为那里生活着奇奇怪怪的人，这些人实行一夫多妻制、赤身裸体、生性好战且“同类相食”。在最早的记述中，他们被称为“食人族”（cannibal），而这些记述都充满着幻想、异国情调和想象力。

首次使用“食人族”这一术语的正是热那亚探险家克里斯托弗·哥伦布[2]本人，这个词是西班牙语单词“caribal”的变体，意思是“来自加勒比地区”（from the Caribbean）。“食人族”这一术语起源于南美洲和安的列斯群岛的土著居民卡拉伊巴族（caraíba）所使用的阿拉瓦克语（Arawak），并很快与欧洲探险家所记述的当地人的做法产生关联，这些探险家对当地人的食人习惯[3]感到不安。该术语也与西班牙语中的“can”（狗）以及《圣经》中的人物“含”（Cam，在英语中拼写为“Ham”或“Cham”）有关。根据《创世记》的记载，挪亚最小的儿子含看到父亲醉酒时赤身露体地躺在帐篷里便嘲笑了父亲。为此，他被父亲挪亚咒诅未来他将是他兄弟们的“奴仆的奴仆”。[4]因此，后来教会在找寻非洲黑人和印第安人被奴役的理由时可追根溯源至此，因为他们都被认为是被咒 2
诅的含家系的后代。[5]

在哥伦布首次前往加勒比地区探险（1492—1493年）的日记中，他对岛上土著居民食人肉的习惯进行了评论，他对此既充满好奇又无比愤慨，并使用形容词“caribes”（或“canibes”）来描述他们。直到他第二次远征安的列斯群岛（1493—1496年）时，这个术语才首次以形容词“canibal”的形式出现。美洲土著居民同类相食的消息一经传出，便为王室对他们实行奴隶制的新提议进行辩护提供了便利。在给西班牙天主教双王费迪南多和伊莎贝拉的信中，哥伦布宣称当地土著居民既懒惰又不够谦逊，他们在身体上涂颜料，赤身露体，仅使用项链、手镯和文身来掩盖他们的私密部位。王室提议实行奴隶制，理由是尽管这些食人族缺乏西方文明的价值观，但他们可以作为奴隶得到充分利用。

亚美瑞格·韦斯普奇（Amerigo Vespucci）在他的信中也提到了在美洲有食人族的存在。有一封据称是韦斯普奇写给洛伦佐·迪·皮尔弗朗切斯科·德·美第奇（Lorenzo di Pierfrancesco de' Medici）[6]的信在1504年印刷成书，书名为《新大陆》（*Mundus Novus*）。该书一面世便取得巨大成功，在欧洲各地均有出版。韦斯普奇在信中描述了他亲眼看到的同类相食的场景，并用图像的形式进行了说明，因此与哥伦布的记述相比，韦斯普奇的言论引起了更大轰动。韦斯普奇用令人信服的论点和同样有说服力的图像，为美洲土著居民的妖魔化做出了决定性的“贡献”。他们被描绘成这样一群人：没有社会秩序和宗教信仰，缺乏对财产、领土或金钱的概念，对家庭和婚姻制度一无所知。[7]他头脑中新大陆的形象与颓废的民族形象密不可分。他们似乎属于“另一种人类”，对旧大陆的价值观念浑然不知。

来自这片葡属美洲土地的消息充斥着有关其天堂般丰富的自然资源和其人民如魔鬼般行事的传言，这些点燃了欧洲人的想象力。认识到还有一片未知的、尚未经测量的土地的存在，标志着人类历史新篇章的开始。“发现者”的成就是判断巴西
3 历史开端的标准，他们不仅为葡萄牙开疆拓土，还对新领土的价值有清晰的认识。然而，矛盾的是，当土著居民被纳入这段历史时，这种官方的、宗主国立场的叙述往往会被更改——他们显然是被人类遗忘的，无法被归类、命名或理解的人。

但如果说（航海）日志在描述海怪、巨型动物、武士和食人族时还是以让读者惊讶的语气来写作的话，历史学家们却已经不再坚称美洲的发现纯属偶然了。在瓦斯科·达·伽马于1499年探索出通往东印度群岛的海路航线后，葡萄牙王室立即根据他带回的信息计划进一步探险。显然，对于一个面朝大西洋的小国来说，这是让葡萄牙王国变强大的最佳方式。经过与占领伊比利亚半岛的摩尔人的多年斗争，该国终于实现了领土统一。1249年国王阿方索三世[8]再次征服阿尔加维（Algarve），完成了统一大业。领土上的统一加上海军和航海仪器的发展，使葡萄牙在进行大规模的航海探险中占据优势地

位。所以葡萄牙帝国能在 1415 年首次征服西非海岸的休达（Ceuta）绝非巧合，而它日后也将成为在四大洲拥有领土且持续时间最久的殖民帝国。

从一开始，葡萄牙的扩张动力就是基于商业的、军事的和传播福音的利益。例如，在 14—15 世纪，香料市场推动着葡萄牙人去发现通往东方的新路线。“香料”（spice）这一术语指的是一类具有强烈香气（aroma）或香味（flavour）或两者兼有的蔬菜产品。它们主要用于调味和保存食物，也用于制作油、油膏、香水和药物。香料的消费量在十字军东征之后开始增长，在 14 世纪，对黑胡椒、丁香、肉桂和肉豆蔻等热带香料的需求量最大。这些香料原产于亚洲，价格高昂。它们被当作货币使用，包括用于贵族和王室成员的嫁妆、遗产、资本储备和王室财政收入。它们还被用于交换——换取服务、协议、履行宗教义务和获得免税——以及贿赂高级官员。

然而，在 1453 年 5 月 29 日奥斯曼土耳其攻占了君士坦丁 4
堡之后，香料的贸易路线受到土耳其人的控制，基督徒商人被拒之门外。结果是，西班牙人和葡萄牙人不得不开始探索陆地和海洋的新路线，他们的目的是垄断香料贸易。他们试图环游非洲大陆，这是一项前所未有的、惊险的冒险行动。成功需要一个世纪的时间，但成功的延迟也被证明是大有裨益的。葡萄牙在非洲海岸设立了贸易站，这些贸易站成为当时和后来殖民化的战略要地。

这条路线随着葡萄牙人到达东方得以巩固，并被称为“遍历非洲”（African Periplus）。最初，“遍历”（periplus）这个词暗示了一个好兆头：在经过漫长的旅程之后成功地回归。但随着时间的推移，由于语言总是受到任何特定时期的震荡和情绪的影响，这个词被赋予了更为负面的含义，与失败的冒险和“西西弗斯的诅咒”（curse of Sisyphus）有了关联。它被用来指所有进行被证明是超出他们能力的冒险活动的人，正如希腊神话中的西西弗斯曾欺骗死神，但那只是暂时的。在葡萄牙语中，“遍历”意味着一段没有尽头的旅程。不过，这种怀疑论被证明是没有根据的。这条新路线带来了非凡的回报，是葡萄牙进入近代化时期的象征，也是建立一个地域广阔而强大的帝国的出发点。

西班牙此时也正在经历殖民扩张的过程。1492 年，西班牙王国成为一个统一的民族国家，它开始向西探索以期发现通往东方的新路线。为了防止在一直冲突不断的欧洲引发更多的战争，葡萄牙和西班牙王国在 1494 年 6 月 7 日签署了《托尔德西里亚斯条约》（Treaty of Tordesillas），二者将“已发现和尚未被发现”的土地划分为各自所有。该协议的签订是因西班牙王国声称拥有一块新土地时受到了葡萄牙王国的质疑，而西班牙王国迅速做出了回应。一年半之前，西班牙人已经到达了他们所认为的印度群岛，尽管实际上他们到达的是新大陆，并正式宣布该土地由伊莎贝拉女王所有。尽管没有人知道这些土地会带来什么，但根据《托尔德西里亚斯条约》，这些土地现在拥有了一位所有者和一份原产地证明书。[9]

《托尔德西里亚斯条约》的前身是教宗亚历山大六世于
5 1493 年 5 月 4 日签署的教宗敕令“Inter Caetera”（拉丁语，意为其他事宜），该敕令将新大陆分为属于葡萄牙和西班牙的两部分。具体来说，根据该敕令，佛得角群岛以西 100 里格以内的一切土地归葡萄牙，而超出 100 里格的土地归西班牙。由于担心失去未来可能占领的土地，葡萄牙提议并成功修改敕令。

由两国君主签署的《托尔德西里亚斯条约》将距离葡属佛得角群岛的一个不知名岛以西370里格的子午线定为分界线，该子午线位于佛得角和由哥伦布发现的加勒比群岛的正中间。条约规定，该子午线以东的所有土地属于葡萄牙，而以西的所有土地都属于西班牙。1494年7月2日该协议由西班牙批准，1494年9月5日由葡萄牙批准，仿佛这个世界——真实的，或如他们所想象的——可以就这样简单地一分为二，再无纷争。

彼时尚未出现在任何世界地图上的巴西就已经被包括在协议中：协议中确定的分界线大约从该国北部如今为帕拉州（Pará）首府贝伦（Belém）的位置垂直向下切割，直到南部圣卡塔琳娜州（Santa Catarina）的拉古纳镇（Laguna）。然而，葡萄牙当时没有兴趣探索这片被假定存在的土地，主要是因为与东方贸易的利润足以满足其需求。尽管如此，葡萄牙在1500年还是组织了一次远征，由佩德罗·阿尔瓦雷斯·德·戈维亚（Pedro Álvares de Gouveia）担任远征队总指挥。这位总指挥是一名小贵族成员，从他的母亲伊莎贝尔·德·戈维亚夫人（Dona Isabel de Gouveia）的家人那里继承了姓氏。后来他改用了父亲费尔南·卡布拉尔（Fernão Cabral）的姓氏，将自己的名字改为佩德罗·阿尔瓦雷斯·卡布拉尔，他父亲费尔南是贝尔蒙特镇（Belmonte）堡垒的指挥官。与其他主要探险家的情况一样，世人对他的了解甚少。1479年，在大约12岁时，他被送往葡萄牙国王阿方索五世[10]的宫廷。他在里斯本接受教育，学习人文学科，他所受的教育是长大后要为他的国家而战。

1484年6月30日，在他大约17岁的时候，卡布拉尔在若昂二世[11]的宫廷被授予了第一阶贵族初级骑士头衔——该头衔通常是授予年轻贵族的无足轻重的头衔——并且获得了来自王室 26000 里斯（réis，葡萄牙及巴西的旧货币单位）的年金，以表彰他的服务。1494 年，他被提拔为葡萄牙最负盛名的骑
6 士团——基督骑士团骑士。可能与其他年轻贵族成员一样，他获得了 40000 里斯的额外年金，作为他前往北非的旅程的报酬。尽管他的画像一张也没有留存下来，但据了解，卡布拉尔是一个身材健壮、身高近 6 英尺 3 英寸的高大男子（和他父亲一样）。在有些记载中，他被描述为学识渊博、谦恭有礼、对敌人宽容同时又自命不凡，正如取得了如此高位的贵族们那样。人们普遍认为他既明智又谨慎，尽管缺乏经验，他却被任命指挥所有曾从葡萄牙起航去往遥远未知之地的舰队中的最大的舰队。

关于选择东印度群岛远征队指挥的标准，能够提供相关线索的文件中被保留下来的很少。任命卡布拉尔为总指挥的法令仅仅提及了他的“优点和服务”。但众所周知，国王很熟悉他的宫廷成员，且卡布拉尔家族因其对葡萄牙王室的忠诚而闻名。卡布拉尔也是御前会议的成员，他的任命可能有助于应对复杂的政治阴谋。有些人认为这是一种用来平衡两个贵族派系的深思熟虑的策略，因为尽管卡布拉尔具有卓越的个人品质，但他缺乏指挥如此重要的远征的经验。值得注意的是，经验更加丰富的葡萄牙航海家，如巴托洛梅乌·迪亚士（Bartolomeu Dias）、迪奥戈·迪亚士（Diogo Dias）和尼古劳·科埃略（Nicolau Coelho）均被任命为船长，在卡布拉尔的指挥下航行。

总指挥的薪金很高：卡布拉尔赚得 10000 克鲁扎多（cruzado，葡萄牙古金、银币），这相当于 35 公斤黄金，他还

有权自费购买 30 吨胡椒和 10 板条箱（crate）的其他任何香料，并在欧洲免税转售它们。因此，尽管这趟旅程极其危险，但可以确保的是卡布拉尔一旦返回将成为一个非常富有的人，毕竟需求量很大，但香料极为稀少。[12]船长每运 100 桶货物挣得 1000 克鲁扎多，同时享有运输 6 个“不允许过量的”[13]板条箱和 50 公担（quintal）[14]胡椒的权利。[15]水手每月挣得 10 克鲁扎多和 10 公担胡椒，船上侍者挣的是水手的一半，而做打扫工作的船员挣的只有水手的三分之一。此外，还有水手长和船上的安保人员，他们的工资相当于“一个半水手”的所得。船上还有神职人员，他们不仅扮演精神导师的角色，而且还是 7
医生。不可避免地，船上还有妓女，她们经常隐藏在船员中间。这个非常男性化的世界并不倾向于将有“可疑名声”的女性排除在外，她们有时会在航程中怀孕并在船上生下孩子。

这支远征队由约 1000 人组成，其中有 700 人被指派为士兵，尽管实际上他们来自农民家庭且未经训练，且其中很多人是被强征入伍的。这个名副其实的“浮动城堡”中当然存在很多问题。参与过许多此类探险活动的神职人员费尔南多·奥利韦拉（Fernando Oliveira）给出了以下谨慎建议：“在海上，在敌方领土上，没有商店，也没有舒适的住所。出于这个原因，每个人都自带食物。”[16]只有船长才获准将鸡、山羊、猪甚至牛带到船上，其中鸡肉主要供生病者食用。但是船长从来不与船员们共享带到船上的家畜，后者时常饿着肚子。

在没有事故的旅途中，船上的食物都不足以满足船员的基本需求。而当船处于无风带时，或者舵手的不熟练导致船驶出航道因而意外地延长了航行时间时，食物不够的情况愈加恶化。航海初期已出现的干饼干是船上的主要食品。船上也大量供应葡萄酒。葡萄酒每日定量为四分之一升，与用于饮用和烹饪的水量相同。但是，饮用水经常被存放在不卫生的木桶中，这导致细菌激增，船员集体患上腹泻和其他感染病。肉的分配受到严格控制，每隔一天分发一次；也是每隔一天，餐点有奶酪或鱼配米饭（如果有供应的话）。食物的储存也经常出现问题。由于大多数食物是船员带上船的，时常出现老鼠、蟑螂和甲虫横行，以同等的贪婪争抢食物的情况。这些船上没有盥洗室——由悬挂在船侧面的小座椅充当，这让甲板上永远都有一股恶臭味。

由于存在许多卫生问题，横渡大洋期间疾病频发。缺乏维生素 C 引起的坏血病（后来被称为牙龈病或罗安达病），以及胸膜和肺部疾病最常见。几乎每天都有人因病死亡，所以唯一的解决办法是将尸体放在甲板上，召唤神职人员快速祈祷，然后将尸体扔入海中。

8 在这些穿越未开放水域的旅程中，暴力、盗窃和各种可以想象的腐败比比皆是。犯罪、袭击和斗殴的增加往往与船上总体不确定性的程度成正比。然而，缓解紧张气氛的活动很少，例如打牌、集体表演戏剧、阅读非宗教书籍和宗教书籍，以及在甲板上游行。

严格来说，海上探险是一项私人事业。但是，这一事业也完全由王室提供资金，并由国王本人密切监督。它既需要大量的投资，又意味着要承担巨大的个人风险，必须得到高昂的报酬才能使其变得有价值。作为回报，王室保留着控制所有被征服领土、分配土地和垄断利润的权利。因此，这样一种探险的出发需要仪式来纪念。

1500 年 3 月 9 日中午从塔古斯河（Tagus）起航的船队是

一道美丽的风景线，这是一支由大概 10 艘帆船和 3 艘卡拉维尔帆船组成的船队。标志着世纪之交的这一年是充满希望的一年，当时的季节也是穿越南大西洋的好季节。在启程前一天，船员们受邀参加气氛热烈的公众饯行仪式和一场有国王出席的弥撒。自从 1488 年巴托洛梅乌·迪亚士绕过“非洲之角”（Horn of Africa）——他因该地与圣科斯马斯病[17]（St Cosmas' disease，恶臭的雨水弄脏了水手们的衣服并在他们的皮肤上引起脓肿）的不祥联系而将该地命名为“风暴角”（Cape of Torments）——以来，尤其是当若昂二世将此地更名为“好望角”（Cape of Good Hope）以来，葡萄牙人将自己视为海洋之王，受到命运之神的庇佑。

毕竟，无论它的名字为何，这座海角提供了连接大西洋和印度洋的唯一路线。对于葡萄牙人来说，这个世界从未如此适于航行，或是从未如此之小。然而，大西洋是“一片未知的海洋”，隐藏着所有可能的危险类型：海怪、风暴和隐藏着巨大瀑布的海域。正如瓦伦廷·费尔南德斯（Valentim Fernandes）在 1503 年 5 月 20 日的一份正式声明中所描述的那样，大西洋是“一片未知的海洋”。[18]但是，海洋的奥秘在不断被探索：在巴托洛梅乌·迪亚士绕过好望角和瓦斯科·达·伽马船队于 1497 年起航的这 9 年间，海洋变成了进行实验的实验室，并且人们从中汲取了教训。因此，尽管缺乏确定性，但
事情并不完全是偶然的。卡布拉尔的船队直奔佛得角群岛而 9
去，为免被困在赤道无风带中，他们避开了非洲沿岸。一切都指向精确，且都表明指挥官遵循着公认的路线。

1500 年 3 月 14 日上午，船队驶过加那利群岛，接着朝西非海岸外的葡属殖民地佛得角进发，并于 3 月 22 日到达。第

二天，其中一艘载有 150 人的船消失得无影无踪，这艘船的指挥官还是一名经验丰富的船长——瓦斯科·德·阿泰德（Vasco de Ataíde）。船员们心中蒙上了忧郁的阴影，他们现在开始害怕这些未知的、几乎未开放的水域。他们普遍对探险的目的了解甚少。由于缺乏对世界上这些地区的了解，他们对等待探险者的宝藏和金山银山产生了奇特的幻想，但同时也想象着可怕的海怪——任何大鱼都被想象成具有神话故事里的那种比例——以及各种无名的危险。

实际上，这种损失司空见惯。根据官方数据，从 1497 年到 1612 年，从塔古斯河起航的 620 艘船中有 381 艘没有返回葡萄牙。其中，285 艘留在了东方，66 艘遭遇海难，20 艘偏离航线，6 艘起火，4 艘被敌人虏获。[19]暴风雨、货物超载、航行条件恶劣以及用于建造卡拉维尔帆船的木材质量差——大多数卡拉维尔帆船只能承受一段长途旅程——是造成这一连串灾难的主要原因。

但是，尽管遭遇了挫折，这支葡萄牙船队继续从非洲大陆向西南航行，于 4 月 9 日穿过赤道。他们运用了一种葡萄牙航海技术：沿一条大弧线航行，避开无风带的中心区域，从而利用有利的风和洋流。这些举措是成功的。早在 4 月 21 日，佩罗·瓦斯·德·卡米尼亚（Pêro Vaz de Caminha）[20]就记录下了“陆地的迹象”：海藻和海中的碎屑。4 月 22 日，卡布拉尔的船队在西边发现了陆地。起初，他们看到了鸟类（可能是海燕），接着是一个海拔相当高的大的圆形山丘，由于恰好是复活节周，他们将其命名为“蒙帕斯库亚尔”（Monte Pascoal）①。

① “Monte”意为山，“Pascoal”意为复活节的。

他们把这片土地称为“真十字之地”（Terra de Vera Cruz）[21]。他们最初的反应既是对这个“探险队已经发现的新世界”的好奇，又是对其占有的渴望，同时葡萄牙人会为他们“发现”的一切进行命名。

现存两份关于这片新土地的早期描述，这片新土地位于我 10
们现在称为巴伊亚州的位置。[22]它们都是在 4 月 26 日至 5 月 1 日之间写下的。西班牙天文学家若昂·法拉斯（João Faras，通常被称为“若昂大师”）是描述新世界的天空和星星的第一人。他认为这些星星是全新的，“尤其是南十字座上的那些”。这是欧洲对南十字座的首次记载，该星座日后将成为巴西的象征。另一份现存文件是写给葡萄牙国王的著名“书信”，被认为是巴西的“出生证明”。该信的作者是佩罗·瓦斯·德·卡米尼亚，他随着船队旅行并记录事件。瓦斯·德·卡米尼亚受命承担这项任务的时候已经 50 岁了，他是王室值得信赖的官员，曾在阿方索五世、若昂二世和曼努埃尔一世[23]的宫廷担任过骑士。他写道，“探险队发现了属于您的新世界”，并提供了一份详尽的见证报告。在船员和他们的发言人的眼中，毫无疑问，这是一块刚刚被“发现”的新土地。作为“谁发现的就是谁的”的一种情况，尽管发现者们并不清楚自己实际发现的是什么，但他们的想法是立即对“财产”进行登记注册。

而且，他们“发现”了据称是“新的”人类。关于印第安人的起源，流传着许多奇怪的理论。1520 年，帕拉塞尔苏斯（Paracelsus）[24]表达了他的看法，即他们不是亚当的后代，而是类似于巨人、宁芙、地精和侏儒。1547 年，吉罗拉莫·卡尔达诺（Gerolamo Cardano）[25]表示，他们是天然产生的，由蠕虫或蘑菇等可分解物质而成。瓦斯·德·卡米尼亚在报告中记下了他所看到的：

> 尼古劳·科埃略示意他们放下弓箭。他们把弓箭放了下来。但是，由于此时海浪正拍打着海岸，他听不到他们的声音，也听不懂任何有用的信息。他只给了他们一顶四角帽（biretta）——那是他头上戴的亚麻无边便帽——和一顶黑色草帽。他们其中一个人给了他一个由鸟儿的羽毛制成的头带，头带非常长，连着一顶头冠，上面插着似乎来自鹦鹉身上的红色和棕色羽毛。

这里所描述的“交换礼物”事件在巴西仍是广泛争论的话题：这一关键性的征服时刻的基调是什么？尽管存在政治、文化和语言上的差异，这是否被视为一次“友好相遇”，即给予和接受？

11 瓦斯·德·卡米尼亚被这些“新人类”迷住了：

> 他们的皮肤为棕褐色，面色微红，脸庞英俊，鼻形俊美。他们赤身裸体，不着衣物。他们感觉不需要遮住自己的私处，他们露出私处就像他们露出面部一样轻易自然。在这一点上，他们非常单纯。[26]

他们“红色的皮肤和丝般的头发”，以及他们的美，无论是身体上的还是灵魂上的，都令他感到惊讶。这是有点过度使用的陈词滥调——巴西“高贵野蛮人”的起源，也是法国探险家们经常使用的说法，后来在 18 世纪被卢梭采用。但是，对于启蒙哲学家而言，这一概念在批评欧洲及其文明方面起到了有益的作用——它与任何直接观察都没有关系，对于第一次来到巴西的人，这种感觉是真实的：在这里有一些很好的异教徒，他们可以被教化并转化为真正的基督徒。因此，在1500年复活节那天，人们立起了一个木制祭坛供祭司们举行弥撒。这位总指挥展示了基督的旗帜——将人的英勇与神的力量联系在一起——“并进行了庄严而有益的布道，讲述了基督的故事；最后，讲述了我们以十字架的名义到来以及发现这片土地的故事”。

接下来，在5月的第一天，星期五，他们在上游进行搜寻，想找一个最佳位置来立起一个十字架，以便从各处都可以看到它。立起十字架和王室徽章后，恩里克修士主持了弥撒，根据瓦斯·德·卡米尼亚的说法，除了船队的其他成员外，“他们中有五六十人参加，并且全部跪在地上”。瓦斯·德·卡米尼亚注意到，在宣读福音后所有人站起来举起手的那一刻，印第安人也跟着效仿。当他们真正领圣餐时，他感到很惊讶：“其中一个约有55岁的男人，站在领圣餐的人中间……在他们中间走来走去，对他们说话，用手指指着祭坛，然后高高地指向天空，仿佛它们是未来美好事物的象征：所以我们把它们当成了这一象征！”

瓦斯·德·卡米尼亚显然被他所看到的吸引住了，他的报告成了另一个反复出现的神话的来源——那是一场和平征服，在宗教的团结下，人们的心灵达到共融。这是一个不太寻常的过程的开始，由此巴西被视为一个没有冲突的国家，好像热带地区——通过某些奇迹或神的干预——可以缓解紧张局势并避免战争。当欧洲因战争而分裂、陷入流血冲突时，在这个新世 12

界中，（根据欧洲人的说法）如果存在战争，它们也只是内部的小规模战争。他们的第一次相遇应该是史无前例的，且双方处于平等的地位，然而很多时候事实恰恰相反：这是一个关乎种族灭绝和征服的故事。

到这个时候，葡萄牙人已经将自己视为新土地的所有者及其命运、疆域和地名的主人。然而，这一发现最初并没有改变葡萄牙人的关注点，葡萄牙人仍只关注东方。因此，一段时间以来，这一广阔的新区域被留待未来所用。但是国际竞争、其他国家的威胁以及对西葡双边《托尔德西里亚斯条约》的争执都导致这一状况持续的时间不长。彼时西班牙人已经占领了南美洲的东北部海岸，而反对西班牙和葡萄牙对全球进行划分的英国人和法国人则对沿海岸的各个地点进行了入侵。法国国王弗朗索瓦一世[27]曾简短评论道："我希望看到亚当的遗嘱中将世界划分给葡萄牙和西班牙并拒绝给我我那份的条款。"

到 1530 年，若昂三世[28]可以清楚地看到，使该条约合法化的教宗主权不足以吓退那些法国私掠船，它们越来越频繁地盘踞在属于他的美洲领土上。解决方案是创建一些基本独立的殖民区域，这些区域与里斯本的交流通常比彼此之间的交流更多。所采用的行政体制是世袭领地制，葡萄牙人已经在佛得角和马德拉岛上成功地实行了该制度。这个想法很简单：王室的财力和人力资源有限，因此它把殖民和开发大片领土的任务委派给了公民个人，给予他们土地且土地可以世袭。

1534 年，葡萄牙政府开始了将巴西划分为 14 个领地的进程，12 个人被授予了这些领地，他们被称为"受赠者"。由于该国内陆地区是完全未知的，人们决定想象平行的条带从海岸线延伸到内陆直至"腹地"（sertão）[29]。所有受益人都是小贵族成员，其中 7 位在非洲战役和印度战役中表现出色，4 位是高级别宫廷官员。该制度授予他们对自己领地的管辖权，他们拥有 13
发展该地区和奴役印第安人的最高权力。但是，极端隔离被证明是非常不利的。这种不利影响是如此之大，以至于在 1572 年，王室将巴西划分为两个领地政府：北部政府，其首府位于萨尔瓦多，负责从“诸圣湾”（Bahia de Todos os Santos，又译为万圣湾或托多苏斯桑托斯湾）领地到马拉尼昂（Maranhão）领地的区域；南部政府，以里约热内卢为中心，负责从伊列乌斯（Ilhéus）[30]延伸到殖民地最南端的地区。通过这种方式，葡萄牙王室在领地内创建了领地，这些地区几乎不承认彼此同属于一个政治和行政单位。

的确，一旦这个陌生的世界在沿着通往东印度群岛的路线上被“发现”，葡萄牙人就决定至少应该给它命名。多年以来，葡萄牙人都不太清楚如何利用这片新领土，而且十分犹豫不决。为了弥补这一点，1501 年之后被派往海岸探险的探险队开始对其地理特征命名并对其纬度进行测量和分类，前提是它确实是一个新大陆。尽管他们对该领土缺乏兴趣——特别是因为一开始他们没有找到曾令西班牙人心满意足的大量金银——但他们需要给它起个名字。[31]若昂大师和瓦斯·德·卡米尼亚在他们的信中都将其称为“真十字”（Vera Cruz）或“圣十字”（Santa Cruz）。但是，关于命名还没有达成普遍共识。1501 年后，它有时被称为“鹦鹉之国”（Terra dos Papagaios），“papagaios”指的是会说话的五彩鸟（即使没有人听得懂它们说的话）；而有时这个地方也被称为“圣十字之地”，曼努埃尔一世在给西班牙国王的信中使用了后者。而且，作为第一次弥撒的举行地点被记录下来的也是这一名称，瓦斯·德·卡米尼亚对弥撒做了详尽的描述，且在此次弥撒中还举行了该领土的军事和基督教就职典礼。若昂·德·巴罗斯（João de Barros）在同时代的报告中写道，卡布拉尔将“圣十字”领地专用于圣十字事业，并将弥撒活动与基督的牺牲联系在一起，传播到他们“发现”的土地上。因此，这片土地应该被完全献给上帝，对他来说最伟大的事业就是异教徒的皈依。

在早期的谣言和相互矛盾的报告之后，人们日益意识到有必要保护新领土免受外国攻击。它必须要有人居住，必须被殖
14 民，还必须被激发某种经济活动。除鹦鹉和猴子外，唯一可交易的产品是一种“染色木材”，它是一种有价值的染料，在东方众所周知，可以在欧洲高价出售。因此，在卡布拉尔探险之后不久，其他葡萄牙航海家就起航对新领土进行探险并攫取这种本土植物。

沿海岸大量生长的巴西红木（Brazilwood）[32]，最初被图皮印第安人（Tupi Indians）称为“Ibirapitanga”。该树通常高至15米，拥有粗大的树干、结实的树枝和被荆棘覆盖的豆荚。用它制造优质家具以及用它的淡红色树脂染布的需求量很大。据称，当葡萄牙人抵达时，大约有7000万棵巴西红木存在。在随后的几年中，该物种由于葡萄牙伐木者的砍伐几乎消失殆尽，他们通过物物交换获取了印第安人劳工的帮助。早在公元900年，东印度群岛的记载中就出现了这种木材，它被列举在许多产生红色染料的植物中。该树及染料都有过很多不同的名字——brecillis、bersil、brezil、brasil和brazily，所有这些都来自拉丁文词语“brasilia”，意思是发光的红色，或“余烬的颜色”。有记录的“kerka de bersil”首次被运至欧洲是在法国，最早可追溯到1085年。在1501年加斯帕尔·德·莱莫斯

（Gaspar de Lemos）的探险中，亚美瑞格·韦斯普奇就注意到了一批美丽的木材货物。

1502 年，殖民者已经开始更系统地开采巴西红木。尽管它不像来自东方的商品那样有价值，但带来了极大利好：葡萄牙人间接地回归了香料贸易。葡萄牙王室立即宣布其为王室垄断，仅允许通过纳税来开采。第一个特许权于 1501 年被授予费尔南多·德·诺罗尼亚（Fernando de Noronha）[33]，后者也获授圣若昂岛，该岛后来成为其领地，并以其名字命名。印第安人提供劳力来换取零碎小物件。他们砍伐树木并将其运送到停泊在岸边的葡萄牙船只上。作为回报，他们获得了小刀、折叠小刀、布匹和其他小摆件。“布雷托号”（*Bretoa*）是第一艘将巴西红木运往葡萄牙的船，于 1511 年起航，船上载有 5000 根原木，以及猴子、猫、大量鹦鹉和 40 名印第安人，这些印第安人激起了欧洲人的强烈好奇心。[34]

1512 年前后，随着该产品在国际市场上确立了地位，“巴西”（Brazil）一词成了葡属美洲这块土地的正式名称。但是 15
其他名称或名称组合仍然被并行使用，其中包括“巴西圣十字之地”和“葡萄牙圣十字之地”。这种术语分歧的背后是世俗力量和精神力量之间更复杂的争论。在那个遥远的山顶上竖立着的十字架曾短暂统治过这里，但此时占据主导地位的是魔鬼。基督徒编年史家对这一事实感到遗憾，即随着商品装运量的增加，物质利益正在取代这个新王国中圣十字的利益。例如，若昂·德·巴罗斯哀叹，“为布料染色的木材名称”比“那个赋予了使我们得到拯救的圣餐颜色的木头，即那个染上了掉在它上面的基督宝血的木头”[35]更重要。

于是，红色的“基督宝血”与“红色染料”之间的斗争就开始了，后者越来越与魔鬼联系在一起。佩罗·德·马加良斯·甘达沃（Pero de Magalhães Gândavo）[36]的作品进一步推动了这一点，甘达沃很可能是位于里斯本的国家档案馆[37]的抄写员。在他1576年出版的《圣十字省省史》（*História da província de Santa Cruz*）中，他呼吁恢复原来的名称，认为试图消灭关于圣十字的记忆是魔鬼的工作。这是一场艰苦的斗争。殖民化工作进展顺利，殖民者越来越多地将贸易的地位与教会的宗教和宣教使命联系起来。尽管魔鬼可能会继续存在，但他们认为自己的工作也是上帝的工作。新殖民地极具争议的名称引起了一种矛盾和不适感，这种感觉逐渐反映在对该地方更深层的担忧中。

正是在这个时候，有关新世界的报告不再区分土地、其产品和土著居民。塞尔吉奥·布阿尔克·德·奥兰达在《天堂般的美景》[38]中回忆起一个古老的凯尔特神话，它可以为巴西国名的起源提供另一种解释。在这个神话中，大西洋上有一些岛屿，这些岛屿在时空中消失了，它们被地衣和其他产生染料的植物（如“龙血”）所覆盖，这两种植物都产生红色的树脂。这位历史学家得出结论，巴西国名起源于爱尔兰语“Hy Bressail”和“O'Brazil”，意为“好运之岛”。

岛屿是投射乌托邦的理想之地。爱尔兰的“巴西岛”最初是一个幻影岛，消失在时间里，于15世纪在亚速尔群岛附
16 近重新出现。它也与圣布兰丹（Saint Brendan）的“赐福岛”有关。瓦斯·德·卡米尼亚所描述的天堂让人联想起乌托邦式的“巴西岛”。这也可以解释为什么“Obrasil”这个名字从16世纪初开始出现在许多地图上。爱尔兰神话是宗教和伊甸园传统的一部分，极大地吸引了当时的制图师。这个名字最初出现

在1330年，是一个神秘岛的名称，在1353年，它仍然出现在英文地图上。无论如何，在地理大发现期间，印第安人、他们的长寿和伊甸园式的生活条件与其他神秘土地之间有明显的联系。就像长期以来关于（燃烧着的煤块般）火红的巴西红木和基督十字架的矛盾情绪一样，这个谜团将在很长一段时间内保持未解状态。也许最好的办法是为上帝点燃一支蜡烛，为魔鬼吹灭另一支蜡烛。[39]

天堂还是地狱：16世纪记载中的自然环境和土著居民

连同为其选择的名称，无论是“巴西”“圣十字之地”“鹦鹉之国”还是“葡属美洲之地”，都存在一定的不确定之处，但也存在一个确定之处：这个地方已经扮演了一个“他者”的角色，不论是其自然环境还是土著居民。[40]尽管其自然环境被视为天堂——犹如不具伤害性的动物们栖息的永恒之春——但其居民正日益引起人们的关注。士兵、指挥官、私掠船、海盗、神职人员以及那些纯属好奇的人狂热地交换着过于离谱的故事。这些奇幻故事建立在旅行者不切实际的记述的古老传统上，故事超出了人们眼睛所能看到的或智力所能接受的范围，例如《圣布兰丹游记》（*Navigatio Sancti Brendani Abbatis*）[41]，艾西库斯·伊斯特（Aethicus Ister）的《宇宙志》（*Cosmographia*）[42]，皮埃尔·戴伊（Pierre d'Ailly）的《世界的形象》（*Imago Mundi*）[43]，《约翰·曼德维尔游记》（*The Travels of John Mandeville*）[44]和在16世纪初期流行的其他作品。[45]

在这样的旅行者故事中，这些绝妙的地区有时被描述为尘世间的天堂，拥有肥沃的平原和青春之泉。在其他时候，它们

被描绘成畸形怪物所占据的荒芜地带。文学作品通常将这些地
17 方描述为：居住着长有四只手臂、额头中间有一只眼睛的人，以及两性人、侏儒和着了魔法的美人鱼。在哥伦布最早寄回家的一封信中，他承认没有见过人形怪物，相反，当地人的身体形态很好。对此，他松了一口气，但有些失望，这一点毫不奇怪。[46]然而，怪物仍被描绘在图纸和地图上，并且与食人行为有关。反过来，这引发了关于这些异教徒民族本质的哲学和宗教讨论。对于某些人来说，他们是亚当和夏娃的后裔。对于其他人而言，他们却是凶猛的野兽。

这种文学在 16—17 世纪开始大量涌现。在欧洲人看来，与美洲的这次“会面”是现代西方历史上最伟大的成就，既令人惊恐又令人惊奇。这部分解释了为什么旅行叙事在新世界中重现了曾经被认为是真实的神话：人间天堂的存在。尽管如此，异教徒的习俗还是与陆地上的天堂几乎不相容。尽管负面形象的影响可能总体上不及伊甸园式的描述那么强烈，但有关土著居民的奇幻故事几乎把他们描绘成反天堂的甚至是地狱的居民。这些人因食人肉、巫术和无法控制的欲望，必须受到谴责。[47]

从 16 世纪开始，人类的这一新领域成为众多文本的主题。由于作者身份的概念并不存在，通常一份报告会被他人复制、扩展，以增强奇思异想并将其传播到更广泛的领域。佩罗·瓦斯·德·卡米尼亚于 1500 年撰写的有关巴西的第一封信一直未出版，直到 1773 年。然而，亚美瑞格·韦斯普奇在写给洛伦佐·迪·皮尔弗朗切斯科·德·美第奇的信中，不仅提到了“圣十字之地”，还提到了其居民。这些文件基于哥伦布第一本日记中表达的思想，这些思想反过来揭示了马可·波罗和曼

德维尔的旅行叙事的影响。有关人间天堂和青春之泉都位于附近的某个地方，以及勇敢的亚马孙女战士（Amazons，又译阿玛宗人）也居住在附近的想法开始传播。到访该国的各个民族的旅行者已经很熟悉意大利人皮加费塔[48]的文字，他在1519年将他的发现总结如下：“巴西男人和女人都赤身露体，且活到140岁。”

直到1550年代，才出现了更多有关巴西的文学作品：一 18
方面，伊比利亚作家以殖民作为重点；另一方面，主要是法国人的“非伊比利亚人”，其兴趣在于围绕土著居民进行深入思考。在葡萄牙语文本中，最广为人知的是由先前提到的佩罗·德·马加良斯·甘达沃所著。他是塞巴斯蒂昂一世[49]王室议事厅的官员、骑士，王室财务主管，同时（可能）还是国家档案馆的抄写员。在同瓦斯·德·卡米尼亚和韦斯普奇展开的辩论中，他做出了通常被认为是最具权威性的贡献。巴西是天堂还是地狱？其居民是无辜的还是堕落的？尽管甘达沃赞扬该地气候温和宜人、土地肥沃，但他也是最早将其居民描述为“众多野蛮异教徒”的人之一。在1570年代，他写出了《巴西红木之地条约》（*Tratado da Terra do Brasil*），并在1576年写了《圣十字省省史》。这两本书的目的都是鼓励葡萄牙人移民到其美洲殖民地并在那里投资，就像英国人在弗吉尼亚所做的一样。彼时，葡萄牙人的注意力仍然集中在东方，而西班牙人、英国人和法国人则把目光投向了新世界，尽管各自关注的地区不同：秘鲁和墨西哥将成为西属美洲土地，佛罗里达将成为英国人的，而巴西将成为法国人的目标。[50]

甘达沃对这片土地极尽赞美之词：“这片土地如此宜人、温和，以至于人们永远不会感到过热或过冷。”的确，这片土地物产富饶且永恒如春。但是，对于当地印第安人的描述，他的用词却不那么令人鼓舞：“这些居住在沿海地区的人所用的语言很容易描述，它缺少三个字母：没有 F，没有 L，没有 R。这一点很值得惊讶。因此他们没有信仰（Fé）、法律（Lei）和国王（Rei），他们的生活中亦缺乏正义或秩序。”[51]当地土著居民并没有充分利用自己所拥有的，而是生活在贫乏之中。尽管当地居民拥有如天堂般丰富的自然资源，但他们的习俗至少是很奇怪的：他们生活在“人满为患”的村庄里，他们睡在吊床上且是“没有任何规则地全都睡在一起”。此外，根据甘达沃的说法，他们“极度好战”。他们杀害并吃掉他们的俘虏，“更多是出于报仇和仇恨，而非为了填饱肚子”。越往后看这本书，我们会发现作者对这些“野蛮人”的同情越来越少：“这些印第安人极其野蛮、残酷，他们永远不会因怜悯而
19 动容。他们就像野生动物一样生活，缺乏秩序与和谐。他们绝非诚信之辈，将自己置于情欲和邪恶之中，仿佛不具备任何人类理性。”[52]

甘达沃在他的《圣十字省省史》[53]里重复了这些论调。在这本书里，他对“当地土著”进行了详尽的描述：他们的皮肤呈铜色，头发黑直，面部平坦且具有亚洲人的一些特征。他坚称“他们懒惰、善变、行为古怪”，且“不敬奉任何事物，对他们的国王或任何形式的正义都缺乏尊重”。吊床是他们懒惰和淫欲的象征，总是出现在那个时期的版画中，好像美洲人在等待着欧洲人躺下身来一样。在教会的眼中，他们的仪式是偶像崇拜式的，充满了诸如人祭的做法。这是假宗教，而这些民族是恶魔崇拜的践行者，完全背离了救赎人类的上帝之子传递的拯救与牺牲的信息。土著居民的信仰被认为是倒退的例

证，需被严肃对待：就这些新近被征服的人民的道德状况来说，这些信仰是危险且不可信的。[54]

尽管葡萄牙人对土著居民的描述普遍都是负面的，但在宣传该地丰富的自然资源时，他们都极为积极、正面。毕竟，他们的写作通常是为了鼓励移民。另外，法国人留下的旅行日记则引起了更多的骚动。尽管来自法国诺曼的航海家在文本中提到了“信仰缺失”的问题——这些人从巴西红木贸易和与图皮南巴人（Tupinambá）的交易中获利——但总体而言，法国人似乎很少关心土著居民缺乏规则和宗教信仰的问题。比埃尔·德·龙沙（Pierre de Ronsard，又译作比埃尔·德·龙萨）[55]在他的《哀叹财富》（*Complainte contre Fortune*，1559）中描述了“美洲的黄金时代”，他想定居此处。“在这里未受过教育的人们四处游荡，他们天真无邪并总是赤身露体；他们没有恶意，没有德行，没有恶行……”[56]这里的“没有”一词是指存在而不是缺乏一些品质。巴西的异教徒激起了法国人的想象力。

1550年在法国鲁昂举行的“巴西节”便是其中一个事例，法国国王亨利二世[57]和他的妻子凯瑟琳·德·美第奇（Catherine de' Medici）均出席了该活动。[58]鲁昂市为王室夫妇举办了盛大的招待会，立起了宏伟的纪念碑，包括方尖碑、寺庙和凯旋门，以赞美“新世界”。此时距葡萄牙人到达美洲已有半个世纪了，而呈现“巴西男人”，即与法国人并肩作战的 20
英勇的图皮南巴人，是当时最新的潮流。50名图皮南巴人在塞纳河河岸进行了模拟战斗供当地贵族观看。为使演出效果更加出色，有250名印第安人打扮的“群众演员”加入了表演者的行列，他们通过表演呈现了狩猎探险、恋爱幽会和战争场景，以及身上挂满鹦鹉和香蕉的形象。[59]

与这种田园诗般的呈现相反，一种截然不同的形象——印第安人为食人族——逐渐显现并成为其生活方式的象征。自中世纪以来，同类相食的幽灵时常萦绕在欧洲人的想象中，尽管具体地点不明。已知发生这种情况的第一个地点是哥伦布发现的安的列斯群岛，狄德罗[60]在《百科全书》（*Encyclopaedia*）中也列举了当地人的这种做法。1540 年，托勒密《地理学指南》（*Geographia*）[61]的一版中列入了塞巴斯丁·缪斯特（Sebastian Münster）[62]绘制的一张地图，上面从亚马孙盆地到拉普拉塔河（Río de la Plata）的整个巴西范围内仅写着"食人族"一词。据说印第安人是互相残杀、互相蚕食的狗，他们唤起了文艺复兴时期的意象，特别是拉伯雷的意象[63]："食人族，非洲的野蛮人，他们的脸像狗，吠叫而不笑。"[64]

法国人后来通过在"cannibalism"（同类相食）和"anthropophagy"（人食人）之间建立关键的语义区分，提供了两种不同的解释。尽管这两个术语都涉及食人肉的习俗，但就后者而言，只有在动机为高度仪式化的复仇时才采用这种做法。18 世纪人文主义的法国以及 19 世纪巴西浪漫派印第安主义[65]对巴西印第安人的理想化，正是基于这一观念的，这一观念出现于 16 世纪的思想中。

米歇尔·德·蒙田（Michel de Montaigne）在 1580 年发表的随笔《食人族》（"The Cannibals"），是法国最著名的人文主义文本之一，它以图皮南巴人为范例，是这一思想的典范。这位哲学家说，这篇随笔的构思源于他与在鲁昂举行的"巴西节"后定居法国的印第安人的交谈。这篇随笔体现了相对论，即与欧洲人相比，作者在图皮南巴人发动战争的方法中发现了更多的逻辑："现在，当回归主题时，我看不到这些民族的野蛮或凶残；除了每个人都认为只要是在他自己的国家没有被实践的东西都是野蛮的。"尽管对蒙田的这篇著名随笔有多种解读，但是，也许要记住的最重要的一点是，他给予土著居民更多赞扬，尤其是在 16 世纪席卷欧洲的宗教战争的背景下。 21
尽管如此，他仍总结道："坦白地说，与我们相比，这些人非常野蛮。要么他们必然绝对如此，要么我们是野蛮人。因为他们的言行举止与我们的有很大的不同。"[66]不过，这是一种人文主义视野的开端，它不仅对印第安人的价值观，也对欧洲人的价值观提出了质疑。

然而，哲学上的考虑远非唯一的兴趣。16—17 世纪法国的许多报告都更加关注法国尝试在巴西建立殖民地的行动。法国拒绝接受并公然无视《托尔德西里亚斯条约》，多次入侵该殖民地，有两次入侵行动持续时间较久。担任法国首次殖民计划"法属安塔提克"负责人的是尼古拉·迪朗·德·维尔盖尼翁（Nicolas Durand de Villegaignon），他于 1555 年到达里约热内卢，随行的有众多士兵和工匠。然而，第二年，维尔盖尼翁致信宗教改革的领袖之一约翰·加尔文（John Calvin，也是他在奥尔良的法律系同学），要求他派遣一批信奉新信仰的信徒，以控制正在破坏殖民地的叛乱。因此，在 1557 年，14 位加尔文主义者到达里约热内卢。很快就很清楚的是，他们的存在只会使冲突加剧。当敌对情绪达到顶峰时，这些加尔文主义者被迫从瓜纳巴拉湾的岛上逃走，并逃到图皮南巴人中避难。

记录这一经历并对该土地和居民进行描述的多个文本得以保留下来。维尔盖尼翁本人于 1555 年至 1558 年驻守巴西，他留下了许多描述该地区的信件。在 1556 年一封署有 N. B. ［尼古拉斯·巴雷（Nicolas Barré），从法国派来的加尔文主义者之一］名字的信件中，维尔盖尼翁对巴西的自然风光赞不绝口，但在描述“巴西野蛮人”时怀有些许疑虑，他说：“他们带着弓箭赤身露体地走来走去，随时准备发动战争。”这些信件中混合着宗教和哲学考虑，以及对该国进行勘探的计划。巴雷说，他确定他们会找到贵金属，“因为葡萄牙人已经在河上游50里格处发现了银和铜”。

22 这些信件必定会影响后来的相关报告，例如安德烈·特韦（André Thevet，1516—1590/1592）所著的报告。特韦是方济各会修士，在周游了东方和一些地中海群岛之后，于1555年同维尔盖尼翁海军上将一同抵达巴西，在此建立“法属安塔提克”殖民地。特韦仅在瓜纳巴拉湾的这个殖民地上度过了三个月，之后声称自己病了，并于次年6月返回法国。此时欧洲充满了对新世界的好奇，他瞄准了一个机会，试着将人文主义与对最近的发现进行的时髦描述相结合。1577年，他出版了《法属安塔提克的特色》（*Les Singularitez de la France Antarctique*），[67]这是他一生中非常成功的作品。特韦的这一作品文字冗长、叙事混乱，而且为了显现其学问渊博，经常穿插一些非常自我的观察。尽管辞藻华丽，但该作品首开详细描述巴西自然风光的先河，更重要的是，它对图皮南巴印第安人进行了详细描述。虽然他们与法国人并肩作战，特韦仍将他们描述为“食人族——赤身露体且佩戴羽饰”。有关巴西的讨论从作品的第27章开始，这片土地被描述得如天堂乐园般。然而，特韦再次对该土地上的各民族表达了非常不同的看法。事实上，他对印第安人的评价与他在先前一部作品《宇宙学》（*Cosmographie*）中的完全不同。在《宇宙学》中，他充满同情地将他们描述为“这些可怜的人，他们的生活中没有宗教和法律”。他在《法属安塔提克的特色》中表达了对“他们有害的宗教、魔法和巫术”以及他们之间永无休止的战争的愤慨。在他看来，这些人是“由令人难以置信的报复心驱使的”[68]且进行着“食人肉暴行”的野蛮人。

在此期间，与图皮南巴人生活在一起的另外两名作家——一位是他们的盟友，而另一位即将被他们“吞噬”——最终将成为特韦的竞争者。来自黑森的炮兵汉斯·斯塔登（Hans Staden）遭印第安人囚禁，并在书中讲述了他的经历，该书于1557年出版并在一年内发行了4版。让·德·莱里（Jean de Léry）[69]的《巴西旅行记》（*Histoire d'un voyage faict en la terre du Brésil*）[70]写于1563年，但直到1578年才出版，该书同样受到好评。在这两本书中，巴西以作为“世界的另一面”而闻名。这两部作品均作为“伟大旅行”（*Great Journey*）系列的一部分于1592年在法国重新发行，插图工作由特奥多雷·德·布里（Theodor de Bry）担任。布里是一名金匠、雕刻家以及胡格诺派宣传家。他从未去过美洲，却成为这一时期描绘美洲的最著名的画家。[71]肉眼看不到的由想象力来创造。

让·德·莱里的《巴西旅行记》在1578年出版后发行了 23
5个版本，到1611年又分别用法文和拉丁文发行了10个版本。据该书作者所言，该书的目的是纠正特韦的记述中包含的“谎言和错误”。莱里在宗教改革初期是一名传教士，在维尔盖尼翁要求加尔文教派增援时是日内瓦的鞋匠和神学生。1558年，莱里与一群法国新教牧师和工匠一起出发，加入了“法属安塔提克”的创建。他目睹了这一法属殖民地的瓦解，之后在巴西的这段时间里，他与图皮南巴人生活在一起。让这位

16 世纪的旅行者感兴趣的是当地印第安人的“不同”而非他们不道德的做法，他成了关于这块新近发现的巴西之地最广为人知和引人效仿的评论者。

与其他记录不同的是，莱里认为卡拉伊巴人（Caraíbas）发动的战争是基于内部规则的，复仇是他们之间共同的价值观：“这里的思维方式不同，它与迄今为止虚构的寓言有很大不同。”[72]尽管该国的自然美景让他深深震撼，其中包括鹦鹉、猴子、五彩鸟、蝴蝶、巨型海龟、鳄鱼、犰狳和长鼻浣熊，但印第安人给他留下的印象更为深刻。他描述了这些“野蛮人”如何准备面粉，做面包，制作葡萄酒和干肉。

莱里竭尽全力地去了解战争和复仇在印第安人中发挥了何种作用，以及他们的“规则”如何战胜了“暴食”。[73]回到日内瓦后，他听说了圣巴托洛缪大屠杀。1572 年 8 月 24 日，天主教徒在法国屠杀了新教徒，进而引发了一场残酷的内战，导致法国陷入分裂，流血冲突不断。[74]让·德·莱里认为印第安人发动的战争和他们同类相食的做法并不是出于对食物的需要。相反，这些代表了他们内部交流的形式，是价值观和商品交换的象征。[75]因此，这个关于新世界的观点相互矛盾的故事开始了新的篇章。

而炮兵汉斯·斯塔登写了两本书，第一本名为《两次巴西之行》（*Two Journeys to Brazil*），第二本名为《16 世纪新世界食人族中的勇敢冒险》（*Brave Adventures in the Sixteenth Century among the Cannibals of the New World*）。斯塔登进行了两次前往南美的旅程——一次乘坐西班牙的船，另一次乘坐的
24 是葡萄牙的船。在圣阿马鲁岛（Santo Amaro，当时最重要的领地之一）[76]上的一个小堡垒工作时，他遭图皮南巴人俘获，

后者是法国的盟友、葡萄牙的敌人。他被囚禁了10年半之久，一直生活在苦难中。为求不被印第安人吃掉，他努力抗争——装成一名巫医或利用他的医学知识来帮助治愈削弱这个群体的流行病，同时抽出时间来记录这个村庄和那里的图皮南巴人的日常生活。用他自己的话说，这些人“因其可怕的习俗”常常令他不安。[77]

尽管《两次巴西之行》以德文、弗拉芒文、荷兰文、拉丁文、法文、英文和葡萄牙文发行了50多个版本，但我们对斯塔登的生平知之甚少。这本书的吸引力不仅在于其作者曾是图皮南巴人的俘虏，而且要归功于在他的监督下设计的花哨的木版画。斯塔登的叙述直截了当，他解释了他为了避免被吃掉而用到的诡计。这位作家目睹了多次屠杀，与“野蛮人”一起生活并为他们治病，在书中，他直到最后几章才被释放，当时是被“凯瑟琳·德·维特维尔号”（*Catherine de Vetteville*）的法国商人救出的。

汉斯·斯塔登更正了韦斯普奇的许多说法，提供了有关印第安人的家庭结构、性生活、物质文化、精神信仰，以及他们对动物、水果和花卉进行分类的方法的信息。所有这些都是用口语描述的，包括食人肉和切割人肉的做法。他在书的最后发出了坚定的宣言：“这一切均为我所看到和见证的。”[78]这是赋予某书可信度的一种方法，否则该书可能被视为幻想的结果。“该怪谁呢?”他问道。最后他总结道：“我在本书中给了你足够的信息。沿着这条路走。对于上帝青睐的人，世界是敞开的。”[79]从某种程度上讲，斯塔登是完全正确的：世界从来没有被封闭过。

被归化或奴役的一部分人

25 有关所谓“新世界”（说它“新”，仅仅因为欧洲人认为自己的文明“老”）居民的历史渊源仍有很多争议。大多数传统的观点认为他们的起源可以追溯到12000年前，但最近的研究表明，其起源可追溯到30000年至35000年前。关于这些土著居民的历史，或者由于我们现在委婉地称为旧世界与新世界之间的“相遇”而消失的无数民族的历史，我们知之甚少。种族灭绝般的大屠杀始于首次和平的弥撒举行之时：据估计，土著人口由1500年的数百万减至略高于80万，即当今生活在巴西的印第安人人口数。[80]对于这一灾难，有几种解释。首先，这些人对欧洲疾病没有免疫力，他们遭到了包括天花、麻疹、百日咳、水痘、白喉、斑疹伤寒、鼠疫以及甚至是今天被认为相对较弱的感冒的病原体的侵袭。这与在非洲发生的情况相反：成千上万的高加索人命丧非洲，仿佛有某种看不见的毒线贯穿他们的身体；相反，在美洲死去的却是土著人。但是，缺乏免疫力不足以完全解释大量的死亡。这种生物灾难仅产生其该有的效果，因为它发生在具有特定社会特征的特定背景下，而这些社会特征直到那时一直处于平衡状态。

殖民导致了对印第安人劳动力的剥削，这是造成大量死亡的主要原因。殖民者也加剧了印第安人群体间的斗争。尽管群体间的敌意早已存在，但殖民者们进一步激发了这些敌意。他们与土著群体结成战略联盟，然后随心所欲地将其破坏。这常常导致生活在乡村中的印第安人与葡萄牙人结盟，而生活在不为人知的内陆地区（如“腹地”）的印第安人则成为他们的敌人。这两个群体——“友好的”和“野蛮的”印第安人由法律来界定。生活在村庄中的印第安人作为盟友，在他们的村庄中享有自由，并负责维护和保护边界。与“村庄中友好的印第安人”建立联系的过程始终一样：首先，他们被从自己的村庄“请”到葡萄牙人的定居点，然后接受宗教和文明的“教化”，最后转变为“有用的从属者”。[81]

这些乡村印第安人还被分派了在葡萄牙人发动的针对敌对印第安人群体的战争中作战的任务。当时几乎所有的殖民战争文件都提到了“村民和盟友”，后者即塔普亚（Tapuia）印第 26
安人。他们组成防御线保护“腹地”并阻止陌生人通过。正是在这支队伍被调动起来后，维尔盖尼翁和他的部下被赶了出去，后者转而与法国盟友图皮南巴人联手。因此，如果“解放”即归化是乡村印第安人作为盟友得到的“奖励”，那么奴隶制则是敌对印第安人的归途。

至此，葡萄牙王室恢复了“正义之战”（Guerra Justa）这一旧概念，即他们可以对完全不知信仰为何物甚至不能被视为异教徒的群体发动战争。让一场“正义之战”合法化的原因有很多：拒绝改变宗教信仰、对葡萄牙臣民和盟友充满敌视、违反协议以及同类相食。同类相食是一种“违背自然法则的罪行”，与之作战是为了拯救那些会被献祭或被吃掉的人的灵魂，这既被视为权利也被视为职责所在。

当时，两位宗教人士，即巴托洛梅·德·拉斯·卡萨斯（Bartolomé de las Casas）和胡安·吉尼斯·德·塞普尔韦达（Juan Ginés de Sepúlveda），就了解土著居民的两种方式进行了激烈的辩论。他们的意见分歧产生了不同的统治模式：对于拉斯·卡萨斯来说，当地土著居民就像应该被控制的牧群；而在塞普尔韦达看来，他们还不是人类，应该被迫通过洗礼和劳动成为人类。尽管战争被葡萄牙王室视为最后的手段，但殖民者们不断诉诸战争，并以此作为证明“这些人的敌意”和“敌人的残暴”的证据。王室自身清楚地知道他们在滥用职权，并制定了法律来控制非法奴役的情况。然而，这并不能阻止许多土著民族的灭绝，按照欧洲人的逻辑，这就是“正义之战”。根据这种逻辑发动的这些战争导致对手可以被随意更名，且创造了盟友和敌人。

事实证明，土著人口在由传教士控制的村庄中的集中同样是灾难性的，因为它导致了疾病和流行病的扩散。教义问答和教化民众体系是整个殖民计划的核心，为限于村庄附近进行传教及在耶稣会管理下利用印第安劳工的做法提供了正当理由。该体系最早由依纳爵·罗耀拉（Ignacio Loyola）于 1534 年创立的耶稣会（Companhia de Jesus）建立，后者是天主教改革
27 背景下产生的修道会的典型例子。不久之前，教宗保罗三世颁布了一则敕令，他承认印第安人是按上帝的形象创造出来的人类，因而值得被归化。在欧洲，耶稣会士专注于天主教的教义，但“地理大发现”使他们环游世界，通过教义问答传播“真正的信仰”。他们最终被称为“耶稣连队”，这也符合他们的最终使命：他们是名副其实的长袍神父大军，与魔鬼作战，随时准备拯救灵魂。

教宗保罗三世批准该修道会成立后，耶稣会士便前往葡属东方土地，远至中国和日本。在非洲西南海岸，他们在罗安达建了一所耶稣会学院，并将天主教经文译成了班图语。1549 年他们在马诺埃尔·达·诺布雷加（Manoel da Nóbrega）的领导下抵达巴西，并于 1557 年制订了将印第安人限制在传教村庄的计划，这实际上意味着将他们转移到该修道会控制的地

方。传教在巴西被视为危险的工作——毕竟佩德罗·科雷亚（Pedro Correia）在1554年被卡里霍（Carijó）印第安人吞食了，堂佩罗·费尔南德斯·萨尔迪尼亚（Dom Pero Fevnandes Sardinha），即萨尔迪尼亚主教，也于1556年在今天的阿拉戈斯州（Alagoas）海岸被卡埃特（Caeté）印第安人吃掉了。最好的办法是将信仰灌输给这些人，与东方人不同的是，他们“缺乏任何信仰或宗教”。耶稣会士按照指令通过善意和榜样让他们皈依，同时使天主教“适应”当地文化，根据当地的实际情况调整术语和概念。早期的例子是由何塞·德·安切塔（José de Anchieta）[82]在1556年撰写的《图皮-瓜拉尼语语法》（*Grammar of the Tupi-Guarani Language*），这几乎成为该殖民地每个公民的必读书。

由于各怀不同目的，耶稣会士和殖民者之间的敌意很快浮出了水面。后者随时准备奴役印第安人，将此作为针对印第安人的“正义之战”的一部分；而前者则竭力保护他们新皈依的天主教徒，呼吁国王采取更有效的措施来做到这一点。这种压力导致了1570年王家令状的颁布，该文件禁止奴役印第安人，除非是出于“正义之战”的动机。国王被迫不断地对这些冲突进行调停，耶稣会士指责殖民者的贪婪，而殖民者指责耶稣会士意图控制该国。

随着时间的推移，耶稣会逐渐成为一个真正的强大的经济 28
集团。尽管起初它依赖王室的慷慨资助，但耶稣会士逐渐致富，他们出租房屋、土地，并控制着利润丰厚的香料贸易，这些香料种植在由他们控制的村庄中。他们的权力是如此之大，以致耶稣会在18世纪遭到了西班牙和葡萄牙王室的取缔。耶稣会士于1759年被驱逐出葡萄牙及其殖民地，1762年被从法国驱逐，1767 年被从西班牙和那不勒斯王国驱逐，最后直到 1773 年，教宗克勉十四世（Clement XIV，又译克雷芒十四世、克来孟十四世等）废除了修道会。直到拿破仑·波拿巴带来的彻底改变后，耶稣会才于 1814 年得以恢复，不过那是另一回事了。在殖民扩张时期，耶稣会士的历史与印第安人有千丝万缕的联系。

早在卡布拉尔到达之前

宗主国很快就了解到土著民族之间对抗的战略潜力，这些对抗是长期存在或是新近引起的。因此，在 16 世纪，葡萄牙人与图皮尼金人（Tupiniquim）结盟，而法国人则与塔姆伊奥人（Tamoio）和图皮南巴人结盟。之后，在 17 世纪，荷兰人与塔普亚人联合起来对抗葡萄牙人。塔姆伊奥人、塔普亚人、图皮尼金人——无论葡萄牙人给他们遇到的群体如何命名——有自己建立这些联盟的理由，他们在自己的习俗范围内对此进行了解释。用巴西现代主义诗人奥斯瓦尔德·德·安德拉德（Oswald de Andrade）[83]的话来说，“在葡萄牙人发现巴西之前，巴西就已经发现了幸福”。的确，土著居民已经拥有自己的社会、价值观、语言、习俗和礼节。

当克里斯托弗·哥伦布在 1492 年登陆安的列斯群岛时，这些岛上居住着大量讲阿拉瓦克语的泰诺人（Taíno），这些人很快因流行病和非人对待消失殆尽。这些土著群体在阿拉瓦克语中被称为“kasiks”（该词在西班牙语中衍生成“cacicazgos”），他们服从于部落首领或酋长。在美洲存在一个中央集权的政治体系，其中酋长是掌管村庄和地区权力的最高领导人，这些村庄和地区也具有等级结构。但是，与欧洲国家不同，这里没有

管理机构，也没有常备军。所有争端都由首领解决，在发生冲 29
突的情况下由首领召集他的武士。[84]

随着这种模式开始在整个殖民地扩展，它被命名为“卡西卡多”（cacicado，又译卡西克）。该术语是指具有区域中心、公共工程、集体和农业劳动、各种规模的住所、商品交易的商业网络以及针对埋葬的技术程序的聚居区。尽管有许多地区具有不同的等级结构，但所有这些社群的确拥有信仰和法治，即便他们的价值观与欧洲人的价值观截然不同。现代的地理划分导致了不同民族国家的产生，其基于殖民和“发现”的逻辑，毫不尊重原有的边界。因此，这些人在今天通常被称为美洲印第安人，因为尽管他们在语言上存在差异，但他们还是由文化纽带以及后来被称为美洲的大陆团结在了一起。

该大陆的命名是对意大利商人、航海家、地理学家和制图师亚美瑞格·韦斯普奇的致敬，他为西欧人民写作了有关“新大陆”的文章，并认为自己是第一个踏足这片土地的人，尽管实际上这片土地上已经有人栖居了大约 35000 年。这段遥远的过去却鲜为人知。然而，众所周知，大约 12000 年前气候更加温和，这导致两大洲逐渐分离，海洋出现在它们之间。因此，最为普遍接受的假说是移居者从亚洲东北部经由白令海峡的陆地迁移，逐渐遍布整个美洲大陆。最近的一个极富争议的假说认为，第一批移居者通过海上抵达并在巴西东北部海岸登陆。但是，可以肯定的是，在欧洲实现征服的前夕，不同的土著社会体系并不是孤立存在的，而是在地方和区域两个层级上都联系在一起的。此外还有一些商业网络，它们将居住在相距较远地区的群体联系起来。

这些广大聚居区中的第一个在亚马孙盆地周边形成。除了

对迷失的黄金国（El Dorado）和亚马孙人栖居土地的幻想进
行的更为华丽、花哨的记录外，16—17 世纪的编年史家们还
为我们提供了一些有价值的信息。种种迹象表明，当地人零散
30 地居住在亚马孙河沿岸，村庄散布在无人居住的土地之间。村
庄的规模和居民人数各不相同。众所周知，其中最大的沿河延伸 7 公里，具有等级制度以及政治和礼仪活动。记载中还提到了丰富的自然资源，包括鱼类以及玉米和木薯等农业产品的大量供应。在这些村庄中，许多村庄的陶器艺术已经发展起来，正如马拉若岛（Marajó）文化。马拉若岛文化扎根于位于今天的帕拉州沿海以及亚马孙河口的马拉若岛，其繁盛时期为公元 400 年到 1400 年。此外，政治制度千差万别。记载显示当时流行的是卡西卡多或首领制，以及由婚姻同盟组成的后裔群体。与巴西历史的官方版本不同的是，从最初的“相遇”开始，暴力就一直存在。殖民者通过暴力占领港口、洗劫村庄，与此同时，他们面对的是全副武装的武士、由独木舟组成的船队及射向他们的毒箭。

另一个得到当今广泛研究的区域位于欣古河（Xingu river）沿岸，欣古河是亚马孙河的主要南部支流之一。在这个地区，出现了一个多民族、多语言但文化上同质的社群。这一社群是非迁徙性的，以捕鱼和种植木薯为基础。这里丰富的自然资源意味着在 15—16 世纪大量人口生活于此，他们经常与其他文化进行有规律的互动交流，这与这些人作为孤立群体只与外界零星接触的传统形象大相径庭。欣古河流域的居民拥有一名首领，但不同的社会群体自治程度高，这就是他们的政治制度。

还有第三个区域，即与亚马孙雨林东部和南部接壤的塞拉多（Cerrado）草原。[85] 这是一大片灌木丛生的林地，是马克

罗-热（Macro-Jê）民族的家园。由于遭到安第斯人及其伟大文明的扭曲，同时受到图皮南巴人、图皮-瓜拉尼人和贬低这些群体的葡萄牙人的“透镜”的扭曲，这一群体陷入了某种“文化近视”。因此，多年来马克罗-热民族被描述为“野蛮人”，因为他们既不拥有村庄、农业、交通也没有制陶术。

实际上，是沿海的图皮-瓜拉尼人将该民族命名为“腹地”塔普亚人，从而抹杀了他们的个性。然而，重要的人类 31
学家，如库尔特·尼穆恩达朱（Curt Nimuendajú）、克洛德·列维-斯特劳斯（Claude Lévi-Strauss）和爱德华多·维韦罗斯·德·卡斯特罗（Eduardo Viveiros de Castro）等人的研究，都重新审视了灌木林地“热民族”（Jê）所谓的边缘化。“热民族”不再仅仅被视为游牧的狩猎采集者，而是经研究被认为是一个拥有复杂的经济学和宇宙学知识的民族。他们留下了有千年历史的园艺实践记录以及被称为“乌纳”（una）的陶瓷艺术，该陶瓷艺术自史前时代出现于整个地区，直到9世纪被其他传统形式的陶瓷艺术所取代，例如“阿拉图”（aratu）和“乌鲁”（uru）。[86]呈圆形分布的村庄，具有中央高原聚落的特征，其历史可追溯至约公元800年至1500年。印第安人在那里种植玉米和红薯。这些村庄由一到三圈房屋组成，有时被称为“奥卡”（oca）[87]，在村庄的中央有一个圆形的公共区域[88]，庆典和仪式在那里举行。这些村庄的人口比现今村庄的人口多，有800—2000名居民。巴西“热民族”的社会结构与热带雨林民族截然不同。他们是旅行者，住在大村庄，生存技术很简单，身体装饰很精致。尽管拥有社群机构和壮观典礼以及由此产生的等级制度，但他们并没有最高首领。

尽管“热民族”与普遍的亚马孙河流域民族和美洲印第安

人一样，没有像安第斯人那样留下某种纪念性建筑——这些建筑已成为评估美洲土著居民的基准——但他们的宇宙学确实非常复杂。爱德华多·维韦罗斯·德·卡斯特罗和菲利普·德斯科拉（Philippe Descola）等人类学家借用莱布尼茨（Leibniz）和尼采（Nietzsche）采用的一个哲学术语“观点主义”（perspectivism）来描述美洲印第安人宇宙学的某些方面。该概念基于这样一种思想，即观念和思想来自一种“观点”，而“观点”根据周围的环境而改变。这是一种非常复杂的宇宙学，但是可以通过审视它的两个主要前提来简化：第一，世界上有许多人类和非人类物种，它们都有意识和文化；第二，这些物种以非常特殊的方式彼此感知。每个群体都将自己视为人类，而其他所有群体
32 则被视为非人类，即动物或神灵。美洲印第安神话认为，在“最初”时，所有人类都变成了现在的动物。西方科学认为，人类是由动物变成的；而对于美洲印第安人来说，所有动物以前都是人类。这种差异的结果是产生了对人与动物之间相互作用的不同解读，美洲印第安人认为人与动物都是具有社会关系的“公民”。这一模式还质疑了西方的基本参数，例如“自然”和“文化”。对于西方人来说，存在一个“自然”（一种既定的和普遍的）和不同的文化（被建构的）。但对于美洲印第安人来说，存在一种文化，但有不同的“自然”，即人类、动物和神灵。

在不同“自然”之间的这种互动中，萨满起着至关重要的作用。他相当于政治、社会和精神领袖。对这一角色的了解对于理解不会区分人类和非人类的社会至关重要。他是唯一能够“驱赶尸体”并有权感知这些不同存在状态（人、动物或精神）的人。这些美洲印第安理论质疑我们普遍持有的偏见：我们认为印第安人拥有“神话”，而我们拥有“哲学”；他们

拥有“宗教仪式”，而我们拥有“科学”。这些是 16 世纪旅行者著作遗产留给我们的东西，他们将不同看成了低劣。认真对待这些在葡萄牙人到达之前已居住在美洲的群体，不仅意味着以我们自己的眼光思考他们的历史，而且意味着认识到已经存在并继续存在其他方式来理解我们现在称为巴西的土地。[89]

为全面了解这些土著居民，我们需要提及在葡萄牙人到达时居住在巴西整个沿海地区的群体：海岸线从北向南均由一个被普遍认为是同类的民族所占据，即图皮-瓜拉尼人。根据语言和文化差异，该群体可以分为两个子群。在南部，瓜拉尼人生活在巴拉那盆地、巴拉圭河和乌拉圭河流域，以及沿着从帕图斯潟湖（Lagoa dos Patos）[90]到位于今天圣保罗州的卡纳内亚（Cananeia）的海岸。从伊瓜佩（Iguape）到今天的塞阿拉州（Ceará）的北部海岸线主要生活的是图皮南巴人，他们大多活动在铁特河（Tietê）[91]和巴拉那帕内马河（Paranapanema）[92]之间的区域，还一些人居于内陆。[93]

正如亚马孙河流域的文化一样，图皮-瓜拉尼人靠捕鱼和 33
狩猎为生。他们还实践了被称为“刀耕火种”（coivara）的传统农业技术，先砍掉当地的灌木丛，然后点燃植被清理土地以种植轮作作物。瓜拉尼人的主食是玉米，而图皮南巴人则种植带苦味的木薯来制作面粉。这两个群体都受益于该地区的河流和海洋资源，他们都是擅长划独木舟的高手，16 世纪的编年史家们都充分注意到了这一事实。丰富的自然资源为大量人口提供了生计。据称图皮南巴人居住地区的总人口是 100 万，即每平方公里 9 人。瓜拉尼人居住的南部地区总人口是 150 万，即每平方公里 4 人。在该地区，特别多的印第安人居住在耶稣会传教士建立的村庄中。他们经常被动员起来参加战争（尤其是图皮南巴人）或者遭受所谓的“班德拉探险队”（bandeirantes）的奴役，用于帮助后者在内陆地区探险。“班德拉探险队”是一群热衷于探险的定居者，他们冒险进入未绘制在地图上的地区，寻求通过猎奴和开采贵金属来获取财富，从16世纪开始，大量瓜拉尼人被他们虏获。如前所述，“腹地”一词最初由瓦斯·德·卡米尼亚使用，指的是远离海洋的殖民地广阔的内陆地区。从15世纪开始，随着殖民地的扩展，该词（最初用于指葡萄牙远离里斯本的地区）被用来指称鲜为人知或人们一无所知的地区。

但是，随着时间的流逝，该名称开始指一个具有象征意义的空间而不是一个地理范围。“殖民定居点”是指天主教会控制的地方，而“腹地”则指的是这种秩序之外的广大地区，这些地区不久后将被探索以“开采”其资源，包括木材、矿产和印第安人。葡萄牙人之所以能征服该大陆的内陆地区，得益于他们与印第安人结成的联盟。皮拉蒂宁加（Piratininga）[94]是一个非常重要的例子。[95]为维持从16世纪中叶开始引入的制糖业（本书下一章的主题）这一新兴经济，对劳动力的需求大幅增加，敌对印第安人群体之间的战争也加剧了这种情形。

34 1548年，圣维森特（São Vicente）建城时，有3000名印第安奴隶在该领地的沿海地区工作，他们都可以在当地6个蔗糖厂工作。当地糖农开始与耶稣会传教士爆发冲突，后者于1553年到达该地区。耶稣会士要求内陆地区的印第安人定居在传教士的村庄中，这样做的直接结果是1570年通过的《印第安人自由法》，该法禁止奴役土著居民，除非出于“正义之战”的目的。因此，在1580年至1590年之间，从内陆地区带回大量被俘印第安人的远征队均是打着“正义之战”的幌子进行的。

在 1600 年至 1641 年之间，生活在圣保罗南部和西南部地区瓜拉尼语族的部分卡里霍人成了主要目标。这些“狩猎探险”在 1620 年代和 1630 年代达到顶峰，当时探险者公然无视法律，不顾耶稣会士的抗议，他们的数量和可支配的资源规模均类似于准军事集团。在曼努埃尔·普雷托（Manuel Preto）、安东尼奥·拉波索·塔瓦雷斯（António Raposo Tavares）和费尔南·迪亚斯·帕埃斯（Fernão Dias Paes）等人的指挥下，前往内陆地区的“班德拉探险队”导致当地人口大幅减少，并造成了探险家、耶稣会士和王室间极其紧张的气氛。

“班德拉探险队”在巴西历史上被描绘得如此英勇，以至于在 20 世纪初，圣保罗州就用他们的形象来象征“该地区的冒险精神和无畏精神”。尽管他们的探险带来的收益得到了高度赞赏——无畏的探险家在“危险的腹地”中发现了丰富的矿产资源，但作为这些探险队一大特征的暴力，包括对印第安人的虏获和奴役，却被人们轻易忘记了。事实是，形成于 16 世纪和 17 世纪的这一恶性循环是残酷且畸形的。由于沿海地区缺乏本地劳动力，越来越多的探险队进一步深入内陆地区，也就导致印第安人口在流行病和探险家们的攻击下大量丧生。

然而，尽管许多土著群体的人数都急剧减少，但图皮-瓜拉尼人在 16 世纪依然维持着卓越的政治和经济体系。他们以村庄为组织单位，每个村庄的人口约有 500—2000，他们与其 35
他有亲属关系的群体保持着密切联系。被称为“karaí”或“karaíba”的伟大图皮-瓜拉尼人萨满在这片土地上四处游走，救治居民并进行预言。正是在这样的背景下，图皮人的千禧年运动出现了，它预见了没有邪恶的时代的到来。在欧洲人到达之后，该运动采取了一种明显的反葡萄牙偏见。

除此之外，一些村庄还相互结成联盟，形成了多社区的社群。他们没有区域中心或权力超出村庄范围的首领。权力是非世袭的，必须在战斗中获得。有些部落首领以领导战争而闻名，即通过召集一些地方群体动员大规模军事力量。例如，让·德·莱里提到了马拉卡雅人（Maracajá）和图皮南巴人之间的对抗，在这场对抗中后者的武装力量总计达 4000 人。但是，这些战争的目的不是惯常的洗劫村庄并征服其土地。他们的动机为“复仇”，目的是俘虏囚犯，不为奴役只为杀戮。被俘者将在村庄中心的圆形公共集会场所“ocara”被人们吃掉。[96]当时所有的记录在这一点上都一致。那个时代的作家无人不提及图皮南巴人所进行的战争及食人主义。我们现在知道这些做法对这些族群的信念至关重要，这些信念创造了活跃的贸易和文化交流体系，但他们憎恶集权化和国家高于一切的任何形式。[97]

在殖民者到来之前，大批族群遍布整个大陆，在地方和区域各层面存在各种各样的社会、经济和政治制度。如果说卡布拉尔的到来对这些人来说是一场灾难，那就没有理由仅从生命、土地和文化方面来描述损失。历史不是静态不变的，联系和改变在今天仍在进行。美洲印第安人作为巴西境内的社会参与者，他们的习俗、宗教和信仰已经获得了更大的空间，尽管他们仍然代表着一个很大程度上被忽视的政治声音。虽然我们对他们的历史知之甚少，但没有理由相信他们是耶稣会士的被动灌输对象。葡萄牙演说家、耶稣会哲学家安东尼奥·维埃拉（António Vieira）神父[98]是“印第安人权利”的伟大捍卫者，他试图通过他的一次著名讲道来描述他在巴西认识的土著居

民。在对宣教任务仅取得了有限成功表示遗憾之后，他接着将 36
欧洲人和印第安人之间的差异与大理石和桃金娘灌木之间的差异进行了比较。他说，欧洲人就像大理石一样：难以雕刻，但是一旦雕像完成，它将永远保持原样。而另一方面，美洲印第安人则相反。他们就像一丛桃金娘灌木：乍一看易于雕刻，只是后来又恢复其原始形态。[99]这就是福音传道所要面对的现实。尽管美洲印第安人似乎没有反应就接受了新宗教，但他们“易于改变”或“更糟的是对新信仰和法律感到不适”，并总是回归到自己的社会习俗和宇宙观中。

然而，500年前，这片广阔的领土已被命名，但其疆域和内陆地区尚不为人所知，在这片土地上栖息着的人似乎囊括了一切“新”事物：一种新奇的人类形式。对欧洲公众而言，关于这片新土地的一切都令人兴奋且充满异国情调：居民、动物、气候和植物。

卡丁（Cardim）神父的论著《论巴西的气候与土地》（*On the Climate and Land of Brazil*），写于1583年至1601年之间，于1625年被翻译成英文（匿名人士翻译），最终在19世纪用葡萄牙语完整出版。然而，正如在进入16世纪时发行的文件经常相互引用一样，这位神父的评论很可能助长了公众的想象力，据此，“巴西”“巴西红木之地”“圣十字之地”“鹦鹉之国”现在已经成为同类相食的奇幻之地。卡丁神父进一步增加了其异国情调：在列举了巴西丰富的自然资源之后，他继续揭露了美人鱼和男性人鱼的存在，以及对当时葡萄牙作家来说必不可少的其他虚构生物。卡丁总结道：“这个巴西是另一个葡萄牙。”他的这一总结很精辟。然而，它远不止于此。巴西是一个不同的世界。

二　蔗糖文明

多数人的苦，少数人的甜

37 他在夜色中看到了那些可怕的炉子，它们永远在燃烧……车轮的声音、铁链的声音、与夜色同肤色的人们发出的声音，他们艰辛的劳作伴随着痛苦的呻吟，他们没有一刻能休息或是放松；他曾经体验过位于巴比伦的机械的轰鸣和混乱，也看到过埃特纳火山或维苏威火山的深处，但此时他丝毫没有怀疑，他已经看到了地狱的模样。

——安东尼奥·维埃拉神父

苦中带甜：蔗糖文明

很难理解这片位于天堂与地狱之间的土地是如何逐渐成为一个主要的制糖中心的，这里出售因“臭名昭著的人类灵魂交易”而产生的劳工所生产的“甜味”。是时候重新审视这段历史了，因为没有任何事件链是自然而然的，这也非众神的礼物。我们对相似的地点、产品和感觉的倾向是后天习得的，有时，这些口味在历史上的某个特定时期被创造或发明出来；我们识别出它们，它们变得熟悉起来。欧洲人在加勒比地区和巴西创建了公司和殖民地社会，它们还创造了糖。人类几乎用所有东西来制作食物，但因地区、社会阶层、时代和性别的不同，人们对食物的选择和准备工作也有很大差异。糖不仅是一种产品，还是行为准则和习俗的生产者。16 世纪，人们对甜食的渴望被广泛培养。的确，水果和蜂蜜早在此之前就已被用作甜味剂，但是渴望甜食的这种新口味转变成一种普遍需求， 38
发生在西方世界历史上某个非常特殊的时期。直到 1650 年，糖，主要是蔗糖——以前最稀有的奢侈品，才变得司空见惯，成了一种基本需求。

蜂蜜自人类历史早期以来就广为人知，但是糖，尤其是蔗糖——一种从甘蔗中提取的物质——出现的时间要晚得多，并且在过去的 500 年间才被广泛食用。[1]在公元 1000 年，只有极少数人知道糖的存在，但到了 17 世纪，贵族和富裕的中产阶级已经对它“上瘾”。糖被西医采用是因为它被认为具有治疗作用，它渗入了当时的文学想象力，并且经常出现在“上流社会”的餐桌上。

关于甘蔗的最早参考文献来自新几内亚，其历史可追溯至公元前 8000 年前后。据记载，两千年后，甘蔗被带到了菲律宾、印度，可能还有印度尼西亚。在印度，公元 350 年以后，才开始有规律地提及制糖的实际情况；在公元 500 年前后，这种现象就更加频繁了。公元 711 年，阿拉伯人入侵西班牙，将甘蔗带到了欧洲。他们确立了制糖技术和不同“甜味类型”的口味。除了将其用于医学和烹饪之外，糖还开始被用来仅仅为日常食品“增加甜味”，例如茶、面包和馅饼。到那时，在非洲北部和地中海许多岛屿上都可以发现甘蔗种植园，尤以西西里岛上最多。但随着十字军东征，糖的消费量明显增加，这在很大程度上是由于非洲和欧洲之间蔗糖贸易的扩大。[2]从那时起，糖就被列入包括胡椒、丁香和肉桂在内的贵重贸易商品的清单。它成了君主们的主食，也是公主们的嫁妆、贵族们的遗产等物品中必不可少的一部分。

香料贸易的发展和贸易商行进的路线基本都被文献较好地记载下来。然而，尚不清楚为什么这些产品如此受欢迎，以及是什么导致了欧洲富裕且有权势的人们培养出了他们食用辛辣食物的口味，其特点是用胡椒进行调味、熏制、制造香味、腌制、重油、辛辣，或仅仅是味甜。最有说服力的解释是，在这些产品到来之前，食物通常是单调乏味的。因此，用更多样的异国风味来满足即使最不寻常的口味——这受到了人们的欢
39 迎。糖也很容易保存。正是这些因素的结合确保了它在国王和商人手中作为欲望和权力对象的地位。不久，它就成为一种主要食品，为了满足需求的增长，糖的生产和销售投资也在增加。

葡萄牙王国里就出现了这种情况，它在这个市场中看到了解决在非洲和美洲所面临问题的方案。导致葡萄牙君主决定提高食糖产量的另一个原因是，以前在地中海地区尤其是在西西里岛和摩尔人统治的西班牙蓬勃发展的制糖业，已经开始衰落。因此，在葡萄牙恩里克王子（Prince Henry）[3]的赞助下，人们从西西里岛带出第一批甘蔗苗，将其种植在马德拉岛（Madeira）上，此处很快成了西方最大的单一甘蔗生产地。到16世纪初，此地已经生产了17.7万阿罗瓦（arroba）[4]白糖、23万阿罗瓦黑砂糖（Muscovado）[5]及其他劣质糖。[6]

但是，该岛上蔗糖贸易的增长与其衰退一样迅速。蔗糖贸易从那里迅速蔓延到了亚速尔群岛、佛得角和圣多美。最初，热那亚人和威尼斯人控制着这些大西洋岛屿上的贸易。然而，大约在1472年，弗拉芒商人接管了该贸易，当时由他们控制

着商品向葡萄牙市场的分销。一段时间以来，葡萄牙一直在与热那亚人和弗拉芒银行家建立商业和金融联系，使他们能够获得必要投资的信贷。实际上，尼德兰①早在西印度公司于 1621 年成立之前就对巴西产生了兴趣。葡萄牙与低地国家之间的贸易相当可观，荷兰的船只向葡萄牙港口供应来自北欧的商品——小麦、木材、金属和制成品——以及荷兰的产品，包括鱼、黄油和奶酪。在回程中，他们带走的货物有来自东非的木材、岩盐、葡萄酒、香料和草药，后来还加上了来自巴西的糖。在西班牙国王腓力二世和腓力三世[7]的统治下，作为新教国家荷兰的反对者，为防止荷兰船只进入，西班牙用船队封锁了葡萄牙的港口。不过，尽管时有中断，贸易仍在继续。

马德拉岛的种植园衰落之后，圣多美的甘蔗生产蓬勃发展了起来。到那时，奴隶已经被用来在种植园里工作了。仅在 1516 年，就有 4000 名奴隶登陆该岛；到 1554 年，当地人口已包括 600 名白人、600 名穆拉托人（mulatto）和 2000 名奴 40
隶。由于靠近非洲海岸，该岛后来成为贩卖奴隶至新世界的大西洋市场。当其制糖业在 16 世纪中叶衰落时，圣多美完全走向了贩运奴隶之路，从塞内冈比亚、安哥拉和贝宁获得“补给”。

事实证明，圣多美的蔗糖生产是将来在巴西开展该活动的绝佳训练场。生产方法、内部组织、奴隶与殖民者的人口比例——在该岛上汲取的所有经验教训后来都被应用于新大陆，甚至是奴隶起义，尤其是 1574 年的奴隶起义。在种植园主们

① 全称为尼德兰七省联合共和国，简称联省共和国，中文俗称荷兰共和国，是 1581—1795 年荷兰及比利时北部（弗拉芒地区）存在的一个国家，这段时间也是著名的“荷兰黄金时代”。

前往美洲殖民地之时，这些都是他们心中沉重的负担。尽管如此，葡萄牙人还是从经验中学到了东西。尽管他们对新大陆的领土范围没有确切的了解，但他们相对了解海岸线，并且知道有必要对海岸线进行殖民，即使只是为了防止沿海地区开始出现的外国入侵。另外，到那时，糖和其他香料在不断扩大的欧洲市场上的价格越来越高。

因此，仅以移民到新领土为目的的政策被新的殖民形式所取代，其目的有所不同——将移居殖民地的需要和赚取丰厚利润的需要结合起来。在此之前，葡萄牙一直仅限于出售其在新领土上发现的商品（就像殖民初期处理巴西红木的做法）。但此时，这家“殖民企业”旨在取得更大的成果，这就需要一种能够持续为欧洲市场服务的生产系统。对这块土地进行殖民的需求与为谋利而开发这块土地的愿望齐头并进。没有比甘蔗的单一种植更有利可图的。葡萄牙在甘蔗种植、营销和分销方面拥有丰富的经验。尽管王室距离控制整个领土还很遥远，但很显然，充足的土地可吸引大量投资。

因此，主要的目标不是使人口在此定居，而是要在这里大规模生产用于欧洲交易的特定产品。一种新型的热带殖民地应运而生，其目的是种植在温和的气候中蓬勃生长的作物，并且欧洲对此作物有持续的需求。他们的经济完全是为了供应欧洲
41 而非国内需求，因此有时连 1 盎司甘蔗也不会被留在殖民地供他们消费。

无论如何，这一系统是基于大量土地即种植园而建成的，专门用于单一出口作物的大规模生产。在这个新的时期，要想在经济上存活下来，就需要在相互依赖的经济体中进行高度专业化的生产，该系统旨在最大限度地利用殖民地的资源并在国

外获得利润。糖是满足所有这些要求的理想之选，它让欧洲消费者感到满意，后者对这种新型粉状甜味剂有无法满足的渴求。众所周知，需求可以被创造出来，而消费通常由时尚决定。例如，含有咖啡因的红茶在亚洲被用作兴奋剂，而在西方则因其镇静作用而被饮用。人们下午 5 点喝红茶，目的是晚上睡个好觉。[8]现在，糖已经成为狂热追捧的对象，它不再是一种药物，而是一种奢侈品：因为更甜，更美味，卡路里更多，让人更快乐。

糖传入巴西

糖在巴西的最早记录及其在巴西的生产计划可追溯至 1516 年，当时曼努埃尔一世[9]下令将锄头、斧子和其他工具分发给“要移居巴西的人”，还下令“找一个能干又熟练的人在那里建制糖厂……”[10]可以看出，这个想法是希望在新土地可能成为问题之前从那里获利。毕竟，这是“殖民的关键所在”：将人口迁居至新土地，但始终要考虑到里斯本的利益。

尽管还不成熟，但王室的计划慢慢得到完善。1530 年 12 月，马蒂姆·阿丰索·德·索萨（Martim Afonso de Sousa）指挥了一次远征，带着第一批甘蔗苗离开葡萄牙前往巴西。它们被种植在圣维森特的海岸线上，马蒂姆·阿丰索于 1532 年在那里建立了第一家制糖厂，它被称为“总督糖厂”（Engenho do Governador）。几年后，它被卖给了一个弗拉芒商人，并更名为圣若热·多斯·埃拉斯莫斯糖厂（Engenho São Jorge dos Erasmos），其废墟留存至今。1534 年，国王若昂三世[11]建立了世袭领地制。他将属于他的美洲殖民地的海岸线划分为 15 个部分，将它们授予 12 个葡萄牙贵族来管理。马蒂姆·阿丰索

42 获得了圣维森特领地，甘蔗种植园在那里蓬勃发展。但是，总的来说，世袭领地制的结果令人失望：有些领地甚至从未被殖民过，而另一些则遭到了印第安人的孤立和袭击。

实际上，自从巴西殖民化开始以来，土著群体就一直试图通过逃跑或拿起武器来抵抗葡萄牙人的统治。后一种策略为欧洲人提供了进行所谓的“正义之战”以奴役他们的借口。但是，由于他们处在自己的“地盘”上，个人成功逃脱的机会无数，事实证明，防止奴隶逃跑确实很困难。起义尽管很少见，但偶尔也有记录，在这些起义中，印第安人谋杀他们的主人并集体出逃。

到 16 世纪末，这些起义清楚地表明，形成鲜明对比的文化和经济正处于碰撞的过程中。葡萄牙人将这种类型的奴隶集体反抗（主要是土著群体的反抗）称为“圣战”（Santidade）[12]。在这些起义的背后是一种弥赛亚崇拜，预示着奴隶制和白人统治的结束，以及和平的未来。随着殖民化的进展，这些关于一个没有邪恶的时代的预言已明显地成为反葡萄牙精神。印第安人开始对甘蔗种植园发动袭击，收留逃奴。

这些起事中最重要的一次是 1580 年代爆发于雷孔卡沃巴伊亚诺（Recôncavo Baiano，即环巴伊亚湾区）[13]的雅瓜里皮（Jaguaripe）[14]圣战。起事者将宣称创建人间天堂的图皮南巴仪式元素与象征着未来救赎的罗马天主教象征结合在一起。尽管葡萄牙人派遣远征军进行平叛，但该团体仍继续发展壮大。1610 年，富裕的巴伊亚领地总督报告称该团体已壮大至 2 万人。1613 年，葡萄牙人开始了针对圣战的灭绝战，1628 年该团体销声匿迹。[15]

在领地制下取得成功的少数地区将甘蔗生产与（至少试

图）同印第安人和平共处相结合。从圣维森特到伯南布哥，所有被殖民的领地都种上了甘蔗，甘蔗苗是从马德拉和圣多美带过来的。在巴伊亚领地的塞古鲁港（Porto Seguro）[16]、伊列乌斯以及圣维森特都建起了制糖厂。马蒂姆·阿丰索·德·索萨引进甘蔗种植的尝试非常成功，到16世纪末，在巴伊沙达 43
桑蒂斯塔（Baixada Santista）[17]建立了十几个甘蔗种植园。

然而，获得劳动力的困难很大。造成这一情形的原因包括耶稣会士对印第安人日益高调的保护，以及后者频繁的成功逃脱。其他重要原因包括需要大量投资和不断需要抵御外国入侵。结果只有两个领地获得了成功：伯南布哥和圣维森特。但是，即使后者繁荣兴旺的甘蔗种植园也不能持久。该领地的受赠人于1533年返回葡萄牙，随着他的撤离，圣维森特领地直接受里斯本管辖，并成了一系列外国袭击的目标。1615年1月，荷兰海军上将约里斯·范·斯皮尔伯格（Joris van Spilberg）发动了致命一击：他入侵了圣维森特（现为圣保罗州）的海岸，进而对标志性的、曾经气势恢宏的圣若热·多斯·埃拉斯莫斯糖厂进行了突袭、洗劫并点火将其焚烧。面对如此持续的打击以及较少的激励措施，其所有者们都认为最好放弃该项目。

这些事件标志着甘蔗生产向东北部迁移的开始，以及随之而来的对欧洲出口量的急剧增加。人们发现该地区肥沃的冲击层土壤区域［当地人称之为“马萨佩”（massapê）］是甘蔗种植的理想之地。许多年后，在1930年，吉尔贝托·弗莱雷（Gilberto Freyre）[18]用诗意的方式对它进行了描述：“这是一片温和的土壤……马萨佩土壤的温和与灌木丛干沙土的可怕、愤怒的嘎嘎声形成对比……马萨佩土壤高贵且耐力强。它很有深度。”[19]弗莱雷以他惯常的方式将这种土壤描绘为注定要被用于种植甘蔗的，它也从而培育了巴西东北部独特的文化。而且实际上他是正确的：马萨佩土壤确实适宜种植甘蔗。该地区炎热潮湿的气候、将产品运输到海岸的巨大天然水道网络，以及与葡萄牙相对较近的距离——顺风和较短的距离大大缩短了行程，将甘蔗变成了葡萄牙帝国的“冠军”。重心也随之转移。葡萄牙帝国的注意力和战略措施不再指向印度，而是指向了巴西。

44 1535 年，伯南布哥的第一家制糖厂在该领地所有者杜阿尔特·科埃略（Duarte Coelho）的指挥下开始运转。从那时起，种植园的数量开始增长：1550 年有 4 个，1570 年增长到 30 个，到 16 世纪末达到 140 个。蔗糖的产量和产地都有所增加，种植园遍及整个地区，向南延伸至巴伊亚，向北延伸至帕拉伊巴（Paraíba）和北里奥格兰德（Rio Grande do Norte）。但制糖业真正繁荣起来是在伯南布哥和巴伊亚，尤其是在雷孔卡沃地区。巴西制糖业的黄金时期就这样开始了。到 16 世纪末，巴西殖民地几乎垄断了蔗糖市场，年产量达 35 万阿罗瓦[20]。甘蔗成了巴西身份的内在组成部分：整个殖民地都以其生产为导向，而王室则将其确立为王家垄断。

不过，蔗糖贸易很快就依赖于荷兰货船将货物运到北半球。[21]甚至有争议的是，正是因为荷兰人的商业和金融专业知识，巴西蔗糖业的繁荣才成为可能，且荷兰人也是该国甘蔗产业建立和扩展不可或缺的主要资本提供者。可以肯定的是，荷兰船只的使用量逐年稳步增长，因为它们比葡萄牙船只更快且装备更好。它们伪装成葡萄牙船只，由此承担了巴西和欧洲之间大部分的运输量。

葡萄牙人别无选择。无论他们多么努力地控制经营的每个环节，蔗糖贸易的指挥权都将从他们的手中逃脱，或者更确切地说，将从该作物生产地的所有者手中逃脱。蔗糖的主要进口商位于阿姆斯特丹、伦敦、汉堡和热那亚，[22]他们有权确定价格。因此，巴西的甘蔗经济日益国际化，并以自己的方式日益全球化。

另一个巴西：法国人和荷兰人

16—17 世纪，当其他欧洲国家觉察到另一块美洲殖民地
被“发现”时，巴西海岸就成了频繁入侵的目标。首先是从 45
马德拉岛到里斯本途中的阿尔及利亚和摩洛哥海盗，接着是法国、荷兰和英国私掠船，他们在大西洋两岸巡逻，袭击任何载有糖类货物的船只。从巴西起航的载有商品的船只也成了海盗的战利品。仅在 1588 年和 1591 年之间就有 36 艘这样的船被捕获。[23]葡萄牙的卡拉维尔帆船小而轻，重 80—120 吨，并且由于船员人数少，成了容易到手的猎物。耶稣会作家维埃拉神父将这些船称为“懦夫学校”，因为它们唯一的防御行动就是逃跑——这是一种鲜有成功的战术，由于船上通常装满了货物。1649 年，为了降低海上运输的脆弱性，葡萄牙人通过了一项法律，规定船只必须以船队的形式航行。从那时起，变得更大、更重的卡拉维尔帆船由更轻、更快、装备精良且备有大炮的盖伦帆船护航。

海盗并不是葡萄牙人必须面对的唯一问题。如第一章所述，法国无视《托尔德西里亚斯条约》，两次企图在巴西建立殖民地。第一次尝试是法属安塔提克的建立，由尼古拉·迪朗·德·维尔盖尼翁率领的一个大规模群体于 1555 年在里约

热内卢登陆，并在那里一待就是三年。尽管他逗留的时间很短，却引起了广泛的反响。从安德烈·特韦和让·德·莱里到蒙田的作品中，印第安文明都被树立为典范，更像是对欧洲文明的一种批判，而非源自对巴西土著居民的任何真正了解。

法国不断与葡萄牙作战，以获得与图皮南巴人和图皮尼金人的贸易控制权。建立法属安塔提克的努力失败后，法国人在1612年卷土重来，这次他们入侵的是马拉尼昂的圣路易斯，在那里他们试图建立名为“法属赤道”（Equinoctial France）的殖民地。[24]对于法国人来说，这次冒险并不是什么新鲜事，他们在该地区的经历可追溯至几年前。1594年，雅克·里福（Jacques Riffault）上尉出发前往巴西，但此次远征以失败告终。不过，部分船员留在了葡萄牙殖民地，包括夏尔·德沃（Charles des Vaux），后者后来回到了法国，并说服亨利四世接受殖民运动的必要性。此后不久，他开始了对“马拉尼昂岛”[25]的探险之旅。到那时，法国人已经在马拉尼昂岛上建立了据点，并获得了当地印第安居民的信任，甚至学会了他们的语言。

46 法属赤道殖民地是在法国王室的支持和摄政太后玛丽·德·美第奇的协作下创建而成的，后者特许在赤道以南建立殖民地，该殖民地从马拉尼昂岛上所建堡垒向两侧各延伸了50里格。她还指派了嘉布遣会的传教士为该地区的图皮南巴人传福音。在贵族丹尼尔·德·拉图什（Daniel de la Touche）的指挥下，1612年3月该殖民地建成，拉图什八年前因探索圭亚那海岸而出名，他带领3艘船和500名移民朝着现在的马拉尼昂州方向出发。他们到达法属赤道殖民地后在那里建了一个定居点，并以国王路易十三的名字将此处命名为圣路易斯。

1612年9月8日，嘉布遣会的男修士举行了第一次弥撒，象征性地宣称此地为基督教领地。

他们占领的领土地域辽阔，从马拉尼昂海岸一直延伸到今托坎廷斯州（Tocantins）北部。法国人还控制了帕拉地区的几乎整个东部和今阿马帕州（Amapá）大块区域。他们在托坎廷斯河（Tocantins river）两岸建立了包括卡梅塔（Cametá）在内的几个定居点，并在阿拉瓜亚河（Araguaia river）河口附近建立了其他定居点。葡萄牙的反应与入侵的规模成正比。他们将军队聚集在伯南布哥领地，从那里向着圣路易斯定居点进军。此次远征以1615年11月4日法国人的投降而告终。葡萄牙殖民者随后占领了该地区并引进了甘蔗种植。然而，法国人并没有放弃。他们之后还尝试在亚马孙河口建立殖民地，但再一次被葡萄牙人从那里驱逐出境。1626年，他们对今天的法属圭亚那进行了殖民，并终于取得了成功。尽管其首都卡宴（Cayenne）建立于1635年，但法国人直到1674年才取得对该地区的控制权。此后，该地区一直由法国政府管理。[26]尽管如此，法国人在1615年以后没有再尝试在巴西建立殖民地。

如果法国人的殖民尝试是偶然的，那么荷兰人的做法则大不相同。葡萄牙和荷兰之间的关系从来都不那么和谐，他们似乎注定要在新世界中针锋相对。[27]随着1580年阿维斯王朝的结束，葡萄牙的继承危机达到顶点，王位被传给了西班牙王室，这便形成了现在众所周知的伊比利亚联盟。在所谓的“腓力 47
王朝”时期，西班牙和葡萄牙两国共享的不仅有“王冠”，还有各自的殖民地。尽管“伊比利亚联盟”这个词是现代历史学家创造的，但它恰当地描述了这种情形：葡萄牙不仅受西班牙统治，而且还“收获”了西班牙的敌人，当然包括尼德兰。

那时的尼德兰也才独立不久。该国曾是由西班牙统治的哈布斯堡帝国的一部分。由于西班牙拒绝承认荷兰的独立地位，两国之间的关系十分紧张。作为葡萄牙曾经的盟友，荷兰和低地国家现在成了它的敌人。随着新形势的发展，荷兰人感觉入侵葡萄牙最富有的殖民地是合理的。毕竟，作为葡萄牙曾经的盟友，荷兰人曾掌控巴西蔗糖的商业化和提炼。至少从理论上讲，他们此时必须将此拱手相让。

他们没有拖延。1595 年，荷兰人掠夺了非洲沿岸地区，并于 1604 年对萨尔瓦多市即当时的巴西首府发动了进攻。[28]他们坚信可以指望当地军事防御的经验不足，并想象（事实证明是错误的）在征服这座城市之后，葡萄牙居民会接受他们。但是，他们对自己的军事力量是否能够捍卫该殖民地整个绵长的海岸线充满怀疑。[29]除了这些战略考虑之外，荷兰人还对他们可以在巴西赚取利润的前景深信不疑。他们还认为，荷兰的征服会削弱西班牙王室，进而削弱伊比利亚联盟。他们的计划很简单：攻击首府，即殖民地的关键区域。不过，1604 年的第一次进攻失败了，而距离荷兰人再次尝试还需要一段时间。

在相对平静的几年之后，葡萄牙的紧张局势再次升级。1621 年，荷兰西印度公司（Dutch West India Company）成立，这一事件将改变当时的局面并标志着两国之间休战的结束。该公司由国家以及私人金融资本家提供资金，其主要目的是夺取巴西的蔗糖生产区以及非洲奴隶贸易的控制权，这两项是高度互补的活动。正如葡属美洲最重要的编年史家之一安东尼奥神父[30]在 18 世纪初曾说的，奴隶是制糖厂所有者的“手和脚”，没有了他们，便不会有糖。

48 萨尔瓦多民众了解荷兰的意图，并料到会遭到攻击。自休战结束以来，西班牙和尼德兰之间的冲突再度爆发被认为似乎是很合理的，而且很可能会蔓延到葡属美洲。荷兰人对彼时巴西首府的下一次进攻发生在 1624 年 5 月 9 日，这一次他们占领了这座城市 24 小时。根据历史学家查尔斯·博克舍（Charles Boxer）的说法，“在这样一种情形下，人人都感到恐慌，以至于不论是白人还是印第安人，每个人都在寻找安全的藏身之所，甚至根本没有想过要反击”。

然而，荷兰人的控制仅限于这座城市的范围。在殖民地新总督——葡萄牙人马蒂亚斯·德·阿尔布开克（Matias de Albuquerque）和主教马科斯·特谢拉（Bishop Marcos Teixeira）的带领下，所谓的“好人”被集结起来进行反抗，阻止荷兰人侵占农场。他们采用的是游击战术，直到来自葡萄牙的庞大增援部队的到来，增援部队包括 56 艘军舰、1185 门火炮，以及来自卡斯蒂利亚、葡萄牙和那不勒斯的 12463 人，他们设法阻止了荷兰人的进一步入侵。葡萄牙下定决心绝不失去其最富有的殖民地。经受了长时间的战斗、伏击和缺乏食物，荷兰人最终投降。这次他们在巴伊亚待的时间将近一年。1627 年他们再度发起进攻，但在那一次荷兰军队规模较小，而这座城市的防御则做得更好。比起入侵，荷兰人似乎对洗劫这座城市更感兴趣，他们从这里拿走了 2654 板条箱糖（大约是雷孔卡沃地区年产量的六分之一），以及皮革、烟草、棉花、黄金和白银。[31]

但是，荷兰人拒绝放弃。他们将目光投向了繁荣富裕的伯南布哥领地，当时该领地在财富上可以与巴伊亚领地媲美。该领地的 121 家制糖厂唤起了荷兰西印度公司掌事者们的兴趣。[32]此外，从萨尔瓦多到罗安达的旅程需要 35 天时间，而从累西腓出发只需 29 天，这一差别荷兰人早就了然于胸。[33]他们在 1630 年初发起攻击，这次出动了 65 艘船和 7280 名人员。伯南布哥首府奥林达（Olinda）于 2 月 14 日陷落。

听闻这一灾难，马德里的第一反应是向里斯本发出命令，祈祷“避免更恶劣的后果”。宗教裁判所被告知要加倍努力并施加更严厉的惩罚，因为该事件只能被理解为“来自上帝的
49 惩罚”，因为释放犹太人和异教徒肯定激怒了上帝。但祈祷并不起作用，必须建立一支抵抗军。同时，他们还组织了名为“巴西游击战”（Guerra Brasílica）的游击运动。然而，在 1630 年至 1637 年间，荷兰人加强了对塞阿拉和圣弗朗西斯科河（São Francisco river）之间地区的控制。那时，一个名叫多明戈斯·费尔南德斯·卡拉巴尔（Domingos Fernandes Calabar）的本地种植园所有者因其背信弃义而在葡萄牙和巴西臭名昭著。卡拉巴尔叛离了葡萄牙军队，加入了荷兰人的队伍，并利用他对当地地形的了解帮助敌人行进。最终，他被捕获并遭处决。时至今日，他在巴西仍被视为一个有争议的人物：一些人视其为英雄，另一些人则视其为恶棍。他是葡萄牙利益的背叛者，或是另一个巴西即荷属巴西的捍卫者。

与其投决定性的一票，也许更明智的做法是描述抵抗战斗之后的和平时期。葡萄牙人尽管继续在内陆战斗着，但面对敌人弃城、弃塞而走，荷兰人已然觉得胜利在望，并开始投资被他们征服的殖民地。负责荷属巴西管理的荷兰西印度公司的治理机构——十九人委员会邀请了一名年轻的上校担任 1637 年至 1644 年期间的总督，此人为拿骚-锡根的约翰·毛里茨（Johann Moritz von Nassau-Siegen，后文简称拿骚或拿骚的毛里茨），是德意志伯爵，当时年仅 32 岁。拿骚到达该领地时，当时的情形极为令人沮丧：制糖厂被毁弃，民众感到惊恐、沮

丧，这种感受既是由于遭受的破坏也是因为将面对外国征服者的统治。

为了振兴经济并赢得信誉，拿骚将废弃的制糖厂以信贷出售，而它们的所有者们都逃到了巴伊亚。他重启到该地区的奴隶贩运（荷兰人入侵了非洲的许多奴隶市场），为购买工厂和设备提供信贷，并迫使地主按照他们拥有的奴隶数量成比例地种植有“国民面包”之称的木薯来解决粮食供应危机。作为一个加尔文派基督徒，拿骚伯爵颁布了宗教自由的法令，他对天主教徒很宽容，且根据当时的文件记载，他对所谓的“加密犹太人”（Crypto-Jews），以及此前一直秘密进行宗教信仰活动的新基督徒[34]也很宽容。犹太裔商人活跃于累西腓，在1640年代该地以拥有两个犹太会堂而自豪。拿骚还鼓励艺术家、植物学家和学者来到伯南布哥。

对荷属巴西进行描绘的为数不多的画作均由在此期间受拿 50
骚之邀来到伯南布哥的艺术家们绘制。大多数葡萄牙绘画在本质上都是宗教性的，旨在用于教堂，因此在这一时期不得不提的艺术家包括弗兰斯·波斯特（Frans Post，1612—1680）和阿尔贝特·埃克霍特（Albert Eckhout，1610—1666）。波斯特作为拿骚的随行人员，抵达巴西时年仅24岁。除了他于1612年出生在莱顿市外，他的生平鲜为人知。他的出生地莱顿集中了在当地大学接受培训的重要的艺术家们。他描绘了不计其数的港口和堡垒景观，并且似乎对伯南布哥、马拉尼昂和巴伊亚平静的热带地区情有独钟。由于缺乏对当时的日常生活描绘，他的画作已成了假想巴西的一部分，仿佛忠实地描绘了17世纪的荷属巴西，但它们并没有。在荷兰，大多数画家都描绘家庭和城市场景，而弗兰斯·波斯特更偏爱巴西的自然风景。多云的天空，宏伟的瀑布，孤立的房屋，如天堂般河流上的船，奇异的水果和动物——所有这些都是对和谐、未知的热带地区的描绘。

阿尔贝特·埃克霍特也到访过拿骚管理的荷属巴西领地，在那里他专注于描绘该地的印第安人和水果。埃克霍特的画作最初被视为一种可靠的人种学来源，他的画作中的细节实际上揭示了许多民俗元素。这位艺术家为观众提供了他们想看到的东西——“这些食人族异乎寻常的做法”。这一定是为什么在一幅描绘一对平静的塔普亚夫妇的画作中，埃克霍特坚持要把他们死去的敌人的手和脚加到他们背在背上的篮子里面，明显地暗示了食人的做法以及围绕这一做法的故事。除了埃克霍特和波斯特，扎卡赖亚斯·维根涅尔（Zacharias Wagenaer，1614—1668）也留下了丰富的绘画遗产，这些绘画作品表现了非洲桑构（Xangô）崇拜的舞蹈、马西亚庇（Maciape）的制糖厂和累西腓的奴隶市场。

拿骚这个名字的重要性超出了他对艺术和商业的鼓励措施。拿骚伯爵对累西腓市所做的改进影响深远，该市取代奥林达，被荷兰人升为荷属巴西殖民地首府。在靠近港口的破败区域，拿骚修建了毛里茨城（Cidade Maurícia），该城以拿骚本人的名字命名，由建筑师彼得·波斯特（Pieter Post）设计。这座新城是荷兰首都的热带复制品，建在由运河相交的网格系统上。新城大大改善了缺乏保障的卫生状况和住房条件，据估
51 涉及约7000人口。这座城以毛里茨斯塔德（Mauritz-Stadt）的名字出现在加斯帕尔·巴莱乌斯（Gaspar Barlaeus）于1647年在阿姆斯特丹出版的作品中的地图和全景图上。这位总督还在此建造了宫殿、加尔文派教堂和巴西第一座天文台（该天文

台记录了1640年发生的一次日食)。他还命人铺砌了一些街道并修建了污水处理系统。他下令在所有街道上铺上沙子以防止洪水泛滥。人们必须每天这样做两次，否则将面临6弗罗林的罚款。任何“在街上扔垃圾的人”[35]或将甘蔗渣[36]扔进河流、水库的人会被处以同样的罚款，因为这样做有碍淡水鱼的繁殖，而当地人口以食用淡水鱼为生。拿骚还下令修建了三座桥梁，它们是将在巴西开建的主要建筑中的最初几座。

拿骚的毛里茨在累西腓创建了一个大型的“休闲花园”，这里也是种植珍稀水果的果园，有852棵橙树、5棵柠檬树、80棵甜青柠树和66棵无花果树。这里还专门种植了700棵椰子树，作为从世界各地带来的动物的栖息地。其中包括许多种鸟：剃刀嘴凤冠雉[37]、鹦鹉、孔雀、鸽子、火鸡、鸭、天鹅和珍珠鸡。另外还有蜘蛛、陆龟、长鼻浣熊、食蚁兽、吼猴和绒猴，包括老虎和美洲狮在内的大型猫科动物，来自佛得角的山羊，来自安哥拉的绵羊，以及鱼（为这些鱼还造了两个水族箱）。对作为拿骚随从到来的科学家而言，这个花园就是实验室。研究自然环境、热带气候和疾病的威廉·皮索（Willem Piso）医生以及植物学家、制图师乔治·马克格雷夫（Georg Marcgrave）就是其中的科学家成员。拿骚伯爵在他的宫殿中搜集了许多珍奇物件，包括弓、箭、矛、吊床、用羽毛制成的原住民装饰品、用蓝花楹和象牙打造的家具，所有这些都是在巴西制成的。[38]

拿骚在巴西非常受欢迎，由于其对殖民地的痴迷而获得了“巴西人”的昵称。但是，在荷兰当局的压力下，他不得不于1644年返回欧洲，同年也标志着荷属巴西走向衰落的开始，尽管此前该殖民地被认为将永远存续下去。

次年，反对荷兰人的巴西游击战再次爆发。被称为“重新征服”的战争一直持续到1654年，葡萄牙军队和巴西军队
52 再次联手起来驱逐“入侵者”。“殖民者”和“入侵者”这两个术语表达了当地人的情绪和气氛。在和平时期，荷兰人被称为“殖民者”，而此时他们再次成了“侵略的入侵者”。当时的国际形势也极为复杂：1640年，葡萄牙人奋起反抗西班牙王室，恢复了葡萄牙君主制。若昂四世[39]作为布拉干萨王朝的第一位国王登上了王位，并受到了当时葡萄牙议会[40]的称赞。尽管这标志着伊比利亚联盟的终结，但葡萄牙和荷兰之间的关系仍然充满敌意。两国之间在1580年以前就已存在的和平关系没有得到重建。荷兰人占领了巴西领土的很大一部分，也没有迹象表明他们打算离开。安德烈·维达尔·德·内格雷罗斯（André Vidal de Negreiros）和当地最富有的地主之一若昂·费尔南德斯·维埃拉（João Fernandes Vieira）作为领导者在伯南布哥组织了一次起义，非裔巴西军事领导人恩里克·迪亚斯（Henrique Dias）和印第安人菲利普·卡马拉奥（Filipe Camarão）也加入了他们。

1648年至1649年之间发生在累西腓以南10公里处的瓜拉拉皮斯（Guararapes）的两场战役，被视为巴西民族形成的基石，尤其是在伯南布哥。子孙后代对这个故事做了进一步阐述，称颂了该地区的多民族人民为争取巴西的解放而团结起来。随着时间的推移，“重新征服”一词获得了激起情绪的力量，直到今天，葡萄牙和巴西人都将其视为“正义”的胜利并进行庆祝。[41]大多数时候，历史都是由获胜者撰写的，而在这一事件中，荷兰人是失败者。今天我们已经知道，除了卡拉巴尔，还有许多制糖厂所有者、甘蔗收割者、新基督徒、黑人

奴隶、塔普亚印第安人、贫穷的梅斯蒂索人和其他最贫穷阶层都支持荷兰人。对抗荷兰人的这支军队丝毫没有展示由该国三个种族——印第安人、黑人和葡萄牙人组成的统一战线。

战争持续了数年，当起义者占领内陆地区时，荷兰人控制着累西腓。但是，巴西人的起义并不是荷兰人垮台的唯一原因：荷兰西印度公司本身正处于危机之中，且无法再找到投资者。除了缺乏资金外，还有文化冲击的因素，这体现在尽管葡
萄牙人在宗教上倾向于教条主义，而在政治和经济方面则颇 53
为非正统，但荷兰人则恰恰相反。他们对宗教习俗宽容，但在与负债累累的地主打交道时极为严苛。最终，经过这么多年的冲突，他们根本无法再获得资助在巴西的军事行动所需的资源。

1654 年，一个葡萄牙中队抵达并封锁了累西腓，荷兰人最终投降。这场葡萄牙抵抗运动被称为“神圣自由战争”，其重点是在整个地区建立联盟，尤其是与对荷兰人要求高额税收不满的土地所有者结盟。1661 年 8 月 6 日，在英国王室的干预下，有关《海牙条约》的细节终于达成共识：葡萄牙人将保留非洲和美洲所有被入侵的领土，并向荷兰支付 400 万克鲁扎多的赔偿金。巴西政府开征了税款以帮助支付这笔赔偿金。要想知道这项税收投射的阴影有多长，就需要了解到它直到 19 世纪都仍然有效，尽管赔偿金很早以前就已经全部付清。伯南布哥人对必须为自己赢得的战争付出代价感到愤慨。也许在那时，未来将在该州爆发起义的种子早已播下，最凶猛的起义浪潮将在 19 世纪席卷而来。[42]

但是，至少在当时，和平已经重新建立，伯南布哥领地可以重归制糖的艰巨任务。反抗荷兰人的战争只是这一时期巴西

好战气氛的一个例子，恰如“人人皆与对方为敌”。除了对遭受另一国占领的担心外，还有美洲印第安人和被奴役[43]的非洲人的阴郁愤怒。在这样的社会中，每个公民都携带武器，并且从未放下武器。

在强迫劳动的土地上

巴西现已建立一项完全基于甘蔗单一栽培的重要事业。种植园周围还开展了其他一些小规模活动，例如生产维持生计的食物，尤其是种植木薯和饲养牲畜。牛是土地耕种、甘蔗的碾
54 磨和运输以及为人口提供食物所必不可少的。除了以蔗糖为基础的社会，在东北部的内陆地区基于牛和闲置劳动力的充裕还发展了“皮革社会”。

在巴伊亚的卡舒埃拉（Cachoeira）和雷孔卡沃地区以及该领地的更北部发展了烟草种植。这些地区的烟草产量加起来占全国总产量的90%。这些地区生产了各种烟草，其中最精制的烟草被出口到了欧洲。较粗的品种被用作在非洲沿岸换取奴隶。烟草生产是对甘蔗生产的补充。因为它可以小规模生产，于是发展出了许多小农场，主要由种植木薯的农民或到达殖民地时几乎身无分文的葡萄牙移民经营管理。烟草还帮助稳定了葡萄牙的贸易平衡，因为王室垄断了烟草在殖民地的生产。然而，不存在烟草与甘蔗就重要性而竞争的风险，也不存在滋养可能与甘蔗种植者抗衡的地主阶级的风险。

为了使制糖系统正常运转，使磨轮保持转动，保持劳动力供应至关重要。如前所述，在16世纪围绕巴西红木的生产中，使用土著居民作为工人已经成为一个棘手问题。在甘蔗生产时代，情况变得更加严重。修道会，尤其是耶稣会，竭尽所能阻

止奴隶劳工的使用。除其他论点外，他们还声称，土著居民是“叛乱者”“游手好闲者”且拒绝在这片土地上定居。今天，我们知道，与屈服于一种以一个人拥有另一个人为前提并使用暴力作为其一贯手段的奴隶制的其他任何人类一样，美洲印第安人并不是更加反叛的或“更不愿意劳动的”。但是，实际上，当涉及印第安人和非洲人的待遇政策时，教会和殖民者之间存在广泛分歧。

殖民者与教会之间围绕奴役印第安人的斗争永无止境，关于强迫土著劳工问题的错误看法也是如此。教会基于道德考虑的观点是，印第安人“不适合”从事农业劳动。然而，这种假定的所谓“缺乏适应能力”实际上揭示了欧洲人和美洲原住民对日常生活的看法迥异。印第安人对“盈余”的概念漠 55
不关心，他们关心的是社群的福祉，是耕种与消费之间的互惠，即为家户生产。在原住民社群中，地位并非来自经济能力。葡萄牙人将这种对劳动的不同理解解读为缺乏精力或能力。实际上，这是一种由对世界、社会关系和生活基本必需品管理完全不同的概念产生的结果。

除了这些差异之外，天花等疾病，甚至还有他们对土地的深刻了解，也是促使印第安人逃离不断进击的殖民者的原因。他们的首要目标就是避免被抓获、被奴役。同时，教会继续宣扬其传福音的使命是道义和基督教的责任。印第安人是“成群的”可信归正宗（Reformed Christianity）信仰的潜在皈依者。

然而，与历史书籍上流行的传统观点，即印第安人的灭亡促使了非洲奴隶的输入相反，我们现在知道，印第安人实际上在很长一段时间内仍一直被奴役。例如，圣保罗人

(Paulistas)[44]一直监禁着印第安人直到18世纪，他们要么出售印第安人，要么将其作为在皮拉蒂宁加（Piratininga）高原的种植园中工作的奴工。圣保罗人不但攻击了建立在巴拉圭河地区的耶稣会传教区，而且从1640年开始，在殖民者进入该地区之前，他们实际上已经大批屠杀了整个东北部灌木林地中的印第安人。这场针对印第安人的运动被称为“野蛮人战争”，一直持续到18世纪中叶。[45]圣保罗人和耶稣会士的利益是截然相反的，这导致他们不断破坏对方的行动。

实际上，对于制糖这样的行业，要维持繁荣的市场，就需要长期、稳定且完全不涉及宗教和道德争议的解决方案。因此，就产生了有利可图的蔗糖贸易与人口贩运之间的结合。一方面，葡萄牙帝国在整个非洲西海岸都有贸易站；另一方面，葡萄牙商人通过控制南美大陆的内部战争可以将被征服者变成俘虏，进而复制非洲大陆的奴隶制度。[46]

56 确实，非洲存在各种形式的奴隶制。但是，关键的区别在于发展进程的规模和系统性质，其中涉及引入产生巨额利润的商业体系，首先是非洲交易者，然后是葡萄牙人，最后是巴西商人。奴隶的购买和分配成了殖民地产生的收入的预付款。劳动力供应和甘蔗销售都被葡萄牙王室所垄断。殖民地几乎没有留下任何财富：既没有甘蔗，也没有其产生的利润。

逐渐地，越来越多的巴西人开始贩运奴隶。记录显示，大约在这个时候，许多奴隶贩子开始被称为“巴西人”，可能是为了将他们与葡萄牙裔殖民者区分开。在某些情况下，尤其是在18世纪，由荷兰人控制的非洲奴隶市场拒绝与葡萄牙人交易，却继续与巴西人交易。毕竟，巴西人带来了卡沙夏(cachaça，或称巴西甘蔗酒)[47]、烟草和皮革，他们用这些来交换奴隶。

说来有些矛盾，非洲奴隶制在伊比利亚半岛有悠久历史，且在大西洋蔗糖贸易扩张时期进一步延长，这使葡萄牙人对非洲人变得非常熟悉，并使他们了解后者各自的优势。早在16世纪，葡萄牙文件中就已详细记录了非洲多个民族学习制糖技术的能力。这就是为什么第一批从安哥拉和几内亚抵达巴西的非洲人立即被分配了专门任务，例如提纯、煮糖以及监督生产过程。实际上，来自西非的许多奴隶已经在锻造、农业、给牛打烙印和养牛方面拥有丰富的经验。这并不意味着他们就是“自愿的奴隶”，事实却恰恰相反。

随着时间的推移，非洲奴隶制与制糖过程之间的联系越来越紧密，直到这两种现象被认为实际上已密不可分。奴隶制在巴西殖民文化中的根植体现在当时所使用的术语中：印第安人被称为“土著人”或“黑人”（negro），非洲人被称为“几内亚”黑人或“土著”黑人。因此，“黑人”一词已成为代表“奴隶”的通用术语，标志着殖民地经济所依赖的黑、白两
极。葡萄牙语采用的表示肤色层级的单词类别，完全不是一种 57
没有歧视的标志，反而是语言工程领域一项名副其实的练习，旨在区分身体特征、行为特征和不同的心态。殖民地社会结构很复杂，但乍一看似乎比以前更灵活。美洲原住民经过宗教教化后成了王室的奴仆，而奴隶则皈依了基督教。但实际上，整个殖民地都采用了奴隶制，这样形成了一个二元对立的社会，即地主与奴隶的对立、白人与黑人的对立以及土著与非洲人的对立。

尽管就味觉而言，甜味和苦味是两回事，但按照制糖业的逻辑，它们却是密不可分的。运奴船从来没有闲着。载满了白糖（颜色越白，纯度越高）和来自非洲各个国家的黑皮肤奴

隶“货物”的船只在大西洋的两岸来来往往。葡萄牙议会、阿姆斯特丹和伦敦的商业机构、亚马孙雨林、非洲的贸易站，尤其还有美洲的甘蔗种植园均裁定奴隶劳工合法。[48]正如维埃拉神父所述，一个新的地狱被建在遥远的巴西土地上。这个地狱不再由巴西红木的红色染料制成，而是由制糖厂的火炉和奴隶流着血的尸体制成的。

一种新的“蔗糖逻辑”

从16世纪初开始，殖民事业的各个方面都依赖甘蔗生产：从定居点的形成、城镇和领土的防御到财产的划分、不同社会群体之间的关系，甚至是对首府的选择。1548年，若昂三世通过王家令状任命了总督和将在该殖民地留驻的其他王室代表。第二年，第一任总督托梅·德·索萨（Tomé de Souza）到达了在当时几乎荒废的巴伊亚首府，并立即着手在沿海地区建立殖民地首府。该市被命名为“诸圣湾的萨尔瓦多”（Salvador da Bahia de Todos os Santos），一直作为巴西殖民地
58 的首府，直到1763年迁至里约热内卢。萨尔瓦多成了政府、最高法院和首席王室检察官的驻地。它成了最初的巴西红木及后来的蔗糖的出口中心。但并不是所有的领地都如此幸运。它们中的大多数深受隔绝和印第安人袭击之苦，以至于从王室提供的激励措施中几乎捞不到任何好处，这些措施包括免征百分之十的什一税和其他财政优待。

尽管王室试图控制殖民地，但权力分散还是显而易见的。无论从字面上看还是从象征意义上看，权力都被保留在“华屋”（casa-grande）和“糖厂”（engenho），[49]它们是殖民生活、指挥部和等级制度的中心。“糖厂”一词最初指制糖厂本身，

后来泛指与制糖有关的一切，包括制糖厂、土地、种植园和附属建筑。

“华屋”位于制糖厂附近。它不仅是土地所有者的住所，还用作堡垒、旅馆和办公室。这些房屋中有一些是两层楼的，但即使如此，在大多数情况下，它们也并非雄伟壮观的建筑。直到 17 世纪，它们的外观都很低调朴素，墙是糊了泥巴的栅栏，屋顶是用茅草[50]盖的。然而，土地所有者，尤其是沿海地区“糖厂”的所有者，使这些房屋成为他们在殖民地获得的社会地位、经济和政治权力的标志。安东尼奥神父称这些地主拥有所有人渴望的地位，并且“得到了服侍、服从和普遍的尊重”。他们构成了一种基于财富和权力的贵族，而非欧洲国家的世袭贵族。

在殖民地，授予贵族头衔是为了表彰其提供的服务，但贵族头衔也可以买卖。不过，那些追求贵族头衔的人没有蔗糖贵族享有的持久权力。正如旅行者亚历山大·冯·洪堡（Alexander von Humboldt）指出的那样：“在美洲，每个白人都是绅士。”在劳动力由非洲奴隶组成的领土上，仅仅是身为白人这一事实本身就被认为是一项优点，且他有权被视为贵族。1789 年，一名王室雇员注意到，在该殖民地，“一个拥有很少财产且出身卑微的人，可以让自己拥有最崇高的贵族风范”。[51]即使是学识渊博的地方法官和富有的商人也渴望成为贵族。

巴西贵族的身份是由他们没有做的事情界定的。体力劳 59
动、经营店铺、做工匠活以及其他类似活动都是由土著居民和奴隶来承担的。这可以解释为什么在巴西持续存在对体力劳动的偏见，体力劳动被认为是“劣等”活动，且普遍受到蔑视。

另外，“贵族”的收入来自租金和政府职位。然而，最好的事情是成为蔗糖贵族，身边围绕着众多的亲戚、仆人和随从。资本、权力、权威、奴隶主身份、参与政治、作为拥有众多亲戚的大家庭户主，这些都是主导殖民社会的这种新“贵族”共同的外部标志。这种基于大家庭的模式持续存在于整个制糖时期。尽管生物性家庭构成了“糖厂”的核心，但是奴隶主的随行人员还包括领养的孩子和这个大家庭为其提供住房的其他人，[52]以及亲戚、仆人和奴隶。

此外，如果把这些土地所有者家庭当作一个整体来看的话，他们中很少有葡萄牙贵族，旧基督徒就更少。自曼努埃尔一世统治时期葡萄牙设立了宗教裁判所以来，罗马天主教徒的后代即“旧基督徒”与最近皈依的犹太人的后代即“新基督徒”被予以区分。许多蔗糖贵族尽管既有风度又有气度，但实际上是新基督徒，他们是投入大量时间和资金进行甘蔗生产和销售的富裕移民商人的后代。经历了与旧基督教家庭的几代联姻之后，这些土地所有者开始建立神话般的系谱，与贵族家庭建立起遥远的联系。

但是，无论他们是否出自贵族，他们都会如同自己是贵族一样“重塑”自己。有许多记录描述了地主如何穿着精美的衣服，戴着白帽子，踩着锃亮的靴子在街上进行仪式性的游行。早起的地主在黎明之前已经盘点财产，下达工单，并检查了前一天的任务是否圆满完成。他们还喜欢参与某种社交活动，让自己的沙龙总是宾朋满座，并乐于组织娱乐和郊游活动。当地村民和榨甘蔗的工人们会毕恭毕敬地向他们打招呼，他们常常给这些人取绰号，以此作为家长式统治的一部分。

60 这种权力排场的重要组成部分包括奴隶主的家人穿着来自

国外的最华美的衣物，提供盛情的款待，并炫耀“华屋”的豪华内饰，“华屋”的建筑在17世纪变得越来越雄伟壮观。这些两层“华屋”的风格和大小各异。然而，所有这样的房屋都有大窗户、遍布房屋四周的阳台和优雅的柱子。它们通常被建在“糖厂”的最高处，这样从远处就可以看到它们。这些房屋设有大量卧室，是为家人及其“收留”的人员准备的，包括配偶的父母、侄甥、孙辈、政治同盟、商人、亲朋好友和家庭神父。除此以外，还有接待室、餐厅、小礼拜堂、办公室、储藏室和厨房。与“华屋”相连，实际上也作为该“华屋”的延伸处有一个小教堂。这是一种朴素低调、颜色纯白，但足以举办洗礼、婚礼和葬礼的小教堂。它们通常是低矮的砖砌建筑，仅有一个祭坛。土地所有者通常十分重视他们的小教堂，并经常在遗嘱中表明他们希望被葬在这里。

无论是建在“华屋”的内部还是分开建造，这些教堂都是这个世界中的基本元素。在星期日和公共假日，它们设有的几张木凳和椅子不足以容纳所有来参加弥撒的人，这些人包括奴隶主的大家庭成员、当地农民、邻人和围着“糖厂”生活的其他人。奴隶也被召唤来参加宗教仪式，那些以前在非洲没有被洗礼的奴隶在仪式上受洗。罗马天主教是这个甘蔗和强迫劳动世界的中心。因此，奴隶主选择一个儿子在圣职中过独身生活是一种既定的传统。大儿子将成为“糖厂”的继承人。二儿子通常注定要为王室服务，无论是在行政、法律方面还是为王室而战。而且，如果一个奴隶主“生来有福”——这通常是由他的后代数量，最好是男性后代的数量来衡量的——那么他的第三个儿子将成为一名神职人员。土地所有者就这样确保了与政府和教会的联系，这两者都支持制糖业。

奴隶主家餐桌上丰富的食物是富裕的另一个标志。这个家
61 庭绝不会没有糖，大量糖被运至厨房，主要用于制作由玉米、椰子、百香果、香蕉、格尼帕果（genipap）和芒格巴果（mangaba）[53]制成的甜点，以及蛋糕和糖果。这些甜点中的许多都被赋予了感性的名字，有些表达了亲密，例如，“爱的戒指”、“爱的纽带”、“爱的蛋糕”、“丈夫发胖剂”或“调情”；而其他名字则具有宗教色彩，例如，“夏娃的布丁”、“天降吗哪”或“修女的梦”。[54]顺便提一下，这些虔诚的名字表明殖民地的家庭主妇延续了葡萄牙甜点师修女的传统（并且可能与以下事实有关：一些较大的“糖厂”在其土地上建造了女修道院）。[55]今天在巴西仍然使用“要赢得朋友先得赢得他的胃”这一表述并非偶然。[56]

然而，没有“棚户”（senzala）即奴隶的住处就没有“华屋”。正是这两个明显的对立面——实则紧密相连——成了吉尔贝托·弗莱雷于 1933 年出版的关于巴西社会形成的标志性论述作品《华屋与棚户》（*Casa-Grande & Senzala*）的主题，他在书中讨论了有关奴隶主与奴隶之间关系的矛盾。该书标题中的“&”将这两者联系起来，表明这位伯南布哥人类学家了解这两个极端之间相互关联的重要性。他用“平衡经济和文化上的对抗”这样的词组来论述家长制和暴力，以及双方之间的谈判在日常生活中是如何共存的。[57]

“棚户”这个词来自金邦杜语[58]，意为“在农业地产上劳动的工人的住所”或“与主屋分开的住宅”。在甘蔗种植园的棚户中安置着数十个甚至数百个奴隶，他们的双手和手臂经常被绑着，躺在泥土地板上，卫生条件令人毛骨悚然。拥有大量奴隶是声誉和富足的标志，因此奴隶主更偏爱数量而不是品

质。种植园的情况各不相同：在某些种植园中，奴隶被集体安置；而在另一些种植园中，男女被分开安置；还有少数情况是夫妇与孩子被分开安置。在东北部，大部分的“棚户”由排成一排的相邻小屋组成，这些小屋与“华屋”有一定距离。监督者在晚上会给他们挂上锁，为防止他们逃跑，也为了施加纪律并控制奴隶醒来及睡觉的时间。奴隶的休息时间少，同样缺少的是卫生条件。“棚户”既没有光照也没有窗户，所以那里不仅永远处于黑暗，而且人满为患，使他们感到窒息。小屋通常是泥墙茅顶的，非常脆弱，导致当时的许多旅行者对其简 62
陋外观发表评论。[59]没有“棚户”就没有“华屋”，两者就如同一枚硬币的两面。

相比之下，奴隶主们则以“贵族”的象征来包围自己：精美的衣物、昂贵的家具、纯种马匹、在文盲之地的文化水平，以及最重要的指挥权。巴西生活与里斯本生活不同的另一个方面是，殖民者根据肤色层级划分的各种文化的共存。由于非洲人和印第安人被视为异教徒，即使他们已经受洗或转变成了奴仆，这两个群体都没有任何权利。因此，“土著”和“乡村印第安人”之间的区分，或者非洲人中“波萨尔人”（boçais，意为刚从非洲来的奴隶）和“拉迪诺人”（ladinos）[60]之间的区分，代表了不同的文化类别，这些文化类别标志着内部层次结构中包容性和排他性之间的区分。

肤色成了基本的社会指标。肤色的类别是可变的，并且根据时间和地点而变化，但它们总是定义社会地位。对殖民地早期葡萄牙人和印第安人之间或白人和黑人之间产生的混合种族群体是单独进行分类的。在殖民地的日常生活中还有进一步的细分：奴隶主和奴隶的混血孩子被称为梅斯蒂索人；印第安人和黑人的混血被称为“黑崽子”（cabras）；莫雷诺人（moreno，源自“Moor”，意思为摩尔人）指的是深色皮肤的人；最后出现的是帕度人（pardo），类似于“浅肤色的梅斯蒂索人”。巴西的人口普查中仍然包含“帕度”这一选项，但实际上这个选项的意思是“以上皆非”，是分类中的“等等”（et cetera）或通配符。换句话说，那些不属于白皮肤、黄皮肤（在巴西用于指东方人的肤色）、红皮肤（印第安人）或黑皮肤的人通常被称为帕度人。

即使在今天，这个词的含义也会根据社会背景和用于分类的人而有所不同。人们认为这个词来自葡萄牙，起源于“pardal”（麻雀）这个名字，后者一方面以具有不确定颜色的深色羽毛而另一方面因其普遍存在而为人熟知。[61]梅斯蒂索人还有进一步的民族和种族的细分：马梅卢科人（mamelucos，印欧混血）、卡波克洛人（caboclos，会讲耶稣会士所教的语言，即通用语）、卡里若人（carijós，该术语最初用于对巴西
63 南部的居民进行分类，但在图皮语中指的是白人与长着白色翅膀的黑鸟的混血后代）和库利波卡人（curibocas，拥有铜色皮肤和直发的梅斯蒂索人）。[62]

在制糖时期，按肤色和父母身份分类是复杂的人类“绘图系统”。“有色人种”这个词在巴西仍然很流行，它被用作委婉语，因为“有色”表示“黑人”，而“白人”则是无颜色的。有色人种受到了各种可能的歧视。首先，他们黝黑的肤色表明他们的祖先是奴隶，随之让人联想到他们的祖先曾被迫进行受人轻视的体力劳动。其次，这表明他们的社会地位在道德上令人怀疑，因为这些人出生于“非官方的”结合，奴隶主正式登记其非婚生子的案例很少见。最后，梅斯蒂索人被定

型为贪婪、狡猾和不受信任的人。

随着一些奴隶逐渐被其主人释放，一个由不同族裔组成的自由黑人群体逐渐出现并聚集在“华屋”周围。同样，这个群体也是由肤色的不同层级构成的：一个人的肤色越浅，她或他就越容易通过所谓的奴隶解放（alforria）得到释放，找到差事，甚至是在奴隶主家中当用人。当被释放的奴隶拥有足够的资源时，他们很快就购买了属于自己的奴隶，贫农也是如此。在蔗糖文化中，拥有奴隶是社会地位的象征，事实上起到了担保该所有者是一个富裕且可靠的公民的作用。

其中存在种族、文化和个人考虑因素的复杂结合。“穆拉托人”和“克里奥尔人”（Creoles）是最接近“华屋”本身的人，后者指的是在奴隶主地产上出生的奴隶，换言之，他们并非非洲人。他们构成了承担家务和专业任务的“精英”，尽管他们经常被称为“懒货”。“帕度人”被认为能胜任特定的任务，而“非洲人”则被视为“外国异教徒”，或顶多算是新近的皈依者，除了极少数例外，他们都被视为危险且易失控的。奴隶制与非洲人及其后裔的关联日益紧密。随着时间的推移，这个概念已深深植根于葡属美洲。

尽管奴隶主和他们的奴隶构成了甘蔗联合体的心脏，但还存在一个由侍从（agregado）和农民组成的更广阔的社会性世界，围绕着他们。侍从通常由一大群人组成，他们的生活取决
于奴隶主的支持。尽管他们的经济实力不强，但他们的确具有 64
一定的政治和社会意义，因为其数量和忠诚度关系到奴隶主的影响力。这个群体由获释的奴隶、当地政治家和商人以及没有土地的地主亲戚组成，因此依赖性强。当地奴隶主对他们的“资助”的分配成为一种流通手段，进一步增强他自己的统治

地位，并促进了种植园综合体的经济、政治和文化集中化。[63]与此同时，农民被分为两类：从土地所有者处租赁土地的农民和依靠“糖厂”碾磨甘蔗的小土地所有者。无论哪种情况，他们都无法摆脱奴隶主的掌控。

这样就建立了一个由奴隶主掌控，政治和社会生活以奴隶主为中心的蔗糖贵族制。在这个“遥远的巴西世界”中，该地区由主要土地所有者统治，这一点几乎毫无争议。王室不愿干预被其认定为内部事务的事情。但是，制糖的日常业务也绝非安全无虞的，其中存在许多风险。该业务受国际市场价格波动和收成规模的影响。它取决于良好的管理、对奴隶的充分控制以及对庞大家庭的家长式恩惠的明智管理。

蔗糖生意

蔗糖“文化”的概念非常恰当，因为蔗糖生产已经渗透到殖民地社会、经济和文化生活中。其生产过程占据了全年，没有间隔。播种始于2月的第一场降雨，一直持续到5月，在某些地区还会一直持续到7月或8月。地势偏高的土地被优先考虑，因为在低洼地区繁殖的杂草是甘蔗种植园的劲敌。人们通过烧荒来备土，这是他们从印第安人那里学会的技术，其前提是这些巴西人不缺土地。他们首先砍伐树木，然后放火烧荒。他们不用犁，奴隶们用锄头翻地。被引入巴西的甘蔗最初来自印度，与在西西里岛获得成功的甘蔗属于同一种，并被普遍称为克里奥尔甘蔗（cana-crioula）。这是一种细长的植物，
65 茎短，与其他品种相比，其生产力被认为较差。这个名称再也不是巧合了，它代表了对克里奥尔人的道德判断。在12个月或最多18个月后，甘蔗开始收获，这一切始终按计划进行以

配合磨坊进行碾磨。该过程必须快速而有效，因为甘蔗砍下24 小时后其蔗糖含量会大幅减少。

一旦砍下甘蔗，就要用船或者牛车将其从种植园运到磨坊，用船运输要快得多。因此，靠近河流的土地价格最高。河流还为大型水力磨提供动力，这些水力磨被称为“水磨坊”或“王家磨坊”，因为它们优于其他磨坊，而并非因为与王室有任何关联。但是，很少有地主能够负担得起这样“奢侈”的磨坊。大多数磨都是由牛、马甚至人来推动的，它们通常被称为“trapiche”（意为一种由木辊制成的磨）、“molinete”（意为风车）[64]或“almanjarra”（意为绑在牲畜身上用以推动水车的木棒）。最后一种磨需要奴隶将甘蔗插入辊筒，这是极其危险的工作，频繁发生事故。

位于海岸的“糖厂”与“林地”或“内陆”的“糖厂”还有进一步的区分：前者被认为是最古老、最贵族式的；后者总体上较小且较穷，制糖技术相对原始。直到 17 世纪，大多数磨坊都使用两个卧式木质滚筒工作，碾磨过程缓慢。直到1610 年以后才开始在所谓的“高跷磨坊”中使用更先进的设备，该设备采用了新的碾磨系统，即三个金属衬里的木质滚筒，这样不仅需要的工人更少，而且效率更高。

磨坊运转必不可少的另一件物品是木材。据计算，每小时需要加入炉子的木材是一牛车的量。耶稣会士安东尼奥神父将它们描述为“吞噬森林的巨嘴，火与烟的地牢，永生的火山影像”。[65]其后果之一就是巴西东北海岸曾因巴西红木的采伐而遭受重创的森林这一次遭到了毁灭。

无论是哪种类型的制糖厂，在此初始过程之后，甘蔗条都已被准备好放入滚筒以提取汁液。甘蔗液先被储存在桶中，然

66 后再被倒入炉中煮沸并用大型铜锅炉进行提纯。一旦杂质被去除，它就会变成糖蜜，然后被倒入容量约 32 升的模具或黏土容器。漫长的过程并没有就此结束。接下来，蔗糖被带到“净化室”，在那里经过 40 天的“增白”过程。最后，使其干燥后，用薄刃刀将最白的部分与被称为黑砂糖的较暗部分进行分离。

蔗糖的价格差异很大。经过第一次熬煮可以得到四种类型的蔗糖。这些是被称为“雄性糖”（machos）的产品，包括精制白糖、白砂糖、低品质白糖和黑砂糖，它们的价格取决于其白度。提纯过程中从桶中渗出的糖蜜也被收集和再加工，但价格较低。还有一种较稀的糖浆从模具中渗出，它被用作生产烈酒（aguardente），即卡沙夏或宾加（pinga，巴西甘蔗酒的另一种说法）的原料。这是一种在整个殖民地消费的烈酒，在非洲也被广泛用作换取奴隶。尽管这三个词可互换使用以指代同一种饮品，但实际上它们的含义并不尽相同。“Aguardente”[66]是从甜菜中蒸馏出的任何烈酒的通用名称。“Cachaça”是用甘蔗制成的“aguardente”的特定名称，而“pinga”是巴西甘蔗酒的流行说法。据说这个词（在葡萄牙语中意为“滴水”）起源于蒸馏卡沙夏的奴隶。当甘蔗汁液煮沸时，蒸汽凝结在屋顶上并滴落到他们的头上。

卡沙夏非常受欢迎，以至于该产品被禁止出口到葡萄牙，甚至该产品在殖民地的产量也被加以限制，目的是保护葡萄牙葡萄酒生产者的利益。然而，作为奴隶贩运中以物易物的重要物品，这种烈酒在巴西仍然是非常重要的产品。在 18 世纪，里约热内卢市出口的卡沙夏比蔗糖多。这是该市的第一大出口商品，其中很大一部分被用于安哥拉的奴隶贸易。实际上，制糖过程中的每种副产品都得到了利用，包括原糖（rapadura），这是一种未经精制的蔗糖，类似于粗糖（jaggery）。它与通常与之相关联的干肉和粗面粉一起构成了工人们最基础的饮食。

重要的是要牢记巴西制糖业一个关键且非常有特色的方面：缺乏精炼厂。巴西和葡萄牙都没有精炼厂。这意味着，不 67
仅是蔗糖贸易，而且连最终的生产阶段都由荷兰人掌控着。巴西以其非精制糖而闻名，包括褐色糖（pardo）或黑砂糖。这种糖也在安的列斯群岛生产，占据了巴西全国总产量的大部分，并为北欧的精炼业提供了原料。[67]

事实上，欧洲一直对巴西蔗糖持怀疑态度。板条箱的重量经常被伪造，正如产品质量声明也常常被伪造一样。蔗糖价格因颜色而异。由于板条箱是密封的，里面的物品无法被验证，因此通常的做法是将石头放在底部，以增加其重量。欧洲贸易商经常抱怨这些欺骗形式，称“黑心糖”和“阴招”将致巴西蔗糖贸易于死地。白糖（糖越白，越纯净）与深色糖（据说品质较低）之间的比较已成为一个隐喻，在巴西社会中持续多年。

很快，白人地主位于顶层而黑人奴隶居于底层的社会等级制度就被视为源于自然本身。两个人群地位之间的对比不是通过历史、经济或政治论据来解释的，而是通过与蔗糖的两种颜色比较以及所谓的白色优于深色的“自然”假设来解释的。即使到了今天，巴西人依旧倾向于根据与社会等级不同级别相对应的肤色层级来互相描述，他们用到诸如“蜜白色”“混沌的白色”“几乎为白色”“最接近白色”“梅斯蒂索人肤色”这样的表达。[68]这些表达的使用表明，根据肤色来判断社会地位的看法仍然存在于今天的巴西。[69]

因此，甘蔗和奴隶制的联合力量产生了既广泛又深远的影响。甘蔗的种植和收获占用了半年时间，而制糖则占了另一半。两者都需要持续、艰辛的劳作。为了了解这些劳动的规模和体量，以 17 世纪位于巴伊亚的雷孔卡沃地区一个名为塞尔希培孔迪（Sergipe do Conde）的种植园为例，这里每天需要完成大约 203 项任务，所有这些任务都与生产过程有关。这些相同的任务将需要一个工人花费大约 300 个工作日才能完成。工人们分两班昼夜不停地劳作，将甘蔗碾碎并煮制。提纯、干
68 燥和包装仅需一个班次，但需要持续劳作 18 小时或更长时间。在星期日和节假日，在大多数种植园中，奴隶们都在种植粮食供自己食用或在附近的河里钓鱼。这些食物是他们饮食中必不可少的补充，奴隶主提供的饮食不仅定量，而且几乎没有营养价值。

无论是哪一种工作，一天的劳作都会使奴隶们筋疲力尽。为了减轻疲劳并保持狂热的节奏，他们在劳动时经常唱歌，这不仅可以将他们团结起来，还有助于在长时间的不间断劳动中提高士气。据当时到访巴西的神职人员沃什（Wash）所言，奴隶们早上 5 点醒来，做祷告，然后直奔种植园。他们 9 点吃个简单的早饭，中午吃个午饭，整个期间不会离开田间。饭后他们再次拿起锄头，一直劳动到夜幕降临。在收割期间，所有的这一切都必须更快。“糖厂”在那时会 20 小时连轴运转，他们仅有 4 小时休息和清洁设备。

“糖厂”有 4 个基本部门：甘蔗加工、运输、维护和管理。“糖厂”是由奴隶主在神父和首席监督官的协助下进行管理的。奴隶主很少在收割季离开“糖厂”，在此期间，他需要专业人员的帮助来查验法律文件和账目。如上所述，为了保护

家庭的商业利益以及处理法律文件和其他行政事务，奴隶主的第二个儿子毕业后通常会做律师。“王家糖厂”经常雇用一名外科医生和一名当地神职人员来处理其业务的商业方面。

非奴隶劳动力被用于专门的任务，他们被视为技术人员。首席监督官作为经理处理的是“个人”问题，并由他负责实施集体和个人惩罚。奴隶们特别惧怕他。他还负责设备的保养。作为奴隶主的得力助手，他挣的薪金是“糖厂”中最高的。位于等级体系中下一级的是来自当地小镇的神职人员。作为商业代理人，他的工作包括收糖、将糖存放在码头的仓库中以及负责糖的销售和装船。接下来是“收款人”，他负责收取从奴隶主那里租借土地的农民所欠的租金。抄写员和库存记录员负责控制费用，他们与作为“糖厂”法律代表的初级律师 69
挣的报酬差不多。

然后还有被雇来处理诉讼的“文人”以及负责从甘蔗汁中撇去浮沫的“大锅撇沫员”。但是，也许在制糖业所有专业人员中最有价值的还是“制糖大师”，他亦是“糖厂”成功的基础。他实际上是一名工程师，负责所有技术程序。他监督碾磨过程，避免产生任何过量的液体，并试图制造理想的沸腾条件。他负责监督整个熬煮过程、锅炉的运转和制糖厂其他工人的工作。这是一位备受尊敬的专业人士，很难找到且薪金也很高。

制糖涉及的专业领域如此之多，而巴西“糖厂”采用了当时的制造标准，往往牵涉到一系列相互关联的复杂活动。对大规模生产的要求迫使巴西必须在严格的等级结构内组织其制糖厂。但是，该事业的严谨性不应被高估：这一时期的文件证实，科学方法被忽略，而个人和小组经验更受青睐。旅行者曾经评论说，在巴西一切都“用眼睛来判断”。对用船或用牛拉车运输的甘蔗量就是“用眼睛来判断”的。他们所用的工具也很简陋：他们用十字镐和锄头来备土，不经常使用犁。基本上，生产周期取决于奴隶的汗水和鞭子的使用。

随着奴隶取代了少数自由工人，这种组织形式在17世纪逐渐发展。实际上，巴西东北部的蔗糖生产导致非洲奴隶的数量超过了美洲原住民。在1550—1560年代，几乎没有非洲人在东北部种植园工作。那时的劳动力由印第安人奴隶构成，包括少数从耶稣会村庄带来的印第安人。但是，随着非洲奴隶开始取代印第安人奴隶和自由的印第安村民，这一情形发生了根本性的变化。1574年，非洲人仅占奴隶劳工的7%；在1591年，他们占37%；到1638年，他们与非裔巴西人一起几乎构成了全部劳动力。[70]以上面提到的塞尔希培孔迪糖厂为例，在
70 1635年他们有80名奴隶和13名带薪工人。到18世纪初，奴隶的数量已增加至200名，而带薪工人的数量减少到只有6名。非洲劳工的主导地位也产生了悖论：最有声望和最重要的职位可能对有能力履行职责的奴隶非常有利，而自由却是最有价值的偿付形式。

对这些场所的投资分散在建筑物、碾磨机和铜锅炉的建造上，资金还被用于购置牛、运货马车、船、牧场、耕地和最重要的奴隶。对奴隶的投资占地主总资本的7%—37%，其中大多数地主花费约25%的资本购买奴隶。因此，购买奴隶的费用占总支出的很大一部分，重中之重是最大限度地利用资源并避免任何可能的“损失”。

到17世纪，奴隶贩运已成为一项高利润业务，与帮助抚养“属于”他们死去的奴隶的孩子相比，许多奴隶主开始对

“替换”死去的奴隶产生更多的兴趣，毕竟前者是一项漫长而耗资不菲的任务。普遍的假设认为，与存在“繁殖”奴隶的特殊牧场的北美相比，巴西的奴隶制没有那么严酷。然而这只是假设，并非事实。巴西奴隶主的行为绝非出于人道主义，而是基于商业和务实的考虑。“培养”一个儿童奴隶直到他或她达到生育年龄是很花钱的。因此，在一个开放的市场上购买一个“新”奴隶更好，在这样的市场上奴隶与家庭用品和装饰品一起被展出。

价格也因“用途”而异：妇女和儿童比成年男性便宜。不满 8 岁的奴隶被归为儿童奴隶，而在 35 岁以后，他们就被认为老了，且对“糖厂”繁重的工作没有多大用处。奴隶衰老得很早，正如其青春期也结束得早一样：到 8 岁或至多 12 岁，奴隶的童年时代就已结束。有记录显示，8 岁的奴隶被登记为成年男子。过度的劳作使他们过早地老化，并缩短了他们的正常寿命。正如我们将更详细地看到的那样，蔗糖文化造就了一片极端的土地。一个全新的世界正在被创造。在这个世界，欧洲人要求获得的“甜”，却来自被其奴役者的“苦”。

三　以牙还牙

奴隶制和暴力的自然化

人口贩卖

71 意大利耶稣会士安东尼奥神父以发表既残酷又合理的言论而出名。他将奴隶定义为“奴隶主的手和脚。没有他们，就不可能建立巴西，不可能维持和增加其收入或保持制糖厂的运转”。在巴伊亚的雷孔卡沃等地，奴隶占人口总数的75%，他们是社会的真正基础。从16世纪直到1850年奴隶贩运被禁，由于过早死亡和低出生率，奴隶人数的下降意味着必须不断从非洲“进口”新的奴隶劳工。这导致前往美洲有影响力的人口贩运阶层的崛起，以及对在非洲沿岸销售的产品包括烟草和烈酒的需求不断增加。

自古以来，欧洲人就知道各种形式的奴隶制，这一制度在大航海时代还远未灭绝，尽管与16世纪以后的奴隶贸易相比，它的集约程度和传播程度都较低。几乎所有社会在某个时期都与奴隶制共存过，共同点是他们将奴隶视为“外国人”，视为没有历史或家庭的个人。的确，欧洲的农民和农奴也生活在与奴隶制非常相似的条件下。但是，正是由于缺乏根源、权利和与社群的联系，奴隶制才与其他形式的强迫劳动区分开来。

希腊城邦和罗马帝国可以被视为古代奴隶社会最显著的例

子。罗马帝国在鼎盛时期有 200 万到 300 万奴隶，他们占总人口的 35%至 40%。但是，与现代奴隶制不同，强迫劳动不是商品和服务生产的主要来源。即使随着罗马帝国的衰落、奴隶被集中用于家务劳动，奴隶制仍然存在。在 5 世纪和 6 世纪，在异族入侵期间，奴隶的存在和奴隶劳工的使用均不断被提及。随着穆斯林对伊比利亚半岛和地中海岛屿的入侵，奴隶制得以加强，尤其是在西班牙和葡萄牙，奴隶制发挥了重要作用。然而，只有在十字军东征中，即从 10 世纪至 13 世纪，奴隶劳工的使用才变得更加普遍。同样在 10 世纪至 13 世纪，随着热那亚人和威尼斯人到达黑海、巴尔干半岛、叙利亚、巴勒斯坦、塞浦路斯和克里特岛，又产生了另一波奴隶劳工潮，即围绕被俘的斯拉夫人（Slavs）的贸易繁荣了起来，奴隶（slave）这个词就起源于此。 72

在中世纪末期，奴隶已经在地中海岛屿从事制糖工作，此处是奴隶劳工在欧洲使用最集中的地区。不过应该指出的是，尽管许多人使用奴隶劳工，但奴隶很少被用于农业劳动。奴隶首先是工匠。直到 15 世纪葡萄牙人到达几内亚海岸之前，当地农民作为劳动力对于农业生产仍然至关重要。[1]

奴隶制也曾存在于非洲，但存在于非常不同的背景下，与血统和亲属关系相关联。非洲人缺乏任何深远的政治或宗教制度，他们可以自由买卖甚至“出口”其奴隶。大篷车队经过漫长的旅程后进入撒哈拉沙漠，而自 7 世纪以来，穆斯林商人就在此买卖人口。主要贸易路线是在非洲北部、红海和非洲大陆东部。那些地方也存在奴隶制，尽管它并非当地经济的根本所在。总的来说，奴隶主要被用于家务劳动，他们仅在少数情况下被用于商品生产或农业劳动。他们还履行佣工和宗教任务。女性奴隶经常被迫当妾，有时还会成为祭祀活动的祭品。尽管如此，奴隶贸易蓬勃发展了8个世纪，不仅在国内，而且在国际市场上，欧洲人是其最大的客户。

73 葡萄牙与撒哈拉以南非洲的交往历史悠久，先于巴西殖民化近半个世纪。例如，1453年，葡萄牙编年史家戈梅斯·埃亚内斯·德·祖拉拉（Gomes Eanes de Zurara）在他的《几内亚编年史》（*Crônica de Guiné*）中描述了葡萄牙人在塞内加尔河口的活动。当时，葡萄牙人主要对黄金感兴趣，其次才是奴隶、象牙和胡椒。他们第一次开始贩运奴隶是为了满足欧洲对家庭佣工的需求。但是，随着甘蔗种植园的发展，这种情况发生了巨大变化。葡萄牙人对胡椒的兴趣已完全被对贩卖人口的需求所取代。当时，人口贩运已成为头等大事。到16世纪中叶，里斯本是拥有非洲奴隶人数最多的欧洲城市，其次是塞维利亚。在10万总人口中，有1万名黑人或穆拉托人俘虏。[2]

在16—17世纪，名副其实的葡裔非洲人社群在佛得角、圣多美和马德拉群岛发展起来。葡萄牙人出现在这些地方，是源于跨大西洋贸易，而在1492年后，又因为各大洲之间突然增强的联系。到1582年，这些岛屿的人口约为1.6万，其中绝大多数是奴隶，占总人口的87%。由于有了新的海上航线和有利洋流的发现，原先将各民族和文化分隔开来的海洋现在将他们聚到一起。1520年以前，葡萄牙人在非洲建立了许多贸易站，来自贝宁和刚果河下游的奴隶被从那里带到了圣多美；而在约1570年以后，他们被带到了巴西蓬勃发展的市场上。大部分商人为塞法迪犹太人，他们开始负责“巴西的蔗糖贸易”。另外，在美洲庞大的种植园中，葡萄牙人创造了一个巨大的市场，以满足不断增长的需求。[3]

此外，当时还没有“非洲”这一区域现实的概念存在，甚至非洲大陆上的居民也没有这一概念。在19世纪的泛非主义（Pan-Africanism）之前，西方社会将撒哈拉以南地区的居民视为“等待着被奴役”的人。实际上，至少6个世纪以来，非洲人被“出口”到了亚洲、欧洲和中东。据估计，被卖为奴的非洲人数量约为600万。

葡萄牙人于15世纪初到达撒哈拉以南非洲的大西洋沿岸， 74
他们的到来将彻底改变奴隶贸易，使其规模更大，诉诸暴力手段的情况也日益增加。葡萄牙的存在也影响了非洲人之间的内部战争以及他们在非洲大陆内部的关系网络。如前所述，如果葡萄牙最初只是对获得奴隶略有兴趣，那么当甘蔗成为该帝国的主要产物之一时，葡萄牙人彻底改变了其立场，尤其是在占领圣多美并与刚果人建立友好关系之后。葡萄牙人作为神职人员、士兵和人口贩子在该地区保持着强大的影响力。他们还是天主教信仰的宣传者，刚果王室、该地区的精英和城市人口都拥护天主教。然而，这种友好的关系仅持续到1665年。[4]

在殖民地初期，皈依了天主教并适应了伊比利亚半岛文化的黑人劳工被重新“出口”到巴西的甘蔗种植园工作，但随着制糖业的迅速发展，奴隶开始被直接从非洲“出口”到新世界。人数也有所增加：在16世纪上半叶，被带到巴西的非洲人仅有几百人，很快“进口量”就增长到每年约1000人，到1580年代已达到每年3000人。[5]从那时起，绰号为“波萨依人”、没有特权地位、非基督徒且不会说任何罗马语族（又称罗曼语族、拉丁语族）语言的非洲人被大量“出口”到巴西。葡萄牙人在西非海岸罗安达建立的新贸易站在这一贸易增长中发挥了核心作用，1575年后它成了奴隶运输的主要中心。葡萄牙集中在罗安达的贸易中心还将持续两个世纪，主要集中在宽扎河和本格拉河地区。该地区雇佣的白人数量从未超过500人。

此时，葡萄牙人认为自己对非洲人民很熟悉，将他们归为朋友或敌人、穆斯林或异教徒，却从未根据肤色或今天我们所说的“种族”来描述他们的特征。奴隶被专门用于劳动是导致他们比其他工人相对更便宜的部分原因。其他影响因素包括：奥斯曼帝国的崛起和摩洛哥独立帝国的壮大导致的劳动力成本的增加，以及由此而来的对这些民族的劳工的限制性使
75 用，加上通向撒哈拉以南非洲市场的海上航线的开放。

此外，随着来自西非的黄金和象牙贸易的增加以及葡萄牙在亚洲的经济活动的增长，葡萄牙人与非洲人的接触变得更加频繁。与此同时，大西洋贩运者在为美洲提供劳力和更安全地运输奴隶方面变得越来越有效率。随着越来越多的人在武力的压迫下背井离乡并被带到殖民地，奴隶变得更加便宜。逐渐地，在16世纪的欧洲人眼中，“非洲人”一词成了“奴隶劳工”的代名词。在那些年的贸易中，有800万至1100万非洲人被迫为奴。其中，490万人被带到了巴西。此外，巴西种植园制度的巨大成功将影响到其他欧洲国家以奴隶为基础的农业制度，法国、英国和西班牙均采用了葡萄牙模式，尽管规模较小。

贩奴行动始于伏击潜在的奴隶或在战争中俘虏他们。随后他们经常要经历一趟穿越非洲内陆的漫长旅程。俘虏们被迫长途跋涉到达登船口，许多人由于疾病或路途中的不堪忍受之重而未能活过这趟旅程。这些行动是由与葡萄牙人结盟的非洲王国执行的，而前者从未直接参与这些内部行动。作为交易的回

报，一些非洲精英阶层获得武器和流行的消费品，例如烈酒和烟草。到达港口后，俘虏们挤在棚屋里，时间长达数天甚至数月之久，直到船上被装满相应的人力货物。在那些缺乏保障、有害健康以及不通风的条件下，死亡率很高。然后，他们将进入“奴隶船”（tumbeiros）[6]，并被送往一个未知的世界。通常来说，在登船之前，他们的胸前或后背会被烙铁打上烙印，作为识别他们所属贩运者的标志，因为通常的做法是在同一艘船上运输属于许多不同所有者的俘虏。

与普遍持有的看法相反，这不仅仅是虏获非洲人的问题。他们还被用于交换布料、工具、金属条、火药或像卡沙夏和朗
姆酒一样的烈酒。这些产品在奴隶贩子手中变成了易货的重要 76
货币。非洲商人绝不是该贸易中老实或被动的伙伴。相反，他们与最适合当地市场条件的贩运者做生意。巴西奴隶主倾向于从不同的民族和文化群体中购买劳工，这样他们之间无法相互交流，发生暴动的风险也就降低了。然而，为方便运送，贩运者，也就是通常确定这些交易条件的人，更愿意运送来自同一地区的人员。

奴隶贩运是一项复杂的业务。它需要有贸易站、沿着海岸航行的船只、在海滩上建造的要塞，以及位置优越的港口。非洲商人的类型各不相同：有些仅仅是代理商，而另一些则是国家专营组织或类似的、属于国王和贵族的稳定组织的雇员。在某些地方，奴隶贩运不被征税，而在其他地方则受到政府和其他团体的干预。另一个广为流传的错误看法是，奴隶是如此便宜，以至于在奴隶船上肆意杀死奴隶的做法司空见惯。尽管船上的条件极为恶劣，但贩运者仍想降低死亡率，因为这关系到他们的利益。这就是为什么要以运送士兵或囚犯的相同计算方

法来计算船只将容纳多少名奴隶。但它们的目标始终是相同的，即将“货物”运送到目的地。

16—18 世纪，一艘葡萄牙卡拉维尔帆船可以运送 500 名奴隶，而一艘小双桅横帆船（brig）最多可以运送 200 名奴隶。在 19 世纪，改由蒸汽船运送，这种船航行速度更快且平均可容纳 350 名奴隶。人们常说欧洲人进行的是“三角”贸易，即将欧洲货物运往非洲，将非洲奴隶运往美洲，并将美洲蔗糖运回欧洲。这一观点得到了以下事实的反驳，即贩运奴隶的船只通常较小，且其货舱被专门设计来运输人。[7]

一切都是为了使成本效益最大化。货舱被塞满了奴隶，这经常迫使粮食供应减少。在这种情况下，被奴役者通常每天进一次餐，整个旅程中他们只能靠谷物、橄榄油以及少量的饮用
77 水生存下来。坏血病的发作很普遍，因为自被监禁之日起，他们的饮食就缺乏维生素 C。坏血病也被称为“罗安达病”。

多年来，至少就基本必需品而言，粮食和家畜肉类短缺的情况已得到了逐步改进。随着跨洋航行越来越频繁，死亡率开始下降。从 18 世纪初开始，实行了一般标准，要求贸易商将奴隶的数量限制为每吨 1.5 人，保持相同的饮食并遵守与俘虏运输相同的基本标准。为了保持健康，奴隶要清洁身体、运动和每天晒太阳。[8]奴隶贩子为船员接种天花疫苗，并在空间允许的情况下按性别和年龄将奴隶分开。[9]然而，在所有情况下，死亡率仍然很高：在 35 天的旅程中，平均有 10%的健康青少年和成人丧生。客观来看，在当时的法国，这样的死亡率被归类为由传染病导致的。

大部分死亡是食物和水质差引起的各种类型的肠胃炎导致的。痢疾很常见，“血痢”的暴发也很普遍，这是一种导致大

量死亡的肠道传染病。天花、麻疹、黄热病和斑疹伤寒等传染性疾病也是导致高死亡率的原因。此外，来自不同区域群体的非洲人被密密麻麻地安置在船上，结果导致许多人死于他们以前没有接触过的疾病。当然也有自杀、俘虏跳海或系统性绝食的记录。另外，我们不要忘记船上总是人满为患，这也导致了前往美洲的跨洋之旅中的死亡事例。

关于这些跨洋之旅的恐怖记述留下来的很少。1649 年，意大利嘉布遣会的修士索伦托（Sorrento）乘坐了一艘载有 900 名俘虏的奴隶船。他这样描述了这一经历："那艘船……本身看起来就是地狱：那种令人难以忍受的恶臭，人满为患的空间，那么多可怜人的不断哭泣和无尽哀伤。"[10]提起地狱，一些被囚禁的"乘客"甚至遭受了更进一步的创伤，他们担忧他们灵魂的归宿，因为在刚果和安哥拉地区的宗教中，人们认为死亡时身边必须围着他们的"生者"及后代。死在海上的一艘奴隶船上意味着他们的灵魂将无法重返他们的村庄并加入其中。这造成了船上盛行的一种普遍气氛，它介于悲伤、不合 78
规范、忧郁和愤怒之间。

跨洋之旅确实带来了一些好处，尽管很少。在同一艘船上"旅行"的俘虏有时会建立友谊，彼此称"malungos"，意即同乘一条船的旅伴。尽管存在不利条件，但在极少的情况下当同乘一条船的俘虏被同一个地主买下时，他们之间的忠诚关系仍然可以持续一生。在奴隶船上，他们对彼此的影响不仅限于疾病，还有社会习俗、信仰、仪式、治愈方法、宗教秘密，他们还能收获最重要的东西——友谊。[11]贩运者最担心的就是这些关系，它们造成了贩运者在船上保持警惕和怀疑的气氛。俘虏们经常被绑起来，因为贩运者害怕他们叛乱。在 16 世纪，从安哥拉到伯南布哥的跨洋航行平均需要 35 天，到巴伊亚平均需要 40 天，到里约热内卢平均需要 50 天。当风向不利时，航行会花费更长的时间，结果就是粮食供应变得稀缺，俘虏的死亡率可能高达 20%。

尽管有这些“挫折”，奴隶贩运仍被认为是一项不错的投资。横跨大西洋的船只源源不断，是因为巴西种植园主有这样的需求，而不是由任何气象甚至地理因素决定的，例如人们已经绕过了好望角。除了在刚果、安哥拉和莫桑比克有监工的葡萄牙人，欧洲贩运者对他们的非洲俘虏一无所知，因为他们的第一次接触只发生在船上。此外，俘虏所讲的语言或方言经常不一样，且欧洲人对他们所属的群体也知之甚少。

贩运者要么不知道，要么不想知道一旦奴隶离开海岸后就会发生什么。不过 16 世纪巴伊亚领地与贝宁湾之间的稳定关系显然是个例外。他们也无法控制男女比例，这是由非洲市场的状况而不是由美洲的需求所决定的。男性一般占俘虏的 65%，但其中许多是儿童，而种植园的需求主要是成年人。然
79 而，那些体力较弱的女性却在蔗糖、咖啡和棉花种植园与男性一起工作。她们被认为是某些活动中优秀的“专家”。

但是，在非洲，经济、社会和文化组织是根据区域和母系亲属关系建立的，对女性的需求更大，这解释了被俘虏的男性多于女性的事实。在某些社会中，由于“娶了很多妻子”的男性所获得的地位，以及由于在这些社会中形成强大网络的血统规则，女性受到了高度重视。在一夫多妻制社会，女性奴隶赋予了地方领主更大的权力。在非洲，女性作为农业工人的需求也很大，尤其是在种植季节。女性在非洲社会中起到了如此重要的作用，因此，难怪在巴西下船的女性总的来说年长于

男性。

由于儿童在美洲市场上卖出的价格太低，他们很少被带上奴隶船。根据贩运者的逻辑，最好不要用利润不大的“商品”来占用空间。这些因素导致了殖民地奴隶人口的低增长率，尤其是就第一代奴隶而言。它们还促使了奴隶贩运的增长，奴隶贩运逐渐成为蓬勃发展的业务。在1700年之前，有220万奴隶被从非洲“出口”；到18世纪，奴隶已成为非洲大陆主要的“出口商品”。[12]

如前所述，到达美洲的奴隶讲不同的语言，有家庭和文化联系的俘虏经常被分开卖给不同的主人。非洲宗教习俗在新大陆也发生了变化，将天主教的元素与传统崇拜相结合。尽管天主教会系统地禁止信仰这些宗教，但非洲人在天主教的幌子下掩饰着他们的宗教仪式，在这方面他们展现了相当高超的技巧。在美洲最常见的宗教表达形式有坎东布雷教（Candomblé）、伏都教（Voodoo）和萨泰里阿教（Santeria）。[13]伏都教在圣多明各岛上最为普遍，其主要形式起源于达荷美的丰族（Fon）。然而，正是由约鲁巴人（Yorubas）带来的坎东布雷纳戈语（Candomblénagô）为达荷美、安哥拉和刚果民族信奉的多种宗教形式提供了基础，尤其是在巴伊亚。

坎东布雷教是源自非洲泛灵论（Animism）的一种关于图
腾和家族起源的宗教，崇拜的是奥里莎（orisha）诸神灵。作 80
为伪装和保护的手段，奴隶们将奥里莎神灵与天主教圣徒联系起来。据了解，在非洲每个民族仅崇拜一位奥里莎神灵。因此，不同崇拜的结合是由被奴役者带到殖民地的宗教的一个独特特征。人们通常任命一位“圣徒监护人”（男性称为“babalorisha”，而女性称为“ialorisha”）负责举行圣礼。其中一些是非洲人的祭司，他们也被俘虏并将他们的奥里莎神灵、宗教仪式和地方语言带到了巴西。正是由于不同文化的丰富结合，在美洲出现了一种新型的坎东布雷教，一种至今仍在巴西广泛传播并具有影响力的宗教。[14]

非洲宗教信仰经过了传承和适应，加上他们传统的吟唱、奏乐、击鼓、食物和礼仪服装，在新世界产生了一种“混杂化”过程。在巴西尤其如此，从被迫移民开始，非洲人在奴隶制的不利条件下重建他们的传统和宗教信仰。这既不是葡萄牙人计划也不是他们期望看到的，他们仅仅打算让这些人在东北部的甘蔗种植园里进行大规模的劳作。伯南布哥和巴伊亚是巴西两个繁荣富足的领地，在1580年至1590年之间，前者“进口”了6000名非洲人，后者“进口”了4000多名。尽管这些可能是大致的数字，但据估计，1584年巴西的总人口由2.5万名白人、1.8万名“被驯化的”印第安人和1.4万名非洲奴隶组成。[15]因此，该国像一个新的“黑色罗马”，其中被迫流亡者的比例迄今未知。

于是，经过了漫长而痛苦的跨洋航行之后，非洲人到达了巴西港口。最初，里约热内卢、萨尔瓦多、累西腓、福塔莱萨、贝伦和圣路易斯是主要的进口地和分销地。在17世纪，萨尔瓦多和累西腓也成为主要的港口，奴隶从这里被分发到北部的马拉尼昂、帕拉和亚马孙领地。18世纪，随着金矿被发现，里约热内卢成为最繁忙的港口，奴隶从那里被重新“出口”到米纳斯吉拉斯、马托格罗索和萨克拉门托殖民地（Colônia do Sacramento，位于今乌拉圭）。[16]

奴隶们一到达，地方当局便根据性别和年龄对他们进行分
81 类。与母亲一同被带来的儿童人数也被核实。完成“商品”

注册后，贩运者缴纳所有 3 岁以上的奴隶应缴的税款。接下来这些新来的奴隶就被拉去拍卖。如果有客户在场，他们就在海关大楼前被拍卖出去。如果没有，他们就被带到港口附近的仓库。经过这趟旅程，奴隶们瘦弱无力、遍体生疮。这一时期图画中描绘的儿童总是肚子肿胀，这是寄生虫和营养不良的结果。许多人患有坏血病和结膜炎，这是由于卫生条件差且缺乏阳光而通常在旅途中传播的疾病。

为了使奴隶更有价值，在拍卖中展示他们之前，人们做出了很大的努力来改善其外观。奴隶们被洗干净，男性奴隶的胡须和头发均被剃光，他们的皮肤上会被抹上油以掩盖伤口。他们还被提供更多的食物，以使其看起来更健康。为避免他们出现那种颓靡状态，即贸易商口中的“banzo”（意思是非洲黑人的思乡病）或是巴西贩运者所称的“saudade sickness”（意思是思乡病），也就是一种渴望，人们会给他们食用生姜和烟草等兴奋剂。

在报纸上刊登广告之后，这些非洲人会被根据性别、年龄和国籍展示出来。奴隶主和贩运者就条件和价格大声讨价还价，男性奴隶卖得更贵。还有一些规则，例如，在购买后的两周内奴隶如果患病，被发现身体残疾，或表现出“缺乏道德”，奴隶主可以将其退回。那些没有立即被卖掉的奴隶经过贸易公司或遍及整个殖民地的小型当地贩运者、赶脚夫和小贩的议价后出售。这就是这趟从非洲大草原开始的漫长旅程的终点：甘蔗种植园、农场或现有的少数几个城镇的房屋。

因此，地图上的各个点被连接起来以促进和增加该贸易，从而导致数百万人被放逐和流放。贩运者利用了这一制度的效力，这将成为人类已知最大规模的大屠杀之一。在所有移民模式中，这种最暴虐的模式为不断发展的制糖业提供劳动力，并在接下来的一个世纪中为黄金和钻石的开采提供劳动力。至少在巴西，奴隶贸易将持续到 1850 年（当时奴隶贩运被禁，尽管
82 拥有奴隶并不违法）甚至更晚，这也是其经济优势。16 世纪进入殖民地的大多数奴隶来自非洲西海岸的塞内冈比亚地区。他们属于不同的族群，包括巴拉塔族（Balantas）、曼贾克族（Manjacos）、比热戈族（Bijagós）、曼迪卡族（Mandingas）和沃洛夫族（Jalofos）。传统上由毛里塔尼亚、塞内冈比亚和科特迪瓦的穆斯林控制的贸易，此时转移到由葡萄牙人控制的地处沿海战略位置的贸易站。再往南，刚果人也参与了该贸易。葡萄牙人的到来极大地改变了奴隶贸易的性质，部分原因是贸易的范围扩大，而且还因为他们所遇到的文化和非基督教信仰的巨大融合。

葡萄牙人与刚果国王的第一次接触是在 1480 年至 1490 年之间，之后双方互派大使且地方领导人皈依了天主教。国王恩济加·恩库武（Nzinga a Nkuwu）本人皈依了天主教，他受洗后的名字为若昂。[17]此时，刚果王国中受崇拜的“偶像”也遭到了仪式性破坏。从那时起，不断有士兵、教员、基督教书籍、礼仪服装、欧洲神职人员、武器、马匹甚至农具流入该国。葡萄牙人很机敏，到 1567 年，他们已经成功在刚果和罗安达港口建立了几个稳定的运营基地。33 年之后，与美洲的贸易多于在非洲大陆内部进行的贸易。

1575 年，随着葡萄牙对安哥拉的殖民统治以及罗安达的建立，被贩卖的奴隶数量翻了一番。到 1600 年，据估计共有 5 万名非洲人登陆巴西。在 1620 年代，荷兰的记录显示，仅伯南布哥每年就“进口”了 4000 名奴隶。据计算，在 16 世

纪，来自几内亚、刚果和安哥拉的 1 万至 1.5 万名非洲人作为奴隶被“出口”到了巴西。据估计，到 17 世纪，每年仅从几内亚湾[18]就运出了 6000 名奴隶。同时，罗安达、本格拉、卡宾达（Cabinda）和威达（Ouida）是 16 世纪奴隶贸易最重要的港口，1502 年至 1867 年，罗安达共“出口”了 282.6 万名非洲人，本格拉“出口”了共 100.4 万。随着葡萄牙人在该地区的分布越发广泛，这些数字还会增加。[19]在殖民地初期，巴西和安哥拉之间的联系是如此明显，以至于维埃拉神父评论道： 83
“说到糖，你就会说巴西。说到巴西，你就会说安哥拉。”[20]

最初，安哥拉的奴隶大多被带到南部领地。在东北部，大多数奴隶来自贝宁湾（今尼日利亚的东南部）或科特迪瓦。来自科特迪瓦的奴隶通常被称为米纳斯人（minas）。非洲贩运者和后来来自巴伊亚的奴隶贩子从贝宁湾的维达（Ajudá）、波波（Popó）、贾昆（Jaquin）和阿帕（Apá）以及后来的奥尼姆（Onim）港口（今拉各斯附近）“进口”达戈梅人（Dagomés）、杰耶人（Jejes）、豪萨人（Hausa）、博尔努斯人（Bornus）、塔帕人（Tapa）和纳戈人（Nagôs）。[21]虽然语言群体的接近有助于建立团结和友谊的网络，但习俗的多样性增加了散居在美洲的非洲人民的文化财富。巴西正在成为一种“新非洲”，或者用果阿和里斯本商人以及在帕拉伊巴建立并成为糖厂主的安布罗西奥·费尔南德斯·布兰当（Ambrósio Fernandes Brandão）的话来说，巴西正在成为一个“新几内亚”。[22]

巴西的混合物

尽管奴隶贸易受到西班牙-荷兰战争的影响，但实际上在 17 世纪，战争仅有助于加强贩运者的作用，后者确保了殖民地工人的持续供应。位于今天加纳的圣乔治城堡成为一个中心，来自几内亚、安哥拉、莫桑比克和黄金海岸（Costa da Mina）的大量俘虏从那里被“出口”到美洲。葡萄牙人与达荷美国王建立了更紧密的联系，并在维达的施洗者圣约翰（São João Baptista de Ajudá）建了一座堡垒，该堡垒成了17世纪末最大的奴隶供应中心。如前所述，在巴西，被奴役者中总是存在一种大量混合的非洲文化：他们来自塞内加尔、安哥拉、刚果、黄金海岸和贝宁湾。还有成千上万的杰耶人、纳戈人（约鲁巴人）、塔帕人（努佩人）、豪萨人和苏丹人。然而，近三分之一的奴隶是来自安哥拉和中非的班图人。

奴隶主通常更喜欢“来自安哥拉的黑人”，后者被认为是“好工人”。“来自莫桑比克的黑人”并不是那么“受人待
84 见”。一位土地所有者甚至说他们如此反叛，仿佛“他们就是魔鬼本身”。但是，对新工人的持续需求意味着奴隶主只能购买市场所能提供的。关于“产品”销售地的描述很多。此时，他们的身体被抹上了鲸油，在阳光下闪闪发光。为评估他们的价值，他们的身体要经过仔细检查，包括牙齿、头发和肌肉。除性别和年龄外，健康也是评估价格时至关重要的因素。

巴西接受的女性奴隶少于男性。原因之一是女性的生殖能力不被认为是重要的。重要的是男性力量。14岁以下的儿童占总数的2%至6%，而女性则占总数的20%至30%。计算新来者的确切年龄并不容易，因为在登记册中年龄通常被向上或向下取整。尽管10岁以下儿童的年龄都被仔细记录了下来，但“年老”的奴隶并没有受到同等对待，这里“年老”一词是指40岁以上。

在“华屋”内部工作的奴隶与在种植园工作的奴隶之间

存在巨大差异，前者是家庭佣工且关于他们的每种类型的个人详细信息都是已知的，而后者是根据数量而不是质量来选择的。贩运者使用了一系列术语来识别他们的“商品”的年龄段：“母乳喂养接受者”用于1岁以下婴儿，“男孩”或“女孩”用于8岁以下儿童，“黑皮肤男孩”（moleque）或“黑皮肤女孩”（moleca）用于8至14岁之间的俘虏，“年轻人”用于青少年。[23]在殖民地初期，大多数奴隶是新来者。在1600年前后，他们占总数的70%。糖厂主更喜欢新来者，因为他们还不适应该国的习俗，因此逃跑的可能性较小。

在巴西，奴隶的“繁育”并没有像在美国一样吸引奴隶主，因为儿童的死亡率特别高，而生育率则很低。后一种情况是由于营养不良（经期推迟）、工作量过多和女性奴隶稀缺，也有文化因素的原因。约鲁巴人坚持产后禁欲，因为他们认为如果再度怀孕，孩子的健康将会受到损害。至少与通行观念相矛盾的是，事实上，他们似乎是自愿放弃了性交，而不是被断言的“性滥交”。“滥交”一直是用来形容和谴责“他者”性 85
习惯的术语。婚姻登记处很少，因为奴隶主不愿意承认这些普通法婚姻①，以便他们可以随时选择出售其中一个伴侣。[24]不过，儿童通常与父母之一或两者同住，或在成年人的监护下集体生活。

但实际上，人们通常试图忽略这种家庭关系。奴隶通常以他们受洗后的基督教名字以及其肤色和出生地而为人所知。由于有许多名为若昂的奴隶，通常的做法是按其出生国家来辨别

---

① 指未婚男女未经结婚登记或其他结婚程序而以夫妻的名义，并以结婚为目的，公开同居生活一定时间，从而受到法律合法认定的婚姻形式。

他们，比如若昂·安哥拉、若昂·卡宾达或几内亚的若昂。他们主人的名字经常被加上，例如“安东尼奥·多斯·桑托斯的奴隶”。当他们获得自由时，他们保留其上一任所有者名字的情况并不罕见，例如费利什·马西埃尔（Felix Maciel）曾是贝尔肖尔·马西埃尔（Belchior Maciel）的奴隶。实际上，采用前主人的姓氏表明，奴隶即使在被解放后，仍然依赖于前主人的保护。这被认为是根深蒂固的荫庇传统，在“教父母”与“教子”之间建立了家庭联系。这意味着人们仍然期望他们对主人的忠诚和屈从，就好像巴西的奴隶制是不可改变的命运。

奴隶制：暴力的代名词

只有在海外殖民地的发展及其面向外部市场的大量生产的背景下，才能理解建立于近代奴隶制规模上的制度。单一种植要求有大批量的工人，他们既要服从苛刻的政权，又没有工资，也没有个人动机。因此，新世界的奴隶制是通过那些被迫离开故土的工人的强迫劳动而建立的，他们既没有自由，也与他们从事的工作没有任何关系。他们就是一些本来就没有自己的意愿，也不知道自己生产了什么的工人。

对于奴隶主和奴隶来说，这一时期在这一热带地区的生活
86 被描绘成一种负担、惩罚和监禁刑罚。教会和地主的论述都认为，艰苦的强迫劳动将使奴隶纪律化和文明化。甚至还有手册（也就是惩戒应用的范本）用来教种植园所有者如何确保他们的奴隶顺从，并使他们转变为服从的工人。例如，臭名昭著的“奴隶意志摧毁者”（slave-breaker），这是一种在巴西经常使用的征罚手段，即通过公开鞭打来“教育”新来的或新获得

的奴隶，以提醒他们在任何权威人士在场的情况下都必须低头。

若热·本奇（Jorge Benci）神父在1600年代末到访过该国，他认为使奴隶受到这些惩罚的原因是，“这样他们就不会变得傲慢无礼，也不会找到讨巧的方法，即通过变得叛逆和无法管束而避免屈服于其主人”。[25]这就是关于该制度只能通过使用暴力来运作的家长式辩解和宗教理由——他们还被承诺未来可以得到救赎。

在种植园里进行的反复、艰巨而费力的工作本身就是一种暴力。这种强迫劳动，就像奴隶主的权威预示的那样，逐渐使人们产生持续的恐惧感，并害怕经常实行的集体惩罚。[26]戴着枷具的公开惩戒，作为一种惩罚和屈辱形式的鞭打，以防逃跑的钉有钉子的铁领，为阻止奴隶吞食泥土这种缓慢、痛苦的死亡方式的铁面具，将奴隶锁在地上的铁链——这些在巴西创造了一个暴力世界，这个世界植根于奴隶主的形象及其依法享有的最高权力，其记号不断地被打在奴隶的身体上。至于非洲人，在踏上巴西土地的那一刻，他们就必须学习生存的艺术。

任何像近代奴隶制这样的制度都只能通过持续不断的暴力来维持。在奴隶主方面，这表现为不断地对奴隶施加残酷的虐待，使他们畏缩屈服和毫无疑问地服从。在奴隶方面，这表现为从持续的小规模反抗行为到大规模的叛乱和建立逃奴堡（quilombo）。[27]

奴隶制留下的痕迹是如此之深，以至于直到今天，那个时代的风俗习惯和表达方式在巴西社会中还是司空见惯的。如果说“华屋”建立了奴隶主家庭和工人之间的边界，那么今天 87
在巴西也存在相同的象征性建筑。住宅公寓楼均设有单独的电梯，不仅用于送货，还为服务提供者和家庭雇员所用，他们的肤色通常与巴西的奴隶制历史一致。奴隶制时代的一些表达仍在使用，尽管其原始含义常常已被遗忘。“保姆”（dry nurse 或 ama-seca）一词的目的是将其和“乳母”（wet nurse）区分开来。女性奴隶由于需要养育主人的后代而常常无法用母乳喂养自己的孩子。“波萨尔人”（Boçal）一词仍然用于指称反应和思维迟钝的人，即傻子，就像“拉迪诺人”（ladino）仍然是“聪明”或“机灵”的代名词。从最初的意义上讲，“波萨尔人”一词用来区分新来的奴隶，与第二代拉迪诺人不同，他们既不懂当地语言也不了解乡村，因此逃脱的机会很小。

然而，当时使用的某些术语已完全消失，例如“自移式财产”（bens semoventes）这一表达，在当时不加区别地用于财产目录和遗嘱中，用以描述奴隶和牲畜。但是今天，巴西社会仍具有一种特征，这是一种很少被提及的分裂，即一个人的肤色被转变为社会差异的指标。警察的行动每天都在证实这一点，他们拦阻和逮捕的黑人比白人多。这种做法被委婉地称为“询唤”。在许多情况下，不断遭到警察骚扰的无辜个人开始真正相信他们有罪。人类学家迪迪埃·法森（Didier Fassin）将其称为“身体记忆”，即身体在头脑有时间进行反思之前就已记得。在奴隶制时代，自由的黑人在街头被当作“可疑的奴隶”而遭到拦阻。今天，他们受到同样的对待，因涉嫌其他犯罪而被扣留。这是种族形象定性。他们真正的“罪行”是他们的族群起源。[28]

尽管暴力在以奴隶为基础的社会中普遍存在，但内部等级制度也同样存在。在种植园劳动的奴隶人数众多，他们屈从于受到严格控制的艰苦工作制度，而作为家庭佣工的奴隶则过着完全不同的日常生活。一方面，在大型糖厂中，可能有一百或更多被奴役者在田间劳动，其中许多是奴隶主几乎不认识的。另一方面，作为家庭佣工的奴隶人数较少，他们生活在奴隶主家庭周边，做厨子、保姆、侍从和乳母的工作，是一群在日常生活中陪伴奴隶主家庭的仆人。

然而，除了这些相对有特权的少数人之外，毫无疑问，等 88
待着绝大多数奴隶的都是在东北部的烈日下残酷的田间劳作，劳动有时甚至连续长达 20 小时。操作碾磨机、火炉和锅炉的工作可能更糟。时不时就有奴隶在制糖厂失去一只手或一条手臂。有几篇报道均提到，靠近磨床的地方总是会放一把斧子，一旦奴隶的四肢被卷入辊筒，很快就可以将其砍下，以防止对蔗糖或机器造成损坏。

火炉和锅炉产生的热量是令人难以忍受的。除了忍受闷热的环境，奴隶还经常遭受严重烧伤。这项工作是如此艰巨和危险，以至于它常常被保留作为对被认为是“傲慢”或叛逆奴隶的惩罚。还有记录显示，奴隶被烧伤脸颊和胸部，被热蜡烧焦，被炽热的烙铁折磨，还有奴隶被割下了鼻子和耳朵。

遭受主人的任意虐待是奴隶们的日常生活。女性奴隶经常是性虐待的受害者。她们的身体不仅适合劳作，还是主人愉悦（和犯罪行为）的工具，也是他们嫉妒的妻子的仇恨对象。正是在这些秘密的性约会中，“暴君”享受着他的女奴的“表象”被动。她实际上是出于恐惧和害怕被报复而屈从的。安东尼奥神父写道，他们用棍棒（pau）、面包（pão）和布料（pano）来对付奴隶。对此真正的解释是，白人地主知道他们自己是少数人，只能通过蓄意制造恐怖气氛来控制自己的奴隶。

工作总是过多，而衣服和食物总是不够。去到该国的旅行者注意到巴西的奴隶挨饿的状况。他们被要求种植粮食以维持生计，但仅有星期日这一天是留给他们进行这项活动的。种植园中老鼠成群出没，几近饿死的他们经常去种植园抓老鼠并在棚户煮食老鼠。他们的主要食物为木薯粉配干肉或鱼，鸡肉和新鲜肉仅供生病的奴隶食用。今天仍然流行这么一句俗语："当一户穷人家要吃鸡肉时，要么是这个穷人病了，要么这只鸡病了。"外国旅行者还注意到，在巴西的某些地区，干鳕鱼
89 （bacalhau）被称为"黑人食品"。具有讽刺意味的是，由缠绕在一起的皮革制成的用于鞭打奴隶的皮鞭子也被称为"bacalhau"。

因此，奴隶经济从一开始就伴随着高死亡率。被带到美洲的奴隶很容易死亡，因为他们对新世界的疾病没有免疫力。经过这趟横跨大西洋之旅，他们在身心上都已被击垮，易染上潜在疾病。因此，从各方面来看，他们的第一年都是最不稳定的一年。他们不仅要适应艰苦的工作制度，还要学习语言并适应不同的气候。儿童死亡率更令人震惊，卫生条件不佳、医疗护理不足和营养不良导致死胎和 3 岁之前儿童死亡的发生率均很高。

工作制度是最大的"敌人"。它耗尽了女性的精力，消灭了"老年"奴隶（40 岁以上的奴隶被认为是老年人）。根据"糖厂"的财产目录，6%的奴隶死于"疲劳"，即筋疲力尽、身体完全崩溃。在 1622 年至 1653 年之间，在巴伊亚的塞尔希培孔迪糖厂，由于不断有奴隶死亡，他们每年购买 5 名新奴隶以补足 70 人的群组。东北部"糖厂"的账簿还记录了许多堕

胎和自杀的案例，这是拒绝接受奴役的人们的个人反抗形式。巴西奴隶制比美国奴隶制更仁慈的说法只能被驳回。巴西奴隶的平均寿命甚至短于美国的，前者为 25 岁，而后者为 35 岁，尽管两国白人人口之间也存在同样的差异。

这种匮乏制度影响了奴隶日常生活的每一部分，包括他们被给予的衣服，这些衣服通常只不过是破布而已。当时的记录表明，奴隶们在劳作时几乎是赤裸着身体，因此非常容易受到天气变化的影响。男性通常光着膀子，穿着长度到膝盖下方的宽松薄裤。为防止汗水流进眼睛，他们在头上绑一块布或手帕。女性的服装比较完整——紧身胸衣、衬裙、衬衫和裙子。人们有时会误认为这些是专门留到节日场合或奴隶被出售时穿的。通常，这些衣服是用“山布”制成的，那是一种用会划
伤皮肤的粗棉线编织而成的厚实织物。衣服每年发放两次：在 90
收割时和准备磨甘蔗时。

作为家庭佣工的奴隶比种植园的奴隶穿得要好。他们经常穿着得体，有时戴着大礼帽，还带着伞。为保护主人免受日晒，他们一直撑着伞。在城市中，每个奴隶主的平均奴隶人数要少得多。他们大部分时间都远离主人的视线范围，被雇来卖报纸或在街头工作。他们每天或每周按时间收取费用，最后将所赚的钱交给主人。他们从事的职业广泛，比如，油漆匠、瓦工、木匠、码头工人、裁缝、铁匠、女服裁缝、四轮大马车司机、运货马车司机、理发师和制鞋匠。女性可以做用人、厨子、清洁工和女保育员，以及洗衣服、熨烫衣服和给衣服上浆的工作。她们售卖木薯软食、虾干、甜食、蛋糕和来自非洲的美味小食。她们沿街售卖她们的商品，通常用一块布将孩子绑在背上，这块展示其原籍国的布料被称为“披肩布”（Pano da

Costa)。她们中有一些是送信人，总是在镇上走来走去，因此可以传递信息甚至是叛乱的消息。被奴役的女性还被迫在港口周围当妓女，她们出卖自己的身体，并把挣得的钱上交给奴隶主。

在以奴隶为基础的社会中，所有需要体力劳动的工作都被认为是丧失体面的，并被“降级”交给奴隶们来做。肤色成为巴西社会的分界线，将非洲黑人与体力劳动联系在了一起。例如，许多作为奴隶主私生子的穆拉托人通常被选来做家务活。尽管他们仅占“糖厂”奴隶人口总数的 7%，却占据家庭佣工奴隶的 20%。[29]

巴西奴隶制的独特之处在于它为被奴役者提供了被称为“奴隶解放”（alforria）的实现自由的机会。奴隶通常因为良好的行为举止而被给予自由，但有时也可以通过购买获得。他们被允许存钱，一些具有专门技能的穆拉托人确实可以期望在未来某个时候获得自由。尽管未被纳入任何巴西法律，不论民法还是宗教法，但释放的机会一直存在。自由可以被遗赠，作
91 为对忠诚的回报，也可以是出于个人情感。女性、儿童和具有特殊本领的人占被释放者的大多数。在巴伊亚，被授予自由的所有奴隶中有 45%是穆拉托人。

然而，被释放者的数量很少，在 16 世纪和 17 世纪从未超过每年奴隶总数的 1%。同时，再次遭到奴役的可能性非常高。所有释放公文都可能被撤销，它们能否被维持取决于前奴隶的行为是否被视为“恰当”的。“不忠”被认为是撤销奴隶释放的充分理由。前奴隶出行时经常被捕，他们的证件也因此失效。

在没有任何真正司法制度的情况下，暴力和虐待成为惯

例。在整个殖民地，人们都鄙视试图控制暴力的法律，为非法再奴役的做法创造了便利。奴隶必须携带通行证和其主人的书面许可才能出行，这一要求适用于身体特征表明她或他曾经是奴隶的任何人。黑人被阻拦并被命令出示出行证件、身份证明或旅行证件是很普遍的。在这一过程中，许多携带证件证实其自由的人被没收了该证件，然后被逮捕并被卖回为奴隶。[30]

火炉中的烈焰，加上巴西东北部的酷热、食物的匮乏、持续的虐待和艰苦的工作制度，这一切意味着在“糖厂”的劳动确实让人感觉身处人间地狱。还是安东尼奥神父，他将该殖民地定义为“黑人的地狱和白人的炼狱”。“地狱”一词成了殖民地劳动的隐喻。然而，尽管存在残酷和虐待行为，但很显然该制度的暴力是源自经济的考虑，即迫使奴隶接受自己的状况并尽可能多地生产。

要摆脱奴隶制很难。该制度已在整个殖民地建立，使巴西成了有史以来最大的强制劳工进口国。奴隶制渗透到社会的各个层面，拥有奴隶绝不是少数人享有的特权。神职人员、士兵、政府公务人员、工匠、小酒馆老板、商人、小农、穷人，甚至获释的俘虏都拥有奴隶。因此，奴隶制不仅仅是一个经济
体系，它影响着人们的行为，定义了社会不平等，使种族和肤 92
色成了根本差异的指标，巩固了有关命令和服从的规则，并建立了一个以家长制和严格等级结构为条件的社会。

还有另一个指标可以反驳这一陈旧的论点，即巴西的奴隶制没有其他地方的那么暴力。在所有殖民地的奴隶中，巴西奴隶反抗最为激烈，他们更频繁地杀害其主人和监工，更频繁地躲进逃奴堡，并精心策划经常性的叛乱。关于巴西奴隶谋反的程度有多种解释，包括警察和法律等制度的脆弱性，地主阶级

之间缺乏凝聚力——他们分为小、中、大型财产所有者，分散在整个殖民地——以及最重要的是，事实证明暴力会产生暴力，这是十分显然的事实。

说到底，被奴役者绝不迟钝，这是一个常常被忽略的事实。他们的生活条件严重受限，在这些限制下，他们争取获得一点空闲时间，以维持他们的家庭，在异国他乡重建他们的风俗习惯和宗教习俗，以及最重要的是，保护和照顾自己的孩子。[31]一方面，他们看起来是虔诚的天主教徒，是该信仰的真正皈依者，参加弥撒、崇拜圣徒；另一方面，他们保持着一个秘密的平行系统，以此将每一位天主教圣徒与每一位非洲奥里莎关联起来。

通过崇拜活动，巴西人开始了某种宗教对话。许多到达巴西并被迫皈依天主教的非洲人都拥护该宗教及其圣徒，但他们也改变了这些圣徒的名字、特征和意义。于是，他们创建了一个新的万神殿，使他们在表面上参加崇拜葡萄牙王室和基督教圣徒的宗教节日时，可以不露痕迹地崇拜他们自己的国王和神灵。被称为卡波耶拉（capoeira）的武术起源于类似的方式。该名称指的是首次练习这项运动的地点，那是一小块土地，在草开始重新长出的时候，奴隶们会重新进行清理和烧荒。卡波耶拉最初是一项格斗运动，后来被作为一种娱乐舞蹈来表演。[32]奴隶们在面对严格的限制时不断地制造假象，他们把格斗伪装成舞蹈，奥里沙伪装成圣徒。奴隶制创造了一个伪装和谈判的世界。

实际上，从殖民地始建之时就存在一种以牙还牙的观念。
93 非洲人在面对他们残酷的生活时有时会逃跑，并且只要有可能，他们就反抗。只要奴隶制持续存在，逃奴堡也会一直存在。没有一种形式的奴隶制会比其他任何形式的奴隶制好或坏。所有奴隶制都有一个共同点：导致虐待行为、暴力的自然化和社会的堕落。在所有允许奴隶存在的地方，持续存在的是同化这种制度并使其长期存在的耻辱。为自由而战始终是奴隶们最大的愿望，也是唯一的目标。尽管奴隶主通常利用各种可能的虐待和惩罚来操纵局势，但他们有时也会提供积极的激励措施，承诺给予休息时间甚至自由。奴隶们也不得不谈判。他们要求允许他们在星期五和星期六处理自己的事务，要求选择他们自己的监工，以及负责种植园的设备。他们想照顾自己的孩子，并在敬拜他们在新世界中发现的圣徒的同时敬拜他们自己的神灵。书记员在一份罕见的文件中记录了奴隶们的请愿书，他们希望无须征得许可即可“玩耍、休息和唱歌”。尽管希望渺茫，暴力充斥，但来自非洲的劳工们所做的不仅仅是为了生存。为了摆脱他们作为“典当物”的境况，他们寻找该制度中的任何漏洞，通过这些漏洞，他们可以在梦想着自由和反抗时重塑自己的文化和理想。

以牙还牙：反抗、起义和有组织的行动

被奴役者从未放弃过对自己生活的某些方面的掌控权力和实际掌控的意愿。首先，他们建立了感情、宗教联合会和社交网络之间的联系。旅行者们注意到，有时他们与奴隶主的妻子和孩子建立了深厚的感情，且在横跨大洋之旅时同乘一条船的旅伴们之间也保持着密切的联系。他们还通过与监工讨价还价，拒绝执行某些任务，或者干脆不按照主人的要求行事，以表示他们对这一艰苦工作制度的抵抗。

但当面对日常生活的残酷时，他们也会采取暴力行为。个

人和集体出逃频繁，有组织的起义以及对奴隶主和监工的谋杀
94 也屡见不鲜。潜逃的奴隶躲在逃奴堡（quilombo）和逃奴棚（mocambo，较小的逃奴定居点）中避难，这些避难点在 16 世纪开始出现在葡属美洲。“Mocambo”一词的意思是“藏身之地”，“quilombo”是在安哥拉使用的金邦杜术语，指的是某种类型的设防军营，由经历过入会仪式、接受严格的纪律和练习巫术的武士组成。[33]帕尔马雷斯（Palmares）逃奴堡成立后——正如我们将看到的，帕尔马雷斯是该国所建逃奴堡中最成功、最持久的一个——“quilombo”这个词就开始被用来指代逃亡的奴隶群体，但直到 18 世纪才被广泛推广。为防止逃奴的大量出现，葡萄牙当局通过了一项法律，该法律规定除了劳动时，任何其他时候在同一地点聚集的奴隶不得超过 6 个。

从 16 世纪中叶开始，有关逃奴堡出现的第一个消息开始传到萨尔瓦多，并迅速传到里斯本，到 19 世纪中叶废奴主义者的写作开始，逃亡的奴隶不断寻求在一个没有其他选择的社会中建立一个属于自己的地方。[34]在以奴隶为基础的社会的残酷现实与重建可行现实的企图之间，许多被奴役者没有过多考虑：自杀是一种极端的解决方案，而独自沿着公路、穿过村庄冒险前行的风险太高了；他们的答案是成群地逃进内陆地区，在以奴隶为基础的社会之外的森林或无人居住的荒凉腹地（干旱的内陆地区）建立社群。逃奴堡通常建立在难以到达的地方，以保护他们免受驻扎在城市的警察的伤害，远离公路沿线的交通和种植园的高度警戒。尽管具有讽刺意味的是，有一些逃奴堡与附近的定居点保持着贸易往来。

在整个殖民地内，逃奴棚和逃奴堡的扩散是复杂特征和身份的结果。它们不仅是没有前途的逃亡者的临时定居点，成为

蔑视奴隶社会规则的象征，而且不是完全孤立地存在，因为它们中的许多与附近社群建立了商业关系。它们是政治格局中一个全新的元素，将抵抗与谈判相结合，并将叛乱与实用主义相结合。[35]对于生活在那里的人来说，它们是危险的，有时甚至意味着悲剧。

逃奴堡为奴隶制提供了一个具体的替代方案，因此，它们 95
成了一个非常现实的问题，在准备与它们系统对抗的殖民者和当局之间引起了恐慌。但是，由于它们建立了各种各样的联系，逃奴堡也成了试图压制它们的社会的一部分。它们与邻近社区建立了广泛的商业联系，为获取信息建立了不同程度的复杂网络，并不可避免地与种植园工人和城镇边缘社区建立了友谊（和爱情纽带）。

生活在逃奴堡的人以他们在森林里发现的食物，种植的蔬菜（主要是玉米、木薯、豆类和红薯），饲养的鸡和与附近社区的贸易生存下来。[36]所有逃奴堡都与它们的邻居建立了某种友好的共存关系。但是，也有一些产生了敌对关系，因为有些群体突袭城镇郊区的定居点，洗劫农场并抢走牲畜，还袭击公路上的旅行者。

18 世纪中叶，位于伊塔普阿（Itapuã）[37]、靠近萨尔瓦多市、所处位置危险的逃奴堡——“犰狳洞”（Buraco do Tatu）通过盗窃维持其经济。带来牲畜和弹药供应的奴隶和城市自由民中有它忠实的同谋。[38]所有逃奴堡在一方面都是相同的，即他们的生存机会取决于他们成功与邻近社区建立的社会关系网络。逃奴堡数量激增，逐渐散布在殖民地最有生产力的领地周围，并很快形成了一个地下世界，即“黑色地区”（campo negro）[39]，这使他们能够扩大影响范围并提高自治程度。

各种各样的人物和社会类型都被吸引在逃奴堡周围，他们具有不同程度的共谋和商业利益。所有这些同伙绝不仅仅是被奴役者和自由民，还包括走私者，在逃奴堡之间提供信息和传递信息的种植园奴隶，以及带来火药、卡沙夏、衣服、盐和流动逃奴堡居民洗劫的赃物的贩子。

甚至是选择以盗窃和掠夺为生的逃奴堡居民也不能不依仗这种关系和利益网络的共谋。就当局本身而言，他们竭尽所能
96 地消除这些支持系统。从萨尔瓦多派出警察不足以摧毁像“犰狳洞”这样的逃奴堡，必须动员并派遣印第安人部队对他们发动进攻。

在葡属美洲最北端的亚马孙河下游地区，沿着库鲁阿河（Curuá）和特龙贝塔斯河（Trombetas）支流分布的逃奴营地[40]被建立在“湍急的水域中”，位于大河左岸的第一条急流和瀑布上方。这里是今天苏里南边境附近的茂密森林。[41]要在那里生存，光靠身体素质、勇气和敏锐的感知是不够的，了解森林至关重要。“逃奴堡堡民”（quilombola，逃奴堡的常住居民）通过与当地印第安人和当地动物建立有时友好、有时敌对的关系来适应森林生活。他们调整自己的饮食，用面粉代替巴巴苏椰子酱[42]，在鱼肉短缺时吃乌龟肉。他们还用从棕榈树树干中提取的果肉雕刻自己的神像。他们发现了坚果的经济价值以及某些植物的药用价值，例如卡拉伊巴油（caraíba oil）和穗菝葜（salsaparrilha）[43]。他们最终成了“森林的生物”（bichos do mato），即森林之子。

帕尔马雷斯：逃奴堡叛乱

每个逃奴堡都有自己的故事，但是帕尔马雷斯作为葡属美

洲最大甚至可能是持续时间最长的逃奴社群成了国家象征，代表着巴西逃奴堡战士英勇抵抗的悠久传统。人们普遍认为，帕尔马雷斯的初始核心成员为大约 40 名奴隶，他们全部来自伯南布哥的同一家“糖厂”。他们大概在 1597 年前后出逃，翻越了位于今阿拉戈斯州沿海森林地带[44]的巴里加山脉（Serra da Barriga）。[45]这个地方群山环绕、荒无人烟，为逃亡者提供了一个可以抵御进攻的天然堡垒。该地区盛产棕榈树，为他们提供了食物和其他有用物资，包括他们吃的棕榈心（palmito），以及用于搭茅草屋、做衣服和设陷阱的棕榈叶。棕榈树（palm）是有力的象征，逃奴定居在它们中间并将此地命名为帕尔马雷斯（Palmares）是很自然的。

帕尔马雷斯并不是指单个的逃奴堡，而是指遍布该地区的 97
各种规模的社群联盟。它们之间通过条约相互联结，但各自处理商业事务，具有自主权，并各自选出首领。它们包括：为致敬逃奴堡领袖们的女首领和军师而命名的“埃科迪雷妮逃奴堡”（Acotirene quilombo），以一位杰出的军事领袖的名字命名的“丹布拉班加逃奴堡”（Dambrabanga quilombo），以该社群的宗教和军事领袖的名字命名的“祖比逃奴堡”（Zumbi quilombo），分别以祖比的母亲和兄弟名字命名的“奥夸通和安达拉奎图什逃奴堡”（Aqualtune and Andalaquituche quilombos），曾作为逃奴堡堡民军事基地的“苏堡彼腊逃奴堡”（Subupira quilombo），以及该地区最大、最重要的名为“王家猴园”（Cerca Real do Macaco）的逃奴堡。帕尔马雷斯首领冈加·尊巴（Ganga Zumba），即大酋长，正是在“王家猴园”主持首领会议并就战争与和平的重大问题做出决定的。

尽管后来随着扩展，逃奴堡联盟变成了一个多民族的社群，但因为许多最初的堡民来自安哥拉和刚果，所以避难所最初被称为“安哥拉-詹加”（Angola Janga），即“小安哥拉”。试图在巴西重建一个非洲国家的做法不仅表明堡民们将自己视为外国人，而且表明他们创建了一个政治上有组织的社群，有自己的公共管理、法律、政府和军事机构的形式，以及宗教和文化原则，所有这些都有助于建立和加强集体认同感。殖民当局也承认帕尔马雷斯的存在，在递交给里斯本的文件中，他们将其称为一个“共和国”，该术语在当时用于指代任何拥有自己行政管理权的地区（无论该地区是在葡萄牙还是在国外），且该地区受政治制度管制并具有一定程度的自治权。[46]

帕尔马雷斯在其鼎盛时期的人口约为 2 万，其中大约 6000 人生活在“王家猴园”。大约在 1660 年，里约热内卢的人口估计为 7000，包括印第安人和非洲人。[47]逃奴堡联盟与周边城镇和村庄之间的贸易往来兴盛。一个多世纪以来，它鼓励奴隶大规模出逃，对“糖厂”、农场和小村庄发动了无数次进攻，并击退了力图摧毁它的所有军事远征。葡萄牙人对帕尔马雷斯发动的第一次进攻是在 1612 年，最后一次在 1695 年，其首领祖比（冈加·尊巴的继任者）在这一次进攻中被杀。在
98 1644 年至 1645 年荷兰占领东北部制糖区，尤其是伯南布哥领地期间，荷兰西印度公司下令对帕尔马雷斯发动了两次进攻，但均以失败告终。荷兰人成了森林游击战术的受害者，这些战术包括伏击、小规模进攻和突袭。

帕尔马雷斯利用荷兰占领所造成的危机不断扩张。这是奴隶抵抗中反复出现的一个特征，即他们总是在这个以奴隶为基础的社会被削弱或分裂的时刻采取行动，无论是由于战争、外国入侵还是国内争端。1670 年后，由于逃奴堡堡民构成的威

胁越来越大，且帕尔马雷斯的名声已在整个葡属美洲传播开来，殖民当局制定了一项系统性摧毁战略，包括每年一次的袭击、侦察任务以及根除逃奴堡与邻近社区之间商业联系的手段。尽管葡萄牙消灭逃奴堡的尝试总以失败告终，但它最终还是从逃奴堡首领之间的内讧中获益。

1678 年，葡萄牙代表在累西腓会见了由冈加·尊巴派出的一大批叛乱分子，他们是来庆祝殖民当局提出了和平协议的。该协议安排将所有潜逃的奴隶，即所有不是在帕尔马雷斯出生的逃奴堡堡民送还王室。葡萄牙人这一计划的目的是杜绝逃奴堡堡民与“糖厂”奴隶之间的合谋。作为交换，葡萄牙保证给予所有在帕尔马雷斯出生的人自由、土地和王室臣民地位。《累西腓协定》引发了逃奴堡堡民之间的分裂，使冈加·尊巴与祖比陷入冲突，并开启了该社群历史上最暴力的时期。冈加·尊巴在被宣布为叛徒后遭到毒杀，其麾下所有军事首领均被斩首。在随后的 15 年中，祖比作为与葡萄牙当局进行战争的领袖，维持了逃奴堡的自治权并保证了堡民们的自由。在被围攻 42 天之后，“王家猴园”沦陷，祖比被击败并遭处决，帕尔马雷斯被彻底摧毁，这场战争才最终结束。

帕尔马雷斯对于双方来说都是一个范例。殖民当局将其作为证据表明，应对奴隶抵抗的唯一方式就是残酷镇压和彻底摧毁。但是，帕尔马雷斯也成了抵抗运动的象征，并且明确反驳
了巴西受奴役人口和以前的受奴役人口只是被动受害者的观 99
点——相反，他们有意愿采取行动，他们不愿意屈服于这一堕落的政权。

在将近 200 年之后的 1870 年 8 月，废奴主义诗人卡斯特罗·阿尔维斯（Castro Alves）[48]撰写了《向帕尔马雷斯致敬》，

表达了他对奴隶制的残暴和人与人之间关系恶化的严厉谴责，以及对逃奴堡的高度颂扬。[49]这位伟大诗人远远领先于他的时代，这个强大的奴隶难民联盟直到后来才成为学术研究和国民好奇心的对象。在 18—19 世纪，奴隶制仍然存在，[50]逃奴堡是引起人们广泛担忧的原因。人们最大的担忧是帕尔马雷斯现象的重演。只有在 20 世纪，人们在历史著作、知识分子个人话语以及整个文化中对帕尔马雷斯的看法才发生了重大改变。它不仅成为奴隶和巴西所有黑人抗争的象征，而且是如何构建巴西历史上其他时刻和回忆的标志。[51]

抵抗斗争的多种形式

并非所有逃奴都创立或加入了逃奴堡。但逃跑总是一种抵抗行动，而且俘虏们有许多充分的理由这样做，例如，身体和道德惩罚的极端暴力，与家人和爱人的分离，以及奴隶主权力的专制属性。逃跑还可能带来讨价还价的能力，为他们提出的停止惩罚和过度劳动的要求加码。当然，这是对自由的强烈要求。在 17—18 世纪，“tirar o cipó” 这个短语的意思是“前往丛林”，意味着冒无数的风险。

无论是个人还是群体，逃跑总是对统治阶级的挑战。一个逃跑的奴隶是对财产原则的冒犯和对社会秩序的威胁，也是其主人的经济损失。巴西社会很快发现，对再度被俘的奴隶所施加的惩罚无论多么可怕，都不足以阻止他们出逃。必须建立控制和维持奴隶制的机制，并制定有效的镇压策略。这种控制手
100 段的建立是渐进的、系统的，并得到了法律的支持，而它反过来又具有广泛的镇压策略。人们坚信公开惩罚的有效性，认为这是法律效力的一种戏剧展示。这种公开惩罚有几种形式。一

种是肢解有罪奴隶的尸体，以便所有人在任何时间、任何情况下看到他，看到这些痕迹并记住他的“罪行”。另一种是在“刑柱”（pelourinho）上的当众羞辱，奴隶被拴在刑柱上遭受鞭打，这里的刑柱指的是在所有城镇主广场上为表示对王室的忠诚而竖立的一个带王室徽章的石柱。还有一种是将被捕逃奴和逃奴堡堡民斩首示众，而且他们的避难所在无数次入侵中被摧毁。

但这还不够。殖民当局深信他们需要经过培训的专业人员，即使这意味着土地所有者必须支付这笔费用。解决方案在一定程度上是可以预见的，即发展一支专门队伍追捕逃亡的奴隶，这是一种由高度军事化的人员组成的专业团体，有权在公路、森林和逃奴堡抓捕逃亡黑奴，并受命杀死、焚烧以及摧毁任何抵抗者和抵抗点。葡萄牙人确立了“逃奴捕手”（capitão do mato）[52]在镇压手段里的中心地位。在 17 世纪中叶设立这个职位之前，对逃奴的追捕是零散的，由负责管理“糖厂”和惩罚奴隶的监工组织进行。但是，从 17 世纪中叶开始，有了明确的法律和搜查村庄以防止奴隶逃跑的许可，“逃奴捕手”得到了社会的认可，并成为奴隶制的一个组成部分。[53]

17—19 世纪，成千上万的“逃奴捕手”散布在整个殖民地中。他们中许多人以前是奴隶，吹嘘着自己对逃亡行为的“内行”知识。由于在这个以奴隶为基础的社会中，奴隶和逃奴堡与最糟糕的地狱形象——痛苦的死亡、躲在恶魔居住的森林中以及偶像崇拜的做法——有关，于是殖民当局决定将这些“逃奴捕手”置于重要人物帕多瓦的圣安东尼（St Anthony of Padua）的保护下。作为最受尊敬的圣人，无论在殖民地还是帝国驻地，他都被认为是保护葡属美洲免受入侵的战士守护神。在没有得到圣安东尼允许的情况下，三个世纪以来，他的神圣被借用来为重新虏获奴隶和摧毁逃奴堡服务。[54]

101 另外，在世俗方面，“逃奴捕手”由奴隶主雇用并根据他们提供的服务来付费。支付金额取决于逃亡地点与捕获地点之间的距离：距离越长，酬金就越高。“货”到付款，这里的“货”要么是奴隶本人要么是被砍下的人头，“逃奴捕手”将人头装在皮包中，向其雇主证明他已经遵守他们的协议条款。[55]

逃跑不是唯一的反抗形式。其他形式包括谋杀或毒杀主人、自杀和堕胎。被奴役者提出要求，并坚定地拒绝接受他们的处境。但是，最简单的违抗行为也是对奴隶主权威的一种威胁，因为为了经营其产业并确保利润，奴隶主需要劳动力的盲目服从。奴隶们非常清楚自己所面临的风险。敌人有令人望而生畏的武力可供使用，而且一旦被抓住，他们也得不到法律的保护。因此，无论是盗窃、暗杀、自杀、堕胎还是单纯的辱骂，所有反抗行为都必须秘密进行，更不用说不服从、操纵雇员或其他微小但令人不安的抗命行为了。

反抗需要创造力、运气、合谋和机敏。采取的策略通常是间接的，通常旨在慢慢消耗敌人。蓄意破坏是一种持续存在的危险，只需付出很少的努力就可以取得成功。最微小的动作都可能造成破坏，例如，甘蔗田中的一个火星、掉入用于制造糖蜜的铜锅中的一片柠檬，或用于提取甘蔗汁的巨轮之一上一根断裂的辐条，因为这些轮子由水力或动物牵引力推动。[56]这些小小的干扰，无论多么微不足道，都会影响到蔗糖生产，在更极端的情况下，可能会导致整个“糖厂”的损失。

对于被奴役的巴西人而言，进行反抗必不可少的要素是对非洲记忆的保存和培养，这是文化根源的痕迹。随着时代的更造，这些文化根源在奴隶制的新现实中被改变、被混合并被重新创造。它们成为构建宗教生活、组织娱乐、发展集体身份认同和集体抵抗运动的重要手段。

在咖啡和甘蔗种植园以及城市中，未经监工的许可，尤其 102
是在没有警察干预的情况下，奴隶经常直面其主人，跟他讨价还价，争取根据他们的宗教仪式击鼓、跳舞和唱歌的权利。这些活动通常是在“糖厂”和城镇附近树林中的空地上进行的，这些空地是奴隶们精心准备的。它们被称为“特雷罗”。[57]在那里举行的仪式中有文化和宗教元素的独特结合。音乐、舞蹈、节奏和动作被整合在一起，形成一种独特的精神崇拜语言，其特点是与非洲仪式和神灵附身的口头传播联系在一起。[58]

自从 19 世纪初以来，这种基于纳戈人传统重建的，并在文化上受杰耶人影响的非洲仪式就被称为坎东布雷教，即崇拜奥里莎的宗教。[59]从一开始，坎东布雷教就结合了奴隶通过与被从非洲带来的不同民族的接触而吸收的许多文化元素。坎东布雷教在许多方面有所创造，比如，打破不同群体之间的文化障碍，产生对和谐社群生活具有象征意义的原则，成为在这个以奴隶为基础的社会中与其他阶层沟通的渠道。它也吸收了印第安人的宗教传统，因此直到今天，卡波克洛人的坎东布雷教仍唤起人们对于在欧洲人抵达很久以前就已生活在巴西的祖先的回忆。

逃奴堡是旨在保护奴隶自主精神和私人活动的秘密空间。在 17 世纪末，巴西诗人格雷戈里奥·德·马托斯（Gregório de Matos）[60]因其粗俗的讽刺诗文而被戏称为“地狱之口”，他在诗中引用了在逃奴堡举行的宗教仪式和打鼓的行为：“没有堕落的女士/或破产的花花公子/是没有去过逃奴堡的/他们持续跳舞直到倒下。”[61]在这首名为《箴言 1》[62]的诗中，马托斯所指的可能是名为“卡伦杜”（calundu）的特定节奏，在这种仪式中神灵被召唤来预言人们的未来。

从卡伦杜仪式的演变到桑巴舞的起源，非洲奴隶及其后裔的社群生活尽管遭到了剥夺，仍具有创造力。[63]即使这种关系一直是不对称的，但其反应从来没有一成不变。也许奴隶主可以尝试将人变成财产，但没有人能消灭奴隶们采取行动的意愿、创造力和智谋。被奴役的非洲人不仅生存下来了，他们还变成了巴西人，挫败了折磨他们的人的计划和一个充满暴力的反常政权。

四　黄金！

卡塔瓜斯腹地

到 18 世纪初，经营帝国的高昂成本严重影响了葡萄牙的 103
财政状况。制糖业开始感受到来自安的列斯群岛的竞争的影响。被赶出巴西的荷兰人正从那里将蔗糖运往欧洲，这严重影响了巴西东北部的种植园。同时，在萨尔瓦多，殖民地总督若昂·德·伦卡斯特罗（João de Lencastro）曾思考过在腹地发现黄金对于葡萄牙王室来说是不是一笔赚钱的买卖。尽管里斯本对此持乐观看法，但这位总督仍对黄金数量持怀疑态度。在位于今米纳斯吉拉斯州中部地区的河流中发现的这些小小金块将弥补王室对美洲殖民化所做的巨大投资，或为其帝国事业注入新的能量，他对此深表怀疑。

卡塔瓜斯人（Cataguás）是曾生活在米纳斯吉拉斯领地南部、西部和中部地区的一个土著群体的名称，他们是第一个面对殖民者的土著群体。他们是特雷门贝人（Tremembé）的后裔，这一族群在 16 世纪从今塞阿拉州的东北部海岸迁徙而来。他们实际上称自己为卡图奥阿人（Catu-auá），“Cataguá”是这个原始名称在葡萄牙语中的变体。他们现在已经灭绝。生活在低地的人们也普遍使用“卡塔瓜斯人”这个词来指代生活在米纳斯吉拉斯山区黄金国中的印第安人，那里河床上的粗沙中闪烁着细小的黄金颗粒。

104 尽管已经过去了两个世纪，但葡萄牙王室并没有放弃，他们沉迷于一夜暴富，其核心一直就是寻找贵金属。[1]里斯本当局对此普遍持乐观态度，他们在一段时间内倾向于相信美洲存在巨大的宝藏，只是等待被发现。16 世纪上半叶，西班牙人在其美洲殖民地发现并带回塞维利亚的黄金和白银数量惊人，使欧洲宫廷眼花缭乱。卡斯蒂利亚王权（Crown of Castile，又作卡斯蒂利亚联合王国）积累了巨大的财富，足以使任何欧洲君主羡慕不已，当然也足以使葡萄牙人一直保持着对美洲财富的梦想。

在 16 世纪中叶，幸运的西班牙人在安第斯山脉中部，即位于今玻利维亚的里科山（Cerro Rico de Potosí，又被称为波托西山），发现了一整座银山，这一消息点燃了欧洲的想象，并使里斯本确信了两件事情：巴西也一定有大量的贵金属矿藏，而发现它们的唯一方法就是对内地进行拓殖。这些拓殖之旅充满艰辛，但是从事这些拓殖活动的人们相信他们最终会成功。当时的地图绘制者认为美洲大陆是如此狭窄，以至于这些葡萄牙探险家实际上是上秘鲁（Upper Peru，即现在的玻利维亚）令人难以置信的富饶山脉的邻居。人们认为，如果从桑托斯港口出发进行探险，这趟旅程通过陆路或水路仅需 12 天。[2]

殖民地总督同时还担任着都督的军事职务，他的职责是保护殖民地免受私掠船、海盗以及荷兰和法国等敌对欧洲强国的入侵，后者热衷于建立自己的帝国殖民地并从海上贸易中获利。他还被要求在寻找贵金属的过程中促进内地的拓殖。但是，总督若昂·德·伦卡斯特罗有充分的理由对在卡塔瓜斯腹地发现黄金的消息持谨慎态度。1560 年至 1561 年之间在横跨今圣保罗州和巴拉那州尤其是在伊瓜佩（Iguape）、巴拉那瓜（Paranaguá）和库里蒂巴（Curitiba）之间的山区中发现的少量黄金几乎没有满足葡萄牙人的胃口。里斯本的观点是："我们想在巴西找到的是秘鲁，而不是巴西。"[3]他们的意图是将巴拉那皮亚卡巴山（Paranapiacaba Mountains，即马尔山脉的土著名称）[4]变成安第斯山脉的复制品。他们甚至计划进口 200 头美洲驼来运输黄金。但是，那里发现的黄金数量可以忽略不 105
计，那里的矿脉不是连续的且矿山的产量非常低。[5]

与他的同时代人一样，对于若昂·德·伦卡斯特罗而言，经济增长意味着自 1570 年代以来一直兴盛的甘蔗产业的蓬勃发展，尤其是在成了葡属美洲经济中心的巴伊亚的雷孔卡沃地区，以及伯南布哥的海岸。18 世纪初，安东尼奥神父还认为当局对寻找黄金的痴迷是殖民地的风险。不难理解这是为什么。蔗糖构成了巴西的财富，而"糖厂"则是使奴隶皈依的传教工作的中心。如果在米纳斯吉拉斯发现了黄金，人口随之大量迁移到内地，所有这一切都可能被摧毁。[6]

如我们所见，葡萄牙的南大西洋帝国的经济生活基于蔗糖和奴隶的结合。这种结合创造了围绕着大庄园产生的财富而运转的商业社区。萨尔瓦多是葡萄牙当地政府充满活力的中心，也是该农业社会的最大港口。一个好的总督——若昂·德·伦卡斯特罗毫无疑问认为自己是个好总督——必须谨慎对待有关黄金开采的任何新提议。他的首要任务是回应和保护现有的商业精英和"糖厂"奴隶主的需求和利益。

1697 年中，发现黄金的消息传到了萨尔瓦多。人们发现黄金与一条小河床上的砾石混在一起，该河流位于一个山谷中，山谷被湿润的森林覆盖着，且周围环绕着埃斯皮尼亚苏山脉（Serra do Espinhaço）的悬崖峭壁。当地原住民称其为特里普伊河（Tripuí，意即“在水之下的黑暗”）。[7]总督可能根本不知道特里普伊河仅仅是开始：“黑金”（black gold）[8]的发现被证明是找到数量庞大的贵金属的第一个线索，这些贵金属矿藏一直延伸到卡尔穆（Carmo）和萨巴拉（Sabará），直到它们被瓜伊库伊河（Guaicuí，达斯韦利亚斯河的原名）横截的地方。[9]总督依旧认为，在米纳斯吉拉斯发现黄金实际上是一个严重的问题。1701 年，他写了一封长信给佩德罗二世（Dom Pedro II）[10]，其中包含了许多建议。第一条建议就是通过关闭所有通往内地的路线来封闭发现黄金的区域。第二条是将所有由矿山产生的贸易集中在萨尔瓦多，并使整个矿区服从巴伊亚领地的管辖。[11]

106 若昂·德·伦卡斯特罗的谨慎没有给里斯本的任何人留下深刻印象。尽管无数次的探险均以失败告终，但王室对金山银山的痴迷丝毫没有减弱。当局还认为，在皮拉蒂宁加的圣保罗（São Paulo de Piratininga，这里是探险者出发前往内地进行探险的基地）的居民中，有些人确切地知道在哪里可以找到大部分黄金。毕竟，他们早在 1690 年代发现金矿之前就已经开始勘探该腹地。然而，他们一直寻找的是另外一种东西，即“红金”，这是维埃拉神父在反对印第安人奴隶制的斗争中创造的一个术语，指的是被殖民者俘获和奴役的印第安人的鲜血。[12]

这些殖民者连续行进几个月甚至几年，几乎总是徒步单列行进，他们像印第安人一样赤脚，脚呈外八字形张开，脚踝向内弯曲，以减轻疲劳并更快地踩回地面。在整个 17 世纪，无数次旨在虏获印第安人的探险活动渗透了今天作为米纳斯吉拉斯州一部分的腹地，使圣保罗居民即“保利斯塔人”在整个殖民地闻名。这些人似乎出生在皮拉蒂宁加高原上，以探索未绘制于地图上的内地为唯一目的，他们在每一个拐角处都可能遭遇箭头、野兽和热病，[13]但他们向着内陆越行越深。

这项探险始于皮拉蒂宁加的圣保罗镇，马尔山脉环绕在该镇四周，这里森林密布，山峰一直延伸至地平线。因此，其优越的地理位置保护了该地居民不受里约热内卢帝国当局的干预。该镇建立在山顶上，由坎塔雷拉山脉（Cantareira Mountains）上的堡垒远距离守护着。它还幸运地被河流网络所包围。探险者后来利用这些河流乘船前往巴拉那河（Paraná river），接着从那里进入拉普拉塔河盆地的支流网络，并向上游前往殖民地的最南端。[14]

圣保罗镇是由耶稣会士建造的一所神学院发展起来的，其墙壁由黏土和沙子的混合物制成。它有一个小教堂和一大片土地，四周是印第安人的房屋。它的确切位置就在今圣保罗市中心核心地带的学院庭院（Pátio do Colégio）。这所神学院是巴西耶稣会士领袖曼努埃尔·达·诺布雷加（Manuel da
Nóbrega）珍视的一项计划，旨在将该地区的印第安人聚集起 107
来，并与他们一起建立一个虔诚的基督徒新社会，即一个没有原住民异教风俗和欧洲人不良习惯和恶习的社会。该计划以惨淡失败告终。原住民无意放弃他们的信仰，葡萄牙殖民者亦不愿放弃他们的掠夺行为。但是该镇仍然存在，它的地理位置优越，地处腹地入口，殖民者从那里虏获并奴役印第安人，他们一如既往地宣称这是一场“正义之战”。印第安人被迫在田间劳动、养牛、做家务，甚至被用作运输工具。[15]

在18世纪上半叶，这些探险开始被称为“班德拉探险”（bandeiras），殖民地都采用了这个术语，尽管人们也使用了其他名称，包括entradas、jornadas、empresas或conquistas（意思分别为入侵、旅途、事业或征服）。从皮拉蒂宁加高原出发的“班德拉探险队”开始采取军事化狩猎远征的形式，目的是奴役印第安人或寻找贵金属，从而产生了一种生活方式，19世纪末和20世纪初的一些巴西历史学家将其称为“班德拉探险主义”。[16]从圣保罗镇出发的探险队对米纳斯吉拉斯的内陆进行了彻底搜寻，并竭尽所能地向王室代表隐瞒黄金的存在。他们这么做有充分的理由：与殖民地行政官保持一定距离意味着既避免了高昂的税收，又逃避了严格的帝国法律，因为这些法律限制了印第安奴隶的数量。

王室与发现了第一批黄金的圣保罗人之间的谈判始于1690年代初期。协议由葡萄牙国王佩德罗二世直接授意，保证授予发现者头衔、王室恩宠以及他们发现的金矿的所有权。此外，王室还授予了“班德拉探险队”他们最想要的权力：获准“管理”他们在内地俘获的印第安人，并让后者作为奴隶在皮拉蒂宁加高原劳动。直到那时黄金才开始出现在人们的视野中。[17]

在米纳斯吉拉斯不同地区几乎同时进一步发现了黄金，所有这些地点都沿着连接今欧鲁普雷图（Ouro Preto）和迪亚曼蒂纳（Diamantina）的路线分布，位于多西河（Rio Doce）和
108 圣弗朗西斯科河盆地之间。在那里，即今米纳斯吉拉斯州的中心，流经山谷和高原（chapada）[18]的小河的河床中发现了数量惊人的黄金，河流周围是埃斯皮尼亚苏山脉的悬崖峭壁。这些黄金以各种颜色的碎小金块的形式出现，包括米白色、黄色、

灰色、黑色（或者说不透明的、沾满污垢的）。最后一种颜色的黄金被称为“烂金”。[19]黑色是由化学元素钯的混合物产生的，表明金的含量很高。白色是金和镍混合的结果，价值要低得多。但是，无论颜色如何，黄金无处不在。在数百万年的时间里，它不断从埃斯皮尼亚苏山脉的岩石裂缝中掉落下来。

这些是沙金，与西班牙人从墨西哥和上秘鲁的地下矿藏中大量攫取的黄金完全不同。人们很快发现，该地区存在一系列相邻的金矿，无论朝哪个方向看或行走，都会发现金子。因此，在1720年代初，该领地被命名为米纳斯吉拉斯（Minas Gerais，意即普遍存在的矿山）。[20]最重要的金矿所在地被称为黄金区。其中大多数是在达斯韦利亚斯河的源头被发现的，位于今欧鲁普雷图市，即安多里尼亚斯瀑布（Cachoeira das Andorinhas）[21]的所在地。随着人口快速迁移至该地区，米纳斯吉拉斯有了最早的三个城镇，它们均建于1711年：1月，卡尔穆圣母村（Nossa Senhora do Carmo）被授予了城镇地位；6月，欧鲁普雷图、安东尼奥迪亚斯（Antônio Dias）、帕德里-法利亚（Padre Faria）和特里普伊（Tripuí）的采矿中心合并为一个城镇，它被命名为里卡城（Vila Rica）；在同月，萨巴拉布苏村（Sabarabuçu）正式成为萨巴拉圣母无染原罪镇（Nossa Senhora da Conceição）。这三个城镇分别就是今马里亚纳（Mariana）、欧鲁普雷图和萨巴拉市。[22]

在17世纪的最后十年到18世纪的第一个十年之间，皮拉蒂宁加高原的居民开始认为他们被欺骗了。葡萄牙王室承诺的远比它准备交付的多，它无意将金矿的所有权授予发现者。在1707年到1709年之间，对王室的不满情绪暴发，这就是所谓的“埃姆博阿巴战争”。愤怒的“班德拉探险队”对埃姆博阿巴人（emboabas）发动战争以获取对米纳斯吉拉斯的控制。“Emboabas”一词源于印第安语，意为一种脚被羽毛覆盖的
109 鸡。当该词被用来指与赤脚的皮拉蒂宁加居民形成对比的、穿着行军靴的“外来者”尤其是葡萄牙人时，这是一种严重的侮辱。人们通过靴子识别敌人，并且经常向他们投掷具有侮辱性的埃姆博阿巴鸡。即使在今天，米纳斯吉拉斯人[23]听到远处的一声巨响时，会喃喃说道：“刚刚要么是一条狗，要么是一只埃姆博阿巴鸡死了。”

由于该地区的居民满腔怒火，王室从务实角度出发，决定赦免叛乱分子。然而，王室并没有放弃政治立场：它提名埃姆博阿巴人担任新建城镇中所有重要的行政职位，从而终结了圣保罗人取得对该地区政治控制权的愿望。[24]后者最终被驱逐出米纳斯吉拉斯，而后重回内陆地区探险，在那里他们又发现了两个主要金矿：第一个是 1722 年马托格罗索的苏蒂尔矿（Sutil Mines），那里是今该州首府库亚巴（Cuiabá）的所在地；第二个是五年后在戈亚斯（Goiás）领地发现的博阿城矿（Vila Boa Mines）。因此，到 1720 年代末，葡属美洲的三个主要金矿区都被发现了。

“遍地的”金矿

1674 年 7 月 21 日上午，费尔南·迪亚斯·派斯·莱姆（Fernão Dias Pais Leme）从皮拉蒂宁加的圣保罗镇出发，踏上了他的最后一次冒险之旅。他率领四支由 100 名印第安人和 40 名白人组成的中队朝着腹地进发，队员包括他的两个儿子，一个是婚生子加西亚·罗德里格斯·派斯（Garcia Rodrigues Pais），另一个是梅斯蒂索人若泽·派斯（José Pais），以及他

的女婿曼努埃尔·达·博尔巴·加托（Manuel da Borba Gato）。当时他大约60岁，拥有可观的财富，还是进行过众多旨在虏获印第安人的探险活动的资深人士。他在圣保罗附近，即今皮涅鲁斯区（Pinheiros）拥有一块庞大的地产。[25]两年来，他一直与总督和王室通信，策划着这项任务的每个细节。他把总督颁发的许可证装在口袋中随身携带，该证授予他领导探险队所有成员、任何已经进出过内地那部分区域的人，或在探险结束后这样做的所有人员的权限。

费尔南·迪亚斯在寻找传说中被称为萨巴拉布苏的山脉。110
根据印第安人的说法，这条山脉发出的光如此闪亮，以至于人们从远处就可以看到它们，并在试图靠近时被晃得眼花缭乱。在图皮-瓜拉尼语中，这条山脉被称为“大地的太阳”。[26]据说有一条河流从山坡上流下，满溢着闪闪发光的绿宝石和金银碎片。西班牙探险家费利佩·吉兰（Felipe Guillén）说有人告诉他印第安人收集了这些石头，并用它们做食槽，但仅用作猪食槽，因为他们认为这种金属“是疾病之起因”。[27]

在进入米纳斯吉拉斯领地之前，费尔南·迪亚斯派了一支先遣队去建立补给基地以确保探险队的生存。他们的营地占领了达斯韦利亚斯河河畔的桑塔纳村（Santana）和苏米多鲁村（Sumidouro），这是一种军事营地和快速扩张的定居点的结合，周围被广阔的玉米、红薯、南瓜、豆类和山药种植园所环绕。引用奥拉沃·比拉克（Olavo Bilac）[28]于1902年出版的优美诗作《翡翠猎人》[29]中的话来说，第二年，“雨季结束，秋天伊始时/当干渴的土地/深深吸入这当季的雨水”，该探险队向东北方向穿过了腹地。在1675年至1681年之间，他们沿着绵延起伏的埃斯皮尼亚苏山脉，穿越了米纳斯吉拉斯整个领地范围，最终到达热基蒂尼奥尼亚河（Jequitinhonha）和阿拉苏阿伊河（Araçuaí）地区。在那里，探险队成员认为，他们在米纳斯吉拉斯的最东北端发现了印第安神话中藏着惊人财富的伟大湖泊——瓦帕布苏湖（Vapabuçu），这意味着他们相信该大陆的河流将巴西与安第斯山脉连接的传说。[30]

瓦帕布苏湖是欧洲人和印第安人想象力的结晶。探险队扎营的河岸确实闪耀着翡翠绿。但这是一种错觉——绿色的东西是碧玺，一种价值不大的类宝石。已患上疟疾的费尔南·迪亚斯回到了苏米多鲁湖，这是一片充满神秘色彩的水域，湖水流进森林中的一个洞，这座湖便“消失干涸”，同时地下溪流又不断地为其补充新水。费尔南·迪亚斯回来几天后就死了。

“还有那些绿宝石/那些杀人的矿/充满了希望和狂热/从未被发现/而当被发现时/是大自然的错觉？”[31]这是卡洛斯·德鲁蒙德·德·安德拉德（Carlos Drummond de Andrade）[32]在200年后写的关于费尔南·迪亚斯的诗作中的话。传说中的山脉的
111 位置尚未被找到，迪亚斯的探险队也没有为里斯本的宫廷发掘出一块金子。尽管如此，此次探险仍是一项重要成就：“班德拉探险队”获得了生存策略、适应米纳斯吉拉斯内陆环境的方法，使他们可以在面对周遭恶劣的自然环境、野兽和敌对印第安人的情况下在这个偏远地区长期生活。当时，对该地区的征服和侵占对里斯本来说至少与寻宝一样重要，而这正是费尔南·迪亚斯的成就。其探险队采取的是军事战略，即清理丛林中的土地来种植粮食，以便在部队向内陆搜寻粮草时维持他们的生存，该战略在与印第安人作战和占领土地方面都具有决定性作用。[33]一条通往米纳斯吉拉斯的道路就这样被开辟出来了，尽管它仍然对那些冒险者提出了巨大的挑战。

费尔南·迪亚斯的探险队开辟了一条单一的路线，将海岸与曼蒂凯拉山脉（Serra da Mantiqueira）[34]相连，经过达斯韦利亚斯河，一直延伸到米纳斯吉拉斯东北部。这就是“通往腹地的常规路线”，也称为“旧路”（Caminho Velho）或“圣保罗之路”（Caminho de São Paulo）；这个“米纳斯出入口”将皮拉蒂宁加的圣保罗与里约热内卢的圣塞巴斯蒂昂（São Sebastião）连接了起来，然后从那里通往最近发现的位于莫尔蒂斯河（Rio das Mortes）和达斯韦利亚斯河岸边的欧鲁普雷图和卡尔穆圣母。[35]

翻越曼蒂凯拉山脉特别困难。该山脉因其丰沛的溪流和蜿蜒的河流而被称为“哭山”。在被称为“大刀山”（Serra do Facão[36]）的地点，一条剃刀状的小路越过五个最高的山峰，“如当时所说，阻止了弱者进入米纳斯吉拉斯”。这是只属于无畏者和强者的事业。山上覆盖着如深绿色毯子般的潮湿森林，旅行者在其旅行的头几天里会穿过帕拉伊巴河谷的因巴乌峡谷（Garganta do Embaú）[37]，即今天划分里约热内卢州和米纳斯吉拉斯州行政区域的地方，之后他们进入这片潮湿森林。山上成群的毒虫和骤降的暴雨进一步折磨着旅行者。在雨季，山峰被薄雾覆盖，在这种时候翻山越岭特别危险。冰冷的雨水冻彻旅行者的骨髓，且当他们从湿滑的山坡上下来时，从他们的胡须上滴落下来。当他们脚下的小路变成了泥土，骡子和货物都会翻倒在这湿滑的坡上。

发现黄金的消息很快传开。这是圣保罗、里约热内卢和萨 112
尔瓦多的人们讨论的话题，许多居民将这激动人心的消息传给了在葡萄牙的亲戚。再也没有其他办法控制人们对黄金的渴望或涌入该地区的疯狂民众：无论是王室为防止引起竞争对手的贪婪而对金矿地点保密所做的努力，还是当局对沿海城镇居民大规模迁出发出的警报，甚至连可预见的翻越曼蒂凯拉山脉的困难也不能。

英国历史学家查尔斯·博克舍（Charles Boxer）在1962年写道："这是前所未有的现象，直到1849年加利福尼亚淘金热才再次出现。"在渴望获得黄金的驱使下，各色人等争先恐后，在相互推挤中前行。在人群中，有些人迫切希望摆脱贫困，有些人梦想迅速致富，而还有一些人是在逃避政治或宗教迫害。最后一类人包括与国王和君主制为敌的人、"新基督徒"、吉卜赛人和信奉不同信仰的异教徒。其中有位佩德罗·德·拉特斯·汉纳金（Pedro de Rates Hanequim），他是一个唠叨、啰唆的千禧年信徒，捍卫的是关于巴西的一些非正统理论。他的一个理论辩称，人间的天堂隐藏在位于葡属美洲中心的一条山链中间，与上帝的宝座成直角。他的另一个理论还建议加冕葡萄牙国王若昂五世（Dom João V）的兄弟曼努埃尔王子（Infante Emanuel）为南美皇帝，在其统治下，人们将于米纳斯吉拉斯的内陆建立"第五帝国"。[38]

总督若昂·德·伦卡斯特罗将这群人称为"一文不值的粗鲁贱民"。[39]里斯本当局最终也附和了他的观点：那些深入米纳斯吉拉斯内陆的人是"入侵者、对非他们出生国家没有爱的无根暴民"。他们确实来自许多地方。有一些人来自葡萄牙，抛妻弃子。许多人来自其他领地，尤其是圣保罗、巴伊亚和里约热内卢，他们卖掉了自己拥有的一切，与淘金者同甘苦共命运。17世纪的圣保罗人总是这么说："路止于此，矿始于斯。"那些设法到达米纳斯吉拉斯的人非常清楚他们想要的是
113 什么：尽可能快地获取尽可能多的黄金。采矿者发疯似的努力

寻找新矿脉时，周围岩石中闪闪发光的大量贵金属使他们眼花缭乱，但他们忘了所有事实中最基本的一条，即他们吃不了黄金。

那是一场灾难。1697 年至 1698 年，1700 年至 1701 年，以及再次在 1713 年，米纳斯吉拉斯居民未能种植足够的木薯、豆类、南瓜和玉米，无法为持续到来的大批人群提供食物。用安东尼奥神父的话来说，“他们双手握满金子饿死了”。[40]为避免饿死，米纳斯吉拉斯人吃了他们能获得的任何东西：狗、猫、各种植物的根、昆虫、蛇和蜥蜴。他们甚至还吃“竹虫”[41]，那是一种在竹茎中发现的有毒白色幼虫。

对于那些从累西腓和萨尔瓦多的东北港口出发的人来说，只有一条通往米纳斯吉拉斯的路，即“通往腹地的常规路线”（也称为巴伊亚小径或圣弗朗西斯科畜栏小径）。在三个被称为“米纳斯出入口”的路线中，这条最长。选择这条路寻找黄金的人大多是来自巴伊亚和伯南布哥种植园区的殖民者，随着制糖业的衰落，他们失去了生计。自 17 世纪初以来就一直使用此路线的圣保罗“班德拉探险队”对该路线非常熟悉。它具有许多优势：其森林不如曼蒂凯拉山脉的森林那么茂密，树与树之间的间距更宽，散布着被灌木丛和其他植被覆盖的开阔空间。最重要的是，独木舟可以航行于横穿该路线的河流中。

正如 20 世纪的历史学家拉伊孟多·法罗（Raimundo Faoro）在他的书《权力的所有者》（*Os donos do poder*）中对其进行的恰如其分的描述，“腹地是另一片未知的海洋”。[42]在山峰和峡谷即未知的深渊之间的旅程是漫长而孤独的。许多人在到达矿区之前就已离开不再前行，并定居在内陆，包括被依法追捕的罪犯、资不抵债的债务人、土地面积太小而无法进一步分割的小农户之子，以及没有土地的贫穷工人。他们停止旅行，在偏远的地方声称土地归他们所有。在不受法律约束的情况下，被俘的印第安人、金色湖泊和点缀着珍贵宝石的群山的景象使他们眼花缭乱，他们继续着对米纳斯吉拉斯的破坏。对于逃离贫困、寻找土地、避免坐牢或隐瞒煽动叛乱罪的人们来说，这是一个完美的避难所。

人们普遍认为，米纳斯吉拉斯内地不受法律管辖，“通往
114 腹地的常规路线”成了最受欢迎的黄金走私路线。正如对该地区非常了解的佩德罗·巴尔博萨·莱亚尔（Pedro Barbosa Leal）向当局解释的那样，内地“随处可见‘漏洞’：荒芜的田野、原始森林和可用于逃跑的无人涉足的小径”。[43]而且，走私者知道“漏洞”的确切位置。他们胆大妄为，冒着乘独木舟沿圣弗朗西斯科河顺流航行的危险。这是北向欧洲或南向拉普拉塔河漫长的黄金之旅的第一步。夜深人静时，他们在秘密码头投下锚，趁守卫海滩的士兵除了漆黑之外什么都看不见时，偷偷驶过雅科比纳（Jacobina）和里奥迪孔塔斯（Rio de Contas）港口，这两处是征收国王税的检查站。确保黄金完好无损后，他们经过腹地到达伯南布哥、帕拉伊巴、北里奥格兰德或塞阿拉，旅程长达数周，在那里黄金最终被运上船只驶离殖民地。陆上有一条替代路线，就走私者而言，那是一段更长、更危险的旅程。该路线沿着圣弗朗西斯科河河岸一直到位于今皮奥伊州（Piauí）的帕纳瓜（Parnaguá），从那里继续延伸至马拉尼昂，黄金就从这里被偷运到欧洲。[44]

令王室感到绝望的是，在巴西发现的很大一部分黄金都从其检查员的手中“溜走”了。走私黄金已成为一项主要的非

法交易，其利润被认为足以抵消巨大的危险和风险。殖民地当局竭尽所能制止走私，进入米纳斯吉拉斯的路线由配备收税员和军事警卫人员的检查站进行监控。安东尼奥神父的书于1711年被王室没收，并因描述萨尔瓦多和黄金产区之间的路线而被禁。“通往腹地的常规路线”不对旅行者和商品运输开放，仅用于米纳斯吉拉斯人食用的牛才被允许通行。但是这项措施没有多大用处，黄金继续消失。胆大妄为的走私者藏身于牛商们中间，他们的黄金袋也隐藏得很好。他们最大限度地利用了可以贿赂的神职人员，后者可以免于控制哨所的搜查，设法从王家金库转移了大量黄金。里斯本当局对此十分愤怒，并于1709年禁止了修道会在米纳斯吉拉斯的存在。

“通往腹地的常规路线”从萨巴拉镇开始进入黄金产区，
这是米纳斯吉拉斯首个城镇，也是当时最大的城镇。也正是从 115
那里，牛、皮革、牛肉干、猪肉和鱼、岩盐和“原糖”（一种由甘蔗制成的甜食）首先进入该地区，所有这些都极为昂贵。1703年，安东尼奥神父注意到，在圣保罗1蒲式耳（alqueire，古代计算液体与粮食等的容量单位）[45]面粉的价格为640里斯，而在米纳斯吉拉斯的价格为43000里斯。[46]他持续关注价格上的巨大差异：“在圣保罗，1磅糖的价格为120里斯，在米纳斯吉拉斯为1200里斯。在圣保罗，一只鸡的价格为160里斯，在米纳斯吉拉斯为4000里斯。在圣保罗，一头被宰后的牛的价格为2000里斯，在米纳斯吉拉斯一头同样的牲畜值12万里斯。”[47]

最后一场大饥荒发生在1730年的皮坦吉（Pitangui）。该镇由圣保罗的“班德拉探险队”所建，作为他们在埃姆博阿巴战争结束时前往戈亚斯的中途停留处。皮坦吉的金矿位于腹地的入口附近，并受到有独立思想的人的保护，这些人自战争以来对王室的愤怒一直没有减弱。他们因以直截了当的方式解决任何政治或财产纠纷而闻名于整个 18 世纪，他们要么使用枪杆子，要么像这里描述的那样使用铳[48]。皮坦吉的牲畜稀缺几乎毁了该镇。一些居民逃到森林中求生，没有任何粮食供给，食物价格飙升到令人难以置信的高度。当人们挨饿时，金子似乎从他们脚下的土壤中发出芽来。有一座特别的山丘被人们称为“马铃薯山”，因为在那里发现的巨型金粒形状像马铃薯一样。[49]

粮食供应状况仅在开辟了一条通往矿山的新路线后才得以改善。“新路”（Caminho Novo）是由殖民地南部大区省督阿图尔·德·萨-梅内塞斯（Artur de Sá e Meneses）规划的。他创建了一个用于货物运输的路网，将矿区与该国两个最重要的供应中心相连，即里约热内卢港和圣保罗镇。第三个也是最后一个“米纳斯出入口”始于瓜纳巴拉湾（Guanabara Bay）的尽头，即今卡希亚斯公爵城（Duque de Caxias）所处的弗鲁米嫩塞低地（Baixada Fluminense）[50]的中部。在进入曼蒂凯拉山脉之前，这条路线在陶巴特镇（Taubaté）穿过了“圣保罗之路”。这条新路线未来将里约热内卢变成米纳斯吉拉斯的主要供应地，越来越多的旅行者、货物、牲畜和无数非洲奴隶都经由这座城市进入米纳斯吉拉斯。

“新路”大大缩短了旅行时间：运气好的话，从里约热内
116 卢到里卡城仅需 20 天。但翻越曼蒂凯拉山脉仍是一种折磨。运货马车仅在一小段路上能拉得动。人和动物都在泥潭中踉跄前行，在肮脏的稻草棚里过夜，其间还要竭力驱走蝙蝠和多种虫子，例如，蚂蚁、蚊子、臭虫、跳蚤、蟑螂和蜘蛛。一个半

世纪后，著名的英国探险家理查德·伯顿爵士（Sir Richard Burton）也抱怨在“新路”上困扰他的类似情况：赶车人整夜无眠，棚内蚊虫成群出没，还有“成群的圆胖蠕虫爬进了我的皮肤，在我的指甲下筑巢”。[51]

当黄金产量达到顶峰时，沿着矿山和腹地之间的边界以及达斯韦利亚斯河河岸已经建起了农场。这些都是庞大的庄园，为接收来自巴伊亚顺着圣弗朗西斯科河和斯韦利亚斯河而下的货物，所有庄园都配备了码头。其中包括米钮卡斯（Minhocas）、马卡乌巴斯（Macaúbas）和贾瓜拉（Jaguara）等庄园，[52]贾瓜拉庄园可容纳多达2000人。在采矿区中心地带，沿着攀登至卡帕内玛山脉（Serra de Capanema，今天仍将欧鲁普雷图镇和萨巴拉镇相连）山顶的这条路线出现了小型定居点，包括圣安东尼奥杜莱特（Santo Antônio do Leite）、阿马兰蒂娜（Amarantina）、圣巴托洛梅乌（São Bartolomeu）、圣安东尼奥达卡萨布兰卡［Santo Antonio da Caza Branca，即今格劳拉（Glaura）和库拉尔德佩德拉（Curral de Pedra）］，居民们种植粮食，供旅行者食用。从一开始，正如这些村庄的存在所示，农业生产和畜牧业蓬勃发展的内部市场在该地区发展了起来。

直到约1750年，黄金供应仍然充沛。在此期间，“新路”沿线的人流和物流仍然很繁盛。这条路线为里卡城提供了糖、卡沙夏、牲畜、火药、烟草、橄榄油、大米、盐、榅桲果冻和葡萄酒。随着城镇和村庄的扩大，米纳斯吉拉斯开始收到各种产品和小玩意儿，例如，玻璃、镜子、枪支、刀、铅、天鹅绒、瓷器、搭扣、毛皮、红色锦缎马裤、饰有金和银线丝带的帽子、女士系带皮靴，以及衬有真丝或蓬松羊毛的夹克。[53]

从“新路”的一端到另一端，一种新型恐怖正在威胁旅行者。他们不再担心遭到卡塔瓜斯人、瓜伊阿那人（Guaianá）
117 或图皮南巴人的伏击，此时的危险是遭到逃奴堡堡民的袭击，他们对旅行者、农场、村庄和城镇郊外进行系统性袭击，从而在整个地区散布恐慌。在整个米纳斯吉拉斯到处都是逃奴堡，它们似乎是自发涌现出来的，与该地的崎岖地形相辅相成。它们大多数规模相对较小，但由于靠近城镇而非常危险。例如，“圣巴托洛梅乌逃奴堡”由于地处同名山脉顶部的战略位置而得名。它为众多公路劫匪提供庇护，其人数多到足以扰乱沿“新路”前往里卡城的旅行者的生活，并严重影响里卡城、马里亚纳和卡舒埃拉杜坎普村（Cachoeira do Campo）之间的交流。[54]

逃奴堡与城市中心之间发展出了一种复杂的社会联系网络，在街头卖新鲜农产品的黑人妇女处于这一网络的中心。生活在黄金产区的居民经常抱怨道，这些向杂货店以及在街头的摊位卖水果和蔬菜的妇女与逃奴堡堡民保持着密切的联系。她们出于团结还充当中间人，帮助逃奴在逃奴堡避难，并为他们提供家畜和信息。最后这一点，即提供信息，是最让当局恼火的：“来自逃奴堡的黑贼收到有关他们可以抢劫之人下落的信息……这些黑人妇女帮助他们，并为他们提供庇护，从而为一切提供了便利。”[55]

随着殖民者在米纳斯吉拉斯定居，城镇和村庄周围的郊野地区出现了越来越多的逃奴堡。在如此近的距离内，城镇食品店最终成了与逃奴堡进行走私交易的中心。令当局感到恼怒、当地居民更加感到恼怒的是，没有法律来阻止这种交易，而当地居民彼时生活在持续的恐惧中。“店主为逃奴提供只要他们认为合适的保护，森林中的黑人在他们所谓的房屋中为他们提供庇护所……他们在清晨离开。这样，每一家杂货店都变成了一个逃奴堡。"[56]这些商店成了抵抗中心，它们非常善于躲避当局的追查。它们是聚会和情人幽会的地点，是逃奴和流浪者的庇护所，那里的环境非常适合与逃奴堡交换走私货物。

1718 年，随着奴隶人口的增加，作为逃奴强劲对手的领 118
地省督阿苏玛伯爵（Count of Assumar）接受了他无法"改变他们的思维方式或他们对自由的自然渴望"的事实，他向国王提议"要对这些流氓做出应有的惩罚，就需要采取更多的暴力补救措施"。[57]他建议采取的"补救措施"包括切断奴隶的跟腱以防止他们逃跑。这项提议没有被认为不合理，以至于在约 20 年后的 1741 年，米纳斯吉拉斯当局再次将其送交里斯本批准。1755 年，该提议获得了马里亚纳镇议会的鼓掌通过，并再次被送交至里斯本。同时，伯爵将他为重新捕获奴隶和逃奴堡堡民而打算采取的措施告知了该领地居民："任何为他们提供庇护或者知道所述逃奴堡在哪里却不通知当局的人，白人将被公开鞭打并放逐到本格拉，黑人将被处死。"[58]

阿苏玛伯爵可能过于残忍，但在这方面他绝非个例，他也不是仅为自己的利益打算而行事的。殖民当局发布无数公告、王家特许状和书信，目的显然是试图通过防止逃跑和镇压反抗来维持奴隶制的稳定。1741 年的一条王家法令规定，逃奴须在肩上用炽热的烙铁打上烙印，如若再犯，则要被割掉一只耳朵。[59]

除逃奴堡堡民的残暴外，旅行者还不断受到白人、自由黑人、梅斯蒂索人和穆拉托人团伙袭击的威胁，[60]这是一群形形色色的男人和女人，他们出于某种原因没有被吸纳进采矿、养牛和农业经济中，而存在于米纳斯吉拉斯社会的外围。[61]殖民地当局将这类各不相同的群体称为“游荡者”。他们很穷，没有社会地位，是一个非常不稳定且难以控制或训练的群体。显然，他们中并非所有人都是公路劫匪。然而，每个出发的旅行者都面临着被其中一个有组织团伙袭击的高风险，而且他即使没有被杀害，至少也会被夺走所有财产。

他们中有些团伙创造了历史。曼努埃尔·恩里克斯（Manuel Henriques）之所以被称为“手套之手”，是因为他使
119 用带衬垫的手套来代替自己在战斗中失去的一只手，其帮派在位于里约热内卢领地帕拉伊布纳河（Paraibuna）河岸远处的卡舒埃拉杜马卡库地区开展行动。他的名声之大，甚至传到了里斯本。他的团队训练有素，大约由200名男子组成，其中有白人、被释放的黑人和帕度人，并分成由受信任的代理人领导的几个小组。他们在该地区非法勘探黄金，并在曼蒂凯拉山脉入口处伏击从埃斯特雷拉（Estrela）港口出发前往里卡城的车队。

米纳斯吉拉斯最臭名昭著的团伙是“曼蒂凯拉帮”。他们在“新路”和圣若昂德雷镇（São João del Rey）交界处附近通往里卡城的高地上袭击旅行者。他们的首领是绰号为“山”的若泽·加尔旺（José Galvão）。他体型庞大，棕色皮肤，长发，胡须浓密，据说是吉卜赛人。该团伙在城镇中有一个密探网络，所有人都密切注意运输黄金的车队或携带大篮子商品的商人，因为这是他们带着钱旅行的明确迹象。加尔旺的团伙因其暴力方式和胆大妄为让人印象深刻。如果旅行者最终没有被杀害和埋葬，没有被夺去所有财物、文件和衣服并被抛尸在偏僻的山高之处，那么他们实属幸运。随着这些袭击事件的消息

在殖民者中传播，城镇中的气氛变得越来越紧张，但是尽管人们不断向省督求助，后者却未采取有效措施。沿途的运输量开始减少，不少旅行者在出发前有远见地立下遗嘱。

该团伙直到1783年才被时任“新路”分队指挥官、绰号为“蒂拉登特斯”（Tiradentes，意为“拔牙师”）的少尉若阿金·若泽·达·席尔瓦·沙维尔（Joaquim José da Silva Xavier）[62]击溃，为此他付出了巨大努力。时至今日，米纳斯吉拉斯州居民仍建议旅行者不要在“新路”沿途的山峰附近过夜，这些地方以各种诡异的现象而闻名：在暴风雨的夜晚出现的神秘灯光，被杀之人的灵魂盘旋在他们被杀之处的幻象，惊扰旅行者睡眠的白色幽灵，以及萦绕着曼蒂凯拉山口的幽灵蹄声。

对米纳斯吉拉斯的拓殖十分迅速且在短时间内就完成了。黄金生产始于1690年代初，并在1730年至1740年达到顶点，到1750年已经处于衰退期。黄金生产所使用的技术不成熟，且基本上是临时凑合的。阳光下，金粒在河流和溪流底部闪闪 120
发光。它们大约有豌豆大小，埋在砾石中很容易被发现。淘金者需要良好的视力，而且必须准备好蹚入冰冷的山间溪流。他还需要相应的体力和知识，才能使用锡或杉木制成的盆来洗净和筛分黄金，将其与沙子、砾石和黏土分开。在雨季由于洪水而无法淘金时，他们便沿着河岸或在山脚下挖沙子，不停地凿那些裹在岩石裂缝中的金子。[63]

当可以淘洗的黄金开始供应不足时，人们便用水冲洗覆盖着金矿的土壤。这项任务之所以能够实现，是因为有大量的黑人奴隶，其中大多数来自西非（如尼日利亚和塞内加尔）和中非（如喀麦隆、安哥拉、刚果盆地和加蓬），还有少数来自东非（如莫桑比克）。自首批矿山开放以来，为了满足对黄金的需求，大量奴隶被带到该地区。据估计，在 1721 年至 1722 年间，米纳斯吉拉斯已经有 45554 名非洲奴隶。到 1745 年，这一数字已增长到 95366；到 1786 年，达到 174000。[64]还有奴隶是被从甘蔗种植园带过来的。他们从事分流水道、筑坝、在分离黄金和砾石之处挖运河，以及用水泥浆堆砌石块以排干污泥的工作。

奴隶还为深部开采提供了劳动力。为了到达地下水位，他们挖深达 15 米的井，并在岩石中凿出漏斗形的隧道。在修建隧道时，土地经常坍塌，奴隶劳工因此而丧生。他们还操控水车，这些水车连接着一连串用于抬起泥土的敞开板条箱。不论是把倒置的板条箱往下推，还是当他们从矿井底部挖出污泥时将它们翻转过来，均由水提供动力。在米纳斯吉拉斯州乡村仍可见深部开采留下的痕迹。17 世纪，旅行者通过一些迹象就可以判断他已到达米纳斯吉拉斯，例如山上的采石场、泥泞的河水、被毁坏的森林和无处不在的坑洼。

即使葡属美洲的商品成本最高，而且人们使用沙金作为货
121 币，但很多人仍然一夜暴富。安东尼奥神父对富裕的米纳斯吉拉斯人的怪癖和夸张行为感到震惊，例如“在火枪手的陪同下，总是随时准备施暴”和“在不必要的物品上挥霍钱财：花 1000 克鲁扎多买一个黑奴，其任务就是在公共场所吹号角以预示其主人的到来；以通常价格的两倍购买臭名昭著的穆拉托女人，并与之一起‘坚定地’犯下多起广遭非议的恶行”。[65]

葡萄牙非常了解其殖民地内陆正在发生的事情。一个多世纪以来，它一直在焦急地等待着发现黄金。这一梦想现在在米纳斯吉拉斯得以实现，里斯本为获取控制权而开始行动。1700

年，当局开始征收一种税，即被发现的所有黄金价值的五分之一的税，也就是所谓的“五一税”（quinto，意为五分之一）。采矿者被要求将他们的黄金带到锻造厂，在那里黄金被锻造成金条并被扣除税款。

不出所料，很少有采矿者支付税款。但是，王室决心建立一种税收制度，力图榨干米纳斯吉拉斯的最后一滴利润。它创建了黄金军需处，任命税收专员，在出口处设立海关站，并在整个地区修建锻造厂。多年来，王室增加税收，还使税收多样化。它征收影响所有采矿者的淘选税，以及对四个行政区都收取的一般年度税，包括达斯韦利亚斯河区、莫尔蒂斯河区、里卡城区和塞鲁杜弗里奥区（Serro do Frio）。王室对每个人和每项经济活动，包括对在该领地工作的所有奴隶，均征收人均税。1751 年之后，葡萄牙进一步加大压力：将每年运入锻造厂的所有黄金的最低限额确定为 100 阿罗瓦（约 1500 公斤），任何未完成配额的人都必须就差额纳税。[66]

黄金经由塔古斯河运抵葡萄牙，但几乎立刻又通过同一条水道运往欧洲其他国家。英国是主要目的地，在那里黄金被用来购买在葡萄牙国内市场上无法获得的进口制成品。尽管逃税率高且走私的黄金数量多，但在 18 世纪上半叶，大量贵金属进入了里斯本港：1713 年共计 196 公斤，1720 年为 946 公斤，1725 年为 3.4 吨，1731 年为 4.2 吨，1741 年为 11.5 吨。

在 1737 年至 1746 年间黄金生产达到高峰，但到下一个 10 122
年的中期，它已经处于衰退期。这种情况是不可逆转的：在 1760 年代，从“五一税”中收取的税款已降至每年 209 公斤左右，到 1771 年降至 147 公斤。[67]由此产生的结果是戏剧性的：米纳斯吉拉斯人坚信他们收入的减少不是产量下降的结果，而是高昂的税收所致。叛乱的种子就这样被播下了。但是，淘金热带来的积极结果也是不可逆转的：到 18 世纪末，米纳斯吉拉斯是葡属美洲中唯一一个定居者在此建立了城镇网络的地区。一个能够发展出极其独特和复杂文化的独一无二的社会就起源于此。

欧鲁普雷图的里卡城

在 18 世纪的最后 30 年，在里卡城下马的旅行者肯定会惊叹于那个“被岩石、寂静和阴影包围的陌生城市”[68]的繁荣，以及米纳斯吉拉斯已不再是一个正在形成中的世界这一事实。当时，该城的人口约为 8 万，散居在整个领地的人口总数为 32 万，其中不含印第安人。[69]里卡城居民在陡峭、起伏的街道上穿行，街道两旁林立着各式各样的建筑物：用石头和砂浆建造的宫殿、带有瓦屋顶的连排住宅、低矮的木质建筑，以及用板条和泥浆建成的茅草屋。在山坡的底部是宽阔的街道和开放的广场，广场上张贴着公告并立起了刑柱，狭窄的小巷从那里自下而上地蜿蜒在山坡上。[70]

主教留驻的邻近城镇马里亚纳是教区的所在地，负责引导米纳斯吉拉斯居民的信仰。这个小镇与里卡城不同，那里的街道上全是小礼拜堂、十字架和耶稣受难像。但是，作为殖民地最富有且人口最多的领地的行政中心，里卡城的建筑更加壮观，且符合它作为王室当权者驻地的地位。到 1780 年，该城已建有一座都督府，那是一座石头建筑，矗立在圣基特里娅山
123 （Santa Quitéria）上。它有四个堡垒和一条曲折的坡道，上面布满了军事要塞风格的岗亭。承包商若昂·罗德里格斯·德·马塞多（João Rodrigues de Macedo）可能是该地区最富有的

人，负责对所有外来的商品征税，他的那幢富丽堂皇的连排住宅也已建成。他把自己的住宅“康托斯之家”（Casa dos Contos）[71]建在石基上。这幢住宅的楼梯雄伟壮观，两旁挂满了画作，它还有一个宽大的阳台和无数门窗，象征着主人的社会地位。它是整个领地中最令人赞叹的豪宅。

这一切仍在由黄金买单。到1780年代初，里卡城已建起了内部镀金的教堂。每位游客都会惊叹于这些教堂，至今依然如此，它们包括圣方济各阿西西教堂（São Francisco de Assis）、皮拉尔圣母教堂（Basilica of Pilar）和安东尼奥迪亚斯圣母无染原罪教堂（Nossa Senhora da Conceição de Antônio Dias）。石桥取代了岌岌可危的木桥，上面装有拱门、栏杆、柱子和座椅，全部用鱼油和生石灰胶合。还建有七个喷泉式饮水器，人们在那里取水时会碰面闲聊。它们由装饰精美的青铜或滑石制成，被镶嵌在城墙上。桥梁和喷泉是奴隶、洗衣妇和赶车人聚会的地方，并成了谣言集散地。人们站在康托斯桥（Ponte dos Contos）的拱门周围或格洛里亚喷泉（Gloria Fountain）上的怪兽状滴水嘴旁，专心聆听并交流着最新消息。

18世纪末期，该领地的三位伟大诗人——克劳迪奥·曼努埃尔·达·科斯塔（Cláudio Manuel da Costa）、托马斯·安东尼奥·贡萨加（Tomás António Gonzaga）和阿尔瓦伦加·皮索托（Alvarenga Peixoto）描写这些新颖的城市环境，并将其作为他们诗歌的框架。克劳迪奥·曼努埃尔·达·科斯塔在1773年前后创作的诗歌《里卡城》中歌颂了这座城市的外观、喷泉和其他水源、为方便整个城市的货物运输而建造的许多桥梁、作为米纳斯吉拉斯建筑美丽典范的优雅钟楼，以及华丽的教堂。他可能也认为教堂的富丽堂皇有些过度，因为他评论道，“它们耗尽了我们的资金”。[72]

克劳迪奥·曼努埃尔·达·科斯塔是一群学者中的元老，也可能是主要的知识分子，他们都是米纳斯吉拉斯最高社会阶层的成员。他们是有钱的地主之子、金矿主、公职人员、神职人员和高级军官。所有这些年轻人都曾在欧洲科英布拉或蒙彼
124 利埃的大学接受教育。这一团体在提供有关米纳斯吉拉斯的信息方面至关重要，包括制作制图记录、研究该领地矿物潜力及其经济生产的多样化。这些知识将为之后的“米纳斯密谋”（Conjuração Mineira）提供“燃料”，这是葡属美洲历史上最重要的反殖民密谋，也是第一个明显带有共和主义倾向的密谋，正如我们将在下一章中所见。此外，该团体的一些成员创造了一种诗歌形式，这将成为巴西文学的转折点。

米纳斯吉拉斯的这一群诗人为巴西文学创造了新的标准。他们将自己视为阿卡迪亚人，与 18 世纪西欧的流行诗歌有直接的联系，这些诗歌描绘了田园牧歌般生活场景中英勇的牧羊人和温柔的牧羊女。他们都精通欧洲阿卡迪亚人的术语和风格，但他们也具有世界性：他们将米纳斯吉拉斯的自然环境、习俗和抱负融入他们的诗句。此外，在阿卡迪亚牧歌体的传统中，他们表达了其作为特权知识分子的独特地位，他们日益意识到葡萄牙殖民事业与米纳斯吉拉斯城镇日常生活的现实之间的对抗、在葡萄牙出生的殖民者与在巴西出生的殖民者之间的利益冲突，以及他们对自由表达思想的渴望与该殖民地实行的严格的审查制度之间的冲突。

显然，这三位伟大作家的许多诗歌都赞扬了里卡城。例如，《智利书信》（*Cartas chilenas*）[73]是一系列诗歌合集，可以追溯至约 1787 年，被认为是托马斯·安东尼奥·贡萨加所著，

但克劳迪奥·曼努埃尔·达·科斯塔和阿尔瓦伦加·皮索托也很可能是合著者。在这一系列诗歌中，里卡城的街道被描绘成挤满了忙于日常工作的人们。在喧嚣和拥挤中，自由黑人和梅斯蒂索人沿着小巷和陡峭的街道游荡，避开法律的严厉镇压，包括死刑、监禁和殴打。旅馆老板、商店工人和黑人妇女出现在诗歌中，后者在露天售卖食物，或在商店中为奴隶和贫穷的自由矿工服务，矿工们梦想着获得曾经很容易找到的黄金。鞋匠、裁缝和赶车人同样出现在诗歌中，他们计划通过加入民兵队来提高其社会地位。

诗人在《智利书信》中还描述了该城的娱乐活动：比赛、 125
游行、去歌剧院。新剧院是该领地有钱精英阶层的骄傲。它可容纳 300 人，其设备适用于每种类型的演出。贡萨加描述了市政厅是如何一步一步地建起来的：奴隶每天早晨带着工具挣扎着爬上安东尼奥迪亚斯右街的山坡，被鞭子驱赶着前进。这是一幢宏伟的建筑，灵感来自米开朗琪罗在卡比托利欧山上的作品。它还是监狱之所在，其中有囚徒遭受折磨的可怕的“秘密”牢房，还有“祈祷室”牢房，被判处绞刑的人们在那里等待执刑并度过他们最后几个小时。[74]

贡萨加是对的。米纳斯吉拉斯是一个混合社会，城镇的街道和广场上混杂着不同种族的人，经常能看到奴隶主和奴隶并肩工作。城镇生活比种植园生活具有更大的灵活性：奴隶拥有更大的自主权，运气好的话还可以努力实现自己的自由。城市化进程和日益增加的“奴隶解放”事例——奴隶被其主人释放，特别是他们在赎回自由时，只需一次性付款或分期付款[75]——将以三种重要方式影响这个以金矿开采为主的社会：首先是相对于白人人数而言的大量混血儿的存在；其次是殖民地中最大的一群自由奴隶的形成；最后是为帕度人和自由黑人提供的提高其社会地位的机会，哪怕只是一点点。他们可以通过从事商业活动来实现，也许是成为一处小型农村地产的所有者，主持弥撒，参军或学习技能成为艺术家，例如雕刻师、画家、雕塑家或音乐家。

但是，里卡城的社会结构远没有看起来那么流动易变。实际上，它严格地保持着等级制。[76]位于顶层的是土地和金矿所有者、知识分子精英团体、王室高级官员和有实力的承包商。底层是奴隶。在这两层之间，下层阶级乱七八糟地混杂在一起：矿工、赶车人、商店帮工、士兵和工匠。最底层是大量流浪者，他们几乎没有存在感。

巴洛克风格被毫无保留地应用在葡属美洲，尽管距其首次出现在欧洲已有很长一段时间。它成为这个社会艺术表达的主
126 要形式，与其宗教、政治和经济诉求密切相关。[77]尽管它最早出现在制糖时期的萨尔瓦多和东北部其他城镇，但它在米纳斯吉拉斯才真正地扎下根来。巴洛克风格通过形式和图像的戏剧性美感提供了一种有吸引力且有效的宗教交流方式，其形式和图像可以适应不同的环境，无论是教堂的祭坛还是街头的喷泉和小礼拜堂。它活跃于整个殖民地世界的所有艺术形式中。

第三会和世俗兄弟会取代了被王室逐出米纳斯吉拉斯的修道会，它们为教堂的建设提供了资金。教堂坐落在山顶上，地理位置优越，其宏伟的建筑、奢华的装饰和金色的祭坛，彰显了米纳斯吉拉斯巴洛克风格的辉煌。一些世俗兄弟会，如加尔默罗会和方济各会的第三会，与白人经济和知识分子精英密切相关。其他兄弟会，例如，安帕罗（Amparo）和梅尔塞什（Mercês）兄弟会则为工匠、自由的穆拉托人和帕度人提供帮

助，而玫瑰圣母兄弟会（Fraternidade de Nossa Senhora do Rosário）则是专门面向奴隶的。[78]然而，在宗教游行和庆祝活动中，等级制度被打破，所有群体聚集在一起，激动人心的人群中满是圣人像、十字架和彩旗。

教堂是巴洛克式的绝妙风景区，游行和宗教节日代表了其受欢迎程度的排场。从定义上看，巴洛克风格是一种引人入胜的、壮观的戏剧风格，在视觉上令人着迷，而且似乎对空旷空间的概念感到恐惧。这些庆祝活动的视觉效果，其华丽的服饰，使里卡城居民着迷。气氛是一种节日和宗教的狂喜：涂上了丰富色彩的圣人画像、用于礼拜仪式的服装和珍贵的宝石、从身边经过的隆重队列、游行者的庄严步伐、沿途窗户上悬挂的丝绸和锦缎，都弥漫着神秘的香气。米纳斯吉拉斯巴洛克式的神奇世界只有亲眼见过的人才可能相信。

这种巴洛克风格的独特性和表现力是这个以矿业为主的社会的城市环境和当地艺术家创造力结合的结果，他们重塑了欧洲巴洛克风格。安东尼奥·弗朗西斯科·利斯博阿（Antônio Francisco Lisboa）的作品代表了这一创造力的最高水平。由于退化性疾病导致的身体畸形，利斯博阿被叫作“小跛子”（Aleijadinho）。他是一位大师级的雕塑家、雕刻师和建筑师。 127
他是一个葡非后裔：父亲是葡萄牙人，母亲是奴隶。他的石木作品不仅表达了他的信仰和精神，而且表达了人类的全部情感。“小跛子”是圣方济各阿西西教堂的建筑师，该教堂是米纳斯吉拉斯巴洛克风格王冠上的宝石，他也是该教堂内部装饰的创作者，其内部装饰完美体现了建筑、雕塑和绘画之间的和谐。

在同一座教堂，安东尼奥·弗朗西斯科·利斯博阿与当时的另一位大师——曼努埃尔·达·科斯塔·阿泰德（Manuel da Costa Ataíde）合作，后者被称为阿泰德大师。利斯博阿作品中典型的色彩鲜艳、欢快、活灵活现的人物与阿泰德大师的作品相得益彰，两者相辅相成。无论是在祭坛上、讲坛上还是在墙壁上衬砌，“小跛子”所有雕塑中的人物都是表情充满活力，眼睛明亮且闪光。据其传记作者所言，“安东尼奥·弗朗西斯科是一个嗓音低沉、天资聪颖、说话温和的穆拉托人”。[79]也许这就是为什么这些充满活力、如此活灵活现仿佛在做手势示意的人物对他的作品来说至关重要。他的搭档阿泰德大师在天花板、墙壁和整个圣方济各亚西西教堂的建筑细节中创造了令人惊叹的场景。在祭坛的背板上，他使用了稻草色的油漆，这样金色的光芒就不会黯淡。他的名作绘制在教堂正厅的天花板上，以幻觉的视角来呈现，其中柱子似乎在前进，而天花板朝天空敞开。一位美妙丰满的穆拉托博俊古辣圣母（Nossa Senhora da Porciúncula）向上飘浮，周围云层缭绕，她身后是一群梅斯蒂索天使，正在用当时管弦乐队特有的乐器演奏，组成了一场音乐会。

黄金矿床“总是会耗尽。它们并非永恒的”，[80]而巴洛克风格却唤醒了无形的感觉，即这是一个无边界的世界。18 世纪的米纳斯吉拉斯是黄金与巴洛克风格齐头并进的地方。通过展现梅斯蒂索圣徒（长有东方人眼睛的穆拉托人），巴洛克风格凭直觉感知并联结了葡萄牙帝国的两个极端：帝国始于澳门，终于里卡城。或反之亦然。

五　热带天堂

叛乱、密谋和煽动

“米纳斯密谋”是葡属美洲最重要的反殖民运动。它威胁 128
到殖民地的现状，并将米纳斯吉拉斯变成一场本质上明显为共和主义的密谋的中心。而且，它发生在法国大革命爆发之前，这是一个经常被忽视的惊人事实。此外，这场密谋当然不是在殖民地发生的孤立的反抗案例。与巴西经常在国内和国际上宣传的形象很不一样的是，巴西历史与没有战争、冲突和日常暴力的童话故事相去甚远。

首先，一个基于奴隶制的社会从一端到另一端都以使用暴力为先决条件。暴力横行的现象绝不限于奴隶主与奴隶之间。全国各地爆发的其他冲突表明，这种不满既根深蒂固又由来已久。这显然表现在定居者对他们的孤立、对他们在富足和危机时期向葡萄牙王室屈服，以及对当地精英的专横行为的不满上，后者由于国王在为其辽阔而遥远的殖民地通过法律时的习惯性疏忽，以完全自主的方式行事。这个人类与自然的天堂、和谐与和平共存的民族神话经不起对强迫劳动制度和殖民地日常活动的进一步审视。没有什么“大团圆结局”。

“人民万岁”和“总督去死”

1660 年 12 月 8 日凌晨，一群农民决定，早就应该对巴西 129

南部大区总督萨尔瓦多·科雷亚·德·萨-贝内维德斯（Salvador Correia de Sá e Benevides）征收的新税进行反抗，因为他需要筹集资金保卫里约热内卢的圣塞巴斯蒂昂镇。该镇不断遭到外国入侵的威胁，包括葡萄牙的仇敌法国人、与西班牙交战的荷兰人以及偶尔突袭的海盗和私掠船。这些挑衅的殖民者在瓜纳巴拉湾的另一端拥有土地，那里被称为“远处的那一块土地”（Banda d'Além）[1]。该地始于圣贡萨洛杜阿马兰特（São Gonçalo do Amarante）教区，随着向领地内陆扩展，其边界越来越不明确。

一切都是在极度保密的情况下进行的。这些农民谨慎地等待、会面，最终做出决定。他们借着一丝月光，在黑暗的笼罩中将船放入水中，越过瓜纳巴拉湾。他们静静地绕过那块标志着海湾入口的巨型花岗岩，葡萄牙人将其命名为“糖面包”——指的是极有价值的圆锥形糖块，顶部有光泽，底部颜色深，只等着被包装好并送往欧洲。日出之前，他们将船停在了卡尔莫广场（现在称为十一月十五日广场）[2]边上的纤维椆海滩（Praia de Piaçaba）。这些是17世纪下半叶在里约热内卢下船的所有旅行者使用的码头。[3]葡属美洲历史上第一批定居者的叛乱就这样开始了。

日期和地点都经过了精心挑选。那一天是圣母无原罪日，根据传统，大批人聚集在该市的主要聚会场所卡尔莫广场。这个公共广场是负责城镇管理的市政大楼、圣若泽教堂以及刑柱的所在地。此外，里约热内卢暂时群龙无首，总督萨-贝内维德斯已被召到巴拉那瓜（Paranaguá），即包括圣埃斯皮里图、里约热内卢和圣维森特领地在内的广阔南部大区的最南端，王室将这些领地都置于其掌控之下。他此行的任务是核实抵达里约热内卢的关于在圣保罗和巴拉那边境发现金矿的消息。

目前尚不清楚叛乱分子是否遭到了市卫队的抵抗，市卫队由大约 350 人组成，他们已有数月未领到薪酬。然而，众所周 130
知的是叛乱分子登岸时大喊“人民万岁”和“总督去死”。睡梦中的人们被喧闹声和信奉圣母无染原罪教义的信徒吵醒，后者为庆祝活动而提前到达，此时争先恐后地加入叛乱者的队伍。凌晨 5 点，人群涌入市政大楼，免除了官员的职务并罢免了总督。[4]

在接下来的 5 个月中，里约热内卢的政治和行政生活由殖民叛乱分子所掌控，他们试图建立自己的政府。他们要求选举新的市议会成员，将投票权扩大到海湾周围的整个地区，包括“远处的那一块土地”。因此，里约热内卢农村地区的居民和土地所有者也被准许参与投票过程，而这一过程先前仅限于那些有足够特权在城镇中定居的人。他们还暂停征收萨-贝内维德斯批准的税目，将其盟友监禁在圣克鲁斯堡中。[5]他最亲密的同伙被驱逐出该领地。

尽管如此，他们还是大声疾呼要求忠于王室。这一插曲被称为“卡沙夏叛乱”，它并不是针对葡萄牙国王的，而是针对总督财政政策的。而且它毫无疑问是反对一项非常具体的王家法令，该法令为保护葡萄牙葡萄酒在殖民地的消费而限制了卡沙夏的生产及出口。前任总督们对该领地居民秘密生产卡沙夏都视而不见且不干涉。

根据维森特·杜·萨尔瓦多（Vicente do Salvador）修士的说法，1620 年在该殖民地的 230 个甘蔗种植园（大多数位于东北）中，有 40 个位于里约热内卢。[6]瓜纳巴拉湾周围种植的甘蔗含糖量低，压碎后会产生大量汁水。因此，这里的蔗糖品质比伯南布哥和巴伊亚生产的差。但这对卡沙夏的蒸馏过程来说并不重要，正如我们先前所述，卡沙夏是以蔗糖为基础的经济的重要副产品。无论蔗糖的质量如何，奴隶贸易的需求使卡沙夏的出口得以保证，特别是在安哥拉和几内亚，在那里卡沙夏被用来交换奴隶。[7]

131 到16世纪末，奴隶劳工对于在殖民地经营种植园来说是必不可少的，而用于购买奴隶最主要的两种产品——木薯粉和卡沙夏则直接从里约热内卢港口运出。因此，里约热内卢市的定居者成了“走私艺术”领域的专家。他们避开贪得无厌的税务检查员，绕过阻止帝国各个殖民地之间贸易的封锁，并使用卡沙夏作为易货货币，成功地成为奴隶贸易的积极参与者。毫无疑问，走私使王室蒙受了无法估量的损失，但这是少数几笔利润完全掌握在定居者手中的殖民活动之一。

卡沙夏的国内贸易也蓬勃发展。卡沙夏被认为是“男人的饮料”，其主要消费者为贫穷阶层，包括奴隶、自由黑人、黑人与印第安人混血儿（cafuzos）、没钱的白人以及流浪汉。由于卡路里很高，卡沙夏成为这类人的饮食补充剂。它被装入葫芦壳，与原糖（未精制的糖块）和烟草（在当时被称为“圣药”）摆放在一起，在哪里都可以买得到。在城镇、乡村，以及通向内地的路线沿途的商店很容易找到它。[8]

不幸的是，对于里约热内卢的居民来说，该领地的财务处于灾难性的状态，总督萨-贝内维德斯试图通过提高税收来扭转这一情形。天花暴发导致了奴隶的高死亡率，严重影响了蔗糖的生产，进而导致该市在需要金钱来巩固海湾入口并保证支付驻守该市部队的费用时却缺乏资金。1660年，他们面临的是无法偿还的债务之一：里约热内卢破产了。

萨-贝内维德斯无疑是个人物。他勇敢、精明、自负，爱对女士献殷勤，同情印第安人，对黑人的命运毫不关心，对定居者采取专制态度。[9]他的野心从未有节制。在瓜纳巴拉湾的一个岛上，他的家人建了该领地第一家制糖厂，他在此建起了自己的造船厂，目的是建造世界上最大的盖伦帆船。他总共建造了六艘，其中一艘名为“永生的天父号”（*Padre Eterno*），该船重达2000吨，长53米，甲板上装有144门火炮。它确实是当时最大的航海船。[10]里约热内卢人如此惊叹于“永生的天父 132
号”的体量，以至于他们将该岛命名为“戈韦纳多岛”（Ilha do Governador，意即“总督岛”），将造船厂的所在地命名为“加利昂之岬”（Ponta do Galeão，意即“盖伦帆船之岬”）[11]。

萨-贝内维德斯被任命为总督并非偶然：他来自该殖民地最显赫的家族之一。他是巴西第三任总督、曾将法国人从瓜纳巴拉湾驱逐出境的梅姆·德·萨（Mem de Sá）的侄曾孙，也是梅姆·德·萨的侄子、里约热内卢的创始人埃斯塔西奥·德·萨（Estácio de Sá）的三级堂亲。作为其家族掌管该领地的第四代掌权人，萨-贝内维德斯将里约热内卢视为其财产和遗产的一部分。正是这种扭曲的观点使他纵容自己推翻市议会的决定，征收不受欢迎的税款，耗尽该市的资金，并滥用国王授予他的权力。[12]

叛乱者的指控也许是有道理的，但他们低估了萨-贝内维德斯。他不仅是王室的高级官员，而且是一位出色的军事指挥官，他在与可怕的海上强国——尼德兰七省联合共和国进行的海战中为葡萄牙国王效力的履历令人印象深刻。他最值得纪念的英勇壮举包括夺回安哥拉，在圣埃斯皮里图领地附近击败了由海军上将皮特·海因（Piet Heyn）率领的船队，并在荷兰船只最终被从巴伊亚驱逐出境时在萨尔瓦多港放火烧了这些船。

里约热内卢叛乱者付出的代价超过了他们想通过讨价还价获得的。萨-贝内维德斯并没有简单地向这座城市进军，而是在皮拉蒂宁加高原上占据了阵地，等待从巴伊亚起航的葡萄牙船只帮助他重夺这座城市。当他确认他们已准备好了武器、弹药和粮食后正在向里约热内卢靠近时，他终于从圣保罗出发。1661 年 4 月 6 日凌晨，当葡萄牙船队进入瓜纳巴拉湾时，萨-贝内维德斯指挥着一支由图皮弓箭手组成的小部队进入了里约热内卢，他们自梅姆·德·萨时代以来就一直是其家族的忠实盟友。[13]他击败了圣塞巴斯蒂昂堡[14]的哨兵，占领了市议会厅，闯入民宅没收武器并逮捕了其所有者。在这一天结束之前，里约热内卢被重新夺回，叛乱分子被击败，其领袖热罗尼莫·巴尔巴略·贝泽拉（Jerônimo Barbalho Bezerra）[15]被斩首。

“叛乱”的语义学①

133 “卡沙夏叛乱”可能是第一次推翻政府的尝试，但绝不是最后一次。在很多情况下，恼怒愤慨的定居者诉诸谋反（rebellion），并以此作为一种手段向政府施压以满足他们的要求，对抗地方当局的虐待，以及抗议（protest）里斯本强加的僵化规则。在整个殖民地持续不断的抗议活动达到顶峰时，它们对葡萄牙大西洋帝国的稳定构成了严重威胁。[16]

① 由于作者对这些意思相近的词语进行了特定的解释，其中有些可能不完全符合该词通常对应的中文翻译的语义，且作者在后文描述同一事件时常混用多个词语，为避免改变作者的观点，本书对这些词语的翻译尽量依此处的表述译出。

为了应对这些不满情绪，葡萄牙对殖民地采取了新的行政纪律形式。它把抗议活动分为许多类别：起事（insurrection）、煽动（sedition）、叛乱（revolt）、起义（uprising）、谋反、暴动（riot）、骚乱（tumult），等等。仅当可以证明其合理性的现实存在时，这些名称才被编造出来，正如为了规避而建立规则一样。从这个意义上说，巴西也不例外：为控制人口推行了各种措施，并根据这些类别将措施进行归类，目的是对威胁的严重程度进行分类。

在当时的词汇中，“起事”一词用来表示一个愤怒的团体——有时奴隶也加入其中——具有直接、具体的目标。“煽动”一词是指10个或更多携带武器的殖民者的集会，他们蓄意扰乱公共秩序。当此类集会人数达到3万或更多时，它们就成了“谋反”，这是极其危险的事件，有可能导致无政府状态或内战。“骚动”（assuada）指旨在破坏公共秩序和对当局采取某种特定犯罪行为的殖民者集会。“起义”是许多人聚众发泄各种不满情绪的集会。“骚乱”是“人民”的叛乱，这里的“人民”一词既指整体人口，也指社会金字塔的最低层，即平民、民众、贱民。尽管名称不同，但它们中的每一种不服从行为都出于政治目的。

内乱的不断爆发表明政治斗争在多大程度上涉及公众广泛关注的问题。当享受最少特权的阶级揭竿而起时，常常有获释的黑人和逃奴加入其中，暴力随之升级并造成民众的恐慌。显 134
然，参与其中的人也承担着巨大的风险。就里斯本当局而言，针对这些罪行的刑罚在《腓力法令》中做了规定，作为葡萄牙历时最长的法律法规，该法令由伊比利亚联盟时期的第一位君主腓力一世（西班牙的腓力二世）于1603年颁布。冒犯国王官员的任何人都可能会被判处不敬罪，将被处以从公开鞭打到没收财产，再到被送上桨帆船服刑且终生不得离开或被处死的各种刑罚。[17]

然而，针对殖民当局的谋反继续以惊人的频率爆发。“卡沙夏叛乱”背后的动机只是一连串相互指责的开始，定居者将其视为抗议的充分理由，他们同时面临着被打上叛乱者标签和危及性命的风险。叛乱一开始是对“殖民地管理不善”表示不满，包括未经事先征询就引入没完没了的高昂税收，殖民地王室官员滥用权力，巴西与葡萄牙相距过于遥远，以及解决冲突需要国王的仲裁，但其与殖民地臣民之间有巨大隔阂。[18]

叛乱频发使帝国当局时刻处于戒备状态。针对王室官员的武装袭击、不同社会团体的起义以及地方政府被推翻的威胁，这些风险长期存在。政治蔓延是主要的危险：随着起义数量的增加，它们在整个领土上扩散。动机可能有所不同，但每一次抗议活动都在逐步瓦解殖民地的稳定，并进一步在里斯本引起不安。

臣民叛乱：伯南布哥、塞尔希培、马拉尼昂和巴伊亚的政治不满

1666 年 8 月底，“卡沙夏叛乱”发生五年后，伯南布哥领地省督热罗尼莫·德·门东萨·富尔塔多（Jerônimo de Mendonça Furtado）在奥林达圣本笃街（Rua São Bento）步行
135 时在光天化日之下被捕。逮捕他的这群密谋者由该领地拥有财产的精英成员组成，他们在与伯南布哥最强大的王室官员的对峙中赢得了民众的支持。他们无意讨论此事，而是毫不犹豫地将省督关押在累西腓的布鲁姆堡（Brum Fortress），之后将他

“打包”送到了里斯本。[19]

这些有权势的人对门东萨·富尔塔多有诸多抱怨，他们对他的指控包括非法强制偿还债务，没收财产，公开保护欠国库债务的盟友，不尊重教会的有罪不罚，任意逮捕或释放人员，他所有这些做法都是为换取贿赂。奥林达和累西腓谣言四起，传言省督不仅贪污属于王室的收入，而且通过在官邸中铸币来增加收入。门东萨·富尔塔多受到了人民的鄙视，大家戏称他为“醉鬼”（Xumbergas），这是一个贬义词，意即放荡的浪子、举止古怪的醉汉。

“醉鬼”是众多专横的地方省督之一，省督们利用王室赋予他们的权力，通过贿赂和贪污快速致富。用维埃拉神父的话来说，贪婪使葡萄牙对其殖民地的控制处于危险之中，没有任何补救办法。熟悉这些省督的神父在布道台上宣称：“这些是造成巴西问题的主要原因：从他人那里掠夺不属于自己的东西，贪婪，妄羡，为个人利益而进行的卑鄙交易，国家被掠夺，正义被忽视。”[20]他总结道：“简而言之，巴西在劫难逃，因为国王陛下的大臣来这里不是为了增进我们的利益，而是要没收我们的财产。”[21]

在伯南布哥，不满的原因是地方当局的腐败和权力的过度。加上人们对税收负担的失望，这些无疑是暴风雨正在酝酿的迹象，无论是在伯南布哥还是在殖民地的其他任何地方。例如，1671年，北部的塞尔希培领地[22]有人谋反。定居者在市议会的支持下决定驱逐都督——领地的行政和军事首领被授“都督”头衔直至里斯本任命总督为止——若阿金·安东尼奥·莫泰罗·科雷亚（Joaquim Antônio Monteiro Correia）。北部大区的管理者对这场起义表示严重关切和忧虑，该区海岸线 136

漫长，包括里奥格兰德、帕拉伊巴、伊塔马拉卡、伯南布哥和巴伊亚领地。塞尔希培领地对王室具有特别重要的战略意义，因为它使巴伊亚即殖民地首府萨尔瓦多的所在地和制糖业的神经中枢伯南布哥之间的陆上交通成为可能。[23]

1684 年，谋反风暴席卷马拉尼昂。曼努埃尔·贝克曼（Manuel Beckman）和托马斯·贝克曼（Tomás Beckman）兄弟——前者为某甘蔗种植园的所有者，后者是诗人和律师——与包括商人和制糖业者在内的大约 80 名武装人员一起领导了这场运动。[24]出于不满，他们制订了具体目标：罢免省督和废止"马拉尼昂和格朗-帕拉[25]贸易公司"，为避免走私和逃税，里斯本已授予该公司对所有出口的垄断权。当他们着手行动的时候，他们想要报复耶稣会士，他们将 1680 年的王室法令归咎于耶稣会士，因为该法令禁止他们奴役印第安人。从定居者的角度来看，这一禁令对马拉尼昂经济造成了灾难性的后果，因为那里的甘蔗种植园缺乏劳动力。

1684 年 2 月 24 日晚上，这些人在贝克曼兄弟的指挥下混入聚集在圣路易斯中心参加"拜苦路"[26]庆典的人群。然后，他们冲进专卖商行，那里存放着定居者被迫卖给"马拉尼昂和格朗-帕拉贸易公司"的产品。他们接着占领该市的战略要地，解除政府警卫的武装，并逮捕国王的代表。

第二天，他们以市议会大楼为根据地成立了执政委员会。在这里，他们公开表达对耶稣会士的长期不满，愤怒喷涌而出。谋反之人高喊着"杀！杀死那帮耶稣会士"，他们走上街头，敲门并敦促市民袭击安顿耶稣会士的光明圣母神学院（Colégio Nossa Senhora da Luz）。人群闯入神学院的内部庭院，包围教堂及其高大的石塔。但他们来得太晚，27 名神父已经逃到内地去了。

贝克曼兄弟的叛乱持续了一年，直到一支葡萄牙船队带着拥有精良装备的部队与新任领地省督戈梅斯·弗莱雷·德·安 137 德拉德（Gomes Freire de Andrade）一同抵达。戈梅斯夺回了这座城市，并开始逮捕叛乱分子。他恢复了贸易公司的特权，并在主广场[27]上立起了绞刑架。叛乱的两个主要领导人——曼努埃尔·贝克曼和若热·德·桑帕约-卡瓦略（Jorge de Sampaio e Carvalho）当即被判处并执行绞刑。叛乱者派遣托马斯·贝克曼作为特使前往里斯本，试图使司法当局支持他们的事业，然而他遭到逮捕且被禁止返回马拉尼昂。叛乱的其他参与者被判处公开鞭刑。

1711年还发生了一场谋反事件，这次是在萨尔瓦多。这场叛乱是由绰号为“独臂者”的巴伊亚人（baiano）[28]若昂·德·菲格雷多·达·科斯塔（João de Figueiredo da Costa）领导的。他既是商人，又是走私犯，精明到足以理解殖民地政府核心政治力量的运作方式，并使之为其所用。这场运动被称为“独臂者叛乱”，它无意夺取政权。它所吸引的群体本质上是冲动的，但是有两个特定的要求：第一是降低食盐价格，盐是保存肉和鱼的不可或缺之物；第二是废止对进口货物和奴隶征收的新税，征收新税是为葡萄牙船队的整修提供资金，目的是防止私掠船频繁袭击萨尔瓦多湾。这次叛乱反映了人们对王室将征收另一税种并建立另一检查站时普遍感到失望，这个名为“木材大厦”（Paço da Madeira）的机构向所有远洋船及其运载的武器、家具、水果、煤炭和软木塞征税。[29]

“独臂者叛乱”的背后是过度征税；但实际上，各种各样的人都倾向于叛乱，包括走私犯、“送葬者”（较小奴隶船上的船员）、奴隶贩运者、小商人、露天市场商人、旅馆老板和店员。由于税收影响了几乎所有萨尔瓦多居民的生活，人们普遍愤愤不平，这种愤慨蔓延至民众甚至军队，军队中的低军衔者都热情地支持这些叛乱。唯一不受这种运动影响的群体是巴伊亚有权势的地主和商人，用当时的表达来说即拥有“丰厚财富”的人。

愤怒的人群形成后，起义才真正开始。就萨尔瓦多而言，
138 它是由关于新税收令人震惊的谣言引发的，人群被市议会大楼顶部大钟猛烈的钟声召唤而至（敲钟者是谁仍不得而知）。随着人群的壮大，起义者获得了信心。他们占领了分隔“下城”（Cidade Baixa）和“上城”（Cidade Alta）的斜坡，[30]并朝省督宅邸的方向前进。他们一路上停留了两次。第一次是在曼努埃尔·迪亚斯·菲尔盖拉斯（Manuel Dias Filgueiras）的豪华别墅外，他是镇上最大的什一税[31]税收官和食盐承包商。他们闯入房屋，将别致的家具扔出窗户，打开进口酒的酒桶，把里面的东西倒在街上，然后销毁在建筑物后面发现的被存储的盐。第二次是在菲尔盖拉斯的商业伙伴曼努埃尔·戈梅斯·利斯博阿的连排住宅外。在那里，从窗户扔出的家具包括有带锁抽屉的小柜子，令人群欢欣雀跃的是，从柜子里撒出了金粉，这些金粉撒满了通往位于圣弗朗西斯科广场的那个房子的整个斜坡上。

新任省督佩德罗·德·瓦斯康塞洛斯-索萨（Pedro de Vasconcelos e Souza）惊恐万分，他向大主教塞巴斯蒂昂·蒙泰罗·达·维德（Sebastião Monteiro da Vide）寻求帮助。这位大主教没有任何犹豫，立即召集了神父并从兄弟会召来了咏礼司铎和修士，他们宣称上帝已经愤怒，对叛乱分子进行谴责。

大主教组织了一场沿着城镇陡峭山坡下来的列队游行，向骚动的人群郑重地展示了圣餐的神圣象征，劝告他们冷静下来。但这一切都无济于事。游行队伍经过时，人群表现出了极大的敬意，他们放下武器，脱帽，跪在地上真诚悔过。但是，队伍一过去，他们便从停下来的地方站起来。他们拿起武器，包围官邸，迫使省督投降。省督佩德罗·德·瓦斯康塞洛斯-索萨别无选择，只能满足他们的所有要求：他中止了新的税收，降低了食盐的价格，并承诺赦免所有有关人士。

起义是突如其来的。它们本质上是政治表达的冲动形式，缺乏明确的战略，甚至没有短期的掌权计划。他们的侵略性能量迅速消散，仿佛起义者突然被疲惫和散漫压垮。[32]一旦人群散开，佩德罗·德·瓦斯康塞洛斯便毫无顾虑地废弃了他与起义者之间的协议，他逮捕和严惩了起义领导者。但这还不是故事的结局：协议废除后不到50天，愤怒的人群再次占领了该 139
市斜坡。

米纳斯吉拉斯谋反者

随着定居者对里斯本的愤怒和怨恨与日俱增，谋反的风险始终存在。这些不满情绪的暗流既危险又具有传染性，怂恿整个殖民地的人民策划叛乱。米纳斯吉拉斯的反政府情绪最为强烈。在维持国王的统治，确保定居者遵守帝国法律并阻挠他们对自治的渴望方面，米纳斯吉拉斯当局难以胜任。省督佩德罗·米格尔·德·阿尔梅达-波图加尔（Pedro Miguel de Almeida e Portugal），即阿苏玛伯爵，以其纪律闻名。但他充分了解该领地居民的所作所为，并深信无法统治其人口。他郑重宣称米纳斯吉拉斯人注定是王室的眼中钉、肉中刺。这一著名宣言是他《关于1720年在米纳斯发生的起义的政治和历史论述》（简称《论述》）的一部分，这是他寄送给里斯本当局的所有文件中最重要的一份：

> 关于米纳斯吉拉斯及其居民，可以说……这些人桀骜不驯……泥土似乎散发着谋反的气味；水散发着骚乱的气味；黄金激起了对抗；风散布着叛乱；狂妄自云中吐出；暴行由星辰决定；气候是和平的坟墓，是叛变的摇篮；大自然本身也让人感到不自在，其内在动荡不安，就如同地狱一样。[33]

在其掌权期间（1717—1721），佩德罗·米格尔·德·阿尔梅达-波图加尔因其坚决镇压而臭名昭著，因为他企图重申王室的权威。这篇《论述》是他写给国王的，意在对其在镇压“里卡城煽动事件”时的残暴做出解释。这是他被迫处理的第三次起事。1717年至1718年，卡塔斯阿塔斯镇（Catas Altas）居民发生叛乱，而皮坦吉仁慈圣母镇（Nossa Senhora da Piedade de Pitangui）镇民的叛乱从1717年持续到了1720年。[34]

140 1720年的“里卡城煽动事件”发生在“米纳斯密谋”之前，是该领地最重要的叛乱。其动机仍然是王家财政官员的侵犯行为。密谋者计划迫使王室中止建造更多的锻造厂，黄金在这里被制成金条并被扣除“五一税”。[35]这对王室当局来说是一个大胆的公开挑战。领地省督、里卡城高级法官（ouvidor）[36]与社会及经济精英代表进行了紧急讨论。每天晚上，一群全副武装的蒙面人都会突然从城镇后面的山顶[37]上冒出来，伴随着鼓声和“人民万岁、国王使者们去死”的叫喊声，他们朝里卡城中心的方向走下山来。他们在街道中穿梭，洗劫所到之处。惊慌的居民反过来会藏身于他们的房屋中。有一次，首席大法官（Ouvidor-Geral）的连排住宅被毁。其主人是该领地最令人憎恶的权贵，他九死一生，逃脱了私刑处罚，并逃到了里约热内卢。

省督做出了残酷回应。他在三天内就跟领地居民算了这笔账，他们在他任职的四年中没有给他片刻的宁静。他封锁了所有进入里卡城的入口，逮捕了叛乱分子，并将他们“打包”送到了里约热内卢。他还授权民众消灭蒙面袭击者，并命令葡萄牙重骑兵（领地的精锐军事力量）放火烧毁了叛乱最重要的领导人帕斯库亚尔·达·席尔瓦·吉马良斯（Pascoal da Silva Guimarães）的所有财物。城镇居民如此恐慌，以至于“里卡城煽动事件”仍存在于米纳斯吉拉斯的神话中——传说在漆黑的夜晚，人们可以听到穿梭于街道中的马匹发出嗒嗒的马蹄声。即使这样，省督的报复仍未结束。他将全体市民召集到市议会大楼所在地的主广场，即“议会广场”，并下令立即处决费利佩·多斯·桑托斯（Felipe dos Santos），尽管他不是策划该叛乱的领导层的一员，但在“里卡城煽动事件”中他多次煽动人民造反。省督以惊人的方式重申了王权和国王的司法权。

这些事件发生约10年后，米纳斯吉拉斯临时省督——皮
纳和普罗恩萨的马蒂纽·德·门东萨（Martinho de Mendonça
de Pina e de Proença）不得不面对另一场起义，这一次发生在
该领地东北部。1736年，生活在达斯韦利亚斯河和圣弗朗西 141
斯科河河岸的人在被称为“内陆地区的叛乱”中发泄着他们的
愤怒。原因再次是过度征税，特别是要求包括奴隶在内的任何

个人直接向声称拥有全部土地所有权的领地缴纳所有被发现黄金的“五一税”。[38]在叛乱高潮时，叛乱分子在养牛场举行秘密夜间会议，成群结队在街上搜寻税收专员，意将其碎尸万段，而马蒂纽·德·门东萨仍然拒绝将该叛乱视为严重威胁。他认为叛乱分子的主张是“无商量余地的”，并将其归因于该殖民地居民的“劣质”。[39]但几个月后，当所有监狱都人满为患时，他改变了主意并宣布：“这场阴谋比看起来的要大……”[40]

当臣民密谋反对国王

无论采取什么形式，所有定居者的叛乱在一个方面都极为相似：他们都没有质疑葡萄牙王室的权威。[41]相反，叛乱者使用的语言表达了他们对君主矢志不移的忠诚，重申了国王的象征性作用，即随时准备倾听人民的疾苦。但是，首都与殖民地之间交流的缓慢速度令人沮丧，并被视为国王陛下海外代表管理不善和过激行为的原因。支持君主制的一般规则只有一个例外：1710 年在伯南布哥的起义，当时起义者首次公开质疑王室的权威。[42]

1710 年的起义被 19 世纪的历史学家称为“马斯卡特战争”[43]，它发生在殖民地秩序崩塌的更大背景之下。[44]奥林达（伯南布哥）的蔗糖贵族被邻近累西腓的商人视为自负且堕落的，他们在面对后者要求建立自己的独立市议会的压力下做出的反应，拉开了这场战争的序幕。他们的怒火还指向了该领地控制蔗糖生产的王室当局，蔗糖仍是该殖民地的主要收入来源。

142 在这场持续不到一年的起义中，农村民兵得到了充分利用。他们由来自自由人口中最贫穷的阶层且为蔗糖贵族服务的人群组成。当他们向累西腓挺进时，领地省督被迫逃至巴伊亚，领地大部分土地落入了起义者的手中。然而，更严重的是起义者企图宣布伯南布哥独立。他们中的大多数想成立共和国。他们就如何为长期的武装抵抗筹集资源进行了讨论，并计划尝试将起义扩大到巴伊亚和里约热内卢。倘若密谋失败，他们打算成为法国的保护国。起义领袖之一贝尔纳多·维埃拉（Bernardo Vieira）表示："伯南布哥成为共和国会更好。"他接着说："如果出于任何原因……战争对我们不利，向富有经验的法国人寻求支持比屈服于举止粗鲁的'街头小贩'更可取。"[45]

奥林达蔗糖贵族们的密谋以灾难告终。次年，心怀恶意的"街头小贩"甚至进行了复仇。他们夺回了累西腓，在领地内陆地区袭击了起义者，并获得了葡萄牙船队的增援。跟随船队抵达的还有新任省督，里斯本任命他商定王家赦免的条款。这场冲突的结果是累西腓的彻底获胜：累西腓的地位被提升为市，获得了自己的市议会，并取代奥林达成了领地首府。

尽管 1710 年的起义仅限于伯南布哥，但其背后的思想远远超出了该领地的范围。奥林达的蔗糖贵族是葡属美洲最早策划自治和独立的密谋者，也是陈述他们倾向于共和国而非君主制的第一批人。大约 60 年后，"自治"一词在整个殖民地的政界得到了普遍使用。对于帝国来说，这当然不是一个好兆头。

在 18 世纪的最后 30 年中，一小部分巴西人，特别是在米纳斯吉拉斯和巴伊亚的巴西人，明确采用了"密谋"（Conjuração）一词来指称一种新的叛乱。"密谋"暗含了一种特殊的政治阴谋，其中密谋者对国王的权力和王室官员的权威提出了异议。里斯本 143

指控此类密谋者“不忠”（inconfidência）——这是不忠于君主之罪的新名称。

密谋与不忠：米纳斯吉拉斯，1789 年

1782 年 12 月，诗人托马斯·安东尼奥·贡萨加到达里卡城，他被任命为首席大法官。他从里约热内卢骑马而至，这一趟旅程花了他 15 天时间。他的到来最后组成了一个知识分子[46]团体，几年后，他们与米纳斯吉拉斯的经济和行政精英结盟，对巴西的殖民地地位提出质疑，他们还计划针对葡萄牙王室进行武装起义，并在葡属美洲传播政治自治共和国的观念。

这是一个兼收并蓄的团体。其成员包括博学的神父，如路易斯·维埃拉·达·席尔瓦（Luís Vieira da Silva），他是一家引人注目的书店的所有者，也是马里亚纳神学院的哲学教授；还包括喜爱音乐的神职人员，如卡洛斯·科雷亚·德·托莱多（Carlos Correia de Toledo）、圣若泽·德尔-雷（São José del-Rei，即今蒂拉登特斯镇）的教区牧师，以及三位主要诗人：托马斯·安东尼奥·贡萨加（Tomás Antônio Gonzaga）、克劳迪奥·曼努埃尔·达·科斯塔（Cláudio Manuel da Costa）和阿尔瓦伦加·佩肖托（Alvarenga Peixoto）。参与的其他知识分子有：医生和博物学家若泽·维埃拉·科托（José Vieira Couto），军事工程师若泽·若阿金·达·罗沙（José Joaquim da Rocha），哲学家、自然科学家和矿物学家若泽·阿尔瓦雷斯·马西埃尔（José Álvares Maciel），以及刚毕业于蒙彼利埃的年轻医生多明戈斯·维达尔·德·巴尔博扎·拉热（Domingos Vidal de Barbosa Lage）。该团体中还有一些委任军官，其中级别最高的是重骑兵指挥官弗朗西斯科·德·保拉·

弗莱雷·德·安德拉德（Francisco de Paula Freire de Andrade）中尉，以及多位领地经济精英，包括商人、农民、店主、放债人、承包商和当地有势力的富豪，如若昂·罗德里格斯·德·马塞多（João Rodrigues de Macedo），他是密谋者经常在里卡城里聚会的那栋富丽堂皇的连排住宅的所有者。[47]

无论是通过生意、家庭还是友谊，该团体都与米纳斯吉拉斯社会的最高层有联系，他们参与了关乎地方利益的各种各样的活动，这些活动与葡萄牙当局认为的理想殖民地及其理想的顺从臣民有些不相称。例如，若泽·达·席尔瓦-奥利韦拉· 144
罗林（José da Silva e Oliveira Rolim）神父[48]致力于密谋者的事业，他一生的大部分时间都在欺骗王室。他造假钱，贿赂包括教会官员在内的当局，收息借钱，并将特乌科（Tejuco）矿山的钻石从到往里斯本的官方路线转移到终点为阿姆斯特丹的秘密路线上。

毫无疑问，他是一个生活挥霍无度、脾气有些暴躁，集走私犯、高利贷者、狂野的冒险家和死不悔改的“芳心猎手”为一体的人。他是一个极有吸引力的人物，然而，绝非仅有他一人从事这些违法犯罪活动。大多数密谋者以某种或其他方式卷入黄金和钻石的走私活动，他们欺骗检查人员，对政府不屑一顾。他们与秘密的黄金勘探者以及组织非法将宝石运到欧洲的中间人[49]保持密切联系。但是，这些密谋者也了解领地经济的多样性，以及使其自给自足的可行性。[50]

尽管如此，至少到此时为止，似乎没有人倾向于谋反。在葡属美洲没有先例的情况下，是什么使一群知识分子和拥有大量土地的臣民在他们已完全融入这个王权专制世界的情况下转变成了诸如“米纳斯密谋”的政治起义的领袖？是他们的愤恨，以及他们对其领地可以在经济上自给自足的认识。正如若阿金·若泽·达·席尔瓦·沙维尔少尉（其绰号“蒂拉登特斯”更广为人知）提示弗朗西斯科·德·安德拉德中尉的那样，米纳斯吉拉斯“是一个独一无二的‘国家’，其各类财富应有尽有”。[51]

三种不同因素——政治行政、经济和文化——的结合导致密谋者采取了行动，它们在不同程度上影响了领地的每个社会阶层。首先，里斯本制定的严格法律表明，其对黄金生产过程完全不懂，也没有考虑开发米纳斯吉拉斯经济潜力替代方案的任何打算。其他两种因素在某种程度上是偶然的：省督库尼亚·梅内塞斯（Cunha Meneses）腐败政权的政治灾难，以及极不受欢迎的王家指令的登场，它由海军和海外领地贸易部部长马蒂纽·德·梅洛-卡斯特罗（Martinho de Melo e Castro）起草，被递送到领地新任统治者巴巴塞纳子爵（Viscount of
145 Barbacena）手中。这些所谓的指令对矿区征收了一种新税，要求所有居民每年将100阿罗瓦黄金送到锻造厂，未能完成配额的人应就差额缴税。对于米纳斯吉拉斯来说，这是双重打击。正是黄金产量下降导致了经济衰退，里斯本却又在此时开始征收新税。此外，所有先前存在的协议均被废除，且当地精英进入王家检查站的机会也受到限制。[52]

关于密谋者何时开始认真描绘出其计划的轮廓，尚无明确共识，但大概是在1781年（科英布拉大学来自殖民地的学生就殖民地主权宣誓的那一年）与1788年之间的一段时间，当时人们在地方会议上首次就米纳斯吉拉斯自治的想法进行了辩论。在1780年代后半期，这一想法发展成为“繁荣共和国”（República Florente）的概念，正如蒂拉登特斯喜欢这样描述它：这里“florente”的意思是“繁荣”和“蓬勃发展”。[53]米纳斯吉拉斯的自然财富滋养的共和国允许人民成为自己命运的主人，且无须与葡萄牙王室分享主权。

蒂拉登特斯是米纳斯密谋者中基础思想最活跃的宣传者，他将其传播给了各种各样的社会群体，他流动的生活方式也极大地促进了这项任务。他经常行走在米纳斯吉拉斯和里约热内卢之间的路上，在那里他接触了各个社会阶层的人。在被任命为“新路”指挥官之前，他曾是一名赶车人。“新路”就是那条沿着曼蒂凯拉山脉、逃奴堡堡民及公路劫匪横行的危险小路。

他出行的原因之一是他“拔牙和补牙的……超凡能力”。[54]蒂拉登特斯在旅途中还治过病，根据他对药用植物的了解，他还开出了一些药方。皮坦吉镇议会成员若泽·德·索萨·科埃略（José de Souza Coelho）上尉是他前往里约热内卢时的同伴，他如此评论蒂拉登特斯：

> 他是全知全能型的人物。他是半个外科医生，也是半个牙医，精通医治伤口和发烧的草药。他还通晓铺路、造桥、建厂和排水系统。他对每一座山峰、每一个洞穴都了如指掌，他还熟知所有居民的名字及昵称。[55]

蒂拉登特斯散布的共和主义思想传遍了整个领地。最重要 146
的三个传输中心是里卡城区、莫尔蒂斯河区和塞鲁杜弗里奥区。在“新路”沿线的寓所、旅馆和农场中，煽动叛乱、经济自给自足和政治自治成为辩论的主题。药房、营房和附近村庄教堂外的人们在讨论，遍布米纳斯吉拉斯的小酒馆和妓院里的人们在讨论，塞鲁杜弗里奥山谷里的秘密淘金者也在讨论。

这场密谋意欲以 2 月在里卡城由黄金配额税引发的一场起义来打头阵。如果密谋者成功，整个领地都会加入起义。他们的计划包括宣布米纳斯吉拉斯的独立宣言和实施新共和国的手段。北美洲由于革命而建立了新的制度，密谋者密切关注着那里的进展。米纳斯密谋者在为他们的共和国寻找一种结构，以反映北美殖民地在与英国的斗争中捍卫的原则。

有明显的证据表明，“米纳斯密谋”包括创立联盟共和国的宪法创新，即建立一个具有独立立法权的独立州同盟。密谋者对市议会的重视进一步表明，他们正计划建立一个由分散在领地各处的立法机构享有政治自主权的共和国。北美人击败英国人这件事对这次密谋的军事计划至关重要，因为葡萄牙将在战略和后勤上处于不利地位，它无法赢得在米纳斯吉拉斯打的这场仗。葡萄牙军队将不得不越过大西洋，然后登上通往内陆的山路。密谋者并没有期望打赢这场仗并把葡萄牙军队赶出去，而是期望在经济上和军事上拖垮帝国，直至王室被迫进行谈判。

但是，米纳斯吉拉斯的密谋者孤立无援。其他领地中没有一个加入这场密谋。此外，国际环境对其自治计划特别不利。托马斯·杰斐逊（Thomas Jefferson）和若泽·若阿金·马亚-巴尔巴略（José Joaquim Maia e Barbalho）[56]在法国尼姆的会晤
147 无济于事。北美的共和国正寻求与葡萄牙达成贸易协定（后来在 1786 年由杰斐逊签署），且无意以获得的利益为代价而冒险支持巴西不确定的、哪怕是有希望的未来。与此同时，大多数密谋者寻求支持的法国深陷政治问题，使其在国际舞台上力不从心。[57]

大概在 1789 年 5 月 18 日，黄昏时分，有人看到一个人

影——不知是男是女——在攀爬里卡城的陡峭小巷，穿过每年这个时候笼罩着小镇的迷雾。他（她）披着一件长款黑斗篷，巨大的帽子几乎遮住了双眼。他（她）大步流星地走着，且偷偷观察周围的环境。这个被称为“蒙面人”（Embuçado）的人物穿行于里卡城，目的是寻找密谋者，警告他们密谋已被发现且他们有危险。[58]这个蒙面人先去了克劳迪奥·曼努埃尔家，在门口向他发出了警告。在贡萨加的家中，他（她）在其奴隶安东尼娅处留下了一条消息。蒙面人急切地想要给蒂拉登特斯的共事者多明戈斯·德·阿布雷乌·维埃拉（Domingos de Abreu Vieira）中尉送信，但在慌乱中把房子弄错了，他看见虚掩的门便走了进去。当看到邻居的妻子站在楼梯的顶部时，他意识到了失误，当即就冲出了屋子，消失在薄雾中，从此再也没有人见过他（她）。

蒙面人是对的。巴巴塞纳子爵已收到六次有关米纳斯吉拉斯正在进行的密谋的举报。[59]第一次也是最重要的一次是本身作为密谋者之一的若阿金·西尔韦里奥·多斯·雷斯（Joaquim Silvério dos Reis）举报的。他是一个有钱人，也是对王室欠债最多的密谋者。他背叛事业的动机是其债务有希望被免除。他多次将一切和盘托出，之后以书面形式进行了详述，包括密谋详情、代号、主要密谋者的姓名、政治计划和军事战略。获此信息后，巴巴塞纳子爵仍然等待了两个月。然后他中止配额税，逮捕密谋者，并展开司法调查。最后一项需要寻找证据，审讯罪犯，以及审查证人，王室依据证人证词才得以立案。

从西尔韦里奥·多斯·雷斯的告发到葡萄牙女王玛丽亚一世（Dona Maria I）[60]签署最后判决之时，被控者经历了三年之 148

久的折磨和审讯。巴巴塞纳子爵将他们押送到了里约热内卢，在那里他们被囚禁在上诉法院的监狱[61]和蛇岛[62]中。在审判结束时，对被判处不忠的密谋者的惩罚包括流放到非洲、终身监禁在葡萄牙（针对教会成员）、没收财产以及绞刑。

从他们在里卡城被捕的那一刻起，密谋者就充分意识到王室权威的力量，并因即将到来的惩罚而恐惧。1789 年 7 月 4 日上午，诗人克劳迪奥·曼努埃尔·达·科斯塔被发现死在了若昂·罗德里格斯·德·马塞多房屋地下一层被改成牢房的小房间里。[63]这正是密谋者多次举行会议的那个房子，即今欧鲁普雷图市的“多斯·康托斯之家”。新监狱正在建造中，因此省督要求征用它。而由于没有足够的空间容纳如此多的囚犯，监狱也正在扩建中。有关克劳迪奥·曼努埃尔的死，官方说法是他上吊自杀。里卡城里没有人相信这种说法。克劳迪奥·曼努埃尔·达·科斯塔不仅是一位诗人，而且是一位在该领地享有盛誉的律师。人们普遍认为，他是被巴巴塞纳下令谋杀的，因为他对经济精英成员密谋涉及的事务以及与黄金走私有关的团体——包括省督及其最亲密的圈子——都知道得太多。

直至今天，克劳迪奥·曼努埃尔的死仍被认为可疑，不仅在历史学家中而且在作家中都存在争议。事件发生 200 年之后，小说家西尔维亚诺·圣地亚哥（Silviano Santiago）在其优秀小说《自由地》（*Em liberdade*）中质疑这位诗人的死因，这是在历史和小说之间的张力中形成的，强调了质疑政治犯自杀身亡的官方说法的重要性：“究竟是我内心中的什么力量阻止我接受克劳迪奥在多斯·康托斯之家自杀的说法？”[64]

蒂拉登特斯于 1789 年 5 月在里约热内卢被捕，当时他正好在一次旅途中，目的是使更多人加入他们的事业。尽管他不是“米纳斯密谋”的领导者，但他是最重要的宣传者。他是一个备受争议的人物，急躁、粗暴、天真，但他天生具有极强的说服力。他很清楚这一点，并努力修饰和润色自己的言辞。在审讯中，他承认他精心选择了自己的措辞，以吸引新的支持 149
者，并根据每个个人或群体的特点和兴趣对其进行调整。他的同谋者称，据他的听众所言，蒂拉登特斯会穿插弹奏吉他和演唱感伤曲[65]来呼吁行动，当他在沿“新路”的聚集地停留时，这些做法有助于他的成功，这些聚集地点包括诸如名为“皮拉塔斯之家”（Casa das Pilatas）的妓院，像若昂·达·科斯塔·罗德里格斯家的房子那样的寓所，以及像马托西纽什村（Matosinhos）里那个小酒馆一样的酒馆。

这就是为什么他所受的王室惩罚具有惩戒性且被公开执行，这样惩罚带来的恐惧将扎根于殖民者的记忆中。蒂拉登特斯于1792年4月21日在兰帕多萨广场（Largo da Lampadosa）被绞死，他的尸体被拽成了四部分并撒上了盐。[66]他的手臂和腿被展示在“新路”沿途最重要的地点。他的头被穿在里卡城主广场上省督官邸前的柱子上直到腐烂，在今天他的纪念雕像所在的位置。据传言，第一天之后，有人在夜间将头转移并埋在了附近的山丘中。“米纳斯密谋”失败了，但其遗产得以保留。它推动了即将发生的许多起义。

萨尔瓦多，1798年

1798年初的一天，萨尔瓦多民众一觉醒来发现，中央广场上刑柱旁的绞刑架被烧成了灰烬。正如我们已经提到的，刑柱是王室权力的典型象征：张贴王家法令、公开鞭打奴隶都在此处进行。这一举动不言而喻——这是对里斯本政治权威的挑战。这系谁所为无人知晓，但无论是谁都毫无疑问留下了他或她的意见，借由留在烧焦的残余物底部和城门口的侮辱性、含讽刺意味的小册子表达了出来。[67]这些小册子中的确切内容不得而知，它们是否已被居民阅读和传阅也不得而知。葡萄牙当局尚无法想象会发生什么。

几个月后，8 月 12 日上午，萨尔瓦多民众和当局一觉醒
150 来就惊讶地发现小册子散落在全城。它们被留在了最有可能被发现的地方，包括海滨沿岸、商店和政府大楼外。此外，它们还被钉在连接下城和上城的陡峭狭窄街道的柱子上，还有三本被留在城中心的教堂祭衣间中。8 月 22 日，再次使当局感到惊讶的是，加尔默罗神父在位于佩洛尼奥广场（Largo do Pelourinho）附近斜坡上的加尔默罗女修道院教堂内又发现了两本小册子。[68]

1798 年，甚至更多的小册子很可能在萨尔瓦多被传阅。它们的政治意义是巨大的，即在公共场所分发并传播以前仅通过秘密渠道传播的新闻、思想和见解。那些得以留存下来的小册子公开展示了民主与共和思想。它们也因此代表了殖民地首例全面的政治讨论，以及政治平等概念在穷人中的传播。[69]

巴伊亚的这些小册子是由社会等级制度中族裔种类最多且数量最巨的阶层中的成员撰写的，包括肤色阻碍他们进一步提升社会地位的穆拉托商人、工匠和士兵。[70]在巴西，这是新事物。与自 16 世纪末开始流行的带有诽谤性、色情或讽刺性的小册子不同，[71]这些小册子是传播新闻和激进思想的重要渠道，它们公开表达了脱离葡萄牙帝国的意图。

这些宣传册风格突兀、粗糙、语调愤怒，其目标就是萨尔瓦多人民，即贫穷的不同种族混合的萨尔瓦多民众。[72]以这种

方式将“人民”体现为葡属美洲共和国主权的来源是带煽动性且大胆的。尤其是，这表明了法国思想对密谋者的影响。这些自由原则源自法国大革命，尤其是巴黎的雅各宾政府，葡萄牙当局非常憎恶这些。宣传册所用的词汇以警告语气和频繁使用祈使语气为特点，如“命令”“指示”“禁止”“要求”[73]，这毫无疑问体现了作者们对人民的看法，即人民被激发时是一股强大而凶猛的力量，是自己命运的推动者。

1798 年，萨尔瓦多的紧张局势加剧，人们对所谓的“法国思想”的热情也增加了。它们的受欢迎程度在口头和视觉 151 上都得以再现。例如，穆拉托人若昂·德·德乌斯·纳西门托（João de Deus Nascimento）是一个裁缝[74]和民兵下士，深陷一触即发的密谋中。他充分意识到一个人的政治观点与他的着装之间的联系，所以他打扮成法国人走在萨尔瓦多的街道上。他穿着“贴身的马裤和几乎没有遮住脚踝的尖头鞋”。检察官弗朗西斯科·沙维尔·德·阿尔梅达（Francisco Xavier de Almeida）碰巧在街上经过，就问他穿这种不寻常服装的原因，若昂·德·德乌斯答道：“闭嘴！这就是法国人的着装方式。先生，您将会看到。很快，一切都会变成法式的。”[75]

若昂·德·德乌斯·纳西门托可能很傲慢无礼，但他的话很有意义。服装使一个人脱颖而出，并在很大程度上揭示了他的政治观点。他的行为被证明具有“传染性”。这些巴伊亚密谋者可以很容易地通过他们的穿着方式被认出。正如穆拉托自由民若泽·德·弗雷塔斯·萨科托（José de Freitas Sacoto）向殖民当局解释的那样，密谋者并没有隐藏自己的信念。在街上看到的任何“戴着耳环，胡须遮盖了一半脸颊，表链上带着一枚安哥拉子安贝[76]的人都是‘法国派’，属于谋反派”。[77]

饰品和服装是建立身份认同的一部分。使用与传统非洲宗教如坎东布雷教中的占卜行为有关的子安贝，暗示了种族特点、宗教习俗和政治思想。他们也吸引了其他人加入这项事业。巴伊亚的密谋者无意隐姓埋名。相反，他们着重展示自己的“色彩”，人们可以通过其服装和饰品轻松地识别他们，这反映了他们的自由观，即自由是必须公开且所有人可见的。这一想法在密谋者的旗帜上表达了出来：白色背景上有一枚红色五角星，每个角之间都有一个球体，底下有一句题词，题词也用红字写道：“展示你自己！不要躲藏！”[78]

这种对法国原则的热情涵盖了广泛的愿望和兴趣，18 世纪巴伊亚社会的各个层面对其均欣然接受，包括奴隶、前奴隶和贫穷的自由民，他们中大多数为克里奥尔人和穆拉托人。这些原则为质疑葡萄牙王室的论点提供了框架。尽管在现存的任
152 何一本宣传册中都没有提到奴隶制的终结，但据掷弹兵安东尼奥·若泽·德·马托斯·费雷拉-卢塞纳（Antônio José de Mattos Ferreira e Lucena）上尉所言，有一本未存留下的小册子承诺了“奴隶自由”。[79]

“巴伊亚密谋”从根本上改变了殖民地的中心话语。现在，遭受双重不公的男人和女人——日常为生存而抗争和基于种族的边缘化——开始认识到，他们拥有平等的公民权，以及受法律保护和在领地内开展业务的平等权利。正如密谋领导人之一卢卡斯·丹塔斯（Lucas Dantas）向若昂·德·德乌斯解释如何吸引新的密谋者那样：“当你与他们交谈时，你这么说：人民正在计划一场革命，以使该领地成为一个让我们感到高兴的民主国家。只有那些有能力完成该任务的人才能成为统治者，无论他是白人、穆拉托人还是黑人。他得是个聪明人，

这总比受傻瓜统治强。那样说，你就能说服他们。”[80]

但在密谋者将其计划付诸军事行动之前，其领导人在一次会议上被捕，当时他们正在认真评估他们的起义军力量和开始这场起义的时间。卢卡斯·丹塔斯、若昂·德·德乌斯、曼努埃尔·福斯蒂诺（Manuel Faustino）和路易斯·贡萨加·达斯·维尔任斯（Luís Gonzaga das Virgens）——全部为贫穷的穆拉托人，他们大胆地要求“政治能见度”并为此付出了很高的代价。他们四人被王室当局公开指责为叛乱领袖，并于1799年11月8日上午在萨尔瓦多被处以绞刑。第五名成员是名叫路易斯·皮雷斯（Luís Pires）的金匠，他也被判了死刑，但设法逃脱且从未被找出。前四人的尸体被拽成了四份并展示在城镇周围的公共场所。路易斯·贡萨加被指控写了宣传册，他的手被钉在了绞架上。这是王室与殖民者之间巨大的权力失衡的一个例证，是任何敢于违反法律的公民身上所发生的情况的一个范例，也是王室所掌握的镇压手段的一个实例。[81]

与米纳斯吉拉斯的情况一样，王室对巴伊亚密谋者的惩罚是基于政治计算的。在巴伊亚，王室的愤怒之重落在了那些敢于采用“公众的声音”的天真的籍籍无名者（穷人和穆拉托人）身上。“巴伊亚密谋”是一种全新的事物：它提议将不同的人群，以及社会经济地位不同、利益各异的群体纳入其中。尽管取得了成就，但该密谋的领袖们被巴西历史学家所忽视，
这对他们来说实属不公。在萨尔瓦多受限制的学术和文化圈之 153
外，他们几乎不为人知。

王室的回应粉碎了“巴伊亚密谋”。然而，它并没有消除生发出未来一系列起义的根源，反而启动了一个将教会巴西人许多政治教训的进程。时至今日，巴西人仍坚信这样一种说

法：葡萄牙殖民者曾在巴西这个令人惊叹的热带天堂里过着和平与和谐的生活。但是，历史讲述了一个不同的故事。在 17 世纪至 18 世纪之间，定居者开始以另一种角度看待殖民地的生活：他们声称有权进行以前无法想象的辩论和政治谈判，并逐渐为人民与掌权者之间一种更丰富的沟通形式铺平道路。没有一场密谋获得成功，但它们为 19 世纪留下了遗产，即可以动员、调整和应用以实现变革的一系列政治和智力工具。的确，起义不会永远持续下去。然而，它们揭示了权力的脆弱性，并着眼于未来。

六　啊，船！海上宫廷[1]

每个时代都梦想着下一个时代。 154

——儒勒·米什莱（Jules Michelet）

到 18 世纪末，“革命”、“起义”、“谋反”和“煽动”等词已在日常词汇中占据了一席之地。这是一个变革和动荡的时代，1804 年火车的发明也许是最好的隐喻。在 J. M. W. 特纳（J. M. W. Turner）和克洛德·莫奈（Claude Monet）的画作中，机车像黑暗的幻影一样从晨雾中戏剧性地出现，这暗示着人们普遍对未来将会带来什么充满信心。人们认为，社会已摆脱了过去的停滞，切断了落后的束缚。1808 年建造的一台机车的背面题词是这种压倒一切的自信的实例，上面写着它骄傲地发出的挑战：“有本事就追上我！”这是在世界事务中占主导地位的国家的普遍心态：没有什么能阻止时代的新发明和结构转型。

事情进展得如此之快，要跟上它们的步伐确实是挑战。1776 年，英国在美洲的 13 块殖民地在一场革命中获得了独立，该革命首次引入了一系列公民权利，使共和主义价值观成为政治现代性的组成部分，并证明了殖民地的地位并非永久的。紧接着，大约在 1780 年，英国爆发了一场广泛的工业革命，涉及大量的经济投资、新技术和对劳动力的无限制使用。

而接下来，在 1789 年，一个新的重大事件又发生了，即法国
155 的那场破坏了看似宇宙的自然秩序的革命。1793 年，路易十六被日益激进的政权剥夺了其神授之权，并被处死在断头台。他的死对于其他许多人来说是一种象征性或非象征性的预兆。那场革命推翻了具有百年历史的制度，其中君主是位于中心的标志性人物，且对国家拥有绝对的统治权。不要忘记海地革命（1791—1804），这场革命使圣多明各岛发生了翻天覆地的变化：奴隶制被废除，非洲大陆之外的第一个由非裔人士为他们自己建立的共和国诞生了。此外，该事件向世界表明，建立在奴隶制基础上的社会只是一种有悖常情的历史怪事，因此是可以被改变的。奴隶制不是自然产物，也不是“神圣介入”的结果。

“革命”是现代词汇中的典型用语：它描述了可以在社会生活的各个方面和空间（习俗、法律、宗教、政治、经济、国家，甚至还有大洲）发生的事件，它暗示着真正的转变。该词指向对过时事物的推翻、时间的凝结和未来的开创——这个未来不仅会更好，而且是迄今未知的。就法国大革命来说，它没有被局域化和情境化，它使国际政治与欧洲大陆和海洋上的现代国家出现两极分化：以基于出生的严格等级结构为特征的分层社会与旧制度的逻辑开始崩溃。

欧洲各君主政体以不同方式感受到了政变，但是它们没有谁能不受此影响。这种断裂是如此极端，以至于最终改变了时间和空间概念。随着 19 世纪的发展，这个世界似乎变得更小：海上或陆路旅行的速度越来越快，这使得人们更容易前往世界各地。而且时间似乎缩短了，新闻会在一天之内从一个国家传播到另一个国家。自 18 世纪末开始，在与封建历史的决裂，

以及对商品、产品和财富的渴望的驱使之下，人们朝着现代化努力推进。由于渴望推翻过去，新的生产力出现了，这种生产力依靠的是原本应该自由的劳动力，但实际上建基于以日益增加的异化和剥削为特征的新型劳动形式。在第一波革命之后，西方世界几乎变得令人难以辨认。工业革命的速度永久地改变了地貌、等级制度以及乡村和城市之间的关系。到 19 世纪末， 156
这种地貌景象看上去就像是焦土政策的余波。这个世界毫无疑问发生了变化：日常生活被彻底改变了。

在 18 世纪末那个规模小且曾经富足的葡萄牙宫廷中，气氛令人不安。这种情况类似于一个棋盘，英国和法国为骑士和城堡，西班牙和葡萄牙为士兵。当英法两国在进行欧洲第一强国之争时，西班牙在努力争取其余下的自治权，而曾经庞大而强大的葡萄牙帝国也无法掩饰其脆弱性。该国很大程度上依赖其美洲殖民地，其大部分财富都浪费在低效的政府和浮华的纪念性建筑尤其是教堂的建造上。面对这些不利因素，葡萄牙竭尽所能维持其中立形象，采取旨在取悦所有人的矛盾立场，但实际上是两边都不讨好。葡萄牙女王玛丽亚一世以及后来其子摄政王堂若昂（Prince Regent Dom João）[2]采取了一种含糊的外交政策，这种政策在支持法国或英国之间摇摆不定，原因是担心偏向一方就意味着被另一方视为敌人。[3]

在这些不确定的时期，葡萄牙失去了一切，包括其殖民帝国、君主和与英国的传统同盟。其曾经享有的健康的贸易平衡已经成为过去。这些事件导致伊比利亚半岛的两个殖民大国之间进行了更紧密的合作，解决他们在南美领土上的边界问题。1777 年 10 月，他们签署了《圣伊德方索条约》，其中作为南美领土的交换，葡萄牙将萨克拉门托殖民地（Colônia do

Sacramento）割让给西班牙，并放弃了对比奥科岛（Bioko island，原名费尔南多波岛）和安诺本岛（Annobon island）[4]的控制，以上两地为西班牙奴隶贸易的基础。[5]接下来，为加强两者之间的联系，他们推动了双重联姻，即葡萄牙王子堂若昂与西班牙公主卡洛塔·若阿金娜（Carlota Joaquina），以及西班牙王子加布里埃尔（Gabriel）与葡萄牙公主玛丽安娜·维多利亚（Mariana Vitória）之间的联姻。

但是，这种表面的平静是短暂的。法国大革命使葡西联盟处于险境中，并迫使葡萄牙在与英国的联盟中采取更坚定的立场。葡萄牙还需谨慎应对其与法国和英国的关系，后者处在北
157 美独立运动的对立面。面对这种紧张局势，葡萄牙努力维持着其复杂的中立政策。该国在这方面拥有一些经验，因为多年来，葡萄牙在冲突时刻都设法通过平衡国际协议和自行决断权的关系来缓和国际关系。毕竟，王室想要保留其自治权并确保其海外领土的稳定。

然而，法国大革命走了一条令人意想不到之路：1793 年 1 月，路易十六被处决。葡萄牙当即做出反应，即 15 天的私人哀悼期加上之后 15 天的公共哀悼期，[6]在此期间，剧院关闭以向曾作为王室朋友和亲属的君主致敬。[7]流言蜚语在里斯本的居民中散布恐惧，尤其是在精英阶层之间。首都警司皮纳·马尼克（Pina Manique）坚决捍卫君主制的权利，具体表现为：法国船只被扣押，共和主义者士兵被禁止上岸；共和主义书籍被禁，知识分子被捕，所有法国居民被驱逐。[8]只有那些支持路易十六以及留在该市作为葡萄牙王室的间谍并寻求从法国获得情报的法国公民才被允许逗留。[9]据目击者称，那时到处充斥着不信任：

> 间谍无处不在。他们在城市的每个角落扩散开来：在广场、街道、咖啡馆、剧院、王家交易所、国民议会、法官会议厅、商人办公室乃至人们的家中。[10]

此时，伊比利亚半岛的中立只不过是一个童话故事。英国政府与葡萄牙签署了包含给予保护的具体条款的条约，然后与西班牙也签署了同样的条约。这两国都没有意识到对方已经达成的协议。两个王室之间的合作迅速转变为对抗。

里斯本和女王玛丽亚一世的统治值得仔细探究。其长子和王位继承人，即获封巴西亲王的堂若泽（Dom José），于 1788 年去世，享年 27 岁，尚未履行其王室职责。当时，女王已初现痴呆及丧失对其政府掌控的迹象。如果玛丽亚一世无法再执政，其次子即当时被推定为继承人的若昂王子将只能从 1799 年开始执政。这位年轻王子本人较柔弱，且缺乏重大决策权， 158
他作为摄政王上任时得到了国务会议的支持。与此同时，政治局势越来越糟：王室不仅担心半岛即将遭受入侵，而且也担心失去巴西，后者可能被诉讼大国法国或英国占领。

压力来自双方。在里斯本，“英国党”和“法国党”竞相争夺若昂王子的注意力。两者在意识形态上没有区别，都由忠于君主制并渴望避免战争的贵族组成。他们之间的唯一区别在于他们设想的解决方案。法国党的代表名叫安东尼奥·德·阿劳若·德·阿泽维多（Antônio de Araújo de Azevedo），这位亦称巴卡伯爵的外交官、知识分子在 1804 年至 1807 年的政治舞台上占据了主导地位。他的立场有点自相矛盾：他支持与法国建立更紧密的联系，因为他害怕并拒绝接受法国大革命，但他相信革命文化和文明的好处。英国党的代表也是一位外交官，名叫罗德里戈·德·索萨·科蒂尼奥（Rodrigo de Sousa Coutinho），他还是王家财政部部长。他的首要任务是为葡萄牙船只保卫大西洋，从而保卫国家及其帝国。为此，他主张维持与英国的传统联盟。在个人和政治信仰上，科蒂尼奥都是理性主义者。他对英国工业革命的成就充满信心，并相信该联盟将促进帝国的发展。

摄政王像钟摆一样在两者之间摇摆。但他丝毫没有抱幻想：葡萄牙的边境需要同时防御新老敌人，即西班牙和法国。成为摄政王后，堂若昂将注意力转移到防御上，加固了与西班牙的边界。瑞典公使馆的一位传教士对他所看到的感到震惊："每天在街上都能看到暴力强制征兵。我经常看到有 20 多名新兵被绳子绑在一起走过。"[11] 由于缺乏资金应付这些新的开支，情况更加恶化，而这一次的重担落在了神职人员身上，他们需要为其财产缴纳 10% 的税。[12] 正如一位同时代评论员在得知王家马车被出租用于运送尸体到墓地时所发现的那样，也不乏额外筹集一两先令的举措。[13]

159 在短时间内，新的防御措施似乎奏效了。但是，1801 年，拿破仑的扩张政策变得越来越具有侵略性，他那游移的目光再次集中在葡萄牙。他彼时要求履行先前葡萄牙政府未能达到的要求——在这方面，它总是很容易被遗忘。拿破仑再次行动以阻止英国人在大陆登陆，并指示其西班牙盟友卡洛斯四世（Charles IV）将其命令传至葡萄牙。他明确指出，入侵的可能性不仅仅是一种威胁。堂若昂试图拖延时间。他动员了他的外交使团，随后又向巴黎、马德里和伦敦发出一系列呼吁，但都没有任何效果。卡洛斯四世的大臣曼努埃尔·德·戈多伊（Manuel de Godoy）率领一支军队从加利西亚去往安达卢西亚，在杜罗河的山后（Trás-os-Montes）和阿尔加维对抗葡萄牙军队。西班牙人一举就将其对手驱散了。

投降书在巴达霍斯（Badajoz）签署。输掉奥利文萨（Olivença）[14]是葡萄牙最不担心的事情。最大的打击是不得不向法国支付2000万法郎赔偿金，以及被迫遵守关闭其向英国开放港口的条约条款。但是，由于其持续的伪装政策和随后的相对平静时期，葡萄牙再次陷入停顿。这是一种观望策略。同时，来自巴黎的使节拉纳将军和朱诺将军在里斯本受到隆重接待。在安东尼奥·德·阿劳若·德·阿泽维多的帮助下，他们来是为加强两国之间的联系，前者正在对政府施加越来越大的控制权。关于朱诺担任使节的活动知之甚少。但是，我们确实知道，拉纳夫人以其不羁的时尚感给保守的里斯本居民留下了深刻的印象。法国歌曲广为流行，并且“在圣安东尼节那天的前一周，为了纪念圣人，每天晚上演奏马赛曲”。[15]1802年法国和英国签署《亚眠和约》（Treaty of Amiens），和平终于得以宣告，英国承认了法国的征服。该条约之后是短暂的休战期。

但是，葡萄牙仍然几无宁日，这次问题出在王室内部。1805年，堂若昂的妻子卡洛塔·若阿金娜策划了一场阴谋。此前，卡洛塔·若阿金娜曾因支持捍卫西班牙利益的政策而多次使王室难堪。作为一名女性，她超前于时代：她骑马，懂得发射大炮并且有婚外情，这可能是她乏味的丈夫保持内心平静 160
的最大障碍之一。她现在准备以声称丈夫精神上无行为能力的方式废掉他，并取代他成为摄政王。尽管摄政王反应迅速，驱逐了所有相关人员，但这一事件凸显了王室的不安全以及王室核心成员中西班牙间谍的存在。[16]

与此同时，自1804年成为法国皇帝的拿破仑渴望重塑欧洲地图，一心想铲除他身边唯一剩下的刺，即英国。1806 年，他颁布了一项大陆封锁政策，禁止所有欧洲国家与英国进行贸易。英国的反应与这一挑衅成正比：它宣布从敌对港口进行的所有商业活动和航行都是非法的，并声称拥有扣押从这些港口出发的任何船只的合法权利。[17]次年，俄国和普鲁士在战斗中被击败后均与拿破仑签署了和平协议。由于这些威胁如阴云笼罩着葡萄牙，政府开始制订一项临时计划，拟将王室迁至殖民地。

在巴西建立一个宏伟帝国绝非破天荒的新想法。王室每当认为其主权受到威胁时，都会考虑这一想法。早在 1580 年，西班牙在葡萄牙王政复辟战争（War of Restoration）中入侵葡萄牙时，就有人建议宣称自己为王位继承者之一的克拉图修道院副院长（Prior of Crato）前往巴西。[18]维埃拉神父还建议把巴西作为若昂四世的避难所。“在那里可以找到作为宫殿的地方，可以一年四季安居乐业，在那里还可以建立第五帝国……”[19] 1738 年，在若昂五世[20]统治期间，路易斯·达·库尼亚（Luís da Cunha）[21]提出了同样的建议。路易斯·达·库尼亚认为，将王室迁至巴西会在葡萄牙和其殖民地之间建立更加平衡的关系。[22] 1762 年，据称庞巴尔侯爵（Marquis of Pombal）由于担心法西联军入侵，曾建议若泽一世：

> 为前往巴西的旅程采取必要措施；几个月以来，人们可以看到这些船锚定在皇宫前面，准备将这个庞大的主权国家安全地运送到其帝国的另一部分……[23]

因此，毫不奇怪的是，在欧洲动荡的情况下，摄政王的顾

问们会重新考虑这一想法。早在 1801 年，阿罗纳侯爵 161
(Marquis of Alorna)[24]就谨慎地提出了这个问题："殿下应该尽快武装所有船只……然后将公主们、您的儿子们和珍宝都送到船上。"[25]当时摄政王对这个建议感到不悦，据说还表现出了"极大的反感"。担任 1790 年代葡萄牙外交大臣的罗德里戈·德·索萨·科蒂尼奥（英国党的领袖）也曾对殖民地抱有类似的野心。在准备迁移王室的过程中，他与巴西精英进行了接触，征求他们对如何改善采矿业和殖民地行政管理的意见。[26]

同时，英国政府坚持要葡萄牙王室尽快转移。1806 年，一个英国代表团前往里斯本，向政府通报了迫在眉睫的入侵危险，这表明除非葡萄牙决心"积极有效地"与法国对抗，否则移居巴西将是最好的选择，毕竟他们可以指望英国的支持。[27]

1807 年 7 月，拿破仑的耐心已耗尽。葡萄牙驻巴黎使节洛伦索·德·利马（Lourenço de Lima）被赋予将这位皇帝的指示传达给堂若昂的艰巨任务。信息很简短，也很明确：葡萄牙人向英国人宣战的时候到了。他们必须从伦敦召回使节，并要求英国使节从里斯本撤离，对英国船只关闭港口，逮捕在里斯本的所有英国居民，并没收其财产。此外，这位皇帝给了葡萄牙人一个月时间，直到 9 月 1 日，以满足其要求。未能按时完成任务将被视为向法国和西班牙宣战，即该书信的签字人。此时，由于地理位置同样处于不利地位，西班牙已屈服于法国。但这对拿破仑来说还不够，他还指示前驻里斯本使节朱诺将军在法西边境的巴约讷（Bayonne）组建一支舰队。

在整个这段时间里，堂若昂身体状况都不佳，他躲在离里斯本 30 公里的马夫拉宫避难。[28]在那里，在修道院厚壁的保护

下，他试图忘记战争。8 月 12 日，他接待了大臣安东尼奥·德·阿劳若·德·阿泽维多，即法国党领导人，后者给他带来
162 了拿破仑发出最后通牒的消息。滑稽的中立游戏结束了。这次摄政王别无选择：他将不得不去巴西。

在从收到消息到宫廷出发前往巴西这段时间里，重要的决定都是秘密做出的，且那些日子充斥着疯狂的活动，以至于当时的报道包含了相互矛盾的叙述。然而，这是葡萄牙和巴西历史上具有决定性意义的时刻的开始。帝王很少搬家，而当他们这么做时，行李一定很重，堂若昂也不例外。他在马夫拉宫的巨大宫殿过着与世隔绝的生活，周围是他古老的图书馆，修士在蝙蝠的“辅助”下照顾着他的生活，因为蝙蝠以入侵宫殿的成群昆虫为食。但是，摄政王并不抱有幻想：他意识到不仅要将王室而且要将许多机构和宫廷迁至巴西这一任务的艰巨。

这绝非一个容易的决定。将帝国驻地迁至殖民地，这在西方历史上实属首例。这种情况要求立即召开议会，议会成员包括安东尼奥·德·阿劳若·德·阿泽维多和罗德里戈·德·索萨·科蒂尼奥。[29]摄政王还与其密友们进行了磋商，包括内阁首脑若泽·伊芝迪·阿尔瓦雷斯·德·阿尔梅达（José Egídio Álvares de Almeida）、因凡塔多公爵秘书若昂·迪奥戈·德·巴罗斯（João Diogo de Barros）、财政部官员托马斯·安东尼奥·维拉诺瓦·波图加尔（Tomás Antônio Vilanova Portugal）、内科医生曼努埃尔·维埃拉·达·席尔瓦（Manucl Vieira da Silva）以及负责王家衣橱的弗朗西斯科·若泽（Francisco José）和马蒂亚斯·安东尼奥·索萨·洛巴托（Matias Antônio Sousa Lobato）。枢密院实际上于 8 月 19 日在马夫拉宫举行了首次会议，他们在一时激动下起草了一份文件，宣布葡萄牙同

意对英国人关闭其港口，但拒绝将他们驱逐出里斯本，也不会考虑没收他们的财产。

参加会议的一位顾问官提醒在场者：由于拿破仑战争（当时已经持续了十多年），有其他君主“为了保护自己的主权和独立而暂时离开了首都和国家”。这一名单包括：

> 在法国领土上乞求拿破仑保护的西班牙国王；从被法国军队控制的普鲁士首都逃跑的普鲁士国王；曾在伦敦避难，宣称继承荷兰王位的荷兰省督；从他心爱的那不勒斯
> 流亡的两西西里国王；在欧洲漂泊的托斯卡纳和帕尔马的 163
> 王室成员；被放逐到卡利亚里宫廷的撒丁-皮埃蒙特国王；沦为政治棋盘上兵卒的威尼斯总督和十人议会；为捍卫其在圣彼得堡的王位而隆重接待法国盟友并宣誓维护友谊的俄国沙皇；近乎恳求拿破仑任命他的一名元帅为国王的斯堪的纳维亚国家；以及时不时被迫放弃他们永恒、无形宝座的神圣罗马皇帝和教宗本人。[30]

最后，他建议立即与英国政府联系，要求将其船只交由葡萄牙处置。

8月26日举行了第二次会议，会议期间显然有人试图推迟做出决定。英国政府特使斯特朗福德勋爵（Lord Strangford）告知伦敦，葡萄牙人计划假装为对英国的战争做准备以争取时间。葡萄牙人知道不再可能逃离波拿巴，所谓的“准备工作”仅是为了作秀。这次会议上的另一个话题更具争议性，即是否将摄政王的长子——贝拉亲王堂佩德罗送往巴西，作为维护君主制的一种方式。这一行动方案意味着，如果葡萄牙参战，布

拉干萨王朝及其主要殖民地将是安全的。[31]在这件事上人们议论纷纷。有人争辩说，送摄政王的儿子堂佩德罗比送目前由“一个疯子、她无精打采的儿子和一大堆孩子”组成的整个王室更好。[32]其他人则担心王室的突然消失会激怒人民。[33]

尽管局势紧迫，但在堂若昂于 9 月 23 日再次召集议会之前还有三个星期。拿破仑再次要求关闭港口，扣押英国人及其财产。葡萄牙坚持它仅准备关闭对英国开放的港口。面对这一僵局，在里斯本的法国和西班牙代表给出了他们最后通牒的最终日期：10 月 1 日。[34]与此同时，与英国的对话仍在继续，“阿丰索·德·阿尔布克尔克号”（*Afonso de Albuquerque*）和“堂若昂·德·卡斯特罗号”（*Dom João de Castro*）指挥舰，“乌拉尼亚号”（*Urânia*）巡防舰以及“飞行者号”（*Voador*）双桅横帆船已整装待发，只等摄政王一声令下，它们就准备从塔古斯河河口起航。[35]

164 随着 9 月底的临近，紧张局势加剧。法国和西班牙使节在完成他们的“威胁”后从里斯本撤离。与此同时，摄政王最终授权其在伦敦的使节多明戈斯·德·索萨·科蒂尼奥（Domingos de Sousa Coutinho）即罗德里戈的兄弟，由他全权代表摄政王与英国秘密谈判协议条款。9 月，堂若昂没有重新召开议会，而是指示成员在他不在场的情况下开会。关于其子堂佩德罗是否前往巴西的意见产生分歧，有的人主张立即与法国结盟，有的人赞成武装王家舰队以保卫港口或护送整个王室骤然离去。唯一改变的是会议的气氛，气氛越来越严肃，会上成员们焦急地呼吁采取紧急行动。

此时，“巴西之旅”的话题已不再局限于政府圈子。谣言比比皆是，造船厂和港口的繁忙活动引起了人们的猜测和焦虑。对里斯本和各省教会负责人的王家指示要求他们将白银存放在指定位置以列财产清单，这引起了人们进一步的怀疑。公众的反应是请求神权介入。人们举行了公众祈祷和弥撒；红衣主教以祝文[36]庆祝圣餐礼，并且在 10 月 18 日，盛大的游行队伍离开恩典圣母堂（Igreja da Graça），庄严地穿行于城市的街道中。[37]

英国公民也走上街头忙自己的事情。但是，他们的目标更加实际。他们正在出售自己的物品，并且准备登上英国派去营救其臣民的船只。葡萄牙政府通过表现出对法国的忠诚来缓解局势，其反复进行的尝试也使他们越来越感到震惊，包括 10 月 22 日颁布的一项对英国船只关闭港口的法令。然而，只有少数人知道这是双面游戏的一部分。同一天，在伦敦签署了一项秘密条约：葡萄牙对英国船只关闭港口，但与此同时，葡萄牙将允许它们占领马德拉岛，并将开放巴西的一个港口以进口英国减税商品。作为回报，如果王室决定出发前往殖民地，英国舰队将护送他们，并且只会承认布拉干萨王朝的合法继承人为葡萄牙国王。[38]因此，葡萄牙政府陷入了由自己设计的局面： 165
一方面公开支持法国人，另一方面与英国人秘密举行会谈。一位住在塔古斯河河岸的修士在得知对英国人关闭港口后写信给摄政王：“政府的秘密是一个谜，不能单凭理性就可以理解。”[39]

让我们计算一下日期。通过陆路在巴黎和里斯本之间寄送邮件的最快路径需要 10—11 天。因此，在发送信件和收到回复之间，将近一个月的时间过去了。而从伦敦到里斯本的信件是通过海路寄送，这一过程可能只需要一周的时间。[40]因此，各国之间的延迟回应也因传递消息的实际问题而更加严重。而这恰恰是 11 月初发生的事情。尽管葡萄牙于 10 月 22 日宣布支持法国，但直到 11 月 1 日才得知拿破仑的最新要求，而拿破仑 10 月 15 日已发出的要求则是："如果葡萄牙不按我的意愿行事，布拉干萨王朝将不再在欧洲掌权。"此外，为了结束这一双面游戏，拿破仑派出了一支军队，这支军队由朱诺将军指挥且已经在翻越比利牛斯山脉。[41]

但是，葡萄牙人仍然想拖延。一方面，阿纳迪亚子爵（Viscount of Anadia）[42]赞成保密政策，他建议没收英国人的财产，然后再"秘密归还"，并且港口应保持开放状态，以便"个人……以逃跑为幌子离开我国"。[43]另一方面，为了取悦法国皇帝，他们派遣了一位特使，带着一份精美的钻石礼物，庆贺法国皇帝的征服。[44]沟通上的延迟再次挫败了这些计划。法国和西班牙已签署一项条约，将葡萄牙一分为三：杜罗与米尼奥河间（Entre Douro and Minho）将被划分给伊特鲁里亚王后，伊特鲁里亚王国是拿破仑在托斯卡纳建立的以佛罗伦萨为首都的王国；阿连特茹和阿尔加维将被划分给西班牙；而最大的一部分，即贝拉、山后和埃斯特雷马杜拉，将被划分给法国。葡属美洲殖民地将在葡萄牙新君主的继承者之间进行划分。[45]波拿巴也在玩双面游戏：他一方面发出威胁，但另一方面又提出了谈判邀约，从而设法将摄政王留在里斯本。堂若昂可能在衣袖里还藏了几张牌：尽管他将在英国舰队的护送下前往巴西的
166 这一计划已敲定，但在绝对保密的情境下，他仍在和拿破仑"调情"。

英国厌倦了等待。英国外交大臣乔治·坎宁（George Canning）告知葡萄牙政府，他将接受对英关闭港口，但对英国臣民采取的任何其他措施都将被视为宣战。更糟的是：如果摄政王决定不迁居巴西，英国将开始炮轰其首都。里斯本的气

氛现在如此紧张，已经开始影响居民的日常生活。到处充斥着正在进行的军事准备活动，祷告和八卦如洪流般席卷全城。一位虔诚的教徒在城中散布谣言：她得到了一个启示，即如果君主前往巴西，他的船将沉没。当这一预兆传到摄政王的耳中时，他就陷入了一种“混乱的状态”。[46]更糟的是，此时市场上的食物变得稀缺：肉和小麦供应不足，且11月16日还颁布了一项限量供应面粉的法令。[47]

葡萄牙政府驻伦敦代表多明戈斯·德·索萨·科蒂尼奥感到担忧。[48]他写信给摄政王向他发出警告，如果他与法国达成协议，派遣来救他的这支中队将向里斯本开火。科蒂尼奥还不知道驻西班牙和法国的葡萄牙代表已被下令离开。他也没有被告知马里亚尔瓦侯爵（Marquis of Marialva）[49]已经在去往巴黎向波拿巴致敬的路上。与此同时，堂若昂尚不知法国和西班牙已经决定通过《枫丹白露条约》瓜分葡萄牙领土。[50]此外，摄政王的顾问们做梦也不会想到在11月11日，法兰西帝国的官方报纸《箴言报》（*Le Moniteur*）将公开宣布推翻布拉干萨王朝的决议。这位摄政王现在前途未卜：解决他困境的方法取决于将报纸从巴黎运到里斯本所需的时间。

几天后，葡萄牙撤回了其派往西班牙宫廷的使节，西班牙也相应地从里斯本召回了他们的大使。11月16日，英国舰队带着一支7000人的军队出现在里斯本港口的入口处。[51]同时，
宫廷继续无视拿破仑的最后通牒并仍主张与法国达成谅解。里 167
斯本尚未得知的是，朱诺的部队已经到达边界并驻扎在阿尔坎塔拉。接下来的日子是曲折的。经与斯特朗福德勋爵协商，英国决定这支舰队由西德尼·史密斯（Sidney Smith）海军上将指挥。史密斯经验丰富，作为海军军官能力很强，这一点已被

证实。1782 年 4 月，当他还是上尉时，他在多米尼克岛附近的桑特海峡战役（Battle of the Saintes）中表现出色，这场战役由英国大获全胜，也从此开始了史密斯与法国交战的历史。他曾为海军陆战队队员，并因在战胜俄国方面所起的核心作用获得“佩剑骑士团”的嘉奖，并获英国政府授予的“爵士”头衔。

尽管史密斯在其职业生涯中经历了许多冒险，在此我们仅回顾其中一些。在奥斯曼土耳其，他曾是一名业余间谍，成功地在布列塔尼海岸进攻法国。即便如此，史密斯的冒险行为并不总是成功。他在 1796 年被捕，并在巴黎的圣殿塔（监狱）关押了两年。但到那时，他已是一个活着的传奇人物，一经释放，他在英吉利海峡两岸均被称为“海中狮王”。经过一次这样的冒险行为，史密斯被人们抬着走上了伦敦街头，伦敦市民认为他可以说是英国人的救赎者。他的声誉在 1798 年于埃及与法国人的战斗中得以牢固树立。他指挥了包括土耳其人、阿尔巴尼亚雇佣军、叙利亚人、库尔德人以及英国水兵和海军陆战队士兵在内的部队，成功阻止了拿破仑军队的前进。史密斯指挥下的船只进行了为期两个月的封锁。在一半的法国军队被消灭之后，拿破仑命令幸存者撤退。

史密斯大胆而独立，在与法国人的海战中拥有丰富的经验，是指挥将王室护送到巴西的远征队的理想人选。他可能缺乏陪同王室穿越大西洋的经验，但他的声誉、勇气和强烈的个性确保了他抗辩的能力。甚至连固执己见的堂若昂也开始承认别无他选。

在里斯本，有消息称法国军队已经到达边境，这与史密斯下令封锁塔古斯河河口的决定相吻合。在这座城市有关英军、西班牙人以及“萦绕着那个艰难时期的其他幽灵”的传闻比比皆是。[52]亲法和亲英派系之间的分歧使他们越走越远。亲英 168
派罗德里戈·德·索萨·科蒂尼奥主张抵抗，并主张在必要时迅速撤离至巴西。亲法派安东尼奥·德·阿劳若·德·阿泽维多仍然主张与法国达成谅解。斯特朗福德勋爵需要充分利用他所有的外交权力。他在西德尼上将的船上致信堂若昂，承诺只要他立即离开，一切敌对行动都会被遗忘且英国保证支持他：

> 我已经意识到，陛下对与入侵者谈判仍心存希望，而我有责任将所有这些希望掐灭。他们对首都情况进行阴森恐怖的描述使陛下感到恐惧，而那正是我不久前离开之地。也许，反过来，我亦有责任以位于前方的辉煌前景吸引陛下……[53]

作为其论证的最后证据，他将那份煽动性的《箴言报》复制品交给了摄政王。这是压垮骆驼的最后一根稻草。1807年11月24日晚上，摄政王召集枢密院，并告知他们法国军队已经到达阿布兰特什。如果强行军，他们可以在三到四天内到达首都。出发的准备工作就这样开始了。王国执政委员会被委托在君主离开的情况下执政，其首要行动是准备由摄政王发布的公告。11月27日凌晨，摄政王登上了那艘将把他带到新世界的船，王室成员紧随其后。他们刚登上船，其他人员便蜂拥而上，包括政府官员、政府事务议员、公职人员、大臣们的家属、贵族成员及其家人和朋友。他们摩肩接踵，全都渴望在王家舰队的某一艘船上找到一席之地。这就像但丁的《神曲·地狱篇》中的一幕：妻子与丈夫分离，父母与子女分离，兄弟姐妹分离，拥挤的船只上挤满了人，混乱中的人们尽显恐慌。舰队于 11 月 29 日星期日早晨起航。那天晚些时候，拿破仑的军队进入了里斯本。

葡萄牙君主为其人民留下了一份声明，他下令将其印刷出来并在他登船后进行分发，在声明中他给葡萄牙人民留下了最后几句话。即使到那时，政府仍没有使用“入侵”一词，以
169 避免与法国关系的破裂。君主称法国军队是驻扎在葡萄牙土地上的外国军队，并要求人民接受他们，以维护“与我们共同拥有该大陆的其他国家的军队必须建立的和谐关系”。[54]这是这场中立戏剧表演中的最后一幕。

茫茫大海上的人们，大西洋上的宫廷

堂若昂在 1807 年 11 月 25 日清晨做出了决定。他再也无法拖延摆在他面前的艰巨任务：拆除君主制及其政府生存和维持所需的一切，将其从陆地转移到海洋，然后在里约热内卢重新组装。时间短，路程长，前途未卜。这是王室有史以来第一次穿越大西洋，去到遥远的土地上与其命运相遇。与该国勇敢无畏的发现者相比，布拉干萨王朝为避免其解体（据那些支持者所言）而逃跑（据其批评者所言），勇敢地逃脱了欧洲其他王室受拿破仑胁迫而遭受的侮辱性待遇（据那些维护葡萄牙帝国既得利益者所言）。

这一计划很复杂。这并不是王室带上一些受宠的人或物的独自旅行。这次旅程加入了其他许多人，包括大臣、顾问、贵族、宫廷成员、公职人员的家人，换言之，所有生计都依赖于摄政王的人。这也不是几个人匆忙逃跑的情形，这涉及葡萄牙王国驻地的迁移，包括其行政和官僚机构、政府机关、秘书

处、法院、档案馆、金银财宝和雇员。女王和摄政王携带着代表君主制的一切，包括重要人物、宗教、制度、服饰、礼节、金库——维持王朝和葡萄牙政府运转并确保其连续性所需的所有资源。因此，成千上万的人带着大批行李和箱子到达贝伦码 170
头。用若泽·德·阿泽维多（José de Azevedo），即未来的里奥塞科子爵（Viscount of Rio Seco）[55]的话来说，这是“一群为在里斯本站稳脚跟而耗尽了七个世纪的财富的人”。

摄政王立即下令，所有大臣和王宫随员都将与王室一同出行。他还明确表示，希望陪同宫廷一起出行的任何臣民都可以这样做，并且如果没有空位，他们可以乘坐私人船只跟随王家舰队。[56]即使是午夜，若泽·德·阿泽维多依旧被召至阿茹达宫（Palácio da Ajuda）[57]，并被安排负责监督登船。他立即着手组织王家宝藏的运输。然后，他将注意力转移到了位于贝伦（在塔古斯河上）的码头，他带着地图下令建起一个帐篷，在那里他可以“根据船只的大小和可用的住所分配家庭的数量”。尽管没有人可以在没有政府通行证的情况下登船，但当时的状况如此混乱，以至于计划几乎不可能顺利实施，而且许多人被留了下来。[58]例如，王家马术教练贝尔纳多·若泽·法尔托·帕谢科（Bernardo José Farto Pacheco），他有来自王家掌马官、王家马厩经理和贝尔蒙特伯爵的登船证，却无法成行。尽管他有必要的文件，但该巡防舰的指挥官不允许他登船。

更糟的是，一阵猛烈的南风之后下起了瓢泼大雨，接着街道被淹且泥泞不堪。在这种情况下，马车更难以到达贝伦码头，且为确保全体船员在过境期间的生存，需要将大量补给品搬到船上，这一行动此时也变得更难。[59]出发前夜仍需要准备的物品清单反映了一些缺乏组织的问题：

> “葡萄牙女王号”（*Rainha de Portugal*）：27 个水桶均空。“弥涅耳瓦号”（*Minerva*）巡防舰：仅有 60 个水桶。“亨利伯爵号”（*Conde d. Henrique*）：21 个水桶均空，且未备家畜，需家畜。“海豚号”（*Golfinho*）：6 个水桶均空，且无家畜、鸡或木柴。“乌拉尼亚号”：无木柴。“复仇号”（*Vingança*）：无水或木柴。“王家王子号”（*Príncipe Real*）：需家畜、鸡肉、绳索、蜡、20 个水桶、焦油、缆绳和木柴。“飞行者号”：需 3 个水桶。“巴西亲王号”（*Príncipe ol Brasil*）：无橄榄油、蜡、绳索、木柴，需 30 个水桶。[60]

171 在最为混乱的时候，驻里斯本的教廷使节洛伦索·德·卡莱皮（Lourenço de Caleppi）来到阿茹达宫表示声援。他是宫廷圈子的一员，摄政王邀请他陪同其此次出行。尽管已年逾 67，这位罗马教廷大使还是接受了邀请。他与海军大臣即阿纳迪亚子爵进行了商议，后者在“马蒂姆·德·弗雷塔斯号”（*Martim de Freitas*）或“美杜莎号”（*Medusa*）给他和其秘书提供了供他们安顿下来的舱位。尽管有王子的个人邀请和海军大臣的干预，他仍被以“超载”为由拒绝进入其中任何一艘船。爱尔兰中尉托马斯·奥尼尔（Thomas O’Neill）当时在一艘英国船上，他记下了一名葡萄牙军官向他透露的信息。尽管他记录的至少部分目的是自我推销，且其中有一些是他编造出来的，但这些记录生动地描绘了摄政工启程之前的那种绝望：“王子打算启程前往巴西的消息被人们得知后，绝望和恐慌充斥着每一个阶层。成千上万的男人、女人和孩子涌上海滩，他们都努力想登船逃跑。许多尊贵的女士涉水而下，也都希望能登上船，有的甚至因此而丧命。”[61]

更糟的是，乡下人在恐惧和匆忙中奔赴里斯本，又因相互矛盾的谣言而迷惑不解，他们在路上抛弃了自己所有的财产。[62]在贝伦的塔古斯河沿岸的海滩和码头上散落着在最后一刻被遗留下来的包裹和行李箱。在混乱中，从大教堂运出来的14车银器被遗留在河岸上。从王家图书馆运来的成箱的无价书籍也被遗留下来，这令该市的书商们大为恼火。他们看到这样的疏忽，简直不敢相信，对着王室官员大骂。[63]被遗弃的还有豪华马车，其中许多还没有卸下货物。甚至还有些人登船时没有带行李，仅有身上穿的衣物。[64]瓦戈斯侯爵（Marquis of Vagos）[65]意识到王家马车连同其马鞍和挽具都被遗忘了，但为时已晚，他从甲板上用“粗俗的语言”大声喊叫，要求雇用合适的船只将它们运到巴西。[66]

总体气氛令人感动且充满激情：

> 许多人在那时流下了悲伤的泪水，有些人在为与父 172
> 母、丈夫、子女和他们所爱之人的分离而哭泣，另一些人在批评外敌入侵时抛弃祖国的做法，并思考他们在没有保护者的情况下面对可怕的法国人时将遭受的恶行。[67]

里斯本居民的反应在惊慌和厌恶之间摇摆。陪伴摄政王的少数幸运者中有一些人在上船时受到了“辱骂和诅咒”，还有一些人的确遭受了“袭击”。[68]若阿金·若泽·德·阿泽维多描述了人民的反应：

> 人们游荡……在广场和街道上，他们不敢相信，泪水和诅咒中夹杂着一声声叹息，他们发泄着压抑在心中的悲

> 痛的压迫感：恐惧、悲伤、伤心欲绝、他们忍受痛苦的高尚本性……几乎将他们吞噬，使他们陷入绝望。[69]

关于摄政王撤离的描述既令人感动又自相矛盾。据某种说法，他伪装成一个女人来到码头。据另一种说法，他在夜里偷偷离开，以免引起人们的愤怒。另外，还有一种说法讲述他是如何在仅由其侄子的陪同下到达港口而没有人接待他的。据称，两名在倾盆大雨中站岗的警官将木板放在泥上，在摄政王被用船送上“王家王子号”之前帮助他通过了那里。[70]其他说法都对其撤离极尽嘲弄，通过引用女王所说的唯一清醒的话来嘲笑王室的态度，那时女王已患痴呆症：“慢点！他们会认为我们在逃跑。”[71]实际上，堂若昂的撤离非常谨慎，完全没有盛大的仪式，也丝毫没有使人联想起那个曾经伟大的帝国叱咤风云的领袖。

所有例行公事已经完成，每个人都已登上船。此时只需要一些好天气即可开始航行。11 月 29 日清晨，当船队从塔古斯河起航时，天气晴朗。船队到达河口时，英国舰队以礼炮向它致敬。这四艘待命的战舰将在西德尼·史密斯爵士的指挥下护送葡萄牙船队前往里约热内卢。[72]这位海军上将登上了“王家
173 王子号”向摄政王表示敬意，并从海军中将那里收到了组成王家舰队的 15 艘船的清单：8 艘风帆战列舰、4 艘巡防舰、2 艘双桅横帆船和 1 艘双桅纵帆船。[73]在目击者报告和后来的研究中，数字各不相同，但尽管如此，它们还是让人印象深刻。

至少有 30 艘私人商船跟在王家舰队之后，可能还有更多。在旅程的第一天，英国船只“海伯尼亚号”（*Hibernia*）在黄昏时发现了 56 艘船。西德尼·史密斯爵士尽管没有计数，但报告

称看到了“数量众多、装备齐全的大型商船”。[74]无论如何，这一王家舰队组成了一个作战分队，激起了人们的敬意：8 艘战列舰中的每艘都载有 64—84 门炮。每艘巡防舰都配备有 32—44 门炮，双桅横帆船配备有 22 门炮，携带物资的货运船配备有 26 门炮。[75]王室成员包括女王玛丽亚一世、摄政王及其妻子卡洛塔·若阿金娜、他们的八个孩子、女王的姐妹、摄政王的哥哥的遗孀，以及在葡萄牙宫廷长大的卡洛塔·若阿金娜的西班牙侄子，他们被分配到了容量最大的船上。在“王家王子号”上的是当时已 73 岁的女王、40 岁的摄政王、王子堂佩德罗（贝拉亲王）和他的弟弟堂米格尔王子，以及摄政王的侄子堂佩德罗·卡洛斯（Don Pedro Carlos）。在“阿丰索·德·阿尔布克尔克号”（*Afonso de Albuquerque*）上的是 32 岁的王妃卡洛塔·若阿金娜和她的女儿们，包括“贝拉公主”玛丽亚·特雷莎（Maria Teresa）、玛丽亚·伊莎贝尔（Maria Isabel）公主、玛丽亚·达·阿松桑（Maria da Assunção）公主、安娜·德·热苏斯·玛丽亚（Ana de Jesus Maria）公主。在“葡萄牙女王号”上的是堂若昂哥哥的遗孀玛丽亚·贝内迪塔（Maria Benedita）夫人、女王的姐妹玛丽亚·安娜（Maria Ana）夫人，以及堂若昂和其妻子的其他女儿们——玛丽亚·弗朗西斯卡·德·阿西斯（Maria Francisca de Assis）公主和伊莎贝尔·玛丽亚（Isabel Maria）公主。

罗马教廷大使卡莱皮的秘书观看了这一整出“出逃记”，据他说言，有 1 万人跟着王家舰队一同出行。公职人员若昂·曼努埃尔·佩雷拉·达·席尔瓦在计算中将众多租用船只跟随王家船队的商人和地主包括进去了：“那天约有 1.5 万人（包括各年龄段的男女）抛弃了葡萄牙故土。”[76]正式名册上列出了

563 名乘客，包括贵族、国务大臣、顾问和宫廷官员。但是，174 名字旁边的注释显示，这个数字至少可以说是不准确的：“巴巴塞纳子爵及其家人”，“贝尔蒙特伯爵，其妻、其子和内廷，以及男女仆人”，“若泽·伊芝迪·阿尔瓦雷斯·德·阿尔梅达与其妻及家人”，“……以及 60 多人，包括男女，不包括陪同他们的家人”，还有意思最模糊的“与其他人”。[77]

的确，船上几乎每个人都有家人、亲密朋友和仆人陪伴。例如，卡达瓦尔公爵此行带上了他的法国妻子、他们的 4 个孩子、1 个兄弟、11 名仆人（其中 1 名是“受过训练可以打扫的有色人种”），以及与他的家庭有联系的许多家庭。贝拉什侯爵带了不少于 24 名仆人。登记册还列出了王室的雇员：仅食品储藏室就雇了 23 名男仆，王家厨房还雇了 14 人，他们全都带上了家人。在最后一刻，另一个登记册被打开，目的是列出船上每个人的名字。但是，在提到了几个贵族家庭之后，它突然以“和另外 5000 人”的表述告终。[78]

但是，这个数字仍然不包括商船上的船员和乘客。根据历史学家肯尼斯·莱特（Kenneth Light）的说法，很可能有 1.2 万至 1.5 万人上了船。他估计“王家王子号”上有 1054 人，并补充说，仅起锚、将锚绑在船头上以及存放缆绳的任务就需 385 人。[79]每一艘船都确确实实载满了人。关于到达殖民地的人数存有争议。例如，历史学家尼雷乌·奥利韦拉·卡瓦尔坎蒂（Nireu Oliveira Cavalcanti）计算得出的船员人数为 7262。[80]据信，其中许多人留在了巴西——一些人担心法国入侵，另一些人则倾向于和君主在一起，而其他人仅仅是被困住而无法脱身。根据这些估算，移民总数一定超过了 1 万。[81]

毫无疑问，对于船上的人来说，食物供应不足。“弥涅耳

瓦号”巡防舰的人员名单上共有 741 名船员，与“马蒂姆·
德·弗雷塔斯号”（*Martim de Freitas*）上航行的人数相似。
“弥涅耳瓦号”并未事先准备好，它从起航时就出现了问题。
11 月 26 日，船长报告称他的船在任由命运的摆布，“因为没 175
有时间为它做准备”。尽管船上只有“饼干和稀粥”供应，而
且“王家军械库条件恶劣，每个部门都混乱不堪且缺乏侍
从”，但这艘巡防舰还是于 11 月 29 日与舰队一同起航。不过，
由于“该船所处的危急情况”，它在 12 月 5 日收到了海军中
将的命令，后者要求其与舰队分开并驶往巴伊亚。“弥涅耳瓦
号”在 1808 年 1 月 10 日停靠在该城时，该船上的供应品已完
全耗尽。[82]受损严重的“美杜莎号”战列舰在王室到达之前也
停靠在巴西东北沿海。尽管此类航行会带来各种危险，但此次
航行没有死亡或严重事故的报告。然而，匆忙离开引发了一系
列问题：家庭成员被分散在不同的船上，财物丢失或被遗弃在
码头，过度拥挤，卫生条件不足以及定量配给水和食物——人
们将在穿越茫茫大海的为期两个月的整个旅程中忍受所有这
一切。

在旅程一开始时，船队就遇上了暴风雨。他们没有遭受太大损失就脱险了，但是在 12 月中旬，当他们经过马德拉岛时又遭遇了第二次暴风雨，这次暴风雨使部分船只与船队主体分离，并迫使它们改变计划。尽管队伍中的部分船只已经在前往里约热内卢的航程中，但是“王家王子号”及其陪同的船只改变了路线，驶往巴伊亚。[83]除了这些危险时刻外，这趟旅程进行得很顺利，至少就大自然的“心情”和船况而言，尽管航行期间都不可避免地遭受了损害，但每艘船都到达了目的地。

然而，过多的乘客产生了很多问题："没有床可睡，没有椅子或长凳可坐，人们坐在露天甲板光秃秃的地板上，他们没有用于吃饭的盘子，且为厨房送来的用肮脏小碗所盛的食物而争吵。"船员人数太少，无法完成如此多的任务。水被预留下来专门供饮用，而且"甚至载着摄政王、女王和王子们的船也一样不光彩，散发出像猪圈一样的臭味"。女士们的头发虱子丛生，被迫剃头。旅途就这样拖拖拉拉地进行着，百无聊赖，看不到尽头。人们除了看看风帆被扬起，或在日落和月夜伴着吉他歌唱时能分分心，其他时间除了玩纸牌外别无选择，他们玩法罗、伊斯佩尼弗雷、"四个手指"和"苍头燕雀"。[84]

回到此时的葡萄牙……

176 当宫廷人员在穿越大西洋时，他们逃脱了战争的危险，而留下来的人则面临大规模的军事入侵。1807 年 11 月 29 日，那是动荡的一天，王家舰队刚消失在海平线上，第一批法国军队便出现在里斯本的边缘。[85]这位法国将军在城市周围张贴了一份声明，警告居民他的军队将入城，并确保他们受到他的保护："里斯本居民们，请在家中和平生活。请不要害怕我的军队，也不要害怕我。只有我们的敌人和恶人需要惧怕我们。伟大的拿破仑，我的指挥官，派我来保护你们，而我一定会做到的。"[86]

11 月 30 日，朱诺成功进入里斯本，随行人员列队经过罗西乌（Rossio）广场[87]，约 6000 名士兵紧随其后，仅占原特遣队人数的一半。数千人因流行性热病和痢疾而丧生，在葡萄牙乡村又有数百人被谋杀或受伤。士兵们蹒跚地步入城中，景象简直惨不忍睹：他们衣衫褴褛、蓬头赤脚、疲惫不堪、饥肠辘辘。[88]

这些人以及随后几天抵达的西班牙军队在城中散布开来，“他们甚至不放过教堂和小教堂，其圣像和祭坛都被用作悬挂他们武器和背包的帽子架”。[89]一支庞大的部队驻扎在马夫拉宫。朱诺将其指挥部设在昆特拉男爵（Baron of Quintela）的连排住宅中，在那里他下达了没收王室和贵族财产的命令，扣押了载着王家马匹、马车以及逃离者的私人财物的整个船队。这位法国将军立即发布了他的第一条公告，申明此次占领是对已向英国宣战的摄政王堂若昂的支持。他的到来是为了拯救这个王国，让它摆脱他们共同的敌人：“不要害怕，和平的居民们。我的强大军队既英勇又有纪律……”虽然这看似很自相矛盾，但这位将军佐证了摄政王本人的话，后者在“出逃”前夕指示他在里斯本的代表们接待这些军队，“就好像他们是人们希望通过尊重和友善来取悦的客人一样”。[90]

这种友谊的幌子并没有持续很长时间。到 12 月，代表拿 177
破仑的行动者已经实施加强镇压的政策。武器被禁，所有捕鱼活动都受到严格控制，以防止居民逃跑并与驻扎在塔古斯河河口附近海岸的英国舰队接触。他们开设了新税，这个新税种被正式称为“缴款”，该市居民总共需要支付 4000 万克鲁扎多。所有可能导致混乱的集会，包括演奏音乐和敲响祈祷钟，都被禁止了。每天早上鸣炮，以表示人们何时可以离开家；而晚上鸣炮，则表示何时必须回家。1807 年里斯本的圣诞节是一段悲伤的时光：由于所有教堂都关闭了，没有任何礼拜仪式。但更糟的尚未到来。1808 年 2 月 1 日，在大洋的另一侧，堂若昂受到了巴伊亚政府的隆重欢迎，而在葡萄牙，他被法国人正式撵下了台。拿破仑最终确认王室成员已逃跑，并愤怒地告知其新臣民："巴西王子放弃葡萄牙，就放弃了对这个王国主权的所有权利。布拉干萨王朝不再统治葡萄牙……"[91]

尽管民众有明显的不满情绪，但进行有组织反抗的时机尚不成熟。留下来的王室侍从发现自己处境艰难。在君主缺失的情况下，冲突爆发，其中一些冲突导致了人员伤亡。马夫拉宫的修士就是这种情况：堂若昂在离开前限制了可以留在那里的修士数量，这导致战斗的爆发，在一场小规模冲突中，几名修士被刺伤。[92]留在王宫中的侍从既没有食物也没有报酬。1807年12月7日，克卢什国家宫（Paço de Queluz）[93]的管理人要求采取紧急措施，因为宫殿中41名侍从的供应品消耗殆尽。食物贮藏室的存货只剩"30阿罗瓦培根、120阿罗瓦鳕鱼、50阿罗瓦蒜、48罐橄榄油、25坛醋、8阿罗瓦糖、8桶黄油和3桶猪油"。12月30日，他的语气变得更加绝望：他要求指示下一步该怎么做，因为宫殿的食品贮藏室已空。[94]

许多人成功逃离了葡萄牙，他们通常是通过逃避法国的行
178 动限制，并设法登上英国舰队的一艘船来实现逃离的。1808年5月，留在伦敦的外交官多明戈斯·德·索萨·科蒂尼奥给摄政王写信说，有大量的葡萄牙难民来到英国，并准备启程前往巴西："各阶层的人都来了，数量庞大到我不知道如何帮助他们。确实，其中大多数人到达时一无所有，几乎衣不蔽体。"[95]

对于那些留在该国的人来说，进行反抗的时间很快就到了。1808年6月，在波尔图的一场起义之后，法国人在葡萄牙君主制复辟时期被彻底击败。1809年3月和1810年夏天，法国人又两次试图入侵，直到1811年永久离开该国。在这两次进攻中，葡萄牙人与英国人一起奋力抵抗入侵者，迫使他们

回到边界线外。此时的葡萄牙社会由于多年的战争和外国统治而四分五裂，但他们坚决反击的决心异常坚定。这是善与恶之间的斗争。当时散发的无数宣传册在语气上都无关政治，但都描绘了一个共同的愿景：遭玷污的神圣家园必须被归还给其人民。历史充满了神话，而现实充满了隐喻。法国和葡萄牙创造了相互矛盾的传说。对于法国人而言，朱诺是独具匠心的征服者，他是英雄。对于葡萄牙人来说，在他们历经多年的屈辱之后，朱诺只是一个平庸的篡位者。在葡萄牙人看来，法国及其革命只不过是阴谋、背叛和未兑现的诺言。但是还存在第二个传说，即拿破仑是统治暗影帝国的敌基督，共济会和雅各宾派的人都是他的煽动者，他们是法国人一切邪恶的表现。那是葡萄牙版的法国大革命。[96]

王家宫廷的撤离是旧制度运作的重要手段，这剥夺了葡萄牙的政治稳定，并为创造矛盾的神话营造了积极的环境。一个炼金术的过程开始了，在这一过程中，被抛弃感和神秘的救赎观被转变成一种新的民族意识形态。葡萄牙的普通百姓拥护君主制的象征性形象：当他们奋起反抗压迫者时，他们变成了新的十字军，法国人成为异教徒摩尔人的原型，而圣十字的旗帜则穿越大西洋并在巴西重新竖立。

在这种情况下，占主导地位的是宗教感情而非法国大革命 179
前几年就已提出的对公民身份进行的任何理性讨论。即便如此，在此僵局中，葡萄牙君主制变得更加强大，尽管只是象征性的。摄政王不再是缺席的君主，他是在场的君主，只是被“藏了起来”，就像塞巴斯蒂昂一世[97]，后者在十字军东征的战斗中消失在沙漠里，但仍活在神话里。堂若昂的离开导致了空缺（伊比利亚联盟时期的情况也一样），但同时也带来了希望：人们抱有神话般的信念，相信以后的国王将保护这个遭受如此残酷的侮辱和贬低的王国的未来。

因此，这就是葡萄牙首次踉跄走向现代化之路的方式。这是一个曲折的过程，且受到各种形式的宗教感情和萦绕于心的传统观念的影响。人们开始等待将拯救这个王国的君主的荣耀归来。唯一的问题是，这个神话并没有真正匹配堂若昂这个人。在这个浪漫的版本中，尽管堂若昂仍然占据王位，但他无法“占领”神话。

与此同时，在海上航行了 54 天之后，载着摄政王和其随从的“王家王子号”于 1808 年 1 月 22 日在萨尔瓦多靠岸。在殖民地首府度过一个月后，堂若昂出发前往里约热内卢，并于 3 月 8 日到达。其余的船都紧随其后，一一到达码头。为庆祝王子到达这一重要时刻，臣民们向他们的王子献上了一份特别的礼物：“三颗心号”（*Três Corações*）双桅横帆船满载食物和热带水果出海迎接“王家王子号”。美洲殖民地奉上腰果和椰子，敞开大门迎接葡萄牙王子。一个帝国将由其位于赤道以南的殖民地来统治，这是史无前例的。这个世界已经完全颠倒，其政治也被彻底颠覆。

七　堂若昂和他的热带宫廷[1]

1808年1月22日，堂若昂及其部分宫廷成员抵达其海外殖民地。无论巧合与否，摄政王被迫在萨尔瓦多短暂停留，直到1763年，萨尔瓦多一直是殖民地的首府和最大的城市。这座城市极其美丽。从海洋上看，它引人注目地坐落于一个高耸陡峭的悬崖顶部，那峭壁戏剧性地从海湾中拔地而起。当时被称为“萨尔瓦多城”或被官方及其居民称为“巴伊亚城”的这座城市，热带植被郁郁葱葱，遍地的红色土壤与屋顶的红砖相映成趣。在这一背景下，海湾中的船只进进出出、川流不息。[2]路易斯·多斯·桑托斯·维列纳（Luís dos Santos Vilhena）是19世纪初来到这座城市的游客，在1802年提到“这座城市的最宽处有400—500臂长[3]”。[4]一个世纪以前，英国探险家威廉·丹皮尔（William Dampier）报告称，这里有2000栋房屋，有铺砌好的街道、公共长廊和花园。他还描述了华丽的教堂和漂亮的两至三层的连排住宅，就像里斯本阿尔法玛区。[5] 180

然而，这些畏怯的接待者在等待旅行者的到来时，他们最初的热情可能有所冷却。巴伊亚省督萨尔达尼亚·达·伽马（Saldanha da Gama）接到消息，欧洲王室有史以来将第一次踏上美洲的土地，他一得知消息便在有限的时间内竭尽所能。在没有预先通知的情况下，组织安排一场王家招待会是一项巨大挑战，且除了摄政王的船外，还有其他三艘船，其中一艘来自英国舰队。

抵达后的第二天，王室和陪同他们的葡萄牙贵族——除了“极度神经紧张”的女王玛丽亚一世之外——均顶着热带夏季
181 灼热的阳光下了船。双方都立即给彼此留下了深刻的印象。一方面，当地人认为，因欧洲即将来临的冬季而穿着打扮的王室一行是一种“非凡”的景象。另一方面，宫廷成员一定认为萨尔瓦多肮脏、铺设不良的街道同样很奇怪。街道上挤满了售卖从水果和糖果到熏香肠和炸鱼等各种食品的人，所有人都把废弃物扔进开放的排水沟，牲畜便成群在那里觅食。[6]

尽管这里的城市景观与里斯本相似，但其他一切截然不同。葡萄牙街道上在秋天盛开的杏花被硕果累累、色彩鲜艳的棕榈树所构成的繁茂景观所取代。当人们在街道上烹饪制作食物时，海浪浓烈的咸味与棕榈油[7]带有异国情调的香气交织在一起。然而，当时的记载一致表明，当时奴隶给新来者留下了最深刻的印象。人们对待非洲人的残酷程度甚至使熟悉欧洲骇人听闻的囚禁条件的人都感到震惊。奴隶当街被鞭打或被身上重担压到几乎变形的现象十分常见。除了要完成多项任务，他们还要抬轿子，而精美的亚麻布围帘里坐着外出的白皮肤女士。萨尔瓦多的街头所到之处均能看到大量奴隶，他们或是在售卖商品，烹饪食物，抑或是在举行他们的非洲宗教仪式。

自 16 世纪以来，萨尔瓦多一直是进口商品的中心，尤其是利润丰厚的奴隶贸易中心。19 世纪初，尽管自 1767 年以来奴隶被禁止进入葡萄牙，但非洲奴隶仍继续为其殖民地提供劳动力，并大量抵达该港口。葡萄牙与非洲的贸易很大程度上是巴伊亚、里约热内卢和累西腓的港口进行的。“这些地区之间有商业往来，非洲获取了吊床、木薯粉和玉米并将其非洲化，

而巴西……则接受了棕榈油和辣椒的用途，以及沿海岸建造粮仓的习俗。”用民族志学者和摄影师皮埃尔·维格（Pierre Verger）的话说，在“巴西的非洲人和非洲的巴西人”之间“奴隶贩卖活动的流动与回流产生了一种不可预见的后果”。[8]

毫无疑问，在新来者眼中这的确是一个新世界。当宫廷停留在萨尔瓦多时，殖民地政府急于扭转其最初的坏印象，他们尽最大的努力来弥补失去的时间。他们在殖民地首府装饰着华丽镀金内饰和蓝花楹打造的陈设的教堂为王室一行举行了宗教仪式，并组织他们访问该市最显赫的人物。 182

1808 年 1 月 28 日，正是于萨尔瓦多，堂若昂在其最重要的大臣和顾问均不在场的情况下签署了向友好国家开放巴西港口的法律。这是葡萄牙帝国在新驻地采取的第一项措施。该法令的签署意味着，“所有农产品和其他殖民地产品”不仅可以通过葡萄牙船只运输，也可以“由来自所有对帝国友好国家的外国船只”运输。根据该新法令，对液体货物（葡萄酒、烈酒和橄榄油）的进口关税加倍，对固体产品（所有其他类型的商品）征收其价值 24% 的税。外国人可以出口所有殖民地商品和产品，但巴西红木和其他王室专营产品除外。[9]该法令意义重大。它使葡萄牙自殖民地建立以来就一直对巴西贸易的垄断彻底终结。往返葡属美洲的商品运输不再仅限于葡萄牙船只或已与之建立商业伙伴关系的国家。现在巴西可以直接从其他国家进口商品，且巴西船只可以在外国港口停靠，除了仍在与葡萄牙交战的法国和西班牙。

港口的开放与其说是一种善行，不如说是欧洲事件的必要和必然结果。葡萄牙仍处于法国的占领之下，而巴西几乎所有东西都需进口，所需的物资不再运抵，且巴西也没有能力出口那里生产的任何东西。此外，有一个国家对该法令特别感兴趣，它实际也是该法令的最大受益者，且是当时葡萄牙最好的朋友，即英国。自 1806 年以来，拿破仑的大陆封锁使英国无法进入其传统市场，此时开放巴西市场再合适不过了。

直接结果是英国开始向巴西出口大量商品，远远超出了该地的吸收能力。大多数产品几乎与殖民地的需求不相称，实际上，有些几乎毫无用处。这类商品包括冰刀鞋、鲨鱼鳍女士紧身胸衣、铜制长柄暖床炉、厚毛毯和制图仪器。英国人还运来
183 了大量的钱包，而该地当时没有纸币，且有钱人不带钱，因为带钱应是奴隶的职责。[10]巴西人表现出了极大的创造力：他们给暖床炉穿孔，在糖厂用它来撇去沸糖液上面的浮沫；淘金者将毯子用作筛子；冰刀鞋被制成门闩。但是，这种创造性还不足以耗尽供应量，多余的部分不得不通过公开拍卖和特价销售进行处置。

签署该王家法令的直接结果是英国和巴西巩固了贸易关系，且该关系在 1810 年 2 月签署《通商航海条约》之后进一步得到巩固。该条约降低了英国产品的进口关税，使其比包括葡萄牙在内的其他国家的产品更具竞争力。总之，该条约对进入该国的英国商品征收 15%的进口税，而对葡萄牙商品征收 16%的税，对来自其他国家的商品征收 24%的税，它是殖民地为英国在其王室逃亡时提供援助而付出的代价。其“互惠”条款并未改变以下事实，即来自葡萄牙的产品要比来自英国的产品缴纳更高的税率，尽管差异仅为 1%，但这具有很大的象征意义。更进一步的《和平友好条约》补充了 1810 年的通商条约，授予英国特殊的购买权，并允许其在巴西收购和经营木

材加工厂。该条约还禁止宗教裁判所到访该殖民地，并规定逐步废除奴隶贸易。[11]

当摄政王仍在萨尔瓦多时，他已开始筹划将殖民地作为帝国政府的新驻地。除了给当地知名人物授勋和采取例行行政措施外，堂若昂还做出突破性的举措，这在葡萄牙殖民地是前所未有的。例如，1808 年，他批准在萨尔瓦多的圣若泽医院建一家外科医学院，在里约热内卢的军事和海军医院建一家解剖与外科医学院。这些是巴西医学院的前身。但是，随着王室继续实行将教育机构限制在葡萄牙的政策，殖民地长期缺乏专科医生。医生的匮乏助长了药剂师、理发外科医生、萨满和草药师的活动，这常常与主要来自科英布拉大学的医学生带入该地 184
的科学知识相冲突。

里斯本禁止殖民地创办高等教育学校，这一点与西班牙不同，西班牙的文化政策鼓励殖民地这样做。在摄政王到来之前，巴西的学校除了偶尔的“王室科学”课程（包括哲学、拉丁文、修辞学和数学）外，仅讲授炮术和军事建筑知识。其他所有教育都是由修道院和神学院中的修道会进行的。港口的开放意味着葡萄牙先前的殖民地政策开始发生根本性的转变。摄政王批准在巴伊亚制造玻璃和火药，建立小麦加工厂，种种迹象进一步表明了他的自由化政策。

尽管东道主坚持不懈地努力说服摄政王留下来——尤其是省督，他从未对自己的城市将恢复其殖民地首府的旧地位失去希望——然而 2 月 26 日，王家船队还是起锚驶出了海湾。摄政王承诺将下令在这座城市建造一座豪华宫殿，但没有改变原定计划，他拒绝了现在众所周知的巴伊亚的热情好客，启程前往其旅程的终点。

里约热内卢：热带帝国驻地

历史只有盖棺才能论定。如果近距离观察历史，一切都是不确定的。对于巴西总督阿尔库斯伯爵堂马科斯·德·诺罗尼亚-布里托（Dom Marcos de Noronha e Brito）来说，确实如此。1807 年 10 月，堂若昂仍然努力维持中立政策，决定向英国关闭港口，这立即引发人们的担忧，人们担心英国可能为此报复殖民地。里斯本对此发出指示，要求伯南布哥、巴伊亚和里约热内卢做好准备，以便在可能到来的袭击中保卫自己的领土。1808 年 1 月 11 日，阿尔库斯伯爵颁布了一项法令，其中包含为保护首府免遭蓄意入侵而必须采取的措施。[12]仅仅三天后，他的所有期望全然改变："飞行者号"双桅横帆船到达该城并
185 带来消息，法国已入侵葡萄牙且王室在英国的支持下决定撤退到殖民地，之后将在殖民地统治帝国。一天之内，不仅敌人发生了变化，所有必须采取的措施也改变了。阿尔库斯伯爵现在可以思考更为和平但也同样紧迫的事项：将里约热内卢那个简朴小城圣塞巴斯蒂昂准备好，以迎接宫廷的到来和葡萄牙帝国政府的驻扎。

这不是一项小任务。19 世纪初，里约热内卢是一个新兴城市，其中心被四座小山所包围：卡斯特罗山、圣本笃山、圣安东尼奥山和康塞桑山。城中心位于卡斯特罗山山脚，自建城之日起就已建造了防御设施，并从那里向四周扩展为四个城镇教区，即主教辖区[13]、坎德拉里亚区、圣若泽区和圣丽塔区。该城有 46 条街道、4 条横街、6 条小巷和 19 个公共广场，所有这些都是泥地，到处都是凹陷、泥坑和水洼，且垃圾成堆。[14]实际上，由于该城当局在城市扩张方面的首要任务是避

免洪水泛滥，大部分地区都是沼泽地。

然而，距离卡斯特罗山不远处就是主广场，即宫殿广场(Largo do Paço)，它面向大海，殖民地政府就设在那里。从这里看去，这座城市更有气势。该广场最初被称为“噢广场”，之后被称为“滑轮广场”。最后，加尔默罗会在该地区建起教堂和修道院时，它又被更名为“卡尔莫广场”。1740年代，此处建起了王家财政部和政务大楼（也包含监狱），不久后建起了王家造币厂和王家储藏室。后来造币厂与储藏室合并，且扩大成为领地政府驻地，并在1763年后成为总督府。在总督堂路易斯·德·瓦斯康塞洛斯（Dom Luís de Vasconcelos）当政期间，广场已铺平且装上喷泉，这些是根据里斯本宫廷最重要的建筑师查尔斯·马德尔(Charles Mardel）绘制并寄送到里约热内卢的设计图完成的。1789年，原来的喷泉被替换成了一个新喷泉，这是被称为“瓦伦廷大师”的巴西雕塑家和雕刻师瓦伦廷·达·丰塞卡-席尔瓦(Valentim da Fonseca e Silva）的作品。

尽管如此，作为殖民地首府，里约热内卢仍有很多不足之处。君主国的威力可以通过其宫殿和历史遗迹的壮丽来衡量，在这方面，葡萄牙帝国的新都城几乎不值一提。[15]但是，有一个例外，即由加尔默罗会建于1700年代的教堂和医院组成的 186
气势恢宏的建筑群。这些漂亮建筑，尽管不能正式地被称为“宫殿”——该词专门指称王家住所——但它们仍被称为“省督宅邸”，后来当首府迁至里约热内卢时，被称为“总督府”。在总督府旁，建造了一个雕刻的石码头，上面有三级石阶和一条通向大海的坡道。穿过广场的那条街被称为“直街”（今三月一日街），“那是城中最宽、最繁忙、最美的街道……尽管名为直街，实际上它是不规则且弯弯曲曲的”。[16]这条街是商业中心，就像在每个小城镇的那样，它在午餐后漫长的午休时间会一直关闭。里约热内卢实际上是一个昏昏欲睡的村庄，宫廷的到来将它唤醒了。

阿尔库斯伯爵手头有很多工作要做。他从 1 月 14 日开始准备工作，那天他搬出了总督府，将其准备妥当以接待王室。政务大楼和监狱也进行了改建：为了让马车通过，围栏被拆掉，门被加宽。总督府和政务大楼间建起了一条新的走廊，以免王室成员在泥泞的街道上弄脏鞋子。根据颁布的房屋分配法令，附近最合适的房屋的所有者受命腾空其房屋，这些住所将提供给随摄政王一同抵达的贵族、军官、商人和公职人员居住。被选中的房屋临街的墙面上均用粉笔写上了两个字母：PR。它们正式所指的是“摄政王”（Príncipe Real），但以流行的行话来说，它们很快有了新的含义，即“睡在马路上”（ponha-se na rua）或“遭抢劫的房屋”（prédio roubado）。

伯爵同样还要忙于为身份显赫的宾客提供食物。他向圣保罗和米纳斯吉拉斯的省督寻求帮助，这两位都送来了物资。尽管食物短缺是该城镇最大的问题之一，但他设法提供了一份包含欧洲人熟知的食物的菜单，并加上了一些新菜式：牛肉、猪肉、羊肉、禽肉、木薯、红薯、豆类、玉米，以及葡萄、桃子、番石榴和香蕉。然而，只为他们提供身体上的营养还不够，他们还需要祈求神的庇护，所以伯爵要为宗教庆典提供场
187 所。他还颁布了一项充分的宗教和民间庆祝活动计划，包括连续八天的城市照明、舞蹈和民间娱乐活动。人们为王家游行装饰了街道，并在窗户上悬挂装饰品，在游行中摄政王及其随从将从码头被迎入大教堂，人们将在教堂演唱感恩赞以庆祝他的到来。还将有斗牛、赛马、烟花表演、音乐、舞蹈和戏剧表

演。[17]最新颖之处将是王家招待会，其中有亲吻君主之手的仪式。[18]传统上，这些仪式是由总督在象征王室的存在及其代表的合法性的王子画像前进行的。令所有人都很兴奋的是，它们现在将由摄政王亲自进行。

这是一项艰难之举。1 月 20 日上午，在设法完成准备工作之前，总督收到了位于瓜纳巴拉湾入口处皮古山（Morro do Pico）上的堡垒传来的旗语信息，即王家船队正在靠近这座城市。人们闻此消息后，街头热闹非凡。人们出于好奇都跑到港口附近区域的曼努埃尔一世海滩或爬上卡斯特罗山和圣本笃山的山顶来观看船队的到来。在下午快结束时，七艘葡萄牙船和陪同的三艘英国船在海湾抛下船锚。令民众极为失望但在某种程度上令总督感到宽慰的是，船上仅有女王的两个姐妹——玛丽亚·贝内迪塔夫人和玛丽亚·安娜夫人，以及两位公主——玛丽亚·弗朗西斯卡·德·阿西斯公主和伊莎贝尔·玛丽亚公主。暴风雨使她们的船与其他船分开，她们直接驶向了里约热内卢。她们对其他船只的下落一无所知。尽管被邀请下船，但公主们并没有接受：她们不会在女王和摄政王到达之前踏上殖民地。在一个月后的 2 月 22 日，在得知她们的亲属们在巴伊亚很安全，且不久将在里约热内卢与她们会合的消息后，她们才上了岸。

最终，1808 年 3 月 7 日，帝国宫廷中身份最为尊贵的人到达瓜纳巴拉湾。这座城市突然停止运转，没有一个人待在室内，房屋、商店、政府部门全都空寂无人。王家船队一出现在海平面上，致敬的信号便被发出。教堂的钟声立即响起，街道上立即燃起了烟花。港口的所有船只和海湾周围的堡垒都装饰 188
着标语和旗帜。礼炮的声音简直震耳欲聋，接着是步枪射击的枪声。如果主宾们感到害怕，担心战争现已在热带地区爆发，这也不足为奇！但这种响声并不意味着战争，而是庆典。船队一进港，向堂若昂和其妻子卡洛塔·若阿金娜夫人的致敬便开始了。更加高兴的是葡萄牙贵族们，他们的船与船队分开了，此时竟得以与家人、朋友重逢，因为他们曾以为自己的家人、朋友在混乱中被遗弃在了里斯本的码头。因体弱且眼球凸出而被称为“树蛙神父”的路易斯·贡萨尔维斯·多斯·桑托斯（Luís Gonçalves dos Santos）是目击者之一，他以一贯的热情对王室的到来发表了评论。[19]

然而，王室成员那天没有上岸。政务委员会自 1 月 16 日以来一直在准备的仪式不得不等到第二天早上，当旅行者们从这趟漫长的旅途中恢复过来时。3 月 8 日下午 4 时前后，除了女王玛丽亚一世以外的王室成员坐上了将他们带到码头的船只。对于里约热内卢人民来说，摄政王迄今只不过是硬币、小册子和版画上的“有名无实的领导人”。对于他们而言，这是一个历史性的时刻。宫廷成员受到了身穿最好的衣服并戴着扑了粉的假发的当地参议院、神职人员和贵族的接待。但是，如果有人期望看到一对身披衬有白色貂毛的紫色披风的王室人物，那他们会感到非常失望。堂若昂身材矮小、脸长额宽、目光呆滞、唇厚、下巴短且脂肪堆积、腹部凸出、腿粗、表情羞涩。他的妻子卡洛塔·若阿金娜同样身材矮小，但与丈夫不同的是，她瘦骨嶙峋，走路时一只脚跛行。她脸上突出的特征为薄唇、凸出的下巴和疣，从她的脸上还能看出新发胡须的痕迹。[20]

然而，由于仪式迫在眉睫，失望得先置于一旁。在码头前特别为此而设的一个祭坛上，将圣水洒在王室成员身上，燃

香，并向摄政王献上圣十字让其亲吻。政府官员、平民、军官和来自各个修道会的神父列队向堂若昂夫妇表示敬意，他们紧 189
随着王子和公主行进在前往城市大教堂（玫瑰圣母教堂）的庄严队列中。这条路线上撒满了白色沙子和芳香叶子。窗户和阳台上挂着锦缎和丝绸被，人们从那里将花朵抛向队列。玫瑰圣母街搭起了一个大型演奏台，人们唱着赞歌赞美摄政王，他正迅速成为巴西王子。与此同时，在街上还可以听到兴奋的人群在喊叫："我们的王子万岁！巴西皇帝万岁！"

宗教仪式结束后，摄政王及其家人离开大教堂前往彼时的王宫。广场上展览着一件作品：在刻有维吉尔诗句的栏杆下陈列着用木头雕刻的寓言人物形象。在作品中心，里约热内卢参议院的盾形纹章被镶嵌在一个展示葡萄牙王家徽章的球体上：母国与其美洲帝国团结在一起。装饰着玫瑰花环的堂若昂肖像画被象征性人物包围，他们代表了宗教虔诚、正义、审慎、强大和宽容，这些被认为是王子具有的优点。在王子面前，在两个寓言人物之间——一边是非洲，另一边是葡萄牙，都在因君主不在场而哭泣——跪着一个代表巴西的印第安人。他身披斗篷，脚穿皮靴，将羽毛头带搁在地上，伸出一只手向君主献上黄金和钻石，即这片土地的财富。

致敬的最后部分是为摄政王的船绘制的一幅画作，它伴随着从堡垒传来的礼炮声驶入瓜纳巴拉湾，并宣称：

> 为了美洲的更大荣耀，
> 慷慨的上帝为我们送来了若昂王子。

船的上方画着一片宁静的布满云朵的天空——象征着和平

的未来，以及来自米纳斯吉拉斯的阿卡迪亚诗人曼努埃尔·伊纳西奥·达·席尔瓦·阿尔瓦伦加（Manuel Inácio da Silva Alvarenga）的诗句。

> 来自远处的乌云呼出
> 浩劫、毒药、痛苦和死亡，
> 然而，此处在家，每一口呼吸中，
> 尽是宁静与和平。

190 席尔瓦·阿尔瓦伦加是“米纳斯密谋”的领袖之一，他在10年前因参与建立共和国的密谋而被捕。他还活着，且当得知其诗句被盗用以向君主致敬时，他一定十分生气。

这是漫长的一天。在摄政王和其随从回到皇宫后，人们继续庆祝到深夜。为向摄政王表示敬意，人们进行了烟花表演、音乐演奏、诗朗诵和演讲，王子从宫殿的窗户观看所有这一切。这是王室受到精心接待和新政府得到象征性肯定的良好饰词。在整个殖民地，从累西腓到圣保罗和圣卡塔琳娜都有自发表示支持的游行。毕竟，据人们所知，君主及其家庭成员要留下来。直到1820年，这个日子即3月7日一直是巴西的法定公共假日，人们将其作为一种新发现来庆祝。

是时候安家了

从摄政王踏入里约热内卢的那一刻起，他一定已经意识到将新首府转变为王朝驻地所需的大量工作。他习惯了他最喜欢的宫殿马夫拉宫和他的母亲即女王所居住的宫殿克卢什国家宫的富丽堂皇。现在供其使用的宫殿简陋、朴素得多。但是，如果该城不能适应君主，那么君主就必须适应它。他带着妻子和孩子们搬进了位于卡尔莫广场的前总督府，并将隔壁的政务大楼和王家监狱合并为宫殿仆人的住所。不过，由于仍没有足够的空间为女王提供住处，加尔默罗修道院被征用为女王的住所，而修士们则被转移到位于拉帕区修道会的神学院。然而，不久后摄政王发现了一座新的宫殿可供居住，而且这里可以让他与妻子保持舒服的距离，毕竟他与妻子的关系已经紧张了一段时间。富有的葡萄牙商人埃利亚斯·安东尼奥·洛佩斯（Elias Antônio Lopes）献出了其位于城郊圣克里斯托旺（São Cristóvão）[21]的乡间别墅供君主使用。尽管他坚称除了出于为“陛下的康乐”考虑以外别无其他动机，但多年之后，他的献礼将为他带来丰厚的回报。

同时，政府继续为无处安身的贵族成员、公职人员和军官征用房屋。一些当地财产所有者设法通过“假装或甚至真正进行完全不必要的翻修，或永远持续下去的翻修工程”来保护自己免受这种“贵族入侵”。[22]还有一些人干脆无视政府的要求。民众没有对摄政王本人发火，而是将怒火指向了王家随从，他们被视为无情的“自由掠夺者”。[23]随着越来越多王室随从的登陆，越来越多的当地精英被迫放弃自己的住宅。 191

已经居住在里约热内卢的商人中的大多数是葡萄牙人，并不乐意接受他们同胞的到来，因为后者在王室的默许下逐渐取代了自己的位置。政府很快意识到需要安抚当地人民，并且需要重获饱受屈辱的商人和地主的好感。为达此目的，还有什么比授予贵族头衔或其他荣誉更好的方法呢？为此，恩典与恩宠登记总处被设立，1810 年王家贵族纹章授予机构成立，作为在葡属美洲“创造”贵族的手段。到 1821 年若昂六世回到葡萄牙时，他已授予不少于254个头衔，包括11位公爵、38位侯爵、91位子爵和31位男爵。[24]他还创立了“佩剑勋章”和“大十字骑士和指挥官”头衔。[25]作为摄政王和1816年以后的国王，堂若昂授予了2630枚基督骑士团大十字骑士和指挥官徽章，包括1422枚阿维斯的圣本笃骑士团徽章和590枚圣地亚哥骑士团徽章。[26]除了葡萄牙有头衔的贵族外，巴西也涌现了一批新贵族，他们渴望展示其有别于他人的新象征。

摄政王彼时将注意力转向了对新政府驻地的有效管理。自抵达里约热内卢以来，堂若昂明确表示他将在殖民地统治帝国，这是他在离开里斯本之前做出的决定。[27]现在，他将从巴西向所有葡属领地发出指示。罗德里戈·德·索萨·科蒂尼奥被任命为战争与海外事务大臣，阿纳迪亚子爵若昂·罗德里格斯·德·萨-梅内塞斯（João Rodrigues de Sá e Meneses）被任
192 命为海军和海外领地大臣（他曾在葡萄牙任此职），1801—1806年任里约热内卢总督的费尔南多·若泽·德·波图加尔（Fernando José de Portugal）被任命为内务大臣。

这三位大臣的三头政治很快成了人们嘲讽的目标。他们被称为“三座钟”：一座永远走得快（罗德里戈），一座永远走得慢（费尔南多），还有一座完全停了下来（阿纳迪亚子爵）。而这三座钟的指针都围绕王子转动。[28]同时，公职人员的数量继续增长，导致政府机构堵塞，运行成本增加，而设立职位的唯一目的就是容纳新来者，他们期望宫廷为他们提供生存手段。成群的依附者，从蒙席、法官、立法者、医生、王室家庭仆人、国王的私人仆人到王室成员的宠信者，表现得像一个“寄生虫团伙”。“他们是游民、乞丐……在殖民地首府继续从事他们过去在里斯本追求的职业。他们依赖国家而生，却不为

国家的利益有任何付出。”[29]为了给这个日益臃肿的行政机器提供资金，巴西各地的活动都被征收新税。人们通过讽刺性诗文表达了他们对这种肆无忌惮的腐败的愤怒：

捏一下烤鸡
监狱就是你的“奖励”
但抢劫金库呢？
会让你成为贵族！

殖民地政府建立在葡萄牙严格的机构等级制基础上。市政厅隶属于领地政府，领地政府又隶属于殖民地总督府，而殖民地总督府则隶属于里斯本的王室，且一切权力都集中于此。当时的计划是建立一个新的帝国驻地，它将成为旧帝国驻地的镜像，葡萄牙的制度将全部移到殖民地：“从巴西对这个帝国进行管理……意味着复制其在里斯本的结构，并利用它为失业者提供工作。”[30]最先被转移的是最具有战略意义的政府职能，包括军队、法院、警察和财政部。巴西也是依据自 17 世纪开始在葡萄牙生效的《腓力法令》被进行管理的，所以在殖民地 193
已经建立了葡萄牙的一些主要机构。因此，其他机构的转移是一个将它们叠加、合并和调整以适应现有机构的过程。这些机构符合《腓力法令》的宗旨，是君主权力的保障：“国王是世上法律的化身。他可以制定法律并酌情废除该法律。”[31]高等法院（Tribunal da Relação）[32]已经在巴西设立，由设在里斯本的葡萄牙王国最高法院（Casa da Suplicaçao）管辖。[33]现在，最高法院本身连同作为“行李”一部分的其他古代葡萄牙法院一起被带到了殖民地，包括宫廷最高法院（Desembargo do Paço）

和对巴西大主教区具有管辖权的良知和教团委员会（Mesa da Consciência e Ordens）。[34]

然而，君主的绝对权力在其美洲殖民地从未得到一致认可。在欧洲，其威胁来自法国大革命的例子；而在美洲，威胁则来自美国的共和主义理想。因此，葡萄牙王室抵达里约热内卢后立即采取措施以加强其中央集权政策。1808 年 4 月 5 日，根据王家法令，巴西国家宫廷警察局设立，而它自 1760 年以来就已存在于葡萄牙。几乎所有事情都变成了宫廷警察的职责，包括保卫国王、安排国王的日程、建立兵营、进行市政工程、检查剧院、对马车和海船进行编目、登记外国人、签发护照、控制公众庆祝活动、拘留逃奴，以及追捕和监禁反政府者。殖民地防御的这一新结构还包括军事档案馆的成立和 1810 年军事学院的成立。前者旨在绘制和存储巴西及其他海外领地的海图和地图，而后者教授数学、物理、化学、自然历史、设防和防御科学。[35]

因此，尽管在巴西已经建立了许多葡萄牙机构，但随着宫廷的到来，它们的数量增长、活动范围扩大，甚至可以说到了面目全非的地步。这些影响深远的变化间接使得殖民地的商业活动获得了更大程度的自治。1808 年成立的巴西银行（Banco
194 do Brasil）便是一个重要的例子。其官方任务是促进贸易并满足市场需求，但其活动的后果很快超出国家控制的范围。

“文明的虚饰”

这是一个全新的过程。殖民地变成了帝国首都，这在历史上实属首次。这种角色转换需要制作大量文件，包括条约、法令、法规和政府各部门的法案登记簿。所有这些大量的材料都需要印刷，但其中一个小障碍就是印刷机在殖民地被禁。解决办法是创建王家出版局，创立那天即 1808 年 5 月 13 日是摄政王的生日。[36]除了官方文件外，王家出版局还被准许印刷其他作品和书籍。但是，所有新出版物都受到限制。主管人员被要求检查所有待出版的读物，并剔除所有内容与政府、宗教或公共道德相抵触的文件和书籍。因此，从一开始就有审查制度来保护葡萄牙王室的脆弱稳定性。[37]

王家出版局的工作进度自成立之日起就落后于预定计划。下列数据将帮助我们了解它需要处理的工作数量：到 1822 年巴西独立那一年，它出版了至少 1427 份正式文件和 720 种出版物，包括小册子，资料手册，布道辞，简章，科学作品，文学作品，有关农业、政治经济和哲学方面的法文和英文文本翻译，戏剧，歌剧，小说，诗歌，儿童文学，每种都出版了一些，唯一的条件是先接受审查人员的检查。[38]此外，在每个周年纪念日、葬礼或王室成员生日那天，都会印刷大量讨好性的评论文章。

王家出版局出版了巴西的第一种报纸，即《里约热内卢报》（*Gazeta do Rio de Janeiro*），首次发行时间为 1808 年 9 月 10 日星期六。[39]从那时起，每周发行两版，分别在星期日和星期三。作为政府官方出版物，该报由战争与海外事务部雇员蒂布西奥·若泽·达·罗沙（Tibúrcio José da Rocha）修士进行编辑，且从不掩饰其作为“国家宣传”工具的作用。该报描述君主国的活动并提升其形象。其内容仅限于报告官方事业， 195
称赞王室和复制欧洲报纸上的文章。到 1814 年，《里约热内卢报》在评论欧洲战争时，特别关注了战胜拿破仑的战果。这些文章首次在国外发表，称法国人为“侵害欧洲的瘟疫”，而堂若昂的离开则为“采取的最明智的措施”。[40]

那些最反对该报顺从编辑政策的人物中就有记者伊波利托·若泽·达·科斯塔·佩雷拉·富尔塔多（Hipólito José da Costa Pereira Furtado），他尖刻地评论道：“在这种低劣材料上使用的优质纸张将更适合用于包裹黄油。”伊波利托是巴西人，曾是里斯本王家出版局的主管，在被指控为共济会成员并在 1802 年至 1804 年间被宗教裁判所囚禁后，他变成了葡萄牙政府的敌人。之后，他逃到伦敦，并在那里创建了自己的报纸《巴西利亚邮报》（*Correio Braziliense*），首发时间为第一版《里约热内卢报》在里约热内卢出版的三个月前。《巴西利亚邮报》一直出版到 1822 年，其内容丰富，直言不讳，且不受审查。伊波利托在其中发表新闻报道、分析性评论和对当时政治事件的批评。尽管该报被禁止进入巴西，但其复制品仍被偷运到殖民地供人们秘密阅读。

1808 年至 1810 年，政府将精力集中在行政措施上。其中就有将“文明”带入殖民地，这一计划在 1811 年后开始加速。建于 1808 年的里约热内卢植物园是此类措施中的首项，该植物园仿照的是里斯本阿茹达宫中搜集样本及进行植物实验的植物园。其巴西仿建物位于罗德里戈·弗雷塔斯潟湖[41]处的公园内，于同年创立。该区域被王室指定用于“外来”香料和植物的驯化与展示，其中包括黑胡椒、红椒、丁香、樟脑、肉桂和肉豆蔻，以及包括面包树、番荔枝、杧果、波罗蜜、莲雾和阳桃在内的水果。首批王棕是从安的列斯群岛引进并由摄政王亲自栽种的。该殖民地的第一个茶园始建于 1810 年，园中种植的茶树来自澳门，与茶树一同到来的还有 200 名中国人，由他们对茶树的种植进行管理。1819 年，罗德里戈·弗

雷塔斯潟湖处的公园被并入了建于1808年6月6日的王家博 196
物馆，并以王家植物园的名称面向公众开放。[42]

1816年，王家科学与艺术学院在王家博物馆成立，其目的是“促进该地区的植物学和动物学研究”。[43]由于博物馆没有藏品，堂若昂捐赠了他的一些私人财物，包括绘画、版画、石头、土著手工艺品和动物标本，所有这些都使这个地方看上去像“一个古老的古董店”。所有这些措施中最重要的也许就是王家图书馆的创建。布拉干萨家族那些极珍贵的私人藏书历经了三趟旅程才被运送到了里约热内卢，它们在启程时的混乱中被遗弃在了里斯本的街道上。它于1814年向公众开放。[44]

为了维持宫廷组织机构的存在，以及数量庞大的政府部门和公职人员的生计，殖民地居民付出了沉重的代价。在葡萄牙流通的资金的一半，以及在里斯本装入王家财库运输箱中价值8000万克鲁扎多的黄金和钻石，仅为沧海一粟。仅巴西银行就为王室、法院、薪金总支出和退休金的几乎所有支出提供了资金。[45]随着税收的增加，殖民地的不满情绪也增加了。王室家族也没有尽量掩饰其如何浪费自己的财富。王家食品室成了王室挥霍的象征。以堂若昂的孙子塞巴斯蒂昂王子育儿室的日常消费为例：3只鸡、10磅牛肉、半磅火腿、2磅香肠、6磅猪肉、5磅面包、半磅黄油、2瓶葡萄酒、1磅蜡烛，以及糖、咖啡、糕点、水果、蔬菜、橄榄油和其他调味品。[46]记录显示，1818年全年王宫每天消耗的家禽数为620只。[47]

尽管宫廷的存在无疑给巴西带来了政治利益，但它所要付出的代价是非常高的。随着政府机构变得越来越庞大，维持该机构所需的税收也在增加。[48]尽管葡萄牙君主政体在以里约热内卢为据点时所采取的措施主要是为了谋取私利，但这些年的

政治和行政发展为殖民地指明了发展的方向。这是一个既不可预测又不可逆的过程。虽然葡属美洲既没有完全欧洲化，也不
197 完全是一个帝国，但它逐渐抛弃了殖民地的身份。

在巴西为王

自堂若昂首次到达热带地区已有六年时间。殖民地使他摆脱了痛风，使他远离了复杂的欧洲政治游戏，即便是在拿破仑被击败后，欧洲政治依然饱受冲突和领土争端的折磨。这便是神圣同盟时期，在1814至1815年之间，俄国、奥地利和普鲁士均参加了维也纳会议。在拿破仑战败后举行的这些伟大的外交会议上，参与国就恢复革命前的君主制和欧洲的集体重组进行协商。尽管有实现和平的希望和旧制度国家的回归，堂若昂仍犹豫不决。然而，值得称赞的是，将宫廷保留在巴西的决定永久改变了里约热内卢的面貌。这座热带城市不再能让人一眼认出，不再是那个迎接摄政王及其随行人员时“粗野、法律不及的假冒里斯本”。[49]里约热内卢的人口增长了50%，从约6万增加到9万，[50]街道上遍布“各种族、肤色和可想象得到的文化的人”。[51]

然而，对于外国游客而言，巴西首都仍然是简陋且寒酸的。约翰·勒科克（John Luccock）[52]将巴西人描述为“阳光下最肮脏的人类群体之一”。尽管有王室的存在，日常生活在这座昏昏欲睡的小城仍然继续。王宫里的生活也不例外：午饭后，摄政王将回到凉爽的起居室，那里的和平与宁静只有当王子们尖叫着逗弄笼中的猴子，抑或是撩逗狗、鹦鹉、金刚鹦鹉和美冠鹦鹉时才会被打破。[53]

关于堂若昂有一个老生常谈的故事，且这个故事有被夸大

的可能性。在被壁虱叮咬后，他开始遵照医嘱在海中游泳，但随着肿胀加重，他难以行走，他开始坐在由奴隶用肩膀扛着的椅子上短途出行。[54]一夜之间，这种新的代步工具在王宫附近的“雅致”街道（“直街”和“法官街”）上风靡一时。实际上，就短距离旅程而言，由奴隶徒步牵引的带帘子骡车或牛 198
车是最常使用的运输方式。就更长距离的旅程而言，一两对马拉的马车最常用，[55]也有可能（且“非常体面”）雇用奴隶来驾驶车辆。但是所有这些交通工具都很昂贵，且质量也很差。1819 年，普鲁士人西奥多·冯·莱特霍尔德（Theodor von Leithold）[56]将它们比作“市场推车”。[57]

这座城市几乎没有提供娱乐设施，甚至没有提供城市社会最基本的必需品。“公共散步长廊”（Passeio Público）公园是 1779 年至 1783 年之间在拉帕区建造的公共公园，多年来一直是该市唯一的景点。斗牛也是一种流行的娱乐方式。冯·莱特霍尔德参加了在圣安娜广场（Campo de Santana）[58]举行的一场斗牛活动：“葡萄牙人、巴西人、穆拉托人和黑人一直嘘声不断。面对这头患疥癣的公牛，几个装束奇特的人试图用红色斗篷激起它的愤怒，但它仍保持镇定。”[59]建于 1813 年的圣若昂王家剧院提供了更多的娱乐活动，并且十年来一直是该市唯一的剧院。在音乐方面，堂若昂巧妙地联合了本地人才与来自国外的艺术家。众多专业艺术家人才围绕在他身边，如梅斯蒂索作曲家若泽·毛里西奥（José Maurício）[60]，直到 1810 年宫廷里所有宗教和非宗教的音乐都由他负责，且由于在宫廷完全没有竞争对手，他被亲切地称为“巴西莫扎特”。[61]然而，1811 年，作曲家马科斯·安东尼奥·波图加尔（Marcos Antônio Portugal）[62]的到来使他黯然失色，他是一位熟谙宫廷品味的音乐家。马科斯·安东尼奥·波图加尔曾在意大利学习，并担任过里斯本圣卡洛斯歌剧院的指挥。王家礼拜堂的地位得以提升：到 1815 年，它以拥有 50 位国内外歌唱家而自豪。

由君主国所拥有的圣克鲁斯庄园[63]在城外 60 公里处，以“生产”音乐家而闻名，他们均为非裔人士，也以其农产品而闻名。这个庄园的奴隶除了在田间工作外，还有人教他们唱歌和弹奏乐器。随着名声的增加，庄园成了赫赫有名的圣克鲁斯音乐学校。尽管自从耶稣会士被驱逐以来庄园逐渐式微，但音乐教师继续开展工作，[64]为学校随着王朝的到来而进行的转型铺平了道路。

1817 年，建筑物被改建，教堂被重新装修，以容纳管弦
199 乐队和唱诗班进行表演。之后，圣克鲁斯宫正式成为王家夏季行宫，其所有的庄严与它的新地位相称。这些奴隶音乐家花了很多时间研究乐理、练习乐器，而这些活动都正是在若泽·毛里西奥本人的监督下进行的。摄政王开始将圣克鲁斯的音乐家纳入军乐队，即圣克里斯托旺宫的管弦乐队，以及王家礼拜堂唱诗班，这后来成了习俗。乐器包括弦乐器（小提琴、中提琴和大提琴）、木管乐器（单簧管、双簧管、长笛和巴松管）、铜管乐器（小号和长号），以及鼓、高音单簧管和乌木短笛。他们的表演包括爱国进行曲、感伤曲、华尔兹和卡德利尔舞曲。他们还表演歌剧。作为一个狂热的音乐爱好者，堂若昂会在剧院观看庆典表演，但同时又会在王家包厢中睡着。当他突然惊醒时，他会问他身边忠实的侍从：“那流氓已经结婚了吗？”[65]

新首都有许多非常“独特”的问题。昆虫是旅行者间经常讨论的话题，他们描述了那些长腿“小怪物”导致的烦恼：

“因为它们，居住在巴西的任何人都称该国为‘掌掴之地’。为了在夜间保护自己免受蚊子侵扰，我们必须不断地左右拍打自己。”他们抱怨的不仅仅是蚊子。老鼠、掘穴动物、蟑螂、爬进脚趾间皮肤的害虫和整夜吠叫的狗，所有这些都令外国人感到恐惧。

巴西特有的其他“问题”是由非裔巴西人的存在以及遍布整个殖民地的众多土著群体引起的。例如，1808 年 5 月 13 日，摄政王签署了一项王家法令，命令米纳斯吉拉斯省督进攻一个印第安食人族群体，即博托库多人。[66]该法令称这些印第安人为犯下残暴罪行的野蛮人和食人族，他们“经常谋杀葡萄牙人与爱好和平的印第安人，打伤他们，然后从伤口中吸血，还经常撕开他们的身体，吃掉可怕的尸体”。堂若昂下令以“文明”的名义即刻消灭该群体，以保护这个“温柔”且“和平”的社会。人们对可能发生的奴隶谋反也充满了恐惧，由于海地成功的奴隶革命，这一现象被称为“海地主义”(Haitisim)。(精英们的) 恐怖和 (奴隶们的) 希望均源于此。 200
难怪精英们诋毁非洲人和他们的习俗，仅仅是为了证明他们被俘虏是正当的。博尔巴侯爵留下了一句发人深省的话，它表达了宫廷的普遍看法：“没有什么比这些黑人更可怕的……这座城是臭名昭著的巴比伦……”[67]

在有种族偏见的新来者眼中，黑人人口备受关注。他们对当地经济至关重要，因此被纳入殖民地日常生活的方方面面。当时，奴隶制在北美和南美仍然是强有力的制度，仍可能作为一种制度发展且在政治上可持续发展。它如此普遍，遍及每个公共空间，包括印刷页面，尤其是在分类广告中用于出售和出租。在《里约热内卢报》上几乎每天都会发现的那种典型消息是这样写的：

> 马诺埃尔·费尔南德斯·吉马良斯（Manoel Fernandes Guimarães），穆拉托奴隶，于1804年逃跑，30岁，人称“若阿金”。由安东尼奥·戈梅斯神父购于圣埃斯皮里图领地，可以通过以下标志识别：从事裁缝和理发师职业，中等身高，头发紧编，厚嘴唇（上嘴唇是普通人的两倍厚），皮肤有麻子。任何有其消息且希望谴责他的人可以去往马诺埃尔·戈梅斯·费尔南德斯（Manoel Gomes Fernandes）的住处直街26号，作为酬谢将获得4万里斯[68]。[1810年6月6日][69]

被奴役者的反应是策划逃跑、谋反和暗杀——或者用讽刺进行反击，就像这些针对白人腐败的诗句中所说的那样：

> 白人奴隶主也偷盗
> 我们黑人偷鸡
> 盗成袋的豆
> 当白人奴隶主偷盗
> 他们偷银盗币
> 当我们黑人偷盗
> 我们铁定进监狱
> 当奴隶主偷盗
> 他最后却成为贵族。[70]

非洲人和奴隶在里约热内卢做各种活计。从卖水果和木薯面团（angu，用木薯粉加水和盐煮制的一种食物），制作美食，抬重物和轿子——就后者而言，他们经常穿着华丽的制服——到跑腿、卖报纸、抓虱子、做木匠或被出租。做最后这种活计的人构成了最大的群体。奴隶可以被租出一天、一周或一个月。他们提供多种服务：出售商品、搬运水和木材，运送垃圾，所有活动均受到参议院法规的管制。[71]以下数字表明，这种类型的劳动有多么深厚的根源：在 1820 年代，当里约热内卢总人口只有 9 万时，宫廷拥有约 3.8 万名奴隶。9 万这一数字不包括自由黑人，他们遍布城市公共场所的每个角落。 201

这里是自古罗马以来最大的奴隶集中地，不同之处在于，里约热内卢奴隶的数量等同于欧洲裔居民的数量。实际上，天平的一端向被奴役者一方倾斜。随着贩运者带来一批又一批的俘虏，这座城市在外表上越来越非洲化。王宫附近的奴隶如此集中，以至于该地区被称为“小非洲”。毫无疑问，“里约热内卢看起来像非洲的沿海城市”，[72]不同的非洲人群体自豪地展示脸上和身体上带有的他们国家独特的疤痕和标记。自相矛盾的是，王室的到来和港口的开放不但没有限制反而增加了奴隶贩运。[73]精英们对如此庞大的非洲人数量感到如此担忧，以至于他们实施了“支持白人人口”的政策。从亚速尔群岛来的夫妇可以获得每月津贴、住房、工具、牛车和其他所需的一切。[74]

宫廷还调整了该市的例行庆祝活动，这些活动同样具有多样性。每年有七场主要的宗教游行震撼这座城市：1 月 28 日圣塞巴斯蒂安节，即命名日的八天后，圣塞巴斯蒂安为该市主保圣人；圣灰星期三的圣安多尼节；大斋期第二个星期四的拜苦路庆典；在棕枝主日之前星期五的凯旋庆典；圣周星期五

（又称“圣周五”）的耶稣葬礼日；6 月的基督圣体圣血节；以及 7 月 2 日的圣母访亲节。[75]每逢这种场合，宫廷成员和重要人物都身穿带有刺绣图案的制服参加游行，他们身后跟着士兵、举着宗教旗帜的人和王家礼拜堂歌唱家的游行队伍。此外，还有烟火表演、公开拍卖、打鼓、凡丹戈舞、赛马、在圣
202 周星期六（又称“圣周六”）焚烧犹大、圣灵崇拜节庆、王室成员生日、宗教节日，即任何会打破这座城市明显惯常平静的活动。

对庆典的这种热爱并非本地发明物。参加王家和宗教游行既是葡萄牙习俗也是非洲习俗。然而，在这个遥远的美洲殖民地，这些庆典发挥了更大的战略性和象征性作用。摄政王在公开场合，无论是参加王家游行还是参加宗教游行，都代表了葡萄牙帝国本身，遍布全球四个角落的这一帝国，现在经由殖民地进行统治。

此时，君主制本身的庆祝活动被添加到本已繁忙的节日庆典日程中。1815 年 12 月 16 日，在纪念女王玛丽亚一世 80 周年诞辰的前夕，堂若昂将巴西的称号提升为葡萄牙-巴西-阿尔加维联合王国，殖民地转变为葡萄牙帝国驻地。这项措施是对他生活了 7 年的国家的致敬。然而，它的动机也是出于政治、经济和外交考虑的：它缓和了贸易关系，满足了英国的要求，并且显然是为了防止像英属美洲和邻近西班牙殖民地那样的革命。换言之，此举意在保护巴西免受独立进程、共和国建立和始终存在的分裂风险的威胁。

即使有维也纳会议的决定，欧洲仍在酝酿革命运动，其政治秩序的脆弱性显而易见。波兰正经历一场革命；俄国正面临改革；普鲁士和奥地利仍在为赢得日耳曼霸权而战；瑞典、丹

麦与挪威不和；比利时和荷兰无法保持团结；尽管那不勒斯已成为自由主义的试验场，西班牙却是极端主义者的聚集地。

欧洲充满动荡——这一理由足以劝阻堂若昂离开殖民地。实际上，巴西升格为王国既捍卫了该国的领土完整，也为一系列问题提供了合乎逻辑的回应。一方面，很明显，一定程度的自治是必不可少的，因为所有谈判现在都是经由殖民地进行的。另一方面，葡萄牙的盟国伙伴对堂若昂的措施感到担忧。
他们要求，一旦全面和平得以构建，摄政王便将葡萄牙及其帝 203
国的地位恢复到更大程度的“常态”。

因此，统治帝国只有远看才轻松。当巴西可以在庆祝活动的间隔中找到时间时，该国正逐渐摆脱其帝国时代的限制。这绝非一件小事。在 1810 年条约的作用下，里约热内卢已变成一个巨大的巴西贸易站，大量产品从该港口进出：从英国运来的纺织品、金属、工业化生产的食品以及甚至来自西班牙的葡萄酒；来自法国的奢侈品、小饰品、家具、书籍、版画、黄油、丝绸、蜡烛和利口酒；来自荷兰的啤酒、玻璃、亚麻布和杜松子酒；来自奥地利（包括意大利北部和德意志南部）的钟表、钢琴、亚麻布、丝绸天鹅绒织物、工具和化学产品；来自德意志其他地区的波希米亚玻璃、纽伦堡的玩具以及黄铜和铁制厨具；来自俄国和瑞典的工具、铜、皮革和焦油；来自非洲沿海特别是安哥拉和莫桑比克的粉化金、象牙、胡椒、黑檀木、蜡（其中有数公斤为教堂所用）、棕榈油、阿拉伯树胶以及仍然令人不安的非洲奴隶。尽管如此，交易不再是单边的。一方面，巴西已经开始在与葡萄牙的非洲殖民地的贸易中取代里斯本。另一方面，来自印度和中国的产品也经由里约热内卢中转，从那里再出口到里斯本和其他欧洲港口，以及美洲其他地区。经由里约热内卢港口的主要出口产品包括糖、咖啡、棉花和烟草。[76]

此外，堂若昂的政治局势很快发生了重大变化。遭受多年精神疾病折磨的女王玛丽亚一世于1816年3月20日去世。她生前每天都坐着轿子在里约热内卢四处转动，其实已无法辨认任何东西。为她抬轿的奴隶已习惯了她的幻象，她经常坚持要下轿，声称有一魔鬼挡住了道路。[77]她的逝世正好全面展示了一场王家哀悼会。[78]教堂由紫色花环缠绕，饰有科林斯式柱头、黑色天鹅绒穹顶，以及金色和银色饰带。当宣布哀悼期为期一年时，该国焦急地等待着国王即位。[79]

第二年，即1817年，又迎来了一轮哀悼。6月，在葡萄牙政府中竭力代表法国利益和风俗的政治家安东尼奥·德·阿劳若·德·阿泽维多，即巴卡伯爵也去世了。法国文化的影响
204 力已逐渐恢复，自1814年以来，法国时尚在巴西掀起了一股风潮。从报纸上可以看到，法国移民以语言老师的身份提供服务，向任何能够学习在波旁宫廷所讲语言的人保证“奇迹”的发生，法国时装设计师为身处热带的年轻精英女士们装扮，仿佛她们置身于平静、温和的气候中。来自巴黎的蕾丝、金和银刺绣、羽毛、扇子、香水、珠宝、帽子、丝质靴子和鞋子一直源源不断地涌入。王家出版局印制了法语版学术论文，以及首批进入葡属美洲的法国小说：译于1809年的阿兰-勒内·勒萨日（Alain-René Lesage）《瘸腿魔鬼》（*Le Diable Boiteux*）和译于1811年的贝尔纳丹·德·圣皮埃尔（Bernardin de Saint Pierre）《保罗和维尔吉尼》（*Paul et Virginie*）。[80]然而，直到1815年拿破仑战败后，法国文学在巴西才拥有主要影响力，从极受欢迎的小说到伏尔泰的《亨利亚德》（*La Henriade*）和

拉辛的《费德尔》（*Phèdre*）等文化价值很高的史诗。在里约热内卢的书店里，法国作品比比皆是，包括有关宗教、哲学、艺术与科学、地理与历史的书籍，以及小说、词典和笑话书籍。[81]两国之间重新建立外交关系后，沿法官街的商店开始出现法国产品，它们虽然雅致，但在某些情况下用法很不寻常，包括壁钟、水晶枝形吊灯、红木四柱床、缝纫桌、茶几、眼镜、瓷器、纸张织物和中国漆屏风。

这种对法国文学和产品的爱好有所增加，部分原因在于安东尼奥·德·阿劳若在宫廷任职时的另一项举措。1816 年，尽管并非出自他的邀请，他负责对一群法国艺术家进行热情接待，并为他们提供住处。1815 年，被任命为葡萄牙新任对法贸易大臣的马里亚尔瓦侯爵支持这一想法，即他圈子中的许多著名艺术家都应移民到巴西。这些艺术家因拿破仑倒台而失业，他们担心可能发生的政治报复。实际上，这个想法是由这些艺术家自己提出来的，他们中为首的是曾任美术学院院长的约阿希姆·勒布雷顿（Joachim Lebreton）。里约热内卢政府将此视为把艺术家带到殖民地的机会，也是提高其在欧洲形象的一种手段。因此，他们为这个团体提供了资金支持。这些法国人的期望很高。他们认为，这不仅是逃离这个被战争摧毁的大陆的机会，而且是在宫廷和没有正规艺术教育的社会中赚大钱的良机。但是，这项事业也并非毫无风险。该殖民地遥远而未 205
知，且其统治者曾向拿破仑宣战，而后者曾是他们最大的资助人。[82]

他们也无法预知，该团体的最大支持者及最重要的“梅塞纳斯”安东尼奥·德·阿劳若·德·阿泽维多在他们抵达后不久就会死去，导致他们计划以法国模式创建美术学院的方案陷入了困境。没有了安东尼奥·德·阿劳若，该团体面临的是巴西和葡萄牙艺术家的冷眼相待和敌意，他们对受一群“失业的波拿巴主义者”所排挤感到十分愤怒。但是，机会仍然很多。女王的去世和新君即位的准备工作是君主制国家中两项最重要的事件，因此，这些艺术家很快就找到了为移民宫廷建造宏伟舞台布景的就业机会。

约阿希姆·勒布雷顿是这个在巴西的法国艺术代表团的领导人，该团成员包括画家尼古拉-安托万·陶奈（Nicolas-Antoine Taunay），他的兄弟、雕塑家奥古斯特-玛丽·陶奈（Auguste-Marie Taunay），历史场景画家让-巴蒂斯特·德布雷（Jean-Baptiste Debret），建筑师格朗让·德·蒙蒂尼（Grandjean de Montigny）和雕刻师西蒙·普拉迪耶（Simon Pradier）。除了成员广泛的专业领域外，该团还以其高质量的艺术作品而著称。[83]

该团打算在不受教会影响的情况下在巴西确立一种“新艺术文化”。尽管殖民地有很多艺术家和学徒，但没有艺术学校。自18世纪以来，巴西艺术一直由巴洛克风格主导，以里约热内卢、累西腓、萨尔瓦多，尤其是欧鲁普雷图和萨巴拉的教堂为代表。米纳斯吉拉斯北部的采矿小镇迪亚曼蒂纳是个例外，在那里可以找到巴西洛可可式建筑的主要范例。艺术品几乎完全是由政府或教会机构委托创作的，且必须遵守其要求。葡萄牙本身缺乏艺术家。尽管有研究院，但艺术活动不会被优先考虑，且很少有艺术家致力于绘画。这可能是宫廷如此欢迎艺术家的原因。他们被视为欧洲先驱者，或者至少是在学术学校里受过良好训练的天才。此外，他们接受了新古典主义的教育，这在法国曾被用来为后代描绘法国大革命。

206 此时，新成立的王国政府计划正式委托这些艺术家创作以巩固君主制形象为目的的作品。这一安排恰到好处。由于王室是殖民地的唯一艺术资助者，法国艺术代表团别无选择，只能将自己置于他们的保护之下并执行他们委托的任务。在女王的葬礼之后，他们开始了为庆祝巴西未来皇后即卡洛琳娜·“玛丽亚”·约瑟法·利奥波丁娜·冯·哈布斯堡-洛林（Caroline ‘Maria’ Josepha Leopoldine von Habsburg-Lothringen）在1817年的到来，以及在1818年拥戴若昂六世为王的准备工作。这些艺术家还从事大型建筑物和纪念碑的创作，以及为纪念国家级事件而举办的临时展览。

该团中第一个获得委派任务的成员是建筑师蒙蒂尼，他的任务是设计新的美术学院，而这一项目实际上一直在被推迟。最常规的委派任务是与公众庆祝活动有关的工作，这些艺术家在这方面取得了相对成功。一方面，他们带来了欧洲的新古典主义风格，以及源自古代的宏伟作品。另一方面，尽管政府有意在帝国的新驻地重建大都市，但要该团将其古典形式融入以奴隶为基础的殖民地港口的环境绝非易事。[84]那是在1816年末，当时这群移民艺术家在事业上似乎不太走运，而且未来仍困难重重。计划于1817年初举行的两场庆祝活动，即若昂六世的即位和迎接其子堂佩德罗的未来妻子利奥波丁娜公主（她为众人所知的称呼）到来的仪式活动，由于同年3月6日在伯南布哥爆发的革命而突然被迫推迟。临时的凯旋门、脆弱的舞台布景和模拟游廊将不得不等待着，直至葡萄牙的热带领土恢复和平。

骚乱当头：愿加冕被推迟

如果直到那时堂若昂都认为自己留在热带殖民地是理想

的，那么自 1817 年起，一个新的现实将打断他平静的日常生
207 活。除了伯南布哥革命运动所造成的干扰外，另外两次冲突也扰乱了摄政王的外交政策：西斯普拉廷省问题和废除奴隶贸易的经常性问题。

葡萄牙君主政体驻地迁至巴西，这开启了外交关系的新篇章。堂若昂在殖民地的首批外交政决之一就是对法国的正式宣战。随后，他派出一支远征队占领了卡宴（Cayenne，即今法属圭亚那），此举展示了他更具进攻性的新态势。当下尚不清楚这一新举动是王室迁入热带地区的结果，抑或是发现朱诺军队行动的结果，又或是与英国结盟的一部分。无论如何，正式交战后，这一法国殖民地于 1809 年 1 月 12 日向堂若昂的政府投降。这种情形一直维持到维也纳会议，当时在会上决定葡萄牙将把被吞并的领土归还给法国。但是，葡萄牙两年后即 1815 年才物归“原主”。

然而，外交问题不仅限于当地。在欧洲，拿破仑将卡洛斯四世撵下了西班牙王位，并剥夺了其继承人费尔南多七世的权利。这导致了美洲的动乱，并引发了分离运动。在巴西，费尔南多七世的姐姐卡洛塔·若阿金娜密切关注着在拉普拉塔河的西班牙殖民地，她此时将自己视为其合法的统治者。但是，她的计划遭到了阻挠，因为她的丈夫堂若昂几乎没有理由相信她。1811 年，当西斯普拉廷省（今乌拉圭）开始独立进程时，堂若昂以支持该省和阻止潜在入侵为借口使葡萄牙军队处于戒备状态。后来，1816 年 7 月 9 日，当拉普拉塔联合省宣布独立时，冲突加剧。这些省份先前由西班牙总督控制，首府设在布宜诺斯艾利斯。葡萄牙政府再次进行干预：表面上是为了防止入侵，但醉翁之意不在酒，在于将所谓的“东岸”（Banda

Orienta）并入巴西。“东岸”是西班牙帝国位于乌拉圭河东岸的部分（今乌拉圭和巴西最南端的南里奥格兰德州均位于此）。决定胜败的是河口的控制权，因为最南端的所有贸易都集中于此。当堂若昂正考虑在葡萄牙控制下的地区实行某种内 208
部帝国主义时，卡洛塔·若阿金娜关注的是西班牙王室的权利。

堂若昂对外交政策采取的是务实的态度，通常会采用“观望”方法，而当涉及奴隶贸易问题时，他很难遵守这一准则。尽管通过与英国签署《和平友好条约》，巴西已在1810年废除了奴隶贸易，但这一贸易在将近半个世纪以来一直是辩论和运动的主题。根据该条约第10条，摄政王宣称自己“深信奴隶贸易是不公正的，其政策是不义的”，并承诺遵守禁止在非洲葡萄牙领土以外的葡萄牙臣民贩运奴隶的英国政策。如果这还不足以使英国满意——因为英国已在大英帝国内部废除了奴隶贩运，并打算在其所有势力范围内都这样做，以此支持商业贸易——那么至少彼时从事黑人交易是非法的。因此，当奴隶贩运在葡萄牙领土以外进行时，这些船只将被依法没收。但是，无论英国海军装备多么精良，都无法捕获所有从事奴隶贩运活动的船只，尤其是涉及葡语世界的自由放任政策时：一切都只是为了作秀，只为了“做给英国人看”。

问题很复杂，堂若昂显然缺乏决心。1815年，废除奴隶贸易再次成为最热门的话题。维也纳会议通过了一项废除整个北半球奴隶贸易的条款。葡萄牙因此失去了其奴隶的主要来源之一，即赤道以北的非洲国家。摄政王不仅同意废除赤道以北的奴隶贩运，而且出台了新法律来规范巴西被奴役人口的待遇。然而，在一个奴隶制浸透的社会中，这些法规在很大程度上被忽略了。在法律法规与现实之间存在巨大的深渊，这是不可能仅仅通过法令来弥合的。此外，堂若昂的态度始终是安抚各方，仿佛旨在在这项日暮西山的事业中赢得时间。但话题热度还在上升，甚至法国国王在 1818 年 11 月 24 日的一封信中都敦促“好兄弟和表兄殿下”完全废除奴隶贩运。一段时间后，当压制国际奴隶贸易的话题被引入亚琛会议（Congress of
209 Aix-la-chapelle）后，其他欧洲国家也施加了类似的压力。

这些措施不仅影响了奴隶贩运，而且影响了对帝国运作至关重要的整个奴隶制。与该制度相关的暴力行为首次被公开谴责。被谴责的还有航行中的恶劣条件，以及奴隶抵达里约热内卢距王宫不到 1 公里的瓦隆古码头后遭受的非人待遇。1817 年，瓦隆古地区至少有 20 个“仓库”，那里同时“展出”着 1000 多名俘虏，其中大多数是 6—24 岁的男孩和男人。[85]但是，当局似乎无意采取任何严厉的措施来反对这种有辱人格的“展览”。同年，废奴主义者取得了新的胜利，英国开始检查任何涉嫌在海上运送奴隶的船只。这些措施的有效期为 15 年，葡萄牙同意立即停止贩运奴隶的活动。这件事情瞬间变得重要了起来，但措施暂时不够充分。

摄政王在内政方面也遇到了麻烦，诸多方面的不满情绪与日俱增。1817 年，伯南布哥爆发了一场革命，对于政府而言这如同芒刺在背。到那时，堂若昂的帝国已基本统一。如今，北方开始反抗在征服“东岸”之后的“沉重税收和过度征兵”，用伊波利托·达·科斯塔的话来说，“巴西人没有参与这场征服，且这与他们的利益背道而驰”，伊波利托在伦敦《巴西利亚邮报》办事处道出了整个殖民地的不满。[86]将帝国扩展到南部肯定会付出巨大代价。它导致更高的税收和更严重的区域不平等。在殖民地偏远地区，人们认为王室的到来仅仅意味着从被一个遥远的城市统治转移到被另一个遥远的城市统治，即从里斯本到里约热内卢。伯南布哥领地尤其还受到糖和棉花价格下跌，以及奴隶价格稳步上涨的影响。省督卡埃塔诺·平托·蒙特内格罗（Caetano Pinto Montenegro）被指责为懦夫和叛徒，他的不得人心进一步加剧了这种情况。[87]人们用诗句和散文对他极尽嘲讽："他名义上很快乐，却像雏鸡一样缺乏勇气，有山一样的高度，行为却残忍恶毒。"① 有些人将 210
此次动荡归咎于在累西腓流传的"令人憎恶的法国思想"，这些思想激发了基于雷纳尔、卢梭和伏尔泰等作家的"读者革命"。[88]这些起事者也受到美国开国元勋思想的启发，起事领袖之一卡布加［贡萨尔维斯·达·克鲁斯（Gonçalves da Cruz）］曾前往美国寻求支持。[89]

不论意识形态如何，该运动都是对困扰该领地的严重危机的反应。同年，部分由出口作物价格波动引起的全面衰退进一步引发了人们的不满。伦敦市场商品价格（主要是食糖和棉花）的下跌，加上严重的干旱摧毁了本已不足的自给作物，进一步加剧了紧张局势。当地人将他们所有的问题都归咎于宫廷的奢侈支出和过度税收。因此，一场不缺乏动机的起事将不同团体、商人和土地所有者、神职人员和军队成员、法官和工匠团结在一起，并得到了自由民和其他较贫穷阶级成员的广泛支持。起事者在3月6日占领了累西腓市，并为新的伯南布哥共和国成立了临时政府，宣布权利平等和宗教宽容，但未涉及

① Caetano意为快乐的，Pinto意为雏鸡，Monte意为山，Negro意为残忍恶毒的。

棘手的奴隶制问题。

然而，当该市在进行调整时，在堂若昂到来之前一直任巴西总督的阿尔库斯伯爵制订了政府的应对方案。他迅速采取行动镇压叛乱，包括从里约热内卢派出 8000 多人的队伍以增援正在封锁首府和邻近港口的当地军队。面对无法逆转的失败前景，起事者陷入了争吵和沮丧。内部冲突很快导致了不可持续的局面。同时，摄政王被迫推迟了即位仪式，并尽一切力量进行还击。

5 月 19 日，葡萄牙军队在伯南布哥登陆，他们发现这座首府如同一座弃城，且群龙无首。就像在 1789 年的“米纳斯密谋”和 1798 年的“巴伊亚密谋”之后发生的那样，君主制残酷地展示了其政治和象征权力。同样，他们的镇压是难以形容的，暴力执行法律和恢复秩序就证明了这一点。在累西腓、萨尔瓦多和帕拉伊巴，起事者被公开处决，并以怪诞的方式进
211 行了展示，目的是以儆效尤。“他们死后，手和头都会被砍断并钉在柱子上，而尸体被绑在马尾巴上拖到墓地。”[90]葡萄牙政府再次利用夸张的镇压仪式来显示其权力范围。尽管如此，伯南布哥起义有深远的根源，早在 1710 年这里就发生过起义。这种动乱正在建立一种反殖民的心态，君主制的戏剧性暴力表演在这种心态下已不再具有过去的效果。

新君继位和王室联姻：一场宫廷婚礼

随着伯南布哥革命的失败，王室对他们未来将少一些动荡多一些稳定充满了信心。新君继位的计划终于可以实现。堂若昂希望确认仪式能尽善尽美，包括庄严地进入王宫，行王室吻手礼，以及标志着这一场合的所有重大庆祝活动。远至北部的

巴伊亚都举办了庆祝活动，为了表达对国王的拥戴，那里的街道上装饰着灯笼，教堂的钟声响起，向摄政王的胜利致敬的礼炮鸣响。1818 年 2 月 6 日，一项法令被颁布，该法令宣布中止对伯南布哥叛乱的调查，这意味着冲突最终结束，并重申了君主的宽宏大量。君主与封臣之间的和谐已然恢复，至少人们希望如此。让人民庆祝吧！君主的权力就是从人民那里获得的。

随时准备赞美君主成就的《里约热内卢报》为此专门发行了纪念版。[91] 2 月 10 日，其纪念版称颂了“若昂六世即位为王，这是辉煌壮举，他是我们威严的君主、宇宙君主之典范”。[92]火把、点心、饮料、烟火、王室画像，以及美洲和亚洲的徽章都增添了节日气氛。通过对日历进行一番简便操作，被设计后的基督五伤的神圣日期正好与即位日期重合，[93]因而圣人和国王分享了这一天。法国艺术家的贡献进一步美化了这一时刻。格朗让·德·蒙蒂尼搭起了三个再现古迹的新古典主义纪念性建筑：弥涅耳瓦希腊神庙、埃及方尖碑和罗马凯旋 212
门。[94]奥古斯特-玛丽·陶奈、德布雷、马克·费雷斯（Marc Ferrez）和泽佩林·费雷斯（Zepherin Ferrez）[95]协助蒙蒂尼用人造大理石、花岗岩和青铜创造了这些宏伟的布景。这些装饰品具有双重象征性：尽管古典世界的寓言和再现提供了庆祝活动缺乏的传统，但其制作材料实际上反映了政治时刻的短暂性质。

人们焦急地等待着 1818 年 5 月 13 日晚上，届时将上演旨在赞扬葡萄牙君主制的四幕寓言剧《许门》（*Hymen*），并将揭幕让-巴普蒂斯特·德布雷的史诗油画《历史舞会》（Historical Ball）。这幅画作将古典神话中的神与王室成员结合在一起。身着华服的若昂六世得到代表三个国家的寓言人物的支持——葡萄牙、巴西和南部地区——且跪在他面前的是手持王子和公主画像的婚礼之神许门和爱神阿莫尔。巴西艺术从未见识过如此盛况，德布雷和蒙蒂尼不遗余力地赋予了这个漂泊的帝国宏伟的古典气势。

这是在新世界首次看到这样的庆祝活动。宫殿广场经过了精心准备，沿着直街的建筑物窗户外悬挂着深红色锦缎被和其他装饰物。人们竭尽全力为使国王被尽可能多的人看见。彼时正式成为若昂六世的摄政王终于以国王的身份出席庆典。在人们注视的目光下，他身披深红色天鹅绒的王家披风，这件带刺绣图案的披风金光闪闪，展示着他所有圣职的徽章。走在他身旁的是王位继承人堂佩德罗王子和他的弟弟堂米格尔王子。游行队伍进入王家礼拜堂，在那里感恩赞被唱响。[96]

在共和国广场附近的大型公园圣安娜广场上架起了 4 座塔楼。每座塔楼都有 24 个房间，所有房间都灯火通明，音乐家们在里面演奏着交响乐。在花园的中心，有一个由 16 座雕像和 1 道人工瀑布组成的小广场，瀑布水直落在一个装满奇异贝壳的大水池中。为了提供照明，现场装上了 6 万盏灯，包括 102 个金属饰物、64 个灯笼、1 个中式亭子、400 支蜡烛组成的金字塔，以及被另外 400 支蜡烛照亮的剧院。[97]君主的特别
213 宾客在内衬锦缎的大厅中享用奢华金银碗盛上的甜点，而聚集在外面的民众则享用着供应不断的甜食和饮料。同时，在已成为该市政治集会示威主要场所的圣若昂剧院，人们挥舞着手帕，唱着赞美诗，以表示对君主的敬意。

随着伯南布哥革命的结束，王国再次将注意力转向迎接堂佩德罗妻子到来的计划上。[98]卡洛琳娜·“玛丽亚”·约瑟

法·利奥波丁娜女大公，即在法国大革命中死于断头台的玛丽·安托瓦内特（Marie Antoinette）的外甥女，在若昂六世即位前不久抵达了殖民地。布拉干萨王朝继承人的婚姻涉及美洲土地上最高外交层次的谈判。马里亚尔瓦侯爵在维也纳为堂佩德罗寻找妻子的任务成功完成[99]，并且有关联姻的所有障碍都被迅速清除。王子的优点令人难以忽视：他外表出众，出身高贵，将会继承葡萄牙帝国的巨大财富和广阔疆域，而且他是欧洲为数不多的可以娶妻的王家贵族之一。利奥波丁娜公主尽管欠缺所谓的外形魅力，[100]但她的聪明、良好教养、随和态度以及决心为众人所知。为表决心，婚姻合同一签订，这位未来的巴西皇后便开始致力于学习葡萄牙语，以及她未来王国的历史、地理和经济状况。她对矿物学和植物学特别感兴趣。她在行李中带来了要适应巴西水土的新植物标本。

葡萄牙大使馆在奥地利首都的支出包括向宫廷和海外事务部成员发放珠宝和金条，以及在奥花园（Augarten Imperial Gardens）举办的豪华宴会。马里亚尔瓦侯爵在那里搭建起了宴会厅，并为400位宾客提供晚餐。这对王室夫妇的婚礼是在堂若昂的生日那天举办的，当然没有新郎在场。这一行人于6月13日到达佛罗伦萨，他们在等待葡萄牙船队来将新娘带到巴西。但一系列事件延迟了行程：除了1817年伯南布哥的革命外，弗朗茨二世还担心女儿的安全，并拒绝让她登船。他倾向于直接将她送到里斯本，在那里她作为最新的成员加入葡萄牙王室。与此同时，奥地利外交大臣梅特涅竭力抵御来自英国 214
的压力，他保证女大公将履行婚约。

同时，在巴西，准备工作再次开始。王室婚礼的消息一传来，人们便用弥撒进行庆祝，并用钟声、礼炮声和感恩祷告表示欢迎。王国商务大臣托马斯·安东尼奥·德·维拉诺瓦·波图加尔负责组织这次活动，他继而将其视为对政府具有最高战略意义的事件，实际上确实如此。参议院颁布了一项法令，要求对房屋和窗户进行装饰，并对游行队伍将经过的所有街道进行清扫。[101]蒙蒂尼建了一个新的凯旋门，上面装饰着花环和奖章，奖章上面刻有王妃的特征。

通过这些庆祝活动，这个国家象征性地成立了。随着仪式设计的日趋完善，表象创造了现实，而非相反。街道的警力加倍，凉亭被建起，游行队伍经过的街道上悬挂着装饰品。从圣本笃山的山坡到王家礼拜堂，沙子、芳香的草叶和花瓣散落在地面上，沿路房屋装饰着花朵。利奥波丁娜在海军兵工厂上岸，在向王室表示敬意后，堂佩德罗牵起了她的手。人们热情洋溢地注视着这场王家游行，每个人都想见到这位新王妃。这对夫妇在下午 3 点到达王家礼拜堂的正门，此时气温为 30 摄氏度。婚礼持续了一个小时。宫廷成员随后前往王宫。[102]随着夜幕降临，这座城市被点亮，人们甚至还为王妃唱起了小夜曲。堂佩德罗、他的姐妹玛丽亚·特雷莎公主和玛丽亚·伊莎贝尔公主轮流演唱咏叹调，王家室内乐团的音乐家与王家礼拜堂的音乐家一起演奏了一出戏剧作品，持续到凌晨 2 点。

尽管天气炎热且蚊虫多，利奥波丁娜还是很快适应了殖民地的生活。很快，令众人为之喜悦的是她怀孕了。这是王室继承人首次在巴西土地上出生，就美洲这个遥远而脆弱的王国的未来而言，这是个预示着稳定的好兆头。

八　父亲离开，儿子留下[1]

潮水带来的，也会被潮水带走。 215

——奥利韦拉·利马，1945 年

波尔图自由革命：自由派葡萄牙与保守派巴西

1814 年，在拿破仑被盟军击败后，欧洲的政治局势似乎终于稳定下来。在神圣同盟（主要在欧洲领土上）的政治指挥下，君主制权力得以增强，一切都预示着“旧秩序”的回归。尽管如此，堂若昂延长其在新世界旅居时间的决定被视为他正在逐渐扎根于美洲殖民地的迹象。这位摄政王正在“转变为巴西人”：1808 年，他制定了开放港口政策；1815 年，他将殖民地升格为“联合王国”；1816 年，他准备即位成为葡萄牙-巴西-阿尔加维联合王国国王若昂六世。所有这些都发生在这个热带殖民地。

然而，局势在不久后将发生巨大变化。在巴西，1789 年发生在米纳斯吉拉斯、1798 年在巴伊亚和 1817 年在伯南布哥的起事均表明，解放运动已成为政治实验和地方乌托邦的主要力量。彼时，英属美洲除了加勒比海地区的岛屿、赤道圭亚那和加拿大的寒冷地区外实际都已独立。在西属美洲，除了安的列斯群岛，独立的可能性变得越来越大。“令人憎恶的法国思 216

想”和美国共和主义原则在整个殖民地传播，动摇了长期以来的确定性和根深蒂固的信仰。

与此同时，里斯本也开始刮起同样的革命之风。1807 年，在法国入侵初期，尤其是堂若昂 1808 年 5 月 1 日对拿破仑宣战之后，出现了支持布拉干萨王朝的民众示威游行。1809 年和 1810 年，拿破仑两次入侵，这加深了对法国人的广泛敌意。尽管发生了起义，拿破仑的军队似乎不愿意接受失败，无法放弃控制这个现在没有国王的首都的企图。同时，英葡军队在 1810 年底将法国人最终驱逐出境，从根本上改变了局势：随着葡萄牙主权的重新确立，国王不再有留在巴西的任何理由。当摄政王堂若昂显然迟迟不愿返回里斯本时，葡萄牙民众最后一次对君主盲目忠诚的示威游行转变为宣泄人民普遍愤怒的方式。

更糟的是，一场危机席卷了葡萄牙。庄稼歉收，硬币变得稀缺，纸币贬值，且其他欧洲国家提供的信贷也消失不见。据葡萄牙精英阶层的说法，要重建葡萄牙的财富和稳定，就必须遏制巴西日益增长的自治。他们不仅将日益严重的金融灾难归因于巴西，而且指责“巴西兄弟”疏于对他们的照顾：“他们既没有从巴西给我们派军队，也没有给我们钱，也没有肉，也没有面粉，也没有食糖，也没有大米……根本什么也没有给我们。”[2]葡萄牙被剥夺了其海外领土的资源，失去了殖民贸易的利润，且因其对英国的依赖而蒙羞，在自己的帝国体系内已沦为次等地位。甚至国王也似乎没有理会其人民的困境。这场危机是经济、政治和象征性的。葡萄牙精英人士认为，为了避免不可逆转的极端后果，现在必须做出一个具有重大象征意义的姿态：国王的回归。

1820 年，波尔图自由革命爆发在此背景下。这场革命代表了两种不同的理想：一方是立宪主义者，他们提议由宪法规范国家的基本法律、一般政府制度以及公民的权利和义务，他 217
们的口号是“议会和宪法”；另一方是君主主义者，他们捍卫主权国家君主制——在这种情况下，这意味着若昂六世或最好是整个王室立即返回葡萄牙。葡萄牙这些对立派系之间的裂痕越来越大。有一派捍卫的是政治“复兴”的理想，即对葡萄牙专制统治的彻底改造。该运动的支持者提倡自由、宪政和宪政自由主义。另一派要求“现实的复原”，即法国提议的君主专制政权的回归和加强，以及俄国、奥地利和普鲁士组成的联盟。这些国家的代表，也就是众所周知的神圣同盟，于 1814 年至 1815 年在维也纳召开会议。

彼时的自由主义、民族主义的宪政运动就是出现在这种两极分化的背景下的。他们的目标很明确：根据宪法恢复葡萄牙-巴西帝国，并确保葡萄牙不惜一切代价维持其政治和经济统治。毋庸置疑，这些想法在巴西并不受欢迎。巴西人表示，里斯本仍然无法超越传统的殖民结构，只关心保障自己的利益。葡巴帝国的梦想几乎走到了尽头。

1820 年的葡萄牙革命除了自相矛盾之外，很难令人想象它会是什么样子。它来得晚，那时维也纳会议的参与者已经在整个欧洲大陆采取了保守措施。然而，革命引入了新的思想和社会实践：革命者的意图是建立君主立宪制以终结旧制度，尽管他们将国王而非国家视为这一新社会的核心力量。最后，同样重要的是，相比“革命”他们更喜欢“复兴”的概念。[3]

随着理性与光明进入政治舞台，一种新的政治语言应运而生。在葡萄牙，“自由主义者”一词是在加的斯议会（Cortes de Cádiz）之后采用的，加的斯议会指 1810 年在加的斯流亡时相遇并提议废除旧制度的西班牙总院成员的集会。在这一背景下，“自由主义者”是指所做的每件事都捍卫“祖国利益”的
218 人，即法律和秩序的拥护者、言论自由的信奉者且在公共管理中具有影响力的人。这个新的政治议程包括诸如社会契约、宪法的重要性以及议会的自治和主权等概念。在葡萄牙语境中，自由主义允许承认他人的权利和宪法政治制度，这与旧制度模式形成鲜明对比。

由“导致灾难的”百科全书派撰写的著作尽管遭到系统性查禁，但仍在王国内流传。这是一群包括卢梭、孟德斯鸠和狄德罗在内的 18 世纪法国启蒙知识分子，他们的书要么被烧毁，要么被禁止流传，要么被没收并锁在公共图书馆内。在国外出版的葡语报刊也为复兴葡萄牙的革命思想付出了许多努力。这些出版物中最主要的是《巴西利亚邮报》，该报由伊波利托·若泽·达·科斯塔于 1808 年至 1822 年在伦敦出版，并于 1811 年至 1817 年在葡萄牙被禁。此外，还有许多其他刊物，包括创办于 1812 年反对《巴西利亚邮报》但在 1814 年改变了其立场的《英国葡萄牙调查员》（*Investigador Português em Inglaterra*），最具争议并因此也是受审查最严格的《葡萄牙语或政治、商业和文学水星》（*O Português ou Mercúrio Político, Comercial e Literário*，后文简称《葡萄牙语》），以及刊物中最教条主义并于 1819 年被禁的《葡萄牙冠军》（*Campeão português*）。这些刊物都积极寻求传播自由思想。从 1814 年 4 月 30 日在《葡萄牙语》上发表的这篇文章中可以看出他们的修辞风格：

> 尽管伟大的革命席卷了整个欧洲，但只有葡萄牙政府……沉睡在深渊的边缘……砌起了一面无法穿透的墙，以挡住来自我们邻居们那里的光，就好像它们是违禁品。[4]

尽管不同刊物存在差异，但它们都着手开展启蒙运动，并团结起来强烈要求制定葡萄牙宪法。并非巧合的是，1820 年 6 月，即革命发生前一个月，《葡萄牙冠军》向国王呼吁："醒醒，父亲，赶快！如果您再不抓紧，可能就没有人可以救了。"[5]

然而，若昂六世对这些呼吁仍听而不闻，他更愿意待在他位于里约热内卢的圣克里斯托旺宫中，即使要付出的代价是葡萄牙采用宪政体制。[6]然而，正如当时在欧洲的形势一样，决策也已不再完全取决于国王的意愿。一方面，支持"复兴"的 219
运动寻求建立一种自由的君主立宪制，作为葡萄牙的最佳解决方案，在这一制度下国王的作用将受到限制，政府的实际控制权将由立宪议会负责。另一方面，更多的激进组织已经在公开讨论王朝甚至政治制度的变革。然而，"自由"在葡萄牙仍然是一个罕见的词，在葡萄牙，报纸受到审查，秘密社团遭到迫害。

然而，正是在这些秘密会议中，特别是在与共济会会所有关的社团中，这场革命才得以酝酿。1818 年 1 月 22 日，一群贵族和财产拥有者，其中许多为律师，组成了一个被称为"犹太公会"（Sanhedrin）[7]的秘密社团。尽管该运动在接下来的几年中扩大了，但它尚无明确的革命目标。[8]关于其成员的人物简介足以说明他们的克制。此外，该社团从未质疑过布拉干萨王朝的合法性。1820 年加入革命的军人同样谨慎，且出于同样的原因。但该运动的激进行动势不可当，1820 年 8 月 24

日上午，革命军占领了波尔图的主要广场和兵营圣奥维迪奥广场。临时政府成立后，立宪议会自 1698 年以来首次召开会议，负责起草新宪法。布拉干萨王朝被赦免，但王室必须立即返回葡萄牙，这是关乎国家荣誉的问题。当时还举办了一场露天弥撒，士兵和民众们为演讲鼓掌叫好，再加上礼炮声作为致敬。1820 年的自由革命就这样开始了。

议会任命了由贵族和资产阶级成员组成的制宪会议，其中有神职人员和军官，所有这些人均来自犹太公会的不同阶层。但他们也需要该事业新的“皈依者”，且要找到新成员并不难。当然，“革命者”和“现实主义者”之间存在分歧。尽管如此，该运动仍在继续发展，1820 年 9 月 15 日，里斯本加入了革命。10 月 1 日，临时制宪会议颁布了第一批措施：修改
220 了审查法，并选举了要撰写新《帝国宪法》的代表。议会随后被确立为国家的主要代表，且选举将受到监管。在整个 1821 年和 1822 年，立宪议会巩固了新宪法的条款，同时拥护了君主制的基本地位。

当选的代表们开始确立议会的内部程序，任命委员会，组建新摄政政府。这项工作于 1821 年 1 月 26 日开始，议程内容全面，包括出版自由、新的民法和刑法、废除宗教裁判所、减少修道会以及赦免政治犯。自中世纪以来，议会一直是一个磋商机构。现在，面临着重建国家的责任，他们充当了执行机构。该计划旨在获得整个葡萄牙帝国的政治支持以进行拟议的“复兴”。在巴西北部，帕拉和巴伊亚领地立即加入了葡萄牙的事业。当国王若昂六世迟迟不做决定时，他的顾问和大臣们的意见产生了分歧。有人认为他或他的儿子应该立即前往里斯本。还有人认为他应该留下来，理由是在巴西当整个君主比在

葡萄牙君主立宪制下当半个君主好。还有其他一些人意识到，葡萄牙的自由革命也将为殖民地带来更大的自由。

这场全国性辩论甚至发生在国王亲近的人中。例如，帕尔梅拉伯爵（Count of Palmela）[9]在1820年12月返回里约热内卢时建议，应将国王的儿子堂佩德罗，而非国王本人送回葡萄牙。帕尔梅拉伯爵认为国王若昂六世的缺席会对殖民地造成灾难性的后果。国王最亲密的顾问托马斯·安东尼奥·德·维拉·诺瓦·波图加尔（Tómas Antônio de Vila Nova Portugal）认为君主应通过仅留在原地并要求葡萄牙服从和顺从来施加权威。海军大臣阿尔库斯伯爵更为务实，他毫不怀疑国王在殖民地的日子已屈指可数。

各个政治党派之间也存在分歧。一方面，里约热内卢的
“葡萄牙党”赞成国王返回里斯本。其成员为高级军官、商人 221
和官僚，他们的利益最好通过回到巴西从属里斯本的旧殖民体系来实现。另一方面，“巴西党”希望国王留在巴西。这一派系是由里约热内卢周边领地的乡村庄园所有者、银行家、军官以及在巴西出生的政府和司法人员组成的。他们开始为“独立于葡萄牙的政府”制订计划。第三派被称为“民主党”。其成员包括大多数神职人员和公职人员，其目标是建立“独立的省政府”。[10]

确切地说，这些团体并不是“党派”，至少不是现代意义上的“党派”，而是具有相似观点和利益的人的联合，以此支持或反对某些政治惯例。“党派”一词在当时具有负面含义，因为它与扰乱公共秩序的政治派系和团体的概念有关。实际上，1821年至1822年，“党派”一词被用于描述表达其不满情绪的各种团体。报纸提到的有“圣保罗党”、“极端主义

党”、“欧洲党”、“殖民压迫党”和“煽动者和无政府主义者党派”的抱怨。通常，这些所谓的党派可以分为两大类。第一类主要在里约热内卢，由忠于里斯本议会的葡萄牙军官和商人组成。第二类则采取了更加独立的立场，他们寄希望于国王的儿子堂佩德罗掌控领导权。共济会对后者的作用日益重要，发挥了其政治发言人及不满情绪催化剂的作用。[11]

就自身而言，国王若昂六世仍心存疑虑。他既没有准备返回葡萄牙，也没有准备送儿子回去——顺便提一句，这一替代方案除了王子本人已人尽皆知。已娶妻生子的堂佩德罗完全被蒙在鼓里。在此期间，以法文写成的小册子开始在宫廷散发，标题为《在目前情况下，国王和布拉干萨王朝应返回葡萄牙还是留在巴西?》。[12]小册子中的观点基于托马斯·安东尼奥·德·维拉·诺瓦·波图加尔的想法，如上文所述，他是反对国王及其家人返回葡萄牙的。该册子中的论据如下：1）葡萄牙
222 更需要巴西而非相反；2）王室的离开将成为独立的催化剂；3）若昂六世可以在巴西巩固其权威，从此处他可以建立一个具有全球政治影响力的帝国；4）在里斯本，若昂六世将成为叛军的人质；5）他可以从巴西更好地控制繁荣的葡萄牙帝国；6）他可以在将来的某个日期实施当前要求的变革。该文件被认为是由法国逃亡者弗朗西斯科·盖尔·德·盖因斯中尉所写。然而，在宫廷圈子中众所周知的，它是在国王的默许下根据托马斯·安东尼奥·德·维拉·诺瓦·波图加尔的指示编写出来的。[13]

当时，小册子（包括印刷版和手稿版）是传播有关有争议话题的政治观点和信息的少数可用手段之一。[14]在1821年和1822年间散发的小册子揭示了一批新兴的热心公民，且他们

采用的是新的政治词汇。人们可以编写小册子以削弱或支持王室权威的合法性，以质疑巴西和葡萄牙之间的关系，或以促进葡萄牙巴西帝国的永久性。这些文件大多数是在巴伊亚和里约热内卢编写的，目的是鼓励公民参与进来，他们认为已不再可能将自己置身于这些辩论之外。这两个领地的立场截然不同。最初，由于巴伊亚几乎完全直接与葡萄牙和非洲进行贸易，因而它反对英国的“干预”，[15]并支持议会。而里约热内卢曾是若昂六世政府的最大受益者，它将所有赌注押在了堂佩德罗会留在殖民地这件事上。

1821年初，最后告知堂佩德罗实际上已确定将由他出发前往里斯本的时机被认为是合适的。尽管他的妻子利奥波丁娜王妃已有八个月身孕，且他们将分开，但王子还是对这个主意感到高兴。他认为这是自己成功登上政治舞台的机会，但他没有离开，当时没有。这个主意似乎是若昂六世借机拖延的另一个借口。尽管如此，他还是急着安慰他的儿媳，因为担心丈夫离开的想法会影响他未来孙子的出生。局势很快到了紧要关头。1821年2月，若昂六世被迫宣誓效忠新宪法，这是他在 223
巴西的最后一次官方行为。随着王室权威的削弱，这位君主遭受了长期犹豫不决带来的又一次打击。然后，3月7日，里斯本议会下达法令，做出了国王返回葡萄牙、其子堂佩德罗留在巴西担任摄政王的决定。此外，议会还制定了选举在里斯本代表殖民地的巴西代表的规则。

已然紧张的局势变得一触即发。1821年4月21日，在里约热内卢位于商业广场的一栋重要市政建筑中，一场全体选民会议突然被“让人民统治巴西！”“革命！”的高喊声打断。人群要求若昂六世签署1812年西班牙加的斯宪法，并留在巴西。

当国王犹豫并想要同意时，其子下令镇压示威游行。王子的导师玛丽亚·格雷厄姆（Maria Graham）描述了这场袭击事件，对 30 人死亡及多人受伤的结果感到悲痛不已。[16]第二天，“布拉干萨屠夫”的潦草字样出现在这栋建筑物的外墙上。

1821 年 4 月 26 日，当宫廷最终离开时，似乎有一个人对此感到高兴，即卡洛塔·若阿金娜王后，她从未掩饰过自己对里约热内卢宫廷生活的厌恶。只有堂佩德罗作为君主制的“手臂”留在了巴西。随国王一起离开的大约有 4000 人，包括大臣、宫廷官员、外交官及其家属。几个月之后，巴西代表们也随之而去。“走还是不走，留还是不留？”这是国王不得不面对的热带莎士比亚式困境。

彼时承担着巴西未来希望和抱负的堂佩德罗年仅 22 岁。在他与其国王父亲最后一次被记载下来的对话中，很明显，当他们分别时，只有彼此之间的距离才能超越他们之间缺乏的亲密感。他们就那样，互相面对着，一个是犹豫不决的国王若昂六世，另一个是任性的摄政王堂佩德罗。那是 4 月 24 日，两天后这位国王最终带着其他家庭成员坐船返回了葡萄牙。那时摄政王被召至他父亲的房间，在那里进行了著名的“寡言”讨论。我们获取关于国王当时说了什么的唯一来源是王子第二年写给国王的信：“我仍然记得并将永远记得陛下出发前两天
224 在您房间里对我说的话：佩德罗，如果巴西要分裂出去，最好是经你之手，带着你对我的尊敬，而不是经由这些冒险家中的某个。”无法判断这些重复出现在巴西历史书籍的官方版本中的话语是否真正出自国王之口。记忆总是复杂的，无论若昂六世是否对佩德罗一世说过，以及佩德罗一世后来是否回忆起该谈话，都存在争议。我们所知道的是，国王若昂六世在其 1821

年 4 月 22 日的法令中使用了“saudade”一词（意为思念、怀念），该词是葡萄牙语中具有多种含义的感伤词：“为给巴西王国政府和行政提供必要条件，这一点已变得不可或缺，我带着如此强烈的怀念之情离开那里，回到葡萄牙……”[17]

据说当若昂六世于 1821 年 4 月 26 日离开时，他饱受着悲伤的折磨，可怜的他瘫坐在扶手椅上，一言不发。他借口下达必须服从新政府的命令，提议在萨尔瓦多短暂停留。但这次，甚至国王的顾问帕尔梅拉伯爵也认为该适可而止。与其如此，不如对国库进行清理，并小心地将财宝柜和保险箱搬出巴西银行。仅国王一人就带上了超过 6000 万克鲁扎多金币和金条。更不用说储存在巴西银行加固库房中的钻石了。在街上，再次追随葡萄牙宫廷“出逃记”的人们想出了这首讽刺诗：“眼睛闪闪发光/脚步轻轻盈盈/我们登上船只/财富尽在眼前。”

堂佩德罗的归来

当若昂六世及其随从回到葡萄牙时，在里斯本举行的新制宪会议围绕与君主制有关的条款进行了辩论。国王回归的重要性表现在他们下令要重现“军团入里斯本城”的仪式，这是为庆祝 1502 年 8 月 30 日曼努埃尔一世回归而设计的历史仪式。议会打算将地理大发现时代的国王光环再次赋予君主制。作为仪式的一部分，该城的钥匙将被递交到国王若昂六世的手上。

尽管国王受到了隆重的欢迎，但毫无疑问他很清楚现在的 225
真正权力所在。在 7 月 4 日下船之前，他接见了来自摄政集团和议会的代表。为了彰显权力，他们禁止国王 11 位顾问的到来，因为他们被认为是“危险分子”。其中有帕尔梅拉伯爵、大臣托马斯·德·维拉·诺瓦·波图加尔和里奥塞科子爵若阿金·若泽·德·阿泽维多，他们全都被送回了巴西。在这场持续的激烈争夺战中，赢家是1820年的人民，这也正是这些葡萄牙革命者为人所知的称谓。同一天，国王被迫任命一个取代摄政集团的新内阁，并成为君主立宪制下的君主，这改变了其政治地位。但是，如果有人相信君主制的象征意义会减少，那他们就错了。君主在王后和米格尔王子的陪同下进入里斯本被认为是一次胜利。7月5日，尽管情况危急，君主在里斯本仍被视为葡萄牙胜利的最大奖杯。

尽管若昂六世接受了新的形势，卡洛塔·若阿金娜却没有接受。她强烈反对革命和对王室特权的攻击。她是唯一拒绝宣誓遵守1822年新宪法的王室成员。她被囚禁在辛特拉的拉马豪宫（Palácio do Ramalhão），[18]但从未惊慌失措。她从王宫给丈夫写信，谴责那些“包围并欺骗”他的人。同时，尽管堂佩德罗仍远在巴西，但他不是他父亲的傀儡。他有自己的意愿。因此，起初他很容易成为当地精英的攻击目标，他们害怕葡萄牙革命的进展，并试图维护自己的社会优势。[19]

但是，这位新摄政王很快就卷起衣袖开始工作，并逐渐让自己从边缘处走到了舞台中央。临时政府在第一份似乎由阿尔库斯伯爵撰写的公告中，批准了在教育、农业和商业方面的一系列改革，并警告称，希望人们“严格遵守法律”和“持续保持警惕”。这些措施的实际效果可能很小，但它们实现了新摄政王的意图：让人们感觉到他的存在。那是一个谨慎的时期，没有人知道葡萄牙事件的后果会是什么。里斯本议会彼时提议用分为欧洲和美洲两部分的一个王国的概念，取代由一个君主统治的两个自治王国的概念。

议会急于看到他们的计划得到实施，并要求派一个巴西代表团前往葡萄牙。巴西的最初反应是个惊喜。不仅总督制时期的旧都里约热内卢和巴伊亚热情地支持宪政，而且与殖民地其他地方分开管理的北部帕拉省也跟风表示支持。最初，自由革命在巴西受到欢迎，是反对旧制度专制主义自由斗争的一部分。巴西人尚未意识到这场旨在重新殖民该国的运动的力量，葡萄牙精英只有在巴西服从自己的宪政时才赞成巴西的宪政。 226

但一开始，殖民地的反应是积极的，巴西开始了选举其议会代表的程序。前一年 11 月 22 日发布的指示很明确：除国家顾问和王朝雇员外，所有帝国公民都被视为有资格者。每 3 万名居民将有 1 名代表。以巴西为例，各领地（从那时起被称为省）将设置忠于革命的起管理作用的立法机构。[20]人口数字是基于宫廷到达巴西那一年即 1808 年的数字，当时估计有 2323386 个居民。因此，该国有权选举 77 名代表，尽管实际上只有 68 名代表出席了会议。葡萄牙有权选出 100 名代表，马德拉和亚速尔群岛可以有 9 名代表，非洲和亚洲领土可以有 8 名代表（佛得角，比绍和卡谢乌，安哥拉和本格拉，圣多美和普林西比，莫桑比克，果阿，澳门，帝汶和索洛）。[21]

来自伯南布哥的代表于 1821 年 8 月 29 日到达里斯本，他们是首批到达的代表。其中包括穆尼斯·塔瓦雷斯（Muniz Tavares）[22]和阿劳若·利马（Araújo Lima）[23]。里约热内卢和巴伊亚的代表中也有重要的巴西人物，分别是未来的巴拉那瓜侯爵（Marquis of Paranaguá）[24]、西普里亚诺·巴拉塔·德·阿尔梅达（Cipriano Barata de Almeida）[25]和弗朗西斯科·阿戈什蒂纽·戈梅斯（Francisco Agostinho Gomes）[26]。然而，圣保罗代表团的成员是唯一做了准备工作的人。[27]他们带来了一系列盖有若泽·博尼法西奥·德·安德拉达-席尔瓦（José Bonifácio de Andrada e Silva）[28]印章的明确指示，以及他最关注的议题：废除奴隶制和印第安人皈依天主教。圣保罗的代表包括安东尼奥·卡洛斯·里贝罗·德·安德拉达·马沙多-席尔瓦（Antônio Carlos Ribeiro
227 de Andrada Machado e Silva，他也许是若泽·博尼法西奥兄弟中最有才华的一个）。席尔瓦兄弟是桑托斯一位富裕且出身于名门的商人之子。若泽·博尼法西奥是著名的知识分子和政治家。他曾在葡萄牙求学多年，在科英布拉任过教，并且担任过重要的行政职务。圣保罗代表团带来的文件还明确要求两国代表人数应相同，且君主国驻地应在两国间轮换。但它没有引起多大关注。议会自1821年1月以来一直在开会，其首批措施包括地方政府从属里斯本，以及撤销国王若昂六世统治期间签署的贸易协定。葡萄牙和巴西之间缺乏一致性，这一点从一开始就很清楚，议会的顽固立场只会让二者间的分歧越来越大。实际上，那些前往葡萄牙并对参与有关法律面前人人平等的原则和巴西权利的辩论抱有希望的人感到非常沮丧：对于许多葡萄牙代表来说，这块殖民地不过是"一片满是猴子、香蕉和从非洲海岸收获而来的弱小黑人之地"。[29]

巴西形势同样不稳定。伯南布哥和巴伊亚当权集团支持葡萄牙的政策，而里约热内卢当权者则分成了两派：与若泽·博尼法西奥有关的保守派和由若阿金·贡萨尔维斯·莱多（Joaquim Gonçalves Ledo）[30]领导的激进派。此时作为新摄政王的堂佩德罗在关注当地问题和对父亲的忠诚之间摇摆不定。为了表示孝顺，他在给国王的信中表达了他的爱戴，并将疑虑隐藏了起来："我的女儿每天都在问候她祖父的健康，她已经会走路了。我的儿子已经能抬头了，他长大了，也壮实了。"[31]堂佩德罗面临许多困难，尤其是寻找解决他“继承”的财务困难的方法。这一问题是由王室匆忙离去造成的，而巴西银行再次濒临破产的严峻形势进一步加剧了这一问题。

堂佩德罗“芳心猎手”的恶名也可以追溯至这个时期。在写给父亲的不那么谨慎的信中，他提到了他在宫殿中的婚外情，以及他的行为如何让仆人们议论纷纷。王子对他参与政治一事也同样怀着浪漫之情，并渴望在帝国政治中扮演重要角 228
色。也许这就是他被民族主义狂热感染的原因，这种狂热开始控制在葡萄牙的大多数巴西代表，并传导回了巴西。这种态度上的转变是由葡萄牙议会引发的：1821 年 7 月 13 日，他们成立了临时议会，进而废除了国王若昂六世统治下的立法，包括任命其子堂佩德罗为“巴西王国全体政府和行政部门”首脑的法令。在 1821 年 9 月下旬至 10 月之间，葡萄牙议会颁布的一系列措施明确表明了他们的真实意图：将巴西主要政府部门移交里斯本。新的特遣部队将被派往里约热内卢。最后，议会于 9 月 29 日签署了一项法令，要求摄政王返回葡萄牙。最初，堂佩德罗回答称，他将遵从这一命令，且他“不再想影响巴西的事件”。[32]但是议会的法令让巴西政客们感到震惊，且堂佩德罗没有信守诺言。

议会还决定将巴西各省变为葡萄牙的海外省，因此里约热内卢将不再是统一巴西的中心。摄政王留在巴西的任何要求均不被接受。1821 年 12 月 14 日，堂佩德罗给他的父亲写信：“法令的颁布使巴西人极为震惊，他们走上街头大声疾呼：如果宪法不利于我们，那就让它滚蛋。”王子急忙补充说，他将毫无疑问地尊重法令，但与此同时，如果“人民迫使他不完全履行这些主权指示”，他将保持“理智”。[33]压力来自各方。

如果他离开，巴西将宣布独立。如果他留下，它将保持统一，但不再接受葡萄牙议会的命令。在 1821 年致父亲的最后一封信中，堂佩德罗写道："以前［主张独立的］观点并不普遍，但现在已经根深蒂固了。"

1822 年的开篇充满许多不确定性和疑虑。"巴西党"尽一切可能确保王子留在巴西，正如那些激进团体所做的一样，其中有一些开始出版期刊，其全部重点是说服他留下。尽管先前
229 有过争议，但现在王子留在巴西是各方的一致立场。不过，由于从里斯本来的书信需要两个月才能到达，堂佩德罗仍保持谨慎。正如布拉干萨家族因其优柔寡断而臭名远扬一般，他也深受其害。他的妻子利奥波丁娜王妃决定增加压力。她发现他"不像我希望的那样果断"。[34]

随着时间的推移，王妃将成为支持巴西脱离葡萄牙统治和堂佩德罗违抗议会的重要人物之一。她似乎对葡萄牙的宪政和君主权力的侵蚀感到担忧。"巴西党"需要以象征性的方式来说服堂佩德罗，这是任何人或团体为任何历史事件做准备时的自然过程。在葡萄牙命令堂佩德罗立即返回里斯本的法令到达之后，"抵抗俱乐部"在 1821 年 12 月 9 日成立于里约热内卢、圣保罗和米纳斯吉拉斯。"巴西党"领袖贡萨尔维斯·莱多建议参议院主席若泽·克莱门特·佩雷拉（José Clemente Pereira）试探堂佩德罗关于他将如何回应恳请他留下的正式请求。接着，1822 年 1 月 1 日，若泽·博尼法西奥致信摄政王，正式请他留下而不是"成为少数破坏者的奴隶"。若泽·博尼法西奥自 1821 年 6 月以来担任圣保罗临时执政委员会副主席，他对摄政王施加的影响力日益增大。

1 月 9 日，在王宫举行的参议院招待会上，一份有 8000

多个签名的正式请愿书被呈给堂佩德罗，请求他不要离开巴西前往葡萄牙。这一做法的目的很明确：确保王位继承人留在巴西，试图减弱笼罩着葡萄牙的殖民主义情绪浪潮。据称，正是在这种情况下，堂佩德罗发表了他的著名宣言：“告诉人民，我将留下。”[35]他是否真的说过这些话值得怀疑。会议记录附有第二份声明。根据第一次陈述，王子事实上回答说：“我确信，我本人身在巴西符合整个葡萄牙民族的利益，且深知这是某些省的心愿，我将在充分了解所发生情况的前提下推迟我的出发日期直至议会和我威严的父亲阁下对这方面进行仔细商讨。”但是，该文件在附言中指出，这些并非摄政王的确切用语，应将其替换为以下内容：“为了所有人的利益和国家的整体幸福，我已经做好了准备。告诉人民，我将留下。”[36]无论王 230
子是否讲了这最后几句话，他接着走向宫殿的阳台并宣称：“现在，我所能建议的是团结与安宁。”有趣的是，正是“我将留下”这句话没有出现在第二天即1月10日的参议院记录中，该记录指出，在前一天由于“接见室里所有人都感到欢欣鼓舞”，“措辞有相当大改变”的声明已经发表。[37]政治常常受到不同版本的事件影响，就这一特例来说，最能引起共鸣的话语流传了下来。无论如何，让我们坚持使用第二个版本的声明，因为堂佩德罗在2月16日给葡萄牙议会的信中宣布他打算留下，并宣称巴西希望“被视为兄弟，而非儿子；被视为与葡萄牙平起平坐的君主，而非臣属；独立……正如它的现状一样，且仅此而已”。

尽管这封信的措辞毫不妥协，但重要的是要记住，只要巴西能保留其所取得的自治权，大多数巴西精英仍然希望留在葡萄牙帝国框架内。这是围绕若泽·博尼法西奥保守派政府的立场，他们在寻求一种温和的解决方案。这些保守派遭到激进团体的反对，后者主张采用新的代表形式，甚至可能拥护共和政体。尽管各派之间存在分歧，但新的方向不言而喻，即旧秩序不会恢复。然而，这是一个双向过程，由巴西国内外发生的事件共同造成的：一方面，葡萄牙议会毫不妥协；另一方面，巴西内部越来越意识到独立是目前唯一的途径。甚至有人认为，此时此刻葡萄牙实际上想摆脱巴西及其挑衅。事实上，从堂佩德罗做出留下来的象征性承诺到他于 9 月 7 日在伊匹兰加河河岸发表著名的独立宣言的短暂时间内，在大西洋两岸均有冲突爆发。

一点点独立

可以推测，如果没有议会的政策，支持独立的情绪需要更
231 长的时间才会在巴西出现。巴伊亚仍未原谅里约热内卢取代其成为总督辖区首府，且尽管北部省份继续要求在该地区建都，而在南部则有一派要求将首都迁至圣保罗。但是，没有什么比共同的外敌更容易将敌手召集在一起了。堂佩德罗越来越意识到自己的角色，他宣称“已受够了侮辱”，[38]并且舆论已开始吸收独立的概念。被称为“第一线陆军”（Exército de 1a Linha）的巴西陆军的成立是为了应对葡萄牙军队拒绝宣誓效忠于堂佩德罗的事态。一个新的政府部门成立。新政府发布的法令中有一项禁止弗朗西斯科·马克西米利亚诺-索萨（Francisco Maximiliano e Sousa）带领的远征队在 3 月 9 日登陆里约热内卢。他被葡萄牙派去将堂佩德罗带回里斯本，被派出的还有一个像曾护送堂佩德罗父亲一样的舰队。

与此同时，议会正在听取有关王子立场的各种报告。他们

首次发出了一封更具和解性的信函，意在希望他们收紧“缰绳”，而不是将它切断。尽管如此，气氛仍旧紧张。很快紧张气氛再次升级：葡萄牙人对堂佩德罗的态度勃然大怒，称若泽·博尼法西奥和他的内阁同僚为“道德败坏的小偷”，并认为是他们影响了王子。此时，事态发展迅速。到 1822 年 2 月，巴西南部地区已形成一个单一的政治集团，里约热内卢、圣保罗、圣卡塔琳娜甚至米纳斯吉拉斯等省都同意以摄政王为首的独立计划。若泽·博尼法西奥认为，避免分裂主义甚至更为自由的人民革命的唯一方法是以君主为中心进行运动，且他的观点越来越为人们所接受。独立是大势所趋。尽管各省之间的利益存在重大冲突，但从理论上讲，它们在独立这一思想上是团结一致的。

葡萄牙议会的紧张气氛丝毫没有减弱。巴西代表们的提议常常受阻。正如其中一名代表在致《里约热内卢邮报》（*Correio do Rio de Janeiro*）的信中所写的那样：“不仅在葡萄牙和巴西代表之间，而且在人民之间的竞争都变成了仇恨。”[39]一些巴西代表既不宣誓遵守也不签署《葡萄牙宪法》。当人们越来越清楚地意识到他们的目标已被挫败时，其中有一些人秘密地逃到了伦敦。[40]那些离开的人中有迪奥戈·安东尼奥·费若 232
（Diogo Antônio Feijó）[41]、若泽·达·科斯塔·阿吉亚尔·德·安德拉达（José da Costa Aguiar de Andrada）和安东尼奥·马诺埃尔·达·席尔瓦·布埃诺（Antônio Manoel da Silva Bueno），他们均来自圣保罗，以及来自巴伊亚的代表西普里亚诺·巴拉塔（Cipriano Barata）、弗朗西斯科·阿戈什蒂纽·戈梅斯和若泽·利诺·科蒂尼奥（José Lino Coutinho）[42]。

与此同时，在巴西，倾向于浪漫化的堂佩德罗与共济会走得越来越近。在其著名的“我将留下”的宣言背后，共济会曾是主要的影响力。1822 年 5 月 13 日，在国王若昂六世的生日庆典中，堂佩德罗正是被共济会巴西分会第一代总导师若泽·博尼法西奥·德·安德拉达-席尔瓦授予了“巴西永久的保护者”头衔，那时共济会就变得更加重要。但是，分会中有其他重要成员不赞同若泽·博尼法西奥的立场。尽管反对奴隶制，但若泽·博尼法西奥并未隐藏其关于独立的保守主义政治立场：他捍卫更大的自治权，但反对与葡萄牙进行任何形式的彻底分离。

在共济会内部也产生了意见分歧，其中最保守的群体希望建立拥有有限代表席位的君主立宪制，而更激进的群体则设想着具有普遍政治权利的共和国。在关于是否在巴西选举制宪议会的讨论中，这种分歧最为明显。若泽·博尼法西奥和他的集团反对召集此议会，而贡萨尔维斯·莱多（最激进派别中的一员）和马蒂姆·弗朗西斯科（若泽·博尼法西奥最年幼的弟弟）等人则表示支持。激进派提出请愿，要求召集全体代表大会。该文件有 6000 多个签名，于 1822 年 5 月被递交给了堂佩德罗。[43]在这一压力下，堂佩德罗 6 月 3 日召集了制宪议会。毕竟，当巴西的声音在里斯本议会遭到扼杀时，该国没有代表制度，没有合法的行政部门，最严重的是，没有防止再度被殖民化的保护措施。贡萨尔维斯·莱多和雅努阿里奥·达·库尼亚·巴尔博扎（Januário da Cunha Barbosa）等领导人对此发表了煽动性的讲话，而报纸在强烈抗议里斯本议会的同时也在火上浇油。尽管贡萨尔维斯·莱多想要直接选举，而不太激进的团体则希望进行间接选举，但寻求解决方案的紧迫性使双方团结在了一起。[44]

6月3日巴西制宪议会就是在这种情形下召开的。最终定 233
稿由若泽·博尼法西奥所作，但大多数想法源自贡萨尔维斯·莱多。其中心主题也被包含在堂佩德罗前一天的声明中，即“由民族团结主导的独立”。该法令还确立了选举代表的标准：米纳斯吉拉斯20名代表；圣卡塔琳娜、北里奥格兰德、皮奥伊和里约热内卢各1名；圣保罗9名；巴伊亚和伯南布哥各13名。[45]摄政王于1822年5月4日签署的另一项法案规定，葡萄牙议会持续发布的所有法律、命令和决议都需经巴西内阁批准后才能实施。立法机构再次对里斯本不断增长的敌意做出反应。每艘船都带来了灾难性的消息：新军队的组建、旨在监管巴西的特别委员会的成立、对堂佩德罗“巴西永久的保护者”头衔的褫夺，以及对巴西王国统一或独立的否决。

在授权仪式之后，堂佩德罗被邀请成为共济会成员，并被命名为“瓜蒂莫辛”（Guatimozim，意为“进入神秘世界”）且立即升任共济会巴西分会总导师。共济会的仪式激发了年轻摄政王的想象力，摄政王在秘密的氛围中与这个团体中更加保守的派别进行了结盟。同时，由于天生任性固执，他越来越反抗葡萄牙议会的指示，且议会成员仍未意识到他在巴西的权力，继续挑衅他，称他为那个“黄毛小子”或“可怜的小人”。

诉讼“离婚”已成必然。1822年8月1日由贡萨尔维斯·莱多起草但被认为由堂佩德罗所写的宣言最终宣布“分家”：“巴西人！是时候停止欺骗人民了……巴西南部各省此时已团结起来，将呈现一个民族的庄严姿态，这是承认其自由和幸福的人民，这些人民现在求助于我，你们的朋友，亦是你们国王的儿子……”[46]在贡萨尔维斯·莱多的鹅毛笔下，堂佩德罗似乎就是叙述者，并以自己的行动展现力量，可以肯定的是，他们被“葡萄牙人的恶行”激怒了。

此时，由贡萨尔维斯·莱多领导的自由派遭受了重大挫
234 折，他们的地位被削弱。6 月 19 日，他们直接选举制宪议会的动议被否决。巴西的独立源自该国拒绝接受来自葡萄牙议会的进一步干预，代表了若泽·博尼法西奥及其支持者即保守派、君主主义者和温和的立宪主义者的胜利。保守派吞并了贡萨尔维斯·莱多的“巴西党”。此时，若泽·博尼法西奥的共济会追随者、农村财产所有者和富商控制了政府的运作。[47] 8 月 6 日发布的另一份宣言也由若泽·博尼法西奥所作。[48]尽管宣称“如果君主制消失，巴西将会迷失”，但该文件在很大程度上是反葡萄牙的。同月，摄政王宣布视所有葡萄牙军队为敌，巴西各省省长受令不允许里斯本议会任命的官员上任。一系列新的法令明确表明该殖民地已经自治，缺的只是一场正式的典礼。

“在伊匹兰加平静的河岸上”[49]

最终，祝圣仪式在圣保罗举行。甚至经常被指责偏爱自己省份的安德拉达家族，包括若泽·博尼法西奥和他的兄弟们，都没有预想到这样的结果。在访问了里约热内卢和米纳斯吉拉斯以解决当地冲突之后，堂佩德罗在一小撮密友的陪同下于 1822 年 8 月 14 日前往圣保罗，其中包括：主要官员、仆从和政治秘书路易斯·德·萨尔达尼亚·达·伽马（Luís de Saldanha da Gama，后来的陶巴特侯爵），王室仆从、摄政王最爱的情人即未来的桑托斯侯爵夫人[50]的兄弟弗朗西斯科·德·卡斯特罗·坎托-梅洛（Francisco de Castro Canto e Melo），其同伴、秘书且据传为精心安排往来于王家卧房人员的那个绰号为

“爱开玩笑者”（Chalaça）的弗朗西斯科·戈梅斯·达·席尔瓦（Francisco Gomes da Silva），私人仆人若昂·卡洛塔（João Carlota），以及王家衣橱的仆从、掌马官和王家花园监管人若昂·卡瓦略（João Carvalho）。后来加入这一群人的有若阿金·阿拉尼亚·巴雷托·德·卡玛戈（Joaquim Aranha Barreto de Camargo）中尉和王子的密友及导师贝尔肖尔·皮涅伊罗·德·奥利韦拉（Belchior Pinheiro de Oliveira）神父。在里约热内卢，利奥波丁娜王妃被任命为摄政王，负责主持内阁会议并 235
在内阁首席大臣若泽·博尼法西奥的陪同下代替丈夫举行公开召见仪式。

这一小群人花了 10 天时间从里约热内卢来到了圣保罗，整个路程为 470 公里。他们在阿雷亚斯、洛雷纳、陶巴特和阿瓜布兰卡的农场过夜，在那里得到了支持，但也听到了来自安德拉达兄弟反对者的批评。在到达圣保罗之前，他们受到了戴着龙骑兵头盔、穿着马靴的仪仗队和一群为王子服务的军官的欢迎。他们于 1822 年 8 月 25 日进入圣保罗。当时，在这个拥有不超过 6920 名居民的小城里，到处是狭窄弯曲的街道。9 月 1 日，王子离开圣保罗前往桑托斯，他正是在 9 月 7 日那个决定性的早晨从那里出发的。

堂佩德罗在圣保罗的目的是解决在起义期间，即弗朗西斯科·伊纳西奥（Francisco Inácio）的“暴动”（bernarda）期间爆发的冲突。“Bernarda”这个词出于圣伯纳德（St Bernard）和本笃会修士对伊纳西奥的改革所表现出的无知。正如托马斯·安东尼奥·维拉·诺瓦·波图加尔使用该词形容 1820 年的波尔图立宪革命一般，这个词已成为“愚蠢”的同义词。他对“bernarda”一词的使用在报纸上得到广泛评论，该词最终被口语化为“暴动”和“民众起义”的代名词。该术语的来龙去脉无关紧要，重要的是摄政王将弗朗西斯科·伊纳西奥对安德拉达家族力量的“暴动式”反抗视为对其个人的侮辱，并对此做出了回应，即任命若泽·博尼法西奥的弟弟马蒂姆·弗朗西斯科为财政大臣。他决定亲自访问圣保罗，以明确表示他对安德拉达兄弟的支持。

堂佩德罗前往桑托斯的旅程具有政治动机，但是没有什么可以阻止他在那里违反第六条诫命[1]的。他作为“芳心猎手”的名声在外，据说无论是在贵族、宫廷成员还是在他的奴隶中，他永远都不会缺少一个有吸引力且心甘情愿的女性伴侣。在桑托斯就发生过一个著名的事例，王子看到一个如此貌美的女奴，以至于他坚持要在那时和那里得到她。但是，使与巴西独立有关的其他八卦均黯然失色的最臭名昭著的事例尚未发生。那件事与多米蒂拉·德·卡斯特罗·坎托-梅洛（Domitila de Castro
236 Canto e Melo）有关，她是若昂·德·卡斯特罗·坎托-梅洛上校和其妻埃斯科拉斯蒂卡·德·奥利韦拉·托莱多·里巴斯（Escolástica de Oliveira Toledo Ribas）之女。

多米蒂拉出生在圣保罗，比堂佩德罗年长差不多一岁。她成熟、貌美且忍受着不幸婚姻和用她自己话说的“乡下生活的局限性”。尽管她可能不是孩子们的好母亲，且她认为孩子们的父亲更逊色，但急于做出判断会是个错误：多米蒂拉本人从未想象过她在这次旅行中扮演的角色。相反，当时她正与丈夫产生分歧，她丈夫指责她通奸，要求获得他们三个孩子的监护权。目前尚不清楚她是否计划通过其兄弟（王子核心圈子

---

① 天主十诫中的第六条为“不行邪淫”。

的成员）请求堂佩德罗进行干预，或者他们的碰面纯属偶然。这一点不重要。据 1820 年代流传的故事，堂佩德罗从桑托斯遥远的城区返回时遇见了一位美丽的女子，这位女子坐在由两名奴隶抬着的轿椅上。王子大胆地下马向这个陌生人致意，并称赞了她的美貌。

短暂交流之后，他抬起了轿椅。据说，她喃喃自语道："陛下，您真强壮！"而他回答说："以后侍候你的将永远不会是这样弱小的黑人。"[51]尽管这个故事可能会随着时间的流逝而被添油加醋——尽管王子的用语很糟糕——他们的碰面似乎是偶然的。不过，至今仍不清楚多米蒂拉的兄弟弗朗西斯科·德·卡斯特罗·坎托-梅洛在王子的随行人员中到底做了什么。这次碰面是由于兄弟的干预，是缘分还是有预谋的相遇，都无从得知。众所周知的是，他们的相遇标志着巴西历史上最著名的爱情故事的开始。这场婚外情依赖于多米蒂拉整个家族的同谋：她的兄弟、父亲、叔伯和堂表兄弟姐妹，他们全都获得了皇帝的特权、荣誉和优待。他们相遇的日期大概在 1822 年 8 月 29 日至 31 日之间。从那时起，两者之间的关系越来越紧密。

无论如何，堂佩德罗是时候回里约热内卢了。他的归程没有引人注目，主要是因为由 30 名年轻士兵组成的摄政王特别护卫队被解散。他的出访变得越来越非正式。到此时，他们已 237
经做出了脱离葡萄牙的决定，只是正式的公告尚未发出。8 月 14 日，王子一离开里约热内卢，若泽·博尼法西奥便向外交使团发出了一份通函，借此宣布解放巴西。

剩下的就是将堂佩德罗推到舞台中央。这一时机很快就出现了：8 月 28 日，"三颗心号"双桅横帆船抵达里约热内卢，带来了里斯本惯常发来的坏消息：议会命令王子即刻返回，撤销了被他们认为是特权的多项措施，并指控堂佩德罗的大臣们叛国罪。

若泽·博尼法西奥在里约热内卢召集了内阁会议，他们迅速做出决定：时机已到。当时的情况非常紧急，若泽·博尼法西奥的信使保罗·布雷加罗（Paulo Bregaro）收集他所需的尽可能多的马匹。然而，信使们见到王子时，他正处于不太“高尚”的境况。他已爬上了库巴唐（Cubatão），这座小城位于将桑托斯与圣保罗隔开的马尔山（Serra do Mar）的山顶之上，此时王子衣衫褴褛，身穿普通军服。更糟糕的是，9月7日那天早上，堂佩德罗身体抱恙，尽管情况并不严重，但无疑感觉很不舒服。也许是因为饮食改变或饮用不净之水，王子醒来时胃部不适。他时不时感到胃部绞痛，因此他不得不离开行进团，导致行军队伍停了下来。曼努埃尔·马孔德斯·德·奥利韦拉·梅洛（Manuel Marcondes de Oliveira Melo）上校是他此行的一位同伴，委婉地描述了这一情况，称王子经常被迫下马，以便他可以“照料自己”。[52]这几乎不是发表一个宏伟声明的好时机，但这是被命运选中的时刻。

最早的信使到达莫因纽斯村（Moinhos），弗朗西斯科·德·卡斯特罗·坎托-梅洛便将来自葡萄牙的消息告知了堂佩德罗。后来，多米蒂拉的兄弟写了一份9月7日事件的美化版本，其中非常重视他自己和王子所扮演的角色。[53]符合他的狂暴个性那般，堂佩德罗立即激动地奔向圣保罗。但若泽·博尼法西奥的信使在中途遇到了他，就在“伊匹兰加河附近的一座小山的山顶”。[54]在这个山坡的山顶上，放眼望去就是远处的圣保罗小镇，大约下午4点，堂佩德罗收到了安东尼奥·拉莫斯·科尔代罗（Antônio Ramos Cordeiro）少校的来信。

他收到了好几封信，有来自议会的行政法案，以及若泽· 238
博尼法西奥、安东尼奥·卡洛斯（Antonio Carlos）和利奥波丁娜王妃的来信（一封日期为8月28日，另一封日期为8月29日）。看完信件后，堂佩德罗告知其疲惫不堪的随行人员，葡萄牙议会正计划"屠杀"巴西。他大声读出了要求解散其部委并召集新议会的文件。最突出的是若泽·博尼法西奥的来信："愿陛下尽快做出决定，因为缺乏决心和仅采取温和的措施……将一事无成，错过时机将可能带来灾难。"[55]除了这些信件以外，还有传言说堂佩德罗的弟弟堂米格尔已取代他成了葡萄牙王位的继承人。于是，他采取了行动：宣布独立。

那是历史书中通常讲述的故事版本，但现在是时候重写那些有点戏剧化的事件。下午4点30分，堂佩德罗骑着马，忍受着腹泻的间歇发作和旅途的疲惫，正式宣布已然存在的现实。他从帽子上撕下了代表葡萄牙宪法的蓝白丝带，将其扔在地上，然后拔出剑来大声而清晰地大喊道："是时候了！……不独立，毋宁死！……我们已经脱离葡萄牙……"根据坎托-梅洛的说法，当时所有在场的人都宣誓称"荣誉将他们联合起来以实现这一伟大的自由理想"。[56]多年后，多米蒂拉的兄弟创作了一个富有想象力的叙述版本，说当时那里挤满了人，尽管众所周知的是，这件事发生在一个偏远僻静的地方。

王子的好友贝尔肖尔·皮涅伊罗神父讲述了另一个版本，他自称为堂佩德罗大声读出了这些信，王子听完信后气得发抖，一把撕掉了神父手中的信，还踩了几下。接着，据说在神父的建议下，堂佩德罗使自己平静了下来，系好他制服上的扣子，并问道："贝尔肖尔神父，现在怎么办?"神父答道："如果陛下您不当巴西国王，您将成为议会的阶下囚，并很可能被剥夺继承权。除了独立和分裂，别无他路。"据贝尔肖尔神父说，王子接着道："如果这是他们想要的，那就是他们会得到的。议会对我百般迫害，他们鄙视地称我为那个卑鄙的黄毛小子、那个巴西佬……好吧，让他们看看这个卑鄙的黄毛小子可
239 以做什么。"他接着说："朋友们，议会……想要奴役我们、迫害我们。从今天开始，我们与葡萄牙恩断义绝。我们之间不再有任何关联!"据称，他接着大喊"巴西独立万岁！分离万岁!"，并总结道："我以我的鲜血、我的名誉、我的上帝发誓，我要使巴西自由。"

可以看出，措辞会因叙述者不同而不一样，而叙述者似乎总是让自己扮演主要的辅助角色。历史上流传下来的是佩德罗一世"不独立，毋宁死"的呼声，这一呼声在贝尔肖尔和坎托-梅洛的版本中都出现过，它象征着这一时刻。军队重复了这一呼声，赋予了那个遥远的地方这种场合所要求的庄严。即使这些事件（仅由 38 个人见证）没有完全按照所叙述的那样发生，它们也立即成了历史。消息一传到圣保罗和里约热内卢，"不独立，毋宁死"的口号便以表示支持的胜利口号被重复着。

人们极度热情地迎接堂佩德罗返回里约热内卢。刊物《镜报》（*O Espelho*）揭示了这个新闻是如何掀起猛烈势头的。9 月 17 日，该刊用一则简单的通知告知公众，王子已从短暂的 5 天圣保罗之旅中回到里约热内卢。但是，9 月 20 日，它却以鲜艳的色彩宣称："不独立，毋宁死！这是团结所有巴西人的呼声……巴西已从昏睡中醒来……因此，巴西永久的保护

者回应了其忠实的人民的强烈抗议，他们更喜欢公然的敌人而非奸诈的朋友……”[57]

堂佩德罗返回里约热内卢的速度比平常的速度快得多。也许是受事态发展的刺激，他这一趟行程仅花了 5 天时间，而信使通常需要长达 9 天的时间，他在 9 月 14 日黎明到达圣克里斯托旺宫。摄政王走进王宫时浑身被雨湿透，但胳膊上戴着一条绿丝带（绿色是象征布拉干萨王朝的颜色），下面是刻有“不独立，毋宁死”字样的镀金金属徽章。经由议会改造作为葡萄牙新象征的蓝白色丝带已被作为新的民族色彩的绿黄色丝带取代。黄色到底是代表多米蒂拉送给堂佩德罗的黄色花朵，还是代表哈布斯堡王室，读者可以自行决定。这一新丝带成了时尚，正如名为《信使》（*Volantim*）的期刊广告中所示，它 240
们在推销黄绿色丝带以及其他“独立装饰品”：“出售：带有‘不独立、毋宁死’字样的金色丝带，只需 12 枚银币①。金坦达街（精神病院后 40 号、84 号、58 号和 10 号）和卡代亚街 58 号的杂货商店均有售。”[58]这些新色彩被应用到了巴西的国旗和国徽中。它们被展示在贵族的家中、精英的衣袖上，以及在每个家庭均可被发现的物件上——杯子、罐子、缸子、时钟和风扇。[59]

10 月 12 日举行的庆祝巴西第一位皇帝登基的活动让人想起 1808 年迎接他的父亲若昂六世的庆祝活动。尽管下着雨，窗户外仍挂起了锦缎被，街道上散落着芳香的叶子。举行仪式的圣安娜广场随后改名为登基广场（Campo da Aclamação）。庆祝活动包括游行、皇帝现身在宫殿阳台上、在王家礼拜堂唱

① vintém，葡萄牙、巴西古货币。

响感恩赞、吻手仪式，以及随后在剧院举行的特别演出。民间娱乐活动包括斗牛、跳舞、饮酒、宴会、赛马和哑剧。这些活动远非无足轻重的，它们是政治仪式，旨在使人们适应脱离葡萄牙的现实，以及佩德罗一世作为皇帝的新角色，目的是使其成为一个难忘的时刻，以巩固巴西的地位。

9月7日宣布独立后，佩德罗一世在给父亲的第一封信中清楚地表明了什么是时过境迁。他没有质问其父亲的角色，而是对议会的权威提出了质疑："里约热内卢，1822年9月22日。我的父亲阁下：我很荣幸收到陛下8月3日的来信，在信中陛下您斥责了我写作和谈论葡萄牙-西班牙派系的方式……"接着，这封信后面的措辞越来越慷慨激昂：

> 我们用两个词回答：我们不想要（Não queremos）。如果葡萄牙人民有权进行立宪革命，那么巴西人民显然享有两倍的权利……在坚持这些无懈可击的原则的前提下，我向这个嗜血的哈里发宣布……作为巴西王国的摄政王及其永久的保护者，我宣布这些充满争议、令人憎恶、马基雅维利式、混乱、堕落和险恶的议会强加给巴西的所有法
> 241 令和其他一切均无效……从葡萄牙那里我们什么都不想要，绝对什么都不想要……他们不过是一群邪恶的反君主主义者和谋杀者，他们将陛下您拘禁，让您受尽耻辱。巴西独立将取得胜利，并将进一步胜利，我们将誓死捍卫它……首先，尽管他们没有参加过外国议会，但他们将进一步了解这个"卑鄙的黄毛小子"及其能力。……请恕我直言，我将永远是陛下您亲爱的儿子和尊敬您的臣民。——佩德罗[60]

就是在这封语法错误百出、措辞慷慨激昂的信中，那个“流氓”宣布要报仇。

解放就这样完成了。这种解放在孕育共和国而非君主国的美洲独立运动中独树一帜。事实上，这一解放没有根本性的变化，尽管它引发了丰富的政治评论——以小册子的形式——这证明独立是整个社会都非常关心的问题，各行各业的人都参与了辩论。被解放推上权力中心的不是一位总统而是一位国王，即来自布拉干萨家族的葡萄牙君主。也许出于这个原因，一种“独立传奇”诞生了，它通过一系列概述和交织在一起的事件重新讲述了一部史诗：王室一行的到来、港口的开放、巴西作为王国的地位、“我将留下”、“遵守”，以及最后在 1822 年宣布独立。这是一个似乎已成定局的序列，这一系列事件都不可避免地促成了巴西帝国的建立。

然而，应该说这种保守的解决方案并非唯一的可能性。建立帝国的方案战胜了其他更激进的方案，包括建立共和国的计划。实际上，各省对巴西帝国的支持并不像历史书中所说的那样容易。解放的过程不仅限于 1820 年至 1822 年；帝国的基础是建立一个单一国家的概念，是由那些参与者宣传的事件版本来表达里约热内卢精英阶层的观点。值得一提的是，独立是若
泽·博尼法西奥信仰的副产品，这是因为他意在遏制激进自由 242
主义者（换言之，共和主义者）的扩散，或者因为他认为巴西的存在早于各省，因此，葡属美洲注定要成为一个庞大的帝国。例如，在伯南布哥，公众舆论一直反对建立一个单一国家的想法，这么做将有利于里约热内卢，而这是不公平的。[61]基本上可以说，巴伊亚从 1822 年末至 1823 年 6 月中旬发动了内战，直到 1823 年 7 月 2 日才加入联盟，因此这个日子仍被庆

祝为国家解放的日期。

然而，9月7日是一个象征性的日期，它将这一漫长的分裂过程推向了终点，这个过程始于葡萄牙宫廷的到来，最后以在美洲中部建立君主政体而告终。在共和国的包围下，巴西将皇帝置于权力中心，这让其拉美邻居感到震惊和不信任。解放绝非佩德罗一世堂吉诃德式的个人行为。相反，它是由殖民制度和君主专制引发的一系列紧张局势和约定导致的结果，是近世终结的特征。随着旧制度的瓦解，商业殖民主义的基础也瓦解了。

巴西的解放结果既独特又平庸。尽管它打破了殖民统治，是自由主义的，但在维持君主制、奴隶制和地主阶级统治方面同样很保守。此外，尽管解放进程始于1808年王室的到来，但最终结果还是由巴西国内外压力导致的——尤其重要的是，该国首都从东北迁向东南导致的压力。[62]而且，尽管建立了新的政治秩序，公民权的概念仍极为有限，绝大多数人口和同样庞大的奴隶队伍被排除在所有政治活动之外。结果是，政治制度只具有最低限度的代表性：独立创造了一个国家而非一个民族。发展文化、建设社会、营造民族主义感的任务将留给两位皇帝，特别是第二位皇帝来完成。

九 “我们有了独立”

第一帝国的动荡

人间帝国：神秘和混合符号

尽管许多人仍然质疑在美洲建立帝国的决定，但巴西的独 243
立逐渐成为现实，且没有回头路。“维持君主制”这种表述似乎就是矛盾的。在没有建立共和国的情况下，很难想象该地区的解放进程。建立具有代议制君主立宪制国家的决定是众多选择之一。其主要目的是避免前殖民地的瓦解，西属美洲领土就是个不幸的先例，其四大总督区分裂成了 14 个不同的国家。它还加强了巴西精英的统治，他们中大多数人在若昂六世统治期间在科英布拉接受过教育。[1]

帝国涉及新旧元素的并置。[2]有两位杰出但截然不同的皇帝可以成为佩德罗一世效仿的榜样：拿破仑一世和弗朗茨二世。前者是法国将军、自封的皇帝，后者是佩德罗一世有权有势的岳父、哈布斯堡王朝的皇帝。在美洲还有另一个例子。同年，即 1822 年，墨西哥精英在努力阻止西班牙进行再度殖民的企图并镇压该国的共和民族主义运动时，宣布拥立一位名为伊图尔维德（Iturbide）的将军为皇帝，称奥古斯丁一世（Augustín I）。这是一个短暂的实验，但意味着巴西并不是这个拥护共和政体的大陆上唯一的君主政体。

所有历史都是多面的。对某些人来说，“巴西帝国”代表
244 了数百年来葡萄牙人不断扩大自己领土版图愿望的延续，这种渴望始于从穆斯林手中重新征服他们的伊比利亚领土。再征服运动持续了 7 个世纪。从 9 世纪开始，它获得了神秘主义的光环，并被视为一场圣战。随着对最后一个伊斯兰王国的征服，战争在 1492 年结束。随后，葡萄牙开始了令人惊叹的帝国扩张，在其鼎盛时期从亚洲延伸到了美洲。

但是，葡萄牙的进展也遭遇了挫折。最著名的事例之一是阿维斯王朝的第七位国王塞巴斯蒂昂，他带着重塑过去辉煌的目标出发前往摩洛哥进行圣战。1578 年，他在阿尔卡塞尔·吉比尔战役（又称三王战役）中战败并在此后失踪，这导致了一场继任危机和围绕他的神话的产生，即塞巴斯蒂昂主义。他仅统治了三年，但后来被称为“隐秘之王”或“沉睡的国王”。后来，人们将葡萄牙帝国的政治、经济和社会衰落与塞巴斯蒂昂的失踪联系在一起，人们猜测他未来会回来拯救该国。很多年后，在 17 世纪，维埃拉神父在他的《未来的历史》（‘History of the Future’）中宣称葡萄牙帝国的首都应设在巴西：可以在那里建造宫殿，第五帝国可以利用那里全年的四个季节。

因此，帝国的概念具有许多层含义，它或多或少地具有战略意义，或多或少地具有古老或奇迹的含义。无论如何，在 19 世纪创建的这一帝国代表着一个新时代的明确到来，这在自葡萄牙势力达到顶峰时期的塞巴斯蒂昂时代以来的诗歌和散文都可以预见到，但衰落的阴影也已经可以察觉到。还有其他与帝国概念相关的概念。“帝国”象征着事业的扩展，具有明显的政治含义。在巴西，帝国[3]的概念与单一领土内的大片土地有关。[4]若泽·博尼法西奥看到了进一步的联系：作为政治家

和巴西独立最重要的推动者之一，他声称该词在巴西的使用源于圣灵节，直到今天，公众在此节日期间都会选出一位“皇帝”（通常是个小男孩）。

借助各种神话的强力结合，“帝国”就一个地域广阔的国家而言是最令人信服的政治表达，君主政体是避免政治和领土分裂的最佳（可用）手段。在当地精英看来，只有君主这一 245
人物才能使这个具有深刻内部分歧的庞大国家团结起来。但新君主仍是葡萄牙人，且君主国的象征仍是其祖国的象征。代表王室的色彩和盾徽仍保留在巴西国旗上，且代表布拉干萨家族政权的飞龙仍被刻在权杖上。在国内外谨慎和不信任的背景下，1822 年宣布独立后，巴西新宫廷的礼仪工作变得极为重要。同年 10 月 12 日，佩德罗一世被加冕为皇帝，这个日子最初被认为比 9 月 7 日更为重要。葡萄牙古谚有云：“婚礼有雨，幸福一生。”而从几乎毁了登基仪式的那场倾盆大雨来看，皇帝与巴西民族的这场“婚礼”正好印证了这一点。

为了纪念这一日期和王朝的延续性，暴风雨过后，作为充满象征性的行为，佩德罗一世和利奥波丁娜皇后很快现身于圣安娜广场上那栋富丽堂皇的宅子的阳台上，这也是若昂六世统治期间众多庆典活动中出现过的场景。他们抱起了年幼的女儿玛丽亚·达·格洛丽亚（Maria da Glória）公主供人群观看，这象征着帝国和布拉干萨王朝的延续性。对于那些不习惯这种仪式的人来说，一位英勇的王子带着他的王位继承人和他的公主在身边，这比任何政治理论都更能激发人们的想象力。

随后变化迅速发生了，尤其是标志和符号，即新政权的一种新名片。11 月 10 日，外交使团获悉，巴西已采用新的绿色和黄色国旗。绿色背景代表布拉干萨家族，而叠加在绿色之上的黄色钻石则为奥地利皇室所使用，象征着洛林家族。钻石的形状几乎是对拿破仑隐藏和尴尬的致敬，尽管钻石中央的君主盾徽出现在一系列巴西植物之上。这种重建是巴西文化进程的典型：欧洲纹章的传统元素，加上对年轻国家君主的精确致敬，代表了新的民族现实。

加冕典礼于 12 月 1 日举行，也就是 1640 年葡萄牙革命开
246 始的周年纪念日，这场革命标志着伊比利亚联盟的终结和布拉干萨家族统治时期的开始。仪式再次将新的独立君主政体与被废黜的君主政体联系在一起，后者此时正在观察葡萄牙的事件。这场仪式必须令人难忘，为此，它结合了拿破仑在巴黎圣母院的加冕礼和神圣罗马帝国的皇帝在法兰克福的加冕礼，这是一种传统与现代的独特结合。它还融合了匈牙利王家加冕礼的要素，即用剑在空中挥舞，暗指佩德罗一世“巴西永久的保护者”头衔，这是他获得的首个受人爱戴的称号，现已成为现实。为了进一步吸引公众，皇帝穿着绿色的丝质短袍和马靴，靴上带着马刺，披裹着绿色天鹅绒制成的衬有黄色丝绸并绣有星星和金色穗带的披风。这一象征主义很明显，它将传统元素与土地的新象征相结合。这种对细节的关注还体现在皇帝的斗篷中，它是由土著手艺人用巨嘴鸟的羽毛制成的，据说是向印第安人首领的致敬。

在仪式的最后，新皇帝接受了神圣的涂油礼，使他在欧洲主权国家和人民眼中成为合法统治者。一方面，他渴望打破葡萄牙传统；另一方面，在拿破仑 1804 年加冕礼的影响下，佩德罗一世亲自监督了宗教仪式的安排，该仪式是根据古老的《罗马主教礼书》（*Roman Pontifical*）的第一版进行的。[5]书中规定，君主应在弥撒期间被涂上圣油，而该习俗在葡萄牙早已

被废除。从那时起，帝国文化就是以这个羽翼未丰的国家的两个方面为依据创建的：决心使民族文明化的君主政体，以及该国宣称的属于自己的广阔领土。[6]

这种帝国文化的最好例子之一是法国艺术家让-巴普蒂斯特·德布雷所负责的一个项目。他在1816年从法国来到巴西，彼时实际上是一位官方宫廷艺术家。在若昂六世统治期间，他负责宫廷大多数官方绘画任务。1822年，他受命为皇家剧院即圣若昂剧院的舞台幕布创作象征图案，佩德罗一世将在此处
发表登基演说，然后观看纪念他加冕为巴西第一位皇帝的表 247
演。德布雷是新古典主义艺术家，并且是雅克-路易·大卫（Jacques-Louis David）的亲戚，他曾与后者一起在其巴黎的工作室共事。大卫是法国大革命时期的画家，后来继续为拿破仑工作，担任他的主要画师。在巴西，德布雷可能已经发现很难将具有革命性的法国公民美德转移到巴西以奴隶为基础的经济和君主政体中。

但是，这一次，德布雷超越了自己。该象征图案旨在成为巴西皇室的第一个象征，以吸引新臣民。巴西帝国将以其所有奇特的华丽来呈现。德布雷记录了他与剧院经理的会面，后者想要更换现有的舞台幕布，上面描绘着被下跪人物包围着的葡萄牙国王。毕竟，在臣服于葡萄牙帝国的背景下庆祝独立宣言是不恰当的。德布雷对其进行了重新设计，以表达“巴西人民对代表帝国政府的寓言人物的忠诚，该人物坐在覆盖着昂贵挂毯并由棕榈树支撑的宝座上”。[7]虽然挂毯使人联想到欧洲，但棕榈树是这个热带特殊帝国的象征。代表帝国政府的是一位披着带有绿色内衬斗篷的女人——绿色为巴西森林的颜色，斗篷上绣着的金色寓意着这片土地的财富。她的左手举着皇帝的

盾徽，右手则抱着巴西宪法。这再次展示了对比符号的并置。在前景中，“该国的果实”从一个角形的船上倾倒在宝座的台阶上。左边的船上装满了成袋的咖啡和成箱的甘蔗，代表了新帝国的经济基础。

然而，舞台幕布最有意思的方面是对该国混合种族人口的描绘。一方面，艺术家描绘了一个黑人家庭对新兴帝国的忠诚：一个带着农具的男孩陪着母亲，他母亲右手拿着砍树的斧头，左手拿着丈夫的枪，她丈夫被征召准备参军。用德布雷的话说，这位黑人妇女没有质疑奴隶制，而是武装起来捍卫新君主政体。在幕布的分割处画的是一位“白皮肤印第安妇女”，她跪在宝座脚下，抱着一对新生双胞胎，象征着由“政府的
248 协助”保证的和平未来的希望。武装的印第安人作为画作的背景表示对新国家的支持。在他们对面的是忠诚的海军军官和圣保罗的创始者之一，在他们前面的是圣保罗人和米纳斯吉拉斯人，他们手握军刀“同样专注和热情”。然后是“卡波克洛人带着尊重的态度下跪”。最后的装饰是拍打在宝座脚下的海浪，这使人联想到该帝国独特的地理位置。[8]

德布雷的象征性画作和附文再次出现在他的《巴西的奇特和历史之旅》（*Voyage pittoresque et historique au Brésil*）一书中，它们也许对这个新国家的抱负提供了最清晰的描述。组成国家的各个群体将屈服于皇帝的权力，并向其表示忠诚。反过来，他们将成为由他们的君主引入遥远热带地区的“文明”的受益者。没有任何冲突的“迹象”，无论是内部冲突还是政治冲突；只有团结。这将是皇室的一种独特形式，由它统治其多种族的臣民。位于场景中心的宝座将视线指向代表皇帝的寓言人物，字母 P 和皇冠直接位于其头顶上方，她怀抱着一本

宪法，即西方国家的象征。整个舞台幕布的构想旨在描绘一个建于热带的新国家，其本质特征就是其不同之处。

德布雷的舞台幕布虽然有丰富的细节，但只不过是对一个实际并不存在的情况的正式呈现。君主政体不稳定，且该国的氛围一点也不平静。首先，君主政体作为文明力量与整个领土上根深蒂固的奴隶制之间存在明显矛盾。这是一种合法的“道德”暴力，不仅是官方的，而且是在全国范围内被自然接受的制度。1808 年，葡属美洲的总人口为 2424463，其中 31.1%为奴隶。[9]在萨尔瓦多没有确切的数字，据估计，1807 年，黑人和梅斯蒂索人（包括奴隶和自由民）占该镇约 51000 名居民的 80%。1835 年，这一数字已增长至预估人口 65500 的 72%。[10]同年，在里约热内卢，总人口数增长到 79321，其中 45.6%为奴隶。[11]这些人，顾名思义，不享有任何权利，甚至不能被视为公民。奴隶主仍然担心 18 世纪末海地革命的例子。 249
他们生活在这种情形中：“每个主人都有 6 个奴隶，因此，那些想要复仇的人也占 6∶1 的多数。”[12]

19 世纪初，期刊很少见，而八卦却很丰富，海地经常成为头条新闻，也是收听最新消息的首选地点即药店里被讨论的话题。人们谈论着该岛上四起的奴隶谋反，它导致全面失控，或者相反，导致黑人获得控制权，用当时的语言来说，这意味着许多基本要素的缺失：规则、政府和理性主义。由于无法从该岛获得客观新闻，人们被恐惧笼罩着。人们了解到的信息较为模糊，即最富裕的法属殖民地——正如该岛的那一部分被称为“安的列斯群岛的珍珠”——处于动荡状态。18 世纪，海地一直是巴西蔗糖贸易的竞争者，它占有相当大的优势。该殖民地还以奴隶与白人相比所占的超高比例而著称。1754 年，当奴隶有 465000 人时，白人仅有 5000 人，这一比例比当时巴西的还要高。即便如此，海地的局势仍给惊恐的巴西精英投下了阴影。

1754 年，海地发生了第一次奴隶起义。尽管法国人迅速镇压，但他们无法平息要求独立的呼声。第二次起义是由法国大革命爆发引起的，并在雅各宾派 1791 年宣布废除法属殖民地的奴隶制后蔓延到整个岛屿。革命进程持续了 23 年，在此期间经历了许多挫折。但最让巴西精英记忆深刻的是 1804 年让-雅克·德萨林（Jean-Jacques Dessalines，又译为让-雅克·德萨利纳）——一名被释放的奴隶将法国人赶出海地并自封为“皇帝”。欧洲国家及其加勒比海地区的殖民地立即对海地实行了长达 60 多年的封锁，其后果在今天仍然显而易见。就巴西掌权者而言，他们害怕海地就像害怕魔鬼本人一样。由于采取了一些限制性措施，全国各地都感受到了 1804 年海地革命事件的影响，其中包括独立后的巴西日益集权化。该国将自己重塑为坚定的“反海地”国家：与这个由黑人统治的小岛相反，巴西是白人的、基督徒的和文明的。

250 这也是应对巴西不稳定局势的部分措施。并非所有省份都立即接受了以里约热内卢为中心的独立运动。米纳斯吉拉斯和南部省份宣称他们赞成就佩德罗一世的登基进行协商。伯南布哥于 1822 年 12 月宣誓效忠，尽管它在当年 9 月采取了预防措施来选举自己的代表。由于地域辽阔且通信困难，戈亚斯和马托格罗索直到 1823 年 1 月才宣誓效忠。东北的北里奥格兰德、塞尔希培和阿拉戈斯随后效仿。然而，北部的四个省——格朗-帕拉、马拉尼昂、皮奥伊和塞阿拉，加上最南端的西斯普拉廷省以及先前提到的巴伊亚省，仍然忠于里斯本的议会。[13]

外国对此的反应各不相同。巴西的拉美邻国最初拒绝接受这一新形势，他们对这个保持君主政体而非跟随新共和国步伐的国家持怀疑态度。而且，该国还让葡萄牙人皇帝登上了新国家元首的宝座。但是，已在美洲大陆施加霸权影响的美国于1824年承认巴西从葡萄牙独立。与此同时，效忠于里斯本的军队在西斯普拉廷省负隅顽抗，但最终于1823年11月被驱逐出该国。紧接着爆发了乌拉圭独立战争，这场战争一直持续到1825年，且他们的敌人不再是葡萄牙，而是巴西。

祖国葡萄牙表示反对，但最终于1825年接受了殖民地独立。英国为调解谈判提供了服务，这一点不足为奇。为此，他们派了特别代表——查尔斯·斯图尔特（Charles Stuart）爵士到葡萄牙，其任务是谈判巴西独立的条件。一系列会议在里斯本举行，讨论的事项包括王位继承、船只和兵员方面的相互支持、对葡萄牙政府和私人公民的经济赔偿，以及贸易协议。会议决定两国将平等对待两国公民，停止敌对行动，葡萄牙将获得预付款项的赔偿，以及巴西对葡萄牙进口商品征收15%关税的基本原则。但是，经济赔偿的问题仍然存在。葡萄牙要求赔偿留在里约热内卢的所有物品，总金额等于1807年巴西对 251
英国公共债务的一半，即价值12899856276里斯的“微不足道的小钱”。1825年4月15日，在里斯本举行的第四次会议上起草了标题为《葡萄牙有权从巴西索取的物品清单》的文件，其中包括家具、银器、船舰、军官薪资、军队运输运费、军队部门、武器（尤其是火炮），以及“声名狼藉的”王家图书馆，仅图书馆一项就被估价为8亿里斯。[14]

谈判结束且“账单”被支付后，英国便将注意力转移到遏制巴西在非洲大陆上的存在和挫败安哥拉独立的计划上，安哥拉当时可以被并入巴西帝国。[15]非洲的葡萄牙殖民地对巴西解放的反应各有不同。几内亚、安哥拉和莫桑比克的奴隶贩子集团加入了里约热内卢叛乱者的队伍。达荷美王国是第一个承认巴西帝国的国家，这并非偶然。在安哥拉，巴西人制作的一本小册子邀请本格拉共同参与“巴西事业”。[16]

然而，英国决心抑制奴隶贸易。它在 1807 年废除了其帝国中的人口贩运，现在开始对仍然实行这种做法的国家采取行动。巴西毫无疑问是最大的市场。英国海军的活动将改变巴西社会等级制度和工作制度的基本结构，而这些基本制度仍然建基于非洲奴隶的持续“进口”。从事跨大西洋贩运和在国内市场上出售奴隶的人已积累了大量资金。这种贸易在巴西和非洲之间建立了直接联系，且占主导地位的是大西洋美洲这一侧位于萨尔瓦多、里约热内卢和累西腓等主要港口的巴西和葡萄牙商人。[17]

不应忘记，奴隶贸易在 19 世纪初是该殖民地利润最丰厚的业务之一，奴隶贩子本身就是该国精英的一部分。[18]在 16 世纪中叶至 19 世纪中叶，巴西进口了大约 400 万名奴隶，占 16 世纪至 19 世纪从大西洋被贩运奴隶总数的 40%。其中 80% 是
252 在 18—19 世纪进入该国的，大多数来自安哥拉、刚果、黄金海岸、贝宁湾和佛得角的据点。该制度深深植根于巴西社会，巩固了社会等级制度、精英阶层的财富和政治权力体系。

英国打算对王室收取高昂的费用，作为对其在 1808 年前往巴西的旅程中对王室保护的回报，其中包括奴隶贩运问题，这个问题在两国间的第一项条约中就已被提出。英国的废奴运动源于经济、政治和人道主义利益的结合。葡萄牙和后来的巴西都竭尽所能规避这一压力。正如我们所看到的，在 1810 年

的条约中，若昂六世原则上接受了逐步消除奴隶贸易的做法，但实际上无所作为。5年后，维也纳会议支持废奴运动。但直到1817年7月，奴隶贩运才开始正式被禁止，且大西洋两岸都建立了司法委员会，以评估扣押船舶并释放在船上被发现的黑人的工作。位于里约热内卢的葡萄牙-英国委员会在1821年仅控告了一艘船：从黄金海岸运送奴隶的“埃米莉亚号”（*Emília*）双桅纵帆船。352名黑人被宣布为自由的，他们登记身份并获得了解放书。公共和私人机构还为他们提供住房。但这只是一个孤例，考虑到当时的警察局长保罗·费尔南德斯·维亚纳（Paulo Fernandes Viana）因与富有的奴隶贩子之间的关系而臭名昭著，这也许并不奇怪。

1825年至1826年，作为英国承认巴西独立的谈判的一部分，一项新条约被签署了。由制宪议会1823年起草的新宪法包括若泽·博尼法西奥提出的在中期消除奴隶制的建议。然而，预见“黑人奴隶的逐步解放”的（第254号）条款已被从1824年宪法中删除，其中没有提及奴隶制。在1826年至1827年拟定的又一项条约规定，运输奴隶的船舶应被视为海盗船。但是，这仅仅是表面文章：1826年至1830年，由于人们担心即将废除奴隶制，奴隶贩运急剧增加。在这10年的前5年，大约有4万名奴隶被贩运；而在1826年至1829年，这一数字上升到每年6万多。一切都没有改变。规避法律的方法有无数种。贩运者有罪不罚的丑恶现象继续盛行。[19] 253

反对禁止奴隶贩运的这种开放且暗中为害的态度导致奴隶解放本质上的不稳定，加剧了对非洲新移民非法奴役的勾结，并致使自由民和有色人种在没有保障的情况下再次被迫沦为奴隶。证明他们自由的责任落在了他们身上，而在这个国家，自由本身正在变成一种越来越稀有的“善行”，且难以维持。无论如何，捍卫奴隶贸易和维持奴隶制的政策是组建这个新巴西国家的核心。因此，帝国的缔造者们一直在谈论“逐步废奴”，同时保留了奴隶制的国家机构。从一开始，最重要的考虑是确保与美国和欧洲贸易关系的连续性，同时始终保持奴隶贩运。因此，巴西政府仍与这种臭名昭著的贸易保持密切联系，尽管有来自英国的压力，但这个问题仍需花很多年才能解决。在这个关键的形成阶段，这个新国家没有将公民身份赋予社会的大部分阶层，而是将他们排除在外，其中包括印第安人、奴隶和妇女，并且将废奴的希望推迟到将来的某个不确定的日子。

有如此多弱点的巴西帝国自诞生起就试图掩盖结构性问题。朱塞佩·迪·兰佩杜萨（Giuseppe di Lampedusa）的小说《豹》（*The Leopard*）中的角色坦克雷迪（Tancredi）最好地概括了这种情形：“如果我们希望一切都保持不变，一切都必须改变。”奴隶制保持不变，正如甘蔗的单一种植和精英们拥有的广阔庄园一样保持不变。最重要的是，国家没有采取任何措施来调和内部政治分歧或处理里约热内卢国家当局与各地区之间权力分配的根本问题。

国内危机：分裂的帝国

该国在政治上仍四分五裂。尽管巴西独立的最终形式代表了由若泽·博尼法西奥和他的兄弟们领导的保守派科英布拉集
254 团的胜利，但分歧立即显现了出来。例如，关于新国家应建立在什么基本结构之上没有达成共识。在最初的两年，即 1822 年至 1824 年，辩论围绕巴西的第一部宪法而展开。代表选举

的程序已经启动，制宪议会于1823年5月首次召开。

在制宪议会上，立场截然不同的团体相互对峙。“温和派自由主义者”希望限制准予更多政治和公民自由的改革：在不损害现有社会秩序和现状的前提下巩固独立的成就。这个团体由米纳斯吉拉斯的农村土地所有者和商人组成，他们与宫廷有联系，并与资产阶级的政治人物和军官有关联。[20]他们主要希望进行旨在限制皇帝权力的政治和体制改革。他们捍卫君主立宪制，该制度受制于分权制，且众议院和独立司法机构拥有更大的权力。他们对民主或普遍选举权均没有兴趣。

“狂热派自由主义者”希望进行更深远的改革，包括社会和政治变革。尽管该团体内部存在分歧，但从广义上讲，成员们希望建立联邦制，实行政教分离，刺激巴西工业发展，实施普选，逐渐解放奴隶，且有时还希望建立民主共和国。[21]他们支持各种替代性政治方案，总体上主张公民享有更多权利及减少社会不平等。

但是，这两派——温和派和狂热派自由主义者团结一致反对由葡萄牙人和少数巴西人组成的“葡萄牙党”，后者支持绝对君主专制并希望佩德罗一世拥有绝对权力。温和派和狂热派自由主义者共同组成了“巴西党”，因为这两派都希望君主对议会负责。还有一派，即由若泽·博尼法西奥领导的“博尼法西奥派”，其追随者捍卫强大而集权的君主立宪制，并支持逐步废除奴隶制。

正是在这种意见分歧的背景下，制宪会议的工作于1823年开始。会议通过了一项法案，将投票权或选举权限制于那些收入等于150蒲式耳[22]土地生产的木薯粉价格的人，因此人们 255
称该法案为《木薯粉法案》。这项措施表明了农业精英的影响力，他们想要确保在解放进程中完全控制佩德罗一世，现在想剪掉他的“翅膀”。安东尼奥·卡洛斯·德·安德拉达以法国和挪威的宪法为范例概述了该法案。它随后被送交制宪议会进行辩论和批准通过。

巴西党的代表按照孟德斯鸠的经典划分提议三权分立，行政权由皇帝和六位国务大臣掌管。立法机关将由众议员（4 年任期）和参议员（终身任期）组成的全体大会组成。最后是由法官和法院组成的司法机关。该提议最大胆的组成部分是立法机关凌驾于行政机关的优势。这项措施激怒了佩德罗一世和葡萄牙党，他们双方都没有掩饰对君主专制的渴望。使葡萄牙人更加恼火的是另一项措施，它禁止外国人以众议员或参议员身份参与巴西政治。

但是，议会中的分歧进一步加深。出于不同的原因，狂热派自由主义者和葡萄牙党都反对若泽·博尼法西奥，他们将安德拉达兄弟视为共同的敌人。而且，佩德罗一世意识到巴西党打算把他变成提线木偶式的国家元首，他开始支持葡萄牙党。

当时的气氛令人不安，仇外心理加剧。提议变得越来越具有攻击性。皇帝无意看到自己的权力减弱。1823 年 11 月 12 日，他命令军队包围了制宪议会大楼。尽管有仍然忠于皇帝的军队在场，代表们仍继续开会直至凌晨，并宣布佩德罗一世的地位“不合法”。皇帝随后颁布法令解散制宪议会。代表们拒绝离开议会大楼，由于他们的抵制，这一插曲被称为“痛苦之夜”。尽管他们宣称只有在“帝国刺刀”的戳刺下才会离开，但他们中的大多数还是被允许平安回家。然而，他们中有六人被驱逐至法国，其中三人为安德拉达兄弟。

具有讽刺意味的是，巴西独立不仅建立了君主制而非共和

制，而且该国的第一部宪法也被否决且从未成为法律！实际 256
上，1824年，佩德罗一世向该国提交了另一部宪法，或更确切地说，他强制实行了另一部宪法。这部宪法的绰号保留了下来，直至今天，第一部巴西宪法仍被称为“Outorgada”（被强制实行的）。不可否认的是，该国作为一个独立国家的政治生活的开端是复杂而动荡的。

1824年宪法：木偶剪断了提线

为避免任何进一步的风险，皇帝这次与十个人暗中会面，他无条件地信任他们起草新宪法。他们全部出生在巴西，是在科英布拉学习过的法律学者，并且是1823年成立的国务会议的成员。[23]宪法文本是根据《木薯粉法案》在15天内拟定的。[24]誊写员是王家图书馆的档案保管员路易斯·若阿金·德·桑托斯·马罗科斯（Luís Joaquim de Santos Marrocos），他因讨厌这个前殖民地的原住民而臭名昭著。他紧随若昂六世带着王家图书馆的书籍来到巴西，没有一天不在抱怨气候、蚊子和社交生活的缺乏。尽管如此，他再也没有离开这个国家：他在巴西结婚，也在巴西去世。[25]

宪法文本随后被送往各议院，根据官方说法，各院鲜有评论。紧接着，它在1824年3月25日于帝国大教堂举行的仪式上很快获批。该文件遵循了自由主义法国模式，即基于国家主权理论的代表制。政府形式为君主制、世袭制、立宪制和代表制，全国划分为各省份。该宪法体现了瑞士-法国自由派政治哲学家邦雅曼·贡斯当（Benjamin Constant）[26]的影响。其新颖之处在于不仅引入了三权分立——行政、立法和司法，而且延续和改编了邦雅曼·贡斯当针对五种权力的提议，引入了四权

分立：君主制代表连续性，代表意见，拥有司法权，并拥有对其他权力的否决权。邦雅曼·贡斯当曾在爱丁堡大学接受教
257 育，并在法国、瑞士、德意志和英国待过。作为著名的知识分子，他在法国大革命的后半期（1815 年至 1830 年）在法国政治领域颇具影响力，当时是反对派组织“独立派”即左翼自由派运动的领袖。1819 年，他出版了《古代人的自由与现代人的自由》（*La liberté des anciens est des modernes*），在其中讨论了个人在国家中的作用。他称赞英国君主立宪制，但也捍卫奴隶制。他认为奴隶制允许公民参加公民活动。他还发表了一本题为《宪政教程》（*Cours de politique constitutionnelle*）的小册子，其中有“节制权”（Poder Moderador）的概念，这个概念随后被引入巴西宪法文本。

“节制权”赋予皇帝全权和专有权利，包括使用强制力，任命和罢免国务大臣、国务会议终身成员、各省省长、教会当权者、终身参议员、地方法官和法官，以及行政大臣的权利。皇帝还凌驾于法律之上，不会因其行为而受到控告。在 1823 年宪法中，最高行政长官仅拥有否决权，而他现在拥有最后的决定权。根据文本，“节制权”旨在确保国家的和谐与平衡。按照当时的定义，这是一种“中立力量”。

宪法的其余部分被普遍接受。宪法同意宗教自由，尽管所有寺庙、犹太教堂和教堂已获法律许可。选举仍然是间接并且非常有限的，通过两轮进行。在第一轮，以每百户家庭一名代表的比例选出投票代表。在第二轮，代表们选出众议员和参议员。最终将选举三位参议员，但根据皇帝的最终选择，只有一人会任职。

教会受国家管辖，因为皇帝有权对天主教的职位进行任

命。全体大会由两院组成：众议院和参议院。如前所述，当选的众议员任期是暂时的，而由各省选举产生的参议员任期则为终身。国务会议由皇帝任命的终身成员组成。

1824 年宪法尽管是被强制推行的，但已超前于其时代： 258
所有 25 岁以上且最低年收入为 10 万里斯的男性都可以投票。自由民可以在初选中投票，最低收入要求并未将穷人排除在外，因为大多数工人的年收入都超过 10 万里斯。文盲也被允许投票。1824 年宪法一直有效，直至君主制结束。这组数据的比较值得我们注意：在 1881 年之前，巴西有 50%的成年男性人口参加投票，相当于总人口的 13%。在约 1870 年的英国有 7%的人投票，在意大利有 2%，在葡萄牙有 9%，在荷兰有 2.5%，在美国有 18%。男性普选权仅存在于法国和瑞士。[27]

然而，尽管有各种自由主义的口号，1824 年宪法在很大程度上将权力集中在皇帝的手中，并通过“节制权”机制维持了绝对君主制，且忽略了奴隶制问题。这是对旨在削弱君主权力的 1823 年法案做出的反应。该宪法是自上而下强加给巴西公民的，该国任性的皇帝亲自监督了所有细节。两年后，当他以佩德罗四世的身份成功继承了葡萄牙王位时，这位皇帝将就葡萄牙 1826 年宪法重复这一表演，但这次引发了一场国家危机。这是一种个人风格，很快就会成为一个国家问题。

赤道联邦，1831 年

佩德罗一世解散制宪议会，并强制实行新宪法，这些做法掀起了波澜。此外，他的新官僚和商人核心成员要么是葡萄牙人，要么与里斯本有紧密联系。例如，在以其革命天性以及共和主义和联邦制倾向而著称的伯南布哥省出现了新的抗议声音，其中包括修士若阿金·杜·阿莫尔·迪维诺（Friar Joaquim do Amor Divino），他也被称为修士卡内卡（Frei Caneca）。他出身
259 卑微，曾在奥林达的神学院受过教育，之后成了备受推崇的知识分子和强大的政治活动家。1824 年，伯南布哥谋反，这场起义被称为“赤道联邦”。它最初是由任命一名不受欢迎的省长引起的，但该运动也是最早对佩德罗一世政府的专制和集权政治做出的反应。参与其中的人在争取建立一个以哥伦比亚宪法为基础的共和国，这部宪法在当时的南美洲最类似于美国宪法。“赤道联邦”的根基很深，可以追溯至 18 世纪，起源于 1710—1711 年的“马斯卡特战争”和 1817 年的伯南布哥革命，这两者本质上都是拥护共和政体的。伯南布哥省北部与南部地区更典型的单一耕作之间也存在内部分歧：北部集中了甘蔗和棉花种植区，以及人口稠密的村庄；而南部实际上就是一个专门的甘蔗盆地，那里的定居点不过是庄园的附属物。

伯南布哥曾接受君主制，认为该省的自治将得到保护。然而，1824 年过于集权化的宪法的颁布让其产生了极大的挫败感。伯南布哥分为两派，一派是君主制度拥护者，另一派是自由共和主义者。该省由佩德罗一世任命的君主制拥护派领袖派斯·巴雷托（Pais Barreto）管理。派斯·巴雷托在自由主义者的压力下辞职；共和主义者曼努埃尔·派斯·德·安德拉德（Manuel Pais de Andrade）当选，他是起义的重要领导人之一。但是，这场冲突不仅限于这两个人。当佩德罗一世获知此事时，他命令派斯·巴雷托重回省长之职，不过这一要求被置之不理。为了展示其权力，佩德罗一世随后向该省首府累西腓派出军舰以实施其统治。然而，这些自由主义者仍然坚定支持曼努埃尔·派斯·德·安德拉德，于是革命爆发。佩德罗一世试

图通过任命其他省长进行谈判，但为时已晚。1824年7月2日，革命者宣布伯南布哥独立，并邀请北部和东北部其他省与他们一同创立“赤道联邦”。他们希望这个新的独立联邦制国家将包括皮奥伊省、塞阿拉省、北里奥格兰德省、阿拉戈斯省、塞尔希培省、帕拉伊巴省和伯南布哥省。实际上，只有帕拉伊巴、北里奥格兰德，尤其是塞阿拉的几个镇加入了伯南布哥的起义。

“赤道联邦”倡导“美国制度”，而非“老旧欧洲”的制 260
度，他们将前者视为“19世纪的启蒙运动”。他们强调联邦制，这是北美共和主义的特征。他们的革命旗帜不仅以该地区的两种产品——棉花和甘蔗为特色，而且体现了共和制和联邦制。1824年7月25日皇帝发布皇家法令谴责叛乱者，并下令逮捕他们。但是，革命仍在继续。

9月12日，累西腓遭到了由派斯·巴雷托指挥的陆军的袭击，革命者被击败。一些领袖被杀，而另一些则被捕，包括修士卡内卡。帕拉伊巴的革命者也遭遇了同样的命运。旨在调查被告的司法程序于1824年10月启动，一直持续到第二年4月。在这三个省参与革命的数百人中，有15人被判处死刑，包括修士卡内卡。尽管处决结束了这场运动，但它给伯南布哥人留下了深刻的印象，他们的挫败感没有减弱。人民希望帝国的第一部宪法是联邦制的，各省享有行政自治权。1825年3月7日，皇帝赦免了其他所有涉及的省份。不过，这一举动并没有掩盖分裂，也没有减少怨恨。

帝国公共生活和私人生活中的问题

与此同时，皇帝的私生活也同样混乱。在皇帝的生活中，公领域和私领域的划分通常微乎其微。毕竟，皇室添丁、婚丧嫁娶都是国家事务。佩德罗一世也不例外。1825 年 12 月 2 日，越来越被皇帝孤立的妻子（自圣保罗之行后，他眼中只有多米蒂拉）利奥波丁娜皇后生了一个儿子，这是该帝国渴望的延续性的继承人，即未来的君主佩德罗二世。

新王子承载着所有人的期望。从他父亲这一方来看，作为杰出祖先的后代，其历代祖先在葡萄牙文学中永垂不朽。他是
261 第 19 代布拉干萨公爵，其家族与法国卡佩王朝有密切联系。从他母亲这一方来看，他与德意志、奥地利、匈牙利和波希米亚的皇帝弗朗茨一世及其皇后玛丽亚·特蕾莎（Maria Theresa）有关。弗朗茨一世是德意志皇帝利奥波德二世的儿子，也是路易十六的妻子玛丽·安托瓦内特的兄弟。佩德罗二世的家谱可以追溯至匈牙利国王圣伊什特万一世、腓力二世和腓力四世，卡斯蒂利亚和阿拉贡的国王，以及法国的国王。作为波旁王朝、哈布斯堡王朝和布拉干萨王朝的后裔，他的洗礼被特殊神秘主义的光环包围。这些国王，圣人和疯子，皇帝和冒险家，忧郁、浪漫和杰出的王子，这些人的鬼魂将在王子的余生中萦绕。

王子出生三个月后，即 1826 年 3 月 10 日，他的祖父若昂六世国王死于克卢什宫，享年 59 岁，死因据称是晚餐过量导致的消化不良。王后卡洛塔·若阿金娜不愿待在临终的丈夫身边，她自称患病，离开宫殿并前往里斯本。在她离开之前，她明确表示赞同她的二儿子堂米格尔成为她丈夫的继位者。若昂六世一直希望由佩德罗一世继任，尽管事实上，作为巴西皇帝，佩德罗一世现在被正式认定为外国人。然而，由于生性优柔寡断，在去世之前，若昂六世任命其女玛丽亚·伊莎贝尔公

主为摄政王，直至“合法继承人”即位，但没有提及该合法继承人是谁。玛丽亚·伊莎贝尔公主立即派遣一个委员会到巴西向佩德罗一世致以问候，佩德罗一世获得作为葡萄牙新国王佩德罗四世的头衔。但僵局仍在持续，因为葡萄牙宪法不允许佩德罗一世登上两个王位。解决办法是让佩德罗一世的女儿玛丽亚·达·格洛丽亚公主嫁给他的弟弟堂米格尔。他的母亲卡洛塔·若阿金娜王后在葡萄牙不受欢迎，而堂米格尔自返回里斯本后变得越来越受欢迎。另外，佩德罗一世在宣布巴西独立后，实际上已是葡萄牙领土上不受欢迎的人物。[28]

在葡萄牙王位继承权悬而未决的同时，皇帝遭受了另一重意外打击。1826 年 12 月 11 日，其妻玛丽亚·利奥波丁娜皇后死于难产。她逝世后谣言四起，由于皇帝对她的残酷对待， 262
她的死被认为是皇帝本人所致。佩德罗一世的私生活问题现在变得极为公开。玛丽亚·利奥波丁娜皇后的死引起了很多关于这位“野蛮王子”的讨论，她在给她姐姐玛丽·路易莎（Maria Luisa，嫁给了拿破仑）和她父亲——强大的奥地利皇帝弗朗茨二世的信中就是这么称呼他的。

与人们普遍认为的相反，公主的生活绝非童话故事。她在 1822 年的独立进程中发挥了重要作用，但随后在宫廷被完全孤立。她开始写信抱怨丈夫和她所谓的“这个可怕的美洲”。她捍卫人民权利并强调自己的牺牲，但最终给人们留下的印象是一个没有朋友、没有丈夫在身边的忧郁公主。她在 1826 年 12 月 8 日写给玛丽·路易莎的最后一封信中称丈夫是一个“可怕的骗子”，并不再掩饰自己的怨恨：“他只是给了我最新的证据，证明了他对我的忽略，他当着那个人的面侮辱我，而那个人就是我所有苦难的根源。”她指的是桑托斯侯爵夫人多米蒂拉，后者现在占据了这位年轻君主的全部时间。1824 年 5 月 23 日，多米蒂拉为佩德罗一世生下了一个孩子——伊莎贝尔·玛丽亚（Isabel Maria）。两年后，她被正式承认为皇帝的女儿，并被授予戈亚斯女公爵（Duquesa de Goiás）头衔。

新独立，1831 年

与此同时，巴西的公共生活得以恢复，1824 年末举行了议院选举，1826 年举行了第一次众议院会议。尽管会议开始时人们犹豫不决，但反对派很快开始集会并呼吁社会变革。当新的反对派报纸出版时，皇帝的反应是亲自回应特定文章。他还利用自己的“节制权”罢免大臣，理由是细微纰漏或只是他的一时兴起。随着他继续允许他的私人事务直接影响到国家事务，他的性情特性比以往任何时候都更加显眼。

在外交政策上，这位君主保持了父亲的扩张主义路线。目的是将巴西的南部边界扩展到拉普拉塔河河岸。巴西为控制西斯普拉廷省继续与阿根廷交战。然而，该省正在兴起的独立运
263 动最终取得了胜利，并于 1825 年建立了乌拉圭这个新国家。巴西和阿根廷均打了败仗，这给双方都造成了巨大的经济损失。

与此同时，皇帝的混乱生活仍在继续。利奥波丁娜死后，佩德罗一世又背叛了多米蒂拉。到 1827 年，他决定再婚，并决定从欧洲宫廷挑选一位新妻子。他与多米蒂拉的婚外情又拖了三年，但这位皇帝坚决决定再婚。然而，事实证明，这比他想象的要困难得多，因为他作为喜怒无常丈夫的“声誉”已在欧洲广为人知。经过三年的找寻，他最终娶了巴伐利亚公主洛伊希滕贝格的阿美莉（Amelia of Leuchtenberg）。她时年 17

岁，据说她的美貌极大地改善了皇帝的脾气。

当地政客越来越清楚地认识到，皇帝的兴趣仅限于他的私人生活和葡萄牙的政治发展。他一直试图干涉葡萄牙事务，向里斯本发送签名为“佩德罗四世”信函。他没有对巴西和葡萄牙的财政状况进行区分，主要关心的似乎是葡萄牙继承权的问题。1827 年，当堂米格尔满 25 岁，即达到摄政的法定年龄时，佩德罗一世建议他的兄弟登基成为临时君主，暂替自己进行统治。堂米格尔在奥地利度过了很长一段时间，于 1828 年回到葡萄牙，这令他的母亲卡洛塔·若阿金娜王后感到高兴，她将他的回归视为向过去对手报仇的机会。他被加冕为国王，并开始专制统治，在此期间，许多政客被处死，而另外一些则逃离了该国。

到 1830 年，巴西的局势已达到临界点。一系列冲突加剧了里约热内卢的紧张局势。一方面，1830 年的欧洲革命导致查理十世在法国的垮台和路易·菲利普的加冕，这位“公民国王”公开表示赞同法国大革命的某些思想，欧洲革命鼓励巴西自由主义者动员起来反对佩德罗一世政府的专制主义特征。另一方面，11 月 20 日，新闻记者利贝罗·巴达洛（Libero Badaró）在圣保罗被谋杀，这进一步激起公众尤其是新闻界的愤怒。利贝罗·巴达洛是一位定居在巴西的意大利人，成为反对派报纸
《宪法观察员》（*O Observador Constitucional*）的所有者，该报 264
认为帝国政府在实行一种玩忽职守的专制主义。该报文章敦促巴西人中断与任何葡萄牙君主的联系，包括佩德罗一世本人。一时间，谣言迅速传开，据传下令谋杀的那个人是名叫坎迪多·贾皮亚索（Cândido Japiaçu）的高等法院法官，他与皇帝暗中勾结。众议院自由主义多数派与政府正面交锋，在 11 月

30日最后一次会议结束时提出了宪法改革的要求。[29]

正是在这样的氛围中，佩德罗一世决定访问米纳斯吉拉斯，试图控制在那里爆发的支持联邦制的骚乱。谣传他正准备发动一场专制主义政变，并计划关闭国会。1831年3月11日，佩德罗一世回到里约热内卢时，迎接他的仪式上暗流涌动。葡萄牙商人组织了庆祝活动，包括篝火、焰火和飘扬着代表民族色彩的旗帜。自由主义者认为这些庆祝活动是对民族尊严的冒犯。史称“瓶子之夜”（Night of Bottles）的暴动爆发，对手间互相投掷瓶子。街道上的混乱——斗殴、大声辱骂、毁坏财产——一直持续到3月16日晚上。当自由派团体高喊“宪法、议会和新闻自由万岁”时，反对派则呼吁皇帝成为拥有绝对权力的君主。历史文献中有对黑人和非裔巴西人穿戴带有国家丝带的夹克和帽子的描述。3月17日秩序恢复了，但时间不长。

同一天，23位众议院代表和1名参议员——坎波斯·韦尔盖罗（Campos Vergueiro）起草了一份正式文件，要求皇帝惩罚葡萄牙侵略者。紧张局势迫使佩德罗一世任命了一个仅由巴西人组成的新内阁，且他的新警司提名实际上没有任何效果。用约翰·阿米蒂奇（John Armitage）[30]的话说，宫廷和各省的局势都“一触即发”，各报纸都在火上浇油。即使是先前试图让一切平静下来的温和派，现在也加入了普遍表达不满情绪的人群。温和派和狂热派自由主义者暂时撇开他们的分歧，联合起来推翻皇帝。街上的人们开始佩戴支持独立者曾佩戴的绿色和黄色丝带，而狂热派自由主义者和共和主义者都故意戴上草帽，扣眼上别着蜡菊。[31]

265 3月25日，即每年的宪法纪念日，里约热内卢街头出现了反叛行为。佩德罗一世在登基广场观看阅兵式时，遇到了高喊“立宪皇帝万岁”的人们。公众抗议活动和街头骚乱每天都在发生。而压垮骆驼的最后一根稻草出现在4月5日，当时佩德罗一世因未能控制暴动而罢免了其巴西大臣，并从其支持者核心成员中任命了新的大臣。第二天，4000多人聚集在登基广场——此处迅速成为动乱的最热门地点——并进而蔓延至全城其他街道。他们抗议解散内阁和任命新内阁，内阁成员的唯一资格是他们与皇帝的亲近。人们大声呼喊“宪法万岁”和“巴西独立万岁”，似乎这些宣言在根本上是反对皇帝的。一时间，谣言四起。有人声称宪法保障已被中止，参议员被捕，甚至有些众议员被杀。也有传言称佩德罗一世本人正计划发动政变，这只会加剧紧张局势以及与皇帝最终决裂的呼声。

为了控制局势，佩德罗一世派人当众大声宣读了一份宣言，他在宣言中宣称自己是“虔诚的宪政主义者”，并以帝王的身份承诺未做过任何罪恶勾当。然而，还未等治安法官宣读完，抗议者将宣言从其手中撕下来并大喊“皇帝去死！”和“联邦万岁！共和国万岁！”。此时巴西政客为平息事态做出了进一步努力：三名治安法官被派往圣克里斯托旺宫，要求恢复被罢免大臣的职务。皇帝拒绝，声称他拥有宪法权利。当他们带着他表示拒绝的消息回来时，迎接法官们的是“叛徒去死”和“公民们武装起来”的呼声。[32]

在如此重压之下，皇帝决定打出最后一张牌：他退位以支持儿子。实际上，这是在确保巴西君主制连续性的同时平息叛乱的唯一途径。4月7日凌晨3点，皇帝退位的宣言被公开宣读。这一消息令人欣喜若狂。在“巴西立宪皇帝佩德罗二世”的呐喊声中，人们唱起了爱国歌曲和公民赞美诗。佩德罗一世 266

做的最后一件事是为留在巴西的孩子任命一名家庭教师。看似矛盾的是，他选择了自己的老朋友——曾被他流放到法国的若泽·博尼法西奥。

事实证明，比起统治，佩德罗一世更擅长退位。傲慢的他宣称一切已无法挽回："我和巴西之间的一切都结束了。永远地结束了。"他在他以前的头衔中加上了"巴西永久的保护者"一词，带着妻子一起回到葡萄牙。此时的他全力以赴为女儿玛丽亚·达·格洛丽亚争取继承葡萄牙王位的权利。

在巴西，此时的人们兴高采烈。退位被视为一个基础、一个开幕式。许多人认为这是一次模范革命，因为没有流血事件的发生。其他人则称其为"巴西的复兴"。关于这场退位的完整历史记忆被"制造"了出来，仿佛它代表了一个新时代：一个真正独立的时代。[33]4月7日比9月7日更具象征意义，因为它将公众奉为政治舞台上的角色，这是一个可以通过非正式手段让该国公民发出声音的"崇高自由主义者"群体。

尽管如此，未来不和的种子再次被播下。新君主还不到6岁，接下来将是一系列摄政集团的上台。其他人将不得不以年轻的佩德罗二世的名义执政，直到他"成年"。未来巴西将进一步尝试建立公民联邦制，且起义也将再次爆发。但此时这些"声响"就像回声：来自巴西其他省份声音的回声。

十　摄政时期或“寂静之声”

据说，“寂静之声”也会震耳欲聋。始于 1831 年佩德罗 267
一世退位的巴西摄政时期就是例证。巴西幅员辽阔，其广阔而分散的地区其实并不为宫廷所知。从远处看，人们似乎安居乐业、和平相处，且给人一种他们将永远保持这种状态的印象。1822 年的政治解放以里约热内卢的宫廷为中心，通过君主制象征和民族团结的思想将人们团结在一起。但是，各省对自治的渴望很强烈。与里斯本决裂后，殖民地时期被强制施加的团结减弱。出现了两种不相容的运动：宫廷的集权化欲望和各省的自治愿望。

问题是主权中心将设在哪里：在各省还是在里约热内卢，如果是在各省则需要一项新的宪法条约。许多省份拒绝对巴西独立来说不可或缺的中央集权，各省对此的接受并非和平且一致的。例如，伯南布哥和巴伊亚已经做好充分准备进行自治。尽管以皇帝这一形象为中心的民族团结已通过独立建立起来——用若泽·博尼法西奥的话来说，皇帝这一形象即“从拉普拉塔河到亚马孙河的社会建筑的雄伟基础”——但争取联邦制的斗争将在摄政时期震动整个国家。在佩德罗一世退位后，局势更加不稳定。形势变得更加复杂，因为佩德罗一世退位时，他的儿子佩德罗二世仅有 5 岁零 4 个月。他过于年幼，因此当时政府决定他应和他的两个姐姐——弗朗西斯卡

（Francisca，昵称为西卡）和雅努阿丽亚（Januária）一起生活在圣克里斯托旺宫，且免受打扰。这位新的君主只有在年满
268 18岁时才能接管政府。这就是为什么要谨慎地保护“背负着国家希望和抱负的人”。因此，政治真空就这样产生了，它将导致严重的后果。一方面，通过任命巴西政客在连续四个摄政时期中担任摄政者，解决了眼前的实际和官僚主义问题。其中两届由三人内阁（称为“三人摄政”）组成，而另外两届由仅一人的内阁（“单人摄政”）组成。但另一方面，在没有皇帝统治该国的情况下，继任问题激起了各省间的“战火”，各省开始质疑这些摄政者的合法性，认为他们的统治方式过于优先考虑里约热内卢和宫廷。各省为此大声疾呼，力图发出自己的声音。

首先，人们对里约热内卢强制实施的过度政治和行政集权化进行了一般性辩论。[1]成立联邦制共和国的想法被提出。而且，辩论不只限于议会。各省发生了一系列谋反事件，尽管它们具有不同的特征，但有一个共同点：要求自治。远离权力中心并拒绝巴西在佩德罗一世领导下采取的方向的新领袖带着为国家制定的新议程出现了。正如我们将看到的，格朗-帕拉的“卡巴纳达运动者战争”（Cabanagem）、马拉尼昂的“巴拉尤党人叛乱”（Balaiada）、巴伊亚的“萨比纳达暴动”（Sabinada）以及南里奥格兰德的“破衫战争”（Guerra dos Farrapos）等起义，都揭示了如果起义者因某个事业而团结在一起则可能会带来危险。

这些起义几乎都不旨在推翻君主制。总的来说，他们对于等待新皇佩德罗二世的加冕表示不耐烦。但是，随着年轻君主的成长，各省对自治的要求也不断提高。新任摄政者面临在不

危及领土统一或中央集权君主制的情况下建立代表各省利益的政治结构的压力。在如此严峻的形势下，就新的政治方案、提议和政府形式而言，摄政时期是整个帝国最具活力的时期。有人怀疑，究竟是这位儿童君主的宫殿规模有所减小，还是该国辽阔的疆域延伸得越来越远。无论如何，若阿金·纳布科（Joaquim Nabuco）[2]后来发表评论称：“在巴西，摄政时期实际上就是共和时期。临时共和国。”

儿童皇帝和摄政时期

摄政作为一种制度已预先出现在宪法中，因此，鉴于皇帝 269
在其统治持续不到10年时突然退位，这是维持连续性的最合法手段。因此，当参议院收到佩德罗一世退位的官方消息时，他们立即选举了由三名参议员组成的临时摄政集团：弗朗西斯科·德·利马-席尔瓦（Francisco de Lima e Silva，具有长期政治生涯的军官）、尼古劳·佩雷拉·德·坎波斯·韦尔盖罗（Nicolau Pereira de Campos Vergueiro，曾在科英布拉学习的律师，与安德拉达家族有联系的圣保罗人集团成员，现在是一位有影响力的政治家），以及若泽·若阿金·卡内罗·德·坎波斯（José Joaquim Carneiro de Campos，卡拉维拉斯侯爵，也曾在科英布拉学习，是1824年宪法的签署人之一，并接替若泽·博尼法西奥担任对外贸易大臣）。这些摄政者在他们所支持的团体和政治方面均持相反的意见：弗朗西斯科·德·利马-席尔瓦被认为是自由主义者，赞成联邦制；若泽·若阿金·卡内罗·德·坎波斯和尼古劳·佩雷拉·德·坎波斯·韦尔盖罗是保守派，后者被认为是顽固的中央集权主义者。

政府需尽快采取有力措施安抚各省。摄政者迅速采取行动，包括为被佩德罗一世罢免的大臣恢复职务，召集立法议会制定新的法律体系，赦免所有政治犯，将那些“可疑且不守规矩”的外国人从军队中驱逐出去。摄政者为保证和平且展示他们的诚意，草拟了一份声明，呼吁恢复秩序并制定新的政治和行政措施。即便如此，在里约热内卢和一些省份，特别是巴伊亚和伯南布哥，仍发生了反对葡萄牙复兴党的示威游行，该党当时倡导君主归来。

与此同时，为了提升这位幼小皇帝的象征力量，立法议会于 4 月 9 日，即佩德罗一世退位两天后，授予他“巴西皇帝”称号。法国艺术家让-巴普蒂斯特·德布雷再次被召唤来使这一时刻“永垂不朽”，而实际上这不过是政治上的权宜之计。这个孩子当时还太小，当他在宫殿的阳台上被介绍给他的人民
270 时，他不得不站在椅子上，以便人群能看到他挥舞手帕。政治精英们现在不得不以儿童君主的形式展示国家未来的稳定。

在任命若泽·博尼法西奥·德·安德拉达-席尔瓦为年幼的佩德罗二世的家庭教师时，佩德罗一世认识到了若泽·博尼法西奥的政治成熟度和才智，他这位曾经的朋友在 1823 年制宪议会上敢于与自己对峙。那是一个戏剧性时刻，这位前君主知道他可能再也见不到他的孩子们。为了确保他们的隐私并保护他们免于当下频繁的政治动荡，这三名皇室儿童——留在巴西的最后的皇室成员——被带到位于博阿维斯塔（Boa Vista）的圣克里斯托旺宫，以使他们与繁华的首都中心保持安全距离。在宫殿里，这些孩子的日子很单调乏味，他们的时间被严格安排，只允许很少的访客，且他们要学习很多的课程。对未来皇帝的教育是绝对的优先事项。他必须被安排在一个安静的环境中，尽管城外是一片动荡。甚至有人建议应将年幼的君主

带到圣保罗，但这一建议遭到拒绝，理由是他出行时会引起不必要的注意。[3]

佩德罗一世最终在 1831 年 4 月 13 日离开巴西，人们在大街上庆祝他的离去即“暴君的倒台”。同时，尽管年幼君主的权威受到全面动荡的严重威胁——全国各地的起义和叛乱——但他仍然被当作摄政统治的支柱。这场“不流血革命”（该词被用来指退位）的首批公告提到了立宪君主，他将使该国从葡萄牙的集权主义中解放出来：“公民们！我们现在有了家园。我们有一位君主，他是我们联盟的象征，是帝国完整的象征。在我们的教导下，他几乎从摇篮中就汲取了美洲自由的第一课，他正在学习热爱巴西——这个生他的国家……”[4]

当时的政治气氛复杂，各主要报纸完全自成一派。1833 年，一本名为《佩德罗一世》（*Dom Pedro I*）的支持复兴的刊物创立。几个月后，另一本名为《佩德罗二世》的刊物创立，它倡导各方联合起来反对葡萄牙君主的回归。这位幼小皇帝的名字已经被用来捍卫他一无所知的事业。

人们对巴西第二位皇帝的童年知之甚少。我们仅有几张画 271
像，以及他平庸的老师们对这个男孩和他姐姐们单调乏味的日常生活的描述。他在 1833 年 5 月 8 日给姐姐玛丽亚·达·格洛丽亚（时任葡萄牙女王）的一封信中写道：

> 亲爱的我深爱的姐姐：
>
> 我借我们导师的兄弟安东尼奥·卡洛斯·德·安德拉达先生访问巴黎的机会，给您寄来这封信并给您捎来消息。自从我们上次收到您和我们亲爱的母亲的消息以来，已有很长时间了……在这里，我们视您为榜样，尽一切努

> 力效法您：写作、算术、地理、绘画、法语、英语、音乐和舞蹈分配着我们的时间，我们不断努力获取知识，也只有这些努力才能减轻我们在分离期间对你们的思念……[5]

在远离家人时，学业是他的一切，他是勤奋的继承人，对待学业非常认真。

从临时到永久

和平的气氛没有延伸到宫殿的墙壁之外。临时摄政政府需立即采取行动，简单的法令已不再足够。在伯南布哥、巴伊亚和米纳斯吉拉斯，在新一轮的仇外心理浪潮中，葡萄牙公民正遭受巴西激进分子的攻击。1831 年 5 月 3 日举行了新议会的选举，目的是建立摄政制度。6 月 17 日，由众议员若泽·达·科斯塔·卡瓦略（José da Costa Carvalho）、若昂·布劳乌里奥·穆尼斯（João Bráulio Muniz）和参议员弗朗西斯科·德·利马-席尔瓦组成的永久三人摄政集团当选。若泽·达·科斯塔·卡瓦略是蒙蒂阿莱格里侯爵。他曾在科英布拉学习法律，回国后当选巴伊亚省参议员。他还是刊物《圣保罗灯塔》（*O Farol Paulistano*）的创办人，这是在圣保罗印刷和出版的第一本期刊。若昂·布劳乌里奥·穆尼斯来自马拉尼昂，曾是若泽·达·科斯塔·卡瓦略在科英布拉的同学。他们还合作创办了《圣保罗灯塔》。参议员弗朗西斯科·德·利马-席尔瓦，即巴拉格兰德男爵，为 1824 年至 1825 年伯南布哥省省长，之后任帝国参议员，曾是镇压“赤道联邦”军队中的一员。

272 该摄政集团由温和的政治家组成，其中两位来自众议院。他们是为皇帝效力的政治精英成员。该政府的特点是通过协商构建国家政治结构和控制动乱的能力。如我们所见，该摄政集团的三名成员都受过良好的教育，并拥有长期的公共服务履历。对他们而言，加强国家和民族团结不仅实现了他们的政治目标，而且实现了他们的具体目标。[6]摄政集团的组成旨在尝试集中权力并平衡对立的党派：三方执政集团成员分别代表北部（马拉尼昂）、东北部（巴伊亚）和西南部（圣保罗）的各州。

像其前任一样，新摄政集团必须迅速采取行动。它以较少争议的措施开始，例如，对里约热内卢和萨尔瓦多的医学院和外科医学院进行改革，将它们转变为大学，并赋予他们更大的自主权。当下盛行的民族主义精神使这类措施得到了广泛支持，因为学术独立突出了该国的独立性。其他旨在产生类似效果的措施还包括司法机构的重组和陪审团审判的设立。立法机构的改革，如限制摄政集团“节制权”以及赋予参议员和众议员高于行政机构的更多权力，可能是影响最大的改革。[7]

该三人摄政集团还带来了更多“惊喜”，其中包括成立国民卫队以镇压起义和示威。警卫人员是从各省招募的，并受司法部的管辖。这一新制度是基于法国的强制性征兵模式。所有 21—60 岁有权投票的公民，即年收入超过 20 万里斯的城市居民和年收入超过 10 万里斯的农村地区选民——显然不包括奴隶——都有义务参军。但是，由于国民卫队由相对有特权的社会成员组成，它并非国民军，因此迅速成了维护秩序和镇压当地起义的工具。而且，上校和少校由各省的政治精英选择。国民卫队非常保守且活跃，因此直到第一共和国时期才被撤销，主要活动于该国的农村地区。此外，由于国

273 民卫队由精英成员组成，他们没有像发生在独立前的叛乱和皇帝退位前各省的动乱中的军队那样与普通民众混在一起。国民卫队（而非军队）被认为是一支可靠的镇压力量，主要是因为其成员的背景。

但是，法令和新提名都无法控制威胁国家统一的金融危机和起义。三大党派相互对抗：温和派［或称“叫隼”（chimangos）[8]］、狂热派［或称“黄鹦鹉”（jurujubas）[9] 和“衣衫褴褛者”（farroupilhas）[10]］和复兴派［或称“海鳝”（caramurus）[11]］。由若泽·博尼法西奥领导的复兴派主张让佩德罗一世从葡萄牙归来。在此期间，与摄政时期最密切相关的神父迪奥戈·安东尼奥·费若开始了他的仕途升迁。他作为众议员被任命为司法大臣，是若泽·博尼法西奥和“海鳝”的头号敌人。他指责他们企图破坏摄政，以迫使佩德罗一世返回巴西。正当他们遭受这些指控时，1832 年 4 月 3 日，里约热内卢爆发叛乱，若泽·博尼法西奥被指控煽动了这场叛乱。在参议院的支持下，若泽·博尼法西奥继续任职，但彼时他的“日子”已屈指可数。他被指控密谋反对摄政，之后被逮捕并送往帕克塔岛[12]，在那里他被软禁在避暑别墅中。尽管被赦免，但他从未设法恢复其政治地位，并于几年后在尼泰罗伊[13]去世。

神父迪奥戈·安东尼奥·费若在与若泽·博尼法西奥对抗后变得更加强大，但也遇到了一系列问题。他最终也失去了司法大臣的职位。此外，始于里约热内卢的叛乱开始蔓延到各省。全国各地均有起义，对葡属美洲分裂的担忧再次困扰着政府。

1832 年，名为“卡巴纳达运动”（Cabanada）的起义在起义历史悠久的伯南布哥省爆发。这次起义聚集了印第安人、逃奴、擅自占用空地者和地主，他们全都准备与“雅各宾派”做斗争，并支持佩德罗一世的回归。“卡巴纳达运动”的成员表达了广泛的诉求，并勇敢地坚持了4年：他们组成了一支制服军，并随着号角、长笛和鼓声发动进攻。到1832年，他们已经被认为是伯南布哥林地的主人。他们将主力集中在与阿拉戈斯交界的沿线一带。主要是这些不那么富裕的人表达了他们对佩德罗一世退位的困惑和不满。

君主制的象征性力量再次得到体现。但是，人们渴望的不 274
是真正的君主制，而是神话里的君主制，它与日常现实相距甚远。在这种情况下，皇帝的回归很可能是一个乌托邦式的梦想，但对于起义者而言，它具有具体的意义。“卡巴纳达运动”的成员来自各种各样的群体，他们的利益都受到了退位的影响，包括想要维持其职位的军官、希望加强权力的农村土地所有者、需要工作以维持生计的官僚，以及在皇室统治下拥有更多自治权的阿拉戈斯精英阶层。尤其是，尽管来自灌木林地和贫困的内陆地区，被奴役的印第安人和黑人感觉到新政府的威胁。对所有人而言，复兴意味着对未来的希望和对最近过去的回归。

1835年，起义遭到了曼努埃尔·德·卡瓦略·派斯·德·安德拉德的残酷镇压，曾经宣告“赤道联邦”成立和此时掌管该省的都是这个人。但是“卡巴纳达运动”成员仍继续抵抗。该省省长与邻近省份组成了政治联盟，并实施了焦土政策。起义者控制的地区被划定边界，其边界内的任何人都自动被视为敌人。同年3月至5月，据估计有1072名“卡巴纳达运动”成员被捕，2326人被杀。风水轮流转，随着时钟指针的转动，更多起义即将爆发。

1834 年修正案和费若摄政期

在里约热内卢、伯南布哥和马拉尼昂同时发生起义时，政府别无选择，只能改变游戏规则，至少在立法层面上。1834 年通过了一项宪法修正案，旨在限制中央政府的权力。早在 1831 年，人们就曾考虑彻底的变革，如废除“节制权”和建立联邦君主制。1834 年修正案的最终文本没有那么雄心勃勃。它是以北美模式为基础的，尽管没有那么大胆。除了建立单人
275 摄政制以外，1834 年的宪法修正案还解散了国务会议，在各省建立了立法议会，使宫廷成了中立的自治区（与里约热内卢省分开），并保留了参议员的终身任期制。

该修正案是漫长谈判的结果，它的矛盾性体现在它将权力集中在一个任期为四年的摄政者手中，同时通过新的议会赋予各省更大的自治权。它还赋予了各省省长更大的权力，这些省长由摄政者代表皇帝任命，没有固定的任期。实际上，他们可以随时被替换。该修正案是对政府状态的忠实反映，对哪一方都没有表示坚定支持。

第一次选举单人摄政者就是在这种情形下进行的。神父迪奥戈·安东尼奥·费若当选。他来自圣保罗，是温和派成员。其摄政期始于 1835 年 10 月 12 日，并一直持续至 1837 年 9 月 19 日。考虑到脆弱的政治局势，这是一个合理的任期。摄政者费若面临无数挑战。他有许多政敌，包括教会，因为他不支持神职人员的独身主义。据说，当时很少有大臣能长时间忍受其暴躁脾气，且内阁变化不断。从摄政者将一小部分大臣从某一职位调到另一职位来看，不稳定似乎已成为该政府的体系。但是，真正成为首个单人摄政期标志的是在该国两极爆发的两

次严重冲突，即格朗-帕拉的“卡巴纳达运动者战争”和南里奥格兰德的“破衫战争”。

起义四起：遥远的格朗-帕拉省的“卡巴纳达运动者战争”

对摄政时期的分析少不了对标志着这一时期的一系列谋反进行的讨论。历史学家过去常将它们视为“排外主义的”，即反映当地不满的孤立事件，但在摄政时期，它们已被视为反映联盟与联邦党派之间深刻分歧的全国性现象。对里约热内卢集 276
权的愤怒是造成第一王朝时期许多政治动荡的原因，也是佩德罗一世退位的原因。

有许多持续时间较短的小型起义，但也有一些后果更为严重的起义，它们在以里约热内卢为基地的摄政精英中引起了恐慌。这些主要起义中的第一个是遥远的北部格朗-帕拉省的“卡巴纳达运动者战争”。该省是最后批准独立宣言的省份之一，它直到1823年8月15日才批准通过，甚至直到那时也是迫于压力才通过的。

格朗-帕拉的整个历史是其与该国其他地区的独立史。该地区最初在16世纪初被荷兰和英国殖民者占领，他们的目的是寻找香料，尤其是红木[14]、瓜拿纳（又名巴西香可可）[15]和胡椒种子。葡萄牙人直到1616年才抵达该地，他们在当时被称为圣玛利亚杜贝伦杜格朗-帕拉（Santa Maria do Belém do Grão-Pará）的贝伦市建起了第一栋建筑，即耶稣诞生堡（Forte do Presépio）。1621年格朗-帕拉和马拉尼昂领地（首府为马拉尼昂的圣路易斯）成立，以应对定居在该地区的欧洲不同群体之间的对抗以及他们与当地土著居民相处时的困难。新领地政府独立于巴西政府。创立这一新领地是为了在该地区与葡萄牙之间建立直接联系，后者对药用植物以及甘蔗、棉花和可可的种植很有兴趣。

1755 年，强大的葡萄牙政治家庞巴尔侯爵创立了“马拉尼昂和格朗-帕拉贸易总公司”。它的建立是为了发展和控制商业活动，包括非洲奴隶贸易，因为奴役该地区土著居民的行为遭到禁止。除其他特权外，该公司被授予对奴隶贸易和向该地区海上运输所有商品的垄断权，为期 20 年。该公司雇员被正式视为直接为国王陛下服务并直接听命于里斯本的。政府的另一项优势是，它对该公司的控制使它有能力制止走私和逃税的普遍做法。

在积累如此多特权的同时，该公司也引起了当地精英的不满，庞巴尔侯爵对此置之不理，他想保护的是自己在该地区的
277 经济利益。此前新领地与葡萄牙之间的贸易规模很小，但该公司的所有活动使得贸易开始蓬勃发展。“马拉尼昂和格朗-帕拉贸易总公司”的轮船满载着大米、棉花、可可、生姜、木材和药用植物从贝伦驶离，其中还不包括奴隶贩运。1755 年，该地区估计有 3000 名非洲奴隶，而在 1755 年至 1777 年，非洲奴隶增加至 12000 人，他们都是用公司资金购买的。他们被从自己位于卡谢乌、比绍和安哥拉的家中带离。[16]

随着葡萄牙国王若泽一世[17]的去世和其有权势的大臣庞巴尔侯爵的倒台，被称为“转变”（Viradeira）的时期开始了。若泽一世的女儿玛丽亚一世[18]反对庞巴尔侯爵的所有政策。1778 年，女王不仅取消了垄断，而且关闭了公司本身。格朗-帕拉早在四年前即 1774 年就从马拉尼昂分离出来。然而，尽管发生了几次危机，该地区与葡萄牙之间的贸易在 1800 年至

1817年继续蓬勃发展。1796年至1799年，在构成今巴西的所有地区向葡萄牙出口的产品中，从格朗-帕拉和马拉尼昂出口的产品合计占13.6%。1804年至1807年，这一占比上升至19%，这两个领地的出口量居第四位。[19]与该国以单一种植为主的地区相比，北部地区向欧洲市场提供了各种各样的奇异产品，包括可可、咖啡、大米、棉花、皮革、丁香、肉桂、菝葜、巴西肉豆蔻（puxiri）[20]、靛蓝[21]、红木、巴西坚果以及人们可以想象到的各种木材。[22]

正如我们所看到的，在独立时期，格朗-帕拉地区与巴西其他地区有截然不同的历史，且不愿意接受新的政治制度。在商业和农业领域有权势的家庭关系网主导了该地区。另外，此处有大量外国移民和来自巴西其他地区的移民，形成了民族、语言和文化的混合体。[23]最后，与葡萄牙的直接贸易联系仍在继续，并且它几乎没有动力表现出对政府的忠诚，该政府从那时起一直统治着一个独立的国家。格朗-帕拉对其在政治上被排除在中央政府决策之外的做法充满了愤恨，不仅如此，中央政府还对该地区的医药产品征收了重税。

与1832年伯南布哥的起义一样，格朗-帕拉的“卡巴纳 278
达运动者战争”聚集了不同的社会群体，每个群体都有自己的诉求。这两次起义的名称，即伯南布哥的“卡巴纳达运动”和格朗-帕拉的“卡巴纳达运动者战争”，都来自“Cabana”这个词，它指的是作为土著人、梅斯蒂索人和黑人住所的泥土板条棚屋。但是，与伯南布哥发生的情况不同的是，格朗-帕拉的这些群体直接与当地精英对抗。

这场起义轰轰烈烈地开始了。1835年1月7日，在安东尼奥·维纳格雷（Antônio Vinagre）的领导下，包括“卡巴纳达运动者”、“塔普尤印第安人”[24]、土著人和黑人在内的起义者袭击了贝伦的军营和省长官邸，杀死了该省省长，并夺取了大量武器。随后，他们任命了新省长费利什·安东尼奥·克莱门特·马尔谢（Félix Antônio Clemente Malcher），他当时由于反对政府的立场是一名政治犯。但是他的任期不长。随着运动越发激进，作为甘蔗种植园主的马尔谢最终出卖了他的盟友，他命令他们放下武器，重返工作岗位，并宣誓效忠摄政政府。他于同年 2 月 19 日被罢免。此后，激烈的气氛逐渐冷却下来，“卡巴纳达运动者”开始撤退，他们在 7 月离开了贝伦。

但是 8 月又爆发了一次起义，当时葡萄牙妇女马里亚纳·德·阿尔梅达（Mariana de Almeida）被谋杀。她已经 70 岁了，是一位葡萄牙商人的遗孀。据说因她对佩德罗一世的忠诚，她的尸体被拖到街上并遭公众虐待。这次起义是巴西历史上最暴力的事件之一。起义领导人被指责为抗命的、邪恶的无政府主义者。“卡巴纳达运动者”做出了一些极端行为，这一点不可否认。奴隶把前主人绑在树干上，鞭打他们。被强征入伍的印第安人杀害他们的指挥官并夺得他们的军衔（他们全都是中尉），进而摧毁纳扎雷区（Nazaré）。

随着运动变得更加激进，黑人和土著人获得了更大的自治权，黑人领导人的作用也在增加。奴隶在“卡巴纳达运动者战争”期间发挥了重要作用。他们的参与导致“卡巴纳达运动者”被称为“恶魔”，也使人们再次担心类似海地革命的事件可能在巴西发生。“卡巴纳达运动者”并非“生性邪恶”
279 的。实际上，他们反抗是因为在他们看来，侵占贝伦的葡萄牙篡位者缺乏宗教信仰，他们指责后者对里斯本宫廷的命令言听计从。他们还将该省省长视为外国人，并指责他是共济会成员。

这场运动像野火一样蔓延在今帕拉州和亚马孙州。1836年2月，政府对这种“胆大妄为”的回应是向贝伦派遣四艘军舰，并指示要夺取该市。5月13日，帝国军队重新控制了该地区。但是，这并没有让起义停下来。1836年至1840年，起义者渗透到该省的内部，且他们的要求变得更加激进：结束奴隶制和建立地方自治。他们还重申对葡萄牙人和其他所有外国人的仇恨。在接下来的10个月中，当地精英生活在“卡巴纳达运动者”获得控制权的恐惧中。起义者藏身于森林中，一直战斗至1840年，直到那时才被彻底消灭。死亡人数令人震惊，估计在当时的10万人口中，死亡率高达30%—40%。还有数以千计的人被俘，他们被装载到被改造成监狱船的帝国海军护卫舰中，特别是“保卫者号”（*Denfensara*）护卫舰。

尽管一些“卡巴纳达运动者”（虽然看起来很奇怪）对年幼的皇帝佩德罗二世保持着神秘的忠诚，但他们中绝大多数还是要求在政治上改变中央集权制的巴西帝国。尽管他们称自己为“爱国者”，但该词既不指作为巴西人的身份，也不涉及政府的政治和国家计划。土著居民、黑人奴隶和梅斯蒂索人，他们都来自截然不同的文化，他们创造了新的身份认同，这与里约热内卢的欧洲政府模式几乎没有共同之处。[25]实际上，这场冲突反映了相互误解的极端情况：来自殖民地时期和1822年至1840年帝国时期的观点结合在一起，试图抹去该地区存在的巨大差异。欧克利德斯·达·库尼亚（Euclides da Cunha）[26]是一位很有影响力的巴西思想家，他将亚马孙定义为“处于历史边缘”的区域，而“卡巴纳达运动者”（“棚屋居住者”）则代表“内陆居民与沿海居民之间越来越大的差距”。[27]也许这是另一类历史，与巴西帝国历史相冲突的那种历史。在这种情况下，这种关系看起来更像是一场诉讼分离。

从费若到佩德罗·德·阿劳若·利马：叛乱新议程

280 到 1837 年，摄政者发现自己在里约热内卢越来越孤立。他的政治支持岌岌可危，据称由于生病，他于 9 月 19 日被迫辞职并返回圣保罗的家中。他的垮台是保守派反对派不断施压和各省起义的结果。摄政权交给了他的政治对手佩德罗·德·阿劳若，即奥林达侯爵，后者自 1837 年 9 月以来一直担任帝国大臣。第二年的选举确认了佩德罗·德·阿劳若为摄政者，其性情与暴躁的神父迪奥戈·安东尼奥·费若恰恰相反。在他被确认任此职位之前，佩德罗·德·阿劳若在里约热内卢创办了“佩德罗二世学校”，它很快成为巴西教育的典范。阿劳若·利马还在 1838 年创办了“巴西历史地理研究所”，它后来对佩德罗二世的帝国政策发挥了关键的影响力。1839 年，他创办军校。尽管如此，这些措施在当时并未得到赞赏。在面临该国最北部和最南部省份脱离联盟的危险时，优先考虑这些问题似乎是肤浅的。

佩德罗·德·阿劳若最显著的措施是终止前几任摄政时期的自由主义政策。使各省享有司法自主权的刑事诉讼法被废除。随后又制定了另一项宪法修正案，即 1840 年 5 月 12 日的修正案。其目标很明确：结束各省和自治区的自治，并保持摄政者特别是司法机构的控制权。这些是佩德罗·阿劳若·利马政府的“反进步”措施，他们想一劳永逸地制止全国范围的叛乱。但是，要平息正在爆发的叛乱绝非易事，它们如雨后春笋般在该国北部、东北部和南部萌发。

政治运动有其颜色：“马雷起义”和“萨比纳达暴动” 281

尽管 1824 年宪法宣布所有自由民平等，包括自由的奴隶，但实际上，奴隶的后代被系统地排除在所有社会福利之外。在此期间，非裔人民开始走上街头，要求被这一新兴国家接受，这并非偶然。

动荡始于巴伊亚，这是一个传统上渴望政治自治的省，并到了民众的大力支持。正如我们所见，1798 年，“巴伊亚密谋”对葡萄牙王室的霸权提出了挑战。该省仅在 1823 年 7 月 2 日才承认巴西的独立，距在里约热内卢宣布独立将近一年之久。1820 年至 1830 年，一系列起义爆发。19 世纪上半叶，逃奴堡的建立和信奉坎东布雷教的做法蔓延开来且交织在一起。1826 年，在萨尔瓦多郊外，一群在乌鲁布逃奴堡避难的奴隶发动了一场起义，并引发了暴力冲突。其目的无非是入侵城镇、谋杀白人并释放所有奴隶。政府军队迅速做出反应，包围了该逃奴堡。居民们在一个名叫泽费里纳（Zeferina）的妇女的领导下进行了激烈抵抗，她手持弓箭与入侵者对抗。在记录了乌鲁布逃奴堡遭到毁坏的文件中，“坎东布雷教”一词首次出现。庞特伯爵在提及叛乱奴隶的避难所时用过该词。[28]起义被镇压，但该省省长对以下事实毫无疑问，即从此以后，在巴伊亚，宗教将成为奴隶和前奴隶人口政治组织的基本要素。

奴隶叛乱在其他省份（例如米纳斯吉拉斯）仅仅是谣言，而在巴伊亚却成了现实，它让恐怖蔓延至全省。动荡持续了整

个 19 世纪上半叶。1820 年至 1840 年，该省见证了军事叛乱、
282 反葡萄牙起义、要求建立联邦的谋反以及民众的暴乱，公共和私人财产遭到破坏。无论是在萨尔瓦多还是雷孔卡沃地区的城镇，穷人和奴隶占了很大比例。1807 年至 1835 年，该省奴隶在首都和雷孔卡沃地区的“糖厂”、种植园和鱼市发动了一系列非同寻常的大规模叛乱。这些叛乱具有巴伊亚奴隶斗争的某些典型特征：城乡奴隶之间的合作，大量来自同一种族、具有共同文化和宗教身份的黑人的聚集，以及逃奴堡的参与。在萨尔瓦多郊区的逃奴堡数量迅速增加，它们为逃奴提供了庇护所，并为非洲宗教信仰提供了充满活力的中心。[29]

1807 年 5 月，一群奴隶在巴伊亚引发了一系列叛乱，这些叛乱是由一个特定种族群体的叛乱分子集中煽动的，这个种族群体可能有也可能没有其他群体加入，他们之间有强大的宗教纽带——伊斯兰教。计划进行 1807 年起义的黑人奴隶来自今尼日利亚北部一个主要被豪萨人占领的地区。他们准备将叛乱扩散到领地的边界之外。该叛乱爆发于 5 月 28 日基督圣体圣血节庆祝活动期间，当时奴隶放火烧了海关大楼，那里是从非洲进口奴隶的接收处。他们还放火烧了纳扎雷区的一座教堂，目的是分散军队的注意力。然后，他们将从萨尔瓦多郊区的逃奴堡入侵该镇。但这还不是全部。他们计划动员黑人和穆拉托人，毒害白人，在公共广场上焚烧圣像，然后前往伯南布哥解放豪萨人奴隶。他们的斗争将继续进行，直至所有白人丧生，直至在该地区内陆建立一个伊斯兰王国。[30]

然而，在叛乱开始之前，已有人向省长告发了这些计划。惩罚非常严厉：领导人被捕，奴隶被绑在刑柱上接受鞭刑，所有黑人聚会和庆祝活动都被取缔，萨尔瓦多和雷孔卡沃地区自

由奴隶失去了行动自由。但是，他们已经创造了先例，且豪萨人组织得很好。叛乱失败后，大批人逃到逃奴堡，在城市周围的森林地区，逃奴堡数量不断增加，他们在那里等候时机，直到出现新的机会。

1814 年，豪萨人再次发动进攻。在第二次叛乱期间，他 283
们在 2 月至 4 月发动了一系列进攻，这些进攻越来越暴力。这些袭击是由雷孔卡沃地区和萨尔瓦多周围村庄的逃奴堡指挥的。5 月，省长收到了另一则告发信息：豪萨人计划执行与 1807 年失败计划相同的计划。但是，这次他们组织得更好。他们的武器库里增加了火药、制弓藤条和铁制箭头，所有这些都藏在树林里。此外，来自其他种族、数量空前的非洲人加入了该运动，包括穆拉托人和克里奥尔人[31]。[32]

尽管豪萨人 1814 年再次被击败，但政府的胜利无法掩盖巴伊亚奴隶制度的脆弱性。奴隶继续奋起反抗主人，袭击次数增加，尤其是对雷孔卡沃地区的“糖厂”的袭击。1816 年，作为巴伊亚雷孔卡沃地区心脏地带的圣阿马鲁（Santo Amaro）身陷新一轮叛乱的恐惧中：整整四天，该镇遭到袭击，“糖厂”被烧，白人以及任何拒绝加入该运动的黑人都被处死。这场起义被迅速镇压，但它给土地所有者带来的恐惧没有那么容易得到平息。

1835 年，在第一次叛乱后过了 20 多年，萨尔瓦多爆发了最大规模的奴隶叛乱。[33]这次袭击是从城市内部开始的，且令人震惊。1 月 25 日凌晨，成群的奴隶和自由民手持棍棒、刀具和其他工具，在街上与士兵和平民战斗了三个多小时。宗教再次成为起义不可分割的一部分。许多叛乱者战斗时穿着“阿巴达”（abadá），即非洲穆斯林祈祷时身穿的白色长袍，并戴着刻有《古兰经》经文和保护自己的祈祷文的护身符。

这场叛乱是由“马雷社群”（Sociedade dos Malês）领导的，萨尔瓦多的非洲穆斯林被称为“马雷社群”（穆斯林当时在萨尔瓦多被称为“马雷”）。他们的动机既有宗教的也有政治的因素。伊斯兰教在巴西完全是一种非洲宗教。它不限于任何种族群体，因此有可能在反对奴隶制的斗争中将不同出身的奴隶和自由民聚集在一起。而且，它具有提供共同语言并最大限度地减少黑人社群内部种族和文化差异的能力，因此它是动员和整合起义者的关键因素。

284 马雷起义的目的是为非洲人建立巴伊亚，意在彻底重组萨尔瓦多市。他们的计划并非占领这座城市，而是要对军营、教堂和政府大楼进行闪电式袭击，以制造混乱。起义遵守的是伊斯兰教军事行动规则：起义者没有入侵私人住宅，没有杀死奴隶主或在城市中纵火。他们只与被派遣来镇压他们的军队作战。马雷们对该起义寄予厚望。他们计划袭击大部分奴隶集中的雷孔卡沃地区，并动员俘虏进攻“糖厂”。

马雷起义不仅是巴伊亚而且是巴西规模最大的奴隶起义，它也是最后一次奴隶起义。起义者将 1835 年的运动视为奴隶起义。但是，它变成了宗教和种族之间、被奴隶主收编的奴隶和起义者之间的冲突。70 名起义者在对抗中丧生，且在他们战败后，约 500 人被处以死刑、鞭刑或被驱逐出境。[34]这场起义失败的原因有很多：告密再次发生，秘密被泄露，起义因此不得不在确定的日期之前开始。克里奥尔人、帕度人与非洲人之间缺乏团结，这也削弱了这场起义的力量。但决定性因素是他们敌人的团结。巴伊亚的所有自由人口，无论白人还是穆拉托人，无论贫富，无论出于共同利益还是出于恐惧，都反对这场起义。但是，尽管起义遭到镇压，巴伊亚的俘虏们仍心怀希望：摆脱奴隶制度，获得自由指日可待。

随着中产阶级、军人和城镇贫民的参与，巴伊亚的动荡在持续。由于葡萄牙对贸易以及政府和军队最高职位的垄断，反葡萄牙的情绪高涨。1834 年的修正案限制了各省自治权，而 1837 年神父迪奥戈·安东尼奥·费若辞去摄政一职，这两件事使形势变得更加严峻。

随着不满情绪高涨，所需要的只是一个引发人们愤怒的事件。穷人要求更多地参与社会事务，军人要求涨工资，中产阶级要求加强对商业的控制。不满情绪将政府雇员、工匠、商人、官兵和被释放的奴隶聚集在一起。他们对葡萄牙人怀有共 285
同的仇恨，一起生活在共同的城市空间中，不管是富人还是穷人、白人还是黑人、帕度人还是克里奥尔人。该省省长非常了解这一情况，他写信给报纸警告说，一个支持格朗-帕拉和南里奥格兰德叛乱的“叛乱党”[35]正在组建。但他向公众保证无须担心，因为他已尽一切可能确保“九头蛇海德拉不会抬起头”。[36]

但是，九头蛇海德拉确实抬起了头。1837 年 11 月 6 日晚，由于担心引入强制征兵来打击南部的分裂主义运动（“衣衫褴褛者”），炮兵团的军官们离开了圣佩德罗堡，占领了周边地区。许多平民加入了他们，包括弗朗西斯科·萨比诺·维埃拉（Francisco Sabino Vieira）和若昂·卡内罗·达·席尔瓦·雷戈（João Carneiro da Silva Rego）。第二天，他们控制了该市，并在市政厅召开了一次特别会议，通过了使该运动合法化的法案。这是“萨比纳达暴动”的开始，其命名源自其中一位领袖弗朗西斯科·萨比诺。他们起草了一份 105 人签名的文件，宣布该省“完全独立于里约热内卢的中央政府”，从此成为“一个自由独立的国家”。他们计划召开制宪议会，律师伊诺森西奥·达·罗沙·加尔旺（Inocêncio da Rocha Galvão）被任命为总统，弗朗西斯科·萨比诺为一等秘书。但是，自从伊诺森西奥·达·罗沙·加尔旺流亡美国后，弗朗西斯科·萨比诺就成了该省事实上的总指挥。

有趣的是，几天后，他们签署了一份新修订文件，这次只有 29 人签名。文件声称，该省将一直保持独立状态至新皇帝成年。（有人称该修正案为“笔误”。）因此，尽管宣布自治，该运动仍忠于君主制和未来的皇帝。这场运动凸显了摄政时期的两个重要方面：巴伊亚根深蒂固的自治愿望和对围绕年幼君主和君主制的神秘感的支持，即使在危机时期也是如此。

与此同时，该省被罢免的省长弗朗西斯科·德·索萨·帕拉伊索（Francisco de Souza Paraíso）和武装司令（commander-at-arms）路易斯·达·弗兰萨·平托·加尔塞斯（Luís da França Pinto Garcez）在雷孔卡沃地区避难，他们在那里动员部
286 队，部队主要来自国民卫队。1838 年 3 月，帝国政府命令他们围攻首府。在围困下，萨尔瓦多首先遭受的是牲畜短缺问题，然后是城市大火造成的破坏。起义领袖因缺乏食物而士气低落，他们宣布停火以换取免罪。他们的请愿被置之不理。随后的镇压亦是残酷的，包括中止所有囚犯的权利，许多起义者被流放到国外。弗朗西斯科·萨比诺于 3 月 22 日在法国领事官邸被捕。

官方反应一如既往地带有惩戒意味。据官方数据，有 1258 名起义者和 594 名士兵在战斗中丧生，另外还有 2989 名起义者被捕，其中大多数被囚禁在帝国海军的舰船上。一共有

1520人被驱逐到里约热内卢和南里奥格兰德等待审判，所有被释放的奴隶均被驱逐至非洲。[37]但是，等待着弗朗西斯科·萨比诺的是另一种不同的命运。1840年8月22日签署的帝国法令宣布对其实行大赦，他被送往戈亚斯，在那里他又参与了当地政治活动。后来他被驱逐到马托格罗索，并于1846年逝于此地。[38]

很难理解这种分裂主义叛乱能将军官、商人、自由派专门职业者、奴隶和自由民聚集在一起，并且同时忠于君主制。弗朗西斯科·萨比诺本人是穆拉托人，是黑人奴隶的后裔，这就是为什么他们将他视为典型。从1798年“巴伊亚密谋”到1838年“萨比纳达暴动”，巴伊亚经历了40年的叛乱、奴隶起义、洗劫和掳掠。在一个以奴隶制为主导的省份中，奴隶、黑人、帕度人和自由穆拉托人的参与表明，反对当局的叛乱也关乎出身和肤色的问题。

“破衫战争”：南部边境上长期而持续的起义

即使在“萨比纳达暴动”结束后，摄政者也无法安然入睡：巴西南部的新革命已成为一个严重问题。其动机是一样的，只是地点发生了改变。有人谴责权力集中在宫廷，也有人 287
支持恢复各省自治。这场起义被称为“破衫战争”或“破衫革命”，因为战斗首先爆发于忠于政府的巴西人和贫穷的起义者中，后者因其简朴、破旧的衣物被称为“衣衫褴褛者”。实际上，这场运动不仅是由在牧场工作的农民组成的，还包括土地所有者、牧民和社会各阶层人士。[39]

“破衫战争”再次证明了巴西有许多不同的历史。该国最南端相对较晚才被纳入殖民地，并且紧邻战略意义重大且多次易手的地区，该地区可通往拉普拉塔河盆地。该地区最初于1626年被来自巴拉圭的耶稣会士占领，他们声称它归西班牙所有，并开始为土著居民建立传教区和村庄。随着“班德拉探险队”的到来，耶稣会士离开并留下一种特殊的牛，称为“chimarrão”。1680年，葡萄牙王室占领该地，并在后来成为独立国家乌拉圭的萨克拉门托建立了殖民地。

西班牙人频繁入侵该地区，但葡萄牙人最终将其夺回。毕竟，他们认为这是其南部领土的延伸。17世纪末，耶稣会士归来并再次接管该地区，他们在此处建起了七族传教区。但是，耶稣会士和瓜拉尼印第安人在瓜拉尼战争（Guerra Guaranítica）中被葡萄牙和西班牙军队击败，这场战争是在耶稣会士和瓜拉尼人拒绝被迁至乌拉圭河西侧的西班牙领土后于1753年至1756年间发动的。他们之后签署了一项协定，同意七族传教区归葡萄牙所有，而萨克拉门托殖民地归西班牙。同时，该协定的许多条款都遭到废止，这导致两国之间经常发生小规模冲突，并且在牲畜和土地所有权方面发生直接冲突。由于拉普拉塔河对巴西的商业至关重要，且考虑到需要防止从波托西山走私白银，并且最重要的是其军事战略意义，葡萄牙王室正式将该地区纳入其领土。

17—18世纪，米纳斯吉拉斯发现了黄金，这导致对役畜
288 和牛肉的大量需求。结果，随着将牛群和骡群赶回米纳斯吉拉斯的赶车人和牲畜贩子的到来，南部的局势开始发生变化。许多赶车人在南部定居并成为养牛人，他们向王室请愿以获取土地所有权。使农民在巴西南部边境地区定居符合王室的利益。1737年，政府正式成立了南部大区以阻挡西班牙人对萨克拉门托殖民地的频繁进攻。王室还向军官授予土地，并向养牛人

分配未开垦的土地（sesmarias）[40]，这为建立大型牧场提供了激励政策，对西班牙人起到了进一步的威慑作用。

18 世纪末，该地区开始生产风干牛肉即咸肉干，它很快成了奴隶的国民食品。正如我们所看到的，1820 年，在大农场主的帮助下，若昂六世击败了西班牙人，并将东部地区即“东岸”纳入葡属美洲，将其命名为西斯普拉廷省。由于其与首都的距离及其军事战略重要性，该省享有相对的自治权。

但是，在独立以及权力集中在里约热内卢精英手中之后，情况发生了变化。一方面，南部土地所有者不满对牛、土地尤其是干肉征收的高额税收。[41]另一方面，1828 年，在乌拉圭独立建国后，丧失西斯普拉廷省对于他们来说是沉重一击。当本托·贡萨尔维斯（Bento Gonçalves）将军抱怨“他们将南里奥格兰德变为帝国的旅馆”时，他表达了人民的普遍不满，当地人民认为他们的作用已沦为为帝国提供肉类和守卫南部边界。

“衣衫褴褛者”这一名称指的是来自南里奥格兰德反抗帝国政府的群体。该词被作为贬义词使用了至少 10 年，指的是反对中央政府的南里奥格兰德自由党的支持者。这一绰号流行起来并成为骄傲的象征，以至于 1832 年“破衫党”成立，其宣言称它反对所有在政府和军队中担任高级职务的葡萄牙人。许多人认为，实现自治的唯一方法是建立一个独立国家。该运动吸引了大批民众，包括大农场主、军官、废奴主义者甚至还 289
有奴隶，他们从中看到了解放的机会。最初，并非所有的“衣衫褴褛者”都是共和主义者和联邦主义者，但经过一系列事件后他们最终撇开分歧，并采纳了这些观点。该运动许多领袖都是共济会成员，包括本托·贡萨尔维斯，他采用了一般人不太可能选用的代号“苏克雷”（Sucre）[42]。

该国最南端的人们普遍感到无力和自尊心受挫。是时候再次拿起武器了，而这一次他们反对的是帝国政府。这场反对中央政府、力图在南部建立独立共和国的长期战争始于 1835 年 9 月 20 日，持续了将近 10 年，直至 1845 年 3 月 1 日，那时佩德罗二世已亲政 5 年了。这场运动非常重要，它影响了圣保罗的自由主义运动和巴伊亚的“萨比纳达暴动”。它是巴西帝国历史的重要组成部分。

“中央剥削南方”成为“衣衫褴褛者”的口号。在准备与巴西其他地区进行战争时，他们与邻近的新建国家乌拉圭之间的关系在友好和敌对之间摇摆不定。两地的居民之间有密切的家庭联系。例如，本托·贡萨尔维斯娶了一个乌拉圭人。他们有时为了增加贸易而表现出友好姿态，而其他时候对西班牙的敌意占主导地位。毕竟，西班牙人从未停止过改变该地区边界的努力。[43]

南部与其他地区之间的矛盾很大，9 月，当叛乱爆发时，本托·贡萨尔维斯在刊物《自由总结者》（*Recopilador Liberal*）上发表声明，解释这场战争是为了捍卫该省的自由，那时他们正受到威胁。同时，他重申对君主制的忠诚，以及对“维护我们年幼皇帝的皇位和帝国完整”的忠诚。[44]

在这场持续近 10 年的战争中，“衣衫褴褛者”赢过也输过无数次战斗。1836 年 9 月 11 日，他们宣布成立里奥格兰德共和国。这一行动得到了皮拉蒂尼（Piratini）[45]市政厅的批准，该市议会宣布南里奥格兰德省独立，并任命本托·贡萨尔维斯为总统。皮拉蒂尼将成为新首都。政府形式为共和制，它将与巴西其他所有州建立联盟关系，而这些州反过来将致力于建立

同样形式的政府。对于该运动而言，这是一次戏剧性的转折， 290
它直到那时还一直宣称对王室的忠诚。尽管如此，这一新建国家仍然保持着帝国的两个基本特征：限制性特许经营权和奴隶劳工。

在这场漫长的战争中，一些参与者获得了神话般的地位。本托·贡萨尔维斯就是其中之一，他做过两次令人惊叹的越狱尝试。其中一次，他与其他囚犯从牢房里挖了一条地下通道，但是当其战友佩德罗·博蒂卡里奥（Pedro Boticário）由于太胖而无法通过时，他留下来以示团结。还有一次，当他被囚禁在巴伊亚的圣马塞洛堡（Forte do Mar 或 Forte São Marcelo）时，他从海上逃脱，游到战友们等待他的小船上。另一位具有传奇色彩的革命者是意大利人朱塞佩·加里波第（Giuseppe Garibaldi），他后来成为意大利统一运动的英雄之一。在攻占圣卡塔琳娜（南里奥格兰德北边的省份）期间，他成功地将两艘船通过牛拉到陆地上，并一路拉到了卡皮瓦里河（Capivari River）河口。在那里，他遇到了美丽且同样具有传奇色彩的安妮塔，即他后来的爱人和战友。

然而，这场战争时间过长，并且精力、金钱和人力成本均很高。在这场冲突接近尾声时，奴隶被征召至战场与其主人并肩作战，以换取他们的自由。到 1840 年，帝国政府已平息了在该国爆发的所有其他叛乱，尽管恢复和平需很长时间，但它现在能够集中力量打击这些“破衫军”。最终，卡希亚斯男爵结束了这场战争。他将成为佩德罗二世统治时期的一位核心人物，当时他为人所熟知的是其“抚慰者”的绰号，这一绰号名副其实但也颇具讽刺意味。1845 年 2 月 28 日双方签署《绿斗篷协定》（Poncho Verde），宣布停火。南部的革命者称该协定为“体面的和平”，因为它满足了他们的许多要求：冲突期间该省积累的债务将由帝国偿还；“破衫军”军官被编入帝国军队，维持其职级；参战的奴隶获得自由；个人及其财产的安全获得保障；所有战俘被释放；最重要的是，叛乱分子被允许自由选举该省省长。

“破衫战争”是摄政时期被镇压的最后一次叛乱。这场战争及其领袖将成为巴西南部各省和后来各州[46]身份建构的基本
291 要素。但是，摄政时期还有一场叛乱，这场叛乱始于“破衫战争”开始之后。这次叛乱爆发在该国的最北部，在遥远的马拉尼昂省，该省曾是格朗-帕拉的一部分。“巴拉尤党人叛乱”始于 1838 年，并再次激起社会经济等级制度中的下层人民行动起来。

“巴拉尤党人叛乱”：北部边缘群体联合起来反对中央政府

过去，马拉尼昂与葡萄牙有直接联系。这种特殊关系极大地影响了其政治以及与帝国其他部分的关系。在整个殖民地时期，除 1652—1654 年外，马拉尼昂与塞阿拉、格朗-帕拉和亚马孙领地共同组成了马拉尼昂和格朗-帕拉殖民政府，他们有自己的行政机构。[47]政府驻地在马拉尼昂的圣路易斯，所有行政、财务和政治问题均直接与里斯本讨论。尽管该地区与巴西其他地区有很多共同点，但这一广大地区仍保持着自己的特色。他们使用同一种官方语言，有建立在奴隶劳工基础上的大庄园（大多位于沿海地区），信仰罗马天主教，同时奴隶和土著居民也普遍信奉其他宗教，但他们仅效忠于一位君主，即葡萄牙国王。该地区与非洲和欧洲的联系比与其他巴西领地的联

系要紧密得多。

在若泽一世统治期间，庞巴尔侯爵进行了重大变革。1750年的《马德里条约》（Treaty of Madrid）重新划定了西班牙和葡萄牙殖民地之间的边界。在南部，乌拉圭被并入卡斯蒂利亚；而在北部，整个今巴西亚马孙地区都被划给了葡萄牙。领地首府驻地从圣路易斯迁至贝伦，该领地本身更名为格朗-帕拉和马拉尼昂。在庞巴尔侯爵政府宣布奴役原住民非法后，该地区成为大西洋奴隶贩运中心。在19世纪财富达到顶峰时，贝伦是整个地区的首府，那时该地区从巴西东北部自西向东一 292
直延伸到亚马孙盆地。

1772年至1774年，该领地被分为两个部分，但继续隶属于里斯本宫廷。[48]它们分别是最北部的格朗-帕拉和内格罗河[49]，以及中北部的马拉尼昂和皮奥伊。这两个领地直到1811年才被并入巴西。因此，格朗-帕拉和马拉尼昂是最后接受独立和新巴西帝国的省份，这并非巧合，它们直到1823年才接受。他们不希望成为“巴西人”。

更复杂的是，在1822年巴西独立后，马拉尼昂开始遭受同样困扰该国其他省份的“不适感”：负担里约热内卢宫廷的沉重税收，与此同时却几乎没有回报。不过，这次叛乱有其自身特点：大多数参与者是抗议当地庄园所有者的农民。该省当时正处于危机时期，因为其主要产品棉花的价格因国际市场竞争加剧而下跌。但是，中央政府征收的税收并没有减少，贫困人口难以维持生计。

受害最深的群体是工人，包括农场工人、牧民和奴隶，他们是第一批被动员起来抗议该地区不公正现象的人。然而，他们并不是社会阶层中唯一表示不满的群体。自由派专门职业者开始要求改变地方选举规则。为此，他们成立了一家报社并发行《大食蝇霸鹟》（*Bem-te-vi*）[50]，目的是传播共和与联邦原则。共同的不满将城市中产阶级和农村劳动力团结到一个共同的事业中。[51]

这场叛乱始于1838年，起初既没有大量的追随者，也没有明确的目标，其命名源自其领袖：曼努埃尔·弗朗西斯科·多斯·安若斯·费雷拉（Manuel Fromcisco dos Anjos Ferveiva），绰号“巴拉尤”（balaio，篮子）。他是一个编篮子的手工艺人，曾是警察暴行的受害者。当地警察强奸了他的两个女儿，且未受到惩罚。为此，他召集了一小群人开始报仇，这扰得马拉尼昂内陆人心惶惶。

但是，引发叛乱的原因是对若泽·埃吉托（José Egito）的逮捕，他是当地政客且与“卡巴纳达运动者”有关联。1838年12月13日，他的兄弟雷蒙多·戈梅斯（Raimundo Gomes）袭击
293 了关押若泽·埃吉托的监狱，即曼加镇（Vila de Manga），并救走了他。雷蒙多·戈梅斯随后向巴拉尤寻求支持，后者随即给予了支持，叛乱者开始摧毁和洗劫庄园。1839年，他们占领了卡希亚斯市。[52]他们进而开始组建临时政府，并采取了两项紧急措施：遣散国民卫队，因为国民卫队被认为是代表农村土地所有者的军队；驱逐该市所有葡萄牙居民。从那时起，这场运动变得更加激进。科斯梅·本托（Cosme Bento）是当地一个逃奴堡领袖，拥有3000名黑人追随者，他成了该运动的新领袖。

为对抗叛乱分子，摄政政府派路易斯·阿尔维斯·德·利马-席尔瓦（Luís Alves de Lima e Silva）上校[53]前往马拉尼昂。这位上校经验丰富，他参加过1823年巴伊亚的独立战争和

1825年至1828年的西斯普拉廷战争。许多支持叛军的中产阶级现在对叛乱所采取的激进方向感到恐惧。他们开始支持帝国的军队。这场暴动最终在1841年被镇压，死亡人数令人震惊：在战斗中有12000名农村农民和奴隶被杀。年幼的皇帝赦免了战俘，路易斯·阿尔维斯·德·利马-席尔瓦被授予卡希亚斯男爵称号，以表彰他的胜利。

尽管全国各地发生的叛乱动摇了帝国的根基，但帝国并没有垮台。不过，人们对进一步的暴动和分裂主义运动的恐惧像幽灵般隐约可见。巴西前邻居——西班牙的新西班牙总督辖区、新格拉纳达总督辖区、秘鲁总督辖区和拉普拉塔河总督辖区，无一能幸免于19世纪初期的民众起义。它们被分成了许多不同的国家，现在没有一个国家的规模能与巴西相比。

在摄政时期，皇位空缺在帝国许多城市中营造了一种不确定气氛。这一背景就像一片沃土，新的政治团体和民权抗议活动应运而生。其中最知名的是成立于1831年5月10日的“捍卫自由与民族独立协会”。该协会由反对佩德罗一世的政客，即所谓的狂热派自由主义者、温和自由派的军官，以及前君主的一些合作者，包括若泽·博尼法西奥·德·安德拉达组成。
“捍卫自由与民族独立协会”主张维持社会等级制度和现状。 294
尽管他们宣称捍卫公众利益，但他们的最初活动旨在控制“聚众的暴民”。他们也有兴趣在里约热内卢创建“上流社会”，为此，他们组织聚会和市民活动。当时出现的另一个政治团体是短暂存在的“联邦协会”，它成立于1831年12月31日，其目的是向参议院施加压力，要求它通过宪法改革。同样出现的还有一个捍卫皇帝、由忠于君主制的军官组成的保守党派，即“巴西宪法保护协会”。[54]

用人类学家吉尔贝托·弗莱雷的话说，摄政时期是“不同人群之间频繁发生社会和文化冲突的时期，冲突虽然复杂，但似乎只是政治性的，整个时期的特点是躁动不安和人心惶惶”。[55]除了本章描述的叛乱之外，仅在1831年就发生了另外7起叛乱——里约热内卢5起，塞阿拉1起，伯南布哥1起——以及其他省份一些规模较小的冲突。这些叛乱反映了该国的庞大和多样性，以及政府不令人信服的集权化政策。

在阿劳若·利马第二届政府期间，议会的政治争端有所增加，这绝非偶然。除了某一要点外，人们的意见分歧很大。人们一致认为，唯一可能平息动乱的办法是年轻的佩德罗二世登基。他当时14岁。君主的年龄不重要，或者就算重要，也可以被其职务仪式掩盖。在政客眼中，只有将这个小男孩加冕为佩德罗二世皇帝，即在巴西出生的第一位君主，这个国家脆弱的统一才能得到保证。尽管大多数叛乱都得到了镇压，但没有任何迹象表明新的叛乱不会发生。因此，舞台已备好，皇帝的年龄得以巧妙处理，他在巴西有史以来最重大的公开仪式上完成了加冕。

十一　第二王朝时期

终于，一个热带国家

1843 年，让佩德罗二世在成年即达到宪法规定的 18 岁前加冕的想法现在已经是公开的秘密。毕竟，自 1835 年以来，精英们一直在敦促他登基。但是，自 1840 年反对阿劳若·利马摄政的自由派议员（宣布成年俱乐部）与参议院对峙，要求年轻的佩德罗二世上台后，这一进程的势头愈加强劲。奇怪的是，在经历了摄政时期的所有叛乱、支持共和的所有叛乱以及普遍的激进主义氛围之后，解决方案是加强君主制并重申里约热内卢权力的集中化，这看起来似乎令人难以置信。 295

与此同时，这位年轻的君主被关在宫殿里，他对政府的计划并不知情，也不了解政治局势的紧迫性。在 1840 年 3 月的一份报告中，佩德罗·阿劳若·利马叙述了他与这位年轻君主的一次对话。据摄政者的说法，当佩德罗二世被询问宣布其成年的可能性时，他回答："实际上我还没考虑过。"[1]这次谈话的正式版本有很大不同：据称当被询问时，这位年轻的君主答道"立刻办!"，表现出了一种令人难以置信的情感成熟度。这样就开始了为这位皇帝树立形象的过程，这一形象一直持续到他去世：作为君主，他始终保持镇定，言语上谨慎小心，在政治问题上果断决绝，据称他认为自己高于政治，且肩负拯救这个国家的使命。根据当时的记载，可能除了其体形（他的

双腿修长）和刺耳的声音外，他代表了欧洲国王的形象。从外形上看，他长得像哈布斯堡家族的人——凸出的下巴、湛蓝
296 的眼睛、白皮肤和直金发，这与其王国的国民形成鲜明对比，他们大多数是黑人、穆拉托人和梅斯蒂索人。

在里约热内卢发行的报纸和小册子不断地赞扬年轻的佩德罗二世的杰出品质：他受过的教育、才智、修养，他会说的古典和现代语言，以及其骑马和击剑技能。巴西的第二位君主——在位时间更长、更受欢迎的君主——在对其早熟的戏剧性宣传过程中登上了皇位。他穿着的成人服饰，作为多语种哲学家的声望以及他的沉着冷静，所有这些都有助于他投射出作为伟大君主的形象：与他父亲完全相反的写照。因此，佩德罗二世的登基和加冕仪式一切准备就绪。

与伟大国君相匹配的壮观场面

庆祝活动的日子定为 1841 年 7 月 16 日，里约热内卢再次振奋起来准备庆祝。按仪式要求进行装饰的整个宫廷在等待仪式的开始。为该庆典专门印刷的小册子《皇帝陛下加冕安排》（*Arrangements for the Coronation of His Majesty the Emperor*）详细介绍了仪式内容，该国打算借此展示帝国的所有宏伟之处并旨在标志新时代的开始。这本 10 页的小册子在城镇各处散发，它描述了仪式的三个部分——游行、加冕礼和招待会，还包括宴会的礼节规则。仪式从中午开始，有数百人参加，每个人都在特定时刻以特定的角色加入游行队伍，每个人都有自己的荣耀时刻。骑兵军官、马车和弓箭手成纵队行进，伴随着偶尔致敬的大炮声。一切都经过精心计划，既令人神往又令人生畏。

活动日程经过了精心安排：加冕仪式的顺序、接受致敬的

日子、这座城市的点灯之夜、参观阿尔坎塔拉圣佩德罗剧院，以及最后的盛大舞会。为此，国库被“洗劫一空”。整个城市变成了一个巨大的仓库，存放着木材、布料、玻璃、油漆和工具，街道上到处都是木匠、画家、焰火制造商、时装设计师、 297
艺术家及他们的学徒。建筑师和画家曼努埃尔·德·阿劳若·波尔图-阿雷格里（Manuel de Araújo Porto-Alegre）受命设计了一座特殊的建筑，即著名的“韦兰达”（Veranda），加冕后佩德罗二世将从那里向人们挥手。传统上来说，这座纪念性建筑是为了传达出政权的卓越、统治者的权威，以及君主与其国民之间的相互信任。

马克·费雷斯是若昂六世统治时期来自法国的一位艺术家，他受命为庆典制作雕塑。枝形吊灯、烛台、王权宝球、灯、题词、版画、墙纸、镀金饰品、金和银酒杯、刺绣、花边、天鹅绒、锦缎丝绸以及挂毯，这些是描述“韦兰达”的文件中包含的一些条目。[2]这座建筑非常之大，它占据了皇宫和皇家礼拜堂之间的全部空间。它装饰着象征图案，代表对新君主统治的希望和期望。加冕礼后，佩德罗二世将就座的该建筑物中心区域被称为“神殿”，这使该仪式具有神圣的宗教仪式氛围。两侧的两个展馆上都刻有“亚马孙”和“拉普拉塔”字样，以纪念标志着该国北部和南部边界的两条河流，每条河流都由一个巨大的雕像代表。两头象征着力量和权力的狮子立在楼梯边，这些楼梯从“拉普拉塔馆”一直通往皇家礼拜堂。上一层的所有图像均来自古代：战车、凯旋的马车、象征正义与智慧的雕像，以及题为“上帝保佑巴西皇帝”的铭文。王座厅在“神殿”里面。在天花板中间，用石膏装饰刻画的皇帝佩德罗一世周围带有象征着其不朽的星星光环，画面中的佩德罗一世将葡萄牙[3]和巴西的王冠交给他的两个孩子。[4]

这远非全部。在代表巴西的象征性作品中，该国盾徽被绘制成金色，平放在葡萄牙脚下的是它过去荣耀的桂冠。蓝色背景上的星星代表帝国各省，在这一蓝色背景上还绘制了佩德罗二世出生之日和他登基之日太阳穿过的十二星座，即人马座和巨蟹座。代表查理大帝、弗朗茨一世、拿破仑大帝和彼得大帝的大纪念章象征着巴西新皇帝的命运，因为他们都建立了帝

298 国。在大纪念章旁边并排陈列的是葡萄牙盾徽和奥地利盾徽，这两个国家是巴西帝国王朝的摇篮。宝座上方是佩德罗一世和若昂六世的画像，墙上描绘了危及帝国的大灾变的景象：一边是在其宪法权利之内进行统治的皇帝，另一边是“在少数派执政时期的国家无政府状态”下使国家四分五裂的灾难和罪行。在画作中，人们可以看到这些人物惊恐地逃回地狱，从他们出现的地方，为新政权的智慧和美德让路。

意识形态的含义很明确。摄政集团代表邪恶和无政府状态，而复兴的帝国统治则预示着稳定与繁荣。摄政集团的特征是虚荣，而帝国的特征则是智慧、科学和公民美德。摄政时期的共和实验代表了野蛮行为，如今这些野蛮行为已与过去一起被埋葬。历史被操纵以显示过去和未来之间的连贯性和连续性。画廊和展馆装饰有精心挑选的向杰出民族人物和事件致敬的颂词，包括佩德罗一世宣布他将留下的事件以及独立宣言。被描绘的时刻仅有君主制获得赞成和民众支持的时刻。皇帝的形象同时映照在城市周围和其人民的想象中。

与此同时，这个可怜的男孩几乎无法掩饰当他穿着肥大的长袍，戴着沉重的王冠，手持长长的权杖以及身披拖至身后地板的斗篷时是多么不知所措。的确，关于这些画像存有争议。

首次出现在巴西和国外的画像显示这个小男孩穿着礼仪服装感到不适，它们对他来说太大了。但在官方画像中，他以波旁王朝或哈布斯堡王朝国王的身份出现。自从塞巴斯蒂昂在摩洛哥十字军东征期间失踪以及他将返回的神话诞生以来，布拉干萨王朝的君主实际上都未获加冕礼，都只是被拥戴为王。然而在巴西，皇帝被拥戴、被加冕并被祝圣，目的是通过恢复古老的传统来抵消当下的政治脆弱性。

仪式也引入了新的元素。佩德罗·德·阿尔坎塔拉（Pedro de Alcântara）被授予“佩德罗二世，依靠上帝的恩典和各族人民的一致拥护，作为君主立宪制的皇帝和巴西永久的保护者”称号。这是新旧元素的结合：祝圣礼被保留，但与此同时，这 299
位新皇帝与其同时代人一样都是立宪君主。他既代表了连续性，也代表了新的开始。这体现在徽章上：剑、权杖、披风和王冠。新帝国创始人的披风由带有花边的绿色天鹅绒制成，饰以金色星星、龙和王权宝球，并衬以黄色丝绸。它象征着对新世界的致敬，其雨披形状代表了该地区的传统服饰。这把剑曾属于佩德罗一世，刀刃上画着葡萄牙的盾徽。在它的旁边，在金属托盘上是一本帝国宪法的副本，它被包裹在绿色天鹅绒盖中，并用帝国十字架勋章丝带封缄。帝国王权宝球是祝圣仪式的核心象征，它是一个银色的浑仪，带有 19 颗金星，这些金星排列在基督十字架勋章周围。君主戴在右手无名指上的戒指镶有钻石，戒指上绘有两条尾部交缠在一起的龙。君主戴着丝绸手套的手握着帝国武器：坚固的金制权杖长 1.76 米，展示了布拉干萨家族的象征——飞龙，这是一种有翅膀和菱形眼睛的大蛇（serpent）。加冕典礼后，马克·费雷斯立即为皇帝的右手制作了石膏模型，该模型被命名为“正义之手”，并被分发给了宫廷显贵。王冠直径为 16 英寸，对于皇帝的头来说太大了。其底座镶有钻石和珍珠，可能由于时间或资金的缺乏，其中一些是从佩德罗一世的王冠上摘下来的。[5]象征巴西的新元素包括南十字座和南半球的其他星座。巨嘴鸟羽饰和赤褐色垫肩（由圭亚那动冠伞鸟[6]的羽毛制成）是土著民族的理想化参照。

这个仪式是为了吸引公众。单游行队列就由 50 多人组成：士兵、仪仗队、乐队，传令官、引座员、宫廷官员、皇帝的告解神父，以及运送贵族和皇室成员的各种马车。[7]宫廷成员聚集在皇家礼拜堂等待亲吻君主之手的仪式。[8]据说，由于法国美发师短缺，许多女士不得不在前一天做好发型，在活动头天晚上
300 已打扮好，并用枕头撑住。这一切都是为了使这个活动贴近欧洲加冕典礼。

最显著的区别是新皇帝的深肤色国民和乡村环境，而官方画家试图掩饰这些。钟声响起，礼炮发射，人群向君主致敬。佩德罗二世头戴沉重的王冠，披风拖曳在地面上，羽毛披风使他看起来像圣灵节期间具有异国风情的男童皇帝，他走上台阶登上宝座，然后低头看着人群。他很小，看上去像个寓言人物。但是，重要的是这壮观场面合乎情理的原因。君主的年龄、组织典礼的仓促、大多数场面的虚假特征，所有这些都被遗忘了。摄政时期的所有政治动乱似乎都被祝圣仪式消除了。

建设国家与塑造皇帝

1841 年至 1864 年是巩固巴西君主制的重要阶段。在卡希亚斯男爵的帮助下，巴伊亚、帕拉和马拉尼昂的叛乱被镇压，当时卡希亚斯男爵已成为本土英雄。多数派内阁宣布大赦所有向当局自首的叛乱分子，叛乱的结束得到了保守派和自由主义

者的热烈欢迎。

佩德罗二世的公民教育受到了最高程度的重视：他得到了皇室管家保罗·巴尔博扎（Paulo Barbosa）的协助，保罗·巴尔博扎承担着训练他行使权力的任务。[9]在写于1842年的便条中，这位年轻的皇帝问他："皇家传令官的名字是什么？司仪的名字是什么？有几名君主内宫侍臣，他们叫什么名字？我不知道具体要花多少钱来维持马场……"[10]尽管君主尚未成为政治人物，但他身边的政客已经以他的名义行事。他的画像开始出现在政府部门里、国内外报纸上，以及领巾和硬币上。

根据皇室传统，当他快18岁时，一件很重要的事是为他 301
安排婚姻，这样一来，所有人都可以清楚地知道他已经成年并且已经真正地达到法定年龄。这并非易事。巴西是一个遥远的异域帝国，其声誉仍然因佩德罗父亲的恶名而蒙上阴影。而且，佩德罗二世很害羞，一想到结婚就脸红。佩德罗·阿劳若·利马写信给保罗·巴尔博扎，就这位年轻君主对结婚想法的反应发表了看法：

> 我问他是否会授权我开始谈判，毕竟未经他的同意，我无法着手进行，因为这件事情与他个人密切相关并将影响他的家庭幸福。他很友善地说我应该尽我所能……之后，我解释说，尽快结婚比较适宜，这样他就有条件开始行使权力。

这段记述揭示了各方利益和婚礼的各种策略。这实际上不是佩德罗二世"家庭幸福"的问题；相反，这是一个公众诉求的问题：毕竟，婚姻会让人们认可他的成年。经过皇帝正式批准后，谈判开始进行，目的是同时促成三桩婚姻：佩德罗二世和他留在巴西的两个姐姐——雅努阿丽亚公主和弗朗西斯卡公主的婚姻。显然，这三者中最具战略意义的是皇帝的婚姻。1843 年 7 月 23 日，他们找到了新娘，与婚约一同到达的还有两西西里王国（Kingdom of the Two Sicilies）公主特蕾莎·玛丽亚·克里斯蒂娜（Teresa Maria Cristina）的小肖像画。特蕾莎的祖辈中有三位来自波旁王朝，第四位来自哈布斯堡王朝。然而，她的家族嫡系并不富裕，且嫁妆也不多。此外，她比她未来的丈夫年长将近 4 岁，并且出身的家庭世代不如他的那么显赫。尽管如此，她却是法国王后玛丽亚·阿玛莉亚（Maria Amélia）的侄女，那不勒斯国王费迪南多二世的姐妹。据说她还是一位优秀的歌唱家。年轻的佩德罗二世抛开了他一贯的害羞态度，说他喜欢这幅肖像画。必须说，这幅肖像画强调了未来皇后的诱人特质，同时却也掩盖了她的缺点。这场婚礼是在那不勒斯由代理人举行的，仪式结束后，特蕾莎·克里斯蒂娜
302 立即踏上了前往巴西的漫长旅程。这些费用绝非微不足道的。政府花了 3555000 里斯在皇帝的肖像、给未来皇后的结婚礼物和金条上，以彰显帝国的富足。

80 天后，公主抵达里约热内卢：1843 年 9 月 3 日，“宪法号”（*Constituição*）巡防舰停靠在瓜纳巴拉湾。仪式的一切准备工作都已完毕。皇帝陛下穿着海军上将的制服登上了皇家舢板，舢板上面装饰着布拉干萨家族的有翼龙，并由 24 名桨手划行，他们的臂章显示着代表两西西里的色彩。向船员致敬后，他前往皇后的房间。在那里他遇见了他未来的姐夫阿奎拉伯爵（Count of Áquila），后者将来会娶他姐姐雅努阿丽亚公主。11 点，这对皇家夫妇下船，乘皇家马车前往皇家礼拜堂，

接着感恩赞在皇家礼拜堂唱响，随后还举行了皇帝吻手礼。接下来精心策划的庆祝活动包括公共演出、宫中的盛大晚宴以及教区的舞会，在教区，奴隶“被准许展示自己的舞蹈，以向皇后陛下，即巴西人民之母致敬”。

尽管有这些庆祝活动，年轻的佩德罗二世还是感到了“惊喜”。他收到的有关公主美德的任何信息都没有披露特蕾莎·克里斯蒂娜矮小、过胖以及略微跛足的事实。据说，这位年轻的新郎设法掩饰了其失望，但随后在其乳母贝尔蒙蒂伯爵夫人的怀抱中，以及在保罗·巴尔博扎的肩上哭泣，保罗·巴尔博扎对他说：“记住你所处位置的尊严。尽你的职责，我的孩子！”他的姐姐们更加幸运。她们两人前往欧洲宫廷旅行。弗朗西斯卡公主，即“美丽的西卡”，1843 年嫁给了法国国王路易·菲利普一世之子儒安维尔亲王（Prince of Joinville）。雅努阿丽亚公主同年嫁给了特蕾莎·克里斯蒂娜的兄弟阿奎拉伯爵。国事规格的婚姻是政治事务，无论如何，皇室的婚姻是圆满的。这对夫妇的长子阿丰索于 1845 年出生，逝于 1847 年 6 月 11 日，年仅 1 岁多。1846 年，特蕾莎·克里斯蒂娜生下了长女伊莎贝尔（Isabel），第二年又生下了次女利奥波丁娜（Leopoldina）。这对夫妇的第四个孩子佩德罗·阿丰索（Pedro Afonso）于 1850 年 1 月 10 日在圣克鲁斯庄园夭折，同样年仅 1 岁。当时有人评论说，这似乎是布拉干萨王朝男性继承人的命运：他们很少能健康成长。

然而，皇帝的生殖能力被视为其成熟的标志，且从那时 303
起，他开始越来越多地参与国事。在欧洲，1848 年标志着一股革命浪潮，它始于 2 月 24 日巴黎的第二共和国，并波及德意志、巴伐利亚、奥地利、匈牙利、米兰，最后扩散到西西里。佩德罗的两个姐姐均遭受直接影响。嫁给了此时已逊位的法国国王路易·菲利普一世之子的弗朗西斯卡公主被迫流亡英国，而嫁给了两西西里国王之子的雅努阿丽亚公主奇迹般地逃脱了。相反，佩德罗二世的帝国似乎正朝着相反的方向前进：它似乎是一片宁静之岛。

好趋势和坏趋势

这位年轻的君主远离欧洲的风暴，开始面临一系列新的挑战和惊喜，其中一些好过另一些。自 1848 年以来一直在巴西掌权的政府各部在思想上是保守派：阿劳若·利马（奥林达侯爵）、欧塞比奥·德·凯罗斯（Eusébio de Queirós）、保利诺·若泽·苏亚雷斯·德·索萨和若阿金·若泽·罗德里格斯·托雷斯（Joaquim José Rodrigues Torres）。众议院的席位中有 110 个属于保守派，只有 1 个属于自由派。然而，那些倾向于选择怠惰和保守的部长不得不面对一些至关重要的问题：土地所有权问题、移民激励政策，以及棘手的奴隶贩运问题。

首先，结束这一“臭名昭著的贸易”的惯有压力越来越大，而英国是结束这一贸易的首要领导者。1839 年至 1842 年，载有奴隶的船只被扣押的数量逐渐增加；到 1850 年，事情已变得非常棘手。这个问题十分尴尬：尽管巴西政府与奴隶贩运相勾结，但它知道要想保持政治自治就必须禁止奴隶贩运。此外，巴西作为仍在从事奴隶贩运活动的“野蛮国家”之一，与该国追求的文明形象形成鲜明对比。更为复杂的是，内陆省份完全依靠奴隶劳工，且不赞成做出任何改变。1841 至 1850 年，运往美洲的所有非洲人中有 83%来到了巴西，
304 12%去到了古巴，而其余的人则分给了波多黎各和美国。[11]这

些统计数据只涉及表面。贩运者从奴隶贸易和与之相关的商业中均获得了巨大的利润。[12]

贩卖奴隶的问题变得十分重要，甚至渗透其他的政府立法。1850 年，巴西主要为应对英国的压力而通过了《欧塞比奥·德·凯罗斯法案》（Eusébio de Queiróz Act），该法案禁止海上奴隶贸易。这个问题的重要性还体现在它开始影响帝国的其他国内问题。例如，最早于 1843 年提出的 1850 年土地法旨在重组巴西的农业系统，以期消除奴隶劳工，[13]该法令在奴隶贩运被中断仅几天后就通过了。这是一场持续到帝国末日的斗争的开始。这部土地法旨在劝阻自给自足的农民，并防止未来的移民拥有土地。当时采取的另一措施是国民卫队的集中化，目的是在与内陆土地所有者发生冲突时加强联邦政府的力量。这些土地所有者既反对禁止贩运奴隶，也反对土地所有权的规定。同年，一项新的商业法规通过并成为法律，这是大量新企业出现后所必需的，这些企业是由以前投资奴隶贸易的资本资助的。

每个动因都会造成许多影响，1850 年奴隶贸易的结束也不例外。由于大量奴隶贩运都是非法进行的，巨额利润都被隐瞒在政府官方账目之外。因此，随着奴隶贩运的结束，几乎是一夜之间，仿佛变魔术般地出现了大量资源。政府对此做出的反应是投资该国的基础设施，尤其是铁路。在 1854 年至 1858 年，巴西修建了第一条铁路，铺设了第一条电报线，开辟了航海路线，在城市中引入了煤气灯照明，且学校和教育机构的数量开始增加。对贩运的投资已转移到其他经济部门，进口在两年内增长了 57.2%，这对于基本上由进口关税支撑的政府来说是一个惊喜。[14]

一点点的运气会有很大帮助，正如禁止奴隶贩运恰好碰上

305 了国际咖啡价格的上涨。1840—1844 年，巴西的咖啡贸易一直亏损，但 1845 年后，它却一本万利。1850—1851 年，销售量增长了 23%，乐观情绪开始弥漫于整个帝国。财务状况确实令人鼓舞：在 1831—1832 财政年度，紧接着佩德罗一世退位后，政府的总收入为 11171520 里斯；在 1840—1841 财政年度，在新皇帝宣布成年后，这一数字升至 16310571 里斯；在 1862—1863 财政年度，收入增加了两倍，达到 48343182 里斯。这一经济增长时期被称为“马乌阿时代”，“马乌阿”[15]是拥有 17 家不同公司的巴西企业家的名字。他的业务范围一直延伸到乌拉圭和阿根廷，投资金融和工业领域，在这方面他非常幸运，因为自 1854 年至 1889 年，该国修建了 10000 公里的铁路。

帝国的外交政策也很成功。巴西军队击败了乌拉圭领袖曼努埃尔·奥里韦（Manuel Oribe），从而（至少暂时）结束了关于拉普拉塔河地区的复杂政治争端，这一争端加上其他因素导致了佩德罗一世退位。同时，在新的土地法和禁止奴隶贩运之后，政府出台了吸引欧洲移民的政策。在这一方面，美国更具优势：它为征地提供了更大的便利，运输系统更加发达，并且在其大部分领土上没有奴隶劳工可以与之竞争。与美国相比，巴西能够提供的少之又少。然而，自 1850 年开始，移民工人开始从欧洲和东方到来。自奴隶贩运被禁以来，奴隶的价格在国内市场上已经翻了一番，且帝国计划采取吸引移民的政策来取代奴隶的使用。

但是，由土地所有者出资引进农业劳动力的政策造成了一系列问题：产生了一种奴隶制的变形，它是通过债务的不断积累产生的。移民必须偿还土地所有者为他们支付的所有费用，包括旅行、住房、土地和耕作工具。许多人被能拥有自己土地的承诺所欺骗，奔赴这些城镇。紧接着叛乱爆发，其中最著名的是 1856 年发生在参议员韦尔盖罗庄园的那场。三年后，普鲁士政府禁止所有国民移居巴西。[16]

1860 年代末，政府决定资助移民。目标之一是人口的“白化”，根据当时的科学理论，这将对该国有利。人们对 306
“混合种族国家的未来”[17]感到担忧，而在奴隶仍占多数的情况下，人们先前对海地式革命的恐惧并未平息。1849 年，有 11 万名奴隶生活在里约热内卢，而白人数量为 26.6 万。[18]宫殿周围的地区被称为“小非洲”，这一名称恰当地适用于这座城市本身。

这个漫长而艰难的 10 年以悲剧告终。1859 年，里约热内卢遭受首次重大流行病即黄热病的冲击，数以千计的人因而丧生，其中包括佩德罗二世的幼子。[19]

里约热内卢[20]的生活

然而，即使有好的时刻和坏的时刻，1850 年代的 10 年仍将因其金融稳定和该国从此将经历的国内和平而被人们铭记。在里约热内卢，奴隶贩运的结束产生的影响最大。实际上，这座城市正在经历着巨大变革。城市化旨在将这座城市转变成资产阶级的巴黎，尽管现实在优雅的住宅区和由奴隶及自由民占主导地位的工人阶级的社区之间摇摆。

在所有的排屋中，不论大小，都存在城市奴隶制。它们的不同体现在任何特定城镇的特点及其居民的财富方面。在较大的房屋中，不同等级的男性奴隶侍者、送信男童、女仆和家庭佣工穿着得体整齐，是其主人身份的象征。在属于单身妇女和寡妇，或属于下层政府雇员的较小房屋中，男性和女性奴隶与其主人尤其是主人的妻子共同劳动，建立了友谊的纽带。然而，这些并没有减少一直存在于城市奴隶制表面之下的暴力。这些家庭奴隶中的一些具有象征性，如乳母，她们的照片与家人一起出现在相册和名片中，当这些照片被带到欧洲时，它们提供了异国情调、浪漫主义，以及和平的奴隶制形象，而这也是巴西渴望输出的。但这种矛盾对立，尽管被隐藏了起来，却是一直存在的。这些年幼的主人被冠以基督教名字和姓氏，而乳母却总是不为人知。

307 街道上到处都是形形色色的人物。被租出的奴隶，即所谓的“被迫在街头劳动以赚钱为目的的奴隶”（escravos de ganho），赚取的是日工资，他们忙于找活计或执行任务。他们扛着各种重物——桶、板条箱、钢琴，并因背负的重担而特别突出，与此同时，他们还唱着切分节奏曲。同样，女性街头小贩和小吃贩因在她们所处行业和社会交往中的独立性脱颖而出。这些妇女中有许多成功地省下了足够的钱来购买自己的自由。她们有时通过购买年轻的奴隶来组建自己的家庭，这些奴隶后来也获得了自由。在城市奴隶制的世界中，对警惕性的要求并不严格，因此产生了从事职业和自由生活的多种方式。奴隶、自由民、穷人联合起来，通过团结与互助的纽带，创造了一个无形的世界，它与里约热内卢这座城市的辉煌并存，而这座城市的辉煌比以往任何时候的都更加夺目。[21]

这个所谓的现代都市世界旨在沿袭传统的欧洲立场，反映白人社会的愿望和道德观念。也许这就是几乎每天都在建造宫殿、公共花园和宽阔大街的原因。这座城市完成了其他几项重大改进。政府委托完成的工程有：植树（始于 1820 年）、鹅卵石路面（1853年）、煤气照明路灯（1854年）、污水管网（1862年）、驴拉有轨车（1868年）和自来水（1874年）。传统的商业街也开始发生变化。曾经漂亮雅致的，出售高级时装、男子服饰和纺织品的直街似乎已经不够。狭窄的城市街道上充斥着奴隶，混杂着污水的气味和潮湿的海风，这一切似乎都在助长着衰败的气氛。

这是法官街黄金时代的开始，那里每天都有法国时装店、花店、珠宝店、美发店、烟草店甚至冰激凌店开张。与以前相比，出行和逛街时兴了起来：夜间散步，在雅致的咖啡馆喝茶，路人穿着用英国面料定制的优雅西装，以及以巴黎时装为样本重新打造的流行服饰。法官街作为位于热带中心的欧洲大道，成为这种新的都市时髦的象征绝非偶然。伟大作家马沙多·德·阿西斯（Machado de Assis）[22]的笔下也有这种夸张的愿望，他的短篇小说《富拉诺》（*Fulano*）塑造了名为富拉诺·贝尔特朗（Fulano Beltrão）的人物形象。[23]在这则短篇小说中，贝尔特朗先生的社会和政治地位的提升使他能够漫步在法官街上。当 308
他的妻子去世时，他“令人在意大利建造了一座宏伟的陵墓”，然后将其运到巴西，并在“法官街展示了将近一个月”。[24]法官街不仅是社交生活的中心，还是政治辩论的中心，也是记者、作家、诗人和艺术家的聚会场所。

随着“上流社会”的形成，里约热内卢既成为人来人往的中心，也成了为全国各地确立社会风俗和言论方式的地方。“适婚年轻女性”梦想着在里约热内卢生活，而有钱的地主希望他们的儿子体验“巴比伦式都市”的乐趣，这绝非偶然。[25]这些大地主对自己的咖啡种植园和庄园感到自豪，它们足以举办舞会，以及接待可能甚至是皇帝的亲自造访——这对他们来说是终极奖杯。但正是在大城市里，社交生活在音乐会、派对和舞会的狂热中得以确立。

然后是剧院，人们去那里看戏并被他人看见。里约热内卢最重要的舞台包括圣若昂剧院和位于登基广场的利里科·弗卢米嫩塞剧院。在利里科·弗卢米嫩塞剧院，卡洛斯·戈梅斯（Carlos Gomes）[26]上演了他的首部歌剧《城堡之夜》（*A Noite do Castelo*）。为纪念皇帝的生日，他最著名的作品《瓜拉尼》（*Il Guarani*）也于1870年12月2日在该剧院首次演出。除了来自国外的演员，这些剧院以巴西艺术家为主要特色，例如，剧作家马丁斯·佩纳（Martins Pena）[27]，他以将风尚喜剧引入巴西剧院而著称。在他的戏剧《小酒馆招待员》（*O caixeiro da taverha*）中，名为弗朗西斯科的人物抱怨道："在这个小镇上，你看到的全是法国裁缝、美国牙医、英国工程师、德意志医生、瑞士制表师、法国理发师、来自世界各地的外国人……"[28]在马丁斯·佩纳的剧本中，英国人被冠以"先生"的称呼，但是他将其讽刺的大部分火力都指向了巴西人对法国人的迷恋上。

然而，最受欢迎的娱乐活动是舞会和社交晚会。在这里，有人演讲、讲笑话、跳华尔兹、唱咏叹调、朗诵诗歌，以及追求女性。[29]此时，舞会正处于其受欢迎程度和重要性的顶峰。不论在政治上还是社交上，人们意见纷纭、争论不休，他们在舞会中弥合分歧。科特日皮男爵（Baron of Cotegipe）[30]曾说："没有可乐饼，人们就无法谈论政治。"他指的是伴有多尼采蒂、罗西尼和威尔第咏叹调的社交晚会。这些女士穿着优
309 雅——当然，她们穿着的填充物和紧身胸衣奇迹般地改变了她们的身材。为女士准备的花束，为男士准备的雪茄，这些赌场舞会充斥着丝织物、旧式女帽、金手镯、羽状物、比利时花

边，以及象牙、珍珠母、玳瑁壳或檀香木制成的扇子。这些设在赌场的舞会展示了里约热内卢这座城市一切奢华的生活，尽管身处酷热的热带地区，人们仍然梦想着像法国人一样生活在巴西。

不过，认为里约热内卢是巴黎或累西腓是伦敦的想法是错误的。这两个城市是被种植园包围的岛屿，那里奴隶劳工无处不在。马沙多·德·阿西斯在其尖锐的短篇小说《父母相争》（*Pai contra mãe*）中评论说，“奴隶制创造了独有的职业和工具”：钢制面罩、脖子上的铁圈、抓捕奴隶的职业，每天的新闻都刊登奴隶逃跑的消息。在同一则短篇小说中，逃奴捕手坎迪多·内维斯（Cândido Neves）为自己的工作感到自豪。由于他亟须被迫交出自己的儿子，在这迫在眉睫的时刻，他抓捕了一个怀孕的穆拉托女人，由于他的追捕，她不幸流产。内维斯唯一的解释是“并非所有的孩子都能成人”。[31]

尽管这座城市试图尽可能悄悄地维持奴隶劳工制与有偿劳动制并行，但它与其标榜的文明的对比十分明显。各地奴隶人口的密度都很明显。19 世纪，奴隶占里约热内卢人口的比例在一半和五分之二之间波动。根据《拉默特年鉴》[32]的说法，1849 年，这座城市是自罗马帝国灭亡以来奴隶数量最多的地方，在 266000 名居民中有 110000 名奴隶。在组成这座城市其余部分的 8 个教区中——萨克拉门托、旧恩热纽、圣若泽、坎德拉里亚、圣丽塔、圣安娜、格洛丽亚和拉戈阿，奴隶人口的比例较低，但影响更大。这些位于市中心的教区是政府活动的中心，到处都是政府大楼、公共广场和一派生意兴隆的景象。生活在这些地区的 206000 名居民中，有 75000 名（36%）是奴隶。[33]宫殿周围的地区被称为“奥巴王国”（Kingdom of Obá）

或如上所述的“小非洲”。居民主要是非洲人和克里奥尔人，既有奴隶又有自由民。实际上，根据 1849 年的人口普查，三分之一的居民是非洲人。在巴西其他城市，奴隶的比例更高。1833 年，尼泰罗伊人口的五分之四是奴隶；在坎普斯戈伊塔
310 卡济斯[34]，59%的人口是奴隶。萨尔瓦多人口较少（1855 年约有居民 81000 人），居民中奴隶的比例也比里约热内卢的高。

但是，使帝国对文明的渴望黯然失色的不仅仅是奴隶制，还有城市人口与农村人口之间存在的巨大不平衡。1823 年，省会人口占该国总人口的 8.49%，1872 年占 10.41%，1890 年占 9.54%。[35]事实上，约有 50%的城市居民仅集中在三个省会城市——里约热内卢、萨尔瓦多和累西腓：1832 年这一比例为 59%，1872 年为 48%，1890 年为 58%。[36]这使情况更加复杂。显然，里约热内卢这座城市是社会与时尚的中心，但它也是例外。时髦的世界只是少数人的。奴隶制和对农村工人的抛弃曾经是，而且将继续是佩德罗二世所谓的文明统治时期这个准欧洲帝国的巨大矛盾。

第二王朝时期的政治：大同小异

政治世界也只是少数人的。佩德罗一世于 1834 年去世后，他的支持者加入了当时被称为保守派的君主制政党，他们赢得了 1836 年的选举，并于 1837 年至 1840 年执政。1840 年，自由派（另一个主要政党）与一些保守派结盟，赢得了选举，并执政至 1841 年。两党继续轮流执政：1841 年至 1844 年保守派执政；1844 年至 1848 年自由派执政；1848 年至 1853 年保守派执政；直到 1853 年，“和解内阁”上台，双方均有代表。这一联盟持续了 5 年，在此期间，双方的脆弱性以及君主

干涉政治的潜力变得显而易见。巴西没有资产阶级通过市场力量来调节社会关系，因此需要由国家来联合国民并制定经济保护主义政策。[37]执政精英有相同的社会背景和意识形态，受过同样的训练，这一点很有帮助。在国家越来越多地参与经济的过程中，以前由地方法官和军官掌管的官僚部门逐渐被自由派专门职业者和律师接管，即所谓的“法学院毕业生”（bacharel）。

白人精英将里约热内卢视为独立于政治派别的特权成员俱 311
乐部。从某种意义上说，这是事实。两个党派的成员——保守派被称为“萨夸雷马”（squaremas），自由派被称为“卢西亚”（luzias）——来自同一社会阶层，曾在科英布拉接受教育，从事过医生或律师的职业，有头衔并在同一个圈子中活动。[38]尽管他们在政府集权程度的问题上存在分歧，但当涉及奴隶制或国家结构时，他们摒弃嫌隙且抱成一团。当时的巴西精英可以被描述为“文盲之海中的文人孤岛”。[39]教育使他们区别于该国其他人。1872 年的人口普查数据显示，仅有 16%的人口会识字，23.43%的男性识字，而女性中只有 13.43%的人识字。在奴隶人口中，文盲率为 99.9%。独立前，该国大多数精英都曾在科英布拉学习法律。1828 年之后，在巴西有两所学院教授法律：一所在圣保罗，另一所在奥林达（后来迁至累西腓）。甚至早期教育的情况也很容易想象。富裕家庭聘请私人补习老师，他们为精英阶层的年轻成员做好进入中学尤其是“佩德罗二世学校”的准备。这所学校成立于 1837 年，颁发中等学校文学文凭，并保证获得在其中一所法学院入学的最佳机会。随后年轻人在欧洲度过“间隔年”，然后进入位于里约热内卢和萨尔瓦多的两所法学院或两所医学院之一。[40]从法学院毕业的不仅有法律学者和律师，而且有未来的众议员、参议员和外交官，换言之，即该国全体公务人员。

但是，为争取政府职位而学习的人数过多，助长了公务员和整个政界中政治庇护现象的增多。因此，“bacharel”这个词开始有更广泛的应用。从理论上讲，这个词指的是法律专业的毕业生，但实际上，具有数学或文学学位的年轻人（有时甚至根本没有学位，但有合适的熟人）也使用该称号来获得理想的职位，如政府官员。著名法律学者西尔维奥·罗梅罗（Sílvio Romero）[41]在他的著作《教义反对教义》（*Doutrina contra doutrina*）中讽刺了这些人。他形容他们总是穿着礼服，挨家挨户地找工作，最好是不需要个人努力的闲职。他们是没有客户的律师、没有诊所的医
312 生、没有读者的作家、无须进行审判的地方法官，他们将文凭视作获得社会名望和确保稳定收入的一种手段。[42]

然而，这些官员并不具有多大影响力。就国家政策做出重要决定的是行政和立法机关成员、国事顾问、大臣、参议员和众议员。[43]位于金字塔顶部的是国务会议，即“君主国的大脑”。它最初成立于1823年，然后在1834年的改革中被废除。1841年，它恢复为新国务会议，并在整个帝国末期一直保持活跃。这些人与皇帝关系最为密切，均为终身任期，但也可以被君主无限期停职。大臣代表行政机关，其中皇帝是名义上的首脑。因此，他有权随意任命和解雇他们。[44]皇帝进行干预和否决的权力，加上政府组织的特殊方式，意味着内阁存在的时间通常是短暂的。1841年至1861年，有11个政府部门；在1861年至1889年（帝国的最后一年），又有23个政府部门。

位于权力等级下一级的是参议员。如上所述，他们是由皇帝从3个民选名单中选出来的。参议员必须年满40岁，并且

最低年收入为 80 万里斯。参议员为终身任期，因此他们的权力也是终身的。有些人任职时间长达 30 年。参议员下面是众议员。他们是“人数最多但权力最小的团体”，[45]尽管该职位是提升阶层的重要垫脚石。众议员要求必须年满 25 岁，并且最低年收入为 40 万里斯。

佩德罗二世拥有在各种情况下都赋予他否决权的“节制权”，并且被同一个社会阶层的精英集团包围，尽管两党之间存在分歧。佩德罗二世开始越来越真正地“统治”和“当政”。在 19 世纪中叶，人们普遍评论说，没有谁比当政的“卢西亚”更加“萨夸雷马”的了。“萨夸雷马”一词指的是保守派，因为这是他们领袖之一伊塔博拉伊子爵（Viscount of Itaboraí）的故乡的名称。“卢西亚”一词指的是自由派，是米 313
纳斯吉拉斯圣卢西亚市（Santa Luzia）的名称，而他们在那里遭受了最大的挫败。政客阿丰索·塞尔索（Afonso Celso）[46]评论说：“自由派和保守派交替执政，没有留下任何将一方与另一方区分开的痕迹。政府的变化几乎没有引起注意。政治斗争背后的推动力是‘你现在该走了，因为轮到我了’。”[47]马沙多·德·阿西斯在他的短篇小说《大奖章理论》（*Teorīa do medalhâo*，1882）中设想一位父亲可能会给他的儿子有关政治生涯中起起落落的建议：“你可以属于任何党派，自由派或保守派，共和派或越山主义者（ultramontanist，又称‘教宗至威派’或‘教宗至上派’）[48]，只要你不将任何特定的想法与这些名称相关联……”[49]

但是，除了这些不光彩的相似性外，还有一些显著差异。从 1841 年摄政时期结束到镇压伯南布哥那场从 1845 年持续到 1848 年被称为“海滩运动”（Revolta Praieiva）的叛乱期间，

"卢西亚"出台了旨在提高各省自治权的政策。然而，这些政策仅限于政治讨论和议会辩论，两党均未制定正式方案。两党的名称越来越多地与特定的情况关联在一起，正如"卢西亚"与军事失败挂钩，而"萨夸雷马"则与他们自1844年至1848年自由派当权时要求建立更集权的政府挂钩。这可能是"萨夸雷马"这个词在帝国时期能扎下根来的原因，因为它与里约热内卢的保守派有关。"萨夸雷马"（Saquarema）也具有政治保护主义甚至是掠夺的负面含义，因为动词"saquear"在葡萄牙语中就意为"掠夺"。两党之间还有进一步的区别：保守党是由政府官僚与该国主要农产品贸易商和出口商之间的联盟组成的，而自由党则主要由与国内市场上的农业和新殖民地区有关联的城市自由派专门职业者组成。[50]

但在某些方面，两党之间的接近度导致人们普遍的嘲讽，对他们的嘲讽包括政治方案的缺乏、讨好皇帝的"艺术"，以及政治的戏剧性展示。众议院议员们是故作姿态和寻求媒体吹捧的"大师"，他们被刊登在印刷媒体上的发言（如果可能的话，甚至长达2小时之久）充斥着题外话、引文和其他演讲
314 技巧。不过，议员们的生活也很"有趣"。他们将妻子留在各省，以便在首都享受"单身汉生活"。[51]

事实仍然是，两党之间的暂时和解使帝国和皇帝本人的实力均得以加强。所谓的"和解内阁"是在巴拉那侯爵奥诺里奥·卡内罗·莱昂（Honório Carneiro Leão）[52]的帮助下创建的，其中既有自由派人士又有保守派成员。实际上，这一内阁代表了自独立以来从未出现过的政治稳定时期。和解使控制国家政治生活的精英们的利益合成一体并维持以皇帝为中心的中央集权结构。

在此期间，佩德罗二世开始在民族文化中发挥决定性作用。他在史诗《塔姆伊奥联盟》（*Confederação dos Tamoios*）副本空白处所做的批注中，特别是在1856年由国家委托创作的那本中，潦草地写下他有两项主要任务："基于道德规范管理民族与组建精英阶层。"在构建巴西文化和统一其领土的过程中，支持和创造浪漫的民族自豪感至关重要。然而，挑战也是巨大的。大部分人口被排除在政治进程之外，而该国的海外形象却投射出截然不同的样貌：这是一个基于欧洲模式成立的国家，实行君主立宪制，其年轻的君主有作为学者的美誉，国会是经过民选产生的，且政党稳定。他如何将不同的省份和实体转变成一个国家？当人口散布在广阔的领土上，对他们自己的省份几乎没有一致的忠诚度，且受制于以奴隶制为基础的经济时，如何使他们融入具有凝聚力的政治共同体？他如何逐渐灌输民族意识？答案是，在制订现代化计划的同时，投资一种完全脱离奴隶制的"热带文化"。

最终，独特且独创的国家：一个热带君主国

19世纪被称为"民族主义时代"。民族是通过他们的英雄、历史感和习俗想象出来的。[53]建造民族文化丰碑，使用国歌和国旗，颂扬民族美食和传统服饰，这些都是这个时代的特 315
征。[54]浪漫主义倾向于精确地赞颂每个国家的独特性，而不是它们的共同之处。

巴西的情况有所不同。浪漫民族主义的确出现在本地，在语言和文化上相对统一、面积相对较小的地区。但是，在一个族群如此混杂且幅员辽阔的国家中，很难产生这种民族情感。解决方案是无视奴隶制并把土著民族理想化，他们曾在森林中

遭到系统屠杀，而现在又出现在官方或半官方的小说和绘画中。对这个以土著和男性为特点的国家的描述创造了一种巴西形象：美洲的、君主制的，以及葡萄牙语的。在欧洲国家，民族浪漫主义通常是一国与另一国抗衡时维护其自身权利的一种手段；而在巴西，浪漫主义是奢华且由君主制资助的，这导致了它的保守性。[55]因此，尽管巴西民族主义没有遍及帝国的每个角落，但它在历史上意义重大。它使该国能够根据热带气候和当地居民的地方特点形成一种不同于里斯本的身份认同。同时，巴西与旧世界保持着文化联系。毕竟，该国仍然保有源自布拉干萨王朝、波旁王朝和哈布斯堡王朝君主政体的最传统部分。[56]

要理解君主制在巴西浪漫主义中的重要性，就必须考虑到皇帝周围的制度和知识分子。在此期间，佩德罗二世开始出席巴西历史地理学会（IHGB）和帝国艺术学院的会议。他想聚集一群和他一样年轻的艺术家和作家。这就是浪漫派印第安主义的时代，以帝国艺术学院的巨幅新古典主义画作和以佩德罗二世本人名字命名的学校的考试为时代特点。大自然被转变为文化景观、财富与进步的象征。历史学家弗朗西斯科·阿道弗·德·瓦尔哈根（Francisco Adolfo de Varnhagen）[57]在建构国家认同的过程中，将巴西君主立宪制与该国共和制邻居们进行了对比，按照他的说法，这些共和制邻居的特征是长期的不稳定、自由的缺乏和内战。在世界其他地区面前，巴西希望被认
316 定为美洲唯一的文明国家。但是，在这个国家内部，在一个充斥着共和制政府的大陆上维持布拉干萨王朝似乎是一个无法调和的矛盾。

巴西邻国对这一美洲君主政体持怀疑态度，这使得培养文

化和记忆更加重要，文化和记忆作为一种身份特征将巩固君主政体和国家意识。在这种情况下，1838 年，一家致力于巴西文学的机构——巴西历史地理学会成立了，该学会以 1834 年在巴黎创建的法国历史学会为模板。知识分子认为，拥有独立于葡萄牙的、属于自己的文化机构对巴西而言非常重要。这家机构将里约热内卢的经济和文学精英汇聚在一起。1840 年代，巴西历史地理学会是浪漫派作家的聚会场所，皇帝个人对其活动很感兴趣，且经常到访该机构。

从那时起，巴西历史地理学会开始领导教育机构，推动文学研究，促进知识生活，并成为知识分子与政府实体之间的纽带。很可能正是该机构为塑造巴西的民族形象做出了最大的贡献。皇宫与巴西历史地理学会之间的联系越来越紧密：1838 年，佩德罗二世受邀担任该学会的“保护者”，他提供了一间宫室供学会会议使用；1840 年，在君主诞辰那天，他铸造了一枚勋章，上面刻有“Auspice Petro Secundo，Pacifica Scientiae Occupatio”（承蒙佩德罗二世赞助，和平科学的事业）的字样；1842 年，皇帝成为法国历史学会的成员；并且在 1842 年至 1844 年间，君主为巴西历史地理学会一位成员撰写的最佳作品颁发了奖项。

该学会成员主要来自里约热内卢的精英群体。他们每个星期天聚在一起，与知识分子就先前选定的话题进行辩论。他们的首要目标是通过精心挑选可以被转变为民族史诗和英雄的事件和人物来构建民族历史。该学会与政府的关系非常密切，它获得的资金有四分之三来自皇室。因此，通过对诗人、音乐家、画家和科学家的资助，国家开始了一个不仅旨在加强君主制和国家，而且旨在通过文化统一来建立国家意识的进程。这

317 就是佩德罗二世赢得其作为艺术资助者声誉的方式，他被誉为“热带地区的明智皇帝”。佩德罗二世效仿了路易十四的做法，他精心挑选了一批历史学家来构建民族记忆，一批画家来塑造该国的崇高形象，以及一批作家来创造民族风格。

这是一个明智的温和团体。因其在美术学院的活动而著称的曼努埃尔·德·阿劳若·波尔图·阿雷格里（Manuel de Araájo Porto Alegre）[58]、作家若阿金·诺尔贝托·德·索萨-席尔瓦（Joaquim Norberto de Sousa e Silva）[59]、若阿金·曼努埃尔·德·马塞多（Joaquim Manuel de Macedo）[60]、贡萨尔维斯·迪亚斯（Gonçalves Dias，1823—1864）和历史学家弗朗西斯科·阿道弗·德·瓦尔哈根在1840年开始频繁进出巴西历史地理学会。该学会的杂志是传播他们思想的理想之选。此外，与皇室的关联还保证其成员的作品会受到好评。然而，他们与政府和佩德罗二世的密切关系阻止了更多激进的艺术家脱颖而出。具有讽刺意味的是，巴西土著民族在描写英雄首领和悲惨爱情的史诗中被颂扬，但同时这些民族在政治上则完全被忽略。当时，土著语言的词典成为畅销书，皇帝本人也开始学习图皮语和瓜拉尼语。与此同时，却没有官方政策来保护这些群体。

所有这些都有助于巩固“明智皇帝”的形象。佩德罗二世亲自资助了深入巴西档案馆和图书馆的历史研究项目，研究成果在国内外发表。他对美洲民族志和语言学深感兴趣。他还对著名科学家的工作进行了资助，如德意志植物学家和探险家卡尔·弗里德里希·菲利普·冯·马齐乌斯（Carl Friedrich Philipp von Martius）[61]、伟大的博物学家彼得·威廉·隆德（Peter Wilhelm Lund）[62]和矿物学家克劳德-亨利·高塞克斯（Claude-Henvi Gorceix）。他还支持其他许多人，包括博物学家路易·库蒂（Louis Couty）[63]和埃米尔·奥古斯特·戈尔迪（Émil August Goeldi）[64]，地质学家奥维尔·德比（Orville Derby）[65]和查尔斯·弗雷德里克·哈特（Charles Frederick Hartt）[66]，植物学家奥古斯特·弗朗索瓦·玛丽·格拉齐欧（Auguste François Marie Glaziou）[67]，以及语言学家和文献学者克里斯蒂安·弗里德里希·塞伯德（Christian Friedrich Seybold）。他还资助了其他领域的专门职业者，包括律师、农艺师、建筑师、中小学教师、工程师、药剂师、医生、军官、音乐家和画家。当时，这种私人资助被称为"皇帝的馈赠"，它有助于佩德罗二世提升其作为"热带路易十四"的形象。无论在场的人是否感兴趣，皇帝总喜欢说："科学就是我。"[68]

印第安人为了国家的生存而死[69]

当历史学家在创造一个新的民族英雄万神殿的同时，正是小说家和诗人赋予了这种"新的民族身份"以生命，这也是该国文学政策的一部分。展示"以土著为主题的国家合法性"[70]的第一部伟大著作是1856年贡萨尔维斯·德·马加良斯（Gonçalves de Magalhães）写的史诗《塔姆伊奥联盟》。贡萨尔维斯·德·马加良斯回归"高贵野蛮人"的主题，围绕英勇的印第安人的勇气和牺牲，写出了该国最伟大的民族史诗。作者试图将"浪漫主义的反常与历史研究"融合在一起，他认为克服地区差异并创造新的民族身份的基本神话是可能的。[71] 318

这部诗作受巴尔塔萨·达·席尔瓦·利斯博阿（Baltasar da Silva Lisboa）[72]1834年一篇文章的启发而作，它是塔姆伊奥民族为争取自由而反抗葡萄牙人的传说，其中葡萄牙人被描述为野蛮的冒险家。双方均被进一步细分。白人由（奴役自由民族的）粗鲁的葡萄牙殖民者和（其美德与未来的帝国息息相关的）耶稣会神父组成。反过来，印第安人要么是野蛮的森林居住者（皈依天主教的无辜者），要么是在大自然的荣耀中自由生活的不屈不挠的土著民族。在这场二元对决中，纯洁者总是被高尚化，即代表了民族团结和基督教信仰的未来帝国的葡萄牙人和未经文明玷污的印第安人。在一个重要的段落中，一名皈依的瓜伊阿那印第安人蒂比里萨（Tibiriçá）试图说服他的叛逆侄子雅古阿尼罗（Jagoanharo）认识到欧洲世界的优势。因此，这部诗作提出将印第安人比喻为被新帝国的兴起所击败的高贵野蛮人。雅古阿尼罗既是英雄，也是受害者。他天生自由，且为了新的自由而自由地死去。这部诗作与同时期的其他作品一样，通过对（高贵）印第安人的呈现构建了民族团结，而这些印第安人实际上正是该帝国最大的受害群体之一。

诗人安东尼奥·贡萨尔维斯·迪亚斯（Antônio Gonçalves Dias）[73]也引起了皇帝的注意。他被认为是一位伟大的巴西浪漫主义诗人，在他的诗歌中引入了印第安主义。贡萨尔维斯·迪
319 亚斯在历史文献和他自己的民族志的基础上创作了描绘殖民地初期的诗歌。他最著名的诗歌 *I-Juca-Pirama*——在图皮语中意思是“必须死的人”——的中心主题是那位勇士英雄的英勇和食人行为。这首诗讲述了一位被廷比拉人（Timbira）俘虏的图皮族勇士的故事，他在等待死亡的同时，讲述了他对父亲的担心，后者年迈、虚弱、失明且在森林中与他分离。当父亲也被俘虏时，儿子哭了。廷比拉人看到了他的软弱，就放走了他，因为根据他们的信念，即他们吸收所吃受害者的特质，他们不会吃懦夫。这个老人对儿子的软弱感到震惊，并诅咒他。这个年轻人突然决定独自面对廷比拉族勇士，并因此获得

了牺牲和与父亲和解的权利。[74]因此，这个印第安人牺牲了自己，成了供他人效仿的纯洁和荣誉的理想化典范。在这样的作品中，文学与现实之间、小说与非小说之间的分界线至少可以说是模糊的。历史为神话形式的文学服务，而神话形式的文学又为创建民族身份服务。

1865 年，若泽·德·阿伦卡尔（José de Alencar）[75]出版了《伊拉塞玛》（*Iracema*），这部小说激发了公众想象，并打破了传统的葡萄牙文学形式，彻底改变了巴西文学。这本书不仅将背景设置在对该类型小说来说极为重要的令人惊叹的自然环境中，而且其书名也是“美洲”（America）这一词的相同字母异序词，意思为“蜜唇”。该作品以理想化的 17 世纪为背景，通过描绘印第安人的牺牲来隐喻巴西的诞生。作为核心人物的这对夫妇——图皮印第安姑娘伊拉塞玛和葡萄牙定居者马蒂姆，象征着该国的第一批居民，他们的结合产生了一个命中注定的种族。在这本书的结尾，伊拉塞玛为使他们的儿子莫阿西尔（Moacir，意为“受苦的孩子”）能够活下来而死去。这本书引入了包括混合语言、融合宗教和混血民族在内的主题。在一个远离 19 世纪现实的巴西，其白人和印第安人英雄再次在不受约束的自然环境中交融，展现了荣誉和尊严。

《伊拉塞玛》不是若泽·德·阿伦卡尔的第一本以土著作为主题的书。他先前写过一部篇幅更长的小说《瓜拉尼人》（*O Guarani*），该书于 1857 年 1 月至 4 月间在《里约热内卢日报》连载，并于当年晚些时候以书本形式出版。这个故事也发生在 17 世纪，其中心人物是印第安人佩里（Peri），他爱上 320
了葡萄牙贵族的女儿——金发白肤的塞西（Ceci）。在小说的结尾，佩里试图营救这位“金发处女”，故事以他们近乎柏拉图式的爱情宣言而告终，他们的爱情被汹涌的河水冲走，这暗示着净化的想法。作曲家卡洛斯·戈梅斯根据若泽·德·阿伦卡尔的书创作了其歌剧《瓜拉尼》的意大利语剧本。首场演出于1870年在米兰的斯卡拉大剧院上演。卡洛斯·戈梅斯的作品也受到了佩德罗二世的资助，它们在传统意义上是欧式的，带有巴西文化的一些原始风情；被创作出来的浪漫音乐却带有一种本土基础，仿佛在证实一种普遍而又奇特的身份。

这些以及其他许多例子表明，巴西的浪漫主义不仅仅局限于美学。它既是文化的又是政治的，与民族主义、君主制和文化独立有深厚的联系。尽管浪漫派印第安主义者遭到历史学家的抨击，如瓦尔哈根，后者称他们为“卡波克洛族爱国者”，但他们成功地将印第安人的形象浪漫化为民族象征。很有意思的是，我们注意到贡萨尔维斯·德·马加良斯为其著作辩护而发表在媒体上的答案：“祖国是一个概念，以我们出生的土地作为其象征。”[76]

对印第安人的理想化写照不仅使“真实而高贵”的东西复活，而且有助于塑造“光荣的过去”的形象。与始终提醒着人们可耻的奴隶制的黑人相反，印第安人为这个神话上和美学上都具有可塑性的国家提供了起源。该国丰饶的自然资源具有类似的功能：巴西可能没有中世纪的城堡或文艺复兴时期的教堂，但它有众多的河流和最美丽的植被。人们笔下的这个君主国、这个国家和这个民族被棕榈树、菠萝和具有异国情调的鸟类包围，展现了该国无与伦比的自然生机。

帝国美术学院创立于1826年，但在佩德罗二世统治期间才开始定期运作，它也是浪漫主义的沃土。在这期间，发生了巴洛克风格被弃用而新古典主义被推崇的重大改变，尤其是在

里约热内卢和一些省会城市。这一改变最初是随着1816年3月26日法国艺术家团体的到来而发生的，而现在在国家和君 321
主的双重资助之下，它得以更加牢固地确立。皇帝对帝国美术学院采取了与他对巴西地理历史学会政策类似的政策，包括分发奖品、奖章和出国留学奖学金。他还热情地参加了年度美术总展，并授予最杰出的艺术家基督勋章和玫瑰勋章。1845年，皇帝设立了年度旅行奖学金，以资助获胜者为期三年的出国学习和生活费用。不仅如此，佩德罗二世还委托画家绘制官方肖像画，这些画作在全国范围内散发，且他外出旅行时也带着它们，最初是在巴西境内，之后又带至海外。其中一些艺术家，如辛普利西奥·罗德里格斯·德·萨（Simplício Rodrigues de Sá）[77]和费利克斯-埃米尔·陶奈（Félix-Émile Taunay）[78]，教授皇帝和他的姐姐们绘画艺术或成为官方宫廷画家。颂扬异国情调、自然奇观和浪漫化的印第安人都成为该学院创作的特征。

作为帝国官方画像的制作者，该学院不仅强制推行风格，还强制推行主题。贵族主题、肖像画和历史土著主义风行一时。多数此类画作都是在国外绘制的，代表了巴西风景和人民的理想化图像，就像远距离观察得出的结果。维克托·梅雷莱斯·德·利马（Victor Meirelles de Lima）[79]，即标志性画作《巴西的第一次弥撒》（*A primeiva missa no Brasil*，1860）和《莫埃玛》（*Moema*，1866）的作者，以及若泽·玛丽亚·梅代罗斯（José Maria Medeiros）[80]的《伊拉塞玛》（1881）就是这样的例子。这些画作是1860年代流行的浪漫派印第安主义运动的一部分。在这些作品中，理想化及消极被动的印第安人被描绘在热带风景的背景下，就好像他们几乎是大自然的一部分一样。在这些大幅画布上，殖民化进程没有被描绘为入侵，而是两个民族间和谐协商的会面。

巴西浪漫主义得到了广泛传播，且主要象征是巴西土著居民。具有讽刺意味的是，虽然君主和巴西文化越来越热带化，土著民族却从未如此“肤白”。由于“民族的合法代表”的角色留给了理想化的印第安人，非洲奴隶人口甚至早期的殖民者都被忽略了。纯粹、诚实和勇敢的巴西土著居民被描绘成与大
322 自然和谐相处的茂密森林之王。早期的旅行者、编年史家和历史学家，如加布里埃尔·苏亚雷斯·德·索萨（Gabriel Soares de Sousa）[81]、塞巴斯蒂昂·达·罗沙·皮塔（Sebastião da Rocha Pita）[82]和曼努埃尔·达·诺布雷加，都仅是这些画作所依据的叙述中的脚注。历史与神话携手合作，但同时也具有说教目的：“高贵的印第安人”是遥远过去的一部分，因此有可能成为神话人物，这是首都浪漫主义戏剧的灵感来源。在宏伟的画布和精美的歌剧中都可以看到巴西土著居民，这些作品向欧洲公众展示了热带地区一个充满异国情调和高贵帝国的景象。“高贵的印第安人”使这个年轻国家有可能与过去和平相处，并预见充满希望的未来。

佩德罗二世对艺术的支持进一步扩大。他本人极度热爱歌剧，1857 年，他甚至委托理查德·瓦格纳（Richard Wagner）为里约热内卢创作一部歌剧。尽管这位作曲家婉拒了这个邀约，但皇帝还是在 1876 年出现在拜罗伊特，在该作曲家《尼伯龙根的指环》（*Der Ring des Nibelungen*）的首演现场，当时他就坐在德皇和其他贵族的身边。佩德罗二世专门解释说，他是“一名资深的瓦格纳崇拜者”，与观众中的其他许多人不同，他不是第一次体验这种革命性的音乐。1857 年，他创立了帝国民族音乐与歌剧学院，其目的是培养巴西音乐家和普及

歌剧。

皇帝对医学同样感兴趣，资助巴西专业人士的研究，并将自己的资源投入里约热内卢在1850年以他的名字命名的精神病院。他还是第一届科学探索委员会（1859年）在巴西北部搜集物种的赞助人，其反对者戏称这个机构为“蝴蝶委员会”。

因此，巴西成了一个“热带帝国”，与此同时，也成了（有些扭曲的）欧洲镜像。在政局平稳时期，佩德罗二世常常作为巴西民族的缩影，被誉为罗马恺撒，他身边环绕着椰子树、棉花、咖啡树和烟叶，坐着时腿上摆放着一些书本，以展示他的博学和智慧。

但是，1865年，灾难性的巴拉圭战争（又称为三国同盟战争）爆发，这场战争标志着巴西君主制的巅峰，以及衰落
的开始。5年后，即1870年，战争结束，死亡人数令人惊骇， 323
给帝国在大屠杀中的角色蒙上了阴影。同年，共和党成立，且废奴运动获得了不可逆转的推动力。热带地区是一个自然、永恒的天堂，人们在那里和平、和谐地共处，这种想法不过是凭空捏造出来的。

十二　巴西君主制的终结

派对结束：漫长而又灾难性的巴拉圭战争

324 随着1870年代的临近，佩德罗二世的当政期发生了根本性变化，而在此之前他的统治一直波澜不惊。1865年，巴西卷入的最臭名昭著的国际战争爆发，即巴拉圭战争。与君主、他的大臣和将军们，甚至该国的盟友阿根廷和乌拉圭所假定的不同，这场战争既不容易也不短暂。而且它需要政府投入大量的时间和资金，以至于几乎没有余下的时间和资金用于国内改革。战争的代价是巨大的，即6140亿里斯，是1864年政府预算的11倍，它造成的赤字一直持续到君主制结束。[1]

在战争爆发前夕，国际关系的紧张局势一直在加剧。1862年，当巴西准备参加在伦敦举行的世界博览会以展示其丰富的农产品时，发生了被称为“克里斯蒂事件”（Christie Affair）的外交事件。威廉·道格拉斯·克里斯蒂（William Douglas Christie）自1860年以来一直是驻巴西首都的英国代表，并因其对抗行为而出名。当三名醉酒的英国军官在里约热内卢的街道上游荡时，他们因行为不检而被捕，至此事件发展到了紧要关头。克里斯蒂将此事件视为对其国家不可接受的侮辱，并对此立即做出了反应。他命驻扎在里约热内卢的英国舰队封锁了该港口。英国海军在瓜纳巴拉湾外捕获了五艘巴西商船，这造成了严重的国际事件，甚至可能导致宣战。当时的政客们普遍对克里斯蒂的对抗行为持讽刺态度。佩内杜男爵（Baron of 325 Penedo）[2]评论说："他在蚊虫之乡学的外交。"大臣扎卡里亚斯[3]宣称："这是克里斯蒂先生的愚蠢做法。"但这还不是这位英国代表最愚蠢的行为。1862 年 12 月 2 日，尽管外交使团被召集参加皇帝的生日庆祝活动，他却没有到场。这次，佩德罗二世决定迫使克里斯蒂认输，并中断与英国政府的外交关系。比利时国王利奥波德一世（Leopold I of Belgium）被请来仲裁，他认为巴西受了冤屈，英国正式道歉。即便如此，两国之间的外交关系仍然中断了两年。

但这绝不是政府问题中最严重的一个。1860 年代，废奴运动涌现高潮。随着 1850 年奴隶贩运被禁，奴隶制问题已成为一个主要的政治议题。1865 年，随着南北战争的结束，美国通过了第 13 条宪法修正案，废除了北美的奴隶制。地方精英和政府精英担心巴西会很快效仿。除巴西外，古巴是唯一一个奴隶制仍然合法的国家。国际压力正在增加。

然而，拉普拉塔河地区的危机导致废奴问题暂时被搁置。巴拉圭战争演变成一个国家问题，其意义如此之大，以至于所有政治分歧都被搁置一边。1860 年代初，该地区处于脆弱的和平局势。乌拉圭河和巴拉圭河之间有四个利益相互冲突的国家：巴西、乌拉圭、阿根廷和巴拉圭。如何利用拉普拉塔河盆地的航运通道，以及哪个国家应控制该地区，均是充满争议的问题。该地区动荡不安，以至于巴拉圭战争爆发前的很长一段时间内就发生了一连串冲突。阿根廷独裁者堂胡安·曼努埃尔·德·罗萨斯（Dom Juan Manuel de Rosas）的野心导致了 1849 年的一次严重事件。罗萨斯想恢复西班牙在该地区建立的前总督辖区。他已占领乌拉圭，此时威胁到巴西南部南里奥格兰德省的边界。巴西政府了解胡安·曼努埃尔·德·罗萨斯的意图，但认为最好避免冲突，这一决定导致内阁倒台以及国务会议新主席的任命，新主席是欧塞比奥·德·凯罗斯
326 (Eusébio de Queirós)[4]。政府承受着来自多方的压力：拉普拉塔河地区日益激烈的进攻和逐步废止奴隶制的可能性。1830年代和1840年代咖啡种植园的扩张导致奴隶在东南部高度集中，这使人们普遍感到不安。[5]政府采取了一项政治举措，即进行新的人口普查并引入民事登记制，以评估奴隶数量以及潜在的叛乱风险。但精英阶层拒绝了这个想法：土地所有者像惯常一样宁愿不知道奴隶或自由民的实际比例是多少。[6]

然而，自1851年开始，拉普拉塔河事务在巴西政治中占据了中心地位。尽管随着巴西1851年加入战争以及胡安·曼努埃尔·德·罗萨斯1852年2月投降，第一次对抗很快结束，但该地区的动荡越发使人担忧。1863年，乌拉圭爆发内战。一派是由维南西奥·弗洛雷斯（Venancio Flores）将军领导的温和派红党（Colorado Party）的支持者，另一派是由这个四分五裂的国家的总统阿塔纳西奥·阿吉雷（Atanasio Aguirre）领导的保守派民族党（通称白党）的支持者。巴西和阿根廷支持弗洛雷斯将军，因为两国都对民族党的扩张主义计划感到恐惧。[7]但这一特殊冲突很快平息了。1865年2月15日，阿吉雷投降并与巴西签署了和平协议。

尽管如此，该地区的动乱很快再起，只是这一次有了另一个敌人——巴拉圭。政局也在发生变化：在阿根廷，当巴托洛梅·米特雷（Bartolomé Mitre）赢得总统职位并推动集权化进程时，联邦主义者被击败；在巴西，经过14年的保守派统治，

自由党上台；在巴拉圭，卡洛斯·安东尼奥·洛佩斯（Carlos Antonio López）于1862年去世，其子弗朗西斯科·索拉诺·洛佩斯（Francisco Solano López）接任，后者上台后立即开始与巴西对抗。巴西政府并不感激他企图在巴西与乌拉圭之间的冲突中进行调停的尝试——顺便说一下，是失败的尝试。此外，巴拉圭与巴西竞相成为拉美市场马黛茶（maté）[8]的主要供应地，都渴望控制蒙得维的亚作为输出口，并要求重新划定边界。阿根廷联邦主义者出于同样的原因也有同样的强烈愿望。这样就形成了两个非正式的阵营：一方是阿根廷联邦主义者、乌拉圭民族党和巴拉圭；另一方是巴西帝国、红党和阿根廷政府。

独立之后，整个地区都在经历政治重建期。除了在拉普拉
塔河盆地的分歧之外，由于所牵涉政府的野心存在冲突，它们 327
内部也存在分歧。这些国家还因文化差异和政治制度而分隔。巴西喜欢将自己视为一个稳定的政权，其周围都是不稳定的共和国。与侵略扩张主义相比，它视自己为文明的范例，且它由皇帝而不是独裁者领导。

战争已在酝酿中，它所需要的只是一个事件来激发它。这一事件发生在1864年的乌拉圭。巴西政府发出最后通牒，要求乌拉圭迅速采取措施以防止巴西居民在乌拉圭可能被虐的情况发生。巴西边境南里奥格兰德的养牛人也受到攻击，巴西绝不允许这样。当乌拉圭人无视最后通牒时，巴西入侵了该国。同时，该区域的其他国家之间也存在对抗。也许最严重的对抗源自索拉诺总统决心让巴拉圭获得出海通道的决心。11月12日，当巴拉圭当局扣押巴西“奥林达侯爵号”轮船时，战争爆发。然后，12月，索拉诺总统入侵马托格罗索。四个月后，

即 1865 年 4 月，他入侵阿根廷，袭击了曾作为其盟友的两个省：科连特斯省（Corrientes）和恩特雷里奥斯省（Entre Rios）。从那时起，这位巴拉圭领导人发现自己被孤立在一场非常危险的游戏中。

与此同时，佩德罗二世因“克里斯蒂事件”得以完满解决大受鼓舞，并于 1865 年 7 月 7 日前往巴西南部边界。他成为“陆军第一位志愿者”。这场行军结束在乌拉圭河东岸的城市乌鲁瓜亚纳[9]，皇帝在那里会见了巴西军方首领以及他在战争中的盟友：阿根廷总统米特雷和乌拉圭总统弗洛雷斯。他很快就会知道，尽管参加战争相对容易，但撤退或计算后果要困难得多。此外，一场冲突牵涉如此之多的竞争者，其复杂性也不可避免地导致甚至是盟友之间的争执。在巴西国内，关于战争的发起也存在分歧。一方面，有人指责索拉诺总统的侵略扩张主义及其独裁风格。佩德罗二世特别讨厌索拉诺的欺诈性政治以及他以独裁者自居的事实。另一方面，一些人认为战争是英国帝国主义政策的结果。为了维持本国在该地区的经济影响
328 力，据称该国在耍两面派，推动一个政党与另一个政党对抗。这种解释认为弗朗西斯科·索拉诺·洛佩斯是反帝英雄、南美独立捍卫者和国际阴谋的受害者。在对有关国家的内部情况进行分析的基础上，还有第三种解释：巴西必须维持通往巴拉那河和巴拉圭河的通道，这是西部马托格罗索省通往该国其他地区的关键路线。此外，巴西想控制拉普拉塔河盆地的贸易流量。至于阿根廷，尽管其扩张主义的抱负已被暂时遏制，但它仍然希望吞并邻近领土，并总体上增加对该地区的影响。就索拉诺总统而言，一旦巴拉圭获得自治且阿根廷的扩张主义企图受到扼制，与其邻国在河流通航和边境谈判方面的争端就成了

主要问题。这些摆脱了帝国镇压的南美共和国也抱着极大的怀疑注视着这个庞大的巴西帝国及其奴隶制。因此，即使没有一方或另一方的间歇性挑衅，该地区充其量也就像一口巨大的炖锅，随时可能沸腾。

1865 年 5 月 1 日，巴西、阿根廷和乌拉圭在布宜诺斯艾利斯签署了秘密的《三国同盟条约》。该条约确定，只有在索拉诺总统被罢免之后才能进行和平谈判。涉及争端的这些国家之间确立了新的边界，且商定侵略者巴拉圭将被迫为战争支付赔款。这些条款反映了盟国的信心和看法——事实证明，这是完全错误的——他们认为由于己方明显的军事优势，战争将很快结束。这三个国家总共有 1100 万居民（其中 910 万是巴西人），而巴拉圭只有 318144 名可支配士兵。三个盟国的年出口总额为 3600 万英镑，而巴拉圭的年出口额不到 50 万英镑。[10]巴拉圭因此处于战争的不利境地，特别是因为它失去了先前的盟友：阿根廷总统阿塔纳西奥·阿吉雷被打败；而在乌拉圭，弗洛雷斯将军已当选。此外，索拉诺总统对阿根廷的入侵也疏远了科连特斯省和恩特雷里奥斯省的省长。

需要记住的是，在战争爆发之前，巴西帝国只有一支训练 329
不足的小型军队。最重要的军事类机构是国民卫队（成立于 1831 年，并于 1850 年进行了重组），基本上由（并依赖于）大型庄园的所有者组成。这是该国第一次组建一支强制性征兵的职业军队。战争第一年之后，参军被视为爱国主义行为，当时志愿者人数太少，无法组成军队。[11]战争开始时，各种各样的动机促使年轻人参战。马沙多·德·阿西斯在他的小说《伊艾亚·加西亚》（*Iaiá Garcia*）中讲述了若热的故事，若热是“法官街上主要的花花公子之一”，他报名参军是为了给埃斯特拉留下深刻的好印象。在马沙多·德·阿西斯笔下人物的眼中，这场战争不过是浪漫宣告爱情的契机，且若热离开时主要的关注点是“其制服裤子的折痕和靴子的光泽”。[12]在帝国首都，狂热的爱国主义盛行，人们庆祝每一次胜利。马沙多·德·阿西斯笔下的另一个人物——富拉诺·贝尔特朗（在法官街展示妻子陵墓的那个）用一场豪华舞会庆祝巴西在里亚丘埃洛战役（Battle of Riachuelo）[13]中的胜利，他“在荣誉厅，在皇帝的画像前，展示了海军的武器和旗帜”。[14]

巴西军事实力的增强令人感到乐观。海军进行了重新装备，军舰的数量从 1865 年的 45 艘增加到 1870 年战争结束时的 94 艘。同时，1865 年，阿根廷拥有 6000 名训练有素的士兵，而乌拉圭有 4000 名。布宜诺斯艾利斯高涨的热情使米特雷将军宣布同盟国军队将“在 24 小时内控制兵营，在三个星期内控制科连特斯，并在三个月内控制亚松森”。然而，与所有人的期望相反的是，乌鲁瓜亚纳投降后，战争的第一阶段结束，但冲突仍在继续。这场战争变成了长达 5 年的战争，损失惨重，无数人员丧生，它威胁到了同盟的团结，且在国内越来越不受欢迎。

更糟的是，巴西武装部队内部也存在分歧。作为海军司令的海军上将塔曼达雷侯爵（Mavquis of Tamandavé）[15]年近 60，不再年富力强。而时为保守党参议员的卡希亚斯将军，因在摄政时期镇压叛乱而备受敬仰。他的参战标志着一个转折点：在
330 冲突的第二阶段开始时，他对军队进行了彻底的改组。1866 年 11 月，当他到达巴拉圭时，他面对的是一支兵力不足、士气低落的军队。该地区肮脏破旧，军队完全准备不足且装备缺乏。此外，到这个时候，政府已开始强制征兵。公众舆论转为

反对战争，1866 年 11 月 9 日的《商业邮报》（*Correio Mercantil*）将这场战争称为“巴拉圭屠宰场”。

许多巴西奴隶主开始派遣奴隶替他们上战场，以免除“战争惩罚”。在 1866 年的国务会议上，意见存在分歧：一些人支持征用奴隶为兵，而另一些人则反对被释放的奴隶在军队中的存在。众议员皮门塔·布埃诺（Pimenta Bueno）[16]赞成给予奴隶自由（不对其主人进行赔偿），以换取他们上战场。他辩称：“最好保留更文明、更道德的阶层，而非另一个文明程度较低并且有潜在危险的阶层。我们应该选择两种邪恶中的较小者。”但参议员纳布科·德·阿劳若（Nabuco de Araújo）[17]认为这种做法会在未来带来问题，并表示只有在“这些巴西黑人作为士兵战斗之后再度成为奴隶”的条件下才能继续这种做法。但他也认为，如果“奴隶在成为士兵之前就被释放并成为公民，那么他们将成为纪律严明的士兵，因为他们习惯于服从命令”，这是很有可能的。[18]但是，国家顾问若泽·玛丽亚·达·席尔瓦·帕拉尼奥斯（José Maria da Silva Paranhos）[19]，即未来的里约布兰科子爵，警告说：“一支由被释放奴隶组成的军队……将是一种危险，因为对他们的征募可能导致帝国内的奴隶发动叛乱，不仅是因为他们自己的意志，而且包括秘密团体的煽动。”[20]就连卡希亚斯将军本人也抱怨说：“这些人不懂国家、社会或家庭的含义，由于他们树立的不道德榜样和缺乏纪律性，招募奴隶入伍已经产生了不利的结果。”[21]在巴西，每当讨论中的任何主题涉及废奴时，都存在广泛的分歧。巴西军队“肤色”的变化并没有被巴拉圭新闻界所忽视，后者开始将该国士兵称为“小猴子”（los macaquitos）。与索拉诺总统有直接关系的期刊《卡比丘伊》（*Cabichuí*）制作了一系列漫画，将巴西军队以及皇帝和皇后均描绘成猴子。

331 与此同时，在里约热内卢，政府努力通过阻止详细报道的传播来淡化战争的严重性，但他们运气不佳。1867 年，恰逢该市抗击霍乱疫情时，该国南部边界的战役已成为名副其实的屠杀。由于出了这么多问题，公众开始指责政府造成了旷日持久的战争，以及军队最高指挥部盲目决定继续战斗，直至索拉诺总统下台。1868 年，当帝国在伊托罗罗战役[22]、阿瓦伊战役[23]、洛马斯瓦伦蒂娜斯战役[24]和乌迈塔战役[25]中取得巨大胜利时，甚至连卡希亚斯将军也提出停止敌对行动。但是，直到第二年，巴西军队才最终攻占了亚松森，没有遭遇任何抵抗。占领巴拉圭首都后，卡希亚斯认为战争已结束并从冲突中退出，尽管皇帝对此表示反对。当他从战场归来时，这位将军并没有受到他所期望的庆祝活动的欢迎。即便如此，他还是被授予了“佩德罗一世大项链级勋章”——他是自帝国初期该勋章被创设以来首个获此殊荣的人——以及公爵头衔。

但是，还有一位归来的将军成为广受欢迎的英雄，即奥索里奥将军[26]。卡希亚斯将军被称为伟大的军事战略家，而奥索里奥将军则是代表勇气的国民偶像。他的英勇壮举给盟友和巴拉圭敌人都留下了深刻的印象。他已成为军队中的神话人物。人们会说他拥有“封闭之躯”（corpo fechado，意即“不死之身”）[27]，在战斗之后，他会“摇晃斗篷，接着子弹就会掉下来”。[28]即使没有卡希亚斯将军和奥索里奥将军，对索拉诺总统的追捕仍在继续，这次追捕由伊莎贝尔公主的丈夫欧尔伯爵指挥，他于 1869 年 3 月 22 日开始接管军队。他不顾妻子希望丈夫安全待在宫殿中的请求，带领一支 26000 人的部队追击，而这些人已精疲力竭，其中大多数都迫不及待地想离开。但是，

8月12日，有700名巴拉圭人被杀，1100人被俘。8月16日，在大坎普战役（Battle of Campo Grande）中有2000名巴拉圭士兵丧生，2300名士兵被俘。[29]当索拉诺总统被巴西军队包围在赛罗考拉，并与他未成年的儿子一同被杀时，对他的追捕行动才最终结束。战争给巴拉圭带来的后果不仅包括国家元首的下台，而且包括对国家本身的摧毁。有关巴拉圭死亡人数的统 332
计存在分歧：估计人数在80万至130万之间。

巴西的统计数据也存在类似的差异，从被派遣的男性人数开始，这一数字在10万至14万之间。帝国政府在1870年发布的官方数字为4332人死亡、18597人受伤和988人失踪，总计23917人。[30]死亡人数和战争恐怖细节的披露给巴西的胜利蒙上了阴影。皇帝的形象大受打击。他从一个爱好和平的君主、对政治不感兴趣的艺术支持者变成了一场可怕战争的领导者。

被称为“三国耻辱”的三国同盟计算严重失误。他们认为这场战争将在几个月内结束，但它持续了5年时间，且波及范围广大。随着战争的结束，帝国的地位在其边界内外都发生了根本性的变化。也许最重要的是，这场战争巩固了军队体制。1865年，军队人员数量不超过18000，而仅一年之后，这一数字就在38000至78000之间波动。到战争结束时，巴西已组建了一支独立于国民卫队的新军队。在军队取得胜利后，入伍服役成为提升自我的一种手段。军事机构在社会上起着重要作用，这在以前是无法想象的。军队内部形成了一个在社交和思想上都与平民精英对立的精英阶层，他们对国家的状况及自身在权力等级中的地位都不满意。在与黑人士兵并肩作战之后，军队也开始拒绝扮演其过去追捕逃奴的角色。因此，军队成为帝国内部不满的根源，共和派和废奴主义者也开始在帝国内部出现。

重要的是要明白，没有奴隶士兵这样的东西。当前奴隶主为了避免派出自己的儿子而决定将奴隶送入军队时，这些奴隶立即被认为是自由民。这意味着，在敌对行动结束后，他们在谈判永久结束奴隶制方面处于有利地位。1869 年 6 月 23 日的《泰晤士报》报道，有 7979 名被释放的奴隶曾在巴西军队中
333 服役。[31]因此，兵役和棘手的废奴问题具有内在联系，这成为佩德罗二世统治时期最严重的政治危机之一。奥索里奥将军和卡希亚斯将军从战场归来后成为英雄，人们建造丰碑、著书立说让他们名传后世，而这些黑人士兵尽管已获释放，但归来后面对着仍然盛行的奴隶制。他们中的许多人仍然可能被迫重新为奴，因为他们新获得的自由很容易被剥夺。公开声称自己为废奴主义者的安热洛·阿戈斯蒂尼（Angelo Agostini）画了一幅名为《从巴拉圭归来》的漫画，该漫画于 1870 年发表。[32]画中一名黑人士兵胸前戴着军功章，他从战场归来后发现其母亲被绑在刑柱上受鞭刑。说明文字写道："这位志愿者为保卫国家挥洒热血并使一个民族免于被奴役，他载誉而归时却看到他的母亲被绑在刑柱上。可怕的现实……"

巴西在这场战争中花费了 6000 亿里斯，这使该国在经济上更加依赖英国。成千上万的士兵在战争中丧生，巴西作为爱好和平国家的形象被摧毁。另外，祖国的概念第一次开始传播，尤其是在战争开始时，那时战场上捷报频传且人人争当志愿者。国旗被定期升起，皇帝成为国家领导人并负责两个政党之间的调解，且新的民族英雄被塑造：卡希亚斯公爵、奥索里奥将军和巴罗索海军上将[33]。

此外，佩德罗·阿梅里科（Pedro Américo）[34]和维克托·梅雷莱斯等艺术家制作了描绘战斗场景、颂扬祖国的宏伟油画作品。维克托·梅雷莱斯描绘了1640年代的瓜拉拉佩斯战役（Battle of Guararapes）[35]，将巴拉圭战争与祖国的创立联系起来。佩德罗·阿梅里科将阿瓦伊战役的屠杀描述为文明（巴西人）反对野蛮（巴拉圭人）的斗争。北美作曲家路易斯·莫罗·戈特沙尔克（Louis Moreau Gottschalk）[36]创作了一部钢琴演奏大师作品《巴西国歌的宏大幻想》（'Grand Fantasy on the Brazilian National Anthem'），还在里约热内卢热情的观众面前演奏了它。浪漫主义诗人贝尔纳多·吉马良斯（Bernardo Guimarães）[37]创作了《志愿者的告别》（*O adeus do voluntário*）。但是，内在的伤口很难愈合。归来的老兵得不到安置，大多数前战斗人员尤其是非裔都需要自力更生。巴西的自由是一种战 334
利品，难以赢得，也几乎无法保持。[38]

废奴运动：自由必须循序渐进

随着巴拉圭战争的结束，建立共和国和废除奴隶制运动再次成为焦点。1870年代初，共和党、自由协会和解放奴隶协会在里约热内卢成立。1871年9月28日，《自由胎儿法》（Lei do Ventre Livre）获得通过。这项法律使所有在其颁布之后出生的奴隶后代获得自由，但他们的母亲未获自由。它规定，孩子们将与母亲在一起直到8岁，这时他们的主人可以选择接受赔偿金（60000里斯），或者继续让他们为自己服务直到21岁。尽管这项法律有其局限性且是一种循序渐进的做法，但这至少是朝废奴迈出的一步。然而，在如此激烈的政治气氛中，反对派只是将其视为政府安抚他们的一项具有嘲讽意味的策略。它也使奴隶主产生怀疑，他们开始不信任君主。

尽管这项法律比较温和，但它引发了各种各样的反应。地区差异是造成对法律不同反应的部分原因。东北部省份比东南部省份更容易接受它。1872 年人口普查的数字有助于解释这一点：东北部地区 37% 的人口是奴隶，而在东南部四个咖啡生产省（包括里约热内卢）这一数字为 59%，其他省份（南部和中西部）仅为 7.3%。[39]这些不同的立场造成了东北部土地所有者联盟和东南部咖啡种植者之间的冲突，这使政府的合法性受到质疑。正如成为废奴运动象征的若阿金·纳布科当时发表评论说，这一局势表达了“歧义辩证法”：虽然国家是奴隶制的基石，但它也是唯一可以消灭奴隶制的实体。

335 这项法律在另一方面使政府疏远了东南部种植园主并增加了他们对君主制的敌意，因为它正式承认奴隶家庭的存在。奴隶解放登记处建立，这些登记处以奴隶家庭为基础，而不是以个体奴隶为基础。这也意味着传统过程被颠倒：以前需要“自由有色人种”来证明他们的自由，而现在这已成为奴隶主的责任，后者必须制作奴隶证明书。没有这样的证据，任何“有色人种”在法律上都是自由的。因此，“自由胎儿”（法律生效后出生的人）是自由的，尽管法律条款要求他们为母亲的主人工作直至 21 岁。他们也是公民。这个问题一直存有争议，直到 1888 年《黄金法》（Lei Áurea）的通过最终废除奴隶制。当谈到有关“有色人种”的法律，政府的主要关注点是逐步采取行动、维持控制机制。渐进主义、监护、依赖和控制政策是国家处理被释放奴隶策略的一部分。此外，人们普遍认为，国家和社会都有权要求赔偿工人的损失。事实上，普遍的看法是推迟禁止奴隶私有制。再者，国家在所有此类问题上的官方调解员地位都将政府置于与农村精英之间的直接利益冲突中。同时，有了新法律，废奴主义者可以在圣保罗和里约热内卢的法院中追究这一问题。[40]

但 1871 年的法律还是起到了“降温”作用，并暂时搁置了废奴运动。政府首先采取行动，保持了对奴隶制问题的控制。与美国不同，巴西政府避免了内战，也避免了在海地发生的那种奴隶革命。为维持能被应征入伍的士兵人数而将任何措施推迟到巴拉圭战争结束之后，这一点极其重要。保守派精英的座右铭是“尽最小的努力以避免最糟糕的情况”。

甚至皇帝对此也是敷衍了事、做做样子，而并没有触及帝国政策的关键问题。1870 年，他宣布放弃最高统治者的头衔，因为最高统治权属于人民。1871 年，结束第一次访欧之行回国后，他终止了亲吻君主之手的传统，并开始拒绝新增头衔或 336
纪念性建筑。他仅在官方场合才穿着皇家礼服，如议会开幕和在王座上演说。在所有其他场合，佩德罗二世更喜欢被视为围绕着书本、地球仪、笔和代表其博学的其他象征的“现代君主”。尽管他试图置身于这场艰难的公开辩论之外，但他也是其中的一员。尽管他宣称自己反对奴隶制，但他从未动用权力来加快废奴进程。

共和党：联邦制很好，但不要提废奴

同时，新的反对派不断出现，且其中首次出现了与君主制无关的政治团体。第一版《共和国报》（*A República*）发行于 1870 年 12 月 3 日。其中载有《巴西共和党宣言》（‘Brazilian Republican Manifesto’），这为 1872 年 1 月 17 日共和党的成立奠定了基础。主要由来自圣保罗自由派专门职业者组成的新党于1873年7月组织了第一次代表大会，当时有影响力的新支持者参加了这次会议，即圣保罗土地所有者，他们对他们认为的政府干预主义政策感到不满，并决定加入反对派。

需要考虑的另一个重要方面是，尽管圣保罗是最大的咖啡生产地，且正成为最富裕的省，但其参议员人数很少：1859年，该省参议员人数为三名，与帕拉相同，但少于伯南布哥、巴伊亚、米纳斯吉拉斯和里约热内卢。甚至在1889年，圣保罗在众议院的代表人数与塞阿拉相同，但少于伯南布哥、巴伊亚、米纳斯吉拉斯和里约热内卢。国务会议和内阁的情况也不例外。[41]与此同时，在19世纪的最后30年，圣保罗的咖啡种植园遍及该省西部，且在1880年代，其咖啡产量超过了里约热内卢省的产量。

因此，尽管这不是第一次考虑建立共和国的想法，但从1870年起，它成了一种更可行的替选方案。1873年，自由党
337 产生分裂，其中一个派系成为圣保罗共和党。该群体对王室和帝国行政当局的过度集权持强烈批评态度，他们的建议是和平过渡到联邦共和国。在先前提到的1870年发表于《共和国报》的宣言中，共和党人声称“集权等于分裂，分权等于团结”。他们首选的政府形式是“美洲的且对美洲有帮助的”。[42]宣言发表后吸引了圣保罗、米纳斯吉拉斯和伯南布哥的更多支持者。但是，在其他省份，这个想法并没有得到人们的热烈欢迎。例如，在拥有影响力的拥护君主制团体所在的巴伊亚，宣言产生的影响微乎其微。在帕拉伊巴甚至没有共和党，而在第一个提议废奴的塞阿拉，该党1887年才成立。但在圣保罗，共和党力量很强大，其成员包括医生、工程师、律师、记者、商人和来自该省西部的一大批咖啡种植户。1873年4月18日

在伊图（Itu）举行的大会上，这个群体占与会代表的50%。[43] 这是有史以来在巴西举行的第一届共和党大会。

尽管共和党派的出现与废奴运动同时发生，但这两个群体并没有携手合作。共和派为了不威胁到他们与圣保罗西部农民的联盟而避开了奴隶制问题。至少可以说，这是一种机会主义的方法。共和党的许多成员本身也是奴隶主。新的共和派关心有关维持秩序和制定基于对奴隶主进行补偿的逐步解放的政策问题。由于担心内战，他们对废奴问题保持沉默。

在危机高潮中，君主在环游世界

到1870年代末，反对帝国的三个主要派别是：共和派、废奴主义者和军队。与此同时，佩德罗二世越来越多地从政治事务中退出。皇帝讽刺画的风尚可以追溯至这一时期。他被嘲弄的原因在于他处理国家事务的方式和他的优柔寡断（这一点变得越来越 338
明显）。他开始被戏称为"香蕉佩德罗"（Pedro Banana）、"腰果佩德罗"（Pedro Caju）和"误事者"（Emperrador）（"香蕉佩德罗"和"腰果佩德罗"是因为他的头型很长，而"Emperrador"的意思是"耽误事的人"，它来自动词"emperrar"，意思是耽搁、延误）。自1850年以来，巴西一直享有新闻自由，而皇帝常常成为媒体嘲弄的对象。带插图的刊物很受欢迎，尤其是那些载有三位欧洲漫画家作品的刊物：安热洛·阿戈斯蒂尼和路易吉·博尔戈梅内里奥（Luigi Borgomainerio）——他们都是意大利人且分别为《插图杂志》（*Revista Ilustrada*）和《费加罗报》（*Le Figaro*）作画，以及拉斐尔·博尔达洛·皮涅伊罗（Rafael Bordalo Pinheiro），他是葡萄牙著名小说家艾萨·德·克罗兹（Eça de Queirós）的朋友，不久前从葡萄牙来到巴西并创办了杂志《蚊子》（*O Mosquito*）。这类杂志有 20 多种，其中最著名的是 1876 年创办的《插图杂志》。皇帝的勤奋好学，他的瘦腿和刺耳的嗓音，以及他对政治的缺乏兴趣，为这些讽刺杂志提供了充裕的素材。皇帝作为一个年迈君主、留着长白胡须的艺术赞助人的形象被广泛嘲弄。画中的他在巴西历史地理学会会议期间入睡，在佩德罗二世学校监考考试时入睡，或在主持议会时入睡。他在王座上发表演说时，要么也在打瞌睡，要么看上去像个木偶，对眼前的问题毫无察觉。但他此时做出的最有争议的决定是环游世界，这引起了一连串尖锐辛辣的评论。这些毫不留情的杂志开始嘲讽他们所谓的他的“运动躁狂症”——驱使君主出行的“疾病”。尽管如此，皇帝还是开始在巴西国内外旅行，但主要是去欧洲旅行。在 1871 年、1876 年和 1887 年，他几乎没有返回过巴西。

1871 年，在政治动荡的困境中，看似无聊的佩德罗二世准备去参观一个他仅通过书本了解到的世界。他的离开引发了各种党派争议。有趣的是，尽管他的旅行具有公共性质，但他的个人动机始终是官方理由的基础。在这种情况第一次出现时，借口是他女儿萨克森-科堡和哥达利奥波丁娜公主的死，后者生活在法国且留下的继承人由佩德罗二世作为监护人。在宣布官方哀悼期后，皇帝于 1871 年 5 月 25 日出发前往欧洲和中东。这位君主喜欢旅行。1872 年 3 月他才返回，且这次经历使他非常兴奋，以至于他很快计划了另一场旅行。

339 有关第二次旅行，官方给出的原因又是私人性的，即皇后的健康状况堪忧。他们抵达欧洲后，特蕾莎·克里斯蒂娜皇后殿下便离开随行人员，前往奥地利加施泰因（Gastein）做矿泉疗养。在第一站之后，皇帝带着 200 名随行人员继续旅程，他去了美国和加拿大，然后去了亚洲和非洲的部分地区。然后，他返回欧洲，除了在巴黎逗留了六个星期以外，他还访问了德国、丹麦、瑞典、挪威、俄国、奥斯曼土耳其、希腊、奥地利、荷兰、比利时、瑞士和葡萄牙。佩德罗二世将他的旅程变成了一场马拉松比赛。这个从未想要离开热带地区的君主现在似乎并不急于返回。

佩德罗二世的第二次旅程广为人知，除了由于他前往了东方外，还因为这是执政的君主第一次踏足北美，并在那里访问了一个共和国！佩德罗二世与美国总统尤利西斯·格兰特（Ulysses Grant）一起在费城为1876年百年纪念国际展览会揭幕。然后，皇帝在纽约引起了人们极大的兴趣。至于他，他发誓说，“王权会高高昂起头来”，并补充说，他毕竟是“美洲唯一的君主”。[44]他永远穿着他的正式黑色外套——正如葡萄牙作家艾萨·德·克罗兹嘲讽他为“长了尾巴的君主”——且放弃了名字前的尊称“堂”。这位皇帝的行程非常紧凑，他安排了与知识分子会面，在展览会上参观，以及参观工业设施、道路建设项目、研究机构和博物馆。

在他与亚历山大·格拉汉姆·贝尔（Alexander Graham Bell）的对话中，贝尔让他测试了最新发明——电话；在他参观历史古迹时，皇帝试图恢复他作为开明的、自由君主的形象。他旅行中的一大亮点是与法国伟大宣传家维克多·雨果（Victor Hugo）的会面。在巴黎逗留期间，佩德罗二世邀请这位作家到他的旅馆里拜访他。但当他的提议被拒时，这位君主决定抛下外交礼节，去维克多·雨果的家里拜访。据说在那里进行了以下对话：当作家的女儿将访客介绍为“来自巴西的皇帝陛下”时，皇帝回答说：“亲爱的，这里只有一位‘陛

下'：维克多·雨果。"会面结束后，他们交换了照片。毫无
340 疑问，这次会面对巴西共和党人来说是福音，但这位君主的胜
利不会持续很久。回来后，他发现氛围与他离开时的大不
相同。

即将爆出的丑闻

据说，统治者的效力与他或她不受丑闻影响的能力直接相关。1870年代在新闻界进行了一场蓄意谴责宫廷过度开支的活动。他们列出了费用，核实了国家财务状况，并要求被提交的账目应具透明度。1873年，里约热内卢的报纸刊登了有关皇帝上一年在葡萄牙波尔图酒店住宿的支出的争议性细节。公众舆论在两派之间产生了分歧，一派想要维护皇帝，另一派想对皇帝作为公民的行为提出质疑。换言之，即一派希望将信息保密，而另一派则想要确保新闻自由的宪法权利。无论赞成还是反对，君主的公众形象都受到了损害。

这一时期最严重的丑闻被称为"王冠珠宝的失窃"。尽管这一事件本身并不重要，但其间接影响明显表现出此时围绕着君主制的不信任。1882年3月18日凌晨时分，皇后的一些珍贵珠宝"消失"在圣克里斯托旺宫。警察局长特里戈·德·洛雷罗（Trigo de Loureiro）很快意识到这是内部人所为，是熟识宫殿的人所犯的罪行。曼努埃尔·派瓦（Manuel Paiva）和他的兄弟佩德罗·德·派瓦（Pedro de Paiva）——在宫中待了很久的仆人，成为主要嫌疑人，而新闻界指责皇帝掩盖了这一事实。两人被捕并认罪后，均未受到起诉。即使在曼努埃尔·派瓦的家中找出了这些被藏在黄油罐中且被认为"价值连城"的珠宝后，这两人却都毫发无损地获释了。[45]公众对此

特别愤慨。《商报》（*Jornal do Commercio*）宣称：“归还赃物对于失主来说可能就足够了，但它不符合社会的道德要求。”劳尔·庞培亚（Raul Pompéia）[46]在《小报》（*A Gazetinha*）中甚至指控皇帝强奸了派瓦的女儿，且出于害怕报复而释放了曼努埃尔·派瓦。《晚报》（*Gazeta da Tarde*）攻击了皇帝的“弱 341
点”，而《插图杂志》则发表讽刺性文章，要求伸张正义。丑闻的消息甚至通过电报传送到国外的报纸上。显然，这是蓄意对皇帝进行有组织攻击的尝试，他的形象严重受损。

尽管佩德罗二世竭尽所能，但他传统的掩饰策略难以维持。他一直有情人，但现在他的不忠行为受到公众评论。宫廷一直以来预算充裕，但是直到现在才有人想起来要记账。后来，吉尔贝托·弗莱雷将指出，君主制“将王冠换成大礼帽”，使自己处于危险之中。他称佩德罗二世为“热带骄阳之地上的灰色皇帝”，并看到人们的期望与皇帝所采用的新形象不符。[47]从欧洲返回后，他似乎使自己远离了当地形象，就好像他是另一个民族的君主。在1883年狂欢节期间，有一辆彩车展示了一张皇帝的画像，画像中他独自一人坐着，上面写道：“他们从他那里偷走了一切。”还有一辆彩车讽刺性地提到了他对于金星旋转的关注，以此嘲讽他对天文学的兴趣。也许最中肯的评论来自阿戈斯蒂尼的一幅漫画：“盯着天空看那么久，皇帝将会在地球上迷路。”

国内危机——皇帝到欧洲旅行

到1880年代初，皇帝陷入了各种困境。1880年，巴西反奴隶制协会成立；1883年，废奴主义者联合会成立。同年，浪漫主义诗人卡斯特罗·阿尔维斯（Castro Alves）发表了他的诗作《奴隶》（*Os escravos*），若阿金·纳布科出版了他有关废奴的著作《废奴主义》（*O abolicionismo*）。这两者都具有很大的影响力，前者是在文学领域，后者是在政治科学领域。时代在变化，且需要新的声音来纠正时代的不公。卡斯特罗·阿尔维斯希望改变世界。他的诗直达“让人类泪如雨下的乌云”，并成为“自由的先驱”。他被描述为“闪电的兄弟”和
342 “暴风雨之子”。他写诗是为了在公众面前朗诵，并深入听众的心灵。正如他的作品所表明的那样，他在一生的大部分时间里都在反对奴隶制。[48]

1884年，塞阿拉和亚马孙两省正式废除奴隶制。1885年9月28日，《萨莱瓦-科特日皮法》（Saraiva-Cotegipe Law，又称《六旬奴隶自由法》）通过。该法律赋予所有60岁以上的奴隶以自由，尽管要求他们在该项法律颁布后再劳动3年。该措施的保守性质导致人们立即做出反应。从通过《自由胎儿法》至通过《六旬奴隶自由法》期间，奴隶的出生地和分布发生了根本性的变化。根据1886年报告，由于死亡和被释放，该国的奴隶人数减少了412468人。1886年奴隶人数估计为1133228，而1887年正式注册的奴隶人数为723419。此外，奴隶在全国的分布正在发生变化：奴隶正在从北方转移到南方，且在北方被给予自由的奴隶多于在南方的。

1885年，霍乱使里约热内卢人口大为减少，这是又一次打击。尽管如此，皇帝向伦敦的诺勒-福斯特银行（Knowler Foster Bank）借了5万英镑，仍按原计划于1887年6月30日启程前往欧洲。他的第三次出访广受媒体的批评。一些报纸称，佩德罗二世出国旅行是为了逃避紧迫的政治问题。其他报纸则将其归因于他的健康状况不佳。这位62岁的皇帝确实显得疲惫而老

迈，额头上有深深的皱纹，眼神呆滞，胡须花白而浓密。

一个小的代表团随皇帝和他的妻子乘坐“吉伦特号”（*Gironde*）一同出行。其中包括皇帝的外孙卡拉佩布斯伯爵（Count of Carapebus）佩德罗·奥古斯托（Pedro Augusto）、皇帝的医生莫塔·玛雅（Mota Maia）伯爵，以及萨博亚子爵（Viscount of Saboia）和里约布兰科子爵若泽·玛丽亚·达·席尔瓦·帕拉尼奥斯。皇帝于 1887 年患病，而在 1888 年初再度患病。据说，如果他的第一次旅行是出于渴望看看这个世界，第二次是由于皇后的病，那么第三次则是试图掩盖佩德罗二世本人生病的事实。在历时数月的旅途中，伊莎贝尔公主多次与丈夫欧尔伯爵一起代替父亲执政。欧尔伯爵这个人变得越来越不受欢迎，有关他的贪婪和某些阴暗交易的谣言不断流传。他 343
拥有“政府寄宿公寓”。1889 年 8 月 3 日，《日报》（*Diário*）指责他是“贫民窟的地主”和“游荡的放高利贷者”，这使人们日益担忧这个法国人在他的妻子继承王位后将拥有的权力。

当谣言在国内满天飞时，皇帝的旅程进展顺利。1887 年 7 月 19 日，皇室一行到达葡萄牙。7 月 22 日，他们到达巴黎。但佩德罗二世已不同于往日。他对维克多·雨果和瓦格纳感兴趣的“浪漫时代”已经过去。即便这样，他仍然尽力保持自己作为艺术赞助人的形象。他拜访了路易·巴斯德（Louis Pasteur）和欧内斯特·勒南（Ernest Renan）等知识分子，翻译了文本，创作了诗歌，并把它们寄给亲朋好友。他设法休息了六个月，但这还不足以使他准备好面对当他回到家时迎接他的动荡不安。

与此同时……废奴

1887 年 6 月 10 日，巴拉尔伯爵夫人（Countess of Barral）

致信伊莎贝尔公主："我无法祝贺你拥有了现在必须行使的摄政权，但我相信你的良好判断力和你丈夫的忠告，我向上帝祈祷，当皇帝陛下不在时，一切都会进展顺利。"[49]巴拉尔伯爵夫人是公主的家庭教师、佩德罗二世的密友，她在信中似乎已预感到学生的政府可能运转得并不顺利。也许这是她对法国的了解。尽管如此，巴西的政治局势确实较脆弱。共和党正在发展壮大，且军队的不满情绪正在上升。然而，到目前为止，最紧迫的问题是废奴问题。到 1880 年代，废奴主义运动分为两派，温和派向若阿金·纳布科寻求指导，而激进派领袖则为席尔瓦·雅尔丁（Silva Jardim）[50]、路易斯·达·伽马（Luis da Gama）[51]，若泽·杜·帕特洛西尼奥（José do Patrocínio）[52]和安东尼奥·本托（Antônio Bento）[53]。废奴是街头讨论得最多的话题，也是报纸[54]、宣传册和讽刺性杂志最喜欢的话题。

此时，里约热内卢人民参加宫廷的游行、仪式和典礼，并在皇家剧院观看浪漫主义戏剧，这很常见。公众反对奴隶制的
344 抗议活动也很普遍，但是变得越来越无效。[55]无论政府多么努力地通过《六旬奴隶自由法》等立法来表现其"改革热情"，这些措施似乎都适得其反。攻击来自四面八方，更不用说全国各地的奴隶起义了。一种充满恐惧和不确定性的气氛在弥漫：一方面，自由民担心他们会再度遭奴役；另一方面，人们对始终存在的暴力行为感到恐惧。不仅有奴隶起义的爆发，而且整个制度在其走向终结时变得更加暴力。不成比例地投资于奴隶的奴隶主面对着不可避免的结局，他们开始要求更加严格的劳动和更长的工作时间。这导致奴隶不断逃跑、谋杀和袭击农民及监工的情况发生。被释放的奴隶和广大民众就日益残酷的惩罚进行广泛抗议。意识到奴隶制正在失去合法性和国家支持，

成群的奴隶变得更有组织，也更加大胆，他们计划起义、逃跑、犯罪并要求自治和更好的生活条件。在奴隶集中的地区，叛乱的规模令人震惊。为控制恐慌，政府站在了奴隶主的一边，逮捕奴隶，无视对残酷行为的谴责，并对废奴主义者的活动进行镇压。但是奴隶的反抗在种植园中蔓延开来，他们的犯罪活动变得越来越暴力，从而改变了以奴隶为基础的社会的基本规则之一，即奴隶主对体罚和暴力拥有垄断权。[56]将镇压严格控制在法律范围内——这项几乎不可能完成的任务开始让政府治理能力的问题浮出水面。奴隶们在夜间起义并逃跑，成群地逃离咖啡种植园，而这些咖啡种植园通常由有同情心的废奴主义者主导经营。夜晚在道路上看到成群的奴隶入侵城镇，这种情况并不少见。

19 世纪末，在废奴主义者的支持下，里约热内卢郊区建立了数个逃奴避难所：雅卡雷帕瓜农村地区的卡莫里姆逃奴堡、新恩热纽的雷蒙多逃奴堡、卡通比的米格尔·迪亚斯逃奴堡、佩尼亚的里卡多神父逃奴堡和离尼泰罗伊市中心不远圣多明戈斯海滩上的克拉普逃奴堡。[57]另一条流行的逃跑路线是穿过圣保罗的帕拉伊巴河河谷，其终点是桑托斯港口郊区著名的 345
雅巴夸拉逃奴堡建筑群。在 19 世纪末，该建筑群中有三个独立运行的逃奴堡：帕伊·菲利普逃奴堡、加拉方逃奴堡和雅巴夸拉逃奴堡。[58]在雅巴夸拉逃奴堡建筑群中，从圣保罗种植园逃离的奴隶得到了传奇的该亚法团体的帮助。律师安东尼奥·本托·德·索萨·卡斯特罗在诗人路易斯·达·伽马死后成为圣保罗废奴主义者的领袖，在他的领导下，该亚法团体激起了奴隶主的愤怒。从 1884 年起，该团体将尽可能多的奴隶转移到了对中央政府没有多大兴趣的塞阿拉省，该省与亚马孙省一道，在全国其他地区效仿的四年前废除了奴隶制。

莱伯伦逃奴堡虽然比雅巴夸拉逃奴堡建筑群小，却是巴西历史上的另一个重要定居点。该避难所建在里约热内卢一个庄园的花园中，这个庄园属于若泽·德·塞沙斯·马加良斯（José de Seixas Magalhães），他是个精干的葡萄牙商人，既有钱又有远见卓识。他使用蒸汽驱动的设备在巴西和国外制造和销售皮革制品。塞沙斯-西亚商店位于城市中心贡萨尔维斯·迪亚斯街上的一个大型仓库中，是主要废奴主义者的聚会场所：诗人奥拉沃·比拉克（Olavo Bilac）[59]、记者若泽·杜·帕特洛西尼奥、法律专家鲁伊·巴尔博扎（Rui Barbosa）、作家科埃略·内图（Coelho Neto）[60]以及其他著名知识分子，包括安德烈·雷博萨斯（André Rebouças）[61]、宝拉·内伊（Paula Nei）[62]和若阿金·纳布科，几乎所有这些人都主张立即废奴且不予赔偿。[63]

塞沙斯·马加良斯是成立于里约热内卢的废奴主义者联合会的活跃成员。该联合会由几乎遍布帝国每个省份的30个反奴隶制俱乐部和协会合并而成。他们的工作是鼓励奴隶逃跑，为逃奴提供庇护，编写宣传册和组织会议。该联合会支持莱伯伦的逃奴，组织和维护若泽·德·塞沙斯·马加良斯在其庄园上建立的奴隶避难所。

莱伯伦逃奴堡之所以出名，是因为在那里避难的奴隶们种花以作商用，尤其是白色的山茶花。废奴运动以此花作为标
346 志。当时，山茶花在巴西极为罕见，废奴主义者从此花的脆弱中看到奴隶渴望自由的象征。山茶花需要特别的照顾才能茁壮成长，且必须由自由工人而不是奴隶劳工来耕种，而奴隶劳工现在被认为已经过时、违法并注定要消亡。从那时起，那些在

扣眼中佩戴山茶花或在花园中种植山茶花的人就公开声明他们在参与废奴事业。这种时尚流行了起来。在圣保罗，该亚法团体乘火车将逃奴送往里约热内卢，他们确保将有一个扣眼中佩戴白色山茶花的人在车站接他们，而他们会在该市中央车站的站台上留意寻找这个人。累西腓的废奴主义者也采用了该花的象征方式，他们将运送逃奴前往塞阿拉的驳船命名为“山茶花号”（*Camellia*）。公众对废奴事业合法性的支持导致该国历史上第一次在政府内部制定了解放奴隶的政治战略。

与此同时，不同奴隶群体之间的联系正在加强，无论是通过团结行动、血缘关系、婚姻和收养，还是通过开始扩散的黑人兄弟会。由于当局现在显然已经失去控制权，他们选择了谈判：对奴隶主和前奴隶之间的契约、工资和自治权的承诺。一切仍然旨在使这一进程逐渐进行，以期推迟这一不可避免的事情。然而，由于私人倡议和奴隶自身的倡议，废奴实际上已经成为现实。该运动的新英雄出现了，包括共和主义者和民主主义者若泽·杜·帕特洛西尼奥，其母亲曾是奴隶。大批群众聚集在一起听他具有煽动性的演讲。废奴斗争采取了三种主要形式：废奴主义者的斗争、奴隶自身的行动以及国家级别的政治斗争。巴西人踊跃加入这一新的伟大事业。

该事业变得越来越难以阻挡。也许是因为这个，《黄金法》才如此简洁：“从本法颁布之日起，巴西的奴隶制被废除。所有与此相反的意向均无效。”1888 年 5 月 13 日签署的这项法律解放了 70 万名奴隶，当时巴西总人口估计为 1500 万，而被解放的奴隶仅占巴西总人口的一小部分。

奴隶迟来的自由意味着与君主制最后的牢固纽带已被打破。咖啡种植者寄希望于获得某种经济补偿的所有希望破灭， 347

导致他们对皇室提出法律诉讼。5 月 13 日颁布的这项法律在国外被庆祝为佩德罗二世政府取得的胜利，也为大多数巴西人带来了喜悦和乐观情绪。对于他们来说，这无疑是佩德罗二世统治时期最受欢迎的措施。1888 年 5 月 23 日，现在被称为废奴王子的若阿金·纳布科写道："废奴已经实现了！没人料到这么快就能完成如此伟大的壮举，也没有任何一项全国性的事件能被人如此热情地纪念。20 天来，这座城市一直处于极度兴奋的状态……君主制比以往任何时候都受欢迎……"[64]这位著名的政治家对错参半。有人认为皇帝有意前往欧洲，目的是让他的女儿伊莎贝尔签署受欢迎的立法，从而为她继位奠定基础。

当然，在法律颁布之后，公主的公众形象发生了巨大变化——她被称为"黑人救赎者"。但是，废奴正式获得通过的方式——似乎它是一种恩赐而不是赢得的权利——忽略了奴隶本身在斗争中所发挥的作用。该策略是假装政府对奴隶制进行了"重新评估"。当时的想法是，前奴隶在得到自由这件"礼物"后应该心存感激，并继续作为新雇主的从属物工作。在对法律的解读中，长期以来逐步走向解放的理念再一次显而易见。政府正计划重组以前的奴役关系，并参与利益交换和维持传统服从形式的复杂进程。

这项法律将产生深远的影响。废奴不仅导致种植园主的物质损失，而且导致他们威信的丧失。这个曾与皇室有如此密切联系的小而强大的团体现在迅速抛弃了他们以前的盟友，加入了共和派。尽管君主试图用头衔和准男爵爵位来补偿他们，但由于缺乏经济补偿，咖啡种植者和国家之间永久地决裂了。此外，对伊莎贝尔公主可能成为女皇并执政的恐惧导致针对她的丈夫欧尔伯爵的密谋越来越多。他被视为“法国人”，即一个外国人，人们将他比作法国人从未原谅的奥地利人玛丽·安托瓦内特。[65]尽管伊莎贝尔被称为“救世主”，政府通过发行纪念 348
币和纪念性装饰品来竭力利用欢欣气氛，但毫无疑问，君主制这出剧即将落幕。

10天后，收到废奴的消息时，皇帝在米兰。当皇后认为他的健康已经恢复得足够时，她给他读了女儿伊莎贝尔公主于5月13日发来的电报。大多数报道称他的反应很“平静”，且他只说了“感谢上帝”。对于一个至少50年来没有采取任何行动废除奴隶制的人而言，这显然是某种政治宣传。皇室一行开始返回巴西，这个国家近四个世纪以来第一次不再有任何奴隶。

然而，与预想相反的是，皇帝的接待仪式很让人暖心。糖面包山的顶部悬挂着一面巨大的旗帜，上面写着“你好！”现在需要关注的是皇帝：他病了。佩德罗二世实际上只是以前的他的幽灵，而君主制也是如此。

君主制步履蹒跚——并且，最终垮台

从表面上看，1889年开局良好。2月28日，法国作家兼地理学家皮埃尔·埃米尔·勒瓦瑟（Pierre Émile Levasseur）告知政府，他已经完成了有关巴西帝国的长篇文章，该文章将在《法国大百科全书》上发表。在政治家即未来的里约布兰科男爵[66]的帮助下，该文章已从最初的15页扩展至51页。只有一个国家——德国——在百科全书中的篇幅超过了巴西。同年，阿维尼翁大拉比本杰明·莫塞（Benjamim Mossé）写了一部赞扬皇帝的传记。人们普遍怀疑，致敬佩德罗二世的这部作品实际上也是里约布兰科男爵所著。1889 年，巴西参加了在巴黎举行的世界博览会，并建造了一座幻想城堡风格的宏伟展馆。该建筑有一个玻璃穹顶和一座高 40 米的雄伟塔楼。里面有一个售卖咖啡的售货亭，且展厅里装饰着黑人艺术家埃斯特
349 旺·达·席尔瓦（Estevão da Silva）的巨幅热带水果画。六尊巨大的雕像代表着巴西的河流，一株亚马孙王莲漂浮在巨大的水池中。[67]

在海外，帝国的一切似乎都很顺利。但是，国内情况却大不相同。在巴西向法国大革命 100 周年致敬的同时，共和运动不断壮大，并且变得越来越激进。在总理欧鲁普雷图子爵领导的自由派政府时期，为保护君主制创建了一个“黑卫队”，作为军队的一种平行力量。

当时的局面复杂而矛盾。许多前奴隶支持君主制并反对（被称为圣保罗人的）共和派，就好像后者曾是他们的压迫者一样。考虑到奴隶制回归的真正可能性，他们宁愿支持他们所知道的“魔鬼”：君主政体废除了奴隶制，应该得到他们的忠诚。许多巴西人对“黑卫队”持怀疑态度。例如，鲁伊·巴尔博扎（Rui Barbosa）[68]称其为“一群歌颂君主制和自由党万岁的衣衫褴褛者”。他还称其为“合法凶汉”。

当时的气氛已经十分紧张。6 月 15 日，当皇室在欣赏朱利埃塔·迪奥内西（Giulietta Dionesi）的音乐会后离开圣安娜剧院时，人群中传来了“共和国万岁”的呼声。皇帝似乎并不惊慌，并告诉主管官员“让那些人平安无事。让所有人随心所欲”。[69]但是，几分钟后，在君主坐上马车后，有人向他开了一枪。警察逮捕了罪犯：20 岁的葡萄牙移民阿德里亚诺·杜·瓦莱（Adriano do Vale），他最近被一家商店辞退，丢了

工作。第二天，媒体对该事件进行了戏剧化的宣传，许多报纸在首页上刊登了“弑君者”的图片。在 1889 年的紧张气氛中，这一相对微不足道的事件获得了它不值得拥有的重要性。有些人将其视为君主制脆弱性的象征，而另一些人则将其视为君主制的敌人正准备采取行动的明确证据。

警方迅速做出反应：根据刑法第 90 条，警察局长若泽·巴松·德·米兰达·奥索里奥（José Basson de Miranda Osório）威胁要起诉所有在公共场所大喊“共和国万岁”或“君主制灭亡”的人。与此同时，罪犯被关在“蛇岛”上的一个小隔间里，而陪审团在考虑其决定。[70]在下半年，几乎每一天都有表明不安情绪的事件发生。10 月 15 日，在伊莎贝尔公主的银 350
婚纪念日之际，1500 名“黑卫队”成员在街上排成一列。报纸通过煽动性的故事火上浇油，例如，有关无政府状态的浪潮，以及佩德罗二世退位以支持其女儿的计划。同时，军队开始要求在政府中有更多的代表。

1888 年 6 月 6 日，以若昂·阿尔弗雷多（João Alfredo）[71]为首的内阁倒台，并由欧鲁普雷图子爵领导的另一个内阁取代。子爵计划阻碍迅速发展的共和运动。其政治纲领包括宗教自由、各省和自治区的更大自治权、教育自由、国务会议的改革以及减少出口权。人们对此意见不一：有人觉得该方案过于激进，但也有人认为它远远不够。当在众议院占多数的保守派拒绝欧鲁普雷图子爵的方案时，他决定解散众议院。该事件不仅清楚地表明了保守派和自由派之间的激烈斗争，而且表明集权化的君主制问题正在成为一个次要问题。结束君主制和建立共和国的更激进的想法已开始被公开讨论。

人们最大的担忧是局势会失去控制。圣保罗共和党的成员开始与军方建立联系，并制订反革命计划。同时，已成为君主专制垮台象征的“菲斯卡尔岛[72]上的舞会”于1889年11月9日举行。佩德罗二世从山区小镇彼得罗波利斯的冬宫的祥和与宁静中走出，来到卡朱（Caju）为圣塞巴斯蒂昂医院揭幕。在主持内阁会议后，皇帝参加了政府为欢迎智利海军举行的舞会。该事件引起了极大轰动。鉴于政治局势，其浮夸奢华的布置被视为挑衅。据说，军队被故意排除在客人名单之外，且传言这是一场狂欢舞会。马沙多·德·阿西斯在他的小说《以扫与雅各》（*Esaú e Jacó*）中回忆说：“无论从码头上看还是从海上看，从里面看还是从外面看，这都像威尼斯人的梦。来自里约热内卢社会的所有这些人都生活在几个小时的辉煌之中，这对某些人来说是新的，而对其他人来说是过去的回忆。”

351 舞会在一个长方形的大厅里举行，里面装饰着两国国旗。皇室中只有佩德罗·奥古斯托跳了华尔兹舞。皇帝皇后陛下、欧尔伯爵和伊莎贝尔公主在凌晨1点就离开了。该场合的奢侈是有意的。该岛位于皇宫对面，乘船距离不远。它为展示帝国的宏伟提供了完美的舞台。“菲斯卡尔岛上的舞会”是帝国政府首次举办的舞会。3000张邀请函被发放，且大厅里点着几千支蜡烛。自由派和保守派，皇室成员和贵族，甚至是几天后将在推翻君主制中发挥关键作用的海军中尉若泽·奥古斯托·维尼艾斯（José Augusto Vinhais）都暂时抛开分歧，全都参加了聚会。

尽管里约热内卢人民被排除在庆祝活动之外，但在皇宫广场上有为他们提供的娱乐活动，包括凡丹戈舞、歌唱表演和身着节日制服的警察乐队。[73]当皇帝在其忠实的医生莫塔·玛雅的帮助下上岸时，他摔了一跤。他沉着冷静地说道："君主制摔了一跤，但它没有倒下。"他所不知道的是，君主制不会长期存在下去。

与此同时，密谋开始且事态迅速发展。11 月 10 日，陆军元帅德奥多罗·达·丰塞卡（Deodoro da Fonseca）[74]、本杰明·康斯坦特（Benjamin Constant）[75]、索隆·里贝罗（Sólon Ribeiro）[76]、鲁伊·巴尔博扎和共和党领袖金蒂诺·博卡尤瓦（Quintino Bocaiúva）[77]、弗朗西斯科·格利塞里奥（Francisco Glicério）[78]和阿里斯蒂德斯·洛博（Aristides Lobo）[79]在元帅家中会面。这位年迈的将军需要大量的劝说，因为他更愿意等到皇帝去世。为了说服他，他的同伴用有关宫廷针对军队计划的谣言和告发对他进行了"轰炸"。距推翻君主制只有四天了。

随着阴谋的扩散，君主政体变得越来越孤立。1874 年，教会与国家之间产生了严重不和。这一纷争始于对两名主教——堂维塔尔（Dom Vital）和堂马塞多·科斯塔（Dom Macedo Costa）的逮捕，原因是他们试图限制巴西共济会的作用。但是，不和的真正原因更加深刻，即主教对政府的霸权和自治权感到沮丧。反过来，政府对逮捕行动做出了严厉的反应并于 1875 年 9 月释放主教，但这对于修复裂痕无济于事。

军队是最深层的不满之源，且在他们的队伍中有一些实证
主义和共和党政府的主要支持者。自巴拉圭战争结束以来，军 352
队领袖一直在抗议禁止军官在新闻界发表政治声明的规定。自 1884 年以来，军队成员就一直在支持由绰号为"海洋之龙"的弗朗西斯科·杜·纳西门托（Francisco do Nascimento）领导的渔民[80]运动，这种紧张局势一直在加剧。在塞阿拉，弗朗西斯科·杜·纳西门托曾拒绝将奴隶运送到贩奴船上，这些船会

将他们运至东南部买下他们的咖啡种植者和地主那里。1886年，为了进一步体现军队的独立性，德奥多罗·达·丰塞卡拒绝对一群不服从的军官进行惩罚，并因此被免职。1887 年 1 月，当他回到里约热内卢时，军校学员并未抛弃他，相反他还受到了英雄般的欢迎。

由于圣保罗共和党人施加的压力和军队的日益不安，陆军元帅德奥多罗·达·丰塞卡被迫在准备就绪之前采取行动。听到有关索隆少校被捕的流言蜚语后，他骑马来到了陆军总部，在那里有些困惑地说："皇帝陛下万岁！皇室万岁！军队万岁！"然后，他前往宫廷，在那里罢免了欧鲁普雷图子爵，并说他将亲自为皇帝组建新政府。关于事情是否真的这样发生了，存在争议。陆军元帅德奥多罗·达·丰塞卡和本杰明·康斯坦特似乎更有可能在陆军总部碰面，除海军成员外，当时在场的还有大约1000 名士兵组成的一支小分队。但是，当时的气氛仍不明朗，不太可能公开宣布成立共和国。

在罢免欧鲁普雷图子爵和宣布成立共和国之间，有一段时间间隔。皇帝在宫殿里等待陆军元帅德奥多罗·达·丰塞卡的来访，但这位将军没有来，可能是因为他觉得自己无法面对年迈的君主。密谋者们的犹豫是显而易见的。最后，市政厅最年轻的议员若泽·杜·帕特洛西尼奥在会议中发表了共和国宣言。第二天，《巴西合众国官方公报》（*Diário Oficial da República dos Estados Unidos do Brasil*）第一版发表了临时政府宣言，宣告君
353 主制废止。但是，还没有人通知皇帝。令人尴尬的是，他们没有派遣一个由高级官员或高级政客和外交官组成的委员会，而是派出了一个下级军官代表团在 11 月 16 日凌晨 3 点去通知佩德罗二世：皇室已被驱逐。

在皇帝夫妇从彼得罗波利斯山上的冬宫来到里约热内卢市之前，皇后对失去所有的一切感到沮丧，皇帝对此回答："胡说！亲爱的女士。我们一回来这一切就结束了。"[81]但他的信心很快就动摇了。临时政府给皇室24小时的时间离开巴西。在他的官方回应中，热带皇帝佩德罗二世戏剧性地用了拿破仑的话，他肯定自己现在将离开这个"他心中如此珍爱"的国家。[82]

本来决定的是，佩德罗二世将于11月17日下午在加尔默罗教堂11点的弥撒之后离开。但是，由于担心支持君主制的抗议者会与共和派学生发生冲突，临时政府决定让皇室立即离开。因此，佩德罗二世和他的家人在黎明前就出发了。据传，这是皇帝唯一一次进行紧张的对话。据说佩德罗二世问陆军元帅德奥多罗·达·丰塞卡是否"卷入其中"，并且在得到肯定的答复后反驳道："我不是逃奴。我不会在深夜离开。"然后，他开始怒斥共和党人并大喊："你们所有人都疯了！"当天晚些时候，临时政府发表了以下声明："同胞们：人民，陆军和国家海军，我们与各省同胞的感情完全一致，已经裁定王朝的废止……"用语不断变化，且它们在宣告新时代。皇帝登上了"巴纳伊巴号"（*Parnaíba*），他身边的人要么自愿离开，要么被流放。随着他们的离开，君主制的命运被封印。然而，到此时为止，新共和国还远未建立。

尽管最初犹豫不决，但共和计划是解决帝国崩塌的合理解决方案。这不仅仅是制度上的改变。相反，这是对整个1880年代公众参与度提高的回应。政治不再局限于议会。随着诸如 354
围绕"皇冠珠宝失窃"的腐败等事件发生，君主制开始失去其合法性。当有学问的人使用新语言，不惧怕争论并逐渐削弱帝国的三大支柱——君主制、宗教和艺术中的浪漫主义时，思想发展趋势也具有影响力。知识分子将进化论、唯物主义和实证主义理论转化为行动。进步和现代化与“共和国”一词相关联。公共空间、学习和知识分子思想等新概念创造了新的政治文化和新符号。新的共和国正在起步。

但是，即使如此，仍然充满了不确定性，甚至最佳计划也不可避免这一点。马沙多·德·阿西斯在小说《以扫与雅各》中讲述了某位库斯托迪奥先生的滑稽故事，这位先生拥有一家名为“帝国面包店”的商店。巧合的是，在宣布成立共和国那天，库斯托迪奥先生已把他面包店的招牌送去修整。当他得知此公告时，他试图及时赶上那个招牌油漆匠，以便让他停止工作。但为时已晚，招牌已经完成。无奈之下，库斯托迪奥先生咨询了优秀的顾问艾雷斯，后者建议他将名字改成“共和国面包店”。但他们两个担心未来的政治变化，再三思考“如果共和国倒台了怎么办?”的问题。顾问艾雷斯建议使用另一个新名称“政府面包店”。接下来，他们意识到每个政府都有反对派，甚至有人可能会破坏这个招牌。然后，顾问艾雷斯想到可以保留“帝国面包店”这个名称，并加上简单的一句——“成立于1860年”，以避免出现问题。他们很快意识到这个名称听起来过时了，在这样的“摩登”时代这绝对不是一个好主意！他们最终同意，这家店应该以所有者的名字命名，即“库斯托迪奥的面包店”，因此问题得以解决。叙述者在逸事结尾处评论道：“他必须花一些钱才能将‘帝国’一词更改为‘库斯托迪奥的’，但革命总是要花钱的。”[83]

约翰·弗雷绍尔（Johann Freschauer）1505 年的彩色版画反映了欧洲与巴西接触的最早时期，当时集体想象恣意驰骋，当地居民被刻画为武士和食人肉的野蛮人。在此背景下，葡萄牙船只带来了“文明”。

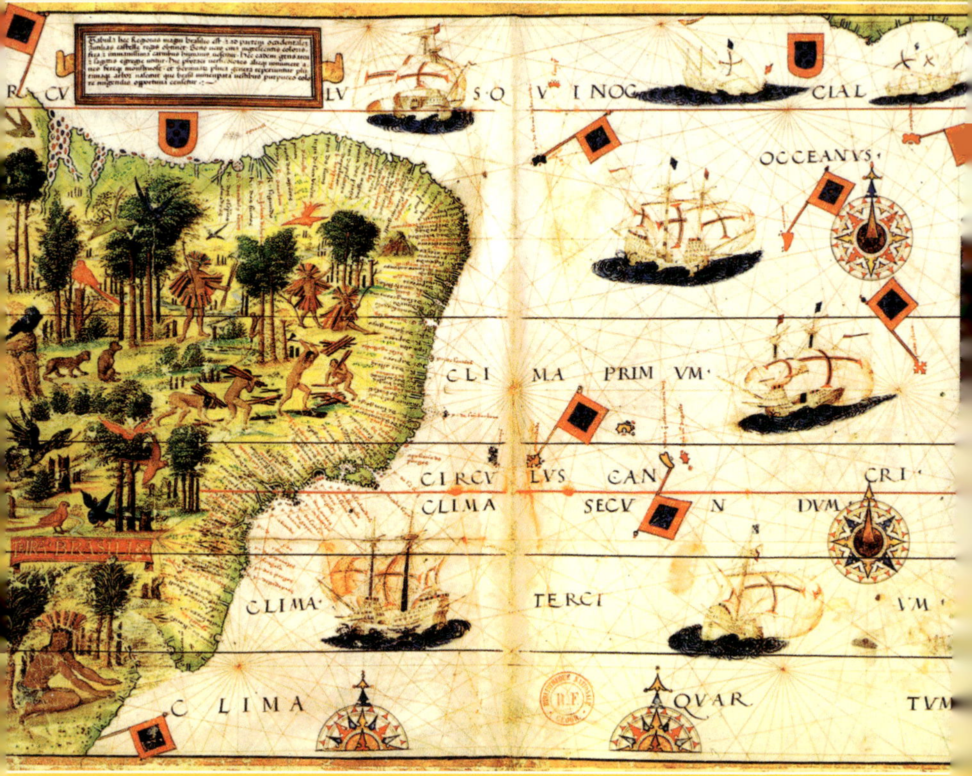

▲ 葡萄牙制图师和宇宙学家洛波·奥梅姆（Lopo Homem）获敕许授权环游世界，以帮助划定《托尔德西里亚斯条约》中的分界线。在这张地图上，他描绘了葡萄牙船只、罗盘、鹦鹉和在最近发现的领土上交战的土著居民。他还画出了被当地人用于手工艺品和装饰性染料的巴西红木，里斯本对此物非常感兴趣。

► 约翰内斯·布劳（Johannes Blaeu）1662 年的彩色版画。新世界的发现使欧洲人充满了想象力，他们的想象在伊甸园和地狱之间分裂。由于美洲原住民没有留下书面记录，我们仅有的描绘来源于欧洲人，这些反映了西方的惯例。美洲是投射颓废但同时又如田园诗般的土著民族刻板印象的理想之地。

AMERICA

ortugal.
gaspar de lemos
de santa cruz tra do bra
zil tornou a portugal
co nova do descobrimeto
della
Pero diaz
co a tormenta
foy ter a Magadax
do cabo de guarda
a tornada se
pedralvez cabral
Pero de thayde
há tornada se perdeo nos bayxos
de S. lazaro e a gente salua foy
ter a Melinde
Vasq da thayde
perdido com a tormenta
pedralvez cabral
Nicolao coelho
Nuno leytão
mão de miranda
na tormeta co pedralvez ca
ilagrosamente se saluarão
Ayres gomez da silua
perdido com a tormenta,
Simão de pina
perdido co a tormeta.
bertolameu diaz
perdido co a tormento
Sancho de tovar
da pera portugal se perdeo co vento rijo

◀ 尽管葡萄牙人就他们的航海发表了胜利性论述，但他们的成功是漫长的试错过程的结果，其中包括大量损失和沉船事故。这些来自《印度舰队之书》、可能绘于 16 世纪的图画展示了各种灾难。

▲ 首批甘蔗种植园（“糖厂”）于 1535 年前后开始遍布伯南布哥。最初，“糖厂”（engenho）一词仅指制糖厂。随着时间的推移，该词开始指与制糖相关的所有事物：土地、建筑物和农作物。在这幅 17 世纪的画作中，弗兰斯·波斯特的作品呈现了一种怪异的田园风。

阿尔贝特·埃克霍特（1618—1666）在荷兰殖民时期生活在伯南布哥领地。他的插图反映了其客户想要看到的东西：这些民族的奇异做法。画家描绘了这位塔普亚妇女手握被杀敌人的手，背上还背着一只脚，以暗示其食人行为，而埃克霍特对此并没有第一手知识。这对原住民夫妇是该系列插图的一部分，该系列还包括其他族群："巴西人"、非洲人、穆拉托人和马梅卢科人。

伯南布哥奴隶市场，由扎卡赖亚斯·维根涅尔（1614—1668）在荷兰西印度公司担任士兵期间绘制。这一荷兰殖民地有来自安哥拉和几内亚的非洲奴隶。

在 16 世纪和 17 世纪来到巴西的大多数奴隶在制糖厂工作。这项工作使人筋疲力尽。在弗兰斯·波斯特的这幅画作中，一个身材矮小的男人（右），衣着整齐，戴着帽子，佩着剑，正在监督制糖过程。

这幅画是若阿金·若泽·德·米兰达（Joaquim José de Miranda）绘制于1771年至1773年的37幅水彩作品之一，它描绘了在巴拉那的最后一场对抗，这场对抗发生在由阿丰索·博特略·德·桑帕约-索萨（Afonso Botelho de Sampaio e Sousa）中尉带领的探险队与开因冈族印第安人之间。由于开因冈人具有所谓的“坚不可摧的特性”，探险队采取的是实质性的种族灭绝政策。这幅图展示了印第安人罕见的成功。

蒂拉登特斯是一位缺乏外貌特征的英雄。尽管他因参与米纳斯密谋而被人所知，但我们已知的他的所有形象都是被虚构的。因此，他的形象可以自由地变幻为像基督一般，包括他的胡子、长发和衣服。在这幅出自安东尼奥·帕雷拉斯（Antônio Parreiras，尼泰罗伊，1860—1937）之手的画作中，蒂拉登特斯作为一位共和国英雄而永垂不朽。

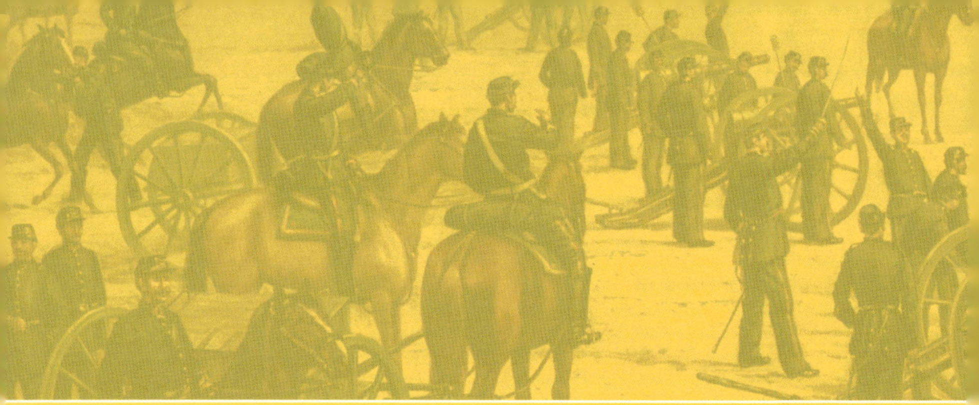

许多不同民族来自非洲大陆，包括巴拉塔族、曼贾克族、比热戈族、曼迪卡族和沃洛夫族。他们带来了多种多样的宗教传统，这些传统随着与天主教的融合而具有新的含义。卡洛斯·茹利昂（Carlos Julião，1740—1811）是一位葡－意艺术家，曾在巴西担任要塞巡视员。他的画作描绘了巴西难得一见的非洲人生活的景象。

佩德罗一世的加冕礼结合了传统的欧洲元素和巴西的理想化特征，是旧世界的服饰和新符号的一种融合。让－巴普蒂斯特·德布雷的画作也是如此，它复制了为奥地利君主制作的原作，并对举行仪式的教堂的形状和大小做了改变。

在 19 世纪，非洲奴隶贸易仍然是当地经济的基石。里约热内卢的奴隶市场使包括让 - 巴普蒂斯特 · 德布雷在内的外国游客大为震惊。他画出了几乎裸露的、骨瘦如柴的奴隶和肚皮肿胀的孩子们。注意他们与贩运者之间的对比，后者大腹便便、眼神轻蔑。另外，站着的那个人具有权力的象征：傲慢的姿势、靴子、帽子和手杖。

终止奴隶贸易的外部压力增加，1839—1842 年，英国人通过加强对贩奴船的扣押引领了这一运动。1845 年，英国“信天翁号”（*Albatross*）单桅纵帆船俘获了巴西船“阿尔巴尼兹号”（*Albanez*），船上载有 750 名奴隶。这幅画由海军军官弗朗西斯·梅内尔（Francis Maynell）绘制。

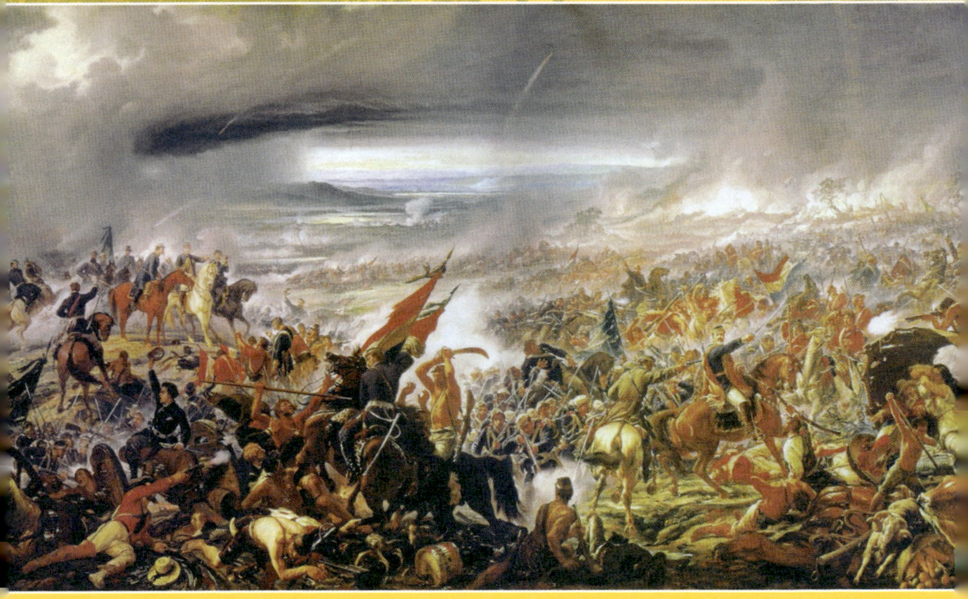

受帝国委托，佩德罗·阿梅里科的《阿瓦伊战役》在巴拉圭战争结束7年后完成。当时公众对这幅画的反应不同：一些人欣赏其丰富的细节，而另一些人则批评这场大屠杀。全景视角展示了这次战役中的壮阔景象，但对暴力的突出描绘显然是对帝国的批判。

到 1870 年代末，已经主导文学领域的浪漫派印第安主义运动进入了绘画领域。“土著英雄”被用来象征巴西起源并激起民族主义。若泽·玛丽亚·梅代罗斯（1849—1925）在《伊拉塞玛》中描绘了若泽·德·阿伦卡尔在 1865 年出版的非常受欢迎的同名小说中的主人公。对她的描绘很符合那个时代的认知，即她是一个注定要为国家的生而死的被动人物。

▲ 1889 年 11 月 15 日上午，军队中的亲共和派密谋者前往里约热内卢的圣安娜广场。没有什么英雄行为，且广大民众对这些计划一无所知。佩德罗二世被告知了政变和共和国成立的消息。这幅画描绘了一群从未出现在那里的人，他们在为陆军元帅德奥多罗·达·丰塞卡欢呼。

► 胜利的共和国（一个戴着弗里吉亚帽、打扮成罗马人的女人）站在一辆有翼战车上，在天空中疾驰。弗雷德里科·斯特克尔（Frederico Steckel）的《共和国寓言》是 1889 年为米纳斯吉拉斯州旧内政部部长大楼（现为米纳斯纪念馆）绘制的壁画。

LIBERTAS QUÆ SERÁ
TAMEN
15 de NOVEMBRO
de
1889

1888 年，在巴西签署废除奴隶制的法律 4 天后，近 2 万人聚集在里约热内卢的圣安娜广场，参加庆祝该法律颁布的仪式。左边是皇室成员，伊莎贝尔公主战略性地坐在特制的帐篷中间。

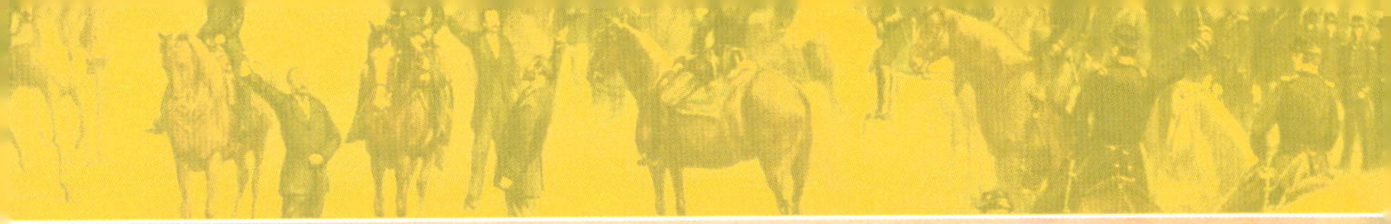

◀ 共和国正在经历令人炫目的现代化。里约热内卢的中央大道（上）是时代的标志，拥有电气路灯和新艺术风格的外立面。1911 年的圣保罗市立剧院（中）揭示了旅行者的古老的“黏土城市”是如何变成欧洲风格的咖啡大都市的。与此同时，贝洛奥里藏特的建筑使人联想到共和主义的乌托邦：笔直的街道，气势恢宏的大道，以及一个巨大的公园——自由广场（下），其英式花园和湖泊以几何图形分布在整个公园内。

▲ 1922 年 7 月 5 日，参加科巴卡巴纳兵营起义的 28 名叛乱尉官拒绝投降。他们斩断了巴西国旗，每人分得一部分，并离开兵营，前往莱米区，在那里遭遇了 4000 名守法士兵。在大西洋大道上，有 10 人放弃。其余 18 人继续行进。在随后的枪战中，只有 2 人幸免于难。尉官们的游行分裂了军官阶层，并引发了一连串的军事起义，最终导致了第一共和国的终结。

◀ 1937 年，“整合主义者”在里约热内卢游行，支持他们的最高领导人普利尼奥·萨尔加多在定于次年举行的选举中的总统候选人资格。

▲ 10 年来，“青年游行”将 11—18 岁的年轻人团结在一起。“新国家”期间公民示威活动的激增旨在给人一种团结一致的印象，人们支持领导人热图利奥·瓦加斯。在这张照片中，瓦加斯巨像前的巨大柱子使人联想起法西斯宣传。

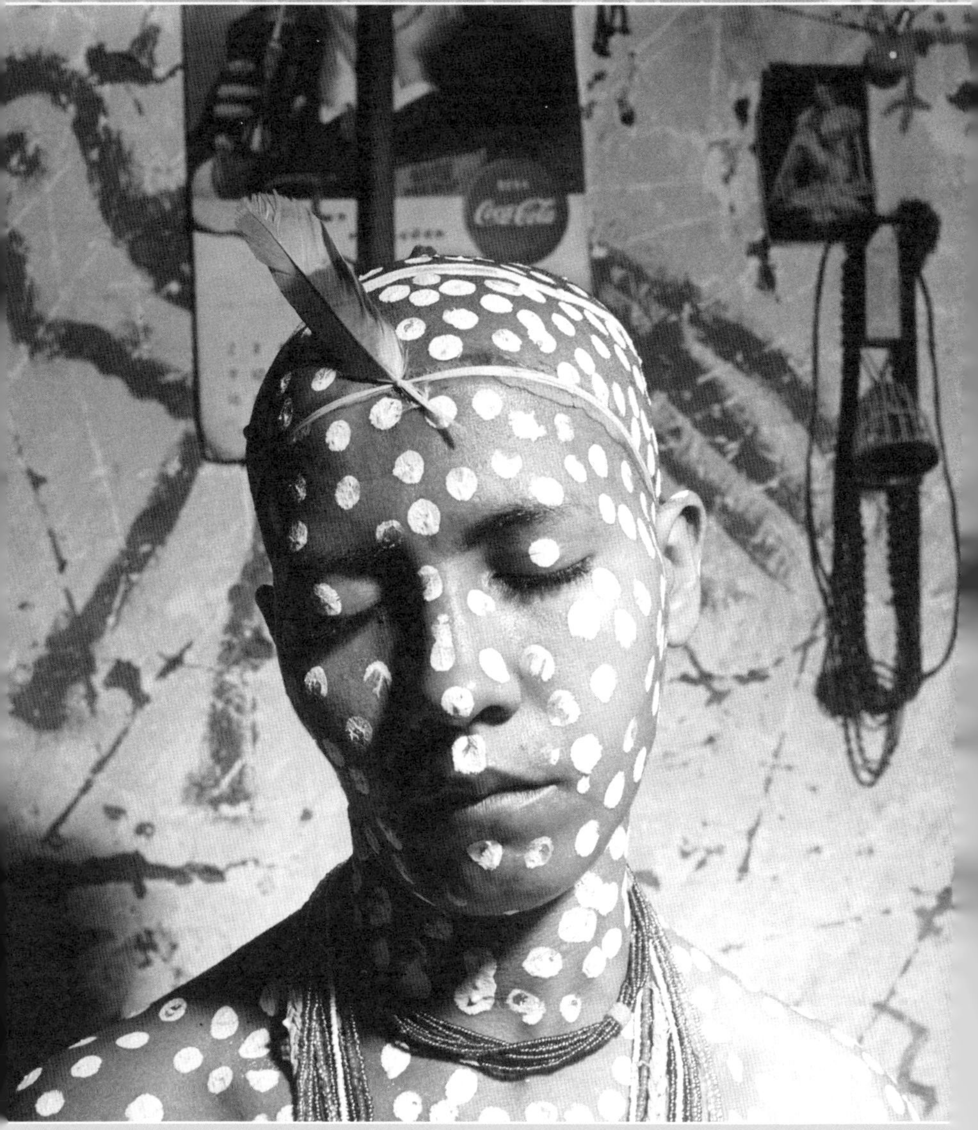

1951 年，记者阿林多·席尔瓦（Arlindo Silva）在摄影师若泽·梅代罗斯的陪同下，参观了萨尔瓦多的坎东布雷教的“特雷罗”（坎东布雷教举行仪式的场所）。《克鲁塞罗》（*O Cruzeiro*）杂志刊登的这些照片引起了争议，因为它们展示了非该宗教信众所不能见的秘密、神圣的地点。由于这篇文章，“班托坎东布雷”（Banto Candomblé）站点被关闭。这张照片上的是一位“伊阿奥”（Iaô），即正在经历入会仪式的新信徒。

一大群人护送瓦加斯总统的遗体到里约热内卢的圣杜蒙特机场，其遗体将从那里被送往南里奥格兰德下葬。但飞机起飞后，人们意识到他们就在第三航空区总部的正对面。空军拿起武器，士兵和军官向愤怒的手无寸铁的平民开火。

▲ 正如库比契克总统喜欢说的那样，他“在任何天气下飞行，在任何场地降落”。“目标计划”在推进，巴西利亚在建设中，他希望看到巴西“在5年内取得50年的进步”。他非常擅长营销。在官方照片中，他总是被成就所包围。在这张照片中，他坐在一辆在工厂制造的汽车中，其中50%的零部件是巴西制造的。

► 公路建设在许多方面是“西进”心态的再生。这是热图利奥·瓦加斯宣布的一项广泛的领土扩张计划。这张照片描绘了BR-364公路建设的开端。这条公路连接了马托格罗索州的库亚巴市、朗多尼亚州的波多韦柳市和阿克里州的里约布兰科市，它将威胁到亚马孙雨林。

ACRE — BRASILIA
BRASILIA
VILHENA
RIO BRANCO
2.101 KMS.

这张照片的构图可能是奥兰多·布里托（Orlando Brito）的专业经验和好运气的结果。成功统治者的经典形象已被颠倒：有史以来统治巴西的最具皇帝色彩的将军——埃内斯托·盖泽尔，在巨大的巴西国旗面前只不过是一个细节而已。然而，偶然间按下的快门给国旗带来了一种哀悼的气氛，在一瞬间捕捉到了巴西的氛围。

1978 年、1979 年和 1980 年在 ABC 地区举行的金属工人大罢工促使工会组织起来，这些工会组织不仅反对独裁，而且努力在工厂基层将底层工人团结起来。由路易斯·伊纳西奥·卢拉·达·席尔瓦领导的工人在大型集会上投票。

街头文化——嘻哈在 1980 年代中期于圣保罗市中心流行起来。成群的年轻人，其中大部分来自周边地区，在圣本托地铁站碰面。后来，说唱歌手和涂鸦艺术家加入了这些团体。到这个 10 年结束时，街头的文化语言在巴西的公共空间中变得显而易见。

十三 第一共和国

人民走上街头

新时代与符号之战

1889 年 11 月 17 日，星期日，皇室在凌晨 3 点出发，他们 355
的一些支持者选择一起流亡。据说决策者认为皇室一家人最好在太阳升起之前离开，以免引起公众的强烈抗议。这位前皇帝拒绝低头认输，且明确表示除了卡蒙斯的第一版《卢济塔尼亚人之歌》（*The Lusiads*）外，他什么都不会带走，“那就是他所需要的”。在这样做的过程中，他坚持认为“君主永远不会被流放，他们自己决定离开”。当然，实际情况并非如此：当佩德罗二世抵达葡萄牙后，巴西政府立即正式下令将他驱逐出境。1889 年 12 月 23 日的法令还为他提供了 50 亿里斯的财政补助以供他和家人在欧洲安家。但是，前君主拒绝接受这笔钱。他的态度激怒了临时政府，且由内阁大臣鲁伊·巴尔博扎起草的修正案取消了这笔捐赠，此事就此画上了句号。现在是时候翻过巴西历史的那一页，打开新的一页了：共和国时代。

为了证明共和国已经存在，应尽快更改地名和国家象征，以给新政权一个公众形象。宫殿广场更名为十一月十五日广场（Praça XV de Novembro），佩德罗二世火车站更名为巴西中央

车站，佩德罗二世学校更名为国立学校，欧鲁普雷图住宅区（新建的漂亮连排住宅区）更名为鲁伊·巴尔博扎住宅区。钞
356 票上的图像当然也发生了变化：佩德罗二世和君主制被新的巴西合众国的象征所代替。新生的孩子以来自北美的历史人物命名，如杰斐逊、富兰克林和华盛顿。[1]里约热内卢的名称已通过法令从“帝都”更改为“联邦首都”，尽管很长一段时间以来，里约热内卢人继续用它的旧名称来称呼它。以前在《拉默特年鉴》中列出的全国性庆祝活动也有所更改：1 月 1 日成为“世界博爱日”，5 月 13 日“巴西博爱日”，7 月 14 日“共和国日”，4 月 21 日“先驱纪念日”。最后一个节日是为了向蒂拉登特斯致敬，蒂拉登特斯是 1789 年“米纳斯密谋”中唯一被判处死刑的参与者。由于没有人知道他的外貌，他日渐被描绘成基督的形象：坦率的神情，身穿白衣且胸前钉着十字架，长发披肩。[2]从那一刻起，这位新英雄的形象将在巴西的政治图像学中大获成功，蒂拉登特斯不仅被展现为革命性象征，而且代表了为共和国牺牲自我的烈士。

1890 年 1 月 20 日，为新国歌举办了一次公开比赛。获胜作品是莱奥波尔多·米格斯（Leopoldo Miguez）[3]和若泽·若阿金·德·坎波斯·德·梅代罗斯-阿尔布克尔克（José Joaquim de Campos de Medeiros e Albuquerque）的作曲，且旧国歌尽管没有出现在比赛中却仍然被保留。显然，陆军元帅德奥多罗·达·丰塞卡说他“更喜欢旧的”，尽管有谣言称佩德罗一世曾协助作曲。甚至新国旗也保留了绿色和黄色，它们代表的是布拉干萨王朝和哈布斯堡王朝，而不是巴西的森林和矿藏，后者是后来才附加到国旗上的概念。新国旗保留了钻石。唯一的不同是，帝国盾徽被实证主义口号“秩序与进步”所替代。[4]尽

管做出了所有这些努力，君主制的形象仍然深深植根于大众的想象中。就像在今天，它们不仅植根于政治辞令中，而且植根于巴西对荣誉勋章和祝圣仪式的迷恋中。

尽管如此，一些变化仍然存在。印第安人代表帝国的象征现在被一位英勇的妇女所取代，后者在报纸广告甚至官方文件中代表共和国。这种联系可以追溯至古典罗马时期，且在法兰西第三共和国成立之前流行起来。但是，在法国，玛丽安娜（Marianne）的形象广受欢迎，她袒胸露乳、披着披风、戴着弗里吉亚帽的形象代表自由、幸福和母性生育的理想；而在巴 357
西，即使在实证主义形式下，该寓言也是失败的。在巴西，妇女待在家中，她们的乳房和几乎其他所有部位都裹着衣服，她们没有参加政治的权利。

“咖啡加牛奶”共和国[5]

1891年宪法对新政体进行了定义，即总统制、联邦制和两院制。[6]政教分离以及全国的出生、婚姻和死亡登记制度被确立。新的联邦政府不再是中央集权制的，在一定程度上与君主制划清界限。以前的省（现称为州）拥有更大的自治权和财政控制权。君主制是民族凝聚力的必要条件的想法被搁置一旁。

帝国时期的集权机制即“节制权”被行政、立法和司法之间的权力平衡制度所取代。宗教自由得到保障，参议员的终身任期被废除，选举权得以扩展。投票权仍像在帝国统治时期一样受到限制：只有能够读写的成年巴西男性才享有选举权。没有被赋予选举权的人包括妇女、乞丐、士兵、军士以及个人自由受到限制的修道会成员。

帝国的长期政策也得以确立。实际上，其中之一就是国家的寡头结构：新的选举法使对于选民和有资格担任公职的公民的限制永久存在。1874 年，只有大约 10%的人口投票。在共和国时期，选民数量并未如预期般急剧增加，反而是有限选举权的原则被推广了。1910 年，2200 万人口中只有 6.7 万人有权投票。在 1920 年，该比例为总人口的 2.3%—3.4%。

军队在新政权中的作用至关重要。不应忘记的是，共和国产生于一群军官所采取的行动，这群军官在社会上和思想上都
358 反对帝国的文官精英。他们不仅对国家的状况不满，而且对自己的政治地位也不满意。[7]但是，这一群体也存在内部分歧：他们对共和主义的重要性和新政权的制度目标持不同意见。他们也在个人抱负和竞争，以及对军队和国家本身的未来的想法方面有分歧。此外，共和国赋予军队的威望鼓励了军官的政治野心，这也加剧了内部争端。最重要的是，文官精英也感到不安，且他们对军队在新政权中应扮演的角色问题存在分歧。

一开始，共和国政权是用武力维持的。直到 1894 年，该国一直由军队统治：1889 年 11 月 15 日的政变领导人陆军元帅德奥多罗·达·丰塞卡成为共和国的第一任总统，第二任是曾为副总统和陆军元帅的弗洛里亚诺·佩肖托（Floriano Peixoto）。德奥多罗·达·丰塞卡在任期内要处理的远非易事。1891 年，第一次海军叛乱爆发。这场叛乱的导火索是德奥多罗·达·丰塞卡总统公然违反宪法，关闭议会以企图发动第二次政变。他的行动大体上说明他没有能力与反对派打交道。他的批评者对共和国成立初期严重的经济混乱、猖獗的投机买卖、欺诈和通货膨胀感到失望。在海军上将库斯托迪奥·德·梅洛（Custódio de Mello）的指挥下，停泊在瓜纳巴拉湾的大部分舰

队发动叛乱。海军——当时被称为“armada”——威胁如果不重开议会，他们将炮轰这座城市。面对失败与内战之间的抉择，德奥多罗·达·丰塞卡总统于1891年11月23日辞职。

副总统、陆军元帅弗洛里亚诺·佩肖托并没有召集宪法规定的新选举，而是直接宣布担任总统。在他的统治下，巴西政治引入了一种新元素，即雅各宾主义的一种形式，它后来被称为“弗洛里亚诺主义”。这一民众运动1893—1897年在里约热内卢达到了顶峰。[8]这是总统领导下共和国的第一场自发性政治运动，总统提出了平等主义政权的口号，从而鼓舞了城市中产阶级和总体人口，尽管这一政权只能由总统弗洛里亚诺·佩肖托的专制主义军事力量维持。

但是，海军的不满情绪并未减弱。1893年9月，第二次海军叛乱爆发，这次由要求新选举的军官指挥。海军及其军官考虑到他们为捍卫帝国而进行的战斗，不满自己被新政府边缘 359
化。海军上将库斯托迪奥·德·梅洛推动了针对总统弗洛里亚诺·佩肖托的海军起义，以期恢复海军曾经享有的威望。对总统而言，他不得不在应对南部联邦主义革命的同时打败海军。尽管损失惨重，但他还是在1894年做到了这一点。[9]总统弗洛里亚诺·佩肖托基本上是在被包围状态下执政的，并被称为“钢铁元帅”。同时，联邦主义革命变成了一场血腥内战，从1893年一直持续至1895年。南里奥格兰德共和党的实证主义者支持国家专政，他们与联邦党针锋相对，后者支持1891年宪法、市政自治和中央集权的联邦政府。

1894年举行了新的选举。获胜的候选人是圣保罗共和党的普鲁登特·德·莫拉伊斯（Prudente de Morais）。这是共和国第一个文人政府。该党温和且务实，其目标是安抚全国人民并保障圣保罗咖啡种植者的利益，从而将雅各宾派共和国变成寡头政治共和国。1898 年，普鲁登特·德·莫拉伊斯成功地使他选定的继任者坎波斯·萨莱斯（Campos Sales）当选。从这一刻起，联邦政府的控制权在圣保罗州和米纳斯吉拉斯州之间交替进行。1898 年，坎波斯实施了他所说的“州长政策”或“州政策”。该制度让地区精英获得了完全的自治权，增强了他们对州代表选举的操纵，并开放了联邦金库以满足他们的需求。作为回报，中央政府要求各州支持所有联邦决定，政治冲突应留在地方一级。[10]

从那时起，联邦政府由米纳斯吉拉斯州和圣保罗州控制。共和国的权力分配根据的是各州在联邦等级制中的位置。一个州的政治实力取决于其选民人数以及随后在议会中的代表人数。此外，共和国的稳定主要取决于三个要素：州长将政治冲突限制在其所在地区；联邦政府承认各州的完全主权；尽管采取了控制地方纠纷的措施，但仍维持着以欺诈为特征的选举制
360 度。欺诈发生在选举的每个阶段：从选择选民到承认获胜者。有些方法是臭名昭著的。“大笔一挥”的胜利可以追溯到帝国时期，包括在投票表格上伪造签名和更改名字。“斩首”技术是众议院核查委员会拒绝承认候选人，从而通过取消其选举资格来消除对手。“缰绳投票”（voto de cabresto）成为一种具有文化底蕴的政治习俗，忠实的选民将票投给地方首领。最后，“畜栏选区”指的是一间临时建筑，选民们被关在里面受到监视，并得到一顿美餐，且他们只有在投票后才被释放，而递给他们的选票被装在密封信封中。[11]

投票被视为一种兑换货币，权力关系始于市政一级。这就是被称为“上校主义”（coronelismo）的现象的起源。上校是

国民卫队等级制度中的最高职位。共和国成立后，国民卫队失去了其军事地位，但上校在各自的市政当局中维持了政治权力。从那时起，“上校主义”一词被用来指这些地方领导人（或上司）与州长之间复杂的谈判制度，而后者又与共和国总统进行谈判。“上校主义”成了传统寡头政治结构的基石之一，这种结构以地方个人（通常是农场主和大庄园的所有者）的权力为基础。[12]

因此，上校是寡头制度的基本组成部分。他们以选票的形式向政府提供支持。作为交换，政府保证了他们对其依靠者和竞争对手的权力。这主要是通过授予公共职位来实现的，这些职位从警察局长到小学教师不等。因此，20 世纪初的巴西共和国是建立在人情交换、借款、偏袒、压制和谈判的基础上的。从这个角度来看，正如当时的讽刺杂志所指出的那样，这个国家只不过是一个大型种植园而已。

巴西移民与巴别塔[13]

随着奴隶制的废除和随之而来的劳工制度的剧变，政府开始采取一系列举措来吸引移民，尤其是欧洲移民。在帝国时期 361
已经实施了类似的政策，但现在的范围更加广泛。面对来自阿根廷、古巴、墨西哥和美国等国家的竞争，巴西政府推销“人间天堂”的想法绝非易事。绝大多数移民应该在田野里工作；官方聚居地建在南部各州，尤其是在东南部的咖啡生产地区。但是，大多数移民最终定居在繁华的城镇，这些城镇在不断发展，他们将在那里找到更多元化的就业和服务。

在政府的宣传刺激下，波兰人、德国人、西班牙人、意大利人和葡萄牙人（从 1910 年代后期开始还有日本人）如潮水般移民到巴西。欧洲的穷人和被压迫者被热带地区神话般的丰富物产吸引。随着世界人口的增长和交通运输的现代化，大量失业农民在寻找工作机会。[14]据估计，超过 5000 万欧洲人为了寻求财富和就业方面的“自由”，离开了他们的大陆。

尽管他们中的大多数人移民到了北美，但还是有 22%（约 1100 万）的人移民到了拉丁美洲，其中 38%是意大利人，28%是西班牙人，11%是葡萄牙人，3%是法国人和德国人。在移至拉美的移民中，46%去了阿根廷，33%去了巴西，14%去了古巴，而剩余的人分别去了乌拉圭、墨西哥和智利。[15] 1877—1903 年，大约有 7.1 万名移民来到了巴西，其中 58.5%来自意大利。1904—1930 年，这一数字增加到 7.9 万，其中葡萄牙移民占总数的 37%。1908 年，第一批日本移民到达，他们的到来增添了遍及巴西的文化多样性。虽然他们的出身不同，但他们所有人都有相同的愿望，即“在美洲飞黄腾达”。

从一开始，移民过程就具有鲜明的特征。该国南部有大片闲置土地，因此他们向移民提供小块土地供其耕作。不论该项目是由政府还是由私人企业经营，他们将通常沿着水道规划的 20—25 公顷的小块土地分批出售。但这些聚居区极其偏远，且新定居者面临无数困难：印第安人的袭击、当地居民的敌对态度以及农产品销售的困难。

362 不过，在咖啡种植园中，尤其是在圣保罗州，政府或私人土地所有者直接雇用移民在土地上干活。因此，在未种植咖啡的圣埃斯皮里图州、南里奥格兰德州、圣卡塔琳娜州或巴拉那州，很少有定居点繁荣起来，而咖啡种植园的移民工人数量却在增长。在 1890 年代受到来自农民的压力之后，中央政府开始根据当地经济日益增长的需求为移民提供资金。到 1900 年，联邦政府已资助了 63%—80% 的移民入境者。直到世纪之交，随着圣保罗葡萄牙和西班牙人口的增加，私营部门才承担起这一任务。城市工业活动的发展使之成为可能。

移民的经济困难始于旅途。他们被中间人利用，后者向他们贩卖高额船票。他们在破败的船上挤在一起，他们之间的文化差异很快显露出来。而当他们到达新家时，这些差异变得更加明显。移民不仅来自同一国家的不同地区，而且来自风俗迥异的敌对国家。因此，这种近距离的相处引起了持续不断的冲突：北部的德国人与南部的德国人争斗，日本人与意大利人争斗，波兰人与德国人争斗，且所有人都与巴西人争斗。他们说不同的语言和方言。他们所有人都难以适应当地的饮食，如豆类、大米和粗面粉，也难以适应居住区，即一排排用泥砖建造的茅草房。这些新来的定居者远非一个同类群体，他们坚持各自的习俗。有些人，如来自意大利北部的人，习惯生活在城镇中。还有些人，如来自威内托大区的人，只是使他们家乡的乡村生活方式重新适应巴西而已。他们用大米代替玉米糊，学习了解新的水果和蔬菜，并且耐心地饲养制作香肠和培根所需的动物，他们将香肠和培根悬挂在茅屋的梁上进行晾晒。

波兰人和意大利人是虔诚的天主教徒，他们无法轻易接受在巴西随意信奉宗教的做法。他们使用圣徒和爱国象征的画像装饰房屋来重申自己的信仰。不同群体中关于个人卫生的看法也有所不同。意大利人每周洗一次澡，每天只擦洗手部和身上
汗最多的部位。他们认为当地人每天在巴西河水里或浴缸里洗 363
澡很奇怪，尽管巴西水资源丰富。同样不寻常的还有日本人在浴场中集体沐浴的习俗。这并不是日本风俗被他人认为奇怪的

唯一方面。日本人似乎只关心水稻是否在生长。他们对浸泡干肉使其变软没有兴趣，并且显然没有意识到干鳕鱼也需要浸泡以去除盐分。他们也不吃豆类或粗面粉。与大多数欧洲人不同，他们通常不优先考虑改善住房。他们也不倾向于装饰它们。他们所有的钱都存下来给亲属或用来支付梦寐以求的返回日本之行的费用。[16]

尽管有种种困难，但大多数移民最终还是适应了巴西生活。他们共享了不同信仰的某些方面。草药医生和信仰疗法治疗者去到每个农场，填补了由于缺乏医生和药品而产生的空白。治疗许多疾病有三种“疗法”：鳕鱼肝油用于清洁，泻盐用于胀气和便秘，蓖麻油是一种有效的泻药。从南里奥格兰德到圣保罗的农场，这些神奇的药品都有需求，而当药品无济于事时，解决方案便是进一步求助于祷告者和治疗者。在巴伊亚州，这些任务是由作为奥里莎中间人的伊法人（ifás）使用来自非洲的草药完成的。在北部也是如此，那里是美洲印第安人传统赖以生存的地方，那里的人还普遍使用致幻植物。所有这些传统的结合产生了一个完整的混合处方药柜。

然而，到1930年代初，跨大西洋的移民已大大减少。例如，1927年，移民到欧洲的人数远远超过了移民到其他任何地方的人数。即便如此，许多国家开始限制移民：首先是美国，不久之后是巴西。从1917年到1924年，美国限制了移民人数。1930年12月，巴西总统热图利奥·瓦加斯（Getúlio Vargas）采取了同样的政策。这位总统的动机是控制历史学家塞尔吉奥·布阿尔克·德·奥兰达所说的“杂乱无章的外国人”，这些人被认为是巴西人失业的原因。[17]

但是，巴西人民已经永远地混合了。今天在圣保罗，你可

能会在星期日晚上吃比萨，在星期六享用意式面食午餐，然后晚餐吃烤肉串和塔博勒色拉，或者可能是炒杂碎。圣保罗人从 364
拐角处的葡萄牙面包店购买面包，并用西班牙橄榄油调味沙拉。也许作家、诗人和工程师茹奥·巴纳内雷［Juó Bananère，没有意大利血统的圣保罗人亚历山大·马孔德斯·马沙多（Alexandre Marcondes Machado）的笔名］最能表达这种不寻常的融合：他使用圣保罗意大利人聚居区所说的方言撰写著作。在其 1915 年出版的戏仿作品《神圣的混乱》（*La divina increnca*）中，他用方言称自己为“圣跑罗文学袁应斯者”（Gandidato à Gademia Baolista de Letras）。在标准葡萄牙语中，这个表达应该是“圣保罗文学院应试者”（Candidato à Academia Paulista de Letras）。

一种新景象：城市及其工业

从 1880 年到 1930 年代，巴西社会发生了动态变革。这一新格局是人口增长的直接结果，也是巴西在总统热图利奥·瓦加斯实施限制之前采取积极政策吸引外国移民的直接结果。此外，第一次世界大战中巴西的进口替代政策，再加上农业危机，刺激了巴西城市和工业的发展。

巴西人口平均每年以 2.5%的速度增长。拥有 5 万及以上居民的城镇的人口增长了 3.7%，而拥有 10 万及以上居民的城镇的人口增长了 3.1%。特别是在共和国的第一个 10 年中，农村人口减少了 2.2%，城市人口增长了 6.8%。城镇化已成为现实，并且正在迅速改变巴西的面貌。尽管如此，该国的经济仍以农业为主。根据 1920 年的人口普查，在 910 万劳动人口中，有约 634 万人（69.7%）从事农业，约 126 万人

（13.8%）从事工业，还有约 150 万人（16.5%）从事其他产业（服务业）。

当时只有几个大城市，[18]包括里约热内卢（共和国的“心脏”）、圣保罗（共和国的“头部”），以及几年后巴西第一个有计划建设的城市贝洛奥里藏特（Belo Horizonte）[19]，它是“按照共和国自己的形象创建的”。这三个城市控制了该国的
365 资源，并毫无疑问地确立了东南部的经济主导地位。尽管移民政策的最初目标是提供农村劳动力，但是由于农业危机和城镇增长，许多移民都搬到了城镇。新的机会和专业化的职业吸引着他们。除农场劳工外，移民还充当瓦工、面包师、制鞋匠和店主，从而使城镇提供的服务种类多样化。

由于奴隶制的逐渐瓦解，大规模的内部移徙也出现了。1872—1900 年，东北地区人口有所减少。这是因为奴隶从那里的甘蔗和棉花种植园被转移到东南部的咖啡种植园。1870 年代的旱灾导致更多的移民从东北流向里约热内卢，由于联邦政府和州政府机构提供了大量就业机会，里约热内卢就像一块磁铁。

南部三个州，即巴拉那州、圣卡塔琳娜州和南里奥格兰德州，也吸引了许多移民，正如北部特定区域由于亚马孙地区橡胶贸易的蓬勃发展也吸引了许多移民一样。随着交通运输的新发展，乳胶的需求量变得很大。成群的工人逃离东北的贫困地区，穿越整个亚马孙地区的森林，以寻找可提取的橡胶。“橡胶时代”非常短暂，在 1910 年代便结束了，但它在亚马孙州的首府玛瑙斯留下了其印记。这座城市拥有漂亮的大道、剧院和资产阶级风俗，它变成了北部最重要的大都市。这个州的财富似乎是在一夜之间出现的。

政府现在着手对代表新共和国的城市进行现代化改造，包括翻新公共建筑，为贫困者新建郊区，发展公共交通，修建新的国家建筑。[20]在所谓的“复兴”时期，总统罗德里格斯·阿尔维斯（Rodrigues Alves，1902—1906年在任）希望使里约热内卢文明化，他任命了一支技术团队，力图将这座城市改造成新共和国的现代典范。这支团队被赋予了无限的权力，他们提出了三管齐下的策略：委托给工程师劳罗·米勒（Lauro Müller）的港口现代化方案，在医生奥斯瓦尔多·克鲁斯（Oswaldo Cruz）领导下改善公共卫生和卫生设施的方案，以及城市改革方案。

工程师佩雷拉·帕索斯（Pereira Passos）熟悉奥斯曼男爵
的巴黎改建项目，由他负责最后一项方案。一项并行且互补的 366
措施是将贫困人口从中心地区驱逐出去，清除城市的贫民窟。黑人作家利马·巴雷托本人是里约热内卢郊区的居民，同时也是当时事件的重要评论家，他将这段时期称为“拆毁”（bota-abaixo）的专政时期。实际上，房屋、廉租公寓和廉价旅馆（“zungas”[21]或“caixotins humanos”[22]）都被拆除了。[23]

从1870年代起，圣保罗市经历了社会经济转型、城市化、城市面貌和人口结构的转变。由于咖啡种植园的繁荣和奴隶制的逐步废除，它成了重要的商业和金融中心——“咖啡大都会”。该市安装了公共电气照明设备，建立了公共电车系统，并成立了著名的布坦坦研究所（Butantan Institute），该研究所利用蛇毒制造血清。新大道建成，旧大道拓宽，广场和公共花园被修缮并开放。圣保罗的“上流人士”养成了新习惯：在时尚商店购物，参加赛马，以及晚上参加舞会或去剧院。尽管圣保罗的城市化进程既意味着对城市的“装饰”，也意味着对贫困的驱逐，但这个过程值得回顾。如果城市基础设施随着新区和漂亮街道（如保利斯塔大道）的开放而改变，那么为了延伸和扩展新的街道、大道和广场，低劣的房屋和贫民窟就被摧毁了。

米纳斯吉拉斯州新首府贝洛奥里藏特市的发展也具有代表性。[24]当地共和党政客建造这座城市是为了在政治和文化上统一一个经济正在衰退的州。此外，由于统治旧州首府欧鲁普雷图的寡头政治集团内部不同派系之间的内斗，该州政治陷入困境。贝洛奥里藏特的发展既独裁又暴力。既有的库拉尔-德雷村被完全摧毁，其贫困居民被赶到新郊区。新首府本身是由该地区最现代化、最共和主义的精英们规划和建设的，他们梦想着进步和技术。因此，这座新城充满了奇特的现代气息，街道宽阔，交通畅通，公共广场比比皆是，并且严格遵守着某种城市等级制度。在城市的一侧建立了包括铁路、医院和商店在内
367 的公共服务系统，而另一侧则是剧院、学校和州议会。这一布局是为了最大限度地发挥戏剧效果而设计的。在城市的最高点，有一个长方形的广场，周围环绕着雄伟的政府建筑，包括州长官邸，且广场的中央是一座代表自由的雕像。该广场被命名为自由广场（Praça da Liberdade），州长官邸被命名为自由宫（Palácio da Liberdade）。毕竟，这是共和国的国土，是1789年“米纳斯密谋”的英雄蒂拉登特斯的故土。

这三座城市是巴西其他城镇的先行者。里约热内卢市的宫廷被改造为共和国的联邦区。圣保罗市被重建为富裕咖啡区的政治和经济中心，而贝洛奥里藏特市被规划和建造为米纳斯吉拉斯州的新首府。共和政府必然会且决心要打造帝国的现代替代品。然而，巴西经济仍然由农产品出口来维持，这一事实并

没有改变。这不仅仅是简单的共和国对君主制或进步对落后的问题。这是一个过去与现在、社会包容与社会排斥、现代技术与政治和社会压迫共存的时代。此外，尽管就业机会有所增加，但流动性职业增速最快，包括街头小贩、做小买卖者、木匠、制鞋匠和马车夫。两个完全不同的世界并存，却出乎意料地相互关联。

不久，现代性的另一个方面出现了。被驱赶至内陆地区最黑暗角落的边缘化农村人口开始成为报纸的头条新闻。但是。叛乱的最初迹象来自城市，而不是乡村。

来自城市的隆隆声

1904 年 11 月 10 日至 16 日，里约热内卢人民反抗为根除黄热病而颁布的措施。最严重的冲突发生在郊区，那里较贫穷阶层反对奥斯瓦尔多·克鲁斯强制接种天花疫苗的命令。[25]这次叛乱主要是误报导致的，且因移民的出身和习俗的不同而加 368
剧。局势导致了混乱。电车和公共建筑被摧毁，卫生人员遭到袭击。政府做出了严厉的反应：宣布实行戒严，宪法权利被暂停，并将该运动的领袖驱逐到亚马孙地区以南，即今阿克里州（Acre）。这场叛乱最终被控制下来，且里约热内卢市的天花被根除，但代价是 30 人死亡和 110 人受伤。

从政府方面来看，根除疾病的计划是客观而合理的。公共卫生已成为当务之急。自 1880 年代以来，这个问题越来越引起巴西知识分子和政治家的关注。旅行者、新闻工作者、医生、社会科学家和文人学士都意识到，非洲奴隶和移民在城市和农村地区传播的热带病和其他疾病的发生率很高。[26]尤其是种族通婚，它被认为是一个可怕的问题，且几乎是当地人的困扰。基于社会达尔文主义和切萨雷·龙勃罗梭（Cesare Lombroso）的犯罪人类学的种族理论在该国十分流行，龙勃罗梭19世纪中叶在意大利提出了自己的理论。[27]人们认为人类被划分为不同自然等级且每个种族都有独特而不可改变的潜力，其中白皮肤的高加索人位于社会进化金字塔的顶部，而非洲黑人位于底部。根据这些理论，混血种族被认为是最糟糕的种族，具有各种“遗传性退行性变”倾向。根据巴西专业人士，如巴伊亚州医学院的雷蒙多·妮娜·罗德里格斯（Raimundo Nina Rodrigues）博士（1862—1909）所说，混血种族更容易成为罪犯，更多遭受精神失常和其他种族“污名”。鉴于雷蒙多博士的看法，他出版了一本名为《巴西人种与刑事责任》（*The Human Races and Penal Responsibility in Brazil*，1894）的书，这绝非巧合。他在书中提出了两种不同的刑法，一种适用于白人，另一种适用于黑人，并根据“每个群体的进化阶段”进行调整。

尽管谬论必须受到质疑，但巴西确实暴发了一系列流行病。1916年10月，米格尔·佩雷拉（Miguel Pereira）博士评论说：“巴西仍然是一座巨大的医院。”这个词成了该国的隐喻，并几乎成为其墓志铭。当时的医学统计数据揭示了可怕的传染病清单。一些流行病被认为是“进口的”，如霍乱，是当
369 时导致死亡的主要原因之一。其他流行病被视为“国产的”，包括黄热病、天花和鼠疫。专家认为，大多数人居住的简易棚屋只会使情况恶化。这些棚屋由黏土制成，而黏土是被称为“锥蝽”[28]的昆虫的自然栖息地，这种昆虫是当时刚发现的恰加斯病的传播者。人们还认为，这些住所导致了疟疾和肠道感染疾病的流行。移民因带来沙眼（一种危险的传染性结膜炎）

而受到指责。所有这些流行病抹黑了该国本就脆弱的声誉，而共和政府的城市改革方案也旨在消除这些流行病。它们在很大程度上取得了成功。

奥斯瓦尔多·克鲁斯研究所派遣科学家到该国内陆地区，引进沿海地区正在实施的同样的卫生措施。1907—1913 年，他们去到了圣保罗州、米纳斯吉拉斯州、巴伊亚州以及圣弗朗西斯科和托坎廷斯盆地的内陆地区，甚至到达了亚马孙地区。[29]除上述疾病外，许多人还死于麻风、梅毒和结核病。尽管这些“巴西病痛”影响了全部人口，包括内陆地区的农业工人，但受苦最深的是前奴隶、移民、贫民窟居民、工人以及生活在农村的人们。

在所有这些巴西的“危险群体”中，海军中的水兵居于首位。1910 年 11 月，在里约热内卢瓜纳巴拉湾，这些水兵在后来人们所称的“鞭子叛乱”（Revolta da Chibata）中奋起反抗。[30]这些水兵大多数为非裔巴西人或梅斯蒂索人，受到体罚制度尤其是鞭打的残酷控制。这场叛乱暴露了针对贫困人口的暴力，以及军队中普遍存在的种族主义和残忍行为。鞭打是葡萄牙海军的一项传统，但在巴西，鞭打与奴隶制息息相关，因此具有更深远的意义。尽管奴隶制于 1888 年被废除，但在允许军官“摧毁叛逆水兵意志”法律的支持下，鞭打仍继续存在于海军中。

1910 年 11 月 16 日，叛乱爆发，当时许多巴西和外国船只停泊在瓜纳巴拉湾，参加新总统埃梅斯·达·丰塞卡（Hermes da Fonseca）陆军元帅的就职仪式。鲁伊·巴尔博扎曾被认为最有希望赢得大选，且大选第一次引起了民众的广泛 370
关注。陆军元帅埃梅斯·达·丰塞卡得到了共和国保守党皮涅伊罗·马沙多（Pinheiro Machado）的支持，尽管事实如此，埃梅斯的胜利代表着军队重新掌权。相比之下，鲁伊·巴尔博扎则支持共和制度和文人政府。

虽然总统的就职仪式在陆地上举行，但在海上情况则完全不同。在最大、最强的海军战舰“米纳斯吉拉斯号”上——当时它正停泊在海湾——全体船员立正站立，被迫目睹了水兵马塞利诺·罗德里格斯·梅内塞斯（Marcelino Rodrigues Menezes）被鞭打的过程。经过 250 次鞭打后，他未经任何医治就被直接送入监狱。一段时间以来，水兵们一直在计划反抗这种残酷的惩罚，这是最后一根稻草。11 月 16 日晚上，当埃梅斯·达·丰塞卡在参加庆祝其胜利的招待会时，水兵们夺取了“米纳斯吉拉斯号”、“圣保罗号”和“巴伊亚号”战舰以及“德奥多罗号”（*Deodoro*）巡逻艇的控制权，进而向城市开火以示警告。他们要求在海军内部取消体罚，否则将炮轰这座城市。国民议会接受了他们的要求，并大赦了叛乱者，后者将战舰交还他们的军官。但 12 月 4 日，政府实施报复。22 名水兵在“蛇岛”被捕，并被指控串谋。他们遭受了异常残酷的折磨，最终只有 2 人幸存。其中之一是叛乱领袖若昂·坎迪多（João Cândido），他被新闻界称为“黑人海军上将”。令海军愤怒的是，他成了受人崇拜的英雄。

“鞭子叛乱”产生了严重后果。直到 1930 年第一共和国结束，海军实际上都被排除在政治之外。但是，水兵起义在军队中绝非孤立事件。同一时期还发生了“军事学院叛乱”、“军士叛乱”和“血腥春天”，所有这些都暴露了共和国核心地区的不满。这些叛乱揭示了军队与政府协作方式的两个重要方面：其一，该国的许多重大政治行动发生在机构或政党范围之外；其二，军方的意图是推动政府改革。参与者将自己视为人民意志的工具，并在一定程度上反映了“公民士兵”的概念。[31]

然而，总的来说，“城市复兴”（当时被称为“城市改革”）伴随着穷人和混血群体在某种程度上是“堕落的”的看法，这种看法基于当时流行的科学决定论。由于经济以服务业和农业出口为基础，并受到新兴工业化的限制，城市生活岌岌可危。在某些时期，产品供应不足，食品价格不断上涨，房租和运输成本也不断上涨。通货膨胀使穷人的情况更加糟糕，并增加了不确定性。借用作家马里奥·德·安德拉德（Máriode Andrade）[32]的讽刺性话语，在新城市中“棚屋与椰子树一样多”。[33]然而，有时少即多。毕竟，很多时候人们走上街头抗议物资短缺、租金上涨以及其他一切使他们生活不稳定的因素。 371

“他者”生活的另一个国家

动乱不仅限于城镇。在该国各地爆发了社会运动，它们将土地改革和争取土地所有权的斗争与强烈的宗教元素结合在一起。这些冲突，如“巴拉那州与圣卡塔琳娜州边界争议战争”（Contestado）、“茹阿泽鲁战争”（Juazeiro）、“沙漠圣克鲁斯大锅炉运动”（Caldeirão）、“勺子柄运动”（Pau-de-Colher）和“卡努杜斯农民战争”（Canudos），结合了神秘主义和抗争。它们是将广大人口排除在外的现代化进程的结果。来自内陆的贫困农民群体被利用乡村财产来增强地方寡头实力的共和国所抛弃，他们开始要求拥有土地的权利。最有趣的是，他们在历史与千禧年主义之间建立了意想不到的神秘联系，并提出了生活在一个和谐、公正的社区中的愿景。

1896 年，在东北地区的腹地开始发生武装冲突，这在共和国成立初期备受关注。这场冲突成了全国的替罪羊，聚集在近 2000 公里外的里约热内卢的精英将其称为“君主制祸患”。新成立的共和国的敌人是巴伊亚州干旱内陆地区一个名叫卡努杜斯（Canudos）的村庄的贫困人口。1897 年，记者欧克利德斯·达·库尼亚被《圣保罗州报》（*Estado de São Paulo*）派去报道该冲突。他为其所见所闻感到震惊。[34]他是一名热忱的共
372 和党人，在巴伊亚州下船时坚信政府军即将击败一群在原始村庄中负隅顽抗、衣衫褴褛的狂热分子，这群狂热者被指控为“君主主义者”。在巴伊亚州腹地，他惊奇地了解到一场漫长而神秘的战争、一个勇敢而坚定的对手、一个神圣的避难所、一个有组织的社区和一片未知的土地。欧克利德斯·达·库尼亚的这一发现从根本上改变了他的观点。他开始写下自己所见到的一切，且这些笔记构成的那本书使他成为巴西最伟大的作家之一。《腹地》（*Os Sertão*）[35]远不仅仅是有关战争的报道。它成为一种谴责。该书揭示了旱灾和野火对东北干旱地区的破坏性影响。欧克利德斯·达·库尼亚能够将恐惧、孤立和遗弃铭刻于自然环境中。在东北腹地，他看到了巴西几个世纪以来对其人民的集体抛弃。

《腹地》出版于 1902 年，比起欧克利德斯·达·库尼亚为《圣保罗州报》撰写的原始文章，它对战争进行了更为详尽的分析。[36]但书中保留了他的谴责。他谴责教会、共和国、巴伊亚州政府以及尤其是军队对卡努杜斯居民的屠杀。他谴责这场针对穷困内地人的战争是自相残杀。在对当地地形进行了详细描述后，他构建了他自己对卡努杜斯悲剧的叙述，就好像

它是从当地地形中浮现出来的一样，他的叙述再现了战争的毁坏性，囚犯被斩首的情形，以及在饥饿、干渴、疾病和军队重型武器桎梏下仍坚持抵抗的人们的勇气。欧克利德斯·达·库尼亚的书是纪念卡努杜斯的永久丰碑。

最重要的是，卡努杜斯运动（1896—1897）给该国集体想象留下了深刻的印象。[37]这场社会宗教战争是由安东尼奥·孔塞列罗（Antônio Conselheiro）领导的。由于严重干旱和长期失业，该地区的庄园大量荒废。成千上万的男人、女人和儿童在干旱的腹地流浪。1893 年 5 月，安东尼奥·孔塞列罗和他的追随者到达了巴伊亚州内陆的博姆孔塞略村（Bom Conselho）。他们很快了解到，他们带到当地市场销售的产品税收大幅增加，这是共和国征收的新税。在聚集在市场上的所有人面前，安东尼奥·孔塞列罗撕下了钉在墙上的公告并将其焚毁。作为回应，巴伊亚州州长罗德里格斯·利马（Rodrigues Lima）派出宪兵去逮捕这位圣者并驱散该群体。但腹地人民进 373
行了反击，士兵被迫四散奔逃。这次冲突之后，安东尼奥·孔塞列罗决定停止在该地区游走。他和他的追随者一起撤回了被废弃的卡努杜斯庄园。从他到达之日到战争结束，他的追随者从 230 人增加至大约 24000 人，这里成为巴伊亚州人口最稠密的地区之一。他们将村庄改名为贝洛蒙特（Belo Monte）。

共和政府和该地区土地所有者将卡努杜斯视为重大威胁。安东尼奥·孔塞列罗提倡的干旱腹地的新生活方式不包括服从当权者。另外，该村生活并不是平等主义的试验。城市社区的设计、社会关系和任务分配都表明，社会等级制度并没有被消除。尽管如此，这确实是一次社会和政治实验。该村生活与中央共和政府规定的生活有很大不同：人们基于集体所有制和土地使用的原则来工作，并对土地生产物进行分配。每个到达那里的人都会得到一块土地来耕种和居住。村民们种植庄稼，饲养牛和骡子，制作鞣革。所有生产的结果均在工人和社区之间分配。此外，安东尼奥·孔塞列罗的宗教权威并不取决于天主教会的认可。卡努杜斯既不受当地庄园的控制，也不受该地区政治领导人的控制。在截至此时由土地所有者统治的社会中，这是一次颠覆性的实验。

共和国向卡努杜斯派出了四支规模越来越大的军事远征队。1897 年 3 月，上校莫雷拉·塞萨尔（Moreira César）率领由 1300 名士兵组成的第三支远征军攻击村民，对他们进行连续几小时的机枪射击。尽管如此，村民还是成功击败了政府军。莫雷拉·塞萨尔上校被枪杀。当幸存的政府军士兵逃离时，他们遭到了腹地人民的伏击，数百人丧生。这场失败的影响是巨大的。在共和国首都里约热内卢，许多报纸宣称卡努杜斯是原始和反动君主主义者的据点，必须予以摧毁。即使面对
374 第四支远征军的暴力袭击，该村人民依旧坚定不移地进行抵抗，这支远征军包括 421 名军官和 6160 名士兵，全都全副武装。1897 年 10 月，军队保证所有投降者都将免于一死。不幸的是，他们并未遵守诺言，投降的许多男人、女人和儿童均被斩首。10 月 5 日，军队用煤油点燃了村庄，接着炸毁了剩余的一切。

共和政府试图使卡努杜斯成为一个很好的范例，代表着野蛮与文明、落后与现代化之间的斗争。安东尼奥·孔塞列罗的头盖骨是这场“国家演出”的一部分。它被带到了里约热内卢，妮娜·罗德里格斯博士对其进行了解剖，旨在证实他关于精神失常与种族混合之间联系的理论。但是，卡努杜斯运动揭

示了该国不同地区之间存在的裂隙，这向知识分子和政治精英发出了警告，即他们不能再忽视内陆地区了。欧克利德斯·达·库尼亚在《腹地》的结尾处可能最清楚明白地表达了政府与人民之间的鸿沟：“因此，这个故事结束了……我们将永远铭记我们这段历史，它深深地打动了我们却又如此令人悲伤。我们犹豫而又自豪地结束了对它的叙述。我们就像一个站在高山之巅的人一样看着。从高处往下看的景色让我们头晕目眩。”[38]

这一时期有多次叛乱，比分析每一次叛乱更重要的是，我们要明白它们是出于相同的动机，即对土地的需求、对正义的渴望以及宗教狂热。神秘主义和抗议的强大结合为它们提供了动力。所有这些都揭示了两极权力结构的持续存在，例如，神父与信徒、上校与士兵、圣者与追随者、圣人与崇拜者、土匪与跟随他们的武装团伙之间的权力结构。[39]在这期间，游走在腹地和更偏远地区的武装团伙声名狼藉，这并非巧合。武装匪徒及其团伙，如安东尼奥·西尔维诺（Antônio Silvino）、兰皮昂（Lampião）和安东尼奥·多（Antônio Dó），都是极富争议的人物。尽管他们可以被浪漫化为是在创造一种更加公正和平等的生活方式，但他们所做的一切都基于专制暴力的传统模式。这些英雄或边远地区的恶棍无视所有公民身份的模式和所 375
有人平等正义的理念，了解他们对于理解共和国的早期历史至关重要。

他们和我们：工人罢工

1910 年代，该国新兴工业部门的工人也开始表现出不满。尽管无政府主义在工人中的日益流行并不完全是他们的责任，但正是这些刚从欧洲来的移民将这一运动带入了巴西，它始于1890年代。意大利人、西班牙人、葡萄牙人和许多巴西人都加入了这一政治运动，并且它将成为30多年来政治组织和工人动员的基础。

巴西的工业化进程始于1840年代，随之而来的是劳动力需求，特别是在土木建筑和铁路建设中。[40]从1860年代开始，当首批纺织工厂开业时，巴西工业就越来越集中在该国中部和南部。在1880年代，工业化迅速发展，与此同时对劳动力的需求也在增加。1880—1884年，新开了150家工厂。到1907年，这一数字增加到3410。到1929年，有3336家新机构，共雇用了275512名工人。[41]劳动力由来自全国各地的移民组成，且从1860年代开始，尤其是在圣保罗州和里约热内卢州，劳动力主要由意大利移民组成。在此期间，圣保罗成为该国的主要工业中心，尤其是纺织业中心，同时也是移民劳工中心。1912年，该州60%的纺织工人是意大利人，其中大部分来自那不勒斯、威内托大区、西西里和卡拉布里亚。

来自意大利的移民有助于解释巴西工人运动与无政府主义的关系，至少在圣保罗是这样。[42]毕竟，这是意大利工人组织的宗旨。而且，按照古老的革命传统，当意大利无政府主义者移民时，传播自由主义思想是他们的使命。西班牙和葡萄牙移
376 民也传播了这种思想，他们在里约热内卢州和米纳斯吉拉斯州的工人运动中起领导作用。无政府主义者的目标是建立一个由自治社区组成的无国家社会，其日常活动受自由、试验、团结和博爱的原则支配。在巴西，无政府主义者成立了旨在提高工人生活水平并为他们提供受教育机会的联盟。他们创办了许多报纸，如《人民的朋友》（*O Amigo do Povo*）、《工人之声》

（*A Voz do Trabalhador*）、《自由之地》（*A Terra Livre*）、《工人阶级》（*A Plebe*）和《灯塔》（*A Lanterna*），且他们的主要运动形式是罢工。他们分为两个团体：一方面，无政府工会主义者在圣保罗占主导地位，在那里，他们的联盟主要从事政治活动；另一方面，无政府共产主义者则认为暴动是革命行动的最佳形式。但是，有一点他们都达成了共识，即只有通过工人的直接和自主行动，才有可能废除资本主义并建立无政府制度。

1906—1908 年，罢工次数有所增加，这并非偶然。工人阶级正在对极为恶劣的工作条件做出反应。没有任何关于童工的限制，也没有任何有关一个工作日中工作时长的限制。他们还必须争取更高的工资，并成立工会和政党代表他们。儿童从 5 岁开始在工厂工作，且 18 岁以下的男孩和女孩占总劳动力的一半。1919 年的工业普查还显示有大量妇女就业。妇女和儿童在工厂工作导致平均工资下降，在第一次世界大战期间，情况变得更糟。

工人成为巴西公共生活的重要组成部分。他们开始成立工会，接着是工会联合会以及其他类型的组织。到 1906 年，他们成立了拥护无政府主义的工会中心——巴西工人联合会（COB）。1900—1920 年，为争取更好的工作和生活条件，包括涨工资、保护工人、减少工时和争取组织权，他们发动了约 400 次罢工。其他罢工显然是政治性质的，包括反对第一次世界大战以及声援国际工人的斗争。1902 年，第一次重大罢工发生在里约热内卢一家制鞋厂。第二年，该市见证了该国第一 377
次总罢工，参与者包括画家、排字工人、制帽商和其他行业的工人。它遭到了警察的镇压。1904 年，又发生了一次重大罢工，由桑托斯码头公司的员工进行协调，并得到圣保罗的排字工人和里约热内卢的码头工人的支持。1906 年，在圣保罗发生了巴西最大规模的铁路罢工之一，原因是当地工人不断受到虐待，且工资减少。1907 年，在圣保罗举行了一次总罢工，工人要求每天工作时长为 8 小时。该运动很快传播到圣保罗州其他城市，包括桑托斯、里贝朗普雷图（Ribeirão Preto）和坎皮纳斯（Campinas）。食品工厂和冶金工厂的工人开始了这场罢工，鞋匠和排字工人也加入其中，最终，有多达 2000 名工人参加了此次罢工。尽管活动激增，但在一个以政治支持为基础的国家中，大多数人对政治代表制没有兴趣，罢工仍然是警察镇压的目标。许多移民因是“无政府主义者和麻烦制造者”而被驱逐出境，且许多巴西工人也因同样的借口被捕并遭到殴打。

无政府主义运动的力量可以由一系列因素来解释：1910 年和 1913 年的危机、失业和更长的工作时间。1917 年，在里约热内卢有 50000—70000 名工人进行了罢工，而在圣保罗几乎所有劳动人口都参与了罢工。尽管当时几乎没有取得具体成果，但这项运动有助于动员工人并在之后组建工会。[43]并且，该运动并没有失去其动力：1919—1920 年，仅圣保罗市就发生了 64 次罢工，另外还有 14 次发生在该州内陆地区。1919 年 5 月 1 日，约有 50000—60000 人在里约热内卢参加了抗议活动，包括工业工人、无政府主义者和共产主义者。在圣保罗这一数字也较相仿，包括面包师、纺织工人、制鞋匠、排字工人和工业工人。

从 1920 年代开始，警察对工人的暴力镇压减少了罢工次数，并削弱了工会的力量。1922 年，随着主要由前无政府主义者成立的共产党的创立，工人运动的领导权逐渐被移交给了共产主义者。无政府主义者和共产主义者之间的内部分歧降低了他们的组织能力。1920 年代前两次罢工，即圣保罗的纺织 378
工人罢工和里约热内卢的铁路工人罢工，均以失败告终。但是，工人运动已扎下根来。在接下来的几十年中，它发展壮大，并变得越来越有组织且复杂。

实际上，乡村生活和城市生活现在更多的是将他们团结起来而非使他们分离。这种现象的最好例证也许是卡努杜斯运动与在城市郊区开始发展的贫民窟（favelas）之间的关系。里约热内卢的第一个贫民窟位于港口附近的普罗维登西亚山（Morro da Providência）上，由从卡努杜斯运动中返回的士兵建造。据说，这些前士兵的妻子为整个军团准备饭菜，他们与家人一起在作战部外扎营，要求提供住处。这些营地最初是临时住所，后来却成为永久营地。这些开始在城市周围的山坡上建造的其他贫民窟也属于类似情况。“Favela”是卡努杜斯战场中心一座山丘的名字——法维拉山（Morro da Favela），而这座山反过来又以在灌木丛中大量生长的植物命名。该词自此成为“贫民窟”的代名词。颇具讽刺意味的是，源自精英和内陆贫困居民之间的战争地点的词现在却在全国范围内使用，它被用来指代作为巴西社会分裂最显著标志的社区。[44]

食人者团结起来：现代主义与成为巴西人的新方式

不满情绪是普遍的，不限于任何一个群体。1920 年代出现的新习俗和态度将会影响子孙后代，这标志着巴西的转折点。但是，随着对共和国的普遍失望，人们也希望建立一个现代化的巴西。知识分子和艺术家开始质疑该国的文化传统，并与共和制度对抗。他们开始对现状提出越来越多的挑战。这些新声音坚定地认为，所有公民都有参与社会管理的权利。[45]

379 这一过程中关键的一年是 1922 年，当时发生了两个重大的、截然不同的事件：第一个是庆祝巴西独立 100 周年；第二个是在圣保罗举办的“现代艺术周”（Semana de Arte Moderna），这一事件对于理解与传统文化彻底决裂的一代人至关重要，而传统文化本质上是学术性的。直到 1922 年，文化标准一直都由巴西文学院（Academia Brasileira de Letras）界定。该学院成立于 1897 年，由一群知识分子和公众人物创立，其中最重要的是马沙多·德·阿西斯、格拉萨·阿拉尼亚（Graça Aranha）、奥利韦拉·利马、鲁伊·巴尔博扎和若阿金·纳布科。该学院是模仿法兰西学术院建立的。巴西文学院有 40 名成员，他们全都是著名的知识分子，且被认为是该国的“智力、道德和政治框架”。[46]但随着时间的推移，该团体逐渐僵化，且越来越与先锋派、象征主义者和现代主义者，以及尤其是在里约热内卢酒吧和书店见面的放荡不羁的文化人脱节。

各种形式的现代主义艺术开始同时出现，揭示了新颖的艺术表现形式和新的面貌。1922 年的“现代艺术周”作为一个挑战现状的新思想论坛，成了这一运动的催化剂。标志性事件发生在 1922 年 2 月 11 日至 18 日之间，地点在圣保罗美丽的新古典主义剧院——圣保罗市立剧院。它由知识分子组织，包括作家马里奥·德·安德拉德和奥斯瓦尔德·德·安德拉德，画家塔尔西拉·杜·阿马拉尔（Tarsila do Amaral）、狄·卡瓦尔康蒂（Di Cavalcanti）、安妮塔·玛尔法蒂（Anita Malfatti）和维克托·布雷谢雷特（Victor Brecheret），以及作曲家埃托尔·维拉-罗伯斯（Heitor Villa-Lobos）。学院成员格拉萨·阿拉尼亚也是该活动的组织者之一。知识分子和咖啡种植园主保罗·普拉多（Paulo Prado）为此次活动提供了资金支持。“现代艺术周”一个非常重要的方面是，拒绝引进艺术运动和理论及其对巴西艺术的影响。这些艺术家和知识分子认为，巴西是时候创造自己的民族艺术形式了。其目的是彻底改变艺术和文化现状，并采用巴西化的欧洲先锋形式，如意大利未来主义、立体主义和表现主义。

尽管“现代艺术周”几乎没有产生直接后果——相反，
它受到了强烈的批评——但随着时间的推移，它变得非常重要 380
且知名，特别是当它与巴西先锋派和现代主义联系在一起时。1924 年，奥斯瓦尔德·德·安德拉德出版了诗集《巴西红木》（*Poesia Pau-Brasil*），该书倡导巴西独特的诗歌形式。接着，1928 年，他在第一版《食人主义杂志》（*Revista de Antropofagia*）中发表了《食人宣言》。奥斯瓦尔德·德·安德拉德是一位来自富裕家庭、见多识广的人物。在法国旅行时，他对先锋派实验印象深刻。他熟悉非洲和波利尼西亚艺术，对心理分析有所涉猎，并与当地知识分子取得了联系。《食人宣言》是巴西现代主义运动的基础，也是整整一代艺术家重要作品的基础。这本书夹杂着对卢梭、蒙田、毕卡比亚和弗洛伊德的生动参考，揭示了两种截然不同的当代文化之间的矛盾：原始文化（美洲印第安和非洲）和拉丁文化（欧洲）。与 19 世纪的浪漫派印第安主义相反，其想法不是展现和平同化的过程，而是冲突的过程，这种冲突源于两者之间对抗中固有的张力。正如讽刺格言“图皮人还是非图皮人，这是个问题”以及“我只对不属于我的东西感兴趣”所表达的，这种对抗将导致一方吞噬另一方。换言之，这是帝国艺术运动的对立面。

现在，“食人主义”是关键词，其目的是创作一种“尚未被教化”的新的文学语言。奥斯瓦尔德·德·安德拉德提出了这一概念，以展示在巴西文化食人主义的做法将如何导致其他文化传统的“吞噬”和新文化传统的出现。外国影响将被“吞噬和呕出”，从而创造出真正的民族文化。这个过程包括回归美洲印第安人和非洲艺术的传统。

最好的例子之一是马里奥·德·安德拉德于 1928 年创作的小说《马库纳伊玛》（*Macunaíma*）。在其中，他讲述了一个“没有性格”的男主人公的故事，这位主人公游遍巴西，寻找一个带来好运的护身符（muiraquitã）。这个中心人物从巴西的一个地点跳到另一个地点，使地理现实变得虚幻。因其对巴西主人公不幸经历的描述，该书一出版就成为经典。这个顽皮的
381 主人公拒绝所有公认的行为准则：他撒谎，玩弄手段，伤害他人；但与此同时，他很可爱，而且敏感爱哭。在中心隐喻中，这个巴西主人公曾是一个“如煤般黑”的人，后来变成了白人，他的一个兄弟变成了印第安人，另一个兄弟变成了黑人，尽管其手掌和脚底是白色的。正如作者总结道：“在避开了烈日骄阳的山洞中，三兄弟成为一道亮丽的风景。一个金，一个红，另一个黑。他们高高地站立着，赤身露体。”[47]

因此，《马库纳伊玛》代表了对巴西文化重新评估的充满想象力的时期。[48]这部小说融合了印第安人、乡下人、内陆人、黑人、穆拉托人和白人，其中许多人群以前在艺术中均被忽略。毫无疑问，生活在圣保罗并从未出国的马里奥·德·安德拉德是“巴西化巴西”过程中最重要的人物。[49]这并不是说他仇外或反对外国价值观。相反，他的目的是创造一种独特的语言来代表他的国家的历史和文化。在巴西人开始反思巴西并将

其捕捉到艺术中的这一新运动中，马里奥·德·安德拉德及其小说是这一运动的标志。这部小说不仅否认了先前对种族持普遍看法的失败主义者，而且将混合种族和非裔巴西人的存在转变为该国的基本特征及其巨大的财富。

尽管圣保罗无疑是这场运动的中心，但重要的是要正确看待这个城市的角色。参议员萨尔达尼亚·马里尼奥（Saldanha Marinho）提出了整整一代人的口号，他们用现代主义来表达自己的愤世嫉俗，这一口号是“这不是我梦寐以求的共和国”。他是共和党创始成员，是1870年宣言的签署人，并且是草拟1891年宪法的团体成员之一。这句话表达了知识分子愤世嫉俗的观点，尤其是在里约热内卢。他们在酒吧和咖啡馆见面，并将城市视为自己的舞台，同时形成讽刺的、令人捧腹的写作风格。这是一个放荡不羁的艺术家团体，擅长夜间在里约热内卢的酒吧喝酒和争论。与巴西文学院的“好孩子”和圣保罗干净利落的知识分子相反，这群自由派专业人士开始使公众感到震惊。不仅如此，他们还与可疑的人群相关联，例如，那些过去常常在西亚塔阿姨（Tia Ciata）[50]家聚会的人。

西亚塔阿姨生于巴伊亚州的圣阿马鲁镇，是一群生活在里 382
约热内卢码头附近的萨乌德区巴伊亚黑人的领袖。年龄较大的巴伊亚女性们在社区中起主导作用，伊拉里亚·巴蒂斯塔·德·阿尔梅达（Hilária Batista de Almeida，即西亚塔阿姨）是其中最出名的。她制作巴伊亚美食，她的摊位是这座城市中最著名的。她还为狂欢节俱乐部的巴伊亚女性做连衣裙，她自己穿着那些飘逸的白色巴伊亚连衣裙穿行于里约热内卢的街道上。周末，人们聚在她家中唱歌跳舞。据该团体一名勤奋的成员若昂·达·巴亚纳（João da Baiana）所说，人们在起居室跳舞，在里屋跳桑巴，在屋子后面的院子打鼓。

这些聚会使西亚塔阿姨与该市其他人物保持联系。作曲家、知识分子、艺术家、记者和公关人员以及大量“无赖”都参加了她的聚会。西亚塔阿姨是由若昂·德·阿拉巴（João de Alabá）运作的坎东布雷教中心的重要人物，因为她是“欧雄”之女[51]，是在萨尔瓦多加入坎东布雷教的。她还是草药医生和信仰疗法治疗者。第一支桑巴录音作品是在西亚塔阿姨家中录制的。它被称为《在通话》（*Pelo telefone*），一个名叫东加（Donga）的作曲家在里约热内卢国家图书馆以他的名字注册了它。他这样做就获得了一部几乎可以肯定是集体创作的作品的版权。东加的放肆行为在整个群体中引起了极大的愤怒，他们通过诗歌等方式在整个城市范围内抗议：“噢，你这个胆大妄为者/四处宣称/说这是你的作品！/它是善良的伊拉里亚所作/是年长的西亚塔阿姨所作/先生，那是你写的。”

这种不敬的气氛为里约热内卢桑巴的发展提供了肥沃的土壤，其重要人物包括皮辛吉尼亚（Pixinguinha）[52]、埃托尔·多斯·普拉泽雷斯（Heitor dos Prazeres）[53]、卡尼尼亚（Caninha）、希纳（China）、若昂·达·巴亚纳（João da Baiana）和西尼奥（Sinhô）。当时的人们，包括经常出入同一社交圈的里约热内卢现代主义者，也欢迎非裔巴西文化的复兴。以前属于有限群体的边界现在扩展到包括了穷人、穆拉托人和黑人，以及知识分子和资产阶级的子女。

一个很好的例子就是埃梅斯·达·丰塞卡总统的妻子邀请流行歌手西基尼亚·贡萨加（Chiquinha Gonzaga）在卡特蒂宫（Catete Palace）[54]举行的正式招待会上演唱《割菠萝蜜》（*Corta-Jaca*）。如果我们要比较不同的现代派群体，里约热内

卢现代派也许是最非正式且影响深远的。除西亚塔阿姨和西基 383
尼亚·贡萨加之外，该群体还包括苏扎娜——卡巴莱老板蒂娜·塔蒂（Tina Tati）的化名，她曾是废奴运动的积极分子，以及裸体主义捍卫者和研究神秘学的学生玛丽亚·布拉干萨·德·梅洛（Maria Bragança de Mello）。

该群体深受上一代艺术家的影响，例如，宝拉·内伊、帕尔达尔·马莱特（Pardal Mallet）和若泽·杜·帕特洛西尼奥。但是该群体也包括重要的艺术家，例如，作家利马·巴雷托，评论家贡萨加·杜克（Gonzaga Duque）、漫画家劳尔·佩德内拉斯（Raul Pederneiras），诗人埃米里奥·德·梅内塞斯（Emílio de Menezes）和巴斯托斯·蒂格雷（Bastos Tigre）[55]，后者因其尖酸的评论被戏称为“堂·吉诃德”。他们自称为“幽默兄弟会”（confraria humorística），并选择鹦鹉咖啡馆作为大本营。[56]组织表演、寻找模拟辩论的公共讨论场所、发表即兴演讲和进行一般性嘲弄是这个放荡不羁艺术家群体的众多特色。在鹦鹉咖啡馆，甚至连绰号为“博卡热”[57]的鹦鹉也举止粗鲁，它尖声高叫着污言秽语，并背诵出不雅诗句。[58]他们作为一个群体臭名昭著，以至于据说那只鹦鹉也触犯了法律。当这个群体在最大限度地享受生活并且生活得很快乐时，他们也写作了很多东西：期刊文章、小说和诗歌。毕竟，现代主义是一个集体概念，并且秉承着这一理念，各种并行项目正在形成。

现代主义运动在不同地区采取了不同的形式。例如，在圣保罗，由于其在国家舞台上的新角色，人们一直在坚持“他们独特的现代性”。例如，“班德拉探险队”不再被视为纯粹俘虏奴隶和印第安人的狂野冒险家团队。取而代之的是，他们被转变成“民族英雄”，象征着圣保罗企业家精神。在米纳斯吉拉斯州，现代主义者将18世纪和19世纪初期的巴洛克式教堂确立为“巴西文化的摇篮”。这个想法是要将被视为“人造的和模仿的”帝国时代的过去排除在外，并拥抱一个混合种族的国家。

1933年出版的《华屋与棚户》同样标志着这一时期。这部由社会学家、人类学家吉尔贝托·弗莱雷撰写的超过600页的巨著为研究巴西社会构建了一种新的社会学方法。这位伯南布哥知识分子以“三个种族”的关系为主题，描绘了在东北
384 “华屋”中的私人经历，并将其转化为集体身份认同。这部作品为巴西的多种族社会引入了一种新的模式。作者通过新的文化分析，颠覆了过去对种族混合和种族冲突的恐惧。“熔炉”被谱写成关于巴西三个种族并存的乐观神话。用弗莱雷先生的话来说，“所有巴西人，即使是金发碧眼的白人，在他们的灵魂中——通常在他们的身体和灵魂中——都有印第安人和黑人的形象或肤色”。[59]因此，他将混血文化转变为巴西社会不可或缺的一部分。

在某种程度上，由于这部著作，不同社会群体之间的种族混合（通常是暴力的）成为巴西社会的一种显著特征，这是一种社会化模式。并不是说弗莱雷先生的书无视过去的恐怖，而是他根据东北的“华屋”模式理想化地描述了一种新的文明。与圣保罗和里约热内卢的城市现代主义形成鲜明对比的是，吉尔贝托·弗莱雷勾勒了过去殖民地时期的甘蔗种植园，描述了建立在共存基础上的民族认同。社会排斥和社会包容是相互抵消的对立力量，正如父权制下的奴隶主和忠实的奴隶。[60]弗莱雷先生在书中没有触及基于种族标准的等级制概念，

但同时承认奴隶制的暴力和施虐癖特征。《华屋与棚户》的新颖之处在于，它强调了家的亲密性，弱化了种植园中劳动的艰辛，并使一切变成乐观的原因，就好像奴隶制的“良好形式”在字眼上并不矛盾。

“那天之后”：废奴后的黑人人口

1888 年《黄金法》之后的欣喜之情一消退，该措施的缺点就显现出来了。尽管该法律废止了奴隶制，但它并未解决被释放的奴隶及其后代的社会融入问题，因为他们几乎没有机会与其他群体竞争工作，尤其是白人群体，无论是巴西人还是移民。外交部部长里约·布兰科（Rio Branco）用了一个不幸的双关语表达了其想法，即目的是消除“黑色（黑暗）的过去”(black past)。1890 年的共和国国歌中有一段歌词如下：“我 385
们无法相信，过去在如此高贵的土地上竟然有奴隶……”这个“过去”仅为一年半前，但似乎没人记得。

尽管实际上在共和国成立初期，人们确实担心会有新形式的奴隶制和/或其他种族主义政策被引入。被新释放的奴隶必须忍受种族上命中注定的过去的沉重负担。由于新标准确立了法律和社会正义规范，人们的期望发生了逆转，包括民族、宗教、种族和性别。根据当时的观点，黑人和巴西混血民族在职业和社会上的不成功是种族固有的生物学问题，并非植根于历史或最近的过去。国家精神病院的医生恩里克·罗绍(Henrique Roxo）在第二届拉丁美洲医学大会（1904 年）上发表的讲话中指出，黑人和帕度人应该被视为“没有进化”且“保持落后”的物种。根据罗绍博士的说法，尽管每个种族都背负着“遗传性负担”，但对于这些族群来说，该负担却

“异常沉重”，从而导致懒散、酗酒和精神疾病。他的论点中还包括社会问题，并指责“匆忙过渡”和城市的无序发展。

巴西仍然保持着其混合种族巨人的形象，这一事实似乎引起了人们的注意。巴西是 1911 年 7 月参加第一届国际种族大会的唯一一个拉丁美洲国家。里约热内卢国家博物馆馆长若昂·巴蒂斯塔·德·拉塞尔达（João Batista de Lacerda）被派往伦敦代表该国。作为一位科学家，他在大会上发表了一篇题为《关于巴西的混血种族》的文章，在文章中他得出了一个奇怪的结论：“可以合理地假设，到下个世纪初，混血种族将消失，这与黑人种族将同时在我们中间灭绝相吻合。”[61]这篇文章认为，未来将是白人的、和平的，黑人和混血种族的消失将为日益白化的结构化文明让路。但是，巴西国内对他的这篇论文持悲观态度，而且不是出于人们可能会想到的原因。相反，人们认为一个世纪太长以至于无法等待巴西彻底“变白”。

1929 年，第一届巴西优生学大会主席、人类学家罗克特·平托（Roquette Pinto）也预测该国将越来越白化：到
386 2012 年，巴西人口将有 80%的白人和 20%的混合种族，不会有黑人或印第安人。这种论点的盛行使废奴后的辩论脱离了关于平等和获得公民身份的法律问题。相反，这些讨论是基于生物学的。科学解释了历史，并将社会等级转换为不可变的数据。有两个平行的过程在发挥作用：一是强调黑人和梅斯蒂索人所谓的劣等性，二是试图消除该国的奴隶制历史及其残余。因此，人们创造了一个“亚公民”类，其中包括内陆居民以及城市中的贫民窟居民。这些贫民窟的生活在 1890 年阿卢伊奇奥·德·阿泽维多（Aluísio de Azevedo）[62]的小说《贫民窟》（*O cortiço*）中得到了很好的描述。作家将这些社区描绘成随

时可能爆炸的炸弹，这不仅是由于居民的混杂——包括葡萄牙人、西班牙人、前奴隶、自由黑人和穆拉托人，也是由于迅速的城市化和匆忙将穷人赶出家园而引起的动荡。

新获释的奴隶既遭到种族歧视，又因他们曾作为奴隶而遭受歧视。利马·巴雷托在他的日记中写道，“在巴西，对黑人智力的讨论是先验的，而对白人智力的讨论则是后验的”，并且沮丧地得出结论：“不是白人真可怜。”[63]废奴后，黑人遭受了一种沉默和不正当的偏见，这种偏见对他们的生活产生了重大影响，因为它是建立在根据肤色层级构建的等级体系之上的。[64]非白人被认为是懒惰的、不道德的且在社会上缺乏组织的人。[65]

“自由属于黑人，但平等属于白人。”当白人精英享有平等和公民身份并被允许投票时，以前的奴隶应该满足于仅有的来去自由的权利。一个很好的例子是，他们热衷于购买他们作为奴隶时被禁止获得的商品。旅行者路易斯-阿尔伯特·加夫尔（Louis-Albert Gaffre）讲述了废除奴隶制后，黑人男性和女性如何立即用自己微薄的积蓄购买鞋子，而这是他们作为奴隶时所无法拥有的物件。尽管对这些物品的需求很大，但客户们对结果感到失望。作为奴隶时，他们赤脚行走，他们起老茧的脚与地面直接接触。这使他们很难适应“这种现代习俗”。目击者讲述了他们在城市的街道和田野中如何看到黑人拿着双鞋：他们不是穿在脚上，而是扛在肩上，作为挎包或战利品。 387
无论如何，自由意味着购买和使用自己想要的东西并拥有姓名和身份的可能性。

事实上，废奴之前建立的习俗中延续下来的比中断的要多。尤其是农村地区获释的奴隶加入了穷人的队伍，这种情况绝非新鲜事。新鲜的是这类人中大多数采用的游牧生活方式。这个庞大的群体由乡下人、内陆人和卡波克洛人组成，他们建立临时种植园，然后离开，在南部作为牧牛人、赶车人、驯马师和送报员，或者在东北饲养牲畜。这解释了他们节俭的生活方式。他们拥有的私人物品很少，而且通常不饲养家畜。[66]黑人工人与农民人口混在一起，他们在圣保罗州采用了乡下人和卡波克洛人的生活方式，在米纳斯吉拉斯州的农场和东北的甘蔗种植园及棉花种植园工作。他们不愿意安定下来，且生活中拥有“最低限度的生活必需品”。他们生产食品和用于交易的产品，仅旨在实现少量盈余。[67]并且他们的社交生活仅限于农村邻里和乡村聚会。

尽管一些评论家喋喋不休地讨论所谓的混血种族的冷漠和堕落，好像它们象征着一个病态国家，但也有编年史家赞扬被他们视为“纯粹的乡村生活方式”。1914 年，在《圣保罗州报》的一篇题为《乌鲁佩斯》（‘Urupês’）的文章中，作者蒙泰罗·洛巴托（Monteiro Lobato）[68]创造了杰卡·塔图（Jeca Tatu）这个人物，据说该人物的原型是来自帕拉伊巴河谷的乡下人。杰卡·塔图成为巴西想象中最著名的穷人漫画形象之一。尽管经历了障碍和挫折，例如，孩童时期被收养、政治动荡、广泛的干旱和饥荒，但这个卡波克洛人始终坚韧。鲁伊·巴尔博扎在他的演讲中以杰卡·塔图为例。“巴西人民究竟是谁？”他问道。是那个蹲在地上用其选票在酒吧里买一杯酒或买一卷烟草的卡波克洛人，还是那个读法语书、抽烟并经常光顾剧院和意大利歌剧院的绅士？[69]

在 1930 年结束的第一共和国的最后几年，政治辩论中充斥着此类问题。硬币的一面是政府实施的巴西现代化计划，而另一面则截然不同。巴西贫困人口居住在米纳斯吉拉斯州的篱笆泥墙小屋、迪亚曼蒂纳高原的洞穴、东北地区奴隶建造的庇护所，以及沿河岸建在水中木桩上的小屋。在这些地方，社会规则是“卡波克洛式的”，特点是既尊重仪式，同时又暴力。他们种植自己的食物：木薯、玉米和豆类。在特殊时节，他们吃鸡肉或干肉，搭配着木薯粉糊、木薯面团和帕索卡[70]。他们信奉非常有巴西特色的宗教信仰，这是一种融合了大量天主教、非裔巴西人的习俗和移民传统的做法，即咒语、巫术和祈祷的混合物。这就是硬币的另一面。 388

土著居民和美洲印第安人：（仍存在于）我们中间的“野蛮人”

在共和国所忽视的群体中有印第安人：他们被系统地排除在所有政府计划和政策之外。在帝国时期，对土著居民的兴趣更多的是在言语而非行动上，印第安人在浪漫主义小说中被刻画为英雄角色，而不是任何实际政策的主题。共和国对他们的排斥甚至更加彻底。[71]例如，为巴西西北铁路让路时，开因冈族（Kaingang）遭到了屠杀。当时，圣保罗皇宫博物馆馆长埃尔曼·冯·耶林（Hermann von Ihering）在媒体上指出，这些群体应被消灭。

1880年，在圣保罗西部开始了针对瓜拉尼族、沙万特族（Xavovnte）和开因冈族部落的印第安人的土地划界工作。尽管前两个族群“融入了大群体”，但代价是文化遭到破坏，开因冈族部落奋起反抗对其土地的入侵。1905年铁路建设开始时，对抗达到了顶点。这些印第安人抵抗了很长时间，并组成了当时被称为“开因冈墙”的团体。1911年，在政府实际上灭绝了该族群之后，并在印第安人保护局的干预下，局势才得到控制。该机构负责人是军官坎迪多·马里亚诺·龙东（Cândido Mariano Rondon），除了从事其他活动外，他还在马托格罗索州和戈亚斯州之间修建了电报线。联邦政府对边界的
389 偏远和脆弱性感到担忧。坎迪多·马里亚诺·龙东负责将亚马孙地区纳入该国，不仅通过从巴西中西部到南部的电报线路，而且通过绘制该地区的地图，以及冒险进入未知地区以与印第安人进行首次接触。

印第安人土地的划界政策因地区而异。一些地区被认为是新的，如亚马孙雨林，由于对橡胶的需求而被重新发现。其他地区在很久以前就被殖民了。共和国成立之时，土著居民的状况已不再与劳动挂钩。它已经成为土地所有权的问题。在殖民地时期已有定居点的地区，规矩是确保村庄的边界，而在新获得的土地和沿河沿岸，尽管使用了印第安劳工，但目的是征服新土地。政府的理由是担心“定居者”的安全。这些政策本身并不是什么新鲜事物，但是它们从来没有在政府的明确合谋下得到实施。指示很明确：要么消灭“野蛮的”印第安人，要么“教化他们并让他们融入社会”。[72]尽管有共和国宪法的规定，但要制定切实可行的保护和包容政策还需要很长时间。

“偏袒之地”的危机

第一次世界大战期间，一系列事件对巴西产生了重大影响。首先是持续干旱和咖啡价格波动导致农产品出口减少，从而引起了经济危机。其次是更多移民的到来——战后移民人数迅速增加——和随之而来的城市增长。这些因素的结合导致了一群强大的新自由派城市专业人士的涌现。此外，在战争年代

实施的“进口替代”政策导致由小零售商、手艺人和工业家经营的小商店和工业的数量增加。

而国家干预的增加意味着政府行政部门雇用了更多的人。政府工作人员比比皆是。作家马沙多·德·阿西斯和利马·巴雷托本身都是公务员，都讽刺地描述过他们。利马·巴雷托对 390
此类闲职高度不满：

> 在该部门工作的第一天，我意识到我们所有人都是天生的公务员……我适应得如此之快，以至于我认为自己注定要为国家工作，以我有限的语法和糟糕的写作，来管理国家的进步和活动的任务……[73]

重要的是，在第一共和国时期，农业出口经济不受城市发展的影响。相反，政府与“上校主义”制度的联系以及所谓的“牛票”（按照当地“上校”的指示投票的农村人口）中和了新的城市阶级的政治声音，并允许政府继续控制选举。在这片偏袒之地、互利之地，要自治是很困难的。该制度远非自由主义，甚至（也许尤其是）在废奴方面都没有集体意识。毫无疑问，共和国诞生于公民的想法是不存在的。政治行动仍然高度依赖当权者之间的关系，这是一种只能被称为任人唯亲的制度。

但是，甚至在第一次世界大战之前，与农业利益无关的自治团体就开始组织起来。有一些表示不满的中产阶级运动，例如，“弗洛里亚诺主义”、1909 年的“平民运动”、在各个城镇之间蔓延的抗议短缺的活动，以及 1920 年代在巴西各地进行的尉官起义。这些起义使已然脆弱的共和国进一步动荡不安。1920 年，大多数军官的军衔较低，中尉或少尉占 65.1%，上尉为 21.3%。[74]他们一只脚在军队，而另一只脚则踏入了社会。这些被称为尉官的军官认为巴西需要强大的中央政府干预经济，以开发自然资源，促进工业发展并保护该国免遭外国剥削。他们认为地区主义和腐败是该国所有弊端的根源。他们在社会问题上是自由派，但在政治上是专制派。在公众场合，他们表现得像军人，做好了保护国家并摧毁地区寡头力量的准
391 备。他们还希望减少社会不平等、降低文盲率，但是他们不知道如何实现自己的目标，也不知道如何创建自己梦想中的国家。

因此，他们几乎孤军奋战开始与政府对抗。1922 年 7 月 5 日，在里约热内卢爆发了被称为“科巴卡巴纳兵营 18 人起义”的行动。这是尉官们第一次起义。这次起义有一些戏剧性的时刻：在兵营[75]的起义结束后，28 名军官继续起义，为了使他们的抗议永垂不朽，他们沿着大西洋大道（Avenida Atlântica）游行以对抗政府军。这条著名大道直至今日一直沿着科巴卡巴纳海滩伸展。他们中有 10 个人在路上抛弃了这个团体，只剩下 18 个人，剩下的人继续迎着炮火行进。只有 2 名叛乱尉官幸存下来——西凯拉·坎波斯（Siqueira Campos）和爱德华多·戈梅斯（Eduardo Gomes）。第二次起义是 1924 年的圣保罗革命，这是圣保罗有史以来规模最大的军事对抗。它开始于 7 月 5 日（“科巴卡巴纳兵营 18 人起义”的两周年纪念日），起义军官们占领了该城市 21 天。

1924 年，被称为“玛瑙斯公社”的起义爆发，并蔓延至帕拉州的奥比多斯地区。由于橡胶价格下跌，该地区局势不稳，人们普遍指责政府腐败。为了解决危机，联邦政府提供了

更多信贷，但这只会增加债务的总体水平。玛瑙斯驻军在州首府组织起义，反抗“共和国的组成力量”。像其他尉官一样，他们将自己视为人民的合法领袖，并要求扭转政治和经济状况。

但是，迄今为止引起最大反响的尉官起义是“普列斯特斯/米格尔·科斯塔纵队”（Coluna Prestes/Miguel Costa），它在1925—1927年席卷全国。[76]尽管最初的目标是推翻阿图尔·贝纳德斯（Artur Bernardes）总统的政府，但该运动有更深远的要求。该运动成员要求进行秘密投票、公立学校改革、义务初等教育和政治道德化。他们还谴责对穷人的剥削以及穷人恶劣的生活条件。该纵队是与米格尔·科斯塔有联系的圣保罗尉官派与路易斯·卡洛斯·普列斯特斯（Luís Carlos Prestes）领导下的南里奥格兰德州的叛乱部队之间的联合。普列斯特斯上尉象征着激励尉官们的变革精神。他激发了城市中产阶级的支 392
持，并被称为“希望的骑士”。全国各地的志愿人员蜂拥而至加入该纵队。在两年零五个月的时间里，该纵队穿越了巴西12个州，行进了25000公里。它有大约200名固定核心成员，在旅程的某些时刻增至1500人。在纵队停下的城市中，反应褒贬不一。有些人欢迎他们，并将其视为救世主，但另一些人则对他们的武断做法表示不满，例如，在未经所有人同意的情况下牵走马和牛，以及在小城镇和村庄没收药品、绷带和食物。

该纵队行动迅速以避免与政府军发生任何对抗。这确实是其目的：将该运动维持为一种似乎不可战胜的武装抗议活动。并且，该战略取得了成功：他们从马托格罗索州到马拉尼昂州，穿越了整个国家，然后原路返回，并于1927年在玻利维亚避难。在政府军中，对叛军的钦佩之情开始在军官和士兵中蔓延。数年后，杜特拉将军[77]回忆起被派去与该纵队作战的部队官兵对彼此说："让他们通过。"

并不"旧"的共和国

到 1920 年代末，第一共和国已经很脆弱，且其作为好坏参半。一方面，它作为城市发展、工业化和移民蓬勃发展的时期被人们记住。建立共和制机构的第一步已走出，且为改善工作条件的抗争已开始。另一方面，这是一个压制时期，是各种政治欺诈、种族主义措施以及穷人被驱逐到城市郊区的压抑时期。由于有如此多的模棱两可之处，共和国成了无休止的冲突之地。此时，城市已被视为"危险阶级"活动和"下层阶级"起义的中心。[78]

积极与消极相伴。这就是共和制国家制度化初期以及为争取更好的工作条件而进行的斗争中的情况。此外，仅仅强调肯
393 定会发生的社会排斥过程，只会反映当时执政精英的愿景。他们将参与叛乱行为的任何人都视为"无政府主义群体"。实际上，存在非常多不同类型的社会团体，他们经常以有序的方式行事，收集签名，发起公共运动和有组织的抗议活动。也许这就是为什么该时期被称为"旧共和国"，这个词是 1930 年革命后出现的贬义词。实际上，有很多原因可以解释这种说法以及为什么今天人们仍在使用它。

该政权的许多政治和社会缺陷在一定程度上导致了该名称的延续。但是，巴西惯例和制度的民主化进程已初具规模，这同样是事实。在第一共和国时期，出现了各种统治权力，制定了新的选举程序，并讨论了公民全面参与政府的早期计划。因

此，尽管这一时期见证了许多冲突、通过武力维持权力的威权政府、以优生学为基础的戒严令和种族政策，但也正是这一时期开启了城市向公民可以抗议和辩论的空间的转变。

这绝不是新运动的政治家和知识分子第一次宣称新制度具有所有优点，而将旧制度贬低为落后的匿名者。当回顾过去时，新的运动往往会遭受缺乏远见的困扰，人们会有选择地选择一种观点，即他们自己的观点。当然，1930 年的革命就是这种情况，当时国家立即被称为“新”的，即“新国家”（Estado Novo）。根据这种观点，真正的“共和国”（res publica）尚未出现，正如一个真正现代、道德和政治的社会也尚未到来一样。

尽管该国人民欢迎共和国成为现代性的先驱，但到 1920 年代末，许多人备感失望，他们渴望发现真正的“巴西性”，审视该国的过去并创造新的未来。文学评论家罗伯托·施瓦茨（Roberto Schwarz）评论说，在巴西一切似乎都“从零重新开始”，并且该国是由减法构建的。[79]换句话说，每种情况都为构想这个国家创造了新方式，并试图消除以前存在的那些方式。现在是时候去发现精确定义巴西的东西，去寻找国家认同的模式并播下新种子。当然，该国对混合种族人口的态度需要从生物学的角度转变为文化的角度。从 20 世纪早期的现代主义计划中诞生的巴西是一个矛盾体。过去与现在共存，流行歌曲与 394
古典音乐共存，民间文学与学术文学共存，现代运输方式与驴车共存，城市化国家与广袤的内陆共存，社会排斥与迈向社会融合的第一步共存，裙带关系与此前未知的政治和社会制度的创建过程共存。的确，出生于 19 世纪末 20 世纪初的共和国的第一代人开始重新发现巴西的内陆。像马里奥·德·安德拉德和维拉-罗伯斯这样的音乐学家，像坎迪多·龙东这样的印第安主义者，像塞尔吉奥·布阿尔克·德·奥兰达这样的杂文家、社会学家和历史学家，像卡洛斯·恰加斯和贝利萨里奥·佩纳（Belisário Pena）这样的公共卫生学家，像“普列斯特斯/米格尔·科斯塔纵队”中的尉官们那样的士兵，所有这些人都构成了质疑和改变态度、观念和政治行为的运动的一部分。有一场运动是围绕着“并入腹地”的思想进行的。这意味着要拥抱内陆巴西人，这些人经常被表现为孤立的、被遗弃的、病恹恹的、游牧的、落后的、抗拒变革的、没有自己土地的，但他们位于巴西不断被重新发现的核心。

人类学家克洛德·列维-斯特劳斯在他的著作《野性的思维》（*La Penseé sauvage*）中肯定了人是分类动物。首先，他对现象进行分类，然后赋予其含义并找到其用途。“旧共和国”这个名称一直存在。它揭示了“新国家”政治家们如何看待自己与前任的关系。像那耳喀索斯一样，他们认为在镜子中看不到的所有东西都是丑陋的。这一时期尽管存在争议且模棱两可，但就这一时期争取权利的斗争、公共领域和私人领域之间的新区分以及在承认公民身份方面取得的进展方面，他们并不认为这一时期是积极的。街头因时尚、社交生活、报童、罢工工人、政治抗议活动和大众文化示威运动的热闹景象而引人注目。“第一共和国”这个名称比“旧共和国”更合适。“第一”更合适，一是因为无论好坏，“共和国”先于“新国家”，二是因为行使公民权第一次成为主流。

十四　桑巴、无赖做法[1]、专制主义

现代巴西的诞生

通过投票或武装对抗：第一共和国将走向终结

1930年3月1日，在一个狂欢节周末，那些会读写的巴西人出去选举共和国下任总统和新的联邦议员。这将是巴西共和国的第十二届总统选举。这些少数选民——他们必须是成年男性，会读写，且仅占人口的5.6%——并没有阻止这场选举像1910年即20年前鲁伊·巴尔博扎对抗埃梅斯·达·丰塞卡的那场选举那样扣人心弦且结果不相上下。[2]尽管在此期间巴西发生了很大变化，并且候选人是新人，但1930年的选举在某种程度上使人联想起了先前的争端。这场运动让人们走上街头，遍及各州，并在政治集会或当时用英语所说的"会议"使全国动员起来。这场民众运动使两个主要问题凸显出来：总统继任的规则和程序，以及共和政府关于社会平等和公民权利的政策。 395

1930年的选举给人一种时代终结的感觉。第一共和国的最后一位总统华盛顿·路易斯（Washington Luís）放弃了"统治者政策"，这危及了地区精英与联邦政府之间的默契协议。但没人料到他会选择圣保罗州主席[3]儒利奥·普列斯特斯

（Júlio Prestes）作为其继任者，从而中断了米纳斯吉拉斯州和圣保罗州之间的权力交替。华盛顿·路易斯并不相信共和国真的是通过选举和选票来统治的。他认为执政需要严格控制地区
396 政治力量。直到儒利奥·普列斯特斯在 1929 年获得候选人资格之前，一切照旧：地区精英控制着州行政部门，而在联邦一级，权力在联邦政府与各州之间分配。

华盛顿·路易斯的总统任期很顺利，特别是与前任总统阿图尔·贝纳德斯相比，后者在戒严状态下执政了 4 年。整个 1920 年代，警察对城镇工人采取的武力手段减少了罢工次数，并削弱了工会。来自尉官派的激烈反抗似乎在 1927 年之后就失去了动力，当时“普列斯特斯/米格尔·科斯塔纵队”的最后残余部队在几乎横穿全国之后为躲避政府军而在玻利维亚和巴拉圭避难。[4]

华盛顿·路易斯尽其所能推迟了官方候选人的宣布。在整个第一共和国期间，联邦与各州之间心照不宣的协议意味着总统选举的获胜者早已决定：共和国总统提名官方候选人，该候选人获得全国寡头统治集团的全力支持，因此几乎不可能选举失败。

总统继任已成为权力交接的仪式。它包括一定程度的政治动荡，但只有在米纳斯吉拉斯州和圣保罗州之间就必要的调整进行谈判时才会发生。这两个州之间每 4 年进行一次勾结和交易，其间充满了阴谋和紧张。但是，正是这种约定保证了稳定性。1894—1906 年，圣保罗人控制着政府；而 1906—1918 年，米纳斯吉拉斯人掌权。1919 年至 1929 年间，权力在两州之间更迭。1926 年，由于阿图尔·贝纳德斯任期的不稳定因素，米纳斯吉拉斯人适时地提名华盛顿·路易斯接任总统职

位。尽管他出生在里约热内卢，但他是圣保罗利益的合法代表。为了安全起见，他们任命了自己的一位候选人——米纳斯吉拉斯人费尔南多·德·梅洛·维亚纳（Fernando de Melo Viana）作为副总统候选人。[5]1929年，米纳斯吉拉斯人等待着对他们恩惠的回报，同时准备再次占领卡特蒂宫[6]。

历史学家仍在争论为什么华盛顿·路易斯决定冒一切风险
与米纳斯吉拉斯州对抗。总统是他协助摧毁的制度的典型产 397
物。他是专制、自负且反对协商的。他认为应该将政治留给控制选举制度并统治国家的有限的精英阶层。“听？那是他从未做过的。”前议员吉尔伯托·亚马多（Gilberto Amado）[7]在他的回忆录中如此写道。他继续写道：“他完全不考虑自己的言行对他人的影响。他从没想过那些被排斥和拒绝的人会受到伤害、怨恨或做出反应。”[8]

尽管华盛顿·路易斯无疑傲慢又自大，但他可能已经考虑到了该国的最大利益。他可能认为儒利奥·普列斯特斯是执行他在其执政期间实施的经济稳定计划的合适人选。该计划的两个主要目标是稳定对英镑（当时是国际市场的标准参考货币）的汇率，并保护巴西最重要的商品——圣保罗的咖啡免受价格波动的不断影响。

华盛顿·路易斯的第二重考虑可能是，因为圣保罗已经成为联邦中最富有的州，所以它应该统治该国。他对圣保罗州咖啡生产强有力的经济以及圣保罗州咖啡生产商对国家政治的控制充满信心。还有第三重考虑，即米纳斯吉拉斯州和圣保罗州咖啡生产商之间在增加商品价值政策上的潜在冲突。[9]考虑到所有这些因素，再加上他的政治家事业起家于圣保罗，华盛顿·路易斯很可能相信他可以摒弃两州之间的协议。毕竟，那时圣保罗州的经济显著增长，与圣保罗州相比，米纳斯吉拉斯州的咖啡生产规模要小得多。在接下来的 4 年内将圣保罗的利益交给经济和政治上更加脆弱的州，并任由其精英的意愿来处置，似乎不再合情合理。

1928 年 5 月，米纳斯吉拉斯州主席安东尼奥·卡洛斯·里贝罗·德·安德拉达（Antônio Carlos Ribeiro de Andrada）戴着大礼帽、穿着燕尾服，衣着整齐地来到里约热内卢—圣保罗高速公路的落成典礼，这是华盛顿·路易斯政府的高光时刻。他登上讲台，就坐在共和国总统旁边。总统的开幕演说使
398 他感到震惊：华盛顿·路易斯完全缺乏分寸感，他欢迎儒利奥·普列斯特斯（当时的圣保罗州主席）担任“共和国的未来总统”。安东尼奥·卡洛斯·里贝罗·德·安德拉达将自己视为贵族，他的家人曾反抗葡萄牙人并为争取独立而战，且他是若泽·博尼法西奥的直接后裔，他的反应是典型的米纳斯吉拉斯人的反应。他什么都懂，也什么都没说。他回到贝洛奥里藏特，并开始密谋。[10]一年后，当华盛顿·路易斯正式宣布儒利奥·普列斯特斯的候选人资格时，安东尼奥·卡洛斯·里贝罗·德·安德拉达向他传达了一条信息，告知他米纳斯吉拉斯人已属意来自反对派的另一位候选人。

经过无休止的讨论后，安东尼奥·卡洛斯·里贝罗·德·安德拉达正如他人所预料的那样：他同意放弃自己的候选人资格，目的是建立由与咖啡业无关的区域力量组成的广泛联盟，包括持不同政见者团体，如在 1920 年代起义的尉官派。与米纳斯吉拉斯州联手提出反对派候选人的两个州（即帕拉伊巴州和南里奥格兰德州）的精英不同意咖啡出口是巴西最重要的问题。相反，他们倾向于优先考虑国内市场。到 1920 年代

末，米纳斯吉拉斯州、南里奥格兰德州和帕拉伊巴州的地区精英阶层经历了重大变革：他们的政治领袖年轻且受过良好教育，并渴望在一个政治、社会和文化进步突飞猛进的社会中实施改革计划。

在 1923 年联邦主义革命之后，南里奥格兰德州的反对派政治力量——自由主义者（也称为“叫隼”）和联邦主义者［也称为“戴红巾者”（maragatos）］在州政府中都有代表。20 年来，这两派一直在煽动对各州之间权力分配不均的不满。在联邦政府眼中，南里奥格兰德州绝不会有人当总统。毕竟，该州经济仅限于国内市场，且与圣保罗州和米纳斯吉拉斯州的选民相比，其选民微不足道。同时，帕拉伊巴州（东北的一个小州）的新兴精英阶层成员已逐渐削弱了庞大的种植园主即“上校”的力量。他们有远大的梦想，展望着遥远的未来：他们计划在政治上孤立其邻州伯南布哥，并带领东北各州进入国家政治的中心舞台。[11]

反对派总统候选人是南里奥格兰德州的热图利奥·瓦加斯
(Getúlio Vargas)，副总统候选人是帕拉伊巴州的若昂·佩索阿 399
(João Pessoa)。热图利奥·瓦加斯来自该州最西部圣博尔雅镇(São Borja）的一个牧主家庭。他的政见与南里奥格兰德实证主义者的政见一致，后者是南里奥格兰德州共和独裁专政背后的力量。热图利奥·瓦加斯在公共事务中迅速崛起：他曾是州议员、联邦议员、该州国会代表团的领袖，并在 1926—1927 年任华盛顿·路易斯的财政部部长。若昂·佩索阿被认为是高效、诚实的管理者。他的家人已控制帕拉伊巴州的政治多年，他的叔叔埃皮塔西奥·佩索阿（Epitácio Pessoa）在 1919—1922 年曾任共和国总统。[12]

谨慎行事的安东尼奥·卡洛斯·里贝罗·德·安德拉达在策划时一直密切关注着米纳斯吉拉斯人。被称为“自由联盟”的反对派联合会拥有掌权的所有必要要素。联盟成员代表了广泛的背景和观点。因此，他们形成了可行的替代性权力轴心，并以其崭新的政治手法赢得了社会各阶层的支持。

“自由联盟”这个名称广为流传，家喻户晓。它不仅暗示了持不同政见者的力量，而且暗示了新的政治议程。联盟成员使用“自由”一词来强调他们对巴西潜力的理解以及他们对巴西进行现代化改造的意图。在这种情况下，“自由”议程包括对工业的支持，对此前被排斥在外的社会群体的政治权利的支持，以及对社会权利的支持，特别是 8 小时工作日、假期、最低工资、工作场所妇女保护以及童工限制。[13]

到 1929 年下半年，自由联盟已准备好走上街头，赢得巴西选民的心。全新的“自由队列”（Caravanas Liberais）[14]由年轻的激进分子组成，他们在该国几个最大城市的公共论坛上与巴西民众打成一片并大获成功。从战略上讲，他们从一些最流行的问题入手：1922 年和 1927 年起义中的叛乱尉官和士兵的大赦、工人权利、无记名投票、经济多元化和东北干旱政策。[15]

1930 年 1 月上旬，总统候选人热图利奥·瓦加斯乘船到
400 达里约热内卢。他是自由联盟的明星，并在集会上介绍该联盟纲领。[16]直到那个时候，政治运动还是冷淡而乏味的。候选人将向满屋子的客人介绍选举计划，接着举行宴会。打破这种传统并在公共广场上鼓动人民的想法完全闻所未闻，并引起了小型丑闻。这场集会于 1 月 2 日在里约热内卢市中心举行，吸引了大批群众。与联盟主要领导人并肩站在讲台上的还有反对派

的其他受欢迎成员，包括律师埃瓦里斯托·德·莫赖斯（Evaristo de Morais）[17]和议员毛里西奥·德·拉塞尔达（Mauricio de Lacerda）[18]，后者是一位思想独立的记者，俗称“人民的保民官”。尽管下着毛毛雨，但人数估计超过 10 万的人群热情洋溢地听着。当热图利奥·瓦加斯读出反对派的完整宣言时，他们像着魔一般，而实际是一个外表普通、矮胖、大肚子的候选人用一种持续的、面无表情的嗡嗡声读出了 31 页的宣言。

尽管如此，反对派没有赢得选举的现实机会。儒利奥·普列斯特斯得到了华盛顿·路易斯和圣保罗强大的咖啡种植商的公开支持。此外，总统还获得了 17 位州主席对其候选人的支持，每位主席都可以自由使用自己的特殊方法来获得选票。与往常一样，双方在所有州，包括那些支持反对派候选人的州，都采取了欺诈、贿赂和选举胁迫的方式。西尼奥（Sinhô）是当时最受欢迎的歌手之一，是儒利奥·普列斯特斯的热情支持者，他在奥斯瓦尔德·德·安德拉德和塔尔西拉·杜·阿马拉尔举办的聚会上与他见过面。他对政治体制进行了讽刺评论，称这是一场非公开竞赛，而选举结果早已是定局。[19]每个人都赞同他在 1930 年代唱的一首非常流行的狂欢节歌曲中的歌词：“我听说/那是为了我们自己的利益/耶稣还是选择了/儒利奥（普列斯特斯）领先。”而且西尼奥知道他在演唱什么。计票后，儒利奥·普列斯特斯以 1091709 票被宣布获胜，而热图利奥·瓦加斯则获得 742794 票。在圣保罗州，结果广遭非议：政府候选人获得 35 万张选票，而反对派获得 3 万张选票。在米纳斯吉拉斯州，由于选民人数众多，自由联盟预期会取得良好结果，且安东尼奥·卡洛斯·里贝罗·德·安德拉达承诺他

将提供35万张选票，但自由联盟最终只获得了28万张选票。在选民人数较少的帕拉伊巴州，反对派领先2万票，但影响不
401 大。在伯南布哥州，寡头们决心终止帕拉伊巴州与东北其他州结盟的计划，儒利奥·普列斯特斯在该州获得61000票，而自由联盟获9000票。热图利奥·瓦加斯仅在他的家乡南里奥格兰德州取得了胜利，在那里他获得了295000票，而儒利奥·普列斯特斯仅获1000票。[20]

宣布获胜者后，反对派除了抱怨选举舞弊外几乎无能为力，且在大多数情况下选举舞弊是无法被证实的。儒利奥·普列斯特斯的胜利意味着反对派的冒险活动结束，地区精英回归传统政治。甚至热图利奥·瓦加斯也承认了对手的胜利，他回到南里奥格兰德州，与新政府重新建立了联系，并认为这一插曲已经结束。

但是，认为事情会进展顺利的印象是一种错觉。自由联盟是一个广泛的联盟，代表了各种政治家、意识形态和至少两代地区领袖的利益，其中许多领袖的想法与热图利奥·瓦加斯的想法不同。在这些年轻的领袖中，包括米纳斯吉拉斯州的维尔吉利奥·德·梅洛·佛朗哥（Virgílio de Melo Franco）和弗朗西斯科·坎波斯以及南里奥格兰德州的若昂·内维斯·达·丰托拉（João Neves da Fontoura）和奥斯瓦尔多·阿拉尼亚（Oswaldo Aranha），他们对反对派方案仍然充满热情。他们也渴望在老一辈领袖的阴影下开创自己的政治生涯。他们拒绝接受在选举中的失败，并决心继续战斗。他们抱怨称，儒利奥·普列斯特斯可能在投票箱中获胜，但热图利奥·瓦加斯会在战斗中获胜。

武装冲突的替代方案并不只是年轻的文官领袖不切实际的

想法，它得到了尉官派的坚定支持。这是一群军衔较低的军官，他们在 1920 年代的起义中幸存下来并感到他们受到了恶劣的对待。他们渴望获得自宣布成立共和国以来一直被剥夺的权力。这次他们已做好战斗准备，绝不让机会从身边溜走。这些尉官派是理想主义者，受到军队的高度赞赏以及城市中产阶级和工人阶级的支持。他们有军事经验，在政治上浮躁不安。还有一小部分军官充当了三个持不同政见的州与军队内部主要人物之间的中间人。这些主要人物是茹阿雷斯·塔沃拉（Juarez Távora）、西凯拉·坎波斯、爱德华多·戈梅斯、若昂·阿尔贝托（João Alberto）、米格尔·科斯塔、阿吉尔多·巴拉塔（Agildo Barata）和茹拉西·马加良斯（Juracy Magalhães）。

年轻军官与反对派文官领袖之间的紧密联系将为华盛顿· 402
路易斯政府带来灾难，尽管所有尉官中最负盛名的路易斯·卡洛斯·普列斯特斯拒绝了担任自由联盟军事指挥的邀请。1930 年，普列斯特斯上尉已享有神话般的地位。他曾是 1920 年代军事游击队最后一支纵队的领袖，承担了唤醒内陆深处穷人政治意识的某种弥赛亚角色，并且为逃避政府派遣部队的抓捕而在腹地玩起了“猫鼠游戏”。在流亡玻利维亚、阿根廷和乌拉圭期间，他的声望惊人。对于自由联盟的领袖来说，他是他们梦想中的军事指挥官。但是，1930 年，普列斯特斯上尉令所有人感到惊讶。他不顾尉官派运动和自由联盟的方案，成立了一个对抗政府的组织——革命行动联盟——并且开始支持共产主义者。[21]这是其漫长政治生涯的开端，为此他首先去了莫斯科，并最终于 1934 年加入巴西共产党。

尽管几乎所有尉官都坚决拥护，而且许多文官领袖都有参加武装斗争的政治意愿，但还是缺乏协调配合。即便如此，到处都有密谋：在阿雷格里港、贝洛奥里藏特、蒙得维的亚和布宜诺斯艾利斯，有传言说将发动政变阻止儒利奥·普列斯特斯上台。流亡尉官派经常越过边界进入南里奥格兰德州与年轻的反对派领袖举行会议，且武器和弹药从阿根廷走私到该国。但是，自由联盟的主要领导人仍然犹豫不决。曾是机会主义者的热图利奥·瓦加斯在观察并等待时机。与此同时，安东尼奥·卡洛斯·里贝罗·德·安德拉达在即将结束任期时并不确定是否要支持其他州的叛乱者。他很快就要将米纳斯吉拉斯州的主席职位移交给他的继任者奥莱加里奥·马西埃尔（Olegário Maciel）。因此，在密谋保持活跃的同时，军事进攻暂时被搁置。自由联盟需要一些外部压力来恢复他们的动机，并成为点燃叛乱的火花。

这一事件发生在7月26日下午，在累西腓漂亮雅致的“格洛丽亚糖果店”（Confeitaria Glória），当时前副总统候选人
403 若昂·佩索阿在其他政客的陪同下遭近距离三枪杀害。[22]在东北地区，即使到今天，人们都不认为这起事件是如通常所说的竞争对手雇用杀手进行的谋杀。凶手是一名律师，名叫若昂·丹塔斯（João Dantas），他在现场被捕，并承认他是出于个人原因犯下了这一罪行。几周前，帕拉伊巴州警察搜查了他的办公室，查抄了其文件，并在若昂·佩索阿的同意下，将材料交给了当地媒体。州政府的官方报纸《联盟》（*União*）将所有内容发布在了头版上。这些材料包括若昂·丹塔斯和情人阿纳德·贝里兹（Anayde Beiriz）之间交换的色情情书。阿纳德女士25岁，单身，是一位思想独立的老师。她还是一位诗人、女权主义者，并且抽烟。她不堪这一丑闻，并最终自杀。

但是，若昂·佩索阿谋杀案也是政治性的。若昂·丹塔斯是若泽·佩雷拉（José Pereira）上校的盟友，后者是位于帕拉伊巴州与伯南布哥州交界处的内陆城镇女王镇（Princesa，即今伊莎贝尔女王镇）的强大首领。佩雷拉上校领导了一场武装起义，反对若昂·佩索阿采取的限制强大“上校”（寡头）自治的措施。[23]这场起义被称为“女王镇起义”，它开始于1930年2月，即若昂·佩索阿被谋杀的5个月之前，并吸引了大量追随者。在佩雷拉上校的指挥下，叛乱者占领了整个地区，并宣布独立于帕拉伊巴州。他们击退了由州主席派出的镇压起义的公共部队（即军警，当时被称为公共部队）的反复袭击，且若泽·佩雷拉将自己任命为“女王镇自由领土”的长官。

叛乱者不仅占领了腹地，而且得到了外界的支持。资金、武器和信息从伯南布哥州、北里奥格兰德州，以及最重要的是从圣保罗州流入女王镇。在圣保罗，人们对于动摇若昂·佩索阿政府深感兴趣。华盛顿·路易斯密切关注着这些事件，他在等待理想的时机命令联邦政府对该州进行干预，并派遣政府部队摧毁东北的自由联盟基地。同时，贝洛奥里藏特和阿雷格里港的团体正计划代表若昂·佩索阿进行干预。米纳斯吉拉斯州和南里奥格兰德州都找到了运送弹药的方法，以加强帕拉伊巴州的公共部队。成千上万个弹药筒被藏在西梅干和桃子罐、板油桶和牛肉干包装中。安东尼奥·卡洛斯·里贝罗·德·安德拉达甚至还派出了属于米纳斯吉拉斯州公共部队的单引擎飞机 404
“少年号”（*Garoto*），向女王镇投放自制炸弹，以及敦促叛乱者投降的小册子。

在若昂·佩索阿被谋杀后，这场区域危机突然在全国范围内变得举足轻重。自由联盟抓住了这次机会指控联邦政府煽动叛乱，以此作为干预帕拉伊巴州的借口。他们声称，华盛顿·路易斯出于报复的目的远程策划了这场谋杀。若昂·佩索阿谋杀案使全国震惊，他的死令该州几乎无法控制，而反对派立即意识到可以利用这一局势来推动其事业。若昂·佩索阿装饰着州主席绶带的遗体在帕拉伊巴州供民众瞻仰，接着被用船运到了里约热内卢，在那里自由联盟的数十名成员列队表示最后的敬意，而这是对华盛顿·路易斯的直接侮辱。在葬礼队伍出发前，议员毛里西奥·德·拉塞尔达跳上了棺材旁边的马车，抓住扩音器，向激动的人群讲话："在你面前的棺材中，躺着的不是一个伟大公民的尸体，而是一个国家的尸体！……南里奥格兰德人、米纳斯吉拉斯人，现在是时候兑现你们的诺言了。人民已准备为自由而死！"[24]

1930 年 10 月 3 日开始了内战和军事起义。米纳斯吉拉斯州和南里奥格兰德州同时发起军事行动，数小时后，帕拉伊巴州紧随其后。这场运动是由中尉佩德罗·奥雷利奥·德·戈埃斯·蒙泰罗（Pedro Aurélio de Góes Monteiro）指挥的，他是部队中备受尊敬的军官。他被同僚们认为是一位称职的领导人，但公众对他知之甚少。他计划的第一步是通过赢得联邦军队对他的支持或通过进攻他们的驻军而使联邦军队中立。[25]他的策略很简单，即出其不意地进攻忠于联邦政府的军营，并在得到下级军官的广泛支持下赢得控制部队的军士的支持。这一策略奏效了，从上尉到下层，军队大多数人都支持自由联盟。但是，对该联盟最大的军事支持来自各州强大的公共部队。这些规模很小但装备精良的自治军听从各州主席的命令。不久，武装平民志愿军加入了他们的行列。

在米纳斯吉拉斯州，所有军事要塞都遭到叛军的攻击。10

月 3 日至 8 日，在贝洛奥里藏特，作为该州主力的第十二步兵 405
团遭到了 4000 名公共部队人员的昼夜炮击。他们最终于 10 月 8 日下午投降，这场对抗引起了全城恐慌。由于兵营的战略位置、从战壕里发出的持续炮击和手榴弹的爆炸，有关第十二步兵团拥有炮兵力量炮轰这座城市的谣言开始流传。当圣保罗州公共部队用一架军用飞机向米纳斯吉拉斯州政府驻地即自由宫投下两枚炸弹时，恐慌加剧。第一枚掉进了与宫殿相连的房屋的盥洗盆中，第二枚落在了主广场即自由广场上，就在警察秘书处对面。令市民安心的是，这两枚炸弹都没有爆炸。[26]

自由联盟基地位于帕拉伊巴州，它从那里发动了对东北其他州的袭击。该地区军事行动的指挥官是茹阿雷斯·塔沃拉，他曾在 1920 年代参加过尉官起义。1930 年 3 月，他从他被关押的瓜纳巴拉湾的圣克鲁斯堡成功逃脱，此举令人惊叹。午夜时分，他在另外两名军官的陪同下，用一根简易绳子从堡垒的墙壁上下来，游到抛锚在海上的一艘船上，并消失在大海上。两个月后，一群叛军士兵对累西腓的公共建筑进行了一系列成功突袭，他作为他们的领袖重新出现。[27]这些叛乱者在三周之内成功控制了伯南布哥州、阿拉戈斯州、塞阿拉州、皮奥伊州、马拉尼昂州和北里奥格兰德州。即使萨尔瓦多受到联盟军队的围困，巴伊亚州仍然是唯一忠于联邦政府的州。

在南里奥格兰德州，叛军仅用了一周多的时间就取得了军事控制权。在使政府部队中立后，戈埃斯·蒙泰罗将军令其部队坐上了前往圣保罗的火车。他们成功的概率很高，且此时热图利奥·瓦加斯已公开加入自由联盟，他身穿卡其布制服，担任叛军的文官指挥，并与部队一起登上了火车。预计双方之间最严重的对抗将发生在巴拉那州和圣保罗州之间边界的伊塔拉雷（Itararé）。该市位于圣保罗州内陆，拥有通往里约热内卢和圣保罗市的重要铁路线，其位置具有重要的战略意义。

406 当报纸宣称这是“拉丁美洲最大的战斗”时，该国屏住了呼吸，所有人将目光聚焦在伊塔拉雷。政府吹嘘其军队所向无敌：它拥有来自圣保罗公共部队的6000名士兵，并且军队坚守着不惜一切代价阻止叛军前进的命令。但是，战斗从未发生。在双方建立了防线并交火几次后，他们都决定等待暴雨结束，等待政治局势更加明朗。这可能是明智的决定，但在该国当时盛行的气氛下，公众感受到了背叛。

华盛顿·路易斯反应缓慢。直到10月10日，他才公布该国发生了叛乱。[28]他也花了很长时间才接受叛乱的规模和程度比他想象的要大。他同时面临三个问题：他需要遏制叛军接近里约热内卢的速度、消除政府军的犹豫，以及应对1929年的经济危机，这场经济危机导致了通货膨胀、失业和货币贬值。形势十分严峻，且华盛顿·路易斯所采取的措施虽然强硬，但被证明是不充分的。他发布了戒严令，对新闻界进行了审查，并延长了公共假期（直到10月21日）以避免银行挤兑。他还发起了一场平息谣言的运动，并征召预备队入伍。受政府指挥的部队人数迅速减少，陆军和海军都在重新考虑他们将效忠谁。如果军事指挥官不采取果断行动，要么军队将被叛军打败，要么投靠自由联盟的逃兵数量将导致等级制度的崩溃。

华盛顿·路易斯可能已经失去了一切，但他不会放弃。总统官邸瓜纳巴拉宫被铁丝网包围，且不断遭受轰炸的危险。科巴卡巴纳、莱米和圣若昂堡垒的大炮定期开火以示警告，要求他辞职。他手下的将军们给了他最后通牒，且全城都在威胁要起义，不过他没有动摇。“我不会辞职！要我离开这里除非把我大卸八块！”他对部长们大喊大叫。[29]但他不需要这样的牺牲。10月24日早上7点他被免职，距其任期结束还有不到30天。他被逮捕并被带到科巴卡巴纳堡垒，一个月后，他从那里 407
流亡到欧洲。

11月3日，由两位将军——奥古斯托·塔索·弗拉戈索（Augusto Tasso Fragoso）和若昂·德·德乌斯·梅纳·巴雷托（João de Deus Mena Barreto），以及海军少将若泽·伊萨伊亚斯·德·诺罗尼亚（José Isaías de Noronha）组成的临时军政府将各政府部门的钥匙交给了热图利奥·瓦加斯。第一共和国结束。1930年的革命被历史学家视为巴西历史上的关键事件，[30]其产生的结果远比起义本身重要，包括在经济、政治、文化领域以及整个社会中，它从根本上改变了巴西。

临时政府

热图利奥·瓦加斯脱下军装，穿上西服，调整了领带，走上卡特蒂宫的台阶，就任临时政府首脑。但是，这种转变远不仅仅是换了身衣服。在热图利奥·瓦加斯任职期间，所有权力都被转移给了行政部门，而行政部门现在可以从根本上干预政治体系。国会、国家立法议会和市议会均被解散，第一共和国期间当选的政客失去了其职位，各州主席被“接管员”（被任命的州长）取代，且反对派报纸受到审查。自1824年宪法以来，所有政府职位首次由非民选文官或军官担任。[31]当联盟在东北取得胜利之后，茹阿雷斯·塔沃拉极度兴奋，他抵达里约热内卢且宣称，从此以后，巴西政府将既不民主也不自由：“我支持独裁统治及其一切影响。”他热情无限地声称：“在每个人都能采取行动而不是仅用语言来证实我们的政治和行政传统已经重建和复兴之前，独裁是没有限制的。”[32]

热图利奥·瓦加斯无意冒险失去自己赢得的一切。他知道，如果他召集选举，那些在各州拥有权力的地区精英将获胜。为了使新秩序制度化，必须改变政治制度。这意味着需要实施一项影响深远的社会、经济和行政改革方案。这是一项雄
408 心勃勃的计划，不可能一夜之间就能完成，但即使茹阿雷斯·塔沃拉在 1930 年也无法想象，他所拥护的独裁统治将持续整整 15 年，仅在 1934—1937 年短暂停顿了几年。不管怎样，热图利奥·瓦加斯在就职演说中提出了一项激进计划，其中包括自由联盟支持的几乎所有内容。一系列法令带来了变化，包括大赦尉官派，军队改组，成立劳工部、工业和贸易部以及教育和公共卫生部。教学专业和公共教育系统也发生了变化。

热图利奥·瓦加斯最优先考虑的是新的劳工政策。[33]他在这一领域揭示了其政治自我的两个方面。一方面，他制定了工人保护法：每日工作时长为 8 小时，保护女性和童工，制定假期，登记工人证件，允许病假和发放退休金。另一方面，他对工人建立不受政府控制的组织的企图进行压制，并且在面对任何共产主义活动时特别富于攻击性。他解散了所有自治工会。从那时起，工会必须隶属于国家。最后，他将农村工人排除在新的劳工法规的利益之外。

尽管是临时政府，但瓦加斯完美地避开了两个问题：制宪议会的召集和新总统选举的日期。在新制度下，无论在行政部门还是立法机构里，没有一个代表是被选举出来的。然而，为体现政府的良好意愿，1932 年引入了一项新的现代且民主的选举法，但该法的实施一直被推迟。新法设立了选举法院，以

监督选举并保证投票的保密性。这样就终结了在17世纪和18世纪共和主义者中很受欢迎的想法，即选民必须公开其选择。[34]

通过这两项措施，在第一共和国期间经常使用的选举欺诈做法不仅违法，而且实际上也不可能成功了。无记名投票保护选民在各州选举中免受地区精英的胁迫。选举法院的专业法官检查选举过程，他们监督点票工作，并宣布获胜者。该法律还代表了妇女的巨大胜利：她们获得了选举权和被选举权。1930 409
年的革命得到了活跃在军事进攻后卫中的女兵营的支持。其中一个例子就是若昂·佩索阿女兵营，该营由米纳斯吉拉斯州23岁的律师埃尔维拉·科梅尔（Elvira Komel）创立，来自52个城市的约8000名妇女在该营服役。[35]

尽管有这项立法，但人们对热图利奥·瓦加斯所设想的巴西民主政体几乎没有信心。自由联盟曾承诺重建共和国，并通过实施影响深远的改革方案来履行诺言。然而，代表联盟的主要政治参与者并非民主的产物，且民主也不是他们的本职。他们认为1891年宪法制定的民主制度由于“统治者政策”而失败，且他们现在支持强大的中央集权政府。1930年掌权的联盟由不同群体组成，成员们几乎对所有事情的意见都有分歧，除了他们的对手是谁。从临时政府成立的第一天起，他们就挣扎于如何在不破坏其基础的情况下对共和国进行改革的困境中。

尉官派提议控制国家警力，重新装备武装部队，并优先考虑工业，特别是钢铁业。他们加入了中产阶级和城市工人的行列，壮大了自由联盟的队伍，支持劳动力市场监管和社会立法。但是，他们反对扩大民主的想法，并公开支持国家控制的社会。年轻的文官领袖主要受到有机会从政的激励。与此同时，加入该联盟的精英人士（来自米纳斯吉拉斯州、南里奥格兰德州和帕拉伊巴州）希望增加他们在联邦政府中的权力，并同时保持其地区权力基础，换句话说，就是要维持巴西的农业结构。所有集团都希望成为联盟中最强大的力量，从而控制政府。[36]

热图利奥·瓦加斯没有亮出底牌。他计划确切地留在原地掌权，为了实现这一目标，他以经营企业的方式进行政治活动。他遵循自己的规则，并为达到目的而建立意想不到的政治联盟。他借助分配利益和补偿金的方式。而且，他会推迟做最终决定，直到时机成熟，他才会仲裁维持其政府的联军之间的争端。

支持圣保罗与反对巴西：1932 年的内战

410 然而，1932 年，热图利奥·瓦加斯似乎丧失了其政治精明。他越来越多疑，并计划延长临时政府的时间，使其成为永久政府。自由联盟，尤其是米纳斯吉拉斯州和南里奥格兰德州的自由联盟与反对派结盟，坚持要求立即举行选举。新成立的“制宪议会同盟”在所有主要城市组织了抗议活动。巴西的气氛变得越来越紧张。但是，热图利奥·瓦加斯的主要对手是圣保罗州。[37]1930 年起义的胜利将权力从圣保罗人手中夺走，并将巴西最富有的州变成了一个可怕的敌人。随着被视为热图利奥·瓦加斯挑衅行为的清单越来越长，圣保罗人也越来越愤怒。他们对圣保罗失去对巴西咖啡政策的控制感到懊恼，该权力已被从圣保罗州咖啡研究所移交给了国家咖啡协会，该协会是联邦政府为应对国际经济危机而建立的机构。他们感到愤怒的是，由于“接管员”的任命，该州失去了自治权。“接管员”是被任命的州长，他们来自全国不同地区，且被视为受联邦政府控制的入侵者和傀儡。更糟的是，圣保罗州的“接管员”是来自东北的若昂·阿尔贝托·林斯·德·巴罗斯（João Alberto Lins de Barros），他是从尉官派中精心挑选出来的。

从1930年10月至1932年头几个月之间，热图利奥·瓦加斯被迫为圣保罗州连续任命了四名“接管员”。圣保罗人决心向他证明他们是无法被治理的。但是，情况越来越糟。1932年，有势力的州政界人士同意采用一项新计划。他们挥舞立宪主义者的旗帜，要求立即召集制宪议会，他们这么做显然是为了对抗联邦政府。他们想报仇。不满情绪和地区忠诚感高涨。“圣保罗是拉动联邦这辆破败旧货车的火车头！”[38]奥斯瓦尔德·德·安德拉德夸口说道。街头抗议者更进一步地说：“如果可能的话，支持圣保罗和巴西。如果必须的话，支持圣保罗，反对巴西！”[39]

并非所有圣保罗人都赞成分裂国家，但他们赞同必须与热 411
图利奥·瓦加斯强大、集权的政府对抗，正是它剥夺了该州的政治和经济自主权。要求召开制宪议会意味着必须举行新的选举。如果这一切得以实现，圣保罗将恢复对共和国的政治控制。召集制宪议会和推翻政府这两种意愿的结合导致了被称为1932年宪政革命的爆发。1932年7月9日，来自联邦驻军和州公共部队的大约2万名士兵拿起武器反对瓦加斯政府。圣保罗州人民，尤其是首府人民，参加了这场战斗：数千名平民，包括位于圣弗朗西斯科广场的法学院的学生，应募加入了自愿营。工厂调整了生产线来制造武器。意大利和叙利亚移民照顾受伤者，天主教神职人员为战斗人员祈福。该州以前所未有的热情捍卫着“圣保罗人的事业”。成千上万的妇女，无论贫富，都将自己的珠宝捐给了名为“为圣保罗福祉捐黄金”运动的组织者，该运动旨在为战争筹资。7月至9月，约有9万枚结婚戒指被上交至该州进行熔化。

只有工厂工人没有参加起义。[40]在该国工业最集中的州，工人们没有“伸出援手”。他们认为这种起义不会有助于他们的事业，且地区精英们担心，如果工人起义，形势可能会失控。在整个冲突期间，为了防止工人起义，工业家们密切关注着他们的工厂，并将尽可能多的工人领袖关了起来。

圣保罗只有一次获胜的机会：在热图利奥·瓦加斯组织部队之前，对里约热内卢发动大规模的军事攻击。[41]但是，圣保罗人的部队行动缓慢：他们正在等待米纳斯吉拉斯州和南里奥格兰德州的增援，这两个州对联邦政府的不满情绪也达到了沸点。他们还坚信里约热内卢的兵营和驻军将奋起反抗热图利奥·瓦加斯。圣保罗人的战况开局良好：起义者控制了整个州，切断了进入帕拉伊巴河谷的通道。他们在米纳斯吉拉斯州
412 袭击了联邦部队，并封锁了穿越曼蒂凯拉山脉的铁路隧道。有一幕就像电影拍摄的场景：圣保罗政府的特工在智利秘密购买了10架战斗机，然后他们雇用北美飞行员，后者成功在不被发现的情况下降落于马托格罗索州，并在经历了一系列意外后将它们交给了起义者。

然而，他们的运气并不持久。尽管米纳斯吉拉斯州和南里奥格兰德州的领袖对临时政府的中央集权政策感到愤怒，但他们并不准备冒险推翻由他们自己推上台的政府。他们仍然忠于瓦加斯总统，后来还派兵入侵圣保罗。热图利奥·瓦加斯将军

事策略留给了戈埃斯·蒙泰罗将军，后者开始了进攻的准备工作。他策划了对里约热内卢的防守，镇压了一次未遂的政变，并从陆军和海军派出 8 万人，其中大部分来自北部和东北部，以对抗 7 万名叛乱者。圣保罗州被军队包围，桑托斯港口被封锁，政府飞机向叛乱者的战壕开火。从北到南，整个国家的注意力都集中在这场“圣保罗人的战争”上。

圣保罗于 1932 年 10 月 1 日投降。热图利奥·瓦加斯像往常一样行动迅速。他逮捕了叛乱分子，驱逐了军官，剥夺了主要领导者的公民权利，流放了该州政治和军事领袖，并重组了公共部队，将其地位从军队降至警察组织。圣保罗州精英被击败了。热图利奥·瓦加斯借此机会巩固了与军方的联盟：他许诺将在中期内重新装备部队，并许诺在长期内建立全国性的武器工业。然后，他与圣保罗州进行了谈判：他提名一个圣保罗州平民担任“接管员”，指示巴西银行接管圣保罗银行发行的战争债券，并确认于 1933 年 5 月 3 日召开制宪议会。[42]

短暂的民主

由于没有全国性政党且反对派即地区精英不再能够操纵选票，制宪议会的选举带来了一系列新鲜事：当局更容易进行宣 413
传，几个新党派拥有影响深远的地区成员，且在政治上似乎有了重生。[43]这次制宪议会很杂，什么都有一点。开幕式于 1933 年 11 月 15 日在国会驻地蒂拉登特斯宫举行。有许多新的议员，他们主要通过新制度选举产生，该制度允许无党派关系的独立候选人参选。还有一大批支持政府的议员，这主要归功于热图利奥·瓦加斯任命的“接管员”所做的工作。圣保罗政界人士联手选举出许多反对政府的议员。天主教会成功选出一个代表其利益且规模相当大的团体，其中只有一位女性议员，即卡洛塔·佩雷拉·德·克罗兹（Carlota Pereira de Queirós）。制宪议会运行了 8 个月，并于 1934 年 7 月 16 日颁布了新宪法。第二天，他们通过间接投票选举热图利奥·瓦加斯为共和国总统。

尽管宪法授予热图利奥·瓦加斯新的总统任期，并批准了临时政府所做的一切，但瓦加斯总统对其中的某些条款感到愤怒，他告诉他最亲密的圈子成员这些条款“很可怕”。[44]事实并非如此，但它们消除了他单方面采取行动的权力。新宪法将行政机关置于立法机关的监督之下，撤销了临时政府领导人绕过国会的权力，并赋予了联邦审计法院完全独立的权力。而且，令瓦加斯总统更加愤怒的是，议员们将总统任期限制为 4 年，且没有连任的可能。

大多数新当选议员都赞成更现代、更民主的政府制度。为此，新宪法规定了权威合理化、联邦制、强大的政治体制以及将新的社会领域纳入选举过程。但是，它也暴露了这个在 1930 年之后仍然存在的新共和国的局限性：它没有改变该国的农业结构，并且农村工人仍被排除在劳工福利之外。文盲仍被剥夺了选举权，且移民的权利也受到限制。政府可以驱逐任何被认为危害公共秩序或国家利益的外国人。条文还通过将政府认为必要的宣布戒严令的权利合法化，暗中授予了国家无限
414 的权力。此外，政府还可以随意审查所有类型的出版物。然而，1934 年的宪法因增加公民参与的机会而有了新的突破。但是，这只持续了不到 2 年。与世界其他国家一样，在巴西，1930 年代越往后推移，气氛就越阴沉。一场巨变正在进行，它正在改变优先事项。民主不再占据首选政治制度列表的首位。

1929 年纽约股票交易所的崩溃似乎证明了资本主义只能在国家干预下发挥作用，其后果是一个危机时期。但是，还有其他情况导致独裁统治的扩散。一场威胁更大的风暴即将到来。1933 年 1 月 30 日，德国总统兴登堡任命阿道夫·希特勒为总理，野蛮以现代为幌子粉墨登场。[45]纳粹党容不下反对派，它具有军国主义和独裁特征，并对种族灭绝情有独钟。2 月 27 日，德国国会大楼被大火吞没，同样陷入火海的还有德国民主未来的希望。除了纳粹分子，欧洲还出现了令人恐惧的新形式的极权政府，如意大利的法西斯政权等。饱受内战和经济危机困扰的旧的专制主义帝国开始分崩离析。

巴西的法西斯主义被称为“整合主义”（Integralismo，又译整体主义），巴西法西斯党即“巴西整合运动”（Ação Integralista Brasileira）成立于 1932 年。[46]这是巴西第一个旨在激起群众支持的政党。“巴西整合运动”通过所谓的包容性的国家政治，以及对该党派、特殊利益集团之间的合作与国家统治的信仰来实现这一目标。该党大力支持在巴西人中已经很普遍的反犹主义。对“整合主义者”的支持来自城市中产阶级，尤其是公务员、神职人员、自由派专业人士、商人、工业家甚至诗人，以及德国和意大利人聚居区的居民。意大利大使馆提供指导和经济援助。还有一群知识分子愿意并且能够创造巴西式的法西斯意识形态，其中包括普利尼奥·萨尔加多（Plínio Salgado）[47]、米格尔·雷亚利（Miguel Reale）[48]和古斯塔沃·巴罗索（Gustavo Barroso）。当一切准备就绪时，“整合主义者”进入了战斗状态。

1934 年 10 月，在圣保罗市，由“巴西整合运动”指挥的 415
一次游行聚集了大约 4 万名“整合主义者”，他们以方阵队形行进，并且蹬着靴子踢正步。惊讶的圣保罗人聚在一起看着他们走过。他们的游行队伍无懈可击，且经过了精心编排。队伍中的男人紧密团结，双臂伸展，他们穿着绿色衬衫，戴着有党徽的臂章，其党徽为希腊文字母西格马（希腊字母表的第 18 个字母），表示“整合主义”代表了所有巴西人民的“总和”。此外，他们还在阳光下打开他们的横幅。在 1937 年最受欢迎时，“巴西整合运动”在全国 4000 万人口中拥有 10 万至 20 万名追随者。这是法西斯主义公开的一面。然而，不为人知的是政府和军队成员与法西斯主义更加紧密的联系。[49] 例如，当时最负盛名的军事领导人戈埃斯·蒙泰罗将军，他坚信意大利法西斯主义模式是巴西的最佳替代方案。

在这一点上，瓦加斯总统完全赞同将军的看法。热图利奥·瓦加斯认为“整合主义”是一种自然的政府形式，它颂扬民族主义价值观，强调阶级协作并且信任由主要利益集团对社会政治组织进行管理，所有这些都对他的威权主义信念有吸引力。但是，他对“整合主义者”的支持仅此而已。戈埃斯·蒙泰罗将军认为，军队应该完全掌握武器装备，并且拒绝任何形式的准军事装备，而瓦加斯总统无意支持一个意在取代他统治巴西而且越快实现这一点越好的政党。“整合主义者”证实了他的怀疑，他们组织了与他的政府平行的等级结构，包括建立准军事民兵，使用现代技术如摄影、广播和电影等进行宣传，以及在某些州和市推行民粹主义福利计划。到这时，瓦加斯总统才意识到“巴西整合运动”不可忽视。他像往常一样计划利用这一法西斯主义机器，使它对自己有利，他将“巴西整合运动”转变成对付新反对派团体的战术盟友，尤其是民族解放同盟（Aliança Nacional Libertadora）和共产主义者。

民族解放同盟由尉官派中的少数派创建，他们既没有加入热图利奥·瓦加斯的阵营，也不再对他的政府抱有幻想，或两者兼而有之。[50]这个团体包括米格尔·达·科斯塔（Miguel da Costa）[51]、埃库利诺·卡斯卡尔多（Herculino Cascardo）、罗伯托·西松（Roberto Sisson）、若昂·卡巴纳斯（João Cabanas）、 416
卡洛斯·莱特（Carlos Leite）、安德烈·特里菲诺（André Trifino）和阿吉尔多·巴拉塔（Agildo Barata）。他们人数虽少，但所有成员都参加了1920年代的起义，且继续活跃于政治活动中，并支持社会改革。他们想改变共和国在1930年自由联盟获胜后所采取的方向。

尉官派密切关注这些政治事态的发展，且意识到与法西斯主义做斗争是唯一现实的选择。他们将“整合主义者”的出现视为欧洲法西斯主义的延伸，并担心政府支持这一运动。他们想建立一个广泛的联盟，使反对派团结起来进行改良主义和反法西斯运动。这个想法是要加强和扩充自由联盟的纲领，如暂停偿还公共债务、公共服务国有化、土地改革、加薪、保障个人权利，还包括宗教自由以及消除种族主义。

1935年初，民族解放同盟领导人策划了一次特别的就职典礼。它在里约热内卢市中心的若昂卡埃塔诺剧院举行，该剧院是为若昂六世建造的，是该市最古老、规模最大的剧院。尉官派选择它是因为它是一个具有象征意义的公共讨论场所——巴西的第一部宪法于1824年在那里签署。尽管会场意义重大且计划经过了精心设计，该党的主要人物仍对到场人数感到惊讶。他们落座于舞台上，当沉重的红色天鹅绒幕布拉开时，他们感到震惊。大约有1万人到场听取民族解放同盟的提议：有人站在成排的座位之间，有人挤在包厢中，有人坐在台阶上，还有人靠在栏杆上。仪式结束时，卡洛斯·拉塞尔达（Carlos Lacerda）跳上舞台，大胆提议由路易斯·卡洛斯·普列斯特斯担任民族解放同盟的名誉主席。人群沸腾了，他们开始欢呼和鼓掌。卡洛斯·拉塞尔达是民粹主义领袖毛里西奥·德·拉塞尔达的儿子，他当时是一名学生、共产主义青年联盟成员，那时的他已经是一位有天赋的演说家了。

整个事件是由共产党人计划的，他们很清楚这个职位根本不存在。他们同样有信心该提议将不会被拒绝。路易斯·卡洛斯·普列斯特斯是该国最负盛名的政治领袖，是一位受人尊敬
417 的英雄，也是一个具有超凡魅力的人。他很迷人，平易近人，并且在任何辩论中都令人信服。此外，他闪亮的眼睛似乎证明了他的真诚。他同时也专制、自负且偏狭，但这些特征只有少数人知道。当时他似乎是不可战胜的。当时的共产党人听从莫斯科的领导，即世界上的共产党应该支持所有反对法西斯主义、纳粹威胁和战争危险的人民阵线。随着人民阵线政府在智利、法国和西班牙的当选，该策略是成功的。通过对路易斯·卡洛斯·普列斯特斯的提名，巴西共产党成功加入了民族解放同盟。

民族解放同盟是人民群众的联盟。它的运作符合宪法，且在全国各地设有 400 个办事处。民族解放同盟运动拥有基础设施，可以将其用于组织争取公民权利的大型运动和吸引了成千上万人的集会。然而，共产党是一个小型秘密组织，几乎没有公众支持，但它计划将人民阵线变成反抗的工具。[52]当时，该国的气氛有利于政治抗议。里约热内卢和圣保罗的工人经常进行罢工，武装部队内部有各种不满，各州叛乱，民族解放同盟和“整合主义者”在街头激烈对抗。与此同时，瓦加斯总统

担忧政治动荡，并对民族解放同盟的快速发展感到惊讶。因此，他在等待，他想等到合适的时机再进行干预。

1935 年 7 月 5 日，即 1922 年和 1924 年尉官起义的纪念日，民族解放同盟在位于里约热内卢卡里奥卡广场的总部举行了最后一次会议。他们刚刚被禁止举行政治集会。政府禁令的理由是民族解放同盟在最近的集会上宣读煽动性宣言。这份宣言由路易斯·卡洛斯·普列斯特斯所写，对其进行大声宣读的不是别人，正是卡洛斯·拉塞尔达："巴西人！你们没有什么可失去的，却可以拥有巴西的巨大财富！从帝国主义及其走狗紧握的手中夺下巴西！大家都来参加争取巴西解放的斗争！打倒法西斯主义！打倒瓦加斯令人可憎的政府！人民革命政府万岁！一切权力归民族解放同盟！"[53]路易斯·卡洛斯·普列斯特
斯召唤人民拿起武器反对政府，这正是瓦加斯总统需要听到 418
的。第二天，民族解放同盟被宣布为非法组织，并因总统令而遭取缔。

米格尔·科斯塔十分生气，他在一封很关键的信中回复了路易斯·卡洛斯·普列斯特斯的宣言："你……可能是你被误导了……因此用'一切权力归民族解放同盟！'的口号发出了宣言……当政府仍然有权做出反应时，你永远都不会发表这样的声明。"[54]他是对的。这份宣言承诺会轻易获胜，而忽略了实际的政局。它对瓦加斯总统的反应能力过于轻蔑，损害了民族解放同盟，并严重高估了计划中起义的军事能力。但这份宣言并不是路易斯·卡洛斯·普列斯特斯在评估当时情况方面无能的结果。这是莫斯科的共产国际（第三国际）发出的指令，共产国际是指导世界各地的共产党如何为革命做准备的国际组织。共产国际的负责人对南美知之甚少，对巴西的了解甚至更

少。他们认为巴西的情况与中国的相同，当时的中国是一个巨大的半殖民地国家，其中央政府没有能力完全掌控整个国家。[55]路易斯·卡洛斯·普列斯特斯自1931年以来一直居住在莫斯科，因为他的军事经验和在人民中的声望，苏联人对他充满信心。他们可能早在1933年就开始以路易斯·卡洛斯·普列斯特斯为中心制订拉丁美洲计划。他有意领导巴西的起义。从1934年底至1935年头几个月，共产国际派人员到巴西，其中包括制作炸药、进行活动和街头抗议的专家。他们还派遣技术人员教巴西人如何给消息加密和解密，并利用无线电传输，而且派遣了特工负责为巴西活动提供资金。

1935年3月，该组织在阿图尔·埃韦特（Arthur Ewert）的领导下将其拉丁美洲办事处从布宜诺斯艾利斯转移到了里约热内卢。埃韦特先生在1920年代曾任德国国会议员，并为国际共产主义运动工作了多年。1935年4月，路易斯·卡洛斯·普列斯特斯在奥尔加·贝纳里奥（Olga Benário）的陪同
419 下秘密返回巴西。贝纳里奥女士是由苏联军事特勤部门招募的，承担了保护普列斯特斯安全的角色，后来成为他的伴侣。1935年11月，武装起义在巴西的三个不同地点爆发。共产党人拿起武器来为自己的革命而战，这在该国历史上是第一次。

首次起义于11月23日在北里奥格兰德州首府城市纳塔尔的第21炮兵营爆发。这场起义以惊人的速度蔓延开来。共产党人获得了民众支持并几乎没有遭受抵抗，他们成功占领了这座城市四天。在伯南布哥州，驻扎在热博阿陶镇（Jaboatão dos Guararapes）的第29炮兵营11月24日凌晨起义，并在两名军官和一位非凡的共产党领袖的指挥下向累西腓进军，这位共产党领袖就是当时的中士格雷戈里奥·贝泽拉（Gregório

Bezerra)。在整整三天的战斗中，贝泽拉中士在起义者中沟通协调，他跑遍每处驻军以寻找武器和支援，直到他试图单枪匹马占领第7军区总部时中枪后被迫退出战斗。不论是在空袭轰炸的威胁使所有人恐慌的累西腓还是在纳塔尔，起义者都是孤立无援的。他们人数不足，无法对抗从巴伊亚州、塞阿拉州和帕拉伊巴州调度而来的政府军。到11月27日，起义者开始逃亡，东北地区的起义结束。[56]

第三次起义也是最后一次起义，它于11月27日凌晨在里约热内卢的两个军事精英部门爆发，即位于阿丰索斯街区(Campo dos Afonsos)的军事航空学校和第3步兵团。[57]起义者原本计划偷盗并乘坐军事航空学校的飞机起飞，但他们没有保护机场的资源，因此被政府部队击败。针对第3步兵团的战略更加大胆：他们计划攻占兵营，然后前往瓜纳巴拉宫逮捕总统。但是，计划失败了。第3步兵团位于糖面包山脚下，在海和山之间占据了一片狭窄的土地，且仅有一个入口。起义者们就像走进了埋伏圈。他们花的时间远长于计划占领军营所需的时间，且在清晨，他们发现自己被政府军包围。在被围困并受到重炮火力打击的情况下，他们奋起抵抗了18个小时，然后意识到他们已经输了一切。

在11月纳塔尔和累西腓的起义期间，瓦加斯总统成功说 420
服国会批准了戒严令。12月，他施加了更大的压力，包括政府成立镇压共产主义委员会，戈埃斯·蒙泰罗将军提议中止个人权利，以及议员们同意判令战争状态为期90天，这一措施多次续期一直延续到1937年7月。政府现在可以不受约束地采取行动，实施残酷、大规模的搜查和逮捕计划，这导致数以千计的人被监禁，这些人里有民族解放同盟成员、共产党人、他们的同情者以及任何被警方认为可疑的人，包括里约热内卢受欢迎的市长佩德罗·埃内斯托（Pedro Ernesto）。[58]

监狱人满为患，且巴西海军军舰也被改造成了浮动监狱。审判很简短，事实上没有辩护律师，且被判有罪的人都被送往格兰德岛（Ilha Grande）和费尔南多·迪诺罗尼亚群岛（Fernando de Noronha）上的政府监狱。作家格拉西利亚诺·拉莫斯（Graciliano Ramos）[59]是共产党的众多同情者之一，于1936年3月在马塞约被捕，被带到里约热内卢关在船舱内。他从那里又被送到了格兰德岛上的监狱，没有被指控就受到拘留，直到1937年1月。获释后，他写了《狱中回忆》（*Memórias do Cárcere*），该书对瓦加斯政权不可估量的暴力进行了谴责。这本书于1953年在他死后出版，它使他的狱友们不再匿名而不为人所知。该书讲述了知识分子适应巴西监狱生活的困难，并谴责了监狱系统的腐化。格兰德岛监狱的监狱长经常对囚犯大喊："这里没有权利！仔细听！没有权利！……你们来这里不会被改造！没有人会被改造！你们所有人来这里就是来死！"[60]

瓦加斯总统了解酷刑和警察的暴力行为，且对其政府镇压的残酷性非常了解。他还定期提前获知有关共产党计划在该国遥远地区发动起义的情报。莫斯科派遣约翰尼（或约翰）·德·格拉夫[Johnny（or Johann）de Graaf]负责指导起义者的战斗技巧，他是一名双重间谍。他将情报传给里约热内卢的电力公司Light的经理阿尔弗雷德·赫特（Alfred Hutt），后者是英国特勤局军情六处（MI6）的特工。阿尔弗雷德·赫特将情
421 报传递给英国大使，在伦敦经过审查后再传给瓦加斯总统的外长奥斯瓦尔多·阿拉尼亚，后者随后再汇报给总统。[61] 1935年

12 月至 1936 年 3 月，警察利用约翰尼·德·格拉夫提供的情报成功渗透了共产国际，并最终发现了路易斯·卡洛斯·普列斯特斯的藏身之处。在那里被发现的所有人均遭到逮捕。负责秘密无线电传输的苏联特工维克多·巴伦（Victor Baron）的尸体被从里约热内卢警察总部的窗口扔出，以模拟一起自杀事件。他其实是被拷打致死的。经过长时间的审讯和酷刑，阿图尔·埃韦特变得神志不清，他于 1959 年在东柏林的一家医院死去。路易斯·卡洛斯·普列斯特斯被关押了 9 年，其中大部分时间都被单独监禁。奥尔加·贝纳里奥是犹太人、共产党人，她被驱逐到了纳粹德国。尽管她已怀孕，但仍被交给了盖世太保，最后死在贝恩堡集中营的一个毒气室中。

由于瓦加斯总统已经消灭了民族解放同盟并把共产党人关进了监狱，他着手清理反对政府的左翼残余力量。他的计划很简单，即结束 1934 年宪法所建立的民主政权。1937 年，在总统选举前夕，热图利奥·瓦加斯开始了对巴西人民实行的另外 8 年的独裁统治。他这样做几乎没有阻力。他冷静的头脑和强大的政治计算能力——往后退一步，再往前进两步——使这一切成为可能。他操纵着国会众议员和各州主席，特别是南里奥格兰德州主席、正在流亡的前盟友弗洛里斯·达·库尼亚（Flores da Cunha）。他还控制着其潜在继任者政治运动的每一个细节，精心选择自己的战斗，并利用巴西民主的脆弱性。[62] 瓦加斯总统并非取得一系列全面的胜利，而是一一建立联盟，尤其是与军队建立联盟。他得到了两位将军的支持：参谋长联席会议主席戈埃斯·蒙泰罗将军和欧里科·加斯帕尔·杜特拉（Eurico Gaspar Dutra）将军，后者与“整合主义者”关系密切，并于 1936 年被任命为战争部部长。将军们想要一支现代化的军队以及武器工业，作为交换他们准备支持政变和维持独裁统治。最后的重要准备步骤是说服公众相信 1935 年起义后灾难迫在眉睫。热图利奥·瓦加斯在 12 月 31 日午夜的广播讲
422 话中向全国发出所谓的警示：“共产主义成了基督教文明最危险的敌人。”[63]

审查制度、镇压和宣传相结合，产生了一股使共产党人妖魔化的意识形态龙卷风，使罗马天主教徒、资产阶级和上层阶级感到胆战心惊，并在集体想象中刻下了反共的形象，这将是未来 50 年巴西政治生活中的一个常态。1935 年的起义被正式称为“共产党闹事”（Intentona Comunista），“intentona”意为“精神错乱或毫无意义的计划”，且起义者被指控犯有无数罪行，据称包括共产党官员趁他们支持政府的同志在第 3 步兵团军营中睡觉时杀死了他们，以及在纳塔尔起义期间犯下抢劫、掠夺和强奸的罪行。

为证明其进攻是正当的，瓦加斯总统伪造了指控。1937 年 9 月 30 日，该国人民一醒来就看到了可怕的新闻头条：莫斯科正计划在巴西发动另一场共产主义起义。这个故事的依据是军队发现的一项秘密掌权计划，即“科恩计划”（Cohen Plan），其中列出了烧毁公共建筑物、抢劫和就地处决平民的指示。[64]该文件，包括犹太人名字“科恩”，均为虚构的。它是由“整合主义”准军事民兵首领及该组织特勤部门负责人小奥林皮奥·莫朗（Olímpio Mourão Filho）上校撰写的。小莫朗上校在陆军参谋长的情报部门工作。他将自己写的这份欺骗性文件上交给了戈埃斯·蒙泰罗将军，后者将其视为事实。蒙泰罗将军又将其递给了瓦加斯总统，总统随后公之于众。

文件副本开始在军营中流传，报纸重新点燃了对共产主义

的恐惧，无线电广播大肆宣传其反共信息，人们由此感到恐惧。瓦加斯总统对这一结果感到满意，他等待了两个月，然后在 1937 年 11 月 10 日派人包围了国会并把所有议员都送回了家。他宣布自己正在行使非常时期的权力，派警察上街，并强制实施新宪法。他将自己的新独裁政权命名为“新国家”。几乎没有费一枪一弹，他就这样开始了“新国家”独裁统治的漫长岁月。

我们微小的图皮南巴法西斯主义

“新国家”的维护和运转完全围绕着热图利奥·瓦加斯进 423
行。在军队和民粹主义政策的支持下，他是文官专政的唯一指挥官。这个新政权借鉴了保守派政治思想家的思想，如阿尔贝托·托雷斯（Alberto Torres）[65]，他认为组织社会、制定政策和实施所有变革是国家的任务。此外，该政权也有法西斯主义的色彩。“新国家”是始建于 1932 年的葡萄牙萨拉查政权的名称。该巴西政权与欧洲法西斯主义有很多共同之处，包括将重点放在由一个领导人化身的行政权上，以及以社团主义的形式代表利益集团和社会阶层，如企业家与雇员之间在国家监督下的政治合作。人们也笃信可以利用技术来提高政府效率，同时还持有镇压和压制异议的想法。[66]

尽管如此，瓦加斯总统的“新国家”既不是欧洲法西斯主义的复制品，也不能像意大利、葡萄牙或西班牙那样被视为真正的法西斯主义国家。它是一个专制、现代化和务实的政权，被格拉西利亚诺·拉莫斯讽刺地定义为“我们微小的图皮南巴法西斯主义”。[67]一个由专制政权而不是仅由群众控制的社会需要采取镇压机制来防止任何形式的反抗。但是，“新国家”的可行性还取决于热图利奥·瓦加斯有能力将决策权限制在紧密联系的少数人中，并同时最大限度地扩大他的支持基础。这就需要一种能够招募支持者并消除冲突的政治机器。

“新国家”实施警察镇压的要素在1937年政变之前已落实到位。那时，政府已开始无视1934年宪法。[68]1935年通过了一部新的国家安全法，其中描述了危害政治和社会秩序的罪行。1936年，国家安全法院成立，目的是对政治反对派进行简单审判并将其送入监狱。甚至在此之前，瓦加斯总统1933年就在首都建立了自己的政治警察部队。政治和社会安全特别
424 警察（Desp）[69]的唯一任务是政治镇压。特别警察听取检举，还对任何其活动被视为可疑的人进行调查、逮捕和监禁，且无须提供任何证据。热图利奥·瓦加斯任命地方警察局长菲林托·米勒（Filinto Müller）上尉指挥政治和社会安全特别警察。作为该部门的负责人，米勒上尉不会后悔下令处死或折磨任何被怀疑是国家对手的人，或让他们在政治和社会安全特别警察的监狱中等死。作为纳粹的支持者，他在与巴西政府的串谋下与盖世太保保持联系，其中包括交流情报和讯问技巧。[70]米勒上尉是现役陆军军官，只是被暂时转移到常规指挥系统之外的一个职位上，1942年又重返军队。在为“新国家”工作期间，他从未受到上级指挥官对其行为进行的任何形式的正式审查。毋庸置疑，他所做的一切都得到了热图利奥·瓦加斯的无条件支持。[71]

像任何通过暴力强制上台的政府一样，“新国家”取决于大多数民众的同意。没有哪届巴西政府花费如此多的时间和精力来构建自己的机构，以证明其合法性并强迫人们接受其政治意识形态。[72]大量的时间和精力被花费在审查制度上，这是政

府镇压异议的基本手段。该制度最重要的部分，即保证其有效性的要素，是热图利奥·瓦加斯在1939年构想出来的，这是一个有权干涉任何传播领域的大型机构——新闻与宣传部（DIP）。它直接隶属于总统办公室，在全国各地都有附属机构，并由新闻记者洛里瓦尔·丰特斯（Lourival Fontes）管理。洛里瓦尔是热图利奥·瓦加斯的忠实追随者，也是意大利法西斯主义的仰慕者。新闻与宣传部是一个复杂的机构，分为六个部门，即宣传、广播、剧院、电影院、旅游和新闻，目的是宣传和保卫“新国家”。该机构介入了巴西文化的方方面面，对各种形式的艺术和文化活动进行审查。该机构有内部作曲家、记者、作家和艺术家，他们接受过各种工作方法的培训。其中之一是发掘新闻界的潜力，其结果是两本杂志的创立——《政治文化》（*Cultura Política*）和《政治学》（*Ciência Política*）。另一种方法是要控制流行音乐的方方面面，因为所有人都能听到流行音乐，它是在巴西传播思想的最有效手段。

1930年代，流行音乐（与古典音乐或歌剧相对）被广泛 425
接受，并成为日常生活的重要文化成分。音乐创作优先考虑的是桑巴的特定语言，桑巴是巴西一种独特的音乐表达形式。狂欢节成为巴西最重要的民间节日，无线电广播成为第一个大众传播工具，这两个重要的新事物为这种类型的音乐发声。这是巴西都市桑巴的黄金时期，当时的作曲家有阿里·巴罗索（Ary Barroso）、威尔逊·巴蒂斯塔（Wilson Batista）、阿陶尔夫·阿尔维斯（Ataulfo Alves）、阿西斯·瓦伦特（Assis Valente）、多里瓦尔·凯米（Dorival Caymmi）、内尔松·卡瓦基尼奥（Nelson Cavaquinho）和热拉尔多·佩雷拉（Geraldo Pereira）。当然，诺埃尔·罗萨（Noel Rosa）在1930—1937年的短短 7 年间就创作了约 300 首歌曲。[73]诺埃尔·罗萨赋予了桑巴我们今天所知道的形式，包括基于日常表达的独特语言、词与旋律之间的关系、富有诗意的创造力和灵活的音乐处理，例如，时而加速，正如狂欢节的游行，时而慢下来并专注于旋律，并加上源自巴西小夜曲（seresta）和感伤曲的变音转调。他的桑巴反映了这一时期的现代化，包括电话、有声电影、工厂里的机器声、摄影和两座敞篷跑车（baratinha）。

诺埃尔·罗萨于 1937 年 5 月去世，他没有活到独裁时期，也没有活着目睹新闻与宣传部在流行音乐领域的所作所为。如果看到他应该会感到震惊，因为仅在 1942 年该部门就禁止了 373 首歌曲和 108 个广播节目。没有什么领域是它不干预的。[74]它把 1 月 3 日定为巴西流行音乐日，组织里约热内卢狂欢节（在此期间，桑巴舞学校不得不选择巴西的主题，最好是历史主题），并将桑巴舞作为国家身份的象征。[75]

事实证明，新闻与宣传部在利用新技术（无线电广播和电影）宣传政府行动和倡议方面非常有效。广播已经成为大众传播的一种现象：它满足了越来越多的听众对娱乐的需求，并且是一种非常成功的广告宣传工具。1939 年，新闻与宣传部开始通过全国网络进行政府宣传，每天 1 小时。该节目被称为“巴西时间”（Hora do Brasil），因而瓦加斯总统的声音在
426 全国各地广为人知。他发表简短的演讲，直接与人们交流。1942 年，该机构对节目进行了扩展，在总统的演说之后加上了音乐剧和喜剧。该机构推广了非常成功的“礼堂节目”，它被称为“国家电台”，这个节目成了一种走进所有巴西家庭的剧场，包括穷人的家庭。当时还有粉丝俱乐部，在那里人们可以听到当下流行歌手的歌曲。

维持“新国家”独裁政权的合法性取决于各政府领导人说服公众、使公众相信瓦加斯总统与国家合二为一的能力。这是通过将总统形象与巴西形象联系起来而实现的。教育与卫生部是政府宣传的最重要手段之一，它是将“新国家”深深地融入巴西文化各个方面的这一政策的核心。该部由米纳斯吉拉斯人古斯塔沃·卡帕内马（Gustavo Capanema）领导。1933年，他曾想获得联邦任命的米纳斯吉拉斯州“接管员”的职位，但失败了。第二年，热图利奥·瓦加斯将他带到了里约热内卢。该部门也许是“新国家”时期政治实践矛盾的最好例证。[76]

古斯塔沃·卡帕内马充分利用了其职位。他创立了国家遗产与艺术研究所，并任命巴西最伟大的古典作曲家埃托尔·维拉-罗伯斯为音乐教育主管。维拉-罗伯斯先生训练了大型学生合唱团，目的是在该政权组织的群众活动中演唱。古斯塔沃·卡帕内马负责该部门在里约热内卢的新驻地，这是一栋在巴西没有先例的现代主义建筑。建筑师兼城市规划师卢西奥·科斯塔（Lúcio Costa）受到了勒·柯布西耶（Le Corbusier）的新建筑语言的启发。奥斯卡·尼迈耶（Oscar Niemeyer）参与了该项目，且其墙壁上覆盖着坎迪多·波尔蒂纳里（Candido Portinari）[77]手绘的瓷砖壁画。尽管这座建筑已破败不堪，它仍然是一个奇观。在看似矛盾却也许最好地体现了“新国家”的政策中，古斯塔沃·卡帕内马的部门一方面推动了现代主义者和其他先锋团体的发展，另一方面对任意逮捕和关押艺术家及教师却保持沉默。它没有做任何事来阻止对共产党人的迫害，并且它还是关闭联邦区大学的罪魁祸首。

文化被视为国家的事，专制政府用它来建立与作家、新闻 427

工作者和艺术家之间更紧密的联系。一方面是古斯塔沃·卡帕内马的部门，另一方面是新闻与宣传部，这两者为知识分子开放了一个市场，为那些渴望进入政府决策核心的人提供了特别有吸引力的政府职位。尽管有些人拒绝遵循政党的路线，但在政治派别的左右两派都有大量巴西知识分子接受"新国家"代理人施加的限制，包括诗人卡洛斯·德鲁蒙德·德·安德拉德、马里奥·德·安德拉德、卡西亚诺·里卡多（Cassiano Ricardo）、罗萨里奥·富斯科（Rosário Fusco）和梅诺蒂·德尔·皮基亚（Menotti Del Picchia），知识分子吉尔贝托·弗莱雷、阿尔塞乌·阿莫罗索·利马（Alceu Amoroso Lima）和内尔松·韦尔内克·索德雷（Nelson Werneck Sodré），以及小说家格拉西利亚诺·拉莫斯。实际上，巴西文化正在发生转变。不再是区域传统产物的全国性审美观和集体愿景已涌现出来。"新国家"为建立这种令人欢欣鼓舞的民族身份提供了尺规。一方面，人们对流行文化的真实性产生了一种信念；另一方面，来自不同地区的文化元素混杂在一起。这里有来自巴伊亚州的非洲头巾，也有来自里约热内卢贫民窟的手鼓，那里有一些卡波耶拉舞曲和穆拉托人的圆润歌声——这些是所有巴西人的声音。在赤道以南，没有什么是纯粹的，一切都是混合的。[78]在成功代表巴西的形象中，巴西人民与梅斯蒂索人一同诞生。作为混血儿不再是劣势，而是值得庆祝的。许多地区传统包括烹饪、舞蹈、音乐和宗教都在"去非洲化"，并成为民族自豪感的来源。时至今日，它们仍被认为是巴西文化的重要标志。

"巴西黑豆饭"（feijoada）也是如此。"巴西黑豆饭"最初是奴隶的食物，是指黑豆与大块的猪肉和培根一起煮熟，再配以大米、木薯粉、橙片和切细的甘蓝，它已成为巴西国菜，也可以作为巴西象征。黑豆与白米一旦混合，就成为文化和种族和谐混合的隐喻。绿色甘蓝象征着该国的森林，而橙子的淡黄色则象征着黄金。通过有点异国情调的美学论点，将一切混合在一起的全套“巴西黑豆饭”成为一种巴西肖像。这种吸收以前被排斥的文化传统的过程变得越来越普遍。直到19世 428
纪末，卡波耶拉一直受到警察的镇压。它在1890年的刑法典中被列为犯罪。然而，1937年，“新国家”决定对其进行推广，但不再仅限于面向黑人。它变成了20世纪初被人们所称的“混合卡波耶拉”，其练习者是梅斯蒂索人，即葡萄牙、黑人和印第安人三个种族的混血儿。在热图利奥·瓦加斯政府执政期间，卡波耶拉成为一项正式的民族运动。坎东布雷教也经历了类似的过程。

对种族和文化多样性的颂扬使巴西能够通过输出自己的文化来抵消欧洲和北美文化的输入。1939年，巴西国际上最成功的代表歌手卡门·米兰达（Carmen Miranda）去到美国。她通过录制唱片及在赌场和剧院演唱而成为巴西杰出的明星。公众都喜欢她。她受一群美国制作人的邀请，去纽约参演音乐剧《巴黎街头》（*Streets of Paris*）。[79]据说她只花了6分钟就征服了百老汇，并凭借她的第一部电影《阿根廷游记》（*Down Argentine Way*）[80]享誉世界。她的蹿红之快非同寻常，甚至可能被夸大了：在很短的时间内，她成为好莱坞收入最高的女明星。她出现在杂志封面、广告和商店橱窗中，其唱片成千上万地售出，夜总会争相邀请她荣耀出场，且最好是跟她的巴西乐队“月亮乐队”（Bando da Lua）一起。尽管她总是告诉记者，她根本没有独特嗓音，而是“有特异功能”[81]，但卡门·米兰达拥有真正的才华。[82]尽管她是葡萄牙人，但对于“新国家”倡导混合种族的社会和文化来说，她犹如上天的礼物。她的曲目和独特的风格包括几乎难以理解的歌词，将桑巴元素与生动的手势融合在一起的编舞，以及富有节奏感和加速感的喜剧性音乐元素——所有这一切都展示在热带风光的背景之下，而这种背景至少可以说是带有可疑色彩的。

看起来不太可能，但这种混合物确实具有“特异功能”，换句话说，它揭示了才能、连贯性和风格。卡门·米兰达夸张地打扮成来自巴伊亚州的女人，她戴着巨大的彩虹色头巾帽，这个头巾帽可以容纳一两个饰有珍珠和彩色石头的篮子，并且
429 装满了用蜡制成的香蕉和其他热带水果。她戴着硕大的金耳环、无数手镯和项链，似乎这些还不足够，她穿着极高的厚底凉鞋——对于身高仅 1.52 米的人来说这是必不可少的。她几乎被她的珠子项圈、大号吊坠手链和项链吞没，这些护身符类的配饰最初是用来向圣徒祈求恩典的。每次表演结束时，卡门都重塑了巴西。一个拥有黑人、白人和印第安人混合、和谐、快乐的巴西。

1940 年代初，形势发生了变化，美国开始对巴西产生极大的兴趣。在 1933—1945 年富兰克林·罗斯福就任总统期间，美国采取了精心策划的外交政策。面对德国和其他轴心国的发展，美国外交政策将施压和谨慎相结合。该政策涉及与拉美有关的北美战略的根本变化。美国政府一直在寻找潜在的出口市场，以帮助美国从 1929 年的灾难性崩溃中恢复过来。此外，决策者也急于遏制德国和意大利的影响。罗斯福总统决心使美国成为拉丁美洲的主要伙伴，不是通过强制，而是开始进行谈判。对南美大陆的干涉主义做法被团结的论调即泛美主义所取

代，同时还有经济、技术和军事合作。在罗斯福雄心勃勃地称其为“睦邻政策”的倡议中还有一个旨在加强文化联系的计划。[83]该计划在电影上投入巨大，包括宣传泛美主义的电影。但并非所有电影都产生了效果。例如，《阿根廷游记》（*Down Argentine Way*）在阿根廷引起了愤怒。电影中不仅没有探戈，而且布宜诺斯艾利斯显然到处都是骗子。《哈瓦那的周末》（*Week-End in Havana*）引起的反响更糟：电影中古巴人被刻画成小骗子，且他们美丽的首都哈瓦那成为被甘蔗种植园包围的赌场，对此古巴人感到十分愤慨。

接着，1941 年，迪士尼影视制作公司也开始参与。同年 5 月，华特·迪士尼本人与一群音乐家、编剧和漫画家一起飞往墨西哥，然后继续前往巴西和阿根廷。当他回到美国时，他带回了研究成果和未来卡通片的草稿，这些卡通片将使“睦邻政策”取得巨大成功，包括 1943 年首映的《致候吾友》（*Saludos Amigos*）和 1945 年首映的《三骑士》（*The Three Caballeros*）。《致候吾友》以阿里·巴罗索的《巴西水彩》 430
（‘Aquarela do Brasil’）作为主题曲。这首歌是一首代表了巴西身份的桑巴舞曲，已经成了另一种类型的国歌。《三骑士》也使用了阿里·巴罗索的作曲，并由卡门·米兰达的妹妹奥罗拉·米兰达（Aurora Miranda）演唱。这部电影采用了迪士尼影视制作公司在 1940 年的电影《幻想曲》（*Fantasia*）中已使用过的轰动性技术创新。唱歌时，扮成巴伊亚女人的奥罗拉·米兰达出现在屏幕上，旁边是卡通人物。在这两部电影中，巴西都是通过卡通人物乔鹦哥（José Joe Carioca）呈现给北美观众的，乔鹦哥是一只淡绿色的时髦鹦鹉。[84]这个人物的灵感来自迪士尼团队在里约热内卢听到的无数关于鹦鹉的故事。乔鹦哥是在科巴卡巴纳皇宫酒店一间被临时改建为工作室的客房中构思的。这只鹦鹉的特征与流行歌曲创作者埃里维尔托·马丁斯（Herivelto Martins）的特征大致相似。这种关联很古老，很可能不为美国人所知，即在16世纪旅行者的记述中，鹦鹉这种鸟类常被用来象征巴西，当时该国被称为“鹦鹉之国”。乔鹦哥是一个稀有物种，是“在资本主义边缘的鹦鹉”。[85]它的成功是瞬间而持久的。它融合了多种文化元素，成了有魅力的里约热内卢“无赖”，它创造了巴西人民的综合代表，但毫无恶意。乔鹦哥是混血儿，靠零工谋生，没有钱，而且很懒，总是在等待某种事情的发生，这些民族特征至今仍被巴西人定义为“无赖”。

但是它同样令人难以抗拒：它自由、快乐、健谈、热情、随和、有才。它还是一位出色的足球运动员、一位极佳的桑巴舞者，同时又有一点淘气，且不花时间就掌握了吸引游客的窍门。乔鹦哥首次露面时就在国外展现了巴西的正面形象，并吸引了巴西人，尤其是瓦加斯总统的家人。总统认为这部电影是北美对其国家和人民的致敬，并赞助了《致候吾友》在里约热内卢的首映。同样，“新国家”对巴西的一切事物感兴趣，其关注点广泛且多变，甚至包括该国主保圣人的选择。阿帕雷西达圣母的雕塑被渔民从帕拉伊巴河里打捞起来，被水侵蚀，其面目看起来和巴西人一样具有混血特征。

塑造民族身份的过程取决于高度的否定，包括内陆地区的
431 苦难、大多数城镇居民的贫困以及任何制度化的公共福利的极度匮乏。这些也是“我们的特征”，诺埃尔·罗萨在他于1932年写的一首歌中评论说。[86]接着，他继续列出了这些特征：喝了酒却没有吃东西的“无赖”、农村的草皮棚屋、放债人和骗

子们、看起来像推车的电车，所有这些都定义了一个可以拿自己的贫困开玩笑的国家。并且，正如这位作曲家继续谈到的，所有这些都跟穆拉托女人、巴西铃鼓[87]或吉他一样完全具有巴西特色。然而，与诺埃尔·罗萨的讽刺话语相反，巴西开始拒绝种族主义论调，优先考虑文化特征，并在与世界其他地区打交道时将人口的混合种族特征放在首位。

这是1933年吉尔贝托·弗莱雷的《华屋与棚户》出版的理想背景。这本书一出版便大获成功。弗莱雷对巴西的多种族社会做出了创新的解释，他认为该国是葡萄牙努力使欧洲文明适应热带地区而产生的令人惊讶且独特的结果。该书提出了巴西是一个独特的新社会的观点，这个新社会得益于其种族混合并因而更加丰富。[88]它赞颂了非洲人对巴西形成的贡献，并称赞了种族混合，而种族混合在之前由于有关种族等级制度和堕落危险性的普遍论述而引起过多焦虑。但是，吉尔贝托·弗莱雷并不是唯一对巴西做出新阐释的人。1936年，塞尔吉奥·布阿尔克·德·奥兰达为回应弗莱雷先生的书和热图利奥·瓦加斯的现代化计划，出版了《巴西之根》（*Raízes do Brasil*），其中的论点完全不同。他预见了巴西的潜在冲突，并发出了警告。他的书严厉批评了贯穿巴西历史系统的威权主义，讨论了导致巴西社会形成的主要历史人物，并预测了各种未来情况。它还批评了现代化计划带来的社会关系的紧张。[89]

1942年，第三本标志性著作即小卡约·普拉多（Caio Prado Jr）的《当代巴西的形成》（*Formação do Brasil contemporâneo*）出版，它对该国做出了另一种诠释。[90]就小卡约·普拉多而言，巴西的独有特征既不是其根源的结果，也不是其作为混合种族社会的结果，而是由于该国未能彻底摆脱其

政治和经济过去以及殖民地时期建立的模式。小卡约·普拉多
432 认为，由于没有根本性的突破，该国无法克服贫困、从属地位和依赖性。他表示任何未经大刀阔斧的改革的社会都无法根除其落后和贫穷的原因，通过这一点来强化自己的论点。这些作家和其他作家，包括奥利韦拉·维亚纳（Oliveira Viana）、保罗·普拉多（Paulo Prado）、卡西亚诺·里卡多、阿尔塞乌·阿莫罗索·利马和格雷罗·拉莫斯（Guerreiro Ramos）撰写了当时流行的杰出的解释性论文，这些文章不再将这个国家视为支离破碎的现实，而是试图理解植根于巴西社会的矛盾。巴西知识分子首次通过不同的视角、制度和学科来分析这个国家。

当各方的思想批评越来越尖锐时，瓦加斯也继续操纵文化和劳动力领域，目的是动员工人。国家对劳资关系的干涉总是有利于工人的，承认劳动和社会权利，并增强工人相对于雇主的权力。[91]1930—1945年，瓦加斯政府为巴西的劳动法、工会和社会福利奠定了基础，这些在今天大体上仍在运行。但是，与所有政治策略一样，它也有缺点，即要付出的代价是对政治自由的限制。工人必须接受由国家控制的制度。否则，他们可能冒险建立自己的秘密组织。他们要么这么做，要么采取最后迫不得已的手段，即加入不法分子的黑社会。后者是被边缘化的团体，包括外国人、无政府主义者、共产主义者、乞丐和“无赖”，他们永远被新闻界诋毁，并总是遭到警察的追捕。然而，“无赖做法”也是一种政治选择，其特征是对劳动世界不屑一顾。[92]“无赖”绝不是巴西社会的一种新现象。这个词在19世纪曾被用来定义游走在合法与非法之间的人：他能少工作就少工作，靠赌博、妇女和行骗谋生。

瓦加斯总统坚持与“无赖做法”做斗争。他意识到这标志

着对政治制度的拒绝。那些也许是一代桑巴音乐家中最具表现力的代表，如作曲家威尔逊·巴蒂斯塔，采用了“无赖做法”作为他们放浪不羁的艺术家身份的一部分，因为他们知道逃脱独裁者捍卫的工作神话几乎是不可能的。威尔逊·巴蒂斯塔与阿陶尔夫·阿尔维斯一起为 1941 年的狂欢节创作了热门歌曲《圣雅努阿里奥的电车》（‘O bonde de São Januário’），并成功骗过了审查员。威尔逊·巴蒂斯塔对审查制度感到厌倦，令 433
公众感到喜悦的是，他巧妙地将“operário”（工人）一词更改为“otário”（易受骗的傻瓜）。“工作的人是对的/我说了，我不惧怕/圣雅努阿里奥的电车/多载了一个工人（傻瓜）/是我，要去工作了。”该作品由西罗·蒙泰罗（Cyro Monteiro）演唱而大获成功，并奠定了他的职业生涯。[93]在通过了新闻与宣传部的审查后，这首歌开始口口相传，但当作曲家做出了轻微但具有决定性的改变时，这首歌的叙述就改变了。只需稍微想象一下就能理解谁是傻瓜。揭露权力的话语和揭示文字游戏中固有的欺骗性是“无赖”的策略。这意味着要从围栏的两侧即工人和法律中吸取教训，以使双方都有利于自己。这是热图利奥·瓦加斯无法原谅的策略。

别了，“新国家”

第二次世界大战对“新国家”来说十分关键。虽然它使该政权的现代化计划更加有力，但也标志着威权主义的终结。[94]在其对外政策中，巴西政府在战争之前的几年中都竭尽全力维持该国的中立。但是，随着 1941 年 12 月 7 日日本对珍珠港的袭击，瓦加斯总统在明确立场方面承受着越来越大的压力。尽管如此，直到 1942 年 1 月 28 日，在里约热内卢举行的美洲共和国最后一次外长会议上，巴西才断绝了与德国、意大利和日本等轴心国的外交关系。轴心国反应十分迅速，德国潜艇在巴西领海中用鱼雷炸毁了巴西商船。人们走上街头，组织了自独裁统治以来的第一次大规模抗议活动，要求巴西站在同盟国一方立即参战。

在巴西保持中立的同时，瓦加斯总统曾力求在不使自己暴露太多的情况下尽其所能地利用当下形势。他与纳粹德国续签了商业协议，巩固了巴西作为纳粹德国在美洲的主要贸易伙伴的地位。他从墨索里尼的意大利购买潜艇，以换取肉类和原料
434 的出口。为弥补这些措施，除了授权从美国购买驱逐舰和从英国购买武器装备巴西海军之外，他还就与同盟国建立更紧密的贸易关系进行了调查研究。在尚不清楚谁将赢得战争的时候，当纳粹德国成功入侵法国时，热图利奥·瓦加斯相信巴西的中立地位将使该国充分利用这种境况。他与双方都进行贸易，这种做法激怒了他的部长们：其中一些支持同盟国，如外长奥斯瓦尔多·阿拉尼亚和他的女婿——里约热内卢州州长埃尔纳尼·杜·阿马拉尔·佩肖托（Ernâni do Amaral Peixoto）；而另一些则坦率地支持德国人，包括戈埃斯·蒙泰罗将军和杜特拉将军。

“新国家”的意识形态倾向于法西斯主义。在马德里沦陷和西班牙内战中共和派失败的前一个月，热图利奥·瓦加斯放下警惕，并正式承认佛朗哥将军的法西斯主义政府。但是，他与罗斯福总统保持着良好的关系，并竭尽所能增加两国之间的贸易。毕竟，巴西的现代化计划要依靠美国的支持来建立工业基础。然而，瓦加斯总统也向美国施加压力，他指示伊塔马拉蒂即巴西外交部告知美方，他不准备等待美国支持他的工业化项

目，暗示他可能与德国合作。他甚至给阿道夫·希特勒发了一封电报，上面写着“祝您幸福美满，德意志民族繁荣昌盛”。[95]

1942 年后，随着巴西参战，纳塔尔附近的空军和海军基地被转让给美国，以帮助保护通往北非的航线。巴西与罗斯福政府的合作发生了翻天覆地的变化，瓦加斯总统的工业化计划也越来越成功。钢铁问题是该计划的核心，它一直是自由联盟早在 1930 年计划中就提出的关键要素，也是总统为换取武装部队对 1937 年政变的支持而对他们承诺的一部分。1942 年，“新国家”获得美国进出口银行的长期贷款，成立了一家采矿公司，即淡水河谷公司（Companhia Vale do Rio Doce），以开采铁矿石。政府还在里约热内卢附近规划的工业城镇沃尔塔雷
东达（Volta Redonda）建造了一座巨大的钢铁厂，它成为瓦加 435
斯总统为巴西计划的自给自足经济的象征。接着，他还创建了巴西国家黑色冶金（巴西国家钢铁公司）来控制该工厂，这是一家股份制公司，国家是该公司的主要股东。然后，该计划扩展到铁矿石、碱加工以及飞机和卡车发动机的生产。他还概述了政府针对石油开采的政策。而且，尽管热图利奥·瓦加斯没有建造规划中的国家炼油厂，但他为 10 年后成立巴西国有石油公司即巴西国家石油公司（Petrobras）奠定了基础。

到 1943 年，瓦加斯总统十分清楚战争已接近最后阶段，且轴心国将会被击败。他同样意识到，即使巴西是站在可能的获胜者一方参战的，“新国家”也不会在同盟国的胜利中存在下去。同年 8 月，热图利奥·瓦加斯成立了巴西远征军，1944 年他们被派往意大利作战。瓦加斯此举激怒了杜特拉将军和戈埃斯·蒙泰罗将军，他们完全拒绝接受巴西作为同盟国一方参战。尽管气候严寒且训练不足，仍有约 25000 人被送去冒险。

战争的结束是民主的胜利。巴西人民现在不再否认在国外反对法西斯主义与在国内维持专制政府之间的矛盾。

1942 年 10 月，来自米纳斯吉拉斯州的 92 位公众人物签署了《米纳斯吉拉斯宣言》。该宣言呼吁恢复民主政权，并为反对派力量加入政治斗争开辟了道路。关于新的反对派，瓦加斯总统可能并没有考虑太多，但他意识到情况已经发生了变化。他决定为过渡到宪政制度铺平道路。这一转变得到了大部分人口的支持，他们曾受益于瓦加斯政府的社会和劳工立法。该策略是好的，但不幸的是，执行过程没有计划的那样顺利。

十五　是的，我们有民主！

“我们要热图利奥！”

在“新国家”时期崛起的巴西在信仰和习俗方面有深刻 436
的混合种族意识。但是，与之并存的还有不加掩饰的内化种族主义，以及基于友情和血缘关系的僵化的社会等级制度。该国还在里约热内卢桑巴的节拍中发现了一种民族节奏，并采用了许多国家符号。到那时，巴西已经有了现代劳工立法，并为迅速扩展的现代化和工业化计划奠定了基础。那时的巴西拥有雄心壮志，且瓦加斯总统越来越受欢迎。但是，政治局势却越来越动荡。反对派成功发现了审查制度中的漏洞。抗议活动已失去控制，且这一过程此时已不可逆转：巴西人民要求言论自由、民主选举的总统和新宪法。

瓦加斯总统毫无疑问地认为，“新国家”的镇压机器不再有效。他意识到政治制度的改变是不可避免的。他的第一个问题是如何进行民主过渡和调整政府结构，以便他能够继续执政。他的第二个问题是何时开始过渡。到 1945 年初，他知道时日无多。2 月 28 日，他签署了 1937 年宪法的修正案，该修正案规定选举日期应在三个月之内确定，包括共和国总统的选举和国民议会的选举。[1]几天前，反对派抢在瓦加斯总统宣布计划前公布巴西空军元帅爱德华多·戈梅斯准将成为总统候选人。

437 对于热图利奥·瓦加斯而言，政治一直事关算计和机会。3 月，他正式宣布自己不会成为总统候选人，并且政府支持战争部部长欧里科·加斯帕尔·杜特拉将军作为候选人，但明显热情不高。尽管政府的支持似乎并非出于真心，但实际上杜特拉将军的候选人身份符合政治策略。他们的想法是分割军队，减少爱德华多·戈梅斯得到的支持，并将公众注意力从政府维持瓦加斯总统当政的任何举动转移开来。众所周知，爱德华多·戈梅斯，或者简称为“准将”，曾参加尉官起义，是“科巴卡巴纳兵营 18 人起义”的幸存者之一。他非常自信，举止勇敢，拥有过硬的民主背景。巴西有些女选民特别热心，并打出了这样的口号：“为准将投票！他帅气且单身。”[2]而另一边，杜特拉将军身材矮小，令人生厌，老套且乏味至极。自从与热图利奥·瓦加斯一样成为阿雷格里港战争学院的学员以来，他就一直是瓦加斯核心圈子的成员，并作为恪守法规者而闻名。他曾与“整合主义者”关系密切，因崇拜纳粹德国而臭名昭著。[3]

杜特拉将军和爱德华多·戈梅斯准将都是虔诚的天主教徒——这（现在仍然）对当选大有裨益——也都自命不凡、自以为是，他们成为候选人是彻头彻尾的灾难，尤其是在拉选票时。有一次，杜特拉将军参加了里约热内卢运输联合会举行的一次集会，就巴西军事历史上的伟大人物发表了冗长的演讲，离开时却只字未提来听他讲话的工人。爱德华多·戈梅斯也“不相上下”。据称，他成功地将里约热内卢的所有主要工会领导人召集在一起以便向他们解释他的选举纲领，然后就只说了四个字：“荣幸”和“谢谢”。[4]

两位候选人的举止都不像政客，而像现役军官。当公众在关注他们每个人的个人特质（或缺乏个人特质）时，有一个重要的事实几乎没有被注意到，即空军准将和陆军将军首次争夺总统职位。对于巴西民主而言，这种新鲜事并不是个好兆头。军队，尤其是陆军，不再扮演从属角色。[5]相反，在整个独裁统治期间，陆军一直是瓦加斯总统最可靠的盟友，也是他的 438
主要控制手段。到 1945 年，军队，尤其是陆军，已经成为国家中活跃的元素，且作为一种行政权发挥作用。军队不再认为自己居于文职机关的下位，也不是人民意志的工具。这种愿景不同于 1889 年共和国创始人和 1920 年代起义中尉官派的愿景。热图利奥·瓦加斯打开了大门，将军们就来了。1945 年，军队不仅是一个拥有武器、装备和部队的现代化机构，而且已经转变为一个性质不同的机构，且就政治而言，其危害性要比以前大得多。它已经成为一支自治的、秉持干预主义的部队，其成员确信军队是唯一能够组建一支训练有素、具有国家视野并准备领导该国的精英队伍的机构。而且，在巴西共和国历史未来 40 年的历程中，军方将根据这一信念采取行动。戈埃斯·蒙泰罗将军曾与杜特拉将军合作进行军队现代化建设，是一位很有能力的军官。他为他的成就感到十分自豪，但惯于随口乱讲且屡教不改。他会告诉任何愿意听他说的人，他"已经结束了军队中的政治[6]，因此军队现在可以自由地执行军队政策了"。[7]

瓦加斯总统很快就发现准将和将军们打算实行哪种政治。1945 年 10 月，在陆、海、空三个军种发动的第一次政变中，他被武装部队免职。后来正式更名为武装部队总参谋部（Emfa）的机构初现雏形。这三个军种必须联合起来才能发动政变。[8]然而，就在同年年初，情况还截然不同。瓦加斯总统仍然坚信准将和将军们是恪守法规者和政府支持者。他相信自己与杜特拉将军的结盟，尤其相信自己有能力利用武装部队的内部分裂并控制部队以维护自己的政治利益。他只是利用一个集团对另一集团的野心来操纵将军们。实际上，他低估了他自己曾帮助建立的机构中的变革规模。他保持政权的计划主要集中在政治阶层和城市工人身上。他忽略了军队内部发生的变化，现在为时已晚，这个错误已无法补救。

439 下一步重要步骤是赦免在“新国家”期间被捕的数百名政治犯。其中包括共产主义者领袖路易斯·卡洛斯·普列斯特斯，他此时已成为巴西政界近乎神话般的人物，笼罩在半殉道者半英雄的神秘光环下，其个人知名度有时远高于其所处的党派。人们在街上游行以庆祝大赦。新闻界称颂对政治犯的释放，全国各地成千上万的人签署宣言，呼吁流亡者回国。公众还大声疾呼要求组建政党的权利，包括共产党。[9]1945 年 4 月 18 日，大赦文件签署后，一大群人聚集在位于里约热内卢卡内卡修士街（Rua Frei Caneca）上的中央监狱的大门前迎接路易斯·卡洛斯·普列斯特斯。从完成传奇纵队的长征到战争结束的 18 年间，他有 8 年时间在流亡，9 年时间在监狱中度过。当他出现时，他被迅速接入车中带走。但公众还是瞥见了他瘦削苍白的脸。他老了很多。他对自己的伴侣奥尔加·贝纳里奥发生的事情一无所知，而且从未见过他们的女儿安妮塔（Anita）。安妮塔的祖母在她 14 个月大时借助强大的国际运动将她从纳粹监狱中救出。当时，安妮塔和她的姑姑生活在莫斯科。

但是，路易斯·卡洛斯·普列斯特斯渴望恢复自己的政治生涯。出狱一个月后，他在里约热内卢共产主义者组织的一次集会上发表讲话，赢得了令人难忘的欢呼。细雨中约有10000人挤入圣雅努阿里奥体育场听他发言。人们可以毫不费力地看见路易斯·卡洛斯·普列斯特斯并听他说话，惊叹于他被固定在草地上的巨幅肖像画，画像用霓虹灯照亮且位于6个拼写为“巴西”（Brazil）一词的巨大字母下方，巴西和苏联国旗在体育场中心并排飘扬。[10]令所有人惊讶的是，路易斯·卡洛斯·普列斯特斯宣布彻底改变其共产主义立场：他宣布无条件支持瓦加斯政府，要求召开制宪议会，并支持延期举行总统选举。从理论上讲，他本可以遵循莫斯科的指示，即建议共产主义者与本国政府结盟，只要该国曾站在苏联一方共同作战过，而巴 440
西就是这种情况。但是，路易斯·卡洛斯·普列斯特斯通过支持独裁者放弃了他的原则，而正是这个独裁者把他的妻子引渡到了纳粹德国。他打算与热图利奥·瓦加斯结盟的做法过于务实，且是极其机会主义的做法。一方面，共产主义者人数很少，该党在“新国家”期间受到残酷压制，其政治力量接近零，且其成员仍在秘密行动。另一方面，支持热图利奥·瓦加斯带来了巨大的优势。路易斯·卡洛斯·普列斯特斯将有机会参加工会运动，使该党与工人更接近，确保共产主义者的民主合法性，并成为总统选举的候选人。

路易斯·卡洛斯·普列斯特斯的政策转变并不能说服某些激进分子，如历史学家小卡约·普拉多，他们希望共产党保持连贯的纲领。但是，这在提升党的形象方面是非常成功的举动。1945年5月，在圣雅努阿里奥体育场集会时，该党领导人计算出巴西大约有6800名党员。两年后，这个数字在18万到22万之间。[11]还有很多支持者遵循该党中央委员会的指示，一群声望很高的艺术家和知识分子帮助该党制定巴西社会现代化的替代方案。这些艺术家中有几位将放弃他们的政治激进主义，正如诗人卡洛斯·德鲁蒙德·德·安德拉德，而其他艺术家，如若热·亚马多（Jorge Amado），则将保持多年的决心。尽管如此，1945 年，有一群明星被共产党吸引，包括画家坎迪多·波尔蒂纳里、卡洛斯·斯克利亚尔（Carlos Scliar）、狄·卡瓦尔康蒂和若泽·庞塞蒂（José Pancetti），音乐家如著名的指挥和作曲家弗朗西斯科·米戈农（Francisco Mignone），才华横溢的建筑师如维拉诺瓦·阿蒂加斯（Vilanova Artigas）和奥斯卡·尼迈耶（Oscar Niemeyer），著名作家如格拉西利亚诺·拉莫斯和蒙泰罗·洛巴托，年轻的电影制作人如内尔松·佩雷拉·多斯·桑托斯（Nelson Pereira dos Santos），歌曲创作者如多里瓦尔·凯米（Dorival Caymmi）、马里奥·拉戈（Mario Lago）和威尔逊·巴蒂斯塔，以及受欢迎的歌手如诺拉·内伊（Nora Ney）和若热·戈拉特（Jorge Goulart）。

对于热图利奥·瓦加斯而言，共产党人的支持，尤其是唯一可以与其声望抗衡的政治领袖路易斯·卡洛斯·普列斯特斯的支持，是一种胜利，但这绝非他持有的最重要的政治牌。瓦
441 加斯总统一如既往地保持其态度秘而不宣，没人知道他是否正在真正准备向民主过渡，或者他是否正在操纵继续掌权。但有一件事是毫无疑问的，即热图利奥·瓦加斯并没有在到达总统官邸卡特蒂宫时被出其不意地抓捕。当“新国家”瓦解时，他投入了大量资金来获得一群意想不到的人的支持，即城市工人。

不出所料，圣保罗的风向开始发生变化。1945 年 3 月上旬，该国历史最悠久的大学生组织“8 月 11 日学术中心”

（Centro Acadêmico Onze de Agosto）的成员决定冒险自行组织工人争取民主及推翻“新国家”。[12]这些学生支持候选人爱德华多·戈梅斯，并与位于圣保罗圣弗朗西斯科广场的法学院关系密切。瓦加斯总统可能在1932年击败了圣保罗人，但他们从未接受过这一点，也从没放过任何报仇的机会。这次学生们组织了抗议游行，游行队伍进入了市中心的主教座堂广场（Praça da Sé）[13]。他们占据了大教堂的台阶，在高峰时段，即当行人数量达到高峰时，即兴组织了一场政治集会。他们手持麦克风，开始批评瓦加斯总统。但是，没有人料到接下来发生的事情。突然，一群平静地漫步在广场上的工人做出了反应。他们愤怒地向发言者发起进攻，敲打着铁罐并挥舞着木棒，抓住他们能找到的任何东西扔向台阶上的人们。激怒的人群很快就打得学生四散而逃。他们开始大喊“热图利奥万岁！”“工人万岁！”“我们要热图利奥！”，与此同时猛烈冲击他们在周围看到的一切，包括法学院的窗户。两天后，类似的事件在累西腓重复发生，并造成一名学生死亡，且随后又发生了两起，第一起在贝洛奥里藏特，第二起在里约热内卢。反对派感到十分惊讶。“新国家”已被推翻，但瓦加斯总统的声望和知名度空前高涨。[14]城市贫民和城市工人支持热图利奥·瓦加斯，并希望他继续执政。

始于圣保罗的这一事件迅速演变成一场大规模的抗议运动，在出现了“我们要热图利奥！”的口号后，这一运动被称为“支持热图利奥”运动。这种公众参与对于共和国来说是新现象。直到那时，人们一直与权力机制保持着安全距离。[15]
该运动想让热图利奥·瓦加斯继续担任总统——这种几乎迫切 442
的要求显然是政治上的，即工人们想保障他们自1930年代以来获得的社会和劳工权利。当他们意识到“新国家”即将走到尽头，且热图利奥·瓦加斯当总统的日子屈指可数时，他们便走上街头。没有他，工人们怀疑他们将失去不久前才获得的权利。

热图利奥·瓦加斯秉承着对一件事一言不发，钻营另一件事，最后做出完全不同的第三件事的作风，他坚称自己不会竞选连任。他声称自己将主持选举，然后退出公共生活，回归家庭的宁静与安宁，最后还会加上一个谦虚的笑容。[16]他真正的意图只有在他对“支持热图利奥”运动越来越公开的支持中才显示出来。他授权在全国广播电台现场直播他们的集会和抗议活动，给予他们新闻与宣传部以及劳工部的谨慎支持，并为他们获得他在企业家中的支持者的私人资金提供便利。到1945年下半年，“支持热图利奥”运动在巴西各地的城镇建立了数十个委员会，“支持热图利奥”激进分子积极参与了政治活动，包括收集签名、出版小册子、声明支持与团结，以及宣传集会。该运动不断发展，并变得越来越有组织。最终，共产党人、永远利用机会主义的眼光看待风向的路易斯·卡洛斯·普列斯特斯也加入其中。当“支持热图利奥者”意识到瓦加斯总统没有及时离任以获得成为自己继任候选人的资格时，他们改变了其要求，并创造了一个新的口号：“让热图利奥参加制宪会议！”

“支持热图利奥”运动是一个让人不容易理解的新颖事物。它是向民主过渡的一部分，是走上街头的真正得人心的运动，也是热图利奥·瓦加斯继续受欢迎的重要证明。但是，仅凭此运动，由于其意识形态范围有限，无法掌控该国。它不过是不久前才进入政治进程的人民的自发组织。然而，1945年

10 月，令反对派惊讶的是，瓦加斯总统揭露了他更多的政治
手段并表明了其意图。他借助一个引起公众广泛关注的活
动——里约热内卢郊区火车电网开通典礼登上了舞台，呼吁工 443
人加入最近成立的巴西工党（PTB）。他声称，该党将保证工
人在公共事业管理中的份额，并将阻止他们成为“在任何时
候和各种意识形态下都受到政客操纵的群众，而这些政客在被
工人选举出来后就忘了自己的承诺”。这一断言也许很难被证
实，但更难被反驳。他总结说：“工人们应该去投票箱，选出
存在于他们内心深处并了解他们愿望的代表。”[17]

自所有立法议会被关闭，联盟、团体和人民阵线被毁灭以来已有 8 年时间。巴西人民终于恢复了他们根据各种思想、兴趣和价值观组成联盟，参加选举程序和提出自己的法律的权利。1937 年宪法的同一修正案确定了选举日期，也为政党组织制定了新规则。但是，其中两条规定限制了民主的充分行使。第一项是全国性的要求，它阻止了如那些作为第一共和国典型特征的区域组织的复兴。该国政党总数被限制在 20 个——这一数字在 1945—1964 年一直保持不变——与参加 1933 年和 1934 年立法选举的数十个地区团体相比，情况有了很大的改善。第二项赋予最高选举法院法官解释言论自由与某些政治团体活动之间的区别的权力，这些政治团体的纲领“与民主政体背道而驰，而民主政体是基于政党的多元化和对人的基本权利的保障”。[18]

过渡正在进行中，政党再次对该进程而言至关重要。自 1943 年以来，反对派一直在努力建立反瓦加斯联盟。有几种不同的方式来成为反对派的一部分，例如，反对“新国家”、为民主事业辩护，或者只是拥护自由主义信仰。反对派政客在

试图将与瓦加斯总统有关的人和机构从巴西公共生活中除名时
444 显得尤为重要。这一残酷的“反对热图利奥”运动将诸如全国民主联盟（UDN）或当时被称为“准将党”之类的政党中利益截然不同的政客聚集在一起。全国民主联盟成立于1945年4月，拥有广泛的支持基础，[19]为圣保罗其他的地区精英、富裕企业家、实业家和咖啡种植者提供了政治工具。其成员来自中产阶级，他们以前支持自由联盟和“新国家”，但被要求离开或幻想已破灭。全国民主联盟还包括民主社会主义者和共产党中的持不同政见者。最后这个群体是第一个脱离的。1947年，他们放弃了反瓦加斯联盟，将精力集中在出版报纸《社会主义方向》（*Orientação Socialista*）上，该报主张恢复国民制宪会议，以结束“新国家”。次年，社会主义者也脱离并成立了自己的政党——巴西社会党（PSB），该党支持左翼民主计划。

这使全国民主联盟的强硬派树立了该党的形象：保守派、道德主义者、反民主派，并以策划政变为使命。全国民主联盟声称他们支持民主，但与此同时，他们在计划发动政变。该党成员的政治视野仅限于公共生活中的道德，并严格关注当权者的行为。该党有许多出色的演说家，他们都很激进并且紧密合作——这个团体被称为“乐队”。他们没有一天不“折磨”自己的对手，“乐队”成员包括阿道托·卢西奥·卡多佐（Adauto Lúcio Cardoso）、奥斯卡·迪亚斯·科雷亚（Oscar Dias Correia）、阿丰索·阿里诺斯（Afonso Arinos）、比拉克·平托（Bilac Pinto）和阿里奥马尔·巴莱罗（Aliomar Baleeiro）。全国民主联盟的领袖是卡洛斯·拉塞尔达[20]，他正是10年前勇敢地（冲动地）提名路易斯·卡洛斯·普列斯特斯为民族解放同盟名誉主席的那个学生。他宣布与共产党决裂，并成了虔诚的罗马天主教徒和极端保守派。尽管如此，他还是一如既往地大胆和投机取巧。他热情、博学，拥有超凡的才智，并且非常能干。卡洛斯·拉塞尔达知道如何选择自己的言辞，在政治阴谋艺术方面是一位无与伦比的大师。他会有条不紊地以怀疑的方式让对手感到出其不意，对他们进行有无证据的指控，嘲笑并挖苦他们。正如同为该党成员的阿丰索·阿里诺斯曾经既畏惧又钦佩地说过，卡洛斯·拉塞尔达是一位危机创造者，他在自己挑起的危机中尤其危险，这恰恰是因为他 445
将自己的命运与共和制度的命运融为了一体。[21]

热图利奥·瓦加斯是创建两个政党背后的“灰衣主教”。第一个是社会民主党（PSD）[22]，成立于 1945 年，旨在利用通过他任命的“接管员”对巴西每个州进行 15 年的控制而获得的优势。他们的想法是利用各州行政管理机器从每个州的市政当局获得选票。社会民主党提名杜特拉将军为总统候选人，并在 1964 年政变前保持了巴西的稳定。社会民主党成员是热爱权力的职业政客，为了保住权力，他们将细致的计票与精心计算的政府职位和资源分配相结合。在阅读材料方面，正如该党领袖之一坦克雷多·内维斯（Tancredo Neves）幽默地形容他们：“如果要在《圣经》和《资本论》之间做选择，社会民主党成员会选择《官方公报》（*Official Gazette*）。”[23]该党拥有选民的支持，也有地区声望，且他们知道市长对于保证州长的权力至关重要。他们从不质疑选举结果，并且精通建立联盟的技巧。正如热图利奥·瓦加斯的女婿即社会民主党创始人埃尔纳尼·杜·阿马拉尔·佩肖托所说，该党“对于右派而言是左派，对于左派而言是右派”。[24]这些社会民主党成员都是政治阴谋大师，如坦克雷多·内维斯、儒塞利诺·库比契克、阿马拉尔·佩肖托、若泽·马利亚·奥克明（José Maria Alkmin）和尤利西斯·吉马良斯（Ulysses Guimarães）。但是，社会民主党基于利益交换的做法也代表了老派政治风格。在当地“上校”的支持下，狡猾的地区领导人，例如，马拉尼昂州的维托里诺·弗莱雷（Vitorino Freire）、米纳斯吉拉斯州的贝内迪托·瓦拉达雷斯（Benedito Valadares）和戈亚斯州的佩德罗·卢多维科（Pedro Ludovico），利用他们的权力来控制自己的议员。

然而，正是第二个政党，即同样成立于1945年的巴西工党，体现了瓦加斯总统为该国设想的基本原则。[25]该党的基础由隶属于“新国家”的工会和在劳工部任职的官僚组成。巴西工党不被认为是工人的政党，而是为了工人的政党，从这方面来说，这是个新鲜事物。

然而，最大的新奇之处是该党的政治计划。工人运动认为
446 劳动群众的处境是最重要的社会问题。他们知道，如果没有政府干预，这是无法解决的。他们还相信1930年代的社会立法为在法律方面保护工人提供了充分的改革方案。[26]热图利奥·瓦加斯是该党纲领的化身，包括他承认工人遭遇的能力以及其政府对巴西人民福利的关注。他一直支持工薪阶层和最贫困的人群。那时，“支持热图利奥”运动的政治激进分子遍布全国各地，他们为巴西工党提供了额外的支持。尽管热图利奥·瓦加斯在该党内外一直是个神话人物，但到1960年代初，该党领袖已经将工人运动发展扩大并超出了最初对其遗留影响的依赖。他们培养民族主义，制订改革方案，走进各社会群体特别是农村工人。[27]

1945—1964年，巴西工党拥护民主社会主义，并在可能

的情况下反对共产党在工人运动中的影响。有了这些政策，该党在国民议会的议员人数增加到可以与社会民主党相匹敌的程度，并成为该国最大的政党。1945 年，它最初有 22 名联邦议员，1950 年增加至 51 名，1954 年增加至 56 名，1958 年增加至 66 名，1962 年增加至 116 名。[28]在该党领袖中，有两位特别擅长推动社会主义事业，他们是瓦加斯总统选择的继任者若昂·古拉特（João Goulart）和继承热图利奥·瓦加斯遗产并使其更加激进的民粹主义领导人莱昂内尔·布里佐拉（Leonel Brizola）。接下来几年两者都在巴西政治中扮演重要角色。

瓦加斯总统这次又做对了。社会民主党和巴西工党之间的联盟被证明是不可战胜的。在短短的 19 年中，他们选举出了巴西的 3 位总统，并维持了民主政权。但是，到 1945 年底，情况似乎不会变得更糟。人们认为热图利奥·瓦加斯著名的政治能力终于弃他而去。许多人将爱德华多·戈梅斯准将的胜利视为定局。10 月 29 日，经杜特拉将军同意，瓦加斯总统被其军队部长们罢免。杜特拉将军一直担任战争部部长，直到他为了参与竞选而离职。不到 48 小时后，这位前独裁者被打发至他位于南里奥格兰德州圣博尔雅镇的家族牧场，没有给他留下 447
任何组织抵抗运动的时间。随着热图利奥·瓦加斯离开舞台，就在即将于 12 月 2 日举行总统选举之前，巴西工党似乎已经失去方向，且社会民主党对他们能否独立推举这位平淡无奇的杜特拉将军几乎没有信心。另一边，全国民主联盟认为其胜利是必然的。然而，他们的信心是短暂的。11 月中旬，爱德华多·戈梅斯准将在里约热内卢气势宏伟的歌剧院面对受邀的观众做了一场演讲。过于自信的他不明智地宣称自己不需要热图利奥·瓦加斯支持者的选票，他轻蔑地将他们称为“混日子的乌合之众”。[29]在参加竞选活动将近一年之后，准将似乎仍未意识到对于候选人而言，每一票都至关重要。“支持热图利奥”运动的领袖抓住了这个机会，用以下信息对全国各地的短波广播电台进行了“轰炸”：对爱德华多·戈梅斯来说，工人是“乌合之众”。

为了弄清被爱德华多·戈梅斯准将视为可牺牲的投票人，“支持热图利奥者”进行了说明：他们是生活在郊区的贫穷工人，破晓时分起床，通勤距离过长，整天都在工作，赚的钱很少，还带着装满米饭、豆类和一个煎鸡蛋的午餐盒上班。成千上万的人都与这一人物形象有关，并自豪地承认自己“午餐盒携带者”的身份。他们满腔热情地想要推倒即使在选举期间也鄙视穷人的候选人。因此，他们蜂拥前往参加巴西工党的最后一次集会，疯狂地敲打他们的午餐盒和锅碗瓢盆，并宣布自己与“上等人”为敌，即与投票支持爱德华多·戈梅斯准将的精英为敌。不幸的是，对于全国民主联盟而言，有很多携带午餐盒的选民，每个人都是。

工人反对爱德华多·戈梅斯准将，且在竞选活动最后，热图利奥·瓦加斯呼吁工人把票投给社会民主党候选人杜特拉将军。刚好在里约热内卢举行的最后一次社会民主党政治集会结束前半小时，一位密使带着来自热图利奥·瓦加斯位于圣博尔雅镇农场的消息抵达。由于未能支持自己的候选人杜特拉将军，他的信息在某种程度上有助于消除社会民主党内部的不
448 满。消息强调，全国民主联盟的胜利将意味着其政治计划的瓦解，且他最终正式宣布对杜特拉将军表示支持：“社会民主党的候选人，在无数演说中，以及在他的最新宣言中，清楚地表明了自己对工人运动思想的认同……因此，他应该得到我们的

投票！”但他并没有忘记杜特拉将军出卖他的方式，并向他发出警告：“如果不兑现竞选承诺，我将站在人民一边反对总统。”

在竞选活动的最后5天，巴西工党和社会民主党的激进分子带着热图利奥·瓦加斯的照片蜂拥而出，照片下面有一条简单而直接的信息：“他说：把票投给杜特拉！”照片几乎没有必要，因为每个人都知道用大写字母H表示的“他”是谁。12月2日，620万巴西人（占全国总人口的13.4%）来到投票亭外排队，这是他们在经过8年的独裁统治后首次参加投票。选举法庭必须努力控制程序并计算票数。但是，胜局已定，杜特拉将军在除塞阿拉州、皮奥伊州和联邦区以外的每个州均获胜，他获得了52.39%的选票，而爱德华多·戈梅斯准将则为34.74%。杜特拉将军在该国三个最有影响力的州：圣保罗州、米纳斯吉拉斯州和南里奥格兰德州也以绝对优势获胜。[30]即使社会民主党和巴西工党之间的联盟必须在每次选举中重新谈判，该团队也已经展示了其政治力量。

然而，正如该国很快将发现，尽管独裁者有可能被推翻，但摆脱政治战略家及其遗留影响是另一回事。用当时一首流行歌曲的歌词来说，如果这取决于巴西人民的意愿，那位“老人”的画像将重新出现在同一地点的墙上。

他会回来的！

结成联盟的社会民主党和巴西工党在国会中占多数。社会民主党获得42%的选票，巴西工党获得10%。全国民主联盟获得26%，当时刚刚合法化的共产党获得9%，而剩余的13% 449
在较小党派的候选人之间分配。新议员于1946年1月就职，当时国会承担着类似于制宪会议的角色。8 个月后，即 1946 年 9 月 18 日，成员们颁布了新宪法。

1946 年的新宪法维持了自 1930 年代以来取得的所有社会进步，并恢复了不可撤销的民主和政治权利。[31]文本包括共和制度的民主程序，如在联邦所有三个层级，即联邦政府、州政府和市政府，直接选举行政和立法职位。它还保证了新闻自由和舆论自由，承认政党的重要性，并朝着普选的方向迈进，使超过四分之一的 18 岁以上人口享有投票权。在接下来的 20 年中，1946 年的宪法为巴西恢复民主奠定了基础。该宪法确立了议会作为关键政治角色的地位，尤其是在严重的制度危机时，巩固了政党的作用，加强了工会的独立性，并保证了定期选举，而选举结果仅受到欺诈的轻微影响。

即便如此，有关 1946 年宪法仍存在争议。尽管明确支持民主，但它并未覆盖传统上被排斥的人口群体。例如，占成年人很大一部分的文盲人口仍未获得投票权。罢工权受到限制，且农村工人没有享受与城市工人相同的劳动福利权。另一个令人担忧的原因是军队对政府事务的干预日益增加。然而，尽管有这些限制，在此期间，对民主制度和程序的尊重仍然一如既往地坚定。原因很简单，即没有一个政治体制是完全民主的。[32]在巴西，随着农村工人成为一股更加独立的政治力量，以及人民要求建立一个更具包容性的社会的压力日益增长，由 1946 年宪法确立的民主程序在 1950 年代末和 1960 年代初变得越来越明显。

当巴西变得更加民主时，在战后世界中，许多国家变得越来越偏狭和两极化。在第二次世界大战后的数年中，帝国被摧
450 毁，世界地图被重新绘制，冷战开启。[33]在冷战期间，地理位

置是一个至关重要的因素，美国认为拉丁美洲的共和国与他们在地理位置上接近，这使他们十分不安。美国国防部认为，这些国家的任何政治变化都可能极大地改变两个超级大国之间的力量平衡，并使美国更容易受到苏联人的攻击。作为拉丁美洲最大的国家，巴西至此时为止吸引了美国最大的兴趣。美国最担心的是，将在巴西上台执政的政府有可能促进共产主义者的崛起。他们不希望看到巴西变成“莫斯科的卫星国”——这一表达在华盛顿和里约热内卢都被使用过。

杜特拉总统入主总统府即卡特蒂宫后就竭尽全力安抚白宫。他采取了服从美国人的政策，中断了与苏联的外交关系，并将追捕共产党人作为优先事项。到处都流传着嘲笑总统对美国人谄媚的笑话。据说当他与杜鲁门总统会面时，东道主向他打招呼：“你好吗，杜特拉？”（How do you do，Dutra?）据说他回答道：“您好吗，杜鲁门？”（How tru you tru，Truman?）但是，当时的情形并非玩笑。巴西共产党在拉丁美洲最大且最强。它在国会有 17 名众议员和 1 名参议员，在 15 个州立法议会中有 46 名议员，且在联邦区市议会中占多数。[34]无论其意识形态立场如何，该党已经是一股成熟的政治力量。1935 年尉官起义之后，武装部队中就开始传播激进的反共产主义的观点，冷战使这种情况加剧，杜特拉总统满腔热情地支持这些观点，并决定尽快采取行动，最好一就职便行动。

1946 年初，圣保罗银行员工开始罢工，罢工迅速蔓延至其他州，包括米纳斯吉拉斯、里约热内卢、圣埃斯皮里图、圣卡塔琳娜、巴伊亚和帕拉。罢工是杜特拉总统执行其压制共产党人和一般工人的政策的借口。巴西工人联合会被取缔，劳工部下令对总计 944 个工会中的 143 个工会进行干预，且总统还颁布了一项法令，规定了罢工权，目的是防止该国完全瘫痪。著名法律专家安东尼奥·费雷拉·塞萨利诺（Antônio Ferreira
451 Cesarino）在仔细阅读新法令后提出抗议："有了该法令，只有卖香水的才能罢工。"[35]

1946 年 3 月，路易斯·卡洛斯·普列斯特斯给了杜特拉总统发动反共运动以及将该党重新打回地下所需的借口。在里约热内卢的一次辩论中，路易斯·卡洛斯·普列斯特斯被问道，如果巴西与苏联交战，他的立场是什么。他立即进行了答复。他以教授似的口吻解释说，这将是一场帝国主义战争，巴西政府所做的是在实施犯罪行为，且巴西共产党人将反对这一行为。这个问题很幼稚，他的回答也很愚蠢，但对杜特拉总统来说这已足够。[36]1947 年 5 月，最高选举法院法官以三票对二票的优势宣布共产党登记无效。法院做出裁决的原因有两个。法院指控共产党不是巴西政党，而是总部设在莫斯科的共产国际的一部分，并且根据 1946 年宪法将其定义为反民主的。该文件指责该党"煽动阶级战争和鼓励罢工，以营造混乱和无序的氛围"。[37]1948 年 1 月，国民议会决定撤销由共产党选举产生的所有议员的权力。共产党人被剥夺了民主权利，在政党系统中处于孤立状态，他们再次面临遭受政府迫害的危险，以及被迫重返地下战斗的残酷现实。

作为总统，杜特拉将军在政治上笨拙无能，在经济上也是灾难性的。为了应对战争年代的通货膨胀，政府不仅在进口数量上不加选择，还通过高估汇率来补贴进口。这药几乎要了病人的命。通货膨胀放慢了，但是以消耗该国在战争期间积累的英镑和美元储备为代价。杜特拉总统的进口政策消耗了该国外汇储备，还使国内市场充斥着由战争带来的多余物品和剩余物，包括塑料制品、凯迪拉克轿车、溜溜球和呼啦圈，但同时他没有采取任何措施来提高该国的工业产能。1948 年，政府为弥补损失宣布了一项旨在将投资集中在医疗、食品、交通和能源等关键领域的计划，但该计划进展甚微，其中一些甚至都没有实施。[38]

杜特拉总统认为自己是个严肃的人，他少言寡语且生活有 452
规律。但他也是一个视野有限的道德主义者。1946 年 4 月，他上任后不久就签署了一项禁止在全国范围内赌博的法令，并关闭了所有赌场。杜特拉的妻子是虔诚的天主教徒且被誉为“小圣人”，据称，该措施是在他妻子的压力下采取的。政府给出的解释是，它有责任维护民族风俗的道德。[39]巴西拥有 70 多家正式注册的赌场，分别位于里约热内卢、尼泰罗伊和彼得罗波利斯，以及人们在米纳斯吉拉斯州和圣保罗州做水疗的矿泉疗养地。其中有一些非常宏伟。里约热内卢的三个主要赌场，即大西洋赌场、科巴卡巴纳皇宫赌场和乌尔卡赌场都极尽华丽。大西洋赌场坐落在一栋美丽的装饰艺术建筑中，坐拥科巴卡巴纳海滩令人难忘的景色。科巴卡巴纳皇宫酒店中的赌场最豪华：所有家具和赌台管理员都来自法国，烤肉店可容纳 600 人，每张桌子上都有一朵新鲜的兰花，舞池由玻璃制成且全部由灯光照亮，如果没有穿全套晚礼服，任何人都不允许进入。乌尔卡赌场有三个管弦乐队，他们通过连接地下室的移动平台上下舞台，还有令人炫目的镜帘以及镇上最吸引人的“音乐景点”，包括卡门·米兰达。

赌场不仅仅是轮盘赌和百家乐。它们代表着华丽、音乐和灯光，是人们娱乐和与不同人群交往的理想场所。它们是中产阶级、富商、政客和外交官经常光顾的地方。传统家庭与暴发户，身价昂贵的妓女，当地名人和富豪并肩玩乐。但最重要的是，赌场是重要的工作市场，对巴西音乐家来说是必不可少的。杜特拉总统的一纸法令导致全国约 40000 人失业。许多人试图说服总统，这对国家来说损失巨大，赌博将继续秘密进行，但他丝毫不为所动。没有其他选择。杜特拉政府非常重视祈祷，却听不进社会需求。

重返卡特蒂宫

453 热图利奥·瓦加斯于 1946 年 12 月公开与杜特拉总统决裂。走出众人瞩目的中心后，他几乎隐居在他位于圣博尔雅镇的农场中并进入一种自我流放状态。但他继续与政治打交道，并依旧受欢迎。1946 年，他以破纪录的选票当选为众议员和参议员。他故意与国会和制宪会议保持距离，甚至没有去里约热内卢签署新宪法的最终文本，但这一事实对其声望和动员工人支持其新总统竞选活动的能力丝毫没有影响。不过，他的政治立场发生了很大变化。热图利奥·瓦加斯卸任总统职位并加入了反对派。他需要弥合与杜特拉总统和全国民主联盟自由主义者的分歧，并获得对他未来计划的支持，例如，增加政府对工业化进程的干预、保证充分就业以及在不牺牲经济增长的情况下减少贫困。[40]

1949 年，到了正式提名 1950 年总统选举的候选人时，热图利奥·瓦加斯已准备好。为了适应新的国际环境的要求，他对其旧民族主义计划的要点进行了修订。他的新计划有两个主要目标：发展和社会福利。其目标无非是国家经济独立，这是巴西人民最大的愿望之一，特别是在冷战时期。此外，他专注于对抗通货膨胀和生活成本的上涨，这使其竞选活动与受杜特拉总统经济政策影响最大的群体有关联。此外，他还成功获得工商界对其优先考虑工业基础的工业化政策的支持。67 岁的热图利奥 · 瓦加斯着急了。他一心打算通过民主选举“在人民的怀抱中”重返卡特蒂总统府。其竞选口号是一条胜利的政治信息：“他会回来的!”竞选活动始于他乘着敞篷汽车沿着普拉亚街（Rua da Praia）的游行，这条街是阿雷格里港当时最雅致的购物街，而且经常是政治抗议的场所。在接下来的两个月中，热图利奥 · 瓦加斯访问了每个州和该国最大的城 454
市。他还达成了最惊人的协议和联盟。例如，为了吸引北部和东北部的选票，他选择了一位在南部几乎不为人所知的政治家作为副总统人选，即律师小卡费（Café Filho）[①]，后者曾积极参与民族解放同盟且是“新国家”的强烈反对者。

热图利奥 · 瓦加斯更关心的是达成协议，而不是被某个政党所束缚。在伯南布哥州，他与全国民主联盟结盟。在圣保罗州，他与曾经的政治对手艾迪马 · 德 · 巴罗斯（Ademar de Barros）州长合作。艾迪马 · 德 · 巴罗斯具有与群众交流的杰出能力，在政治上雄心勃勃，并控制着规模很小但效率很高的社会进步党（PSP），该党在圣保罗州的内陆地区组织得井井有条。热图利奥 · 瓦加斯的结盟策略旨在产生短期结果，但这是有风险的，他之后将为此付出高昂的代价。但是，从短期来看，这种策略是可行的，例如，他的候选人资格没有与任何政党相关联，它把新老政客聚在一起，它受到对工业化利益感兴趣的商人的支持，它还具有工人阶级以及在该国主要城市中崛

① 全名为小若昂 · 费尔南德斯 · 坎波斯 · 卡费（1899—1970），出生于北里奥格兰德州的纳塔尔。

起的新下层中产阶级的选举力量。

此外，他的对手几乎没有抗压力。全国民主联盟仍未摆脱被杜特拉将军击败的局面，并再次提名爱德华多·戈梅斯为候选人。但是，这位准将屡教不改，他再次仅凭一句声明就结束了自己可能获胜的任何机会。在6月的一次政治集会上，他宣布反对最低工资并主张契约自由。[41]与此同时，社会民主党提名了自己的候选人，即米纳斯吉拉斯人克里斯蒂亚诺·马沙多（Cristiano Machado），但他们很快意识到他没有获胜的机会。他们的解决方案并不令人感到惊讶：在维持克里斯蒂亚诺·马沙多作为官方候选人的同时，他们还为热图利奥·瓦加斯争取选票，这让克里斯蒂亚诺·马沙多陷入了困境，结果是几乎没人支持他，其选票甚至更少。

全国民主联盟成员感到失望，但卡洛斯·拉塞尔达感到愤怒。“热图利奥·瓦加斯是参议员！”他咆哮道，“他不能当总统候选人。作为候选人，他不应被选出。一旦当选，他不应上
455 台。一旦掌权，我们将不得不采取革命行动以阻止他执政。”[42]
拉塞尔达言出必行。在随后的几年里，他继续用自己拥有的报纸《新闻论坛报》（*Tribuna da Imprensa*）发表长篇大论对瓦加斯政府进行攻击。但是，不可否认的是热图利奥·瓦加斯的胜利。他获得了近400万张选票，占总数的48.7%，而爱德华多·戈梅斯和克里斯蒂亚诺·马沙多的得票率分别为29.7%和21.5%。1951年1月31日，热图利奥·瓦加斯重返卡特蒂宫，这次是作为巴西民选总统。[43]

1951年底，瓦加斯总统向国会提交了创建巴西石油公司的法律草案。[44]这项法律比其他任何法律都使他的同时代人（及后代）更加确信，他的目标确实是通过建立独立的经济来

确保巴西独立。该法律是整个政府政策的核心。对石油及其衍生物的需求使石油成为巴西最大的进口商品，该国不再依赖于它们的利益是不言而喻的。石油和矿物国有化运动始于 1930 年代，得到了所有巴西人的热烈支持。

用巴西小说家蒙泰罗·洛巴托的话说，一开始一切都是疯狂的行为或一场梦，有时甚至两者兼而有之。1937 年，当蒙泰罗·洛巴托写下他的儿童故事《子爵的井》（*The Viscount's Well*）时，在巴西进行国有石油勘探和开发的想法似乎是一个梦想，或者说最多是一本故事书的好情节。蒙泰罗·洛巴托开玩笑地说："在本塔夫人农场发现的石油震惊全国。"[45]也许他针对的对象不是成人，而是孩子们，而巴西未来的经济独立性正是取决于这些孩子：

> 没有人在那里寻找石油，因为没有人相信在那个面积达 850 万平方公里的巨大区域中有石油的存在，这整个区域都被其共和国邻居的油井所包围。但是，当石油从卡拉明瓜一号井喷涌而出时，他们看上去都像傻瓜，并且喃喃地说道："好吧，该死！原来我们这里一直都有石油。"[46]

蒙泰罗·洛巴托逝于 1948 年，他没有活着看到那些否认石油存在的人脸上的表情，他也没有活着看到石油开采成为巴西政治和经济生活的中心议题。然而，到 1951 年，情况发生了根本变化：捍卫国家对石油开采的垄断已转变为巴西历史上规模最大的舆论运动之一。这场运动被称为"石油运动"，以大规模的公民动员形式捍卫巴西的国有资源。来自社会各阶层的大批人团结在一起，他们一致认为巴西的经济独立性完全取 456

决于巴西人民的政治意愿。

自然资源尤其是石油这一主题深入渗透巴西人民的集体想象。它还促进了国家主权意识的出现。这是该国历史上为数不多的在意识形态领域将每个人聚集在一起的群众运动。它吸引了军官、共产党人、社会主义者、天主教徒、巴西工党成员，甚至还有来自全国民主联盟的一些人，他们齐声高呼全国学生会的口号："石油是我们的。"[47]

巴西国家石油公司作为一家垄断石油勘探和开发的国有公司于 1954 年 1 月开始运营，当时热图利奥 · 瓦加斯仍是总统。石油工业是瓦加斯总统加快工业化进程系列行动的一方面，另一方面是电力生产。尽管瓦加斯总统成功地建立了国有石油垄断企业，但他并未成功完成建立国有电力公司的必要程序。巴西中央电力公司（Eletrobrás）直到 1962 年才开始运营。不过，正是瓦加斯政府提供了基础设施和财政支持，使该国在接下来的 10 年中增加了发电量。

水力发电厂需要至少 5 年的运行时间才能产生结果，这就是在瓦加斯执政期间全国用电量没有增加更多的原因。他在 1951 年上任时全国用电量为 580 万千瓦，到其任期结束时增加至 830 万千瓦。[48]但是，这并没有阻止瓦加斯政府实施影响深远的工业化计划，其计划特别着重于两个领域：首先是重点行业的扩张，特别是钢铁业；其次是卡车和拖拉机的生产，这
457 是通过国家汽车厂和一些国际公司之间的协议实现的。该协议预见了生产的逐步国有化，对该国的汽车工业产生了非常积极的影响，并且是由瓦加斯总统的继任者实施的。[49]然而，在战略领域创建国有公司的提议，如石油的勘探和开发以及电力生产，意味着与根深蒂固的利益相冲突，主要是外国公司的利

益，如石油领域的标准石油公司（Standard Oil），以及电力生产领域的州际电力和照明公司（Light and Power Co）和美国及海外电力公司（American & Foreign Power Co）。瓦加斯政府有成功也有失败，它突出了两个现代化方案之间的冲突，即他自己民族主义的方案和反对派赞成与国际资本结盟的方案。这是看待国家角色的两种根本不同的方式，在接下来的几十年中，国家角色将使巴西社会分裂。

区分这两种方式的第一个议题是，国家应在多大程度上通过立法实施社会包容政策，以将成千上万的新工人带入市场。第二个议题是，该国应在多大程度上依靠外资作为其经济发展的动力。瓦加斯政府的意识形态包括民族主义的发展[50]，国家对经济活动的干预被认为符合国家利益，并且国家优先考虑能促进国内市场多样化的行业。

巴西迫切需要在国际市场上树立自己的新角色，以使该国摆脱对农产品出口的依赖，这就是瓦加斯计划存在的理由。其政治代价是巨大的。该计划与外国公司以及本地工业和金融业的利益相冲突，而这些利益与或即将与国际资本相关联。它还疏远了仍在其地区拥有政治权力的重要土地所有者。所有这些群体都对政府干预和经济中的监管措施持敌对态度。他们不想要导致财富集中的政策，也不想要导致外资在对国家发展具有战略意义的经济领域中被限制的政策。此外，他们还认为劳工立法对公司构成了沉重负担。

热图利奥·瓦加斯是一位手段高超的政治家，但他是个独裁者。他习惯于独裁的解决方案，对自己的个人魅力充满信心，且在起义和政变方面经验丰富，但他确实不适合在民主环 458
境中工作。他不认同任何政党并将自己置于普遍政党之上的策略在竞选运动中取得了巨大成功，在治理国家方面却是灾难性的。巴西工党因内部争议而破裂，社会民主党由于地区冲突不断，有时无法维持其与瓦加斯总统的结盟。全国民主联盟利用这一局势与一群较小政党结盟，包括解放党、共和党和基督教民主党。他们在本质上建立了阻碍政府主动权的反对派联盟。

全国民主联盟的立场既激进又不妥协。影响巴西人民日常生活的不利经济因素促使全国民主联盟在反对政府方面取得成功，例如，通货膨胀率高和工人工资低，这些都正中他们的下怀。从 1952 年开始，瓦加斯总统的经济增长计划面临无法控制的问题。艾森豪威尔政府开始将其冷战战略重点放在韩国、黎巴嫩和埃及，这些国家都有可能很快成为苏联卫星国。美国撤回了对巴西投资计划的支持，这似乎还不够，世界银行坚持要巴西支付逾期的款项。这些后果很快就出现了，包括通货膨胀率上升、生活成本增加、公共支出增长和工资支出崩盘。[51] 瓦加斯总统已无法控制局面。

尽管经济形势恶化，工人却没有逃离阵营并投向反对派，但他们明确表示，他们的支持并非无条件的。1953 年 3 月 18 日，6 万名工人在圣保罗抗议游行，游行队伍从位于该市历史中心的主教座堂广场来到州长官邸，即州行政部门驻地。这场遣责高物价并要求提高工资的游行被称为“空锅游行”，它仅仅是个开始。10 天后，整个城市陷入停滞状态，瓦加斯总统终于意识到工人是认真的。持续了将近一个月的“30 万人罢工”[52]由圣保罗 5 个最大的工会进行协调，包括纺织工人、钢
459 铁工人、印刷工人、玻璃工人和木匠。这场罢工使工人工资平均增长了 32%，并且在 1964 年军事政变之前为组织群众运动提供了一种模式。全国各地都支持这场罢工，包括学生的支

持，这场罢工还导致了第一个联合工会的成立。不同部门的工会都参与组织了这场罢工，它们以政治行动的名义聚集在一起，这是法律所禁止的。它还创建了一个工会中心。罢工结束时，仅圣保罗就有 100 多个工会加入了新制定的《工会统一条约》。

热图利奥·瓦加斯可能是个独裁者，但他并不愚蠢。3 月发生了“30 万人罢工”，接着 6 月又发生了使里约热内卢瘫痪的码头工人的罢工。在 6 月结束之前，他任命若昂·古拉特为劳工部部长。[53]若昂·古拉特是巴西工党主席，他是一位出色的演说家和耐心的谈判者，且他的政党与工会运动保持着密切联系。瓦加斯总统意在向工人展示这项任命对于他的意义，即“然戈”（Jango，古拉特从小就被昵称为“然戈”）是他所选的政治继任者。当码头工人罢工结束后这位新部长在总统府上任时，瓦加斯总统向工会领袖委员会宣布：“我就是然戈！”他接着还说：“他所说的一切都将代表我。你们可以把他当成我一样信任。”[54]

瓦加斯总统指示若昂·古拉特与自 1930 年代以来一直支持他的社会部门合作。当他为国家经济和社会发展而斗争时，他最不想失去的是工人的政治支持。他的这项任命是成功的。若昂·古拉特成功使工会运动和政府再次团结起来，减轻了雇主对工会的压力，并为瓦加斯总统的政策建立了强大的后盾。然而，随着经济形势的恶化，新任部长的角色仅限于谈判，他无法阻止罢工的再度爆发。并且，若昂·古拉特成了反对派攻击的目标。他为使工会和政府团结在一起而迈出每一步时均遭到了新闻界雪崩式的批评和指责。

全国民主联盟得到了媒体的大力支持。[55]报纸和无线电广

460 播，特别是在里约热内卢和圣保罗，1945 年和 1950 年都支持候选人爱德华多·戈梅斯准将，并强烈反对瓦加斯总统的提议。在那之前，若昂·古拉特一直被视为一个地方政治人物，年轻、有钱且缺乏经验。但是，他被任命为部长则显示了他的政治才能。直到那时，全国民主联盟才意识到瓦加斯总统选择这个年轻人作为其继任者的意义。从那时起，新闻界就经常谴责他，指责他组织罢工以试图建立“工会共和国”，即一个由工会控制的独裁政权，新宪法为其提供依据，通过工会运动的大规模动员使其免受对手的攻击，并由工人控制的议会使其合法化。

当然，全国民主联盟成员对“工会共和国”的设想感到震惊。实际上并不存在这样的计划。然而，古拉特从未成功逃脱作为该计划最大支持者和受益者的恶名。在 1964 年军事政变的前夕，这个屡次出现的指控被用来对付他，并且由于该国的两极分化和群众的广泛动员，这一指控对他构成了部分威胁。就卡洛斯·拉塞尔达而言，他从未错过在《新闻论坛报》的版面上恶意嘲讽若昂·古拉特的机会。毕竟，若昂·古拉特不仅得到了热图利奥·瓦加斯的提携，他本人也已经 34 岁，单身、英俊、非常有女人缘，行为举止不拘泥成规。“这个油腔滑调的小若昂应该离开劳工部，回到卡巴莱，那才是他的大学、军营和庇护所……当部长不同于跳探戈。”[56]

若昂·古拉特设法在这个职位上待了 8 个月。1954 年 1 月，为响应工会要求且经瓦加斯总统的批准，他提议将最低工资提高一倍。该提议一旦获批，最低工资将涨到 2400 克鲁塞罗。在国会的全国民主联盟成员一片哗然，反对派报纸对此大做文章，但对民主稳定的威胁并不是来自这两个方面的，它来自武装部队。2月中旬，来自军队的42名上校和39名中校向其指挥官发表了严厉批评政府的宣言，后者继而又公开发布了这些文件，这些文件随后由全国民主联盟和反对派报纸着手处理。

《上校宣言》揭露了军队中的不满情绪，并且显然具有煽 461
动性。[57]它指控瓦加斯政府接受了“非法交易、欺诈性谈判和公共资金管理不善的风气”，指出领导层危机正在影响武装部队，发出有关街头骚乱的警告，并谴责若昂·古拉特关于将最低工资提高一倍的提议，他们说这将给财政部带来沉重负担，并使平民与军队之间的现状颠倒。事后看来，这份宣言清楚地表明，武装部队已经对巴西的民主体制构成了威胁。它由当时的上校戈尔贝里·杜·科托－席尔瓦（Golbery do Couto e Silva）起草，他在10年后将成为政变背后的策划者之一。该宣言的签署者还包括参与计划政变和管理军事政权的其他强硬派军官，如西尔维奥·弗罗塔（Sylvio Frota）、埃德纳尔多·达维拉·梅洛（Ednardo d'Ávila Melo）、安东尼奥·卡洛斯·穆里西（Antônio Carlos Muricy）、阿达尔贝托·佩雷拉·多斯·桑托斯（Adalberto Pereira dos Santos）、西泽诺·萨尔门托（Sizeno Sarmento）和阿毛里·克鲁埃尔（Amauri Kruel）。

1954年，虽然瓦加斯总统无法预见10年后会发生什么，但他确信的是武装部队想要的不仅仅是薪水和装备。《上校宣言》表达了不满和怨恨，最糟糕的是，这是一种公然违反纪律的行为，其作者离阴谋只有一步之遥。考虑到局势的严重性，瓦加斯总统采取了行动。他开除了其战争部部长埃斯皮里托·桑托·卡多佐（Espírito Santo Cardoso）将军，并与古拉特达成协议让其辞职。随着若昂·古拉特被革职，且相信自己已经消除了上校的敌意，热图利奥·瓦加斯现在可以自由行动了。在他总是发表公开声明的5月1日劳动节假期，瓦加斯总统再次亲身示范了他的政治作风，例如，精心策划的行动、对其计划守口如瓶，以及总是走在前头。他宣布按照若昂·古拉特的提议将最低工资提高一倍。在他对工人的讲话中，他在赞扬其前劳工部部长的工作之后主张反击行动："作为公民，你们对投票箱来说意义重大。作为一个阶级，由于数量众多，你们的投票将具有决定性作用。你们占大多数。今天你们与政府站在一起。明天你们将成为政府。"[58]

热图利奥死了。热图利奥万岁！

462 虽然瓦加斯总统重新获得了优势，但可能为时已晚，因为反对派推翻其政府的立场比工人保护政府的立场更强。对于总统来说，还有更糟糕的情况。8月5日凌晨，司法部部长坦克雷多·内维斯被电话吵醒。在电话线的另一端是警察总部的上校米尔顿·贡萨尔维斯（Milton Gonçalves），他告诉内维斯，卡洛斯·拉塞尔达在一场袭击中脚部受了轻伤。坦克雷多·内维斯的反应是："这就是全部？可能会更糟……"但停顿了片刻之后，上校告诉他，卡洛斯·拉塞尔达身边有一位陪同者，即空军军官鲁本斯·瓦斯（Rubens Vaz）少校，后者不幸遇害。听到这则信息，坦克雷多·内维斯的反应发生了变化："没有什么比这更糟了。"[59]

尚不清楚这些是不是他的确切用语，但坦克雷多·内维斯无疑并不夸张。对卡洛斯·拉塞尔达的袭击对政府来说是一场灾难：它可能引发在巴西历史上没有先例的军事危机，进一步孤立总统并损害他的权威。并且，媒体将像每当政府发生危机时一样大做文章。[60]拉塞尔达是新闻界极具影响力的人物，尽管他的报纸《新闻论坛报》每天限量发行约10000份且从未试图秉持公正，但卡洛斯·拉塞尔达享有很高的声望，他的一句话可能会连续数天成为报纸的头条新闻。

卡洛斯·拉塞尔达对热图利奥·瓦加斯的攻击变得越来越猛烈。由于无法发动政变，他竭尽全力通过新闻界破坏政府稳定。他谴责了一系列丑闻，有些是真实的，也有些是虚构的，例如，裙带关系和利益交换、非法贷款、政府腐败及其反美主义，这对瓦加斯政府造成了损害。由于报纸和广播的不断报道，这些指责连续几周引起公众的愤慨，并使政府承受着巨大的压力，它削弱了政府信誉，并日益使其在政治和社会中被孤立。尽管有些指责是伪造的，但另一些严重影响了政府形象。 463
1953年之后，当涉及《最后时刻报》（*Última Hora*）的丑闻发生时，瓦加斯总统输掉了与新闻界的斗争。即便如此，令卡洛斯·拉塞尔达沮丧的是，无论他为推翻瓦加斯政府付出了多少努力，他都无法波及总统本人。

新闻界在削弱热图利奥·瓦加斯的支持基础，尤其是城市中产阶级的支持方面起着决定性作用。但是在涉及《最后时刻报》的丑闻发生之后，巴西主要报纸《晨邮报》（*Correio da Manhã*）、《每日新闻报》（*Diário de Notícias*）、《政府卡里奥卡》（*Diário Carioca*）、《环球报》（*O Globo*）、《日报》、《圣保罗州报》和《晨报》（*Folha da Manhã*）都公开参与了推翻热图利奥·瓦加斯第二届政府的政治运动。《最后时刻报》是根据瓦加斯总统和记者萨穆埃尔·魏纳（Samuel Wainer）之间的一项协议而创立的，后者是该国最大的传媒集团《联合日报》（*Diários Associados*）的明星之一。正是该报成功对热图利奥·瓦加斯进行了采访，当时他在圣博尔雅镇的农场中，且在此期间他宣布作为候选人参加总统竞选。[61]在竞选期间，两人就该报如何运行达成了共识。瓦加斯总统是《最后时刻报》的极力拥护者，并且特别清楚政府宣传和与人民沟通的直接渠道的重要性。与此同时，魏纳不断利用他作为报纸所有者的地位，即实际上作为总统的发言人。

尽管萨穆埃尔·魏纳偏重于政府的优先事项，且该报与政府之间的关系令人怀疑，但《最后时刻报》也是当时最具创新性的报纸。它富于现代化和创新，使用彩色印刷，并且发表精练的文章和大城市的日常生活照片。它还提供高薪。该报一下子就取得了成功，发行量非常大。控制该国领先的传播工具的少数企业家感觉受到了威胁。他们指责瓦加斯总统直接干预传媒市场并为了利益而改变游戏规则。结果，他们联合起来对抗政府。在绝大多数媒体针对他的情况下，萨穆埃尔·魏纳遭受了沉重打击，对其进行调查的国会调查委员会成立。该调查
464 委员会是应全国民主联盟的要求而成立的，目的是证实政府资金被非法使用。卡洛斯·拉塞尔达还指控萨穆埃尔·魏纳伪造国籍。魏纳是犹太人，出生于当时作为苏联一部分的比萨拉比亚（Bessarabia）。根据1946年宪法，外国人作为报纸所有人是非法的。国会调查委员会认定魏纳有罪。该报获得的贷款被判定为非法交易的结果。这些非法贷款可以追溯至巴西银行行长里卡多·雅弗特（Ricardo Jafet），但仅此而已。全国民主联盟的详细调查和卡洛斯·拉塞尔达将总统牵涉其中的决心都是徒劳的：无论新闻界还是议会调查的最终报告都无法与总统建立任何直接联系。

但是，上述始于8月5日的危机是更为严重的问题。针对

卡洛斯·拉塞尔达的袭击发生在他位于科巴卡巴纳托内雷洛街的公寓大楼外。[62]鲁本斯·弗洛伦蒂诺·瓦斯少校在袭击中受伤身亡。他是支持全国民主联盟的年轻空军军官群体中的一员，当时在轮值担任拉塞尔达的保镖。瓦斯少校谋杀案使武装部队处于这场危机的核心。空军反对瓦加斯总统，空军军官敬重的是爱德华多·戈梅斯准将。这是他们不能错过的机会。他们根本不关心宪法或军事等级制度，开始了自己对瓦斯少校之死的调查。

尽管坦克雷多·内维斯是司法部部长，且对犯罪的调查是地方警察的责任，但他和他的下属均无法对犯罪进行自主调查。相反，空军却部署了一组军官来研究发生在加利昂空军基地的事件。这些军官被赋予了全权，且空军还组织了一次军事行动来逮捕暗杀者。这个团体被热图利奥·瓦加斯的支持者称为“加利昂共和国”，最初这个称号具有讽刺意味，但后来令人生畏，就像是政府内部的一个政府。空军调查发现针对卡洛斯·拉塞尔达的未遂暗杀是由业余人员策划的，并由雇用的枪手实施。那辆逃跑的车是卡特蒂宫外排队车辆中的出租车，它在附近的拐角处等待乘客。犯罪发生前，同一辆出租车跟着卡洛斯·拉塞尔达在城镇各处转动，直到枪手最终决定埋伏的地 465
点。空军毫不费力地找到了驾驶员，并找出了犯罪的下令者。热图利奥·瓦加斯政府的瓦解始于枪手的供认，他们承认自己受雇于总统护卫队首领格雷戈里奥·福尔图纳托（Gregório Fortunato）。空军军官进入总统府，取走了格雷戈里奥·福尔图纳托的所有档案并将其内容发送给新闻界，这是致命一击。这些档案揭露了瓦加斯总统周围的腐败程度。它记录了大规模的非法交易，涉及众多顾问和重要政府人物，以及热图利奥·

瓦加斯的家庭成员——其子曼努埃尔·瓦加斯。

卡洛斯·拉塞尔达沉迷于热图利奥·瓦加斯直接或间接参与了针对其暗杀行动的想法，并且在警察开始调查之前大声疾呼地表明了自己的观点。袭击发生后第二天，他在《新闻论坛报》上怒喝："在上帝面前，我仅指控一个人犯下了这个罪行，即小偷的保护者热图利奥·瓦加斯。"[63]格雷戈里奥·福尔图纳托很可能是个虚荣的人，没有受过多少教育，盲目忠诚于热图利奥·瓦加斯，很可能自甘腐败。考虑到他与总统的亲近，这不足为奇。他能够在总统府建立一种平行的权力结构，并自己着手处理问题。甚至反对派和卡洛斯·拉塞尔达或许也承认，总统很可能是一个诚实的人，他可能没有卷入任何不当行为。但是毫无疑问的是，政府中腐败盛行，且瓦加斯总统即使对其保镖的犯罪活动不知情也不能免除个人责任。

瓦加斯总统在他最后的日子中将自己禁闭在总统府。舆论反对他，要求他辞职的呼声越来越高，且他的传统支持者也开始抛弃他。8 月 24 日凌晨，总统召开了一次部长会议。如果他仍然抱有抵抗的希望，那么这些希望此时消失了。除坦克雷多·内维斯之外，他所有的部长都建议他辞职或暂时空出总统职位。[64]其他选择甚至更糟。总统再也无法指望像 1937 年一样得到军队的支持，也无法指望动员在 1945 年向他提供援助的工人。如果他同意辞职，他会失去斗志；而如果他做出反抗，
466 他将被罢免。会议结束后，他回到了自己的私人住所，他的兄弟本雅明前来告诉他，让他在加利昂的调查委员会出庭的传票已经发出。直到那时，他才知道一切都已结束。他关上门躺在床上。1954 年 8 月 24 日上午 8 点 30 分至 8 点 40 分之间的某个时间，热图利奥·瓦加斯将手枪对着自己的左胸，然后扣动

了扳机。

大约一个小时后，巴西无线电广播最重要的新闻节目“埃索记者”（Repórter Esso）播出特别节目，向巴西人民通报了热图利奥·瓦加斯的自杀事件。整个国家震怒。人民对此震惊不已。他们走出家门，含泪互相拥抱。局势逐渐失控。在阿雷格里港、贝洛奥里藏特、萨尔瓦多和圣保罗，愤怒、痛苦的人群手持石头和木棍满腔愤怒地在街上游行。[65]数千名抗议者占领了里约热内卢市中心，并聚集在西尼兰地亚广场（Cinelândia）[66]，他们沿途破坏了与反对热图利奥·瓦加斯的反对派有任何关联的一切。

人群从灯柱上撕下了全国民主联盟的宣传广告，打碎了标准石油公司大厦的窗户，并朝着美国大使馆正面以及《环球报》和《新闻论坛报》所在的大楼扔石头。他们还袭击了运送报纸的卡车，导致第二天出现的只有《最后时刻报》。人群并没有忘记卡洛斯·拉塞尔达，他们四处追捕他，而他逃到了美国大使馆避难。对他来说幸运的是，当他们威胁要入侵使馆大楼时，空军派遣的直升机成功进行了屋顶救援，并将他安全带到了锚定在瓜纳巴拉湾的海军“巴罗索号”（*Barroso*）巡洋舰上。

大约100万人为瞻仰遗体而聚集在卡特蒂宫前。许多人在哭泣，还有一些人的确昏倒了。另一些人在进入守夜的房间后，紧紧抱住了棺材。8月25日上午8点30分，目送热图利奥·瓦加斯的遗体被送往圣杜蒙特机场的人群形成了一个巨大的送葬队列，从弗拉门戈海滩到市中心的大街小巷上都挤满了人。当运送总统遗体回到圣博尔雅镇农场的飞机起飞时，人群突然意识到他们正好聚集在第三航空区总部的正对面。悲伤不

可避免地变成了愤怒。随着人群的前进，被吓坏了的空军士兵
467 和军官开始向手无寸铁的人群开火。射击持续了 15 分钟。在慌乱中，妇女和儿童被踩在脚下，一人丧生，许多人被手榴弹碎片、军刀和炮火打伤。人群四散逃离，但又重新聚集在市中心。成千上万的抗议者加入其中，冲突持续了一整夜。

热图利奥·瓦加斯的自杀挫败了反对派。他们旨在加剧政治危机，打击总统士气，迫使他辞职，从而为军事政变铺平道路的努力失败了，接下来他们无路可走。这是瓦加斯总统最后的政治胜利。他的书信毫无疑问地表明他希望人们如何理解自己的自杀：外国组织伙同巴西伙伴正在进行旨在阻止其发展计划的地下运动。“如果猛禽想要某人的鲜血，或者如果他们想要继续吮吸巴西人民的鲜血，那么我将祭出自己的生命。”[67]他写道。仍处于震惊状态的奥塔维奥·曼加贝拉（Otávio Mangabeira）是全国民主联盟的领袖人物之一，他意识到反对派的政治利益现已落空。“他再次击败了我们。”他如此说道。[68]热图利奥·瓦加斯在自杀前写道：“我选择了这种方式，为了始终与你们同在……我什么都不怕。我安心地迈出了永恒之路的第一步，走出生命，迈入历史。”结束自己的生命是一种强有力的姿态，成功地打击了反对派。但正是街头的人民继续为民主而战，正是他们努力阻止了政变。[69]

十六　1950—1960 年代

巴萨诺瓦、民主与欠发达

政变与反政变

1956 年星期六，狂欢节的清晨，空军军官阿罗多·维洛佐（Haroldo Veloso）少校和若泽·沙维斯·拉梅朗（José Chaves Lameirão）上尉抵达里约热内卢的阿丰索斯空军基地，他们经过警卫，制服了当值军官，闯入了弹药库和飞机库，窃取了一架载有武器和炸弹的战斗机，起飞前往雅卡雷阿坎加（Jacareacanga）。雅卡雷阿坎加是大西洋森林中部的一个小型空军驻防地，位于帕拉州和马托格罗索州的交界处。这两名军官是全国民主联盟的狂热支持者，他们敬仰卡洛斯·拉塞尔达，并对热图利奥·瓦加斯及其支持者在 1955 年 10 月的选举中取得胜利表示愤慨。他们的意图无非就是在巴西中部煽动叛乱，并发动内战。[1] 468

雅卡雷阿坎加起义持续了不到 20 天，到 2 月底，它已经被镇压。但是，这一事件是该国政治不稳定的重大迹象。空军军官下如此决心想要推翻的总统已于不到一个月前上任，这位总统即儒塞利诺·库比契克（Juscelino Kubitschek）。被大家亲切称为“儒库”（JK）的库比契克是一位声誉卓著的政治家，他从米纳斯吉拉斯州社会民主党中脱颖而出。他曾任联邦众议员、贝洛奥里藏特市市长，以及米纳斯吉拉斯州州长。尽管他经验丰富且赢得了选举，但在真正上任之前，他面临巨大的挑战。在热图利奥·瓦加斯自杀引起的骚动和随之而来的公愤之后，全国民主联盟决心停止定于 1955 年 10 月 3 日举行的总统
469 选举，因为他们获胜的机会很小。[2]不过，社会民主党和巴西工党比他们技高一筹，这两党快速结盟并通过提出两名杰出候选人的方式捍卫热图利奥·瓦加斯遗留的影响力：儒塞利诺·库比契克成为总统候选人，而若昂·古拉特成为其副总统人选。

若昂·古拉特的候选人资格令全国民主联盟成员感到厌恶。但是，由于他们未能挖掘到有关他的任何丑闻，他们唯一的选择是推出一名竞选对手。该党再次依靠道德话语，从武装部队中挑选候选人，这次从陆军中选出了茹阿雷斯·塔沃拉将军。塔沃拉将军是 1930 年革命的领袖之一，在“新国家”之前就与热图利奥·瓦加斯决裂。该党像惯常一样选择了一条糟糕到令人难以置信的口号，即“为白发中尉茹阿雷斯·塔沃拉将军投票”。即便如此，选举结果仍很接近。儒塞利诺·库比契克以 36%的选票获胜，而茹阿雷斯·塔沃拉的得票率为30%，艾迪马·德·巴罗斯的得票率为 26%，“整合主义者”前领袖普利尼奥·萨尔加多的得票率为 8%。副总统选举是单独进行的，若昂·古拉特轻松取胜，他获得的 3591409 票高于儒塞利诺·库比契克在总统选举中获得的 3077411 票。

卡洛斯·拉塞尔达甚至在计算第一张选票之前就知道自己的政党已经输掉了选举，他不打算看着热图利奥·瓦加斯的政治继任者再度获胜而在一旁袖手旁观。相反，他发起了一场旨在阻止获胜候选人上任的运动，并试图在武装部队的支持下在该国强制组织紧急政府，且最好是议会制政府。[3]他希望建立一

个能够“改革民主并使巴西摆脱政治强盗”的政府。[4]全国民主联盟对选举结果提出异议的理由是明目张胆的机会主义。他们声称儒塞利诺·库比契克的胜利是无效的，因为他没有获得绝对多数选票，尽管 1946 年宪法和当时的选举立法都没有要求绝对多数。全国民主联盟在游戏开始后想要改变游戏规则。不过，他们的论点在新闻界广受关注，并得到了军队的支持。不久之后，政治温度就接近沸点。发动密谋的是全国民主联盟还是军方尚不得而知，但可以肯定的是：一场政变正在策划 470 中。在热图利奥·瓦加斯自杀后履行总统职责的副总统小卡费以及包括司法部部长普拉多·凯利（Prado Kelly）、海军部部长阿莫里姆·杜·瓦莱（Amorim do Vale）和空军部部长爱德华多·戈梅斯在内的一批强有力的部长都谨慎支持了该政变。但是，他们有一个强大的对手：战争部部长恩里克·巴蒂斯塔·杜夫莱斯·特谢拉·洛特（Henrique Batista Duffles Teixeira Lott）将军。[5]这个执着于纪律、始终忠诚于部队的无可挑剔的恪守法规者对于他们来说如芒刺在背。只要洛特将军担任统帅，从军队内部策划的政变就不可能有成功的机会。

11 月初，政治局势突然改变。小卡费自称生病了，他的医生开出处方让他全休。尽管包括坦克雷多·内维斯和若泽·马利亚·奥克明在内的社会民主党领袖都不相信副总统是真的生病了，因为这种情形更有利于密谋者，但他们必须遵循宪法。众议院议长卡洛斯·卢斯（Carlos Luz）成为临时总统。[6]

卡洛斯·卢斯没有隐瞒他对密谋者的支持。他确信自己能够罢免洛特将军而不会引起军队的强烈反对。卡洛斯·卢斯一上任就把战争部部长召来总统府。他让洛特将军等待了将近两个小时。当卡洛斯·卢斯最终接见洛特将军时，有消息称他推翻了将军最近的一项决定，从而迫使将军递交辞呈。11 月 11 日凌晨，30 名将军和一群来自里约热内卢驻军的中士来到洛特将军的家中，当时他还穿着睡衣。他们来向他表示支持，而洛特将军一定想过以毒攻毒。他直接去了办公室，通过无线电广播确认圣埃斯皮里图州、米纳斯吉拉斯州、巴拉那州、马托格罗索州和圣保罗州兵营对他的支持，他召集参议院议长和众议院多数党领袖，并告诉他们他的计划。然后，他命令坦克占领街道。洛特将军的反击令人震惊。文官领袖一片哗然，甚至还有一些众议员在将军耳边窃窃私语，说应该由他本人掌权。
471 但作为模范的恪守法规者的洛特将军为国会提供了出路。国会召开了一次特别会议，卡洛斯·卢斯被免职。在他担任总统的仅 3 天时间里，他就把国家带到了内战的边缘。众议员任命参议院主席内雷乌·拉莫斯（Nereu Ramos）为新任临时总统。没有人被捕，且密谋者也没有受到任何影响。

政局恢复正常后不久，小卡费从医院出院，并宣布他准备再次担任总统职务。一切又回到原点。随着全国民主联盟开始密谋，军队命坦克再次开上里约热内卢的街头，并召开了国会特别紧急会议。这次，众议员们意识到他们再也无法与密谋者勾结。他们拒绝恢复小卡费的职务，重申将由内雷乌·拉莫斯担任临时总统，并确认当选总统将于 1956 年 1 月 31 日上任。他们将戒严延长至该日期。儒塞利诺·库比契克和若昂·古拉特都松了一口气。就洛特将军而言，他从未接受自己曾经是反政变领袖的看法。相反，他是“恢复既定宪法秩序运动”的领袖。他的说法绝对有道理。然而，不可否认的是，他曾反对一个合法成立的当局，无论该当局可能多么不怀好意。这不仅是指挥系统中断的问题。1955 年 11 月的军事干预，即“11 月行动”（Novembrada），向该国揭露，武装部队内部支持包括从民族主义到民主在内的各种政治信仰。[7]

最先与工人运动建立联系的是中士，随后是海军和海军陆战队。巴西工党正是在此处犯了最大的错误。工人运动没有坚持自己作为隶属于文人政府的不涉及政治的专业武装力量的地位，而是选择了全国民主联盟已走过的相同道路。他们理想的军队是主张干预、主张改革并且能够代表人民利益的，就像第一共和国时期的尉官派一样。这个时期的左派和右派政党都犯了同样的错误：他们都鼓励武装部队参与政治，接受他们对民主政权的干涉，并在公共舞台上给予他们一席 472
之地。直到 1964 年 3 月，他们才意识到错误的严重性，但为时已晚。

梦想贩卖家

当儒塞利诺·库比契克按照宪法的规定就职时，他的第一个行动是确认洛特将军担任战争部部长。就他而言，虽然将军在阻止军营内部的政治辩论方面并没有取得完全的成功，但他至少能够使武装部队受到控制。他将军队中的激进主义分子纳入其等级制度，这对于确保政治稳定至关重要。毕竟，他的政府是在危机氛围中建立起来的，其合法性从一开始就遭受质疑。尽管如此，儒塞利诺·库比契克巩固了自己的地位。他非常小心谨慎地对待武装部队。[8]他特赦了所有卷入起义的军官，包括雅卡雷阿坎加起义，由此收获了政治奖励，但也许并未深思有罪不罚的危险。他对军方很有说服力，向上级指挥官解释了他的经济发展计划对军方的好处。这将使他们能够继续建设军事工业，并满足他们对现代化、重组和重整军备的要求。库比契克总统善于言辞，甚至更擅长赢得民众。他购买了现代的维克斯“子爵号”客机供空军专用，该飞机配备了舒适的座椅，更不用说增压舱和600英里/小时的巡航速度了。为了与海军将官和平相处，他从英国海军购买了一艘航母，他们将其重新命名为“米纳斯吉拉斯号”以向总统致敬。但也许最重要的是，库比契克总统任命军官担任联邦行政和规划领域，特别是石油和公共安全领域越来越多的战略性职位。

毫无疑问，总统知道如何充分利用各种情况，并使之对自己有利。他还有一张不可战胜的牌，即“目标计划”。[9]正是由于这项计划，库比契克总统在任职第一年就在利益截然不同的
473 社会群体之间成功建立联盟，所有这些群体都热衷于参加他的主要经济计划。“目标计划”是在1956年2月1日即他任职第二天的一次部长级会议上公布的，并于第二天在《官方公报》上发布。这是巴西有史以来最雄心勃勃的现代化计划。该计划使儒塞利诺·库比契克可以将他的竞选口号变成现实，即他一旦当选，巴西将“在5年内取得50年的进步”，并可以改变该国的生产力结构。“目标计划”使库比契克总统的政府取得了成功。通过该计划，各州被委以实施快速经济增长计划的责任。以耐用消费品为重点的工业化进程被推动，这改变了巴西人民的生活习惯和日常生活，他们对最新的家用电器感到兴奋，包括洗衣机、电烤炉、便携式收音机、电风扇、电炊具、地板抛光机、立体声音响和电视机。除此之外，还有同样出色的日常生活用品，如肥皂片、昆虫喷雾剂和电池，以及由廉价、色彩鲜艳的合成材料大批生产的各种器具和衣物，这些材料的名称同样引人入胜，如纳帕皮、聚合物、尼龙、人造丝、丙烯酸、胶木、乙烯基和油毡。[10]

“目标计划”确定了 31 个目标，分布在 4 个特殊优先事项中：第一个是投资于交通运输业，尤其是高速公路，并促进汽车工业的发展；另外三个是将资源引入能源、重工业和食品工业。1958 年，巴西街头出现了两种新奇事物：“小奇迹-韦马格”（DKW-Vemag）和“乡村威利斯”（Rural Willys）。“小奇迹-韦马格”尽管噪声大，却是第一种装配线上 50%的零件由巴西制造的汽车。而“乡村威利斯”是巴西最早生产的四轮驱动汽车。该计划的最大成就也许就是道路网络的扩展。1956—1960 年，库比契克政府铺设了 6000 公里的新公路，在此之前，该国的公路网只有 4000 公里。这改善了农村地区和工业化城市之间的商品流通，开辟了新市场。[11] 1958 年 1 月，在国际油价相对较低以及巴西新兴汽车工业占据统治地位的情况下，库比契克总统认为在中央高原的红土地上开辟新的公路将是一个有益的挑战。他召见了农业部工程师贝尔纳多·萨扬（Bernardo Sayão）。这是一个长着电影明星脸且富有冒险精神的农学家，他建议他们“砍掉森林，从北到南团结整个国 474
家”。[12]在建设从巴西利亚到贝伦的公路期间，萨扬被一棵倒下的大树压死。但是，他所设计的道路连接了戈亚斯州、马拉尼昂州和帕拉州，并将亚马孙雨林纳入了巴西市场。现在有了一种新的替代办法来抵消区域不平等。[13]

萨扬不是唯一与儒塞利诺·库比契克合作进行被许多人视为疯狂项目的人。库比契克总统是一位才华横溢的谈判专家、一个精明的政治家、一个具有企业家远见的人，他能辨认他人的能力并具有无法抗拒的微笑，这就是他的风格。[14]总统在自己准备好时，在自己熟悉的领域中，诱使、坚持并说服他人。甚至他的主要对手卡洛斯·拉塞尔达也无法完全掩饰对他的钦佩，他承认儒塞利诺·库比契克是“一个非常精明的政治家，也是世界上最友好的人”。[15]

儒塞利诺·库比契克的独特风格在处理问题和吸引不同社会群体的支持时起了很大的作用，但这仅部分解释了他的成功。其成功的另一个重要方面很可能就是“目标计划”本身，它象征着巴西发挥其全部潜力。这一政府计划象征着一种新的乐观主义，即对成为巴西人充满热情。该计划可以治愈过去的不公正伤痛，包括巴西的贫困和社会不平等的历史残留，并打开现代之门。建设这个新国家的关键被称为“发展主义”，这意味着人们认识到，落后并依赖更先进国家的巴西社会已经分裂为两部分：一部分仍然落后和传统，而另一部分则快速发展并变得现代化。中心和外围这两部分都构成了同一国家的一部分。这种二元对立只能通过工业化和城市化来解决。[16]库比契克总统对其巴西计划的信心具有感染力，且不难理解这是为什么。儒塞利诺·库比契克的计划是基于这样一种信念，即新社会的建设取决于国家的意志和人民的集体意志，且新社会的建设一旦完成，人民最终可以掌握自己的命运。

通缉：巴西人民

475 如此规模的计划具有将人们聚集在一起的巨大潜力，许多知识分子都被它吸引了。库比契克政府与各种不同出身和专业的知识分子保持着密切的联系，他们所有人都相信可以建立一个现代的而非基于北美模式的巴西。这些团体之一是巴西高等研究所（Iseb）。其总部设在里约热内卢，隶属于总统秘书长办公室。[17]该研究所为政客、知识分子、学生和艺术家提供了交往的场所。成员包括当时的许多主要思想家，例如，阿尔瓦罗·维埃拉（Álvaro Vieira）、阿尔贝托·格雷罗·拉莫斯（Alberto Guerreiro Ramos）、内尔松·韦尔内克·索德雷和埃利奥·雅瓜里贝（Hélio Jaguaribe）。该团体为高层政府计划提供了理论基础，并为巴西及其工业化进程更加全球化的方式做出了贡献。该组织还主张采取非正统的民族主义形式，这种形式的民族主义并不反美，而是基于对巴西国家利益的客观定义。

巴西高等研究所并不是隶属于库比契克政府的唯一智囊团。1954 年，年仅 30 多的经济学家塞尔索·富尔塔多（Celso Furtado）出版了他的第一本书《巴西经济》（*The Brazilian Economy*）。这本书是他研究拉丁美洲和加勒比经济委员会（简称“拉美经委会”，Economic Commission for Latin America and the Caribbean-ECLAC）拟订方案的结果。这个联合国机构于 1948 年在智利成立，富尔塔多本人直到 1957 年一直是其成员。拉美经委会的分析促进了“目标计划”，但塞尔索·富尔塔多的书更进一步。它介绍了思考该国的新方式，并为政府技术人员提供了“欠发达”这个关键词来描述巴西社会的困境。[18]欠发达是巴西这种社会的特征：其经济在历史上一直被用来支持更广泛的殖民体系，因此没有发展出能够充分支持其本国人口的经济。尽管工业化进程取得了进步，但基本问题仍然存在，例如，过时的农业结构、对国际资本主义单一类型出口的依存度、生产结构的二元性以及生产资料所有权的严重不平等。富尔塔多表示，要摆脱这种局面，只有在农业、财政、 476
银行、城市化、税收、行政管理和大学教育领域进行一系列由国家实施的“核心改革”才能实现。这些核心改革得到了巴西左翼民族主义政党的支持。到 1962 年，在若昂·古拉特执政期间，它们成了其政治纲领的核心要素。因此，“欠发达”

一词成了流行语。更重要的是，它继续被用于塞尔索·富尔塔多预期的语境中，即要解决欠发达问题，必须首先明确它是什么。

推动发展改良主义（欠发达的关键概念）以及巴西人民必须成为自己转型的推动者的想法开始在政府技术官僚和知识分子中占据一席之地。对力量和改革的强调恰逢艺术的兴旺发展，在这些艺术中，这些概念也迅速发挥了影响力。例如，开业于 1953 年的圣保罗竞技场剧院（Teatro de Arena）保持了由致力于现代主义和戏剧写实主义的年轻演员和布景美术师组成的永久演员阵容，以创造“真正的巴西戏剧形式”。[19] 1958 年 2 月，该团体在市中心临时搭建的一个约有 100 个座位的小型场所演出了吉安弗朗切斯科·瓜尼埃里（Gianfrancesco Guarnieri）的剧作《他们不穿晚礼服》（*Eles não usam black tie*）。该剧以工厂工人的日常活动为背景，讨论了资本的力量和争取更高工资的罢工权。它获得了巨大成功，被视为巴西戏剧的一种全新形式。

同时出现的还有其他先锋戏剧团体，例如，“工场”（Oficina）和“观点”（Opinião），但是现代主义和戏剧写实主义绝不限于戏剧，它们还传播到电影中，并呈现出多种形式。位于圣保罗的维拉克鲁斯电影公司（Companhia Cinematográfica Vera Cruz）开始制作符合好莱坞美学但本质上具有巴西特色并达到欧洲和北美水准的电影。[20]不幸的是，这是一次失败的尝试。尽管该公司探讨的本地主题——利马·巴雷托[21]的《强盗》（*O cangaçeiro*）[22]取得了巨大成功，但制作成本过高，而且人物往往被类型化，该公司金融投资的回报来得太慢，维拉克鲁斯电影公司于 1954 年破产。

然而，在里约热内卢进行的类似实验却非常成功。阿特兰 477
奇达电影公司（Atlântida Studios）制作了一系列连续电影，这些电影都是低成本、朴实无华的电影，而且制作非常迅速。评论家对它们嗤之以鼻，但公众对它们情有独钟。一种新型的流行喜剧，即“巴西式闹剧”（chanchada）成了阿特兰奇达电影公司的标志，并吸引了大批观众前往电影院。[23]不难理解这是为什么。“巴西式闹剧”用让人联想起马戏团、时事讽刺剧和单口喜剧的流行语言来戏仿好莱坞的成功。在许多情况下，演员们以前曾在马戏团或电台中工作，甚至两者都有，如格兰德·奥特洛（Grande Otelo）、奥斯卡里托（Oscarito）、德西·贡萨尔维斯（Dercy Gonçalves）、泽·特林达德（Zé Trindade）和安基托（Ankito）。角色直接向观众讲话，并且电影中经常加上一些桑巴、笑话和漂亮的女孩。这些情节看起来很巧妙，却是受到了普通巴西人生活的启发，这让他们在电影中看到了自己的影子。电影结局总是美满的，“巴西式闹剧”广受欢迎是因为人们可以在屏幕上看到自己并听到自己说过的话。

1955 年，年轻的电影制作人如内尔松·佩雷拉·多斯·桑托斯率先在银幕上描绘了巴西的贫困现实。他将塞尔索·富尔塔多的立场转变为电影的语言，即要解决欠发达问题，必须首先明确它是什么。电影《里约 40 度》（*Rio, 40 graus*）抛弃了好莱坞美学。它制作快速、成本低廉，并在里约热内卢各地进行了拍摄，例如，动物园、马拉卡纳体育场、糖面包山、科巴卡巴纳海滩和基督雕像。演员阵容由业余演员组成。[24]导演清楚地知道自己想描绘的是什么：贫民窟的生活条件。他非常审慎地对待这个主题，不带偏见，带着前所未有的现实主义，但也有微妙之处，并为想象留下了空间。影片展示了在一个炎热的星期天里约热内卢的美，但最让观众印象深刻的是这个城市充满贫困和暴力的现实。影片的开幕场景令人难忘。在里约热内卢的全景尽收眼底的同时，镜头逼近卡布苏山贫民窟（Cabuçu）。在下一个镜头中，五个男孩出现，他们从贫民窟的山坡上走下来，仿佛下面的城市属于他们一样，这是一个充满抒情的场面。里约热内卢从未被如此有力地描绘过。许多观众不懂导演的想象，或者不赞同他的想象。其中包括联邦公共安全部负责人热拉尔多·德·梅内塞斯·科尔特斯（Geraldo de Meneses Cortes）上校，他禁止该电影在全巴西上映。他为
478 其决定给出的理由是该城市的官方温度从未达到40摄氏度，有过的最高纪录是30.7摄氏度，因此该导演不仅是骗子，而且是共产主义者，其电影是对联邦首都的嘲讽，是不可原谅的。

当小卡费退出政府时，科尔特斯上校被免职，因而这部电影被允许再次上映。从那时起，内尔松·佩雷拉·多斯·桑托斯被公认为巴西具有开创性的电影制作人，而《里约40度》成为先锋运动即“新电影”运动的灵感来源。在儒塞利诺·库比契克政府上台后，“新电影”运动最具代表性的电影发行了，包括同样由内尔松·佩雷拉·多斯·桑托斯执导的《艰辛岁月》（*Vidas secas*，1963年）、鲁伊·格拉（Ruy Guerra）[25]的《步枪》（*Os fuzis*，1964年），以及由格劳贝尔·罗沙（Glauber Rocha）[26]编剧和执导的《黑上帝白魔鬼》（*Deus e o diabo na terra do sol*，1964年）。《里约40度》是所有这些电影的先驱，格劳贝尔·罗沙将《里约40度》称为“古巴革命之前在第三世界爆炸的第一部革命性电影”。[27]

格劳贝尔·罗沙既是“新电影”运动的伟大领袖，也是

该运动艺术家中最有才华的人。《黑上帝白魔鬼》不是他的第一部作品，但作为巴西的标志和 1960 年代先锋电影的国际典范，它无疑是最具有说服力的作品。这部电影吸收了历史、文学和音乐元素，以及流行文化，并融入了巴西深层内在的暴力和神秘主义。这是通过具有绝佳美学效果的叙述来彰显的。《黑上帝白魔鬼》中有些标志性瞬间，例如，镜头持续跟随主角曼努埃尔和罗萨，并伴着来自维拉-罗伯斯《第 5 号巴西风格的巴赫曲》（*Bachianas Brasileiras no.* 5）的咏叹调，这是巴西电影中最伟大的场景之一。[28]

“新电影”运动的三个主要目标可以概括如下：改变巴西电影史，改变巴西，以及在时间允许的情况下，改变世界。[29]该运动产生了一代电影制作人：卡卡·迭格斯（Cacá Diegues）、若阿金·佩德罗·德·安德拉德（Joaquim Pedro de Andrade）、内尔松·佩雷拉·多斯·桑托斯、鲁伊·格拉、古斯塔沃·达尔（Gustavo Dahl）、保罗·塞萨尔·萨拉塞尼（Paulo César Sarraceni）、莱昂·伊尔兹曼（Leon Hirszman）、小瓦尔特·利马（Walter Lima Jr）、阿纳尔多·雅博尔（Arnaldo Jabor），当然还有格劳贝尔·罗沙。艺术、暴力和历史之间的联系被用来阐释巴西，是这一代电影的显著标志。他们试图找出普通巴西人的问题，并认为自己就是该国良知的化身。但是，这些电影 479
采用的语言仅有限的公众能读懂。在“新电影”运动中，美学和政治内容超越了商业考量，电影本身就是目的。不过，从电影语言创作的角度来看，该运动产生的作品在巴西电影中仍是无法超越的。

《里约 40 度》和该类型的其他电影描绘了城市贫困人口的现实，而巴萨诺瓦则揭示了一个完全不同的巴西——一个年轻、快乐、明亮的巴西。这对于该国的文化生活和政治气氛来说都是令人耳目一新的事物。初听时，许多人未能掌握其韵律的微妙之处，以及巴萨诺瓦与巴西之间的关系。有些人认为其不和谐是不谈论政治的作曲家异化的标志，而其他人则将其解读为里约热内卢中产阶级对桑巴进行美国化的尝试。但是，无论赞成还是反对，没有人对其漠不关心。巴萨诺瓦作为一种音乐运动是短暂的，至少在当时是短暂的。它始于 1958 年，一直持续到 1963 年前后。[30]然而，那段短暂的时间创造了一种新的音乐流派，其节奏模式彻底改变了桑巴，而其不和谐的和声开创了一种新的、简洁的诠释风格。该运动的先驱是一群欣赏美国爵士乐的自由音乐家，如迪克·法尔尼（Dick Farney）、卢西奥·阿尔维斯（Lúcio Alves）、约翰尼·阿尔夫（Johnny Alf）和“里约热内卢人”乐队。一群年轻的作曲家为此进行了创作，他们想创造一种与无所不在的桑巴和传统音乐的感觉截然不同的声响。这些人包括汤姆·裘宾（Tom Jobim）、若昂·吉尔贝托（João Gilberto）、维尼修斯·德·莫赖斯（Vinicius de Moraes）、卡洛斯·利拉（Carlos Lyra）、罗伯托·梅内斯卡尔（Roberto Menescal）、罗纳尔多·博斯科利（Ronald Bôscoli）、牛顿·门东萨（Newton Mendonça）、塞尔吉奥·门德斯（Sérgio Mendes）和欧米尔·迪奥达托（Eumir Deodato）。纳拉·莱昂（Nara Leão）是巴萨诺瓦的缪斯女神，她成了巴萨诺瓦的权威演绎者、女主人，并最终成为它的对手。巴萨诺瓦最伟大的作曲家包括创造了与不和谐人声相伴的独特和声的汤姆·裘宾和创造了独特节奏的若昂·吉尔贝托。[31]吉尔贝托用他在吉他上精确到毫米的演奏抵消了人声的节奏。

1958 年，两人录制了若昂·吉尔贝托的第一张黑胶唱片，
而公众在很大程度上表示不喜欢。然而，人们知道一种新的、
不同形式的音乐正在出现，其简化的节奏使更复杂的和声成为
可能。巴萨诺瓦作为人们想歌唱的一种音乐语言和一种社会运 480
动而兴起，并成为 1960 年代音乐形式的种子，例如，巴登·
鲍威尔（Baden Powell）的非洲桑巴、反对独裁统治的抗议歌
曲、热带主义运动（Tropicalismo）和“街角俱乐部”（Clube
da Esquina）。巴萨诺瓦在巴西和美国也成为一种商业热潮。它
成为相关产品的品牌名称，如裤子、眼镜、奶粉甚至是一种特
殊的编发方式，并带有年轻、现代和大胆的理念。[32]

巴萨诺瓦还征服了世界。从欧洲和美国开始，它被无数国家的流行音乐所吸收，并被包括弗兰克·西纳特拉（Frank Sinatra）在内的国际知名歌手录制成唱片。1967 年，弗兰克·西纳特拉录制了整张巴萨诺瓦歌曲黑胶唱片，名为《弗朗西斯·阿尔伯特·辛纳特拉 & 安东尼奥·卡洛斯·裘宾》（*Francis Albert Sinatra & Antonio Carlos Jobim*）。[33]巴萨诺瓦展现了巴西最好的状态并证实了其生命力，包括现代、国际化、精致、美丽和自由。对于巴西人而言，这是一个跨跃式的进步，即推进了“在 5 年内取得 50 年的进步”。它至少在文化领域使巴西摆脱了欠发达的局面。

与此同时，在经济方面，没有什么理由感到乐观。“目标计划”未能克服发展障碍。[34]其失败的第一个证据是该计划对经济增长的负面影响。尽管库比契克总统和前总统瓦加斯一样都在基础设施方面进行了大量投资，但与前任总统不同的是，他不是民族主义者，而是一个非常精明的实用主义者。经济学家罗伯托·坎波斯是儒塞利诺·库比契克技术官僚团队的成

员，并且非常热衷于国际资本。他在回忆录中写道，总统更加重视“工厂在哪里”而不是“股东住在哪里”。[35]

并非所有人都认同罗伯托·坎波斯的理念，即巴西经济国际化的好处。工会、学生、知识分子尤其是共产主义激进分子对可能导致当地工业依赖于跨国公司调解的经济发展过程持高度批评意见。例如，历史学家小卡约·普拉多严厉地写道：“巴西从未有过一届政府像儒塞利诺·库比契克政府一样如此屈从于国际利益。”[36]对于一个长期依赖原材料出口的国家来说，国际化的后果可能是不可避免的，但毫无疑问，批评家们在一件事情上是对的，即造成的损失是巨大的。

481 “目标计划”使巴西大大提高了其工业能力。但是，该计划并不能维持工业化。儒塞利诺·库比契克急于在短短5年内推进国家发展，于是他东拼西凑。他在加速增长方面进行了投资，却没有评估该进程的融资方式。他采取走捷径的方式，如通过给予财政和经济特权来加速外国资本进入该国，以及依靠国际资金来加速工业化。这些捷径从三个方面对巴西造成了损害：首先是外国公司相对容易就能掌控巴西经济中的发展部门；其次是该国贸易赤字持续增加，外债也随之增加；最后是政府决定在不考虑通货膨胀的情况下促进增长。

儒塞利诺·库比契克非常清楚，任何治理通货膨胀的计划都会产生政治成本，如限制工资、信贷和政府支出。在短期内，政府对加薪的要求进行了一些控制，这主要是由于若昂·古拉特的谈判技巧，因为他在城市工人和工会中非常受欢迎。实际上，库比契克-古拉特搭档不仅是社会民主党和巴西工党之间联盟的化身，也是瓦加斯政治遗产的延续，他们还是维持政府与工会之间良好关系的关键。该联盟对于维持库比契克政府典型的敌对政治力量之间不稳定的平衡至关重要。[37]

抑制政府开支以控制通货膨胀自然就意味着对“目标计划”施加限制。在放慢增长速度和依靠加剧通货膨胀的资金之间，库比契克总统毫不犹豫地选择了后者。他认为，一定程度的通货膨胀是不可避免的，且经济将逐渐稳定。他将处理令人震惊的通货膨胀率的任务留给了他的继任者。1957 年，通货膨胀率为 7%；1958 年为 24.4%；而在 1959 年，这一数字为 39.4%。[38]

发展的另一个主要障碍是其政治性质。儒塞利诺·库比契克推出了他的“目标计划”，这是该国历史上最雄心勃勃的现代化计划，但如此大规模的计划并未包括任何减少社会和政治 482
不平等的措施。该策略还依赖于一定程度的“即兴”。库比契克总统在州政府机构内部建立了“平行政府”，[39]目的是掩盖政治资助制度，即向那些帮助政府获得国会所需选票的人分配利益和工作的做法，而不必与其进行公开竞争。这种“平行政府”由许多计划和实施政府政策的中心组成。这些中心非常复杂，且获得了慷慨的资助。它们的目的是双重的。一方面，政府可以通过中心招募活跃的行政人员，这些行政人员能够迅速执行“目标计划”；另一方面，他们可以绕过巴西公共行政效率低下的问题实施行动计划，这些问题包括政治资助和用政府职位换取政治利益。

就土地改革问题而言，“目标计划”只是纸上谈兵。庞大的庄园是欠发达的最大标志。但是，土地所有权是权力的来源，意味着在国会的代表资格，并持续为社会民主党提供地方支持。庄园所有者从未受到挑战，甚至没有受到热图利奥·瓦加斯的挑战，儒塞利诺·库比契克对此十分谨慎，他也不会打破现状。[40]1950 年代，巴西 70%的人口仍然生活在农村地区。城市人口仅在 1960 年代末才超过农村人口。贫困与社会不平等在乡村和城市中的表现截然不同。在内陆，穷人的处境没有改变。学校、基本卫生设施和医疗服务供应稀缺，农村工人继续被排除在由热图利奥·瓦加斯推出的劳工福利之外。库比契克政府在该领域的干预目标仅限于权宜之计，例如，扩大农村信贷、分发食物、为 1958 年干旱的受灾者提供帮助以及修建水井。

当儒塞利诺·库比契克着眼于他认为会产生新的现代社会的城市世界时，到 1960 年代初，农村工人开始将自己组织成一支主要的政治力量。在库比契克总统上台之前，1940 年代的农村工人运动就已经开始要求土地和权利。最初，该运动是
483 由于越来越多的农村工人因房地产投机和“伪造土地所有权”（grilagem）而被赶出自己的土地，“伪造土地所有权”是一种长期存在的伪造文件以索取土地所有权的做法。这种做法引起了社会剧变，例如，向城市的大规模迁移、城市郊区的快速无序增长以及贫民窟的迅猛增加。这种迁移模式一直持续至 1980 年代。与此同时，农村地区对土地和权利的要求也变得更强烈。武装起义始于 1946 年，当时在巴拉那州的定居点波雷卡图（Porecatu）发生起义，数百名武装农民要求归还被欺诈性占领的土地。8 年后，戈亚斯州的特龙巴斯（Trombas）和福莫苏（Formoso）在 1954 年爆发起义。问题一直持续到 1961 年，在此期间，农民们成立了由自己设计的制度管理的“特龙巴斯与福莫苏共和国”。特龙巴斯和福莫苏地区为 10000 名小农及其家庭获得了合法的土地登记。1956 年，巴拉那州西南部城市的农民走上城镇的街头，驱逐了地方当局，并涌入

了从事土地投机活动的殖民房地产公司的办公室。农村工人销毁了借据、本票和地契，其中许多是这些公司伪造的。[41]

到 1950 年代末，农村工人的斗争都指向了土地改革问题。当时成立了许多工人组织，如巴西农业工人联盟（Ultab）。1955 年，东北部建立了第一个“农民联盟运动”（Ligas Camponesas）。[42] 1945—1947 年，共产党成立了农村工人联盟，以满足农村工人的需求。他们还曾试图将农村工人联盟与城市工人联盟联合起来。但是，在杜特拉政权的日益压制下，该尝试于 1947 年中断。如上所述，当时共产党被取缔，共产党联邦众议员的政治参与权也被撤销。然而，1955 年，伯南布哥州种植者与养牛者联盟的成立为该运动带来了新的动力。该联盟成立于伯南布哥州产糖区中心维多利亚-迪圣安唐（Vitória de Santo Antão）的加利莱亚种植园和制糖厂。该组织的目标是保护佃农不被赶出种植园。但是，它迅速发展壮大，并发展成为影响深远的社会运动，即“农民联盟运动”，该运 484
动在 1950—1960 年将土地改革问题带入了全国政治辩论的中心。

到 1960 年代初，“农民联盟运动”一直在争取公民权利和社会权利。他们的主要策略是采取法律行动。该联盟律师通过代表农村工人出庭将社会冲突转变为法律纠纷，并将其客户转变为公民。在当时的州议员弗朗西斯科·茹利昂（Francisco Julião）的指导下，他们于 1955 年开始使用该策略。茹利昂当时取得了巨大的成功，并成为联盟最重要的领袖。[43] 1959 年，在伯南布哥州种植者与养牛者联盟成立之处的加利莱亚种植园被征用后，该联盟开始向东北所有州扩散，然后扩展到全国其他地区。根据出席贝洛奥里藏特第一届全国农业工人代表大会的约600位代表发布的公告，他们在1961年通过了一项激进的农业改革提案，即“合法地或武力地，用鲜花或用鲜血”。该运动成员开始入侵并占领农场。运动中的一个持不同政见者团体建立了游击队训练营。在这些营地中，最著名的是位于戈亚斯州迪亚诺波利斯的营地，该营地于1962年被军队关闭。[44]但是，其中大多数营地并不那么激进。他们试图找到使联盟有效代表农村工人的政治手段，正如工会代表城市工人那样。

巴西农村地区已经成为不可避免的政治争端空间，其中共产党和天主教会均被卷入其中。共产党人有计划地将激进分子送入内陆地区以帮助建立农村联盟。教会在这个问题上存在分歧。有一派神职人员希望宣传基督教教义并中和左翼团体在内陆的影响，而另一派则有意加强教会与工人之间的联系。后者还通过一档教育广播节目“基础教育运动”（Movimento de Educação de Base）启动了农村工会化进程，这对于教会来说是前所未有的举动。该节目教农村工人读写，这样他们就可以更好地处理自己的事务。它是“无线电学校”系统的一部分，并使用了受保罗·弗莱雷（Paulo Freire）[45]开发的识字方法启
485 发的一系列教材。该节目取得了成功。到1963年，“基础教育运动”节目已在巴西14个州播放。[46]

农村工人运动的成员要求土地和权利。然而，库比契克政府仍将巴西内陆视为保守和落后地区。政府没有为土地改革问题制订解决方案。政府考虑的唯一替代方案是将农村地区的人口安置到城市。这种不平等是巨大的，且难以解决。早在1956年，库比契克总统就认定巴西新首都的建设将是“目标计划”成就的顶峰。巴西利亚作为一个计划中的城市，将代表巴西民族主义，即从传统到现代的过渡。新首都旨在将该国

内陆融入城市中心，将巴西融入国际社会。巴西利亚成为库比契克政府和“目标计划”的标志，人们对此表示认同。[47]巴西人民对在该国广阔空旷的中央高原上基于新的建筑和城市概念建造一座未来城市的想法极感兴趣。该地区的人口密度为每平方公里不足 1 人。将该国首都迁至内陆的想法绝非新鲜事。它在 19 世纪首次被讨论，并且在 1934 年和 1946 年的宪法中都已被预见。但是，在儒塞利诺·库比契克之前，没有人真正将它当回事。除了巨额成本外，迁都并不是政治优先事项。它在竞选活动中甚至都不是问题。

全国民主联盟成员发现库比契克总统计划在只有乘飞机才能容易到达的半干旱地区建造巴西利亚后，立即采取了行动。毕竟，该地区除了生长不良的植被、红土和一些美洲虎之外什么都没有，所以他们投票赞成批准迁都的法律，并欣然地坐下来等待灾难的发生。但是，全国民主联盟再次失误了。儒塞利诺·库比契克在 3 年内建成了巴西利亚。他聘请了奥斯卡·尼迈耶作为建筑师，并任用卢西奥·科斯塔进行城市规划。这创下纪录的施工时间是由于总统通过设立巴西新首都城市化公司（NOVACAP）而大幅削减了繁文缛节，该公司是其“平行政府”中最强大的核心之一。此外，他任命了一位他私下信任 486
的人担任这家新公司的董事，即来自米纳斯吉拉斯州的工程师伊斯拉埃尔·皮涅伊罗（Israel Pinheiro）。库比契克总统通过国会加快制定了一项法律，使他能够在没有法律挑战的情况下建设新首都。而且，他对成本一无所知。反对派扮演了他们一如既往的角色：拿起武器，瞄准并希望击中某些东西。全国民主联盟誓不罢休。他们没有一天不在表达他们的“恐惧”，例如，在一个有如此众多优先事项的国家，政府却在浪费公共资金，该项目的本质非常愚蠢，其紧迫性极为可疑且其结果不可避免——库比契克总统无法在其执政期间完成该项目。随着建造速度的加快和巴西利亚的建成，反对派开始抗议其距离太远，该地区条件非常恶劣，土质疏松，人工湖无法填满，且电话也永远无法正常工作。

库比契克总统始终坚称，建造巴西利亚的决定是突然做出的，符合他在政府计划中提出的愿景。但是，这个想法不可能像他声称的那样产生。巴西利亚服务于太多用途。它是新旧巴西之间的桥梁，它使“目标计划”易于被人们理解，在与一群想要参加如此有利可图的业务的对手进行对话时为总统提供了前所未有的议价能力，并使社会的注意力从通货膨胀和土地改革的问题上转移。巴西利亚同时成为国家的永久典范和国家象征，更不用说它使儒塞利诺·库比契克成为巴西历史上最杰出的领导人之一。此外，在担任贝洛奥里藏特市市长期间，儒塞利诺·库比契克就已经展现了其建造才能和投资于大胆的未来城市项目的意愿。一切从他建造潘普利亚的湖滨住宅区开始。[48]巴西利亚成为政府的绝对优先事项。库比契克总统知道他必须完成这项工作，因为没有其他政府会投入国家资源去完成它。该建设项目似乎达到了疯狂的程度。至少这是记者奥托·拉腊·雷森德（Otto Lara Resende）[49]的看法，他写道：“巴西利亚是四种疯狂罕见结合的产物：儒塞利诺的疯狂、伊斯拉埃尔的疯狂、尼迈耶的疯狂和卢西奥·科斯塔的疯狂。”[50]

487 这四个人创作的作品是如此非同寻常，拉腊·雷森德似乎是对的。这座城市就这么莫名其妙地出现了，它拥有一种奇特的美，与巴西人以前见过的任何地方都不一样。“试点计划”（Pilot Plan）的轮廓援引了两个叠加的图像：一个建立新巴西的十字架和一架降落在中央高原上的飞机。用卢西奥·科斯塔的名言来说，这架飞机将这个国家引入未来，“仿佛正在走向不可能的乌托邦”。[51]两条相互垂直的轴线，即纪念轴和公路轴，划分了这个城市，将居住区及其设施与政府建筑物占用的区域分开。政府各部有意完全一样，它们紧挨着纪念轴并衬托出三权广场和宫殿的宏伟，这些宫殿虽说是用钢筋混凝土建造的，但就像飘浮在地面上一样。最早的居民开玩笑说，巴西利亚的躯体由三部分组成：头部、躯干和车轮！新首都没有街道、广场、人行道甚至行人。其建造也标志着“目标计划”的矛盾性。建造巴西利亚需要花费多少钱，这一点从未为人所知。有多少工人死在匆忙建造它的过程中？他们的尸体是否确实被挖掘机掩埋在建筑物旁边？工人是否确实被施加了体罚，以及他们是否真的为改善工作和生活条件抗议过？这些也都不为人所知。众所周知的是，成千上万的工人，其中大部分来自东北地区，以及戈亚斯州和米纳斯吉拉斯州的北部，仅在当巴西利亚仍是建筑工地时才生活在那里，他们被称为“甘坦戈斯”（candangos，意思是建造巴西首都的工人）。一旦新首都准备就绪且政府组建完成，他们有两种选择：要么被送回原地，要么去郊区居住在与贫民窟相似的单独露营地中。这些露营地是“卫星城”的起源，且此后一直稳定增长。巴西利亚建成 10 年后，已有 10 万移居者生活在该市周围的贫民窟中。[52]

巴西利亚将穷人赶到郊区，并把公务员、官僚和国会议员分隔在几乎相同的住宅单元即“超级方块”中。该城市基于社会组织的分级和分段原则，凸显了国家作为雇主的压倒性存在。通晓政治所有方面的儒塞利诺·库比契克一定已经意识

488 到，迁都会带来严重的弊端，其中之一就是权力中心的孤立，这使政府逐渐远离日益增加的社会动荡和与人民的直接接触。经过 50 多年的发展，巴西利亚成了现代化的城市，正如儒塞利诺·库比契克所承诺的那样，它将巴西内陆与其他地区融合在了一起。它保持了其矛盾的氛围，就像保存完好的各个宫殿一样，正如总统库比契克和奥斯卡·尼迈耶所规划的那样，这些宫殿“在高原无尽的夜晚中悬浮，轻盈而又洁白”，并且它也一直是更加冷漠、孤立和傲慢的权力中心。

风的播种者

新联邦首都于 1960 年 4 月 21 日落成。9 个月后，库比契克总统将总统职位移交给了成功当选的继任者雅尼奥·夸德罗斯（Jânio Quadros）。儒塞利诺·库比契克完全不知道，下一次由民众投票选出的文官总统将总统绶带传给另一位民选文官总统将会是在 2003 年。他去欧洲度假时对自己将在 1965 年重新当选很有信心，1946 年宪法不允许总统连任。当他告别时，他的竞选活动就此开始。这座城市装饰着旗帜和印有“儒库——1965 年”标语的海报，在机场，很多人等着向他短暂告别。在其任期的最后一年，库比契克总统一方面专注于催促巴西利亚尽快完工，另一方面为其重新掌权创造有利条件。他甚至制定了一项策略，以确保其政党在选举中失利。[53]当时该国正处于危急关头，政府无法控制开支，其继任者将不得不采取严厉的紧缩措施。就库比契克总统而言，问题是如何将这一重担转嫁给反对派。他希望确保全国民主联盟在选举中获胜，并在接下来的 4 年里实施不受欢迎的措施来治理通货膨胀。因此，这一切都是为了他在 1965 年带着新的经济增长计划重新归来所做的准备。

库比契克总统是在为自己的利益而行动，且看上去有些无 489
所不能。全国民主联盟不太可能支持他提名的候选人。尽管如此，这种策略还是有可能奏效的。毕竟，总统是阴谋和幕后权术大师，且他在声望很高的时候结束任期，他的这一策略可能会产生广泛的中右翼联盟，这将抵消左翼政党尤其是巴西工党日渐增长的势力。社会民主党没有合适的人选接替他，进一步促成了这一局面。库比契克总统唯一不准备考虑的是圣保罗人的干涉。圣保罗州是其政府的最大受益者。工业增长集中在该州，政府向其企业家提供宽松的信贷，且该州令人眩晕的扩张速度表明圣保罗市正在成为该国最重要的州首府。但在国家政治舞台上的圣保罗不愿意结盟，无论是社会民主党、全国民主联盟还是巴西工党在该州都不强大，在该州，为地区领导人服务的较小政党之间仍然存在政治权力纷争，艾迪马·德·巴罗斯的社会进步党就是一个例子。

1959 年 5 月，这些小党派组合在一起与全国民主联盟结盟，支持雅尼奥·夸德罗斯竞选总统。这是库比契克总统无法控制的候选人，因此其策略对他来说无效。[54] 自 1948 年第一次担任市议员以来，雅尼奥·夸德罗斯就以惊人的速度晋升，先后当选为州议员、市长和州长，他 5 年中赢得了 3 次选举，且全部都在圣保罗。他作为省督员拥有诚实且称职的声誉，尽管他与热图利奥·瓦加斯的政治遗产无关，他也并未被视为“反热图利奥者”。他的竞选基调让全国民主联盟耳目一新。他抨击腐败、通货膨胀、生活成本高，以及在巴西利亚非常愚蠢的建筑上浪费公共资金，同时承诺经济增长和紧缩政府支出。雅尼奥·夸德罗斯从未就其政府将如何取得比库比契克政

府更好的结果，以及他将如何解决巴西发展的根本问题给出任何令人信服的解释。他传递的信息是反政治的。他将自己展示
490 为超越政党的候选人，并表现出对传统政治家及其从政方式完全不屑一顾的态度。他只坚持说一件事，即人民要信任他并且他本人也相信他自己。他重申，他是唯一的独立候选人，唯一出于公民使命和对公共服务的热爱而致力于政治活动的候选人，因此也是唯一能够为国家指明新方向的候选人。

卡洛斯·拉塞尔达是最早意识到无论有没有全国民主联盟，雅尼奥·夸德罗斯的参选都是不可遏制的人之一，且其政党必须支持他。雅尼奥·夸德罗斯激起了人们的希望并得到了社会各阶层的支持，尤其是中产阶级选民的支持，饱受通货膨胀折磨的他们认为该候选人是一位精力充沛的管理者，且有能力应付动荡的、发展中的经济。雅尼奥·夸德罗斯是一位非常与众不同的候选人，其支持率增长的速度应该引起人们的警惕。简而言之，一扇门被打开，聪明的入侵者趁机溜了进来。他迅速上升的人气表明了社会对高昂的生活成本和工资下降的不满，以及选民表达忧虑的力量日益增强。它还显示出对主要政党的失望，这些政党似乎无法适应和吸收新的民众要求。

但是，这位候选人的吸引力并不局限于他的言辞。雅尼奥·夸德罗斯拥有极高的戏剧天赋。[55]在政治集会上，他会假装饿昏过去，通过打针以恢复体力，并穿上一套旧衣服，还故意在肩膀上撒上一些粉末，让它们看起来像头皮屑。他的领带总是弯弯扭扭的，他会坐在人行道上吃意式肉肠三明治和香蕉，因为他想被视作人民中的一员，一个理解贫困劳动者苦难的人。他走上舞台时会疯狂地打着手势，给人留下的印象是瘦削、愤慨和衣着邋遢，同时挥舞着扫帚——其竞选活动的标

志，并装出严肃的语气承诺扫除渗透到政府中的腐败。他使用浮夸的语言，用语充满了老式的表达方式，强调每个单词的音节，使听众对他雄辩的教授似的语调感到惊讶，尽管有时他们什么都没听懂。但是，雅尼奥·夸德罗斯对时机的掌控非常完美，他知道何时该说他们都想听到的内容。他到处参加集会，包括在街上、工厂、贫民窟和城市郊区，吸引了成千上万支持 491
者，手持扫帚的支持者们被竞选话术迷住了。

很难知晓儒塞利诺·库比契克是否一度支持雅尼奥·夸德罗斯的竞选活动。要决定如何回应这样一位救世主般的、戏剧化的且性情暴躁的候选人，是很不容易的。社会民主党最终决定支持由民族主义团体在国会提出的总统候选人恩里克·特谢拉·洛特，当时他已晋升为陆军元帅。这也许是巩固他们在武装部队中的支持的策略。[56]然后，该党通过选择若昂·古拉特作为副总统候选人而重新与巴西工党结盟。洛特元帅拥有很高的政治威望，在军队中备受尊重，被公认为是恪守法规者和民主主义者，且备受敬仰。但是，作为候选人，他没有激起任何热情。社会民主党很快发现他们的候选人注定失败，他们就抛弃了他，让他依靠自己的谋略，并与巴西工党一起且在雅尼奥·夸德罗斯本人的支持下加入了“雅尼奥-然戈”（Jan-Jan）竞选团队，即支持雅尼奥·夸德罗斯当总统，“然戈”（若昂·古拉特）当副总统。

选举结果对社会民主党影响不大，增强了巴西工党的实力，也证实了“雅尼奥-然戈”二人组的受欢迎程度。雅尼奥·夸德罗斯获得了创纪录的5636623票，而洛特元帅的票数为3846825。[57]若昂·古拉特以4547010的总票数再度当选，事实上，这比洛特元帅获得的选票还要多。结果还产生了一些新鲜事物。首先，副总统来自反对派。其次是雅尼奥·夸德罗斯的竞选资格对全国民主联盟的推动作用，该联盟的州长候选人在 11 个州中的 6 个州获胜，包括当选为米纳斯吉拉斯州州长的马加良斯·平托（Magalhães Pinto）和成为新成立的瓜纳巴拉州第一任州长的卡洛斯·拉塞尔达，里约热内卢是该州首府。该州由库比契克总统创建，以取代原来的联邦区，目的是补偿将首都迁到了巴西利亚后里约热内卢人的损失。

然而，那些投票支持雅尼奥·夸德罗斯的人很快就发现，他获得选票的能力比治理国家的能力强得多。他的确成功地就
492 国际债务进行了重新谈判。他还实施了自瓦加斯总统以来最广泛的抗通胀计划。他还有效地执行了独立的外交政策，这是他与来自米纳斯吉拉斯州全国民主联盟党的外交部部长阿丰索·阿里诺斯·德·梅洛·佛朗哥（Afonso Arinos de Melo Franco）合作完成的。巴西调整了其与北美保持一致利益的联盟，与社会主义国家建立了外交和商业关系，与欧洲、美国和苏联集团就其债务进行了重新谈判，并与第三世界国家建立了更紧密的联系。[58]

但是，雅尼奥·夸德罗斯是一位地方政客。他与全国各政党几乎没有联系，并且蔑视任何建立自己议会基础的机会，尽管政府在国会中占少数。[59]他同样无视与反对派的谈判；相反，他特别擅长加剧冲突。他与国会、新闻界、政府工作人员以及该国副总统均发生过冲突。他最终与全国民主联盟决裂，后者对他的外交政策感到愤慨，在冷战的最大危机时，他们认为他的外交政策危险地向左倾斜。在短短几个月内，雅尼奥·夸德罗斯“成功”制造出一种普遍的混乱感，低估了他的盟友，并把自己孤立在总统职位上。由于缺乏长期计划，对国家的了

解和视野有限，以狭隘的道德观来衡量公共生活，再加上其威权主义的形象和官僚的灵魂，他把巴西当作一个小政府部门来管理。他集中决策，控制细节，并给部长和顾问们草草写下源源不断的笔记，却无法区分无关紧要的问题和重要事项。他上任后立即发起了针对腐败官员的“猎巫行动”，建立调查委员会，并指示其梳理公共机构的财务状况。然后，在没有证据的情况下，他向媒体发布所谓的结果，使它们成为醒目的头条新闻。他潦草的笔记消失在庞大的行政机器里，政府政策也随处摇摆。但是，雅尼奥·夸德罗斯继续干预一切。他取消了在总统府戴领带的规定，并根据英国人在其帝国中使用的“游猎”风格服装为公务员设计了一套卡其色制服，他认为这更适合热带国家。为了消除疑虑，他在《官方公报》上公布了新制服 493
的制作细节：“面料：巴西亚麻布；颜色：米色。”[60]在不到 7 个月的政府任期内，夸德罗斯总统签署了数量惊人的法令，如禁止在工作日举行赛马比赛，禁止斗鸡，禁止在狂欢节舞会上使用亚硝酸戊酯，禁止在海滩穿比基尼，并指定电视选美比赛中所用泳衣的长度。最重要的是，他从东北带来了两头驴，让它们在晨曦宫（Palácio da Alvorada）[61]巨大的花园里吃草，这两只动物还戴上了草帽以保护它们免受中央高原的烈日骄阳的曝晒，且花园周围还设置了栏杆以防止它们到处溜达。[62]

雅尼奥·夸德罗斯是一个政治入侵者，领导着一个没有明确定义的政府，但他仍打算按自己的方式执政。在他看来，他受制于 1946 年宪法和可疑且不愿合作的国会。这并不符合事实，或者至少并非完全正确。他并没有致力于民主体制，而且觉得宪法对他的限制束缚了他的手脚。他制造了一种人为的权力僵局，加剧了国会的敌意，并使自己更加孤立。反对他的政府的人越来越多，特别是来自工人运动。反对派与共产党建立了更紧密的联系，并得到了工会的支持。他们否定了夸德罗斯总统的经济政策，该政策导致货币贬值，面包价格翻倍，公共交通价格上涨，信贷受到限制，工资遭到冻结。然而，显然没有任何障碍是无法克服的，即没有什么是不能通过谈判解决的。

1961 年 7 月下旬，雅尼奥·夸德罗斯邀请副总统若昂·古拉特率领巴西第一个贸易代表团访问中国。这两人之间的关系处于破裂边缘，曾是雅尼奥·夸德罗斯调查委员会首批目标之一的若昂·古拉特对这一邀请表示怀疑。由于副总统无法拒绝，他最终同意率领代表团访问中国。当他在北京谈判贸易协定时，雅尼奥·夸德罗斯在巴西利亚将代表巴西最高荣誉的大十字级南十字星勋章授予古巴经济部部长埃内斯托·切·格瓦
494 拉（Ernesto Che Guevara）。人们对此十分愤怒。关于古巴革命，人们意见不一。总统的举动加剧了美国对巴西外交政策越来越亲古巴的担忧。全国民主联盟对此表示十分愤慨，被授予勋章的军官威胁要归还他们的勋章。[63]夸德罗斯总统有充分的理由要与古巴建立更紧密的联系。该岛国有可能充当巴西与苏联集团之间商品和机械贸易的中介。不过，在卡洛斯·拉塞尔达看来，这次政府做得太过头了，于是他乘飞机前往巴西利亚与总统对峙。有关他们见面时所说的话有多种版本。但是，他们没有和解。卡洛斯·拉塞尔达回到里约热内卢，在广播和电视上谴责政府，称总统不负责任，并指控司法部部长奥斯卡·佩德罗索·奥尔塔（Oscar Pedroso Horta）在策划一场政变并邀请他参加。此时政治温度已上升至沸点。

1961 年 8 月 25 日星期五，军人节，雅尼奥·夸德罗斯上

午参加了在部委广场的阅兵式，检阅了部队，听取了当日议程的宣读，向国旗敬礼，总之一切按部就班。然后他回到总统府，召集军队部长们，并正式告知他将辞去总统职务。军官们惊讶地问他为什么，他回答说："我无法和国会一起执政。你们组织一个军政府来统治国家吧。"[64]他签署了辞职信，并指示司法部部长于下午 3 点将其送交国会。上午 11 点，他登上了前往圣保罗昆比卡空军基地的总统专机。当他离开巴西利亚时，他命令随行的助手带上了总统绶带。

在皮拉蒂尼宫的地下室

雅尼奥·夸德罗斯从未就他辞职的原因给出明确的解释，但历史学家之间存在共识。他的举动意在引起全国骚动，并使他手握更大的总统权力凯旋回归，且最好是没有国会的阻挠。辞职是退出舞台而不丢脸的一种方式。他过去曾威胁要辞职， 495
且这种策略每次都奏效。这次也可以再次奏效。若昂·古拉特在军队中并不受欢迎，且加上他远在中国，无法通过谈判就职。国会只有在周末之后才会对夸德罗斯总统的辞职进行审查，而在此之前，人民将走上街头捍卫他的权力，也许还会组织一种新的"支持热图利奥"运动，正如人民此前曾呼吁瓦加斯永久任职总统那样。谁知道呢？据称，雅尼奥·夸德罗斯在昆比卡空军基地曾说"除我之外别无他选"。他补充说："为了回归，我什么都不用做，但我认为我的回归是不可避免的。"[65]

如果那是他的计划，那他就全错了。人民没有起义，州长们什么都没说，国会在收到这封信后 2 小时内就接受了他的辞职，并认为这是单方面的行为。议员们受够了这个被他们指责为试图挫伤立法机关士气的政府。议院里没有人支持他。众议院议长拉涅里·马齐利（Ranieri Mazzilli）被任命为临时总统，直到若昂·古拉特从中国返回。8 月 28 日，雅尼奥·夸德罗斯下令退还总统绶带，并从圣保罗州桑托斯港口出发前往欧洲。然而，平稳过渡仍然存在障碍，即武装部队的部长们。[66]辞职是一回事，他们未经讨论就批准了，但继任是另一回事。当时，军队部长们对局势进行了评估，并决定进行干预。8 月 28 日，夸德罗斯总统辞职 3 天后，马齐利通知国会，军事部长们不准备接受若昂·古拉特回国后担任总统一职。他们还进一步说，他只要一踏入巴西就会被逮捕。这些部长没有按照他们作为军官的角色行事。相反，他们在打政治牌。他们把赌注押在一场宪法政变的成功上，这场政变对武装部队来说几乎没有什么代价。[67]他们计划恐吓国会，让后者宣布若昂·古拉特不符合资格。但是，甚至全国民主联盟也不赞同这种做法。这是一场结果难以预料的政治危机，该国正处于内战的危险边缘。

然而，这不是命运的本意。在里约热内卢，洛特元帅对武装部队的内部分歧进行思考之后向全国发表了一份宣言，旨在
496 捍卫宪法秩序。随后，南里奥格兰德州州长莱昂内尔·布里佐拉（Leonel Brizola）决定采取行动。他的想法是将若昂·古拉特带到阿雷格里港，并不惜一切代价确保其上任。[68]布里佐拉是比巴西工党更偏左的政治领袖，他还是若昂·古拉特的妹夫。莱昂内尔·布里佐拉于 1959 年被选为州长，自此开始声名远播，尤其是在一项大胆立法，即没收了国际电话电报公司（ITT）的子公司国家电信公司的商品和服务之后。在其政府任期快结束时，莱昂内尔·布里佐拉计划采取两项更进一步的

措施，包括征用农场以将土地分配给无地农民，州政府接管作为 Ebasco 集团一部分的美国及海外电力公司子公司南里奥格兰德州电力公司。[69]

让洛特元帅闭嘴相对比较容易。战争部部长下令逮捕他，并将他囚禁在里约热内卢和尼泰罗伊之间瓜纳巴拉湾的一个岛上。但是，让布里佐拉州长闭嘴是另一回事。他召集了南里奥格兰德州强大的军团，并下令将瓜伊巴电台（Rádio Guaíba）的录音室转移到州长官邸皮拉蒂尼宫的地下室。接着，他部署带着三把重型机枪的特种卫兵以保护阿雷格里港外 12 英里的平塔达岛（Ilha da Pintada）上的输电塔。他指示播音员用以下文字开始广播节目："这里是'合法电台'，来自南里奥格兰德州首府皮拉蒂尼宫地下室的播送。"莱昂内尔·布里佐拉手持麦克风，煽动该州起义并动员该国其他地区捍卫宪法。"合法电台"每天 24 小时短波播放，与其他大约 150 个广播电台连接，在全巴西和部分邻国都能收听到。[70]

布里佐拉非常清楚他在冒什么风险。他武装人民进行抵抗，召集人民占领官邸前的马特里兹广场（Praça da Matriz），并模拟对里奥格兰德港进行封锁。他在仍在建设中的大都会大教堂的屋顶和塔楼上都部署了机关枪。他爬上了用沙袋、从马 497
特里兹广场拧下来的长椅，以及汽车和卡车制成的路障，所有这些都堆积在官邸周围。他把枪分发给公务员，并扛着机关枪到处走。他有准备是对的，因为军队部长们向南里奥格兰德州派遣了一支海军特遣部队，并从卡诺阿斯空军基地派出了飞机，下令轰炸官邸。但是，空军基地的中士们起义了，他们把轮胎的气放掉，卸下武器，并阻止飞行员起飞。8 月 28 日，形势开始好转。第三军司令若泽·马沙多·洛佩斯（José

Machado Lopes）将军在总参谋部成员的陪同下进入皮拉蒂尼宫，且令所有人惊讶的是，他告诉布里佐拉州长，他赞成若昂·古拉特上任。第三军位于南里奥格兰德州，是陆军中最强大的军团。从那时起，莱昂内尔·布里佐拉获得了40000名士兵的支持，其中13000名来自军队，还有大约30000名志愿兵。他是第一位公开抵抗军事政变的文官领袖，人们再也不能低估他了。

军队部长们开始意识到，阻止若昂·古拉特上任不像他们想得那么简单。戈亚斯州州长毛罗·博尔热斯（Mauro Borges）决定同莱昂内尔·布里佐拉一起进行抵抗。[71]他宣布首府起义，命令军警占领该市所有战略要地，并建立了一支由志愿者组成的“合法军队”。他还宣称，如果若昂·古拉特想要在该州登陆，他们将为他提供从戈亚尼亚（Goiânia）到巴西利亚所需的所有安全保障。全国各地进一步表示支持。巴西律师协会和总部已迁至阿雷格里港的全国学生联盟要求尊重宪法秩序。多个州组织了支持合法性的抗议活动。只有《圣保罗州报》和瓜纳巴拉州州长卡洛斯·拉塞尔达公开宣布自己支持军队否决权，并反对授职给若昂·古拉特。

军队部长们现在知道他们的选择十分有限。他们要么必须谈判出一条出路，要么准备打一场内战。然而，国会提出了一个防止他们丢面子的解决方案，即立即采用议会制。这是一个
498 人工解决方案，它永远解决不了问题，但确实解决了这个短期危机。若昂·古拉特可以上任，但不享有全部权力。这需要经过他的同意。把该提议带给他的任务落在了曾进入热图利奥·瓦加斯内阁的坦克雷多·内维斯肩上。得知雅尼奥·夸德罗斯辞职的消息时，古拉特正在新加坡，他长途旅行返回蒙得维的

亚，并在那里等待来自巴西的消息。坦克雷多·内维斯带着艰难的任务去说服他接受这项提议，且他最终接受了。9 月 1 日晚上，若昂·古拉特到达阿雷格里港。国会于次日凌晨投票通过了建立议会制度的修正案。莱昂内尔·布里佐拉十分愤怒，并拒绝接受该协议。他认为若昂·古拉特应该领导第三军从陆路向巴西利亚进发，并在其总统权力不受任何限制的情况下上台执政。

很难知道古拉特接受议会制方案的理由是什么。内战确实可能爆发，且毫无疑问他想避免这一点。他也无意错过担任总统的机会。他有可能计划接管政府，并在短期内解除对手的武装，通过赢得社会民主党来扩大政治支持。届时他可以推翻议会制，重新获得总统的全部权力——这实际上就是 1963 年发生的情况。他知道自己无法进军巴西利亚。从南里奥格兰德州开始并蔓延到整个巴西的民众起义是支持他的，但并非由他指挥的。即使这场战役打赢了，胜出的人也会是莱昂内尔·布里佐拉。[72]无论出于什么原因，那天晚上若昂·古拉特出门来到皮拉蒂尼宫的阳台上，一言不发地向人群挥手致意。三天后，他前往巴西利亚。

他不知道等待他的是什么。

十七　波诡云谲

独裁、反对派和抵抗

走在钢索上的总统

499 1961 年 9 月 7 日，巴西独立纪念日，若昂·古拉特到达国会宣誓就任巴西总统。他年逾 43，一身海军蓝夏装的他衣着整齐地到达那里，并以灿烂的笑容掩饰着他的焦虑。这是当年第三位总统上任。[1]当时气氛喜庆，总体感觉愉快而又放松。但是，该国局势极为严峻。通货膨胀高企且呈上升趋势，公共支出失控，且后来在 1962 年头几个月里，偿还外债的金额高得惊人。即将上任的古拉特总统已经准备实施一项紧急计划。他已经起草了一份核心改革草案，但还没有来得及制定一个完整的战略。并且作为省事的解决方案，在匆忙中建立的议会制度赋予立法机关权力，而行政机关几乎没有行动的余地。国会以自己的方式解决了政治危机，即新总统要想执政则需要在联邦众议院获得绝对多数席位。[2]

在国会中建立允许政府立法的联盟的关键是社会民主党。该党是整个国家最有代表性的政党，它拥有强大的领袖和坚实的选举基础。它也是国会日常活动的中心力量，并凭借其对保守提案和温和提案的支持以及其谈判能力来平衡各方。古拉特总统计划重建社会民主党与巴西工党之间的联盟，该联盟在库

比契克执政期间为政治稳定提供了条件。他的目标是在政治派 500
别的中心为行政机关建立支持基础。然而，同样重要的是，除了赢得其他左翼政党的支持外，他也不应失去对巴西工党的控制。

时间很紧，总统很匆忙。他通过谈判任命了社会民主党成员坦克雷多·内维斯为总理，并鼓励他组建一个包括三个主要政党的内阁：社会民主党、巴西工党和全国民主联盟，他将其恰当地命名为“国家和解内阁”。在16个月的议会政权中，在此期间又成立了两个内阁，古拉特总统一直处于守势，寻求实施其核心改革方案的方法。

在外交政策方面，主要问题是与美国的谈判，特别是关于外债和巴西经济中外国资本管制的谈判。1962年4月，古拉特总统前往华盛顿与肯尼迪总统讨论这一问题。他受到了美方的热情接待，且美国新闻界也热情高涨。但巴西的债权人态度谨慎，他们倾向于观望古拉特政府在继续谈判之前将采取的方向。华盛顿依然存有疑心。新任外长圣地亚哥·丹塔斯（Santiago Dantas）坚持雅尼奥·夸德罗斯的独立外交政策，这在冷战最激烈的时期不被美国人所接受。巴西不赞成与美国和苏联这两个超级大国之一结盟，并坚持要使其贸易伙伴多样化。至于拉丁美洲，巴西反对美国在美洲国家组织（OAS）上提出的对古巴的制裁。[3]

古拉特总统回到巴西，受到广泛赞扬，但他两手空空，且面临许多问题。有些问题，如通货膨胀和与“目标计划”有关的投资周期的结束，是上届政府的遗留问题。而其他问题，如土地改革问题，则有更深的渊源，即巴西社会的极端不平等。1960年代初期，巴西东北部成为该国实际的心脏地带，

而土地改革则是政治议程的重中之重。土地所有者、农村工人和政府就该采取哪种改革方式争论不休。1961 年，律师弗朗
501 西斯科·茹利昂成为“农民联盟运动”的主要领导者，他明确表示，农村工人运动把土地改革理解为征用所有 500 公顷以上的非生产性农场，通过发行政府债券支付赔偿金，以新所有权人的名义登记业权契据，并且政府要对合作社表示支持。社会民主党准备讨论土地改革，这是一个非常积极的信号，因为该党的地区支持基础是由当地土地所有者维持的。但是，他们有一个规定，土地改革必须在宪法规定的范围内进行，包括一旦征用立即以现金补偿，或者用根据通货膨胀调整的公共债券补偿。然而，土地所有者完全反对改革，并对农村工会的想法感到恐惧。1963 年，他们退出谈判并准备战斗。[4]

左翼政党不同意将现金或根据通货膨胀调整的债券补偿算作改革，他们认为这是一种商业交易。与社会民主党的谈判陷入了僵局。同时，“农民联盟运动”在伯南布哥州、马拉尼昂州、帕拉伊巴州、戈亚斯州、南里奥格兰德州、里约热内卢州、米纳斯吉拉斯州和巴伊亚州占领农场。在伯南布哥州的内陆地区，饥饿的人群洗劫仓库，联盟领袖被暗杀。其中最著名的是帕拉伊巴州萨佩镇“农民联盟运动”领袖若昂·佩德罗·特谢拉（João Pedro Teixeira），该联盟有大约 10000 名成员。在担任总统一个月后，若昂·古拉特对此做出回应，他成立了土地政策部（Supra），该部有权进行土地改革和征用土地。并且，为了控制联盟，同时刺激政府对农村地区的支持，政府组织了农业工人工会，并将工会和劳动法福利扩大以使小农场主、租赁者、擅自占地者和独立生产者都能享有这些福利。

在大城市，组织日益严密的工会活动导致了权力集中的“工人总指挥部”（CGT）的建立，且政治动荡开始渗透到日常生活中。通货膨胀高企、购买力下降和生活成本的增加（从1962年的51.6%增长到1964年的79.9%）在巴西各地引发了罢工。[5]除了令人担忧的企业主外，罢工的激增也使工会内
外的左翼积极分子获得了权力，他们正在脱离热图利奥·瓦加 502
斯推行的国家控制。

左派活动是影响深远、积极且多方面的。该团体包括共产主义者、社会主义者、民族主义者、天主教徒、工人和众多同盟。同盟里有政党，军士、水兵和海军陆战队联盟，学生联盟，工会，城乡工人联合会以及革命团体。[6]尽管各团体之间存在差距且明显很难达成协议，但以前看起来几乎不可能的事情确实发生了。到1961年底，左翼政党为立即实施核心改革计划组成了空前的联盟。他们想从土地改革开始。随着联盟内部各团体日益激进，他们拒绝谈判并决心以任何可用的手段实施改革，这使局势进一步复杂化。他们鼓动人群走上街头向众议员施压，且直接与国会中尚未拿定主意的人对质。但是，在没有达成协议的情况下，立法机关不会批准一项对政府权力基础产生不利影响、促进财富再分配并倡导社会融合的计划。土地改革措施将影响大庄园和内陆地区的农业产量。城市改革将有助于控制城市的混乱发展，公共交通将覆盖至郊区，且房地产投机活动也将受到遏制。银行体制改革预示着一种新的国有金融结构。拟议中的选举改革将允许占成年人口60%的文盲和士兵投票，这威胁了他们的政治现状。选举改革还包括共产党合法化。计划中的外资法改革限制了利润向海外转移，并将战略性工业部门国有化。最后，计划中的大学改革将限制正教授

的自由裁量权，并重组教学和研究方案，以满足巴西的国家需要。[7]

1962 年 10 月的选举产生了新的国会议员。此外，还有 11 位新州长上台。政府已收到警示，即逐步推行温和改革方案的
503 可能性现在已几乎不存在。新上任的州长中没有一个来自社会民主党和巴西工党联盟，且只有一位左翼州长当选，即伯南布哥州的米格尔·阿赖斯（Miguel Arraes）[8]。莱昂内尔·布里佐拉以 269000 票当选众议院议员，这是所有候选人中的最高票数。尽管他获胜，但国会中的权力平衡几乎没有改变。[9]

1962 年的大选也发出了其他信号，例如，政变的可能性。竞选活动得到了一些非政党组织的资助。其中最危险的是 1959 年由美国中央情报局在里约热内卢建立的巴西民主行动研究所（Instituto Brasileiro de Ação Democrática，IBAD）。IBAD 向 250 名联邦众议员、600 名州众议员以及 8 名州长候选人的竞选活动投入了大量资金，而根据选举法，这种做法完全是非法的。这些资金来自跨国公司，或与外国资本有关联的公司，以及乐于投资"一两美元"参与反对古拉特总统的美国政府，几年后美国大使证实了这一点。[10]他们的目标是战略性的，即在国会中引起强烈反对，阻碍政府举措，并为政变做准备。在国会调查证实存在广泛的选举腐败和巴西民主行动研究所的非法活动后，若昂·古拉特于 1963 年关闭了该研究所。但是，IBAD 并非单独行动的。他们得到了一个模棱两可、有隐秘意图并使用复杂方法的机构的帮助，即社会调查与研究所（Instituto de Pesquisas e Estudos Sociais，IPES），它由一群来自里约热内卢和圣保罗的商人以及少数与巴西高级战争学院（Escola Superior de Guerra，ESG）有关联的官员于 1961 年成立。

1949 年，武装部队总参谋部以北美同名学院的模式为依据建立了巴西高级战争学院。其使命是把军官和商人聚集在一起，使他们联手支持巴西的工业发展。[11] 1950 年代，巴西高级战争学院制订了一项针对冷战时期的经济增长和国家安全的计划。该计划不仅限于国防。它针对的是内部冲突，并重新定义了军队的作用，军队现在被认为对控制人民至关重要。情报和 504
信息搜集被认为是国家效率的关键。

另外，社会调查与研究所是一个成员资格受到严格控制且具有双重目的的组织。[12]依据法规，它是一个保守的政治机构，任务是研究巴西的政治和经济状况。其总部设在里约热内卢中央大厦第 27 层的 13 个房间中，且在圣保罗州、南里奥格兰德州、米纳斯吉拉斯州和伯南布哥州均设有办事处，这些都被认为是最具战略意义的州。其成员包括该国最富有的商人、在该国开展业务的跨国公司的董事、最重要的商业协会的代表、军官、记者、知识分子和一群年轻的技术专家官员。他们都很活跃，出版书籍、制作电影或发表演讲。[13]但是，该研究所还有其他很多活动。它的真正任务是削弱古拉特总统的权力，为此它有两种策略。首先是实施精心策划的破坏稳定的计划，其中包括资助反共宣传运动、资助反政府抗议活动，以及在政治和商业上促进反对派和极右势力。其次是以发展和国际资本的自由流动为基础制订的计划，但其本质是建立独裁政府。与人们的普遍看法相反，社会调查与研究所不仅仅是反共宣传的传播者，也不是一群囤积武器的右翼极端分子，它是政变阴谋的核心，且其成员都有自己的计划。他们消息灵通，且在推翻古拉特总统的阴谋者中处于有利地位，因为他们在 1964 年 3 月以后占领了政府。

然而，仅社会调查与研究所的活动还不足以引发政变。商人和军官可以合谋，但在没有群众真正支持的情况下，没有任何运动、宣传或意识形态信念能够动摇古拉特政府。政变即将发生，尽管从短期来看这并不是一个现实的选择。然而，到1962年末，情况开始发生变化，议会制度似乎越来越脆弱，而且总统本人对此也有责任。1963年1月6日举行了关于政
505 府形式的全民公投，结果是总统制取得压倒性胜利，在1150万张选票中获得950万张选票。[14]对古拉特总统来说，赢得公投与赢得新一届选举基本一样。而且，他并没有完全弄错，但忽略了一个重要细节。这场胜利不是他本人的，而是对总统制的投票，这一制度得到了许多着眼于赢得1965年总统选举的政党及其领导人的支持。即便如此，总统的支持率还是很高，他的政府也得到了重新开始的机会。不过，令人惊讶的是，在这起初充满希望的一年里，若昂·古拉特最终从政坛跌落。

“总统杀局”

1963年，巴西有两大政治议程，一左一右，竞相改变这个国家。然而，以民主方式解决政治分歧的回旋余地有限，政治意愿则更少。政府几乎没有说服力，且国会内外有太多激进运动。同年4月，在古拉特总统的指示下，巴西工党提出了一项针对土地改革的宪法修正案。国会拖延了6个月，然后否决了它。由于修正案遭到否决，总统失去了执行其政府方案的第二次机会。然而，他仍然低估了联合起来反对他的力量。

左翼政党普遍感到自给自足，且一致认为事态发展得不够快。联盟领袖莱昂内尔·布里佐拉丝毫没有让古拉特总统感到轻松。布里佐拉希望政府正视外资问题，并召开新的制宪会

议，其成员将包括工会成员、农村工人和武装部队下级军官。他声称必须绕开国会才能进行核心改革。毫无疑问，莱昂内尔·布里佐拉是个顽固不化的人，但左翼政党在他的领导下团结一致，且他享有空前的声望，特别是在武装部队、军警以及海军和海军陆战队的中士间。1963 年，军队有 4 万名中士，其中 2.2 万人宣布支持莱昂内尔·布里佐拉。[15]布里佐拉已然自命不凡的言辞变得极端危险。而且他不是唯一发声的修正主 506
义者。到 1963 年底，左翼政党成员认为他们的地位如此稳固，以至于他们谴责国会过于保守，认定 1946 年宪法已经过时，并将巴西的所有政治活动称为肤浅的宣传。

而在另一边，卡洛斯·拉塞尔达继续挑起事端，企图撼动总统的地位。10 月，他接受了一位北美记者的长时间采访，该采访被《新闻论坛报》转载，进一步加剧了政治局势。他声称巴西局势非常严峻，军方正在辩论是“支持他［若昂·古拉特］，控制他直到任期结束，还是将他彻底免职”。[16]对于一个从热图利奥·瓦加斯那里学到了政治艺术的人来说，古拉特总统对这些说法反应过激。他把部长们召集起来，并向国会发出信息要求宣布戒严状态，这将使他能够干预瓜纳巴拉州。[17]这一反应从各方来看都是充满敌意的。州长们告知古拉特总统，他们都不会接受联邦政府对其州的干预。左翼领导人担心可能会对他们采取同样的措施。三个主要政党——巴西工党、全国民主联盟和社会民主党——联手并告知行政机关，戒严令将不会获得批准。

若昂·古拉特别无选择，只能承认失败并接受其权威已被削弱的事实。并且，这不是第一次。一个月前，他还因为政府处理军事危机即军士起义（Rebellion of the Sergeants）而丢了面子。[18]这场危机始于联邦最高法院的裁决，即 1962 年竞选公职的中士没有资格担任公职。做出此裁决之后，发生了意想不到的军事不服从行为。在巴西利亚，空军和海军中士以及海军陆战队的士兵入侵了空军基地和海军部，封锁了道路和机场，他们涌入国会，占领了最高法院大楼，并绑架了最高法院院长维克托·努内斯·莱亚尔（Victor Nunes Leal），将他劫持了好几个小时。

在该运动蔓延之前，军队指挥官已将部队派往巴西利亚街头，对起义进行了镇压。然而，政治后果对政府来说是灾难性的。对于陆军指挥部而言，这起事件震惊了所有人，既因为它违反了军事纪律，也因为军士们实际上很容易将首都孤立起来。但他们对古拉特总统的反应更加震惊，因为他保持中立，既不捍卫也不攻击叛乱者。他也没有对支持中士的左翼政党做出回应。他的沉默使同谋者担当了合法担保人的角色，这反过来又为社会调查与研究所发起的反古拉特运动提供了可信度。从 10 月开始，古拉特政府的政治和行政不稳定状态就变得越来越明显。由于部长不断更换、在国会中没有占据多数席位以及政治派别双方政治力量的激进主义加剧，行政机关实际上已经停摆。年通货膨胀率达到 79.9%，年经济增长率为 1.5%，且人们普遍感到政府已经失去控制。巴西的国际债权人停止了所有进一步的贷款，而美国政府则把钱投进了计划发动政变的米纳斯吉拉斯州、圣保罗州和瓜纳巴拉州州长的腰包。[19]

507

随着 1964 年“总统杀局”的临近，古拉特总统将一切推向了紧要关头。第一个表明其政府正在与国会发生冲突的明确迹象发生在一个刚好是 13 日的星期五。在里约热内卢中央车站外举行的政治集会——中央车站集会（Comício da Central）

经过了精心策划，甚至包括象征意义。舞台设在热图利奥·瓦加斯在“新国家”时期举行仪式的同一地点，以显示所有左翼力量、工人运动和政府之间的团结。它吸引了许多人，估计有 15 万到 20 万人，持续了 4 个多小时。其间共有 13 场演讲。若昂·古拉特是最后一个发言者，旁边是他年轻漂亮的妻子玛丽亚·特蕾莎，她显得很紧张。总统发表了即兴而激动的讲话，他宣布改革的时机已经到来，妥协的时刻已经过去。[20]

两天后，古拉特总统向国会发表了总统年度讲话。其中包括他的改革议程、提议供国会批准的全民公决、将立法权下放给行政机关的请求，以及对 1946 年宪法文本的修改建议。[21]总统的讲话要点使国会感到震惊。对许多人来说，这证实了社会 508
调查与研究所和全国民主联盟最担心的问题，即总统迟早会实施他的政策，解散国会，授予行政机关特别权力，为自己的利益修改选举规则，并允许莱昂内尔·布里佐拉参与竞选。（根据 1946 年宪法，布里佐拉作为若昂·古拉特的妹夫不被允许作为候选人参选。）事实上，莱昂内尔·布里佐拉毫不掩饰他统治该国的雄心，且若昂·古拉特很可能渴望连任。他们两人计划对宪法进行重大修改也是事实。但在那之前，他们只是说说，只是一场政治游戏。不过，随着向国会发表的年度讲话，一切都变了。人们开始关注莱昂内尔·布里佐拉和古拉特总统的活动，并且意识到没有什么可以阻止他们两人执行总统的计划。古拉特总统随时可能废除维持其总统任期的立法。新闻界和舆论普遍怀疑政府的意图。

3 月 19 日，在圣保罗，一大群人高举标语、旗帜和大量玫瑰经离开共和国广场并向着主教座堂广场行进，他们齐声喊道要将巴西从若昂·古拉特、莱昂内尔·布里佐拉和共产主义者手中拯救出来。社会调查与研究所通过妇女公民联盟（Women's Civic Union）组织了“与上帝同在的家庭争取自由游行”（Marcha da Família com Deus pela Liberdade），这是前者在巴西各地为增加政治压力而设立的众多妇女团体之一。这次游行吸引了约50万人，且有两个主要目标。它既是对中央车站集会的回应，也是社会对武装部队干预的强烈呼吁。[22]由于过分自信，古拉特总统和左翼政党联盟对50万人在巴西最重要的城市街头抗议的事实仍然安之若素。他们不屑地说：“这些不是‘人民’。”[23]但是，他们错了。在圣保罗的游行证明，一个强大的政府反对派联盟已经形成，他们愿意并且能够动员各行各业的人。他们共同反对工会和农村工人日益增加的政治活动，这是他们的主要团结力量之一。此外，财政压力和对未来的不确定性已促使城市中产阶级采取行动。他们深知，收入
509 和权力再分配的激进进程将影响他们在这个残酷且不平等社会中的传统地位。考虑到所有这些因素，将有助于我们理解反对派运动的强度和广度。1964年3月19日至6月8日期间，在全国至少50个城市，从州府到小城镇，均有“与上帝同在、反对若昂·古拉特”的群众游行，或者在3月31日之后有为纪念将他罢免的政变的游行。[24]

推翻古拉特总统需要军队达成一致意见。毕竟，武装部队在1961年若昂·古拉特上任时曾承诺要维护宪法。3月25日，当总统在其圣博尔雅镇的农场庆祝复活节周末时，海军部部长引发了一场危机，这场危机将对政府对军队的权威产生不可逆转的影响。事实上，它为政变提供了理由。部长下令逮捕40名正在组织纪念巴西水兵和海军陆战队联合会（Associação dos Marinheiros e Fuzileiros Navais do Brasil，AMFNB）两周年

纪念活动的水兵和下士。[25]无论出于何种意图和目的，该联合会就是一个工会，宗旨是为海军人员争取更好的工作条件，他们靠极低的工资和船上的劣质食物生存。此外，他们还必须服从荒谬的规定——他们不得擅自结婚或在街上穿便服。他们邀请了若昂·坎迪多作为这次活动的主宾，坎迪多曾在 1910 年领导了“鞭子叛乱”以抗议海军中的鞭刑。自第一共和国成立以来，水兵的处境在许多方面都没有改变。逮捕命令下达后，有 3600 多名水兵起义。他们在里约热内卢市中心金属工人工会（“钢宫”）的办公楼避难，躲在里面三天并拒绝出来。他们要求海军承认该联合会并撤销所有惩罚。停在海湾的船上的水兵加入了这场运动，他们进行破坏活动以阻止其他船只离开港口。[26]当这位部长派遣 500 名海军陆战队士兵和 13 辆坦克攻打这座大楼并清除叛乱分子时，他感到更加泄气。26 名士兵放下武器，进入大楼，加入了起义队伍。

3 月 27 日凌晨，古拉特总统赶回里约热内卢，任命新的海军部部长，亲自负责谈判，他把一切都赌上了。第二天早上，他组织叛乱者离开大楼，他们从那里被带到军营。就在同一天，他下令释放他们，并宣布对他们实行大赦。欣喜若狂的水兵们在里约热内卢的街道上向战争部行进的景象令武装部队感到震惊。最高指挥部很愤怒。他们的反应一致，他们认为在海军中发生的事情正是纪律崩溃、等级制度遭到破坏以及指挥部纪律松弛的表现。这一事件在军营引起轩然大波，社会调查与研究所成员承认，军事政变迫在眉睫。政变可能于 4 月 10 日晚上在圣保罗开始。最终确定计划所需要的只是各主要军事指挥官之间达成一致。与此同时，在美国弗吉尼亚州诺福克军事基地，一支海军特遣部队正在等待前往巴西的授权。该特遣 510

部队是“山姆兄弟”行动的一部分，由华盛顿与巴西军方共同谋划，旨在为政变提供支持。计划是这些船只于 4 月 1 日起航，进入巴西水域后分成三组。第一组将前往桑托斯港口，第二组将前往里约热内卢，第三组将前往位于圣埃斯皮里图州维多利亚附近的卡拉佩布斯（Carapebus）。他们受命提供后勤支援，尤其是在巴西政府长期抵抗的情况下。[27]

3 月 30 日晚，古拉特总统离开里约热内卢总统官邸拉兰热拉斯宫（Palácio de Laranjeiras），他遵从了一句流行用语中的建议，即“放手向前”（manda brasa）。左翼分子把它变成了一句口号：“放手向前，总统！”而总统就是这样做的。他将在西尼兰地亚广场汽车俱乐部的礼堂里为纪念中士联合会新董事会的任命而举行的聚会上发表讲话。[28]若昂·古拉特走进会场，里面坐满了中士、水兵和海军陆战队士兵，接着他登上了舞台。在他身边的是一等水兵安塞尔莫下士［全名为若泽·安塞尔莫·多斯·桑托斯（José Anselmo dos Santos）］，后者是巴西水兵和海军陆战队联合会主席，曾领导水兵起义，后来成为臭名昭著的双重间谍，向海军和美国中情局传递情报。[29]

安塞尔莫下士何时成为双重间谍还不得而知，无论是在他担任巴西水兵和海军陆战队联合会主席期间，还是在 1964 年政变之后。已知的是，他的活动导致许多与军事独裁斗争的激
511 进人士死亡，其中包括他自己的妻子索莱达德·维德玛（Soledad Viedma）。但是，3 月 30 日，他的人气不可阻挡，他的照片不断出现在报纸上。安塞尔莫下士时年 25 岁，样貌帅气且具有少年气质，他当时完全不知道那天晚上他正目睹若昂·古拉特最后一次作为总统出现在公众面前。第二天清晨，

驻扎在米纳斯吉拉斯州茹伊斯迪福拉（Juiz de Fora）的第四军区司令官小奥林皮奥·莫朗将军已经没有耐心再等待巴西水兵和海军陆战队联合会的指示，他带领他的军队向里约热内卢进发。他打算占领战争部并推翻古拉特政府。

3月31日至4月4日期间，在若昂·古拉特流亡乌拉圭之前，他仍然有几种可能的方式应对政变。第一种成功的机会很大，而且成本和风险都很小，那就是阻止莫朗将军前进。其军队沿着“团结与工业公路”（Estrada União e Indústria）缓慢行进，清晰可见。他们装备简陋，且许多人是新近入伍的。第二种是留在里约热内卢不动，向全国发出通告，并在仍忠于政府的驻军支持下亲自指挥抵抗。相反，他突然离开里约热内卢前往巴西利亚，这使他的支持者感到困惑，他们认为这是逃跑。第三种是留在巴西利亚并动员国会的支持。他本可以提议进行民主选举。除了巴西工党和左翼联盟的支持外，获得社会民主党支持的机会也很大。最后一种可能性——当然也是最鲁莽的——是由莱昂内尔·布里佐拉提出的，当时古拉特总统已经在阿雷格里港。这个计划是基于1961年的合法运动，当时布里佐拉动员了平民，而第三军司令官拉达里奥·特莱斯将军领导了军事行动。[30]

有关共谋者们是如何轻易获胜的，历史学家仍有争议。显然，原因之一是若昂·古拉特没有领导抵抗。但是，其他左翼人士也没有主动抵抗政变，无论是共产党、工人总指挥部、“农民联盟运动”还是莱昂内尔·布里佐拉。很可能他们所有人，包括古拉特总统，都认为这次政变将遵循以往军事干预的 512
模式，例如1945年、1954年、1955年和1961年的军事干预。[31]在所有这些情况下，武装部队既是主角又是调节力量，在冷静期过后，他们举行了选举，并将权力还给了文官。也有可能若昂·古拉特认为他的位置与热图利奥·瓦加斯在1945年时的一样。他将隐退到他在圣博尔雅镇的农场，在那里观看事态发展，并准备在1965年竞选连任。

毕竟，莫朗将军的不服从行为相当典型。他即将退休，并且相信如果他派出军队，军方指挥部可能会被迫采取行动。反过来，米纳斯吉拉斯州州长马加良斯·平托想要在1965年竞选总统。他知道自己成为该党候选人的可能性微乎其微，因为全国民主联盟很可能会选择卡洛斯·拉塞尔达。因此，马加良斯·平托支持莫朗将军的计划，以期提高自己的政治实力。他打算将米纳斯吉拉斯州提供给密谋者作为他们的活动基地。[32]所有人，包括马加良斯·平托、卡洛斯·拉塞尔达或艾迪马·德·巴罗斯，都没有想到这场运动远不只是短暂的军事干预。甚至自1962年以来一直担任戈亚斯州参议员的儒塞利诺·库比契克也同意他们的观点。正如他一贯的政治作风，儒塞利诺·库比契克宣称他不赞成政变，但也不支持古拉特总统——他不会反对自己的州——米纳斯吉拉斯州。[33]参议院议长奥罗·德·莫拉·安德拉德（Auro de Moura Andrade）是另一位没有预见到长期军事独裁的领导人。面对政府解体，他决定通过罢免古拉特总统来防范各种事件的发生。4月2日凌晨，他召集了两院的秘密会议，宣布总统职位空缺。当坦克雷多·内维斯强烈抗议说，若昂·古拉特仍在巴西，因此仍然拥有总统的全部权力时，莫拉·安德拉德切断了声音，并关掉了灯。政变圆满结束。[34]尽管如此，每个人都相信1965年将举行选举。他们全都错了。密谋者中的持异见者有其自己的议程，军政府将持续21年。巴西的军事独裁即将开始。

当政变者成为总统

1964年4月11日下午，国民议会开会选举巴西新总统。513
左翼联盟的众议员已不再出席。前一天，第一份被撤销众议员权力的名单公布了。实际上，葡语中用“cassado”这个词来指称这份名单上的人，它是个贬义词，指那些政治权利被剥夺10年的人。之后还有其他被撤名单公布。到1967年3月，已有400人权力被撤。剩下的国会议员参加了间接选举，只有一名候选人，即温贝托·德·阿伦卡尔·卡斯特略·布朗库（Humberto de Alencar Castello Branco）将军。议员们被要求一个接一个地宣布投票结果——只有72人有勇气投弃权票，其中包括坦克雷多·内维斯和圣地亚哥·丹塔斯。当天下午结束时，这位将军以361票当选，其中有儒塞利诺·库比契克的选票，至此若昂·古拉特的任期结束。几天后，卡斯特略·布朗库将军在国会就职。他宣誓捍卫1946年宪法，承诺在1965年将总统职位移交给他的继任者，并保证不再废除政治权利和已授权力。[35]

将军在演说中说了大家都想听到的话，但他没有兑现诺言。使卡斯特略·布朗库将军上台的政变与莫朗将军和马加良斯·平托指挥的军事起义几乎没有共同之处，只不过这两者都是例外，武断且暴力。3月30日至4月11日期间，来自社会调查与研究所的军官和商界领袖相互竞争，以压制为罢免古拉特总统而独立行动的各种势力。而且，当记者回顾里约热内卢的那段时光时，他们讽刺地指出，人们甚至可以通过电话安全地进行这些讨论！

当政界正在考虑下一任总统的选举，并批准科斯塔·席尔

瓦将军在此之前担任这一职务时，社会调查与研究所成员正集中精力研究如何把军事起义转变为政变，把政变变成执政。该
514 研究所的合伙人与协作者设法填补了各部委和其他国家行政部门中的关键职位。[36]主要目标是勾勒新政府的计划并确定其政治经济，这依托的是立即设立的计划与经济协调部。其他优先事项包括普拉纳托宫（Planalto）[37]中的决策机构和各部委，从文官内阁和军官内阁开始。国内安全问题情报的控制和搜集也被给予了同样的重视，这导致6月成立了巴西国家情报局（SNI）。

这一切都不像巴西历史上频繁发生的武装部队干预的传统形式。卡斯特略·布朗库将军的上任是巴西政治制度彻底变革的前奏。这一转变是由军方与民间社会各阶层之间的合作促成的，他们希望实施一个以工业化和经济增长为基础并由公开的独裁政权支撑的现代化计划。这意味着国家结构发生了深远的变化。它需要建立一个新的法律框架，实施一种新的经济发展模式，建立一个专门的政治镇压和情报搜集的特工部门，当然，还需要审查制度来压制异见。

新政治制度中最敏感的领域是武装部队对总统职位的控制。军方以违宪手段接管了政府。他们授予自己非常时期的权力，并相继“选举”了五名陆军将领来领导行政机关，即卡斯特略·布朗库（1964—1967年执政）、科斯塔·席尔瓦（1967—1969年执政）、加拉斯塔苏·梅迪西（Garrastazu Médici，1969—1974年执政）、埃内斯托·盖泽尔（Ernesto Geisel，1974—1979年执政）和若昂·菲格雷多（João Figueiredo，1979—1985年执政）。还有一个短暂的时期，该国由武装部队三军部长组成的军政府统治（1969年8月至10

月）。然而，在整个独裁统治期间，武装部队内部各派之间在谁应控制行政机关方面存在争执。武装部队参与政府的传统由来已久，是各种政治意识形态的发源地。三股力量之间、不同世代之间以及等级制度内部也存在意见分歧。此外，尽管武装部队有夺权的意愿和能力，但他们从未长期行使权力。1964 515
年的情况大不相同。将军们认为自己已准备好接管政府。拥有自己信念和策略的各种敌对军官团体打算在独裁统治的过程中进行干预，毕竟，他们帮助建立了独裁统治，并感到对此负有责任。[38]尽管存在分歧，但所有这些团体都同意，国内安全应作为武装部队的任务优先考虑。他们还坚持认为，新政治制度的主权来源是军方，且起源于武装部队——它不仅源于将军们的等级权威。

武装部队内部对立派系之间的分歧不是权力本身的问题，而是应该如何处理权力的问题。在选举新总统之前的时期，这些竞争愈演愈烈。[39]卡斯特略·布朗库将军也不例外。每一位军人总统继任总统职位后都在严重危机中离任。人们常说卡斯特略·布朗库总统的政府十分强硬，它使立法机关和司法机关受到的限制制度化，并为政治镇压奠定了基础，使独裁政权得以长久存在。即便如此，军队中仍有部分人对此不满。战争部部长阿图尔·达·科斯塔-席尔瓦将军（Artur da Costa e Silva）成为支持更独裁的政府和更严格的社会控制的派系的领袖。正是这些持不同政见者成功地帮助科斯塔-席尔瓦将军提升了自己的候选人资格。

卡斯特略·布朗库总统从政府离任后不久便于 1967 年 7 月 18 日去世。当时他从塞阿拉州返程，由于奇怪的巧合，他乘坐的飞机失事。他乘坐的小型双引擎飞机与一支空军喷气式飞机中队遭遇。[40]他的继任者科斯塔-席尔瓦将军建立了一个看似量身定制的政府，以满足那些对决定巴西未来感兴趣的官员的愿望。在他的 19 位部长中，有 10 位来自武装部队，其中内政部部长阿尔布克尔克·利马（Albuquerque Lima）将军是陆军中最激进派别的领袖。然而，科斯塔-席尔瓦总统的任期在一场更加严重的军事危机中结束。[41]1969 年 8 月，他中风，因
516 病被正式免职。武装部队此时陷入了僵局。他们可以让副总统，即来自米纳斯吉拉斯州全国民主联盟的众议员佩德罗·阿莱绍（Pedro Aleixo）宣誓就职，但他们以他是文官且是有民主倾向的温和派为理由拒绝了。一时谣言四起，各派相互竞争以影响下一步行动。佩德罗·阿莱绍遭到软禁，且他们最终找到了解决方案：行政权被移交给了由三军部长组成的军政府。该解决方案仅持续了三个月。与此同时，危机进一步加剧。海军和空军拒绝接受由陆军任命下一任总统，与此同时，更多激进派系支持阿尔布克尔克·利马将军参选。

在局势恶化为无政府状态之前，陆军举荐了巴西国家情报局局长奥米利奥·加拉斯塔苏·梅迪西（Émilio Garrastazu Médici）将军，该局是由卡斯特略·布朗库总统建立的国家情报机构。他是个沉默寡言的军官，几乎不为人所知，在部队中也没有声望。巴西人直到 1969 年 10 月 6 日才意识到他的存在，当时他被武装部队最高统帅部[42]确认为巴西总统。

1974 年 3 月，梅迪西总统结束任期后无间断地选择了他的继任者——埃内斯托·贝克曼·盖泽尔（Ernesto Beckmann Geisel）。独裁时期的最后一次重大危机发生在 1979 年盖泽尔总统任期结束时。他的战争部部长西尔维奥·弗罗塔（Sylvio Frota）打算接替他。[43]弗罗塔将军表现得好像他是陆军立场的

正式代表。他不同意盖泽尔总统的政策。他将自己“任命”为一些军官的发言人，这些军官偏离了他们最初的职务，被要求在国家机构中对异见人士进行镇压。盖泽尔总统来自一个德国移民家庭。他性格暴躁，同事们都害怕他。他解雇了弗罗塔将军，禁止将军们参加继任者选举，并自己决定了下一任总统人选。巴西国家情报局局长再次成为候选人，即若昂·菲格雷多。军队中没有人抱怨。武装部队内部不断发生的危机无疑影响了军人总统的人选，尽管武装部队中并没有改变独裁政权的动态。这一时期的特点是非常时期的权力、镇压、受控的公共 517
信息以及保守的发展和现代化经济计划。

独裁统治那些年对巴西来说是一个阴郁的时期。

独裁统治

尽管这一时期的独裁统治是指一连串的将军利用皇帝般的权力来发挥总统的作用，但 1964—1985 年，计划部和财政部也共享了该权力。所有部长都是社会调查与研究所的文官，他们控制着整个经济：罗伯托·坎波斯、奥克塔维奥·戈维亚·德·布良斯（Octávio Gouvêa de Bulhões）、安东尼奥·德尔芬·内图（Antônio Delfim Netto）、埃利奥·贝尔特朗（Hélio Beltrão）和马里奥·恩里克·西蒙森（Mário Henrique Simonsen）。[44] “政府和商业部门之间的渠道是完全开放的”，[45] 1967—1974 年任财政部部长、1979—1985 年任计划部部长的德尔芬·内图在 50 年后证实了这一点。财政部部长对预算有完全的控制权，而在一般情况下，预算须经国会批准。前部长迈尔松·达·诺布雷加（Maílson da Nóbrega）回忆说：“财政部部长有权批准他认为合适的任何开支。”他补充说，德尔芬·内图拥有“让中世纪的国王羡慕不已的权力”。[46]独裁政府的经济发展计划促进了外国投资，减少了国家的积极作用，并提高了增长率。“我们都做到了。无论是立法机关还是司法机关，没有任何力量可以反对我们的经济政策”，[47]前部长埃尔纳尼·加尔韦亚斯（Ernane Galvêas）后来证实说。卡斯特略·布朗库总统政府建立了维持发展模式的经济和金融基础。它将鼓励外国投资和出口的计划列为优先事项。这是通过巴西货币克鲁塞罗兑美元贬值实现的。该计划基于严格的稳定政策，例如，控制工资、降低最低工作年龄、取消“工作保障”[48]、镇压工会和禁止罢工。[49]

1967 年，当科斯塔-席尔瓦将军接管政府时，经济开始增长。然而，那时工人阶级的工钱和中产阶级的工资正受到经济紧缩的影响。随着生活成本上涨和工资冻结，1968 年 4 月，比利时矿业钢铁公司（Companhia Siderúrgica Belgo-Mineira）
518 约 1200 名工人占领工厂，要求加薪，希望获得高于政府规定的工资。比利时矿业钢铁公司是一家钢铁厂，位于米纳斯吉拉斯州贝洛奥里藏特外 17 公里处的工业城镇孔塔任（Contagem）。[50]工人占领了综合大楼里最大的工厂。三天后，整个孔塔任陷入停滞，罢工人数达到 16000。劳工部部长雅尔巴斯·帕萨里尼奥（Jarbas Passarinho）被迫前往该镇亲自与工人进行谈判。他离开工厂时，人们发出了嘘声。该镇被军警占领，工人被捕，工会关闭，且从那时起，公司为工人提供从家直接到工厂的交通工具。任何拒绝该交通的人都被解雇了。罢工者使军方措手不及，政府不得不谈判。这次罢工的组织方式使即刻镇压在操作上更加困难。罢工者不组织纠察队，不召开会议，也很少有引人注目的领袖。唯一已知的参与者是该市钢铁工人工会的埃尼奥·塞亚布拉（Ênio Seabra）和伊马库拉达·孔塞桑·德·奥利韦拉（Imaculada Conceição de Oliveira）。工人的动员以半秘密的方式在工厂内部由5—10人组成的委员会中进行，这些委员会通过内部网络相互联系。孔塔任的罢工在开始15天后就结束了，最终工资上涨了10%，一些人希望未来有可能对抗政府的工资政策。

三个月后，在圣保罗工业区的奥萨斯库（Osasco），主要生产钢铁和机械部件的科布拉斯玛公司（Cobrasma）的工人放下了工具。[51]罢工组织者打算在全国各地工人运动和工会之间引发连锁反应，抗议独裁政权的经济政策。像孔塔任的情况一样，科布拉斯玛公司的工人通过工厂内部的委员会动员起来，并得到了大量支持。第一天，有10000名工人罢工。但这次军方不想丢面子。罢工第二天，科布拉斯玛公司遭到配备机枪和两辆坦克的士兵攻打。此后，军警占领了奥萨斯库镇，约400名工人被捕。那些设法逃出监狱的领袖躲藏了起来，包括奥萨斯库金属工人工会主席若泽·伊布拉音（José Ibrahim）。519
这种既是胁迫手段又是劝阻手段的残酷行径起到了作用。在接下来的10年里，巴西再也没有罢工了。

军方正在改进他们的镇压方法，包括在工厂内部以及整个社会中，且经济在增长，通货膨胀非但没有上升，反而开始下降。经济增长的周期开始了，且在其鼎盛时期，超过了以往任何时候。政府开始称其为“巴西经济奇迹”。[52]不可否认奇迹确实发生了，但解释它发生的理由更为平凡。“奇迹”是多种因素综合作用的结果，包括镇压反对派和对媒体进行审查以防止对经济模式的任何批评，政府对出口的补贴及其随之而来的出口多样化，越来越多的外国公司进入市场和经济私有化，以及政府对物价和工资的集中控制。

汽车工业产量增加了两倍，民用建筑用光了水泥供应，人们在证券交易所赚了一大笔钱——1970 年里约热内卢有一个月的贸易额超过了 1968 年全年的贸易额。然而，“巴西经济奇迹”是有代价的。由于工资受到严格控制，任何生产力收益都无法与工人共享，因而，伴随着经济的发展，收入日益集中在少数人手中。另一个后果是外债急剧增加，该国更容易受到国际市场不稳定的影响。巴西以硬通货贷款，期限更长、利率更低，而工业部门则以浮动利率从国际私人银行获得信贷。1973 年，石油输出国组织（OPEC）减少了石油供应，石油价格翻了四倍，巴西人这才了解到巴西经济的脆弱程度。除了继续购买，别无选择，奇迹就此终结。与大多数巴西人不同的是，行政机关的将军和计划部的技术官僚知道经济增长无法维持，这样的后果不可避免。但是，没有人采取任何行动。事实上，独裁政权从这些后果中受益匪浅。从梅迪西将军有点见利忘义的观点来看，他在经济增长周期最高峰时担任总统，他认为这个国家不错，是人民不太好。

520 独裁政权是专断的领袖、顽强的反对派和需要生存的民众的结合——其中一部分民众出于恐惧或顺从而保持沉默。在经济奇迹持续的同时，收入集中的代价是潜在的。许多人，尤其是城市中产阶级，受益于宽松的信贷、新的就业机会和对新产品消费的激励。新产品包括彩色电视、盒式磁带、Super-8 相机和各种汽车，例如，福特的科塞尔和银河、雪佛兰的奥帕拉和雪维特。为了满足巴西人的美好期望，工薪阶层终于可以计划购买自己的住房，并从最近成立的国家住房银行（BNH）获得抵押贷款。“巴西经济奇迹”在 1970—1972 年达到顶峰。

这种经济上的成功解释了尽管梅迪西总统在巴西历史上最糟糕的政治暴力时期领导着这个国家，但他的声望仍然很高。他受到的批评很少，更多得到的是掌声。在他执政期间，国家镇压机构的规模大增，但仅此一点不足以使他持续执政。每个政府都需要支持才能生存，“巴西经济奇迹”是公民对政府满意的源泉。1969 年，梅迪西总统在上任三天后对其前任设立的传播部门——公共关系特别机构（AERP）进行了改组，并把它变成了强大的政治宣传机器。该机构的宣传很有创意，没有表面上的政治营销迹象。他们的作品强调乐观、自豪和民族伟大。他们赞美巴西的种族多样性、融合和社会和谐。所有这些信息都包含在短片中，通过精心挑选的图像和通俗易懂的旋律直接传达给公众。[53]该机构的电视宣传同样成功。

军队有一个重大的发展项目，决心使整个国家成为一体。巴西变成了一个巨大的建筑工地，所有这些都得到了公共关系特别机构的适时关注与称赞。其中最著名的建筑项目是跨亚马孙公路（Transamazônica）[54]，它是社会调查与研究所构想的经济发展计划和巴西高级战争学院国内安全计划的一部分。这是一条巨大的公路，计划长 4997 公里，其中 4223 公里已建成（尽管工程质量很差）。它计划自东向西横穿亚马孙盆地，连 521
接巴西东北部与秘鲁和厄瓜多尔。跨亚马孙公路的建设是一项雄心勃勃的定居计划的基础，它使该地区近 100 万人被迫迁居。目标是不让该国任何地方无人居住，并首次控制边境。1972 年 9 月 27 日，梅迪西总统为该公路举行了启用仪式，[55]它被用来宣传一个完全面向现代化国家的胜利形象，其中该国人民具有强烈的身份认同感。但是，现实却截然不同。跨亚马孙公路的建设毁坏了森林，耗资数十亿美元，即使在今天，由于降雨、山体滑坡和河流泛滥，公路的许多部分仍然无法通行。

这个项目烧掉了根本不存在的钱，巴西人直到 1980 年才发现这一点，当时奇迹已经结束，而通胀率达到三位数——110%。1985 年，当军事政权最终结束时，它留下了巨额国债和 235% 的年通胀率。1978 年，经济学家埃德玛尔·巴沙（Edmar Bacha）小心翼翼地避开了审查机构，他在题为《经济学家和贝林迪亚国王：技术官僚的寓言》的文章中将该国命名为“贝林迪亚”（Belíndia，即比利时和印度的结合）。[56]在“贝林迪亚”，国民财富的计算既掩盖了发达地区（比利时）的财富集中程度，也掩盖了不发达地区（印度）的落后程度，这些地区普遍存在饥饿、赤贫、预期寿命短和婴儿死亡率高的问题。

“令人窒息的温度”

1968 年 12 月 14 日，最重要的日报之一《巴西日报》（*Jornal do Brasil*）出版了特别让读者感到意外的一期。除了其他奇闻逸事，该报在头版刊登了一条标题，写着“昨天是盲人节”。天气预报也出现在头版：“暴雨。温度令人窒息。空气让人无法呼吸。全国正在被强风席卷。”那天实际上炎热而
522 晴朗，天空湛蓝。天气预报是该报警告读者审查员已在他们办公室就位的一种方式。当晚，军政府开始了压制巴西新闻界的行动。

该报还警告读者，局势每况愈下。前一天晚上 10 点，即 1968 年 12 月 13 日，司法部部长路易斯·安东尼奥·达·伽马-席尔瓦（Luís Antônio da Gama e Silva）在国家广播和电视台发表全国讲话。在简短的介绍之后，他把麦克风递给了阿尔

贝托·库里（Alberto Curi）[57]，后者接着用严肃单调的语气阅读了《第5号制度法》。该法令共有12条，并附有关闭国会且关闭时间不定的《第38号补充令》。《第5号制度法》中止了人身保护令、言论自由和集会自由；它允许强制解雇，废除法定授权，不再承认公民权利；它还决定，政治审判将由军事法庭进行，且没有上诉权。它是在政治动荡和敌对反对派活动日益频繁之际实施的。当时学生抗议，工人罢工，1964年前的政治领导人发表声明，革命派左翼组织开始武装抵抗。这些法令的托词是国会拒绝对众议员马尔西奥·莫雷拉·阿尔维斯（Márcio Moreira Alves）进行司法诉讼。当年9月3日，莫雷拉·阿尔维斯在众议院发表讲话，被指控冒犯武装部队。他是一个勇敢的人。他根据证据在众议院谴责了卡斯特略·布朗库总统执政期间军营里发生的数十起酷刑案件。[58]“军队何时将不再成为施刑者的避难所？”他问道。当时没有任何声音回应他，因为众议员莫雷拉·阿尔维斯是对着一间几乎空荡荡的房间发表讲话的。但是，这为军方提供了一个绝佳的借口。司法部部长申请对该议员采取法律行动，但遭到国会拒绝，而《第5号制度法》的发布解决了这一问题。[59]

《第5号制度法》是用来恐吓人的工具。关于它的有效期限没有规定。它允许独裁政权镇压所有的反对派和异议。然而，这绝非武装部队制定的第一项紧急措施，也不代表激进派军官为增加政治镇压权力而发动的“政变中的政变”。《第5号制度法》是一系列紧急措施的一部分，而这些措施事实上都是合法的。军方花了大量的时间和精力为他们的武断措施建立法律框架——“紧急状态的合法性”。[60]这些措施严重限制了其他力量的行动自由。它们使对持不同政见者的惩罚合法化， 523

阻止反对派组织起来，并限制任何形式的政治参与。《第 1 号制度法》是秘密拟定的，并在政变 8 天后颁布。它由科斯塔-席尔瓦将军、拉德马克海军上将和科雷亚·德·梅洛组成的自称为革命最高统帅部签署，共有 11 条。它将立法机关的部分权力移交给了行政机关，限制了司法机关的权力，中止了个人担保，并允许总统取消委任、拒绝授予那些权力被取消 10 年的人的政治权利，以及解雇公务员和武装部队成员。为了使这项措施有某种法律依据，军方授予自己宪法权力，并将对司法机关的操纵纳入了《第 1 号制度法》的“引言”中：“胜利的革命……是制宪权最激进的表现形式。”[61]

时至今日，武装部队仍使用“革命”一词来指代政变。这是由于《第 1 号制度法》确保了该制度的合法性和镇压的制度化。由于接下来还有许多其他的制度法，它被称为《第 1 号制度法》。它赋予了卡斯特略·布朗库将军监禁数千人，将足球场馆（如尼泰罗伊的卡约·马丁斯体育馆）改造成监禁中心，将商船、军舰改造成监狱的合法手段。[62]《第 1 号制度法》还允许军警大规模逮捕民众，封锁街道，进行个人和逐户搜查，所有这些都发生在 1964 年的米纳斯吉拉斯州、南里奥格兰德州、圣保罗州和伯南布哥州。当时约有 5 万人被拘留，警方将该部署行动命名为“清理行动”。

《第 1 号制度法》还为政府提供了肃清公务员队伍的法律手段。有两个主要程序：首先，军方在各级政府行政部门，包括各部委、政府机构和国有公司，设立了专门的调查委员会；其次，他们建立军警调查系统（IPMs），以调查公务员在公共
524 行政领域的活动。[63]军警调查通常由陆军上校进行，他们因思想观念的激进主义而被选中。受命担任这一职务是威望的象

征。上校们被赋予了一种新型的警察权力：他们不需要提交证据，尤其是，他们被鼓励下达任意处罚的命令。在政变后的头几周，共进行了 763 次调查。在一年内，有 1 万名被告和 4 万名证人被送交调查，这显示出对司法规则的完全蔑视。

1964—1973 年，成千上万的巴西人成为肃清行动的受害者。据估计，在独裁统治下有 4841 人丧失了政治权利，授权被撤销，被迫退休或失业，其中仅《第 1 号制度法》就影响了 2990 人。陆军、海军和空军共有 1313 名士兵转入预备役，其中包括 43 名将军、532 名各级军官、708 名副官和士官，以及 30 名士兵和水兵。[64]这些人受到了特别残忍的对待：他们被宣布“死亡”。因此，他们失去了在长期职业生涯中获得的一切——晋升、退休、医疗和福利。他们的妻子领取遗孀抚恤金。《第 1 号制度法》的应用期限有限，一直到 1964 年 4 月 1 日，即若昂·古拉特总统任职的最后一天。然而，1965 年 10 月，卡斯特略·布朗库总统消除了人们对独裁政权是不是暂时的一切怀疑。他延长了任期，并通过法令实施了《第 2 号制度法》。除了加强行政机关的措施外，《第 2 号制度法》还改变了选举规则：直接普选以选举总统的方式被废除，且所有政党都被取缔。

《第 2 号制度法》颁布之后，卡洛斯·拉塞尔达重回反对派阵营，且风格出众。1966 年 10 月，他发起了“广泛阵线”，这是一个令人难以置信的反对派组织，除了拉塞尔达之外，该组织还包括儒塞利诺·库比契克和若昂·古拉特。[65]三个政敌之间达成谅解的想法出自拉塞尔达。“广泛阵线”几乎团结了 1964 年以前活跃的所有政治力量，包括共产党。然而，有两个例外。流亡乌拉圭的莱昂内尔·布里佐拉拒绝与卡洛斯·拉塞尔达见面。东北部左翼的主要领袖米格尔·阿赖斯不想与“广泛阵线”有任何关系。阿赖斯是被独裁政府逮捕的两位州长之一，另一位是塞尔希培州州长塞沙斯·多里亚（Seixas Dória）。

525 如果说“广泛阵线”背后的想法是选择总统候选人，那么主要受益者就是卡洛斯·拉塞尔达本人。若昂·古拉特处于流亡状态，而儒塞利诺·库比契克尽管对军方没有敌意，但一直是议会调查挪用公款问题的对象。尽管没有证据，他已获得的授权被废止，且政治权利被中止了 10 年。不过，“广泛阵线”代表了真正能够替代军方的组织。它将三位最重要的国家领袖聚集在一起，并通过组织集会、公开会议和街头抗议提供了政治参与的机会。此外，他们制订了一项计划：通过投票击败独裁政权。他们的目标是恢复民权，大赦，建立政党，认可罢工权，召集制宪议会和进行直接选举。但是，好景不长。1968 年 4 月，科斯塔-席尔瓦总统宣布“广泛阵线”非法，并禁止其活动。军方从未原谅卡洛斯·拉塞尔达，他们将他视为叛徒。1968 年 12 月，他的名字位列根据《第 5 号制度法》被撤销授权的政客名单之首，他遭到逮捕，永远无法重返政治舞台。

卡斯特略·布朗库将军于 1966 年 2 月签署了《第 3 号制度法》，该通令直接取消了州长选举。一项补充法案通过仅成立两个政党改变了国会和州议会中政治力量的相互关系：一个支持政府的国家革新联盟（ARENA），另一个代表反对派的巴西民主运动（MDB）。因此，始于 1946 年的多政党时期结束了。与此同时，巴西人民丧失了民主权利。在接下来的 17 年中，没有州长选举，而总统选举还得再等 23 年。那些想继续参政，没有被捕或已授权力没有被撤销的人必须选择一个政党。创建巴西民主运动并非易事，因为大多数仍活跃的政客都奔赴国家革新联盟寻求庇护。政府党团结了保守派精英。几乎所有全国民主联盟议员都加入了该党，社会民主党的许多议员，甚至巴西工党的一些议员也加入其中。[66]国家革新联盟无法像一个真正的政党那样行事，也没有制定替代性政策。其成员“无可救药地”屈从于军方，几乎批准了行政机关送交国会的每一个项目。该党在巴西各地设有办事处，并迅速成为一个基础广泛的政党，由政治家、同情者、激进分子和选民组成的广泛网络支撑。它保证了平民对政府的支持，是获得同意的来源。 526

国家革新联盟作为“遵命，长官”党进入历史，且军方同样期望巴西民主运动驯服，至少是假装同意。毕竟，他们不是同意扮演反对派的角色吗？事实上，1966—1970 年，当真正反对独裁的势力开始巩固时，这些激进主义者认为没有理由相信巴西民主运动。[67]许多人怀疑一个在玩独裁政权游戏的弱党的诚意。到了议会选举的时候，革命派左翼领导了一场投弃权票或将选票留空的运动，这是非常成功的。[68]1966 年，无效票和空白票合计占总票数的 21%；1970 年，这一比例达到了 30%。这是一个明显的迹象，表明选民拒绝军方强制实行的傀儡两党制。

巴西民主运动的成员们意识到他们已经陷入绝境。然而，在解散该党和在已授权力被撤销且政治权利被中止的情况下继续运作之间，该党领导层选择了后者。这个领导层由巴西工党和社会民主党的政客组成，他们围绕着一个单一议题，即重返民主，将全党团结起来。最终，他们冒险成了真正的反对派。1967—1968 年，巴西民主运动的众议员和参议员参加了抗议游行和罢工，并开始谴责政府的武断措施、政治权利的被剥夺和外国资本在国会中的主导地位。他们为此付出了沉重的代价。《第 5 号制度法》摧毁了该党，在 139 名代表中，60 人的已授权力被撤销。到 1970 年，该党已减少到 89 名众议员。

杀人机器

527 1964 年 6 月的头几天，戈尔贝里·杜·科托-席尔瓦将军离开社会调查与研究所的办公室，走了几个街区来到他位于里约热内卢市中心财政部 12 楼的新办公室。这位将军的预算相当于 26 万美元，其中一半资金是秘密的，且他新上任的职位使他获得了政府部长的地位。他手握由局势分析组[69]汇编的 40 万巴西人的数据，这个小组是他担任所长的社会调查与研究所的秘密部门。科托-席尔瓦将军将这些数据用作巴西国家情报局的基础，而这又是另一个机构。这位将军的想法是将这个情报搜集机构交由行政机关支配使用，尤其是利用它在各级公共行政机构以及整个社会获取情报。[70]科托-席尔瓦将军拥有进行政治阴谋的真正天赋。[71]他极为寡言少语，这只会使有关他的神话更加甚嚣尘上。他从不公开发言，从不接受采访，总是在幕后活动，是独裁政权背后的“灰衣主教”。人们在背后称他为“恶魔行动博士”（The satanic Dr Go），暗指詹姆斯·邦德电影《007 之诺博士》（*The Satanic Dr No*）[72]中的那个恶棍。戈尔贝里·杜·科托-席尔瓦将军的恶名当之无愧。在巴西国家情报局成立后的 10 年中，它已成为搜集和分析情报的中心，为军方建立的镇压机构提供情报。

1966 年，在国家情报局的支持下，独裁政府情报机构中最秘密的部门成立了，并与外交部产生关联。它被称为国外情报中心（CIEX）。[73]该中心的特工在国外工作。他们受雇为巴西大使馆的工作人员，其任务是尽可能多地搜集有关巴西流亡者活动的情报。军方设立的识别和清算对手的机构非常复杂，国家情报局负责整个系统，国外情报中心只是其中一部分。

直到 1967 年 5 月，独裁政府只是利用巴西各州已经存在的镇压机构，其中包括隶属于各州公共安全局的政治和社会秩 528
序部（Dops）以及地方警察。后者在专门进行盗窃调查的警察局（即打击盗窃与抢劫的警察局）工作，这些警察局因腐败和使用暴力而臭名昭著。但是，1967 年又增加了一个新机构：陆军情报中心（CIE）。陆军情报中心参与情报搜集和直接镇压。实际上，它可能是镇压机构中最具破坏性的。同样令人生畏的还有 1957 年成立的海军情报中心（Cenimar）和 1970 年成立的空军情报中心（Cisa）。[74]

从 1969 年开始，随着“班德拉探险队行动”（Operação Bandeirante，Oban）在圣保罗的成立，军事政权的镇压机制变得更加复杂，该组织由三军军官、地方警察和军警官员组成。他们的任务是搜集情报，审讯嫌疑人，组织军事部署打击武装反对势力。“班德拉探险队行动”是由圣保罗州商人和跨国公司领导层资助的，包括 Ultragaz、福特、大众、Supergel 和 Copersucar。在由 Mercantil 银行所有者加斯唐·维迪加尔（Gastão Vidigal）组织的与时任部长德尔芬·内图的会议上，与会者对该组织的固定捐资制度进行了商议。[75]该制度的细节是独裁政权保守最严密的秘密之一。1970 年的内防行动中心（Codi）和内部行动分遣队（DOI）也是以“班德拉探险队行动”为模型创立的。这两个组织由陆军部部长奥兰多·盖泽尔（Orlando Geisel，盖泽尔总统的哥哥）直接指挥。他们负责城市中的大部分镇压行动，并经常作为规划和协调组织共同行动。内部行动分遣队是内防行动中心的行动支队。[76]但是，甚至在这些不同部门成立之前，独裁政权也经常采取非法的紧急措施和镇压行动，至少有以下三种情形。第一种情形是始于1969年的“失踪”案。这些所谓的失踪案绝大多数意在掩盖
529 真相，包括谋杀囚犯的行为或某个人的命运，这增加了反对派的不确定感。第二种情形始于1970年，当时可以识别出在军队秘密中心遭受酷刑的个人尸体的证据被销毁。这是通过去除指纹和牙齿，然后分尸并成堆燃烧来完成的。第三种情形始于1964年，当时酷刑被系统地用作审讯手段。[77]

陆军从卡斯特略·布朗库将军执政之初就开始使用酷刑。由于文官和军官当权者的无声合谋，这种做法像病毒一样传播开来。1964—1978年，使用酷刑是国家政策。施刑者成为“不被处罚者”，且这种做法已经远远超出了军营的围墙。为了使系统的酷刑政策行之有效，必须有法官明显忽视欺诈性起诉，接受强迫或不可靠的供词和伪造的技术调查结果。医院工作人员必须愿意串通，伪造死亡证明和死亡情况记录。他们还必须治疗遭受人身暴力之害的囚犯。依赖酷刑的政府还必须能够指望那些准备进行非官方捐赠的商界人士，这样政治镇压机器才能有效运作。在巴西，政治酷刑的做法并不是少数虐待狂行为的结果，而这正是造成情况如此惨痛和让人觉得可耻的原因。它是一种按照战斗逻辑构想的杀人机器，即在敌人获得战斗能力之前消灭敌人。酷刑和人身镇压是在不同的环境和地点，以不同的强度，按照有条不紊和协调的方式进行的。在独裁统治的头几年，首要目标是在古拉特政府期间为社会变革而斗争的左翼激进主义者。但是，从1966年开始，当学生们回

到街头，领导1967年和1968年的大规模抗议游行时，他们也成了军政府的目标。[78]

在巴西，身为一名学生从未如此危险过。1968年，有消息称警察在里约热内卢近距离开枪射杀了高中生埃德松·路易斯·德·利马·索托（Edson Luís de Lima Souto），事件发生在他就读高中的食堂（名为“地牢”）里举行的抗议活动上，这则消息使全国人民感到悲伤。他的死标志着学生抗议向大规模社会运动的转变。600多人参加了在里约热内卢举行的第七 530
天弥撒，该活动由教区主教若泽·德·卡斯特罗·平托主持。当坎德拉里亚教堂被数百名海军陆战队队员和骑警包围时，神父们手牵着手，组成一条走廊，让会众安全离开。离开时，文学评论家奥托·玛丽亚·卡尔波（Otto Maria Carpeaux）[79]激动地喃喃道：“难忘啊，神父们。”[80]

一群勇敢的神父保护人们免遭暴力和安全部队的肆意伤害，绝非仅有这一次。[81]不可否认的证据表明，军方经常折磨人们，导致一批天主教主教加入反对派，并利用教会的通信渠道向国际社会披露巴西发生的事情。1970年，巴黎的圣日耳曼德佩修道院在祭坛上展示了一个戴着手铐的基督，他嘴里插着管子，十字架的顶部装有磁石发电机。[82]十字架上方刻着“秩序与进步”[83]字样。1969年5月，神父安东尼奥·恩里克·佩雷拉·内图（Antônio Henrique Pereira Neto）在累西腓被绑架，并被折磨致死。他是奥林达和累西腓大主教堂埃尔德·卡马拉（Dom Helder Câmara）[84]的个人助理，后者在人权方面的工作得到了国际认可。佩雷拉·内图神父的死是巴西第一次有神父出于政治原因而被谋杀。

显然，当左翼力量真正准备拿起武器时，独裁政权显示了它所有的野蛮。1969 年 1 月，驻圣保罗第 4 步兵团的军官卡洛斯·拉马尔卡（Carlos Lamarca）抢劫了一个陆军武器库，然后坐上装满步枪、冲锋枪和弹药的货车逃走了。拉马尔卡离开军队后加入了人民革命先锋（VPR）的游击队，这是自政变以来发起的几次左翼革命运动之一。这些组织有的很小，很少有实力或体系来对付军方，且大多数成员来自共产党，而该党在 1964 年未经抵抗就被消灭了。这些运动绝大多数选择了武装抵抗。[85]

拉马尔卡打算在内陆组建一个游击队基地。1971 年，他在巴伊亚腹地的一个名叫布里提-克里斯塔利诺（Buriti Cristalino）的小村庄附近被军队杀害，这个小村庄有四条街道、一些泥草屋、一个市场和约 200 名居民。革命派左翼的另
531 一位重要领袖卡洛斯·马里盖拉（Carlos Marighella）利用城市游击战术，并计划通过来自全国各地、集结在帕拉州南部的游击纵队来对抗独裁政权。卡洛斯·马里盖拉曾对抗“新国家”，是 1946 年制宪议会的众议员，并组建了反对军方的最大反对派组织——国家解放阵线（ALN）。[86]他还是一个足球爱好者，热爱桑巴舞，是一名业余诗人。1969 年，他在圣保罗的一次军事伏击中被枪杀。

卡洛斯·马里盖拉的死标志着对革命派左翼军事进攻的开始，而卡洛斯·拉马尔卡的死标志着左翼势力开始衰落。到 1976 年，反对党组织已被大量摧毁。独裁统治期间发生了一系列武装袭击，军方通过加强镇压和采取灭绝政策进行了回击。反对派的行动包括抢劫银行，袭击装甲车、公司、武器库和建立游击队基地。革命派左翼最令人惊叹的壮举是 1969 年在里约热内卢绑架了美国大使查尔斯·伯克·埃尔布里克

(Charles Burke Elbrick)。这起绑架案是由两名年轻的激进分子策划的——富兰克林·马丁斯（Franklin Martins）和锡德·本杰明（Cid Benjamin），他们来自瓜纳巴拉大学持不同政见者运动，这是一个规模小但胆子大的组织。作为释放大使的回报，他们让 15 名政治犯获得了自由。[87]这一行动产生了深远的影响。它使武装斗争、酷刑做法和政治犯的存在（所有这些全都被军方否认）变成了国际新闻，并逐渐削弱了独裁政权。

农村地区也有武装运动。阿拉瓜亚游击队（Guerrilha do Araguaia）由大约 100 名游击队员组成，包括一些农村工人。他们最终遭到了屠杀。[88]1972—1974 年，武装部队向帕拉州西南部的鹦鹉喙地区（Parrot's Beak）派遣了大约 4000 人。1973 年 10 月，政府发布了格杀勿论的命令。向被认为有游击队训练基地的地区派遣军队和警察是镇压的一种原始手段。帕拉州南部的地主也以残暴行为著称。除了帕拉州在整个独裁统治时期一直作为暴力侵害农村工人的震中外，独裁政权期间的农村镇压主要发生在两个关键时期：第一个是 1964 年政变前后几年，第二个是 1975 年至 1980 年代中期，当时暴力达到顶峰， 532
大约发生了 1100 起谋杀案。[89]这些死亡事件大多发生在土地纠纷期间，在这期间，当地地主雇用了当地暴徒和准军事民兵，尽管他们也指望国家的共谋（或不作为）。在许多此类案件中，政府没有进行调查，甚至没有确定罪犯的身份。在那些被调查的案件中，犯罪情况从未得到充分澄清。

但是，没有什么能与独裁政权对巴西土著居民犯下的罪行相提并论。谴责这些罪行的最重要文件——《菲格雷多报告》——是 1967 年由政府编制的。随后，它消失了 46 年，据称毁于火中。2013 年，该报告被发现，且几乎完好无损。在原稿30卷共7000页中，人们发现了29卷5000页。为了撰写此报告，检察总长雅德尔·德·菲格雷多·科雷亚（Jader de Figueiredo Correia）和他的团队走了16000多公里，到访了该国130个印第安人保留地。

该报告令人震惊。印第安人遭受了酷刑折磨，整个部落惨遭地主和国家特工屠杀。菲格雷多的调查工作是一项了不起的成就。报告包括数十名目击者的陈述，提供了数百份文件，并确认了他发掘出的每一项罪行，包括谋杀、强迫印第安人妇女和女童卖淫、虐待、使用奴隶劳工，以及侵吞印第安人土地和资金。它记述了用机枪和飞机上扔的炸弹猎杀印第安人、给偏远族群接种天花病毒、捐赠掺有士的宁的糖等做法。[90]根据社会调查与研究所和高级战争学院设想的计划，生活在军方认定的对其占领整个巴西领土具有战略意义的地区的印第安人确实付出了高昂代价。

闭嘴！

1973年，作曲家兼音乐家弗朗西斯科·布阿尔克·德·奥兰达（Francisco Buarque de Hollanda，又称西科·布阿尔
533 克）和电影导演鲁伊·亚历山大·科埃略·佩雷拉（Ruy Alexandre Coelho Pereira，又称鲁伊·格拉）创作了一部名为《卡拉巴尔：叛国颂》（*Calabar: In Praise of Treason*）的剧作。[91]这部剧让人对巴西独立的官方叙述版本产生了怀疑，而且是为了配合独裁政府组织的独立150周年庆祝活动而上演的。该剧在首场演出的前一天被禁演。编剧们被告知审查员不允许提及“卡拉巴尔”这个名字，因此整个剧本都遭到了删改。[92]结果制片人破产了。

这绝不是一个孤立的案例。审查制度是政府所有活动中发展得最快的。它被用来控制信息流动、舆论和文化生产，以及操纵对事件的报道和对国家现实的解读。对“道德内容”的审查自 1946 年宪法以来就已经存在，并由公共娱乐审查司（DCDP）执行。军政府只是扩大了该司的功能，将其转变为镇压工具，禁止任何反政府思想和文化示威活动。[93]电影中的场景被删除，否则电影将被完全禁止发行；流行歌曲被“肢解”或禁止；戏剧被当局否决，有时是在首演前夕被否，正如《卡拉巴尔：叛国颂》这部剧。

1970 年通过了一项实施高级审查制度的法律，要求所有编辑在出版之前将原始文本和书籍送至巴西利亚。但实际上，由于需要大量的审查人员，这项法律是不可能实施的：仅 1971 年就出版了 9950 本新书。但新闻界被遏制住了，记者们遭到追捕和监禁。艺术展中的作品被移除，例如，1967 年的第四届联邦区艺术沙龙和第一届欧鲁普雷图沙龙，以及 1968 年的巴伊亚双年展。该国主要流行歌手，包括卡埃塔诺·维洛佐（Caetano Veloso）、吉尔贝托·吉尔（Gilberto Gil）、纳拉·莱昂（Nara Leão）、热拉尔多·范德雷（Geraldo Vandré）、奥达伊尔·若泽（Odair José）和西科·布阿尔克都被迫流亡。政府密切关注知识分子和大学教授，其中许多人被迫提前退休。奥斯瓦尔多·克鲁斯研究所[94]一个由 10 名研究人员组成的小组被禁止在巴西工作，该国最重要的历史学家之一小卡约·普拉多遭到逮捕。

为了避免审查，文化界人士不得不在字里行间发明抵制策略，充分利用任何微小的抗议机会。这就是“弱者的计谋”，[95] 534
即在现场意外爆发的小规模反抗行为。也许其中的第一次，

1965 年 11 月 18 日在里约热内卢格洛里亚酒店前的抗议，就是出于这种隐秘的需要而发生的。当时，美洲国家组织第二届美洲国家间特别会议正在该酒店举行。尽管这次抗议活动的参与者被称为“格洛里亚 8 人组”，但实际上有 9 名抗议者在场，包括记者和作家安东尼奥·卡拉多（Antonio Callado）、马尔西奥·莫雷拉·阿尔维斯（Márcio Moreira Alves）和卡洛斯·埃托尔·科尼（Carlos Heitor Cony），电影导演格劳贝尔·罗沙、马里奥·卡内罗（Mário Carneiro）和若阿金·佩德罗·德·安德拉德，最近被解职的大使雅伊梅·德·阿泽维多·罗德里格斯（Jayme de Azevedo Rodrigues），布景设计师弗拉维奥·兰热尔（Flávio Rangel），以及诗人蒂亚戈·德·梅洛（Thiago de Mello）。卡斯特略·布朗库总统一下车进入酒店准备主持开幕仪式时，抗议者们就挥舞着横幅，上面用巨大的字母写着“打倒独裁政权”、“欢迎来到我们的独裁统治”和“自由万岁”。他们全部被捕。[96]政府收到来自知识分子和艺术家数以百计的反对逮捕的抗议书，抗议者包括路易斯·布努埃尔（Luis Buñuel）、让-吕克·戈达尔（Jean-Luc Godard）、阿伦·雷乃（Alain Resnais）、米开朗琪罗·安东尼奥尼（Michelangelo Antonioni）、皮埃尔·保罗·帕索里尼（Pier Paolo Pasolini）和阿尔贝托·莫拉维亚（Alberto Moravia）。

军方很快就了解到，逮捕知识分子或让艺术家消声并不总是那么简单。1968 年 2 月，上演田纳西·威廉斯《欲望号街车》（*A Streetcar Named Desire*）的剧院被关闭，而女主角玛丽亚·费尔南达·梅雷莱斯·科雷亚·迪亚斯（Maria Fernanda Meirelles Correia Dias）被禁演 30 天。对此，人们的反应呈现排山倒海之势。为抗议使里约热内卢和圣保罗所有剧院关闭72小时的审查制度，人们举行了罢工。此外，人们还在里约热内卢市立剧院的台阶上举行了令人难忘的守夜活动。参与这些活动的有诗人卡洛斯·德鲁蒙德·德·安德拉德，作曲家西科·布阿尔克和维尼修斯·德·莫赖斯，著名电视主持人沙克里尼亚（Chacrinha），剧作家内尔松·罗德里格斯（Nelson Rodrigues），演员保罗·奥特兰（Paulo Autran）、卡希尔达·贝克尔（Cacilda Becker）和托尼娅·卡雷罗（Tônia Carrero），电影导演格劳贝尔·罗沙，建筑师奥斯卡·尼迈耶，文学评论家奥托·玛丽亚·卡尔波，以及画家埃米利亚诺·奥古斯托·卡瓦尔康蒂·德·阿尔布开克·梅洛（Emiliano Augusto Cavalcanti de Albuerquerque Melo，又称狄·卡瓦尔康蒂）和贾尼拉·达·莫塔-席尔瓦（Djanira da Motta e Silva）。[97]

艺术对于独裁统治而言如同芒刺在背。1970年，艺术家安东尼奥·曼努埃尔（Antonio Manuel）在里约热内卢现代艺术博物馆的国立现代艺术沙龙开幕时展示了自己的身体。这个 535
现代雕塑装置的标题为《身体就是作品》。它极具挑衅性，被评审委员会否决了。几年后，这位艺术家宣称："当时身体就在前线。它遭受着街头抗议的暴力和军事政权对政治犯的酷刑。"[98]同年，西尔多·梅雷莱斯（Cildo Meireles）创作了作品《插入思想回路》（*Insertions into Ideological Circuits*），该作品邀请观众参加一种艺术游击战，观众在可口可乐瓶和钞票的标签上写下信息和批判性意见，并手传给下一个观众来写。同年，在贝洛奥里藏特艺术宫开幕的"从身体到土地"展览上，西尔多·梅雷莱斯在名为《蒂拉登特斯：政治犯的图腾纪念碑》（*Tiradentes*：*Totem-monument to the political prisoner*）的作品中焚烧活鸡，以谴责对那些反对军政府的人实施的酷刑和谋杀。阿图尔·巴里奥（Artur Barrio）把成捆血淋淋的动物骨头和肉扔向流经米纳斯吉拉斯州首府的阿鲁达斯河，暗指独裁政权的罪行——这些成捆的物体暗示人体被切成碎片，并被匿名遗弃在露天场所。这场活动吸引了大约 5000 人参加，最终军警和消防队赶到，他们迫使在场人员“陪同”他们前往警察局。[99]连环漫画《兰戈》（*Rango*）成为批评军方的象征，其中“兰戈”是埃德加·瓦斯克斯（Edgar Vasques）创作的一个忍饥挨饿的角色。但正是小恩里克·德·索萨（Henrique de Souza Filho，又称恩菲尔）最有力地证明了由于漫画能够快速而清楚地传播思想和观点，其传播力量对于政治斗争至关重要。他简洁的文本、刻薄的批评和浅显的台词赋予了著名的三人组——泽费里诺队长（Capitão Zeferino）、巨牛鹂（Graúna）和山羊弗朗西斯科·奥雷拉纳（Francisco Orelana）以生命。他们组成了一个愤怒、讽刺和无政府主义的巴伊亚灌丛区三人组，反映了巴西人民的贫穷和英勇反抗。[100]

“抗议歌曲”是流行作曲家最早对独裁统治进行系统性批判的尝试。抛开巴萨诺瓦的世界主义复杂性不谈，抗议歌曲将政治谴责和反抗植根于巴西人民的日常文化生活中。艺术与社会背景之间直接关系的建立，以及对歌唱革命力量的信仰，促使 1960 年代广泛的政治主题融入音乐。这些流行作品融合了各种
536 各样的美学和音乐成分，例如，热拉尔多·范德雷（Geraldo Vandré）和特奥·德·巴罗斯（Théo de Barros）的《狂奔》（*Disparada*，1966 年），瓦莱兄弟（Valle brothers）的《无人区》（*Terra de ninguém*，1965 年），帕代理尼奥（Padeirinho）和若日尼奥（Jorginho）的《贫民窟》（*Favela*，1966 年），吉尔贝托·

吉尔的《游行》(*Procissão*，1968 年)，卡洛斯·利拉和内尔松·林斯·德·巴罗斯（Nélson Lins de Barros）的《来自马拉尼昂的玛丽亚》(*Maria do Maranhão*，1965 年)，卡洛斯·利拉和维尼修斯·德·莫赖斯（Vinicius de Moraes）共同创作的《吃剃刀的人》(*O comedor de gilete*，1964 年)，以及西德尼·米勒（Sidney Miller）的《路与吉他手》（*A estrada e o violeiro*，1967 年)。热带主义运动出现在 1968 年，这场音乐运动汇集了当红歌手兼作曲家，包括卡埃塔诺·维洛佐、吉尔贝托·吉尔、汤姆·泽（Tom Zé)、托尔夸托·内图（Torquato Neto)、卡皮南（Capinam)、罗热里奥·杜普拉特（Rogério Duprat）和革命派摇滚乐队“突变体”（Os Mutantes)。热带主义运动涌入了戏剧、视觉艺术和电影领域。从风格上讲，它是传统流行歌曲、国际流行音乐和前卫实验的结合，唤起了人们对巴西的刻板印象。一个遭受政治压迫、社会不平等和贫困破坏的热带天堂可以阐释这场热带主义运动。

一些热带主义运动歌手兼作曲家在他们的歌曲中融入了摇滚元素，特别是甲壳虫乐队的摇滚元素。这场运动影响了一个类似的音乐家群体，即“街角俱乐部”，他们主要与米尔顿·纳西门托（Milton Nascimento）有关，纳西门托新颖且相当复杂巧妙的歌曲能使人们联想到失踪、朋友之死和对自由的压制。浪漫歌曲——被有些人视为一种媚俗之物——的销量创下了纪录。电台不断播放这些歌曲，它们揭露了种族主义、社会隔离、穷人的现实等主题。[101]

无论采取何种形式，这一时期的许多流行歌曲都以这样或那样的方式反对独裁，避开审查，激怒当权者，反对官方围绕事件的叙述。毕竟，一切都会留下痕迹，没有什么可以完全被毁灭，没有人会在名字完全被人遗忘的情况下彻底消失。正如西科·布阿尔克所预见的：

今天的平淡无奇之事
将成为某天的新闻头条。[102]

十八　走向民主

向民权的过渡，以及军事独裁的争议和遗留问题

航行至关重要[1]

1985 年 3 月 15 日，统治巴西的最后一位将军若昂·菲格雷多总统拒绝将总统绶带交给他的继任者，也拒绝按照规程礼节性地从总统府的坡道[2]上走下来。相反，他从后门离开了总统府。不到两个月前，他在 1 月的一次电视采访中表达了似乎是他对自己总统任期的评价。他对巴西人民说："我想让你们忘记我。"[3]菲格雷多总统脾气暴躁、易怒且非常粗俗。[4]到他卸任时，他疏远了几乎所有人，包括 6 年前支持其任命的一群将军。他的声望很低。他因执掌了 20 年来最不受欢迎的政府而遭人诟病。最重要的是，他的政府未能在不危及军方自 1964 年以来实施的发展计划的情况下，将行政机关从军方的控制中解放出来。这就是人们对他担任总统的期望。 537

埃内斯托·盖泽尔总统和戈尔贝里·杜·科托-席尔瓦将军于 1975 年开始逐步瓦解独裁政权，两人都深信可以在不发生过度动荡的情况下取消非常时期的权力。[5]这两位将军以及武装部队的其他指挥官都认为，到了军方让出总统职位的时候了。政治生活的磨难和确保巴西国内安全的要求正在损害军

队，并开始使该制度的利益受到威胁。此外，多年的独裁统治
538 严重破坏了武装部队的结构。无数军官被从指挥层、日常训练和专业环境中撤出，并以警察和审讯员的身份工作。更糟的是：那些留在军营中的人都羡慕不已。毕竟，施刑者被授予“和平缔造者勋章”，他们因英勇行为或为军队做出卓越贡献而获得奖章，并得到定期晋升和加薪。为管理暴力而建立的官僚机构接管了武装部队，成为军事等级制度中的权力来源。

1975 年盖泽尔将军执政期间开始实行的有控制的“开放”[6]政策，也可以被视为使反对派远离总统职位、确保该政权的文官联盟上台的战略。1977 年，当记者问起为维持专制主义政治制度而建立的控制手段时，盖泽尔总统反驳说：“世界上除上帝以外的一切都是相对的。”他补充说：“相对而言，巴西的制度是民主的。”

他的政府于 1977 年 4 月颁布的武断措施被称为“4 月一揽子计划”（Pacote de Abril），将州长的间接选举推迟到 1982 年，并为支持国家革新联盟改变了选举人团的组成成分。在电台和电视台的竞选活动中，盖泽尔总统制定了巴西民主运动所称的“聋哑”规则。在电视上，只允许候选人出示大小为护照所要求的尺寸的照片，上面有他们的名字和简短的履历表，且不允许以任何形式传递信息。“4 月一揽子计划”还改变了众议院的组成结构，增加了来自较小州的代表人数，国家革新联盟在这些州获得的支持力度更大。盖泽尔总统还创立了一种广为人知的“仿生参议员”，即由选举州长的同一个选举人团间接选举产生的参议员。这个昵称是参照电视连续剧《无敌金刚》（*The Six Million Dollar Man*）得来的，该剧的主人公是一个生化电子人，拥有先进技术创造的人工力量。

早在 1973 年，当盖泽尔总统在等待被选举人团任命为巴西总统时——这个选举人团也正是为此目的而选出的——一个由 20 名国会议员组成的团体，即被称为巴西民主运动的“真正团体”决心组建一个真正的反对党，他们利用独裁统治的 539
规则提名其党内领袖之一尤利西斯·吉马良斯与盖泽尔将军竞争。[7]这是一种精明的做法，显示把握机会的绝佳判断力，尽管选举人团的唯一目的是批准政府提名的候选人。提名巴西民主运动的候选人似乎是在浪费时间。更糟糕的是，如果该提名被视为投降，并且无意中使独裁政权非常时期的权力合法化，它就有可能使该党陷入混乱。然而，国会议员做出提名是正确的。很明显，巴西民主运动的战略不是要真正赢得选举，而是要重申自己的反对派地位，找出竞选规则的漏洞，以及在政治集会上动员公众。尤利西斯·吉马良斯采用了葡萄牙诗人费尔南多·佩索阿的诗句“航行至关重要，活着却不是”（Navegar é preciso，viver não é preciso）作为他反对派候选人资格的口号，正如他在党代会上发表的一次令人难忘的演讲中所定义的那样。随后，他和他的副总统候选人巴尔博扎·利马·索布里尼奥（Barbosa Lima Sobrinho）走遍巴西，呼吁恢复民主价值观。索布里尼奥是一位思想自由的政治家和记者，曾任联邦众议员兼伯南布哥州长。他们遍访了 14 个州，在全国范围内帮助巴西民主运动形成体系——该党办事处从 786 个增加到 3000 个——并在报纸和杂志上增加了对反对派活动的报道。反对派候选人需要坚定的信念和个人勇气来面对国家革新联盟的野蛮好战。例如，在巴伊亚州的萨尔瓦多，机场被带着警犬的武装军警包围。但这些威胁并没有奏效。尤利西斯·吉马良斯利用反对派候选人资格结束了以前通过抗议和投空白票来反抗的策略，为巴西民主运动在 1974 年国会选举中获胜开辟了道路。该党在参议院获得的选票比国家革新联盟多 400 万张，在国会赢得 161 个席位，而国家革新联盟获得的席位为 203 个。巴西民主运动在包括圣保罗、里约热内卢和南里奥格兰德在内的重要州的立法议会中获得多数席位。巴西民主运动的作用不再受到怀疑，当选举人团宣布盖泽尔将军获胜时，尤利西斯·吉
540 马良斯转向他身边的众议员，苦笑着道："接下来好玩儿了。"

巴西民主运动拥有少数勇敢的众议员、杰出的党主席尤利西斯·吉马良斯，以及非常巧妙的口号"请为巴西民主运动投票——你知道为什么"来对抗独裁统治。1979 年的政党制度改革是盖泽尔-戈尔贝里团队逐步取消公民投票的最后机会，这是政府和反对派之间极端两极分化的结果。他们的目标是通过将反对派分裂成若干不同的政党来削弱反对派，并为一个与军政府没有那么密切联系的新政党开辟道路。五个新政党参加了 1982 年的选举，分别是巴西民主运动党（PMDB，即改了名字的巴西民主运动）、社会民主党（本质上是国家革新联盟的改版）、巴西工党（被改造为政府的伙伴），以及两个新的反对党，即劳工党（Partido dos Trabalhadores，PT）和民主工党（Partido Democrático Trabalhista，PDT），其中民主工党由莱昂内尔·布里佐拉结合 1960 年代社会主义社会民主运动的原则而创立。[8]在 1982 年的选举中，军方终于自食其果：自 1964 年政变以来，他们第一次失去了在国会的多数席位。

盖泽尔总统可能行事专横且独裁，但他清楚地知道他想如何处理"开放"，即过渡。为此，他依靠两位非常有能力的政治操纵者：戈尔贝里·杜·科托-席尔瓦将军和时任皮奥伊州参议员及参议院议长的彼得罗尼奥·波尔泰拉（Petrônio

Portella)。前者从内部着手，为有控制的“开放”制定政策，而后者善于发表长篇大论，但狡猾且谨慎，非常了解国会的内部运作，是一个熟练的谈判专家。他成为政府和反对派中的温和派之间的中间人。从1978年开始，波尔泰拉和科托-席尔瓦将军召开了一系列会议，参会者既有巴西民主运动的领导人，也有巴西全国主教团（CNBB）、巴西律师协会（OAB）和巴西新闻协会等民间机构的代表。他们希望就反对派最迫切的要求展开谈判，并评估分阶段进行的渐进式再民主化进程的可行性。

武装部队在1964年干预了公共生活并掌权21年，因为他 541
们认为这符合他们作为一种机构的利益，而且因为他们认为他们的做法是为了巴西的最大利益——现在仍然如此。这种信念赋予了武装部队一种自主权威感。在评估如何放弃对行政机关的直接控制时，他们还关心如何保护自己的利益。他们的要求之一是保留情报搜集机构。他们还规定，所有参与政治镇压的人都不受处罚、不会遭到报复。他们要求保留自1964年以来生效的武器工业激励措施，以及关于电信和信息技术等对国家安全至关重要的领域的激励措施。[9]

军方卸任时，没有人对他们动手，此后也没有人这样做。但是，武装力量在公众心目中失去了威望和合法性。此外，他们的策略失败了。他们没有保持对再民主化进程的控制，也没有用一个符合他们想法的文人政府取代他们的政府。参与“开放”进程的将军们都没有打算完全恢复民主。例如，戈尔贝里·杜·科托-席尔瓦将军利用巴西从未有过真正民主政府的论点，拒绝讨论民主化提案，也不愿听到恢复1946年宪法的某些方面的消息。菲格雷多将军同意他的观点，但他的做法更具说教性。“有甜橙、血橙和脐橙。它们口味各有不同，但这并不意味着它们不是橙子……民主政体也各有不同”，1978年，他向《圣保罗页报》（*Folha de São Paulo*）的新闻记者解释说。他最后说：“你告诉我，人们准备好投票了吗？……巴西人在没有卫生观念的情况下能正确投票吗？”[10]

军方未能用另一个专制政权取代独裁政权，原因有很多。最明显的原因是他们失去了撒手锏：成功的经济。在盖泽尔政府末期，巴西是所有发展中国家中规模最大、一体化程度最高的工业经济体之一，但该国遭受了石油价格上涨及其所有后果的影响，如出口量下降、国际利率上升，以及外债随之上升。
542 通货膨胀率是天文数字：1983 年达到 211%；而 1984 年，在菲格雷多即将卸任时，达到 223%。这对工薪阶层和中产阶级的日常生活产生了严重影响，例如，物价飞涨、政府支出失控、经济衰退、失业率居高不下。[11]

争取民主自由

经济形势加剧了社会两极分化，但反对派也改变了与独裁政权进行政治对抗的节奏、形式和语言。1973 年 3 月，大学生亚历山大·瓦努基·莱玛（Alexandre Vannucchi Leme）在圣保罗一栋建筑内遭到绑架、酷刑折磨和杀害，而这栋建筑曾是内部行动分遣队和内防行动中心的所在地。[12]他是圣保罗大学的学生，是该市大学生中的领袖，活跃于国家解放阵线这个革命组织中。他在圣保罗大学校园（即大学城）被绑架。他的死引起了广泛的强烈抗议，学生再次走上街头发起运动。3000 名学生参加了在圣保罗主教座堂举行的纪念他们被杀害的同学的弥撒，弥撒主持者是备受尊敬的红衣主教保禄·立德·阿恩斯（Paulo Evaristo Arns），他是巴西主要的人权活动家之一。[13]警察包围了圣保罗大学，在该市战略要地设置了屏障，并在主教座堂前设置了一个作战装置。然而，那些设法通过封锁进入主教座堂的人都有一段难忘的经历。24 名神父与红衣主教阿恩斯一起做弥撒，这场弥撒触动了整个国家。就在圣餐之前，歌手兼作曲家若昂·卢夫蒂（João Lufti，又称塞尔吉奥·里卡多）走到祭坛前，伴着吉他首次演唱了歌曲《地牢》（*Calabouço*），他用这种方式将瓦努基的谋杀与 5 年前在里约热内卢的学生食堂“地牢”被枪杀的埃德松·路易斯·德·利马·索托联系起来。

尽管 1973 年的事件标志着反对派组织更加系统化的开始，但真正的转折点出现在 1975 年 11 月初，即记者弗拉迪米尔·埃尔佐格（Vladimir Herzog）死后一周，且他也死于圣保罗的内部行动分遣队和内防行动中心大楼。埃尔佐格是位受人尊敬 543
的专业人士，曾任圣保罗文化电视台的新闻部主管。10 月 24 日警察来逮捕他时，他说他第二天上午将前往内部行动分遣队，因为他需要完成下一版的新闻。第二天早上 8 点，埃尔佐格到达内部行动分遣队和内防行动中心大楼。当天下午，他被发现死在牢房里。[14]弗拉迪米尔·埃尔佐格死于酷刑，且这一次军方没有办法处理尸体。文化电视台的所有工作人员都知道他是自愿前往内部行动分遣队大楼的。军官们别无选择，只能伪造成自杀。第二军指挥官发表了一份官方声明，向全国声明弗拉迪米尔·埃尔佐格在牢房里自杀，他用的是一块并不属于其随身衣物的布条，且膝盖弯曲，双脚着地。

到 1975 年，军方宣布的欺骗性自杀事件已成为家常便饭。在埃尔佐格离世前 5 个月，若泽·费雷拉·德·阿尔梅达

(José Ferreira de Almeida) 中尉据推测是在同一间牢房自杀的，他同样用了一块不属于他的布条，而且尸体也在同一个位置。在弗拉迪米尔·埃尔佐格被谋杀大约两个月后，警察编造了一个相同的故事来解释工厂工人小马诺埃尔·菲耶尔（Manoel Fiel Filho）在内部行动分遣队和内防行动中心大楼的死亡。小菲耶尔案是独裁统治期间第 39 起政治犯自杀的案件，也是第 19 起上吊自杀的案件——在其中 2 起案件中，被拘留的人显然是坐着上吊自杀的。[15]弗拉迪米尔·埃尔佐格、若泽·费雷拉·德·阿尔梅达中尉和小马诺埃尔·菲耶尔是陆军情报中心为压制共产党而发动的一场大规模镇压运动的受害者。[16]在这次行动中，圣保罗有 200 多人被捕，16 名政党领袖被杀。这次运动是盖泽尔总统控制“开放”进程并揭露共产党与巴西民主运动众议员之间联系的战略的一部分。但埃尔佐格的死引发了一场由圣保罗州职业记者联盟领导的大规模反抗活动，该联盟谴责了传闻为自杀的闹剧，并发起了反对非法监禁、酷刑和谋杀的抗议运动。埃尔佐格的遗孀克拉丽斯和他们的两个儿子伊沃和安德烈拒绝按照军队的指示立即埋葬尸体并保持沉
544 默。弗拉迪米尔·埃尔佐格事实上是被暗杀的，亨利·索贝尔（Henry Sobel）拉比重申了人们对此进行的公开谴责，因为他的尸体被安葬在圣保罗以色列公墓的中心，而不是像自杀情况要求的那样靠墙埋葬。埃尔佐格来自一个犹太家庭，为了躲避希特勒军队的进攻，他们从南斯拉夫移民到了巴西。

然而，一切朝着相反的方向发展。大约 30000 名学生使圣保罗的主要大学陷入停顿。由巴西民主运动、记者工会、学生运动、巴西律师协会和巴西全国主教团组成的广泛阵线开始动员起来反对独裁。在几乎没有任何计划的情况下，动员持续了

数天，最终在主教座堂举行了一场全基督教联合礼拜活动。该礼拜仪式由四位宗教领袖主持——亨利·索贝尔拉比、马塞洛·里特内（Marcelo Rittner）拉比、红衣主教保禄·立德·阿恩斯和长老会牧师雅伊梅·赖特（Jaime Wright）。此外，还有一位在祭坛上主持仪式的特邀嘉宾——奥林达和累西腓大主教埃尔德·卡马拉。大约有 8000 人参加了这场礼拜，公然反抗独裁统治。教堂正厅、台阶和广场上挤满了沉默、愤怒的人群。与此同时，在里约热内卢，700 名记者挤进记者工会的礼堂，默哀悼念弗拉迪米尔·埃尔佐格。宗教仪式结束后，埃尔德·卡马拉告诉记者："有时候沉默的声音更加响亮。"他用一句话概括了刚刚发生的事情的力量："今天，独裁统治下的大地开始震动。这是终结的开始。"[17]埃尔德没有说错。纪念弗拉迪米尔·埃尔佐格的全基督教联合礼拜是一个转折点。巴西社会开始重新获得进入公共空间的机会，反对派力量开始结成联盟网络，反对独裁政权。团结反对派力量的关键要求是恢复合法组建的国家和公民权利。从那时起，反对派运动坚持走向民主，而不是朝着将军们提议的有控制的"开放"前进。

反对派团结在一个口号下："争取民主自由。"重点从1960 年代的武装斗争转移到回归合法的政治形式。[18]从那时起，545
反对派开始勾勒再民主化的方向，并逐渐对民主本身采取不同的看法。民主不再被认为是达到目的（如社会主义）的手段，而被认为是目的本身。人们开始主张民主是巴西最好的政府形式。

独裁政权的最后几位将军又过了 10 年才离开联邦政府驻地——普拉纳托宫。再民主化进程时断时续，但反对派正在改变转型路径。首先，除了左翼地下组织和团体外，他们还吸收了来自社会各方面的许多不同声音。其次，反对派运动的核心变得不那么僵化，且更适应不同形式的激进主义。

圣保罗郊区出现了最活跃的公民权利运动之一，发起者是对政府来说几乎隐形的组织，但它们是被当局完全抛弃的典型社区。这些组织包括母亲俱乐部、居民团体和健康委员会。会议通常在当地教堂的堂区会堂举行，并得到基层教会社团（CEBs）体系的支持和保护。[19]这些社团最早于1970年成立，很快成为传播解放神学的中心。他们是由一位神父带领的一小群基督徒组成的。读《圣经》的目的是唤醒社团意识，鼓励团体参与建设性的变革行动。到1970年代中期，在巴西各地，无论城市还是内陆地区，都有数千个活跃的基层教会社团。这些组织在整个10年中催生了新的社会运动，例如，生活成本运动、地区协会之友、贫民窟协会，并且对于组织参与向独裁政权施加压力的大规模运动至关重要。

在民权运动的鼓舞下，1970年代出现了一些政治激进组织，包括黑人反对种族歧视统一运动（MMUCDR）、巴西妇女中心（CMB）和同性恋权利组织“我们是”（Somos）。这些组织为争取民主的斗争增加了新的维度。他们中的许多组织出
546 版的出版物将承认多样性的要求与引入诸如性别和性取向等新类别结合起来，例如《我们女人》（*Nós Mulheres*）、《角灯》（*O Lampião da Esquina*）和《辛巴》（*Sinba*）。[20]这些出版物只是更广泛的新闻和政治运动的一小部分，共同点是坚决反对军事独裁。1964年至1980年期间，巴西出版了大约150份这样的小型报纸。其中许多具有创新的布局和挑衅性的文本，尽管并非所有报纸都常规发行。由于发行量有限且规模较小，它们被称为“矮子出版物”，并且由于表达了与该国主要报纸的编

辑阵容形成鲜明对比的批评立场，它们也被称为“非传统出版物”。[21]但是，这些出版物在困难的情况下选择了政治对抗，从这种意义上来说它们也是“非传统的”。

1970 年代这 10 年实际上是非传统报业发展的高潮时期，沿袭了摄政时期讽刺和不敬小册子以及第一共和国无政府主义出版物的传统。作家、艺术家和出版商热衷于他们的观点，寻求政治进程的新方向，并提出社会、文化和行为变革。其中一些出版物与左翼政治组织或秘密团体结盟，例如，《意见》(*Opinião*)、《运动》(*Movimento*)、《人民时间》(*Hora do Povo*) 和《及时》(*Em Tempo*)。另一些则起源于由记者组成的合作社，如阿雷格里港记者合作社 (Coojornal)、《事实上》(*De Fato*) 和“Ex”。还有一些结合了幽默以及行为和社会批评的小规模报纸，其中最著名的是《讽刺报》(*O Pasquim*)。[22]此外，还有一些以新漫画家为特色的出版物，如《动物》(*O Bicho*) 和《咬幽默》(*Humordaz*)，它们延续了巴西新闻幽默的悠久传统。还有像《亲吻》(*Beijo*) 这样的反传统杂志和其无政府主义姐妹刊《国王的敌人》(*O Inimigo do Rei*)。他们的读者中有许多是大学生，他们帮助实现了“革命”概念的根本转变——它可能成为一场行为、习俗和文化的革命。学生运动开始发生重大变化。现在有新一代学生加入了 1970 年代的反对派，他们是没有经历过 1964 年和 1968 年失败的年轻人。相反，他们见证了 1974 年巴西民主运动的胜利。他们拒绝接受那些相信武装斗争的老左派团体的观念。

这一代人的典范是个托洛茨基组织，它在全国拥有不超过 547
1000 名学生成员，却点燃了 1970 年代发生的所有文化、美学、行为和政治实验的火花。它被称为“自由与斗争”

(Liberdade e Luta)，并被昵称为“Libelu”。该组织成员完全拒绝任何让人想起僵化和专制路线的东西。他们主要是圣保罗州、米纳斯吉拉斯州、南里奥格兰德州、帕拉伊巴州和巴伊亚州大学的学生。他们人数不多，但造成了很大的轰动。他们听滚石乐队、平克·弗洛伊德（Pink Floyd）、卢·里德（Lou Reed）和卡埃塔诺·维洛佐的音乐，读瓦尔特·本雅明(Walter Benjamin）的作品，崇拜达达主义的艺术家。他们不惧怕独裁统治——他们确信独裁政权害怕他们——并利用一切可能的机会重复他们的口号，这句口号是他们的同情者之一、诗人保罗·莱明斯基（Paulo Leminski）提出的，即“我们无须思考，我们终将战胜”(Distraídos venceremos)。[23]

但是，没有必要成为“Libelu”的一员就能意识到学生运动和非传统性报业在整个1970年代都在宣扬一种新型的反正统文化的颠覆运动。[24]反正统文化运动的巴西分支始于1966年旧金山“权力归花儿”事件发生的4年后。人们对毒品特别是迷幻剂，以及和平主义、东方神秘主义和公社非常感兴趣。他们的衣着也有违常规。他们最初以美洲原住民和吉卜赛人所穿的衣服为典范，在巴西还借鉴了非裔巴西人和非洲人的风格。反正统文化运动想在眼下到达天堂。他们带来了一个小社区的梦想，一个由团结的纽带，以及人们共同工作和生活并创造与他们的哲学相容的艺术来维系在一起的神话空间。整整一代诗人在电影院、酒吧、博物馆和剧院外挨家挨户推销诗句，这些以困惑和幽默为特点的短诗表达了日常生活的事实和感受。例如，里约热内卢的“吉卜赛之云”（Nuvem Cigana）团体会举行实际为精彩表演的新书发布会，这是一种新的“即兴表演”，被称为“花招”（Artimanhas)。发布会有时持续几天，包括戏剧化的诗歌朗诵，且几乎总是以派对或警察局之行结束。[25]

这些文化活动重新定义了大学里的政治运动，从 1977 年起，当这场运动全面回归街头时，学生激进主义分子最终采用了"争取民主自由"的口号。学生们总是想站在第一线，但也有其他人同样热衷于加入反对派。1977 年 8 月，在庆祝圣保罗大学法学院（圣保罗大学圣弗朗西斯科校区）150 周年的公共活动中，戈弗雷多·达·席尔瓦·特莱斯（Goffredo da Silva Telles）教授在挤满学生的院子里宣读了他的《致巴西人的信》（'Letter to the Brazilians'）。这是一次以演讲形式进行的抗议，他通过演讲为合法建立的国家辩护。[26]他被欣喜若狂的学生们举起并抬走。巴西律师协会随后将这位教授的演讲作为宣言。在巴西利亚的一次会议上，当盖泽尔总统问起巴西律师协会主席雷蒙多·福罗（Raimundo Faoro）——一位没有参与政治斗争的律师以及经典作品《权力拥有者》（*Os donos do poder*）的作者——对他的政府有何期望时，后者回答说："我想要的很少，总统先生。只有恢复人身保护令、废除制度法以及结束内部行动分遣队和内防行动中心地牢中的酷刑。"他最后说："这样阁下就不会作为血腥的独裁者被载入史册。"[27] 548

福罗的言论甚至让尤利西斯·吉马良斯感到惊讶，吉马良斯在 1975 年将盖泽尔将军比作乌干达独裁者伊迪·阿明·达达（Idi Amin Dada），并为此差点丧失权力。[28] 1978 年，随着"8 人集体宣言"在媒体上的传播，军方也将感到类似的惊讶，这显示了反对派联盟的范围和社会知名度。该宣言主张再民主化，它汇集了一批该国最有影响力的企业家：沃托兰廷集团（Votorantim）的安东尼奥·埃尔米里奥·德·莫赖斯

(Antônio Ermírio de Moraes)、盖尔道钢铁公司（Gerdau）的若热·盖尔道（Jorge Gerdau)、维拉雷斯工业有限责任公司(Indústrias Villares S. A.)[29]的保罗·维拉雷斯（Paulo Villares)、帕拉伊巴制衣公司（Cobertores Parahyba）的塞韦里·戈梅斯（Severo Gomes)、伊塔乌有限责任公司（Itaú S. A.）的小拉埃特·塞图巴尔（Laerte Setúbal Filho)、Metal Leve 公司的若泽·明德林（José Mindlin)、巴尔代拉机械工业有限责任公司（Bardella Indústrias Mecânicas S. A.）的克劳迪奥·巴尔代拉（Claudio Bardella）和 Springer-Admiral 集团的保罗·维利尼奥（Paulo Vellinho)。[30]

1978 年是出人意料的一年。5 月 12 日，在奥萨斯库罢工被镇压 10 年后的一个看似普通的工作日，大约 3000 名工人走进位于圣保罗附近圣贝尔纳多-杜坎普的萨博-斯堪尼亚卡车工厂。[31]他们打卡，在机器前坐下并双臂交叉。两周后，77950
549 名工人在该国工业中心圣安德烈、圣贝尔纳多-杜坎普、圣卡埃塔诺和迪亚德马举行了罢工，在“巴西经济奇迹”期间得到巩固的新耐用消费品和资本品行业就位于这些地方。[32]罢工似乎是由经济原因引起的，而且确实如此。但它意味着更多。圣贝尔纳多-杜坎普爆发了一系列罢工，如 1979 年和 1980 年的金属工人罢工，这两次罢工同样也发生在圣保罗州 ABC 地区（即圣安德烈、圣贝尔纳多-杜坎普和圣卡埃塔诺)。该国其他地方也发生了罢工。在接下来的两年中，罢工影响了 23 个州中的 15 个州的 400 多万工人。这些罢工几乎不间断地持续到 1980 年，反过来又鼓励了其他领域的集体化，包括贝洛奥里藏特的建筑工人、伯南布哥州的甘蔗种植者，以及圣保罗州内陆地区所谓的“冷饭盒携带者”（boias-frias)，即临时甘蔗收割工。[33]

尽管罢工和把工人组织起来在很大程度上是由于金属工人工会的激进主义，但其他行业也加入了他们的行列，这后来称为巴西的“新工联主义”。[34]这个表达被用来描述一种工会运动，它不仅反对独裁，而且自治，不受制于瓦加斯政府时期确立的国家控制，可以直接与雇主就集体合同进行谈判并独立于劳动法院行事。这些工会从工厂开始，在大型集会上做出决定，并证明在巴西不仅只有足球能让体育场人头攒动。在1979年和1980年罢工期间，超过10万名工人参加了在圣贝尔纳多-杜坎普的维拉-欧克利德斯体育场举行的著名集会。从1978年金属工人开始的罢工周期导致了10年之交出现的两大工人运动的联合。第一个是成立于1983年的中央工人工会(CUT)，它几乎是“新工联主义”的部署。这个组织代表了包括农村劳动者在内的广泛工人群体，倡导农业改革。它以民主方式运作，支持有组织工会的自治，以及在工厂内组建工会的自由。[35]代表第二个主要工人运动的是劳工党（PT）。[36]它自下而上成立于1980年，并得到工会和其他群众运动的支持。劳工党成员计划争取城市郊区和内陆贫困人口的选票。[37]该党由工人创立，目的是在民主的背景下形成社会斗争和社会平等的原则。用该党创始人之一卢拉［路易斯·伊纳西奥·卢 550
拉·达·席尔瓦（Luiz Inácio Lula da Silva）］的话来说，它发展迅速，“像莎草[38]一样蔓延开来，到处发芽”。[39]劳工党由广泛的政治力量组成，包括工会主义者和工人运动成员、天主教会的进步派（通过基层教会社团组织）、剩余的革命武装抵抗团体、托洛茨基派以及广泛的艺术家和知识分子。

劳工党使卢拉的声望和领导地位得到了提升，卢拉是一名工厂工人，曾任圣贝尔纳多-杜坎普和迪亚德马金属工人工会两届主席，作为1978年、1979年和1980年罢工领袖而闻名全国。1980年，卢拉35岁，非常有魅力，除了政治什么都不想。然而，他怎么也想不到，2002年他将当选巴西总统。1978年开始的罢工周期暴露了政府有控制的“开放”政策的局限性，该政策忽视了工人的政治参与。1979年，罢工一开始，劳工部就决定干预圣贝尔纳多-杜坎普的金属工人工会。结果，公司老板封锁了工厂，圣保罗州州长保罗·马卢夫（Paulo Maluf）命令军警对纠察员、会议（包括教堂内的会议）、集会和街头抗议活动进行镇压。警察的暴力行为与官方逐渐再民主化的话语形成鲜明对比。1979年10月30日，工会领袖兼教牧工人协会成员（Pastoral Operária）[40]桑托·迪亚斯·达·席尔瓦（Santo Dias da Silva）在金属工人抗议游行中遭圣保罗州军警枪杀。[41]

在1980年的罢工中，菲格雷多政府放弃了其再民主化的言辞，继续打击罢工。世界各地的媒体都刊登了两架军用直升机的照片，照片中这两架直升机机的门开着，每架直升机上有8名武装士兵，他们用机枪瞄准维拉-欧克利德斯体育场的人群。在圣贝尔纳多-杜坎普，军队占领了工会总部、教区座堂广场和体育场本身。这些公司被禁止与罢工者谈判，15名工会领导人被捕，其中就有卢拉。

在街上——穿着黄衬衫

551 逐步再民主化进程导致政治镇压的减少，这种镇压是缓慢发生的，并不总是持续不断的。但盖泽尔总统信守诺言：1978年12月31日午夜，《第5号制度法》被取消。同年年底，政府修改了《国家安全法》，减少了被界定为危害国家罪的数量，并缩短了刑期。但与此同时，政府颁布了一系列专制措施，即所谓的“国家保护措施”。他们允许行政机关在未经国会授权的情况下暂停法律保障、宣布进入戒严状态、任命州长和实施审查制度。

也是在 1978 年 12 月，盖泽尔总统撤销了影响 120 名流亡政治家的驱逐令，朝着政治和解迈出了第一步。然后在 1979 年 6 月，他的继任者若昂・菲格雷多将军向国会递交了一份政府大赦提案草案，他也在时断时续地向前推进。巴西有大约 7000 名流亡者和 800 名政治犯，要弄清有多少人因政府当局的活动而被杀或下落不明需要更多的时间。根据最近对 1964 年至 1985 年数据的估计，大约有 434 人。[42]

1975 年，随着妇女大赦运动（MFPA）在圣保罗的成立，公众开始要求大赦。该运动由特雷齐尼亚・泽尔比尼（Therezinha Zerbini）领导，她是位勇敢的律师，也是欧律阿勒・泽尔比尼将军（General Euryale Zerbini）的妻子。欧律阿勒是一位守法主义军官，他拒绝支持 1964 年政变并被迫加入预备役。[43]该运动很快在巴西各地建立了中心，得到了巴西民主运动党和天主教会的支持，并鼓励流亡者为同一事业团结一致。1979 年，大约有 30 个大赦委员会在巴西境外运作，其中最活跃的是在葡萄牙、法国和瑞士的。反对派力量认识到大赦的要求是重建巴西民主进程的根源，这只是时间问题。1978 年 2 月，第一个巴西大赦委员会（CBA）在里约热内卢成立， 552
根据同年 5 月成立的圣保罗州巴西大赦委员会的原则宪章，此前被视为恢复司法的行为成为对基本权利的肯定，即“民主自由的重要组成部分”。

巴西大赦委员会是点燃一场令人难忘的运动的火花——一场广泛、普遍和无限制的大赦运动，这项事业使反对派中的每个人团结起来。它得到了艺术家、知识分子以及公众的支持。大赦引发了大规模的街头抗议和政治集会，但其受欢迎程度在1979年2月11日圣保罗的莫伦比体育场得到了证实。在桑托斯和科林蒂安（又被叫作“忠实老鹰”）[44]之间的一场比赛中，一面巨大的横幅被展开，上面用巨大的字母写着“广泛、普遍和无限制的大赦”。这一幕在全国电视上播出，并被刊登在报纸头版。巴西人民的要求是什么，这一点毫无疑问了。[45]

菲格雷多总统提交给国会的立法草案可能是为了改变政治环境，但也是一种务实的妥协措施。[46]它允许流亡者回国，包括莱昂内尔·布里佐拉和路易斯·卡洛斯·普列斯特斯；释放政治犯，并允许那些转入地下的人重新获得身份。然而，菲格雷多总统的立法提出了有限大赦，是受限且互惠的。它不包括195名因武装袭击（官方称之为“血案”）而被判刑的政治犯，也不保证那些在独裁统治期间被强制退休或被开除公职的人复职。针对这两种情况的法律条文最终都被修改了。然而，从来没有改变的是互惠条款，根据该条款，同样犯下政治罪或作为其从犯的军人获得豁免权。30多年后的今天，这项法律禁止追究在独裁统治期间犯下国家支持罪行的任何人的责任。这些罪行包括酷刑、谋杀和致人失踪。大赦法给予武装部队司法豁免权，使他们免于担责。即便如此，这还不足以安抚军队中不接受“开放”的某些部门，尤其是那些负责暴力和镇压
553 机制的部门。这个由专制、反动军官组成的核心阻止了盖泽尔总统和戈尔贝里·杜·科托-席尔瓦将军——以及在他们之后的菲格雷多总统——的进程，因为他们试图控制过渡的进程。

除了阻止巴西社会政治化和压制反对派之外，他们还必须面对来自武装部队内部的不满情绪。

那些曾参与暴力政治镇压的人试图通过对“开放”进程的激烈抗议来为自己的行为辩解。[47]他们的政治身份岌岌可危，他们根本无法忍受失去制度性角色的想法。不满的最初迹象通过小册子表现出来。1975年至1985年，这些小册子在军营内流传了10年，攻击再民主化战略，并对戈尔贝里·杜·科托-席尔瓦将军提出了许多指控。军队内部的这种公开叛乱给武装部队带来了问题，对政府来说也是一场灾难。毕竟，总统需要军营的无限制支持，才能成功控制再民主化进程。更糟糕的是，当这些部门面对“开放”时，他们手中握有强大的武器：镇压机制。盖泽尔总统认为弗拉迪米尔·埃尔佐格被谋杀是对政府的挑衅，对此感到震怒。几个月后，小马诺埃尔·菲耶尔的死无异于一份政治宣言和对总体实力的展示。盖泽尔总统可能完全敢于为酷刑辩护，正如他在巴西当代历史文献研究中心（CPDOC）的一次历史性采访中所展示的那样，[48]当时他说“我认为在某些情况下，为了获得供词，酷刑是必要的”——但他不会容忍缺乏纪律，也不会让他的总统权威受到挑战。小马诺埃尔·菲耶尔的死在这两个方面都是令人反感的，总统通过解雇陆军情报中心的负责人以及宣布第二军指挥官无罪来做出回应，而且令他非常不满的是，这也让该国瞥见了武装部队内部的分裂。[49]

尽管盖泽尔总统回应了圣保罗内部行动分遣队和内防行动中心地牢中发生的死亡事件，但他并没有试图限制镇压机构。毕竟，它是国家权力的重要组成部分，他认为这是必要的——有时也是方便的。他给予犯罪者豁免权，无视对酷刑的谴责， 554

政治暴力仍在继续。还有 24 起谋杀案、51 起失踪案和 1022 起对酷刑的公开谴责。[50]在很短的时间内，该国政变前活跃的三位最重要的文官政治领导人去世：儒塞利诺·库比契克、若昂·古拉特和卡洛斯·拉塞尔达。1976 年 8 月，儒塞利诺·库比契克在连接圣保罗和里约热内卢的高速公路杜特拉公路段发生的车祸中身亡。1976 年 12 月，若昂·古拉特死于他在阿根廷的农场，据称是因为心脏病发作。卡洛斯·拉塞尔达于 1977 年 5 月在里约热内卢去世，他因有流感症状在圣维森特诊所住院一天后便离世。尽管国家真相委员会在 2014 年得出结论，儒塞利诺·库比契克的死是一个真正的意外，但对若昂·古拉特和卡洛斯·拉塞尔达都被镇压分子毒害的怀疑直到今天仍然盛行。[51]

有罪不罚政策给盖泽尔总统和菲格雷多总统造成了越来越大的困难。1976 年至 1981 年，参与政治镇压的官员发动恐怖袭击，轰炸报社、书店、大学和与反对派有关的机构。[52]反对派成员遭到绑架和严刑逼供。1976 年 8 月至 9 月，巴西全国主教团、巴西律师协会和记者工会的办公室发生了爆炸，或者在有些情况下，炸弹被警方发现并拆除。此外，拥有《环球报》和电视频道的媒体巨头罗伯托·马里尼奥（Roberto Marinho）的住所也发生了爆炸。马里尼奥曾是盖泽尔总统最强大的盟友之一。在里约热内卢大区的一个市郊住宅区——新伊瓜苏，教区主教堂阿德里亚诺·伊波利托（Dom Adriano Hipólito）被绑架，随后被赤身裸体、五花大绑地遗弃在里约热内卢郊区雅卡雷帕瓜的一条街道中间。在 1980 年前 8 个月里菲格雷多将军执政期间，发生了 46 起恐怖袭击事件。出售非传统性出版物的报摊在半夜被炸毁，法律专家达尔莫·达拉里（Dalmo Dallari）在圣保罗被绑架，莱昂内尔·布里佐拉下榻的酒店房间里发现了炸弹，农村劳工领袖曼努埃尔·达·孔塞桑（Manuel da Coceição）的家遭到袭击和破坏。1980 年 8 月 27 日，大赦法颁布一周年前夕，里约热内卢市中心 12 小时内发生 3 起炸弹爆炸事件。第一起炸毁了亲劳工报纸《工人 555
斗争论坛报》（*Tribuna da Luta Operária*）的办公室；第二起炸伤了市政厅 6 人；第三起爆炸发生在巴西律师协会总部，造成雇员若泽·里巴马尔（José Ribamar）重伤，该协会的秘书利达·蒙泰罗·达·席尔瓦（Lyda Monteiro da Silva）被炸死。

接着，1981 年 4 月 30 日晚上，可怕的事情发生了。一枚炸弹意外在伞兵旅中士吉列尔梅·罗萨里奥（Guilherme Rosário）的膝盖上爆炸，当时他正坐在一辆金属灰的彪马轿车内，旁边是坐在驾驶座上的步兵上尉威尔逊·马沙多（Wilson Machado）。这辆车停在里约热内卢最大的活动和会议场所“里约中心”的停车场。中士被炸死，上尉受伤严重——他很幸运地活了下来。两人都在第一军内部行动分遣队工作。车内还有三枚炸弹和两枚手榴弹。这两个人属于由内部行动分遣队和陆军情报中心的 15 名士兵组成的小组，他们分布在 6 辆汽车中，在那里执行大规模的恐怖袭击任务。如果这次袭击成功了，破坏程度将难以形容。当晚，该场地举办了庆祝劳动节的音乐活动，吸引了 2 万名观众来聆听 30 位巴西最受欢迎歌手的演唱。这项活动是由巴西民主中心（Cebrade）组织的，该中心是一个与反对派有关联的机构。恐怖袭击的计划是在发电机里引爆一枚炸弹，让一切都处于黑暗中，然后在舞台附近再引爆两枚炸弹。在引爆炸弹之前，恐怖分子已经锁上了 30 个紧急出口中的 28 个。他们打算把这次袭击归咎于人民革命先锋，一个 10 年前被军队消灭的武装团体。

菲格雷多将军一个月前就知道了这个计划，但没有采取任何措施阻止它。[53]在媒体到来之前，军队没有时间销毁证据，因此被迫透露了车上男子的身份，但据称出于国家安全原因，没有做进一步解释。军方还发表了一份没有任何人相信的官方声明：这两名军官上车时没有注意到炸弹——一个装满三硝基甲苯（TNT）的、容量为 2.5 升的锡罐，据称炸弹是被左翼武
556 装分子放在座位下的。菲格雷多总统坚信官方版本，并密切关注调查和军警讯问情况。没有人被逮捕。吉列尔梅·罗萨里奥中士和威尔逊·马沙多上尉被描绘成左翼叛乱的受害者，这起案件被搁置。

在政治上，这是菲格雷多政府的终结。在调查“里约中心”爆炸案期间，政府的两面派做法被曝光，总统失去了进行有控制的“开放”的能力。反对派彼时决定动员群众。[54]他们需要团结起来。1983 年，巴西民主运动党和劳工党领导层联合起来，要求修改菲格雷多将军继任者的选举规则。他们希望通过宪法修正案重新确立对巴西总统的直接投票。该修正案的立法草案是由当时不知名的、来自马托格罗索州的巴西民主运动众议员丹特·德·奥利韦拉（Dante de Oliveira）于 1983 年 3 月起草的。提议的修正案只有 15 行，而且不通过的可能性极高。但它被该党国家执行委员会（National Executive）选中。该法被称为《丹特·德·奥利韦拉修正案》，它促使巴西民主运动、劳工党、民主工党甚至巴西工党等政党之间，以及工会和工人运动之间，建立了基础广泛的联盟。而且，首次有来自政府党内的持不同政见者支持反对派的倡议。全国各地都举行了支持这项法律的公众示威，这是巴西有史以来最大规模

的民意展示。

尽管公众要求直接选举的压力越来越大，但政府完全不可能同意。它在由660名众议员组成的选举人团中占多数，在国会中也占多数。宪法修正案要获得通过，需要三分之二的多数票——320票。反对派试图阻止菲格雷多总统的继任者通过间接投票当选所能做的只有一件事：发动群众走上街头。而这正是他们所做的。“实现直接选举，从此刻起！”（Diretas Já）运动始于1983年6月，当时在戈亚斯州首府戈亚尼亚举行了一场政治集会。大约有5000人参加集会，这足以表明使《丹特·德·奥利韦拉修正案》在国会获得通过的运动具有可行性。[55]

反对派有不少优势。1983年达到211%的极高通货膨胀率以及随之而来的购买力崩溃，进一步削弱了总统的信誉。随后，政府的立场受到一系列金融丑闻的困扰，这些丑闻影响到了菲格雷多总统及其最亲密的顾问。巴西最大的建房互助会“德尔芬集团”（Grupo Delfin）的欺诈行为被证实。金融集团Coroa-Brastel挪用公共资金，这起丑闻涉及政府最有权势的两位部长——德尔芬·内图和埃尔纳尼·加尔韦亚斯，以及中央银行行长卡洛斯·兰戈尼（Carlos Langoni）。向波兰偿还贷款的过程中存在违规行为，还有人怀疑计划部雇员受贿。[56]这件事作为“波兰债务丑闻”被载入史册。 557

1982年的选举也加强了反对派的力量，这是自1965年以来的第一次州长直接选举。9个州当选的州长均来自巴西民主运动，包括最富有的4个州——圣保罗、米纳斯吉拉斯、南里奥格兰德和巴拉那。而且，让政府非常懊恼的是，莱昂内尔·布里佐拉当选为民主工党领袖和里约热内卢州州长，尽管曾有人试图为政府候选人莫雷拉·佛朗哥（Moreira Franco）[57]窃取胜利，后者是社会民主党的候选人。这起欺诈未遂事件被称为“Proconsult 丑闻”。[58]它是由巴西国家情报局和联邦警察在《环球报》和环球电视台的协助下策划的，电视台起初泄露了欺诈结果。根据计划，这些传闻的结果将由选举法院确认。[59]

布里佐拉对计票持怀疑态度，并广泛宣扬自己缺乏信心。结果是，他赢得了选举，而且是两次——一次是在投票中，另一次是凭借暴力，正如他喜欢说的那样。反对派控制了 10 个关键州并得到了人民的支持，他们既有行动的资源，也有能力采取行动。表明直接选举运动真正开始的第一个迹象出现在 1984 年 2 月，当时尤利西斯·吉马良斯、卢拉和民主工党主席多特尔·德·安德拉德（Doutel de Andrade）带领“直接选举大篷车”离开巴西利亚，旅行了 22000 公里，横跨北部、东
558 北部和中西部的 15 个州，吸引了近百万人参加他们的集会。“实现直接选举，从此刻起！”运动是公民对共和价值观的庆贺。编辑卡约·格拉科·普拉多（Caio Graco Prado）是历史学家小卡约·普拉多的儿子，他将该运动的颜色设想为黄色，这个想法流行起来。人们穿着黄色 T 恤走上街头。环球电视台的记者们打着亮黄色的领带上班，抗议电视台无视群众集会的官方政策。艺术家阿莱士·沙孔（Alex Chacon）创作了用竹子、印花棉和制型纸制成的“直接选举龙”，9 个人扛着龙沿着街道以之字形舞动。在直选运动之前，环球电视网的负责人认为，他们没有在新闻上展示的任何东西都根本不存在。这场运动使他们认识到了现实，他们开始报道它。无论是环球电视台还是反对党，甚至是赢得了“直选先生”绰号的尤利西斯·吉马良斯，都对自己引发的“雪崩”一无所知。第一次

集会在贝洛奥里藏特的里约-布兰科广场举行，有 30 万名抗议者参加。在里约热内卢举行的第二次集会期间，有 100 万人聚集在坎德拉里亚教堂。[60]在圣保罗举行的最后一次集会中，参与人数估计有 150 万。

许多反对派领导人出现在这些集会的舞台上，其中有尤利西斯・吉马良斯、莱昂内尔・布里佐拉、卢拉、坦克雷多・内维斯、费尔南多・恩里克・卡多佐[61]和佛朗哥・蒙托罗（Franco Montoro）[62]。人群欢欣鼓舞。巴西许多著名的知识分子和艺术家公开表示支持，包括安东尼奥・坎迪多（Antonio Candido）、利吉亚・法贡德斯・特莱斯（Lygia Fagundes Telles）、塞尔索・富尔塔多、西科・布阿尔克、玛丽亚・贝萨尼亚（Maria Bethânia）、保利尼奥・达・维奥拉（Paulinho da Viola）、茹卡・德・奥利韦拉（Juca de Oliveira）、法发・德・贝伦（Fafá de Belém）、费尔南达・蒙特内格罗（Fernanda Montenegro）。苏格拉底（Sócrates）和雷纳尔多（Reinaldo）等足球运动员向公众表示，他们也支持直接选举。这些公众人物的支持对传播民主计划的理想起着决定性作用。该运动的成功引发了广泛的乐观情绪，人们开始相信它能取得胜利。

但是，无论政府丧失了多少信誉，武装部队仍然决心不允许对规则进行任何修改。《丹特・德・奥利韦拉修正案》的表决于 1984 年 4 月 26 日凌晨举行。国会笼罩着一股恐惧的氛围。菲格雷多总统命令戈亚斯州的 10 个城市进入戒严状态，巴西利亚被军队包围，6000 名陆军士兵占领了纪念轴[63]，而国 559
会则被普拉纳托军事指挥部的军队包围。尽管该修正案获得的赞成票多于反对票，但未能获得所需的三分之二多数票。有 298 票赞成，63 票反对，3 票弃权。共有 113 名众议员缺席。

修正案只需再获得 22 票即可通过。政府党众议员否决了他们无法再控制的政治过渡。

开始进行民主“游戏”（但有些困难）

在计票过程中，一个巨大的方格板被立起来展示赞成和反对修正案的票数。当修正案未能通过时，人们感到非常失望和沮丧。如果它通过，尤利西斯·吉马良斯将成为反对派的总统候选人。作为候选人，他几乎是无敌的。他拥有大众基础，并且在重构该国政治权力结构方面处于有利地位。但在间接选举中，他几乎没有获胜的机会。尽管下一任总统将由选举人团选出，但巴西民主运动决定参加选举，它选择了米纳斯吉拉斯州州长坦克雷多·内维斯作为候选人。

最初，尤利西斯·吉马良斯拒绝接受《丹特·德·奥利韦拉修正案》的失败，并希望公众持续对政府施压，迫使国会进行第二次投票。但是，无论选举采取何种形式都决心成为候选人的坦克雷多·内维斯却有不同的想法。他不止一次挫败了直接投票运动。1984 年 4 月，即对该修正案进行表决的前一天，各方一致同意，如果该修正案未能通过，他们将联手寻找替代解决方案。坦克雷多·内维斯召开新闻发布会，宣布如果将军们因此同意接待巴西民主运动代表团，他很乐意带头与军政府进行谈判。[64]

与从不错过与政府针锋相对机会的尤利西斯·吉马良斯相比，内维斯在菲格雷多总统及其支持者看来一定是个相对讨人
560 喜欢的候选人。然而，公正地说，他是位温和的政治家，自 1964 年以来，他一直反对独裁统治。他的授权没有被撤销，也没有被剥夺政治权利。事实证明，他是精明且有经验的反对

派领袖，曾在1960年代和1970年代从米纳斯吉拉斯当选联邦众议员，1978年当选参议员，1982年当选州长。从最初当选为圣若昂-德雷镇议员，他从政已有51年。此外，他的履历无可挑剔，他曾任最后一届瓦加斯政府的司法部部长和若昂·古拉特议会政府时期的总理。他一直忠于那些在他政治生涯中帮助过他的人。[65]他是深谙米纳斯吉拉斯州风格的政治艺术大师。他是一位熟练的谈判者，确切地知道何时走出阴影并抓住机会。

很难知道坦克雷多·内维斯是否预见到修正案不会通过，也很难知道他是否在兼顾各方，即隐瞒自己的议程，被提名为反对派候选人，同时积极参与集会并计划下一步行动。但有一点是肯定的：他知道，如果他是在妥协情况下产生的候选人，他就会成功。他一定是计算过，赞成修正案的298票清楚地表明反对派可以获得多数票；此外，投票显示政府党不再团结，异议可能会加大。因此，他将精力集中在赢得选举人团的选举，为此他着手争取社会民主党代表的支持，试图动摇政府的议会基础，建立自己与军方谈判的渠道。[66]形势对他有利。首先，菲格雷多将军想方设法延长自己的任期，并拒绝了社会民主党提出的所有潜在候选人。其次，没有候选人能够团结政府的支持者。内部纷争使社会民主党四分五裂。再者，他们最终选择保罗·马卢夫（Paulo Maluf）作为候选人，这是一场灾难。马卢夫是独裁统治的产物。他是一个贪婪的保守派政客，在担任圣保罗市长和州长期间已经成为腐败的代名词，但他在1983年以创纪录的票数当选为联邦众议员。他有自己的交友 561
方法，让社会民主党的传统政客相信他应该成为共和国下一任总统。他积极地、一对一地争取每一位众议员的选票。他的做法很简单，即分发礼物，保证提供政府职务，并对未来做出慷慨的承诺。

并非一切都如坦克雷多·内维斯所希望的那样进行，但他已经正确地计算了自己获胜的机会大于失败的机会。他做到了以前看似不可能的事情，即与政府支持者的派系达成协议。他说服了足够多的众议员投票反对他们的政党，以确保他在选举人团中获胜。结果，1985 年，社会民主党的一群代表分裂出去并成立了自由阵线党（PFL）。自由阵线党是保守派，对机会主义有难以控制的强烈欲望。[67]与此同时，坦克雷多·内维斯与军方重要成员建立了联系。他直接与盖泽尔将军交谈，盖泽尔将军彼时在预备役，并且在武装部队中仍然备受尊重。他公开宣布，他的政府不会质疑武装部队，也不会调查独裁统治期间犯下的罪行。在寻求社会民主党异见派支持的同时，坦克雷多在反对派之间建立了一个广泛的政治联盟，即“民主联盟”。这个强大的联盟包括巴西民主运动党、民主工党、巴西工党的成员，甚至包括巴西共产党成员。[68]他谨慎地提出了自己的方案，认为这是政府更迭，而不是与政治体制的彻底决裂。该方案包括在再民主化进程中对反对派至关重要的三个战略要点：联邦、州和市各级的直接选举，召开制宪议会，以及颁布新宪法。有关副总统人选，内维斯选择了来自马拉尼昂的参议员若泽·萨尔内（José Sarney），萨尔内召开新闻发布会宣布他将辞去社会民主党主席的职务，加入“民主联盟”。随后，坦克雷多·内维斯采用“改变巴西”作为口号，开始周游巴西，宣传自己的参选资格，并接受来自任何方面的任何支持。

562 尤利西斯·吉马良斯接受了这种情况，声称坦克雷多·内维斯支持间接选举，正是为了在他上台后推翻这种制度。[69]在某种程度上，他是对的，但他仍然无法说服劳工党与它认为的保守过渡合作，也无法参加选举人团。但是，坦克雷多·内维斯成功地结束了军政府的循环。1985 年 1 月 15 日，他连同他的副总统候选人、参议员萨尔内一起当选巴西总统和副总统，结果是一个巨大的胜利：坦克雷多·内维斯获得 480 票，而保罗·马卢夫仅获 180 票。当选总统在上任前有三个月时间用来巩固其胜利，建立新政府，并将言辞变为现实。所谓的“新共和国”的过渡计划是模棱两可的。它在政治上是保守并基于妥协的，但无论如何这是一个非同寻常的变化。现在，重建民主、建立稳定的经济和体制的道路已经开辟。

在就职前夕，坦克雷多·内维斯被飞快送往医院接受紧急手术。他已年逾 75，并且知道自己身体不适。他甚至对他最亲密的顾问都隐瞒了这一事实，相信自己能够上任并随后寻求医疗帮助。他担心将军们会出于健康因素而想办法阻止他上任。对于重要的公众人物来说，疾病是一种禁忌，军方可以宣称，无论治疗花费多长时间，都会使他丧失治理国家的能力。一切都不顺利。进行手术的医院，即巴西利亚的基地医院，在预防脓毒症方面的设备很差。医生疏忽大意导致感染扩散，病人病情越来越严重。坦克雷多·内维斯永远不会上任。他被转移到圣保罗的心脏研究所，在那里又接受了 7 次手术。他于 1985 年 4 月 21 日被宣布死亡。[70]

当内维斯第一次接受手术时，全国一片震惊。与此同时，巴西民主运动迅速采取行动，以保证总统职位的移交。宪法规定，如果总统不能就职，则由副总统接替。下一个继任者是众议院议长，此时众议院议长恰好是尤利西斯·吉马良斯。这是 563

菲格雷多将军和巴西民主运动的“真正团体”唯一一次达成协议，即如果坦克雷多·内维斯不上任，他的合法继任者将是尤利西斯·吉马良斯。但是，吉马良斯拒绝了。他说，正如内维斯的私人秘书阿埃西奥·内维斯（Aécio Neves）[71]在电视上宣布的那样，医生预断坦克雷多·内维斯将能够在 48 小时内上任。他坚持让若泽·萨尔内上任并暂时掌管政府。[72]所有人都深信不疑。

我们无法得知坦克雷多·内维斯领导的政府会是什么样子。随着他的去世，新共和国在最初令人非常失望，且几乎没有创新之处。若泽·萨尔内曾在 1964 年支持独裁政权。1965 年，他通过直接选举当选为马拉尼昂州州长；1970 年，他成功成为国家革新联盟的参议员。他在最后一刻“换了马”。萨尔内有非凡的能力来适应当前政府的意识形态，只要他能保住自己的位置，即掌权。在马拉尼昂，他是无所不能的——这种情况一直持续到 2014 年。与其他许多巴西政治家一样，他是一种新型“上校主义”的化身，延续了第一共和国的许多典型做法。其中包括无视民主规则，强烈的凌驾于法律之上的意识，无法区分什么是公共财产和私有财产，以及利用权力为家人和朋友谋取工作、合同、补贴和其他好处。[73]

在萨尔内总统执政期间，反对派的日子并不好过。部长们被任命，然后被立即解职，因为他试图从任何准备提供支持的人那里维持对其政府的政治支持。坦克雷多·内维斯的过渡计划并未进入政治方程式。制宪议会一开始启动，普拉纳托宫（即行政办公室）和国民议会之间的冲突就变得频繁。[74]而尤利西斯·吉马良斯作为议会主席，试图在巴西民主运动对再民主化进程的承诺、劳工党的社会主义纲领和保守团体保护自身利

益的策略之间进行调解，萨尔内总统专注于制定一项政治协议，允许他将任期延长至5年。不仅如此，他还放弃了为新共 564
和国制订的计划中的所有剩余计划。

制宪议会于1987年2月1日开幕，宪法于次年即1988年10月5日颁布。新宪法的首要目的是确保独裁统治的结束和民主的建立。其中反映了两个主要关注的问题：建立足够稳固的民主体制以渡过政治危机；确保巴西人民的权利和自由得到尊重。它被誉为“公民宪法”。它是迄今为止巴西所有宪法中最长的一部，有250项条款和额外98项应急条款，至今仍在生效。[75]该文本是由一群杰出的国会议员合作完成的，包括费尔南多·恩里克·卡多佐、弗洛雷斯坦·费尔南德斯（Florestan Fernandes）、若泽·塞拉（José Serra）、卢拉、马里奥·科瓦斯（Mário Covas）和普利尼奥·德·阿鲁达·桑帕约（Plínio de Arruda Sampaio），且是巴西历史上最民主的宪法辩论的结果。

在1年零8个月的时间里，国会成了公众生活的中心。许多巴西人通过协会、人民委员会、激进主义分子大会和工会团体参与宪法辩论。出现了多种示威运动的形式。最具创新性的“民意修正案”涵盖了广泛的主题，是一种参与式民主的手段。当一切尘埃落定，人民共向制宪议会提交了122项民意修正案，签名人数超过1200万。

与巴西和民主本身一样，1988年的宪法并不完善。它的组成涉及矛盾的运动和不平等的政治力量之间可怕的冲突。此外，在有些方面它没有抓住重点。土地所有制保持不变，武装部队决定一切内部事务的自由也保持不变。一周工作40小时制被驳回，文盲被禁止竞选公职，尽管他们可以投票。出于对选举制度和一般社会生活最细微细节的监管——考虑到历史背景，这并不奇怪——部分文本在生效时已经过时。尽管如此，1988 年的宪法仍然是一个很好的例子，表明一个国家利用其历史、在坚定致力于民主的基础上建设未来。它由包括劳工党在内的所有政党签署。宪法在对待权利的方法上是现代的，关
565 注政治少数群体，在环境问题上有所进步，致力于为广泛且直接的政治参与创建法律宪法工具，决心限制国家对公民的权力，并要求制定旨在解决人民面临的最严重问题的公共政策。当尤利西斯·吉马良斯提交最终文本时，他告诉《巴西日报》，它应该被国会通过“……带着对独裁统治的……仇恨和厌恶”。[76]1988 年的宪法为一段持续、持久的自由和稳固的民主制度奠定了基础。从那时起，巴西所有总统都是通过投票选举产生的，他们被授予的权力没有中断，选举结果也没有出现任何争议。

但是，一切都有它的代价。制宪议会马拉松式地起草宪法，最终导致巴西民主运动出现分歧。该党分为两大集团：进步派和民主中心。后者通常被称为“大中心”（Centrão），是一个保守的群体，实际上并不限于党内成员。曾经反对独裁统治的前巴西民主运动瓦解了。该党有一半人加入了“大中心”，它成了萨尔内总统善于运用的讨价还价能力的人质。这是一个保守的巴西民主运动的开始，该党已不再是真正的反对党。它变成了一个在国会支持政府的阵线，无论该政府属于哪个政党。[77]巴西民主运动的分裂是不可避免的。终于，1988 年 6 月，在巴西利亚，巴西民主运动中的一群左翼持不同政见者组成了一个新政党，即巴西社会民主党（PSDB）。

与巴西几乎所有政党的情况一样，巴西社会民主党是由职

业政治家创立的。该党最初在国会由来自 17 个州的 8 名参议员和 40 名联邦众议员组成。[78]他们的标志是巨嘴鸟，一种胸膛羽毛为黄色的巴西鸟类，黄色暗指直选运动。该党吸引了社会民主派和进步自由主义者。他们计划巩固巴西民主，坚持议会制度，将国家改革为更具效率和透明度，且更为人接受的，将一些国有公司私有化，逐步放宽对外国资本和技术投资的限 566
制，以发展关键经济部门，特别是微电子。尽管名为社会民主党，但它不是欧洲意义上的社会民主党，因为该党与工会和工人运动没有密切联系。巴西社会民主党最强大的选举基地是圣保罗，即该党最重要领导人的家乡，这些人是佛朗哥·蒙托罗、若泽·塞拉、费尔南多·恩里克·卡多佐和马里奥·科瓦斯。有了这些强大的创始人，该党立即受到城市中产阶级的欢迎，它吸引的选票数量迅速增长。

即便如此，谁也想不到 6 年之后，该党最杰出的政治家之一、社会学家费尔南多·恩里克·卡多佐将当选巴西总统，且连任两届。费尔南多·恩里克出生在里约热内卢，但生活和工作在圣保罗，他是圣保罗大学的教授，直到他因《第 5 号制度法》被迫退休，并流亡智利。他继续在欧洲和美国任教。1969 年回到巴西后，他与其他 27 位知识分子组成了一个小组，他们共同创建了巴西分析与规划中心（Cebrap）——一家研究巴西政治、社会和经济问题的享有盛誉的研究机构。[79]费尔南多·恩里克·卡多佐一生都在从政，但直到 1983 年才考虑竞选公职，且不顾妻子鲁特·卡多佐（Ruth Cardoso）的建议。他的妻子是位具有独立和强硬观点的人类学家，她认为丈夫作为一个独立的知识分子会更有影响力。也许她错了。费尔南多·恩里克·卡多佐当选巴西社会民主党参议员后，很快获得了足够的支持，被提名为总统候选人，且同独裁统治做斗争的那一代人与他一道最终获得了行政机关的控制权。

与此同时，尤利西斯·吉马良斯正在为颁布宪法做准备，巴西社会民主党正在形成，萨尔内政府每况愈下。通货膨胀居高不下，政府声望下降，对腐败的谴责越来越多。在第一个稳定经济的计划“克鲁扎多计划”失败后，政府开始失去信誉。
567 1986 年，萨尔内总统面临着以下情况：他不是当选总统，政府年初的通货膨胀率为 16%，以及他因政府经济政策的失败而受到参议员费尔南多·恩里克·卡多佐越来越多的抨击。简言之，总统迫切需要一个简单而迅速见效的计划来控制通货膨胀。

“克鲁扎多计划”是他的“魔杖”。[80]根据这项计划，旧货币克鲁塞罗在去掉三个零后被一种新货币——克鲁扎多所取代，因此 1 克鲁扎多相当于 1000 旧克鲁塞罗。该计划通过将最低工资提高 15%，给予所有政府雇员 8%的加薪，创造一个“触发器”，即每当通货膨胀率达到 20%时，工资都会根据它进行调整，并且政府通过提供失业保险来解决失业问题。但该计划的王牌是冻结所有商品、关税和服务的价格。通货膨胀率骤降，人们的购买力增强，萨尔内总统为自己的成功欢欣鼓舞。有了一张适用于全国的冻结价格表，再加上一台计算器，巴西人就可以规划他们的支出，改造他们的房屋、增加消费和出国旅行——未来看起来不错。人们热情地拥护该计划。他们会检查超市商品的价格，确保价格没有上涨——如果涨价了，他们会谴责有问题的市场。他们是“萨尔内的监察员”。

但是，问题也初露端倪。价格冻结只能维持一段时间，便需要调整，但允许价格上涨、削减成本和减少消费的调整是不受欢迎的。萨尔内总统对这项计划给他带来的人气和政治利益非常满意，他拒绝做出任何改变，并将价格冻结维持到1986年11月的州长选举。结果令人意想不到。一方面，巴西社会民主党取得了压倒性胜利，选举出除塞尔希培之外的所有州长，并赢得了国会的绝大多数席位。另一方面，“克鲁扎多计划”开始土崩瓦解。产品从货架上消失，联邦警察通过实施“肥牛行动”（Operação Boi Gordo）来没收农场饲养的牛，并带走牛肉和牛奶以保证供应，他们这么做非常荒唐可笑。最重 568
要的是，他们还制定了一项名为“贴水”的策略，即巴西人民的日常生活用品价格被非法高估。

11月21日，在巴西社会民主党选举获胜不到一周后，萨尔内总统被迫承认经济陷入困境，并推出了“克鲁扎多计划II”。新计划做出了一些调整，这些调整本应在计划第一版实施时引入。公共服务费用被提高，涨价获得批准，结果导致通货膨胀率激增。当萨尔内总统召集一批商人到财政部开会，宣布结束价格冻结时，人们很清楚他将第二个计划的宣布推迟到选举之后。他被指控犯有选举舞弊罪，其政府公信力遭到破坏。

选民们在1989年的总统选举中表现出了他们的挫败感，这是自1961年以来的第一次总统直选。首先是《丹特·德·奥利韦拉修正案》，然后是坦克雷多·内维斯的意外死亡，他们的幻想破灭了。这一次的幻灭更加强烈。由于恶性通货膨胀迫在眉睫，许多人不再相信这个问题可以通过常规措施解决。这个国家需要一位救世主。而那个救世主化作候选人费尔南多·科洛尔·德·梅洛（Fernando Collor de Mello）即阿拉戈斯州州长的形式出现。他时年 40 岁，目光傲慢、机警且专注。为了赢得选举，他积极攻击萨尔内总统并领导了一场反对任人唯亲以及所谓“王公”（maharajas）在立法机关和司法机关的做法的“道德征伐”，这些“王公”通过官僚主义手段来提高自己的工资。[81]费尔南多·科洛尔坚持认为改变巴西具有紧迫性。一些选民喜欢他抨击萨尔内总统的计划。科洛尔会说他的计划是使巴西现代化，杜绝腐败，并确保政府雇员完成一整天的工作。离大选还有 5 个月时间，费尔南多·科洛尔的支持率足以确保他在决选中占有一席之地。

总统候选人有 20 多人。尤利西斯·吉马良斯为支持若泽·萨尔内付出了沉重代价：他被“抛弃”的程度最高，仅
569 次于保罗·马卢夫。巴西社会民主党不再支持吉马良斯，称他年纪太大，无法竞选总统。由于尤利西斯·吉马良斯不能成为对抗科洛尔的候选人，所以这个任务落到了莱昂内尔·布里佐拉和卢拉身上。卢拉获得的选票比布里佐拉多 50 万张，这是这个南里奥格兰德人难以接受的失败。当卢拉在决选中向他寻求支持时，莱昂内尔·布里佐拉建议，既然结果是平局，他们都应该放弃，而支持排名第四的巴西社会民主党候选人马里奥·科瓦斯。“这不是平局，布里佐拉！我比你多 50 万票。”[82]卢拉愤怒地反驳道。

直到 2004 年莱昂内尔·布里佐拉去世，他与卢拉多次发生冲突。他们互相猜疑，互相竞争，时不时地互相攻击。也许他们因为彼此感知到的对方的品质而争斗。但最终，布里佐拉接受了自己的失败。他在决选中支持卢拉，并确保他的选票将转移给这位劳工党候选人——这在政治上不是一件容易的事。决选开始时，科洛尔处于优势，但到竞选结束时，两位候选人

势均力敌。民调显示，卢拉获得46%的选票，而科洛尔获得47%的选票。选举在最后一周才决出结果，到那时全国已经两极分化了。费尔南多·科洛尔有钱，也有媒体的支持。唯一一家评论费尔南多·科洛尔作为阿拉戈斯州州长从未实践过他所宣扬的东西的报纸是《圣保罗页报》。其他媒体一致支持科洛尔，尤其是环球媒体帝国的所有者罗伯托·马里尼奥控制的媒体。对于马里尼奥来说，莱昂内尔·布里佐拉或卢拉担任总统的想法令人厌恶。在环球媒体的支持下，萨尔内总统不再是目标，他们攻击的焦点是劳工党。中产阶级已经感到每天都在被飞速增长的通货膨胀所掠夺，当费尔南多·科洛尔利用他们对共产主义的恐惧暗示卢拉将没收他们的房屋和储蓄账户时，他们都吓坏了。

这是一场肮脏的竞选。圣保罗州工业联合会（Fiesp）主席马里奥·阿马托宣布，如果卢拉获胜，将有80万名商人离开巴西。科洛尔找到了卢拉前女友米丽娅姆·科尔代罗（Miriam Cordeiro），卢拉和她有一个女儿，她准备在电视上说
他曾给她钱堕胎。这是个谎言，但对选民的影响是毁灭性的。 570
在大选的三天前，全国收视率最高的新闻节目——环球电视台的“全国新闻”（Jornal Nacional）播出了费尔南多·科洛尔和卢拉最后一次辩论的缩短版，在这个经过特别剪辑的节目中，前者显得果断自信，而后者显得缺乏自信且犹豫不决。有6000万人看过这个节目。

最后一个影响选举结果的事件发生在选举前夕，一个星期六，当时圣保罗警方救出了遭遇绑架的著名商人阿比利奥·迪尼斯（Abilio Diniz）。该犯罪团伙中只有一名巴西人——其他人是智利人和阿根廷人——但警方报告说他们与劳工党有关

联。尽管没有任何党内激进分子参与其中，但《圣保罗州报》周日版刊登了对阿比利奥·迪尼斯兄弟的采访，他说劳工党确实参与了绑架。

费尔南多·科洛尔以50%的得票率赢得大选，而卢拉的得票率为44%。前者于1990年3月15日上任，次日召开经济顾问会议，并指示新任经济部部长、经济学家泽莉娅·卡多佐·德·梅洛（Zélia Cardoso de Mello）博士向新闻界宣布总统对抗通货膨胀计划的细节，即“新巴西计划”，它后来被称为“科洛尔计划”。[83]该计划后来被证明很脆弱。它具有很强的自愿性成分，政府宣布的改革方案——财政、银行、财产所有权——无法通过法令实施。部长把更坏的消息留到了她演讲的最后一部分。在银行，支票账户、投资账户和储蓄账户的部分资金被冻结。账户持有人最多可提取5万克鲁塞罗（该计划恢复的旧货币），这相当于1250美元。被扣留的金额将在18个月后返还，即使如此，仍会分12期返还，实际价值将大幅减少。20年后，89万件个人诉讼案和1030件集体诉讼案仍在等待司法判决。此外，工资被冻结，公共服务费用被提高，中央银行确定了为期3天的银行假日。报纸计算出，巴西的储蓄和经常账户存款约为1200亿美元，政府没收了银行系统中约80%的资金，约为950亿美元。

571 那是一场大灾难。没有人能买任何东西，消费陷入停滞，成千上万的工人失业。公司破产，无人还有存款，人们唯一的办法就是相信自己的运气。他们取消了计划，协商分期支付医生和医院的费用，却发现自己无力偿还债务。但是，尽管看起来非同寻常，巴西人还是接受了没收。综观当时的情况，人们对恶性通货膨胀的后果感到筋疲力尽，而刚刚通过全民投票当选的总统则坚决主张别无选择。就当前而言，当他说没收是结束通货膨胀的唯一可能办法时，大多数人都相信了他。“要么我们会赢，要么我们会赢。”总统宣称。

民主没有尽头

但是，科洛尔总统输了。10个月后，通货膨胀又回来了，经济危机已经蔓延开来，全国各地的工人都要求涨工资。政府推出了第二个经济计划——“科洛尔计划II”。与此同时，政府准备国有企业私有化，关闭政府资助的机构和基金会，并向国际市场敞开大门。经济政策仍然不稳定。每当物价上涨，政府都会采取一项新措施——冻结工资、增加税收、提高关税——这些措施既没有效果，又很具挑衅性。刚上任一年，经济部部长泽莉娅·卡多佐·德·梅洛博士辞职。政府已经没有信誉可言，巴西人民也已经厌倦了抗通胀计划。

尽管巴西人没有做比较，但费尔南多·科洛尔很像雅尼奥·夸德罗斯——只是更年轻。他们都喜欢装腔作势，蔑视政治家，蔑视国会，对国家有道德愿景，以及具有独裁作风。在科洛尔担任总统期间，戏剧性场面包括在运动员、喜剧演员和电视名人的陪伴下从普拉纳托宫的坡道走下，穿着印有伪哲学短语的T恤衫，宣传他作为运动员的形象。为了重申他作为青年和现代代表的角色，总统让人拍下了他自己几乎做任何事 572
情的照片：骑摩托车、乘坐摩托艇，以及穿着迷彩服坐在战斗机里——就好像他是副驾驶一样。作为总统，他的语气做作，态度专横。他无视群体利益，远离政治，对其政府的不稳定性一无所知，并表现得好像没有什么可以触动他。雅尼奥·夸德罗斯也做过同样的事情，他在辞职时垮台了，并且他虚张声势的做法也被揭穿了。费尔南多·科洛尔倒台的原因是腐败。

谣言始于该国存款被没收时，当时传闻说有例外情况：某些团体和个人能够保留他们的钱。但是，直到媒体调查曾任科洛尔总统竞选财务主管的保罗·塞萨尔·法里亚斯（Paulo César Farias）并发现他是政府内部系统性腐败计划的核心，而总统本人就是该计划的策划者之一时，滥用职权的程度才引起公众的注意。[84]从那时起，一切只是时间问题。1992 年 5 月，《观察周刊》（*Veja*）杂志引爆了一枚重磅炸弹。在长达 17 页的采访中，总统的弟弟佩德罗·科洛尔（Pedro Collor）指责保罗·塞萨尔·法里亚斯是总统的名誉代表，不仅管理竞选期间筹集的非法资金（约 6000 万美元），而且在涉及交换政治恩惠和政府职位的非法交易中充当中间人，以换取贿赂。6 月，国会启动了议会调查委员会，该委员会虽然一开始信誉度不高，但很快就开始揭露丑闻。调查发现，法里亚斯的干预涉及联邦政府的各个层面。总统的所有个人开支都由他支付，包括租用总统使用的汽车。保罗·塞萨尔·法里亚斯挪用的资金（估计在 3 亿至 10 亿美元之间）存放在哪里，目前仍不得而知。[85]直到最后一刻，科洛尔总统都不相信丑闻会毁了他。然而，1992 年 8 月 13 日，星期四，在对前来感谢政府援助的 2000 名出租车司机的非正式讲话中，他失去了镇定——就在普拉纳托宫政府办公室前。他强烈否认所有的谴责，声称它们都是虚假的。他呼吁民众第二天走上街头，身着绿色和黄色这
573 两种国家颜色的衣服，以表示对其政府的大力支持。总统非常生气，但巴西人身心俱疲，星期天最后成了示威游行的日子。有一个细节：人们身穿黑衣。在没有事先组织的情况下，全国各地的人们自发地走上街头——但他们都穿着黑色的衣服，胳

膊上缠着黑色的哀悼带，汽车天线上绑着黑色的布条。费尔南多·科洛尔低估了巴西人。

人们决心揭发总统。街头抗议活动进行得如火如荼，但这一次他们的特点是幽默和狂欢精神。人们扛着穿着囚服的总统巨型玩偶和装扮成一只留着小胡子、戴眼镜的老鼠的保罗·塞萨尔·法里亚斯玩偶。他们抬着棺材，棺材上写着科洛尔总统和泽莉娅·卡多佐·德·梅洛博士的名字。已经焦躁不安的学生们将自己的脸涂成黑色或绿色和黄色，并呼吁在全国范围内举行抗议，口号是："科洛尔滚！现在就弹劾！"

尤利西斯·吉马良斯对巴西政治的最后一个巨大贡献是在国民议会领导弹劾程序。但是，1992 年 10 月 12 日，他在一次直升机事故中丧生，遗体在海上失踪——巴西再次陷入悲痛之中。[86]12 月 29 日，参议院开会就弹劾总统一事进行投票。这是 1988 年宪法的第一次重大考验：1961 年以来第一位由人民选出的总统被免职。弹劾请求已由两个最致力于再民主化的国家机构——巴西律师协会和记者工会的主席马塞洛·拉文内尔（Marcelo Lavenère）和巴尔博扎·利马·索布里尼奥提交众议院，并已被接受。科洛尔总统于 9 月被暂时免职。参议院投票当天上午，他试图采取最后一个策略，以避免被判 8 年内不得从政的结果：他辞职了。参议院会议暂停，副总统伊塔马尔·佛朗哥（Itamar Franco）宣誓就任巴西新总统。次日，参议院再次开会，以 76 票赞成、3 票反对通过弹劾案。费尔南多·科洛尔的政治权利被中止，他被禁止担任公职，直到 2000 年底。

很难相信伊塔马尔·佛朗哥会同意作为费尔南多·科洛尔 574
的副总统进行竞选，因为他相信自己的道德论述和现代化使命。科洛尔之所以选择佛朗哥作为竞选搭档，是因为他需要全国第二大选举人团米纳斯吉拉斯州的选票。不仅如此，米纳斯吉拉斯州的选举结果往往能预测全国其他地区的选举结果。该州位于巴西的中心位置，反映了巴西的不同面貌。佛朗哥之所以接受可能是因为他作为参议员的任期即将结束，且他未能再次当选。从竞选活动开始到政府结束，这两个人在各方面意见完全不同。科洛尔毫不掩饰他对副总统的蔑视，副总统是来自地方的传统政治家，具有民族主义倾向。就他而言，伊塔马尔·佛朗哥是个爱吵架、不稳定的人。尽管他曾任米纳斯吉拉斯州州长，但巴西人民对他几乎一无所知，且他在一场全面危机中接任总统职位。他知道巴西人对他心存疑虑，而且大多数人接受这种情况只是因为他们想维持民主秩序。他让所有人都大吃一惊。

当伊塔马尔·佛朗哥成为总统时，该国局势非常严峻。[87] 国内生产总值（GDP）在下降，仅在圣保罗大都市区，15%的经济活跃人口失业。尽管费尔南多·科洛尔做出了承诺，但通货膨胀率已反弹到每月 20%以上，这与前两年的通货膨胀率是一样的。通货膨胀影响到所有社会阶层，但对穷人的影响尤为严重。由于他们一般没有银行账户，他们的钱没有得到每日货币调整的好处。通货膨胀不仅破坏了他们的未来，还产生了致命的附带影响，包括粮食短缺、失业和暴力——令人难以置信的暴力。1993 年发生了该国历史上最严重的两起城市暴行，这绝非巧合。7 月 23 日，6 名宪兵在里约热内卢市中心的坎德拉里亚教堂前从两辆车上跳下，向睡在教堂台阶上的 40 名青少年和流浪儿童开枪。同年 8 月 29 日，36 名戴面罩的武装人员向里约热内卢北部地区维加里奥·热拉尔（Vigário Geral）

贫民窟的 21 名青年开火。[88]

巴西正在经历作为一个民主与社会不公并存的国家的矛盾。贫民区的声音最能说明这一矛盾的残酷性。[89]说唱音乐成为表达贫民窟和郊区日常生活混乱、贫穷和暴力的工具。它揭露了警察暴力、歧视性司法制度、被国家遗弃以及缺乏机会——所有这些都是社会不平等造成的危害。伊塔马尔·佛朗哥政府的成员们试图理解民主制度是如何成为社会不公的人质，以及通货膨胀是如何成为其盟友的，这值得赞扬。在三度更换财政部部长后，总统任命费尔南多·恩里克·卡多佐出任该职位，并要求他制订新的抗通胀计划。这一要求让政府领导人不寒而栗——在 1980 年至 1993 年期间，巴西有 4 种不同的货币，物价被冻结了 5 次，并实施了 9 项抗通胀计划，衡量通货膨胀的指标共有 11 个。 575

这次一切都是透明的。“雷亚尔计划”被提交给公众讨论，全国人民了解它是如何运作的，国民大会投票支持其实施。[90]在新货币的萌芽阶段，“雷亚尔”是一个通货膨胀指数，即“真实价值单位”（Unit of Real Value，简称 URV）。尽管人们逐渐获得了信心，但当完全转用新货币时，他们还是心存疑虑。许多人认为，政府可能计划再次冻结物价，或者该计划是在 1994 年赢得下届选举的又一个骗术。但巴西人民最想要的是拥有一种稳定的货币——最好是与美元等值——这将使他们能够规划未来。“雷亚尔”提供了这一切。这一次，这个计划是由享誉世界的社会学家费尔南多·恩里克·卡多佐和地方工程师伊塔马尔·佛朗哥合作完成的。费尔南多·恩里克·卡多佐成为接替伊塔马尔·佛朗哥出任总统的正式候选人，并在 1994 年的第一轮选举中击败卢拉。“雷亚尔计划”是他登上总统宝座的入场券。

这就是民主的本质，它赢得胜利的过程是缓慢的，它难以实现且很容易失去。但是，反对独裁统治的斗争教会巴西人：民主本身就是一种价值，需要去实现。1988 年的宪法巩固了该国的民主制度，而“雷亚尔计划”为其提供了一种稳定的
576 货币——这是民主发展的基本要素。在随后的 20 年里，巴西开始面对社会不平等的问题，但只取得了一定程度的成功。这项任务并不容易。接连有三位总统连续两届当选：费尔南多·恩里克·卡多佐、路易斯·伊纳西奥·卢拉·达·席尔瓦和迪尔玛·罗塞夫（Dilma Rousseff）。在进入 21 世纪之际，巴西已经积累了 500 年的历史，并在此过程中形成了一定程度的自我认知。历史是巴西唯一可以依靠的资源，可以为该国的过去提供未来，因此，我们叙述的历史在此接近尾声——尽管作为作者的我们觉得这是不完整的。这段历史也以另一种直觉结束：我们相信民主永远不会在巴西消失。谁也不知道。未来可能是光明的。

结语　历史不是算术

当葡萄牙人到达时　
下着倾盆大雨
印第安人学他们那样穿着衣服
真可惜！
如果那是个大晴天
印第安人不穿衣服
葡萄牙人也会学他们那样不穿衣服

——奥斯瓦尔德·德·安德拉德《葡萄牙人的错》

图皮族还是非图皮族，这是个问题。

奥斯瓦尔德·德·安德拉德《食人宣言》

是什么让一种红木的名称成了这个地方的名称，或者说，是什么让这里成为巴西的？自从葡萄牙人来到这里，每一代人都问过自己这个问题。有些人得出的结论比其他人更积极。这不是一个简单的问题，历史也不是这个问题的唯一答案。巴西的历史很短，只有500年——至少如果我们坚持官方说法，那就是它始于葡萄牙人的到来——而且也是一段充满困境的历史。一旦被唤醒，历史就会诉说一切，并且喜欢参与争论。历史改写了概念和神话，质疑了许多关于巴西的假设，揭示了真正值得重新解读的趋势和反复发生的事件。历史与时间博弈，纠缠、梳理并重组贯穿的主线。历史一只眼睛审视过去，另一只眼睛则注视现在，甚至看向未来。

自巴西红木的产地被命名为“巴西”以来——这是该国首次确立其国家身份——巴西经历了一段充满国内冲突、暴力、自治企图和平等要求的漫长历史，这段历史也伴随着人权
578 和公民权的逐步发展。巴西的故事很常见，但又很独特。从遵循可预测的事实和数据的意义上看，巴西历史并没有任何演变的痕迹。一方面，这一进程与所有现代国家的进程非常相似，都在 17—19 世纪为个人自由而斗争，而在 20 世纪为争取集体自由而斗争。此外，人们逐渐认识到一种新的权利，它既非个人的也非集体的，而是人们享有可持续环境和民族文化遗产的权利。但是，巴西的故事还有另一面。在巴西，争取政治权利的斗争远远落后于争取社会权利的斗争。直到 1970 年代，该国才开始积极捍卫民权，开展了针对非裔巴西人、妇女和性少数群体（LGBT）以及环境的运动，即便如此，至少在最初阶段，这些运动仍是试探性的。某些权利的行使并不一定导致其他权利的行使。然而，如果没有公民权利的保障——公民权利的规范性原则是个人自由——如果不理解守法的人必须享有平等的权利，不管他们之间有什么不同，就没有公民权。[1]

权利从来不是所有社会群体同时获得的。这些权利的意义是不断变化的，对民权胜利的反应也是如此。巴西历史与争取权利和获得公民权利的持续斗争密不可分。[2]作为一个殖民地，该国经历了一种基本二元性——一边是大量的土地占有，而另一边是奴隶制。作为一个独立国家，1822 年巴西成为共和国大陆上唯一的君主制国家。尽管自我标榜为自由主义，但

1824年由皇帝颁布的第一部宪法实际上只允许一小部分自由民直接投票，它导致权力集中在皇帝手中，且以奴隶为基础的社会结构未受任何影响。

如果历史记忆是我们的使命，那么奴隶制那段根深蒂固、漫长的历史就不容我们忽视。它的疤痕直到今天仍然存在，甚至出现在我们的建筑中。住宅公寓楼有一个供用人使用的后门，并且仍然有为女佣专门建的很小房间。社会和种族歧视反映在我们的词汇中——穷人，尤其是非裔，在当代巴西不断成为歧视和不公正对待的目标。奴隶制的定义本身就意味着自由和平等的基本权利的剥夺。在法律术语中，奴隶是没有权利的人，“奴隶无身份”[3]——根据罗马人的经典定义，奴隶没有名 579
字也没有过去。[4]一个出身不明的人无论走到哪里都是外国人。当然，巴西的奴隶通过叛乱、激进主义和谈判改写了这一名言。但是，在我们社会的核心，这种观念仍然存在，并且顽固地持续着，即有些男人和女人在本质上是不同的，因为他们的历史、他们的生理条件和他们的地位而不同。巴西穷人和混血下层阶级（占人口的绝大多数）的命运遵循着大致相同的模式，他们陷入了一种强者对抗弱者的统治结构，即“上校主义”。这一制度维持了个人对权贵的依赖，而不是促进公民和社会权利的逐渐获得。“恩惠”实际上是巴西的一种国家货币，实际上是对个人权利的剥夺。[5]它赋予少数个人膨胀的权力，对合法政府造成巨大损害。

尽管在第二王朝时期建立民族认同[6]成为优先事项——以浪漫派印第安主义的形式，但直到共和国时期“巴西人”的思想才开始扎根，即归属于一个社会的感觉，一个认识到其团结源于身为巴西人的集体经历的社会。[7]巴西人不再是臣民，他们现在是共和国的公民——根据一项法律并由他们的集体存在而团结在一起的一群个体。首次引入一种次公民身份形式的进程始于第一共和国时期。[8]1888 年奴隶制被废后，以前的奴隶不被承认是平等的，他们被称为自由民或为贬损《黄金法》的颁布日期而被称为“5 月 13 日”。[9]人们假设法律规定了自由而不是平等，[10]这个假设被当时以科学的名义提出的种族理论所支持。然而，共和国的进程是在这种背景下开始的，首先是争取平等、劳工权利和全部公民权利的斗争。如果说这一政治时刻导致了由巴西人和移民领导的罢工和公众示威，那么社会排斥政策也显示了该政权的新面貌——而这才刚刚开始。

随着 1930 年代热图利奥·瓦加斯的崛起，广泛的社会立法出台以保障对工人的法律保护。但也存在一个悖论：它是以牺牲个人自由为代价的。热图利奥·瓦加斯的独裁统治促进了
580 社会权利，同时压制了政治权利。1946 年的宪法标志着巴西历史上第一个民主时期的开始。这一时期保持了瓦加斯时代的社会进步，同时重新引入个人和政治权利作为行使公民权的基础。

后来，又出现了一个独裁政权，这次是由 1964 年政变导致的军事独裁，它再次成为实现公民权利和政治权利的阻碍。从那时起，巴西人就倾向于认为独裁政权全然就是军事独裁，但瓦加斯总统的“新国家”显然驳斥了这一观点，“新国家”镇压了一切政治权利，并以武力维持统治者的专制统治。直到 1988 年宪法——恰当地被称为“公民宪法”——之后，稳固的民主体制和充分的公民自由持续而持久的时期才开始。在 1987 年制宪议会的开幕式上，尤利西斯·吉马良斯毫不含糊地宣称：“这个国家想要改变，这个国家必须改变，这个国家

将会改变。”他是对的，巴西变了。30 年前，没有人能想象这个国家会选出像费尔南多·恩里克·卡多佐这样有教养的学者、像卢拉这样的劳工领袖，或者像迪尔玛·罗塞夫这样的女性和前游击队员担任巴西总统。

但是，1985 年，在军事统治 21 年后的第一位文人总统就任时，没有人能预见这个国家再民主化的未来方向。当代巴西的创立是一项艰苦的重建任务。政治体制得到巩固，三权分立，选举自由且定期，人民可以自由表达政治观点。民主不再被视为达到目的的手段，而本身就是目的。平等权利现在是公众辩论的中心，在社会不平等的背景下申明所有公民的权利，同时纳入平等对待少数群体——老年人、LGBT 群体和儿童——的新的个性化权利。

尽管如此，在巴西，极端的社会不公仍然与民主并存。尽管该国目前是世界第七大经济体，但从教育、工资和预期寿命方面衡量，该国是拉丁美洲社会不平等最严重的国家之一。[11]该国制度远非真正的共和制度。政治在很大程度上仍然建立在任人唯亲的基础上，无论是在政治体制内还是在国家公共机构内。尽管选民人数呈指数级增长，但选举制度和政党运作所特 581
有的不道德程序并未随之改变。由于公共资金不断被挪用以及对政府政策缺乏控制，腐败之风有盛行的风险。

巴西进入 21 世纪时有一点是肯定的，即巩固民主是我们留给子孙后代的最大遗产。没有完全民主的政治制度：民主是一个不断变化、不断调整和扩大的概念。如果巴西想与世界上其他现代民主国家并肩前进，其主要的挑战就在当下。接下来的议程是什么？巴西将选择哪条道路？

费尔南多·恩里克·卡多佐曾于 1995 年至 2002 年执掌巴

西，在连续两届总统任期内，他成功地抗击了通货膨胀，重组了政府基金，从而促进了经济增长。他还是巴西社会民主党的创始人之一，并为其巩固和壮大做出了贡献。除其他原因外，他的政府因投资于战略性公共部门领域脱颖而出，与瓦加斯总统的计划截然不同。卡多佐政府实施了第一个财富再分配计划，该计划让贫困家庭受益，让他们的孩子可以继续上学。费尔南多·恩里克·卡多佐总统的政府也积极参与社会领域，实施了食品补助计划和消除童工计划。第一夫人、人类学家鲁特·卡多佐与她的丈夫一起工作，并参与了许多关注贫困人口的社会项目，例如“团结社会”（Comunidade Solidária）、“团结一致培训”（Capacitação Solidária）和“团结一致扫盲”（Alfabetização Solidária）。

随着路易斯·伊纳西奥·卢拉·达·席尔瓦 2002 年当选，巴西工人阶级首次成为不可忽视的力量。在权力的平稳过渡中，一名在孩提时代离开饱受干旱之苦的伯南布哥内陆地区前往圣保罗的工人阶级男子，在他不识字的母亲和七个兄弟姐妹的陪伴下，成了巴西总统。卢拉是一位拥有工会背景的左翼领导人，他赢得了劳工党主席的选举，而正是他在 1970 年代的镇压年代帮助建立了该党。

随着卢拉当选总统，巴西的民主扩大到许多以前被排除在
582 外的人口阶层。卢拉总统的政府减少了贫困、不平等和社会排斥。工作条件的改善包括登记就业、增加信贷和提高最低工资，其中最低工资在 2000 年至 2013 年间增长了近 60%。制定于 2004 年的“家庭补助金计划”允许将财富直接再分配给贫困者和极端贫困者。2013 年，5000 万人（占总人口的 26%）获得了补助金。民主程序继续保持不变，并实施了大规模政

策，扩大社会保护措施网络以覆盖广大巴西人。[12]

尽管民主已经向前推进，但共和国仍停留在绘图板上。共和国不仅是一种政治制度，它还是属于公众、属于公共领域、符合公共利益而不是私人党派利益的“共和国”。共和国的主要优点是它肯定政治自由、公民平等及其参与公共生活的权利的价值。它最大的敌人是腐败。

腐败绝不是巴西独有的，它当然存在于大多数国家。但无论以何种形式，它始终是巴西历史的一部分。[13]这也许就是为什么在巴西国内，腐败通常被视为该国的一个固有特征，就好像它是一种地方病、一种不可避免的命运。这种观念在一些常见做法中被重新确认，例如，尽己所能逃之夭夭、从政以挪用公款，这些做法大概已成为巴西性格和国家“腐败文化”的一部分。这种观点不仅有害，而且过于简单化。这是一种刻板印象，实际上阻碍了与这一高度复杂的现象做斗争。最重要的是，这种观点低估了大多数巴西人对此类做法的愤怒。

巴西一直在改变其在腐败问题上的公共和私人行为。该国在起诉政府雇员和私营部门中的个人方面取得了进展，并实施了多种管制做法。该国现在有一个独立的联邦检察官办公室，其行政和职能自主权得到保障，还有负责监督公共资金筹集和分配的审计法院，以及将高于共和国其他权力和社会本身的立法权力制度化的国会调查委员会。此外，联邦总审计长调查违 583
规行为并监督政府雇员的活动，以保持合法性。它还使“隔离期”（Quarentena）标准化，即一套限制正式公务员参与管理他或她可能从中受益的事务的规范。

然而，有不可否认的证据表明，腐败深深植根于巴西的公共生活。最近对政府高官牵连腐败的谴责表明，腐败现象仍在继续，而且历届政府都未能有效打击这种做法。这些例子在近代史中比比皆是。在费尔南多·恩里克·卡多佐的两个任期内，有人指控他操纵数字和挪用资金，尤其是在国有企业私有化期间——这些企业有巴西国家经济社会发展银行（BNDES）、巴西电信公司（Telebrás）和淡水河谷公司（Vale S. A.）——以及贿赂国会议员以通过允许总统连任（以及所有未来总统连任）的法律。在卢拉总统的第一个任期内，暴发了“按月付款”的丑闻，即有系统地向各政党议员付款，“感谢”他们在国会中对政府的支持。这起丑闻涉及劳工党的最高层，并导致该国政治和经济精英成员锒铛入狱。

经过4个月的现场直播辩论，那些在丑闻中被指控的人被最高法院裁定有罪。巴西人民表现出前所未有的兴趣，他们同意法院做出的有罪判决。随后，在迪尔玛·罗塞夫第一个总统任期结束时，巴西石油公司的丑闻暴发。这起丑闻涉及巴西最有价值的国有公司的共谋、腐败、洗钱和管理无能，而这家公司曾是巴西经济独立的骄傲象征。这些调查仍在进行中，调查已导致该国6家最大公司——卡马戈·科雷亚控股公司（Camargo Correia）、UTC工程公司、OAS公司、小门德斯工程公司（Mendes Júnior）、Engevix公司和加尔旺工程公司（Galvão Engenharia）的主要高管入狱，所有这些都是建筑公司。这些高管被判涉及数百万美元的秘密交易以及向所有政党的政治人物行贿的罪名。联邦检察官办公室和联邦警察首次对双方——行贿者和受贿者——进行调查，事后看来，这可能被视为共和国历史上的一个转折点。

584 如此大规模的腐败已经成为家常便饭，公众对此十分愤怒。由于这些行为仍然是国家政治舞台上的一部分，人们的愤怒与日俱增。然而，对腐败的愤慨有可能成为政治参与的存在理由。人们可能会远离政治、不再参与公共生活，这将导致民主机构的信誉受损。只有通过严格的公共控制、政府透明度和教育过程才能打击腐败。普通巴西人需要吸收共和的价值观。我们需要清楚地了解公共权利的定义。这意味着要尊重他人——尊重任何人和每个人。

公共权利的行使在 2013 年中得到充分展示。6 月的一个早晨，许多巴西人醒来后惊讶地发现，圣保罗市公交车票价的上涨引发了全国公众的愤怒。成千上万的人，大多数是年轻人，在最大城市的街道上抗议，他们的议程远远超出了公共交通费用的问题。他们强烈表达了他们普遍的不满，尽管没有重点，但他们渴望改变。在这些被称为“6 月抗议”的活动中，没有领导人，也没有政治演讲。他们是由各种独立运动在社交网络上组织起来的，与政党没有关联。他们引发了连续的抗议浪潮，虽然持续时间很短，但产生了重大影响。他们透露，政府和政治制度与全民情绪脱节。游行队伍要求改善教育、卫生和基本服务，并大声谴责政府腐败。抗议活动重申了公共空间作为公民要求直接参与的场所的重要性。

但最重要的是，“6 月抗议”清楚地表明，再民主化时期已经结束。现在的问题是进一步增强巴西的公共机构并扩大其民主——其中包括对性别、性、种族、地区和世代平等的新主张。这是获得全部公民权利的唯一途径。最近最大的发展之一是对公民权利的要求，对“与众不同的权利”的要求，而这些运动的发声者有女权主义者、黑人、逃奴堡堡民和 LGBT 群体成员。对于许多巴西人来说，公民权不再被定义为平等权，而是包括在平等中的“与众不同的权利”。

585 2011 年 11 月，国家真相委员会（CNV）成立，目的是调查 1946 年 9 月 18 日至 1988 年 10 月 5 日政府特工侵犯人权的行为，这是民主道路上的重要一步。[14] 2014 年 12 月 10 日，国家真相委员会向迪尔玛·罗塞夫总统提交了最后报告，这是一个极具象征意义的行为。这份报告现在是巴西集体记忆的一部分，它证实了巴西公民有权处理军事独裁期间所犯下的严重侵犯人权行为。国家真相委员会对《大赦法》中的互惠条款提出质疑，并建议惩罚施刑者，因为酷刑不属于符合大赦条件的罪行。然而，这份报告没有触及中心点，没有揭露事实和事件的真相，这本可以揭示军事独裁统治下政治的真相。档案一直由武装部队保管，特别是从 1972 年开始转成微缩胶片的档案。该计划是由三军情报和镇压机构进行的。获取这些材料实际上仍然是不可能的，因此巴西错过了一个很好的机会。这一损失导致的挫折影响重大，因为它加剧了自 1985 年以来担任政府职务者本已面临的挑战。这些领导人中有总统迪尔玛·罗塞夫，她曾是一名游击队员，曾遭逮捕并遭受酷刑。由于缺乏透明度，巴西领导人很难在民主政府中维护文官统治的卓越地位。

历史不是根据事实推断的，历史学家也不是千里眼。历史与数据积累关系不大，也不是线性过程，当然也不可预测。过去的特征仍然交织在当今社会的结构中，无法通过善意或法令消除。很大一部分人口仍然生活在赤贫之中，尽管取得了进步，巴西在社会不平等问题上的排名仍居世界前列。在该国许多地区，从事同样工作的女性挣得比男性少，男性对女性的暴力行为仍然高发，这通常被委婉地称为“激情犯罪”。由单身母亲或同性伴侣组成的新型家庭与普遍存在的性别歧视和恐同

症并存，表现为对妇女和同性恋者的暴力攻击。尽管有新的平权法案政策，非洲人后裔——无论他们的肤色多深或多浅—— 586
仍然受到种族歧视，这在劳动和教育统计、死亡率和刑事定罪方面都非常明显。比赛场地仍然不均衡，餐馆、俱乐部、剧院和足球场等公共场所普遍存在种族偏见，更不用说私人场所。土著居民享有差别待遇和土地所有权的权利正在逐渐得到承认，但当经济利益介入时，这些来之不易的权利就会被搁置一边。

最后，尽管自 1980 年以来，酷刑不再是国家的一项官方政策，但警察仍然广泛实行（并加以掩盖），特别是在贫民窟和最贫穷的居民区，那里的暴力和对民众的羞辱——特别是针对年轻黑人——最为严重。这些情况表明，某些社会群体的公民权岌岌可危，他们仍然受到区别对待。在这种情况下，没有民主。巴西的奴隶制历史和 20 世纪的独裁统治似乎留下了不可磨灭的印记。个人成绩仍由雇佣的“走狗”或在当局的“帮助”下决定，而且这种做法绝不限于任何一个社会阶层或群体。

本书留下了许多待解答的问题。巴西会巩固共和国和 1988 年宪法所载的价值观吗？该国能否在不破坏自然环境的情况下保持经济可持续增长？巴西将在国际舞台上扮演什么角色？历史是开放式的，可以有多种解读。本书已经完结，但还没有得出结论。这不是一本标准的教科书，但是在此我们试图描述通往巴西公民权利的漫长道路。改变这个国家不完善的共和制的挑战是多方面的。该国体制依然脆弱，腐败根深蒂固，公款被私用。伟大的乌托邦可能意味着拥抱真正的共和价值观，这些价值观将为所有巴西人建立他们自己的国家。这可能是巴西历史新篇章的开始。毕竟，现在巴西已经实现了民主，“共和国”未来可期。

英文版后记

587 国家像人一样偶尔也会经历突然的变化——昨天看似风平浪静，此刻却陷入混乱。《巴西：一部传记》葡萄牙语原稿于2015年1月完成。我们在书的结尾没有对巴西的未来做出明确的预测；尽管如此，我们充满期待和希望。在巴西历史上最长的民主时期（自1988年宪法颁布以来），政治收益逐渐累积，似乎不可逆转。在本书的结语中，我们提到了几个积极的指标，例如，公共政策与巴西人民的现实越来越接近，社会和经济差距的缩小，该国最贫困人口生活水平的改善，以及公民权利方面的进展。巴西的民主之所以强大，是因为巴西人民在从军事独裁向民主的漫长过渡期间做出的选择以及1988年宪法的分量。我们认为，立法、行政和司法这三项政府权力是完善且平衡的。强大的制度是健康民主的标志，这也是我们写完这本书后对巴西现状的看法。

事实上，到2015年初，巴西取得了相当大的进步，尽管并非完美无缺的。我们注意到，虽然民主已经站稳脚跟，共和国享有宪制体系，但公民仍然没有充分参与国家普遍关心的议题。适当的公共行政机制尚未到位——因此，完全支持他们满足公共服务需求的举措具有挑战性。那时和今日，巴西政府都未能保障权利，尤其是公民权利。种族主义、仇视同性恋和杀
588 害女性的行为屡见不鲜。巴西土著居民和他们的土地所有权，

以及逃奴堡居民也遭到攻击。此外，仍然缺乏针对各种残疾人士的政策和基础设施。

可以肯定地说，我们三年前做出的评估是正确的，即共和国的建设是一项正在进行的工作。但是，我们欣喜地认为巴西在通往民主的道路上已经站稳了脚跟，这一点我们错了。

至少到 2014 年之前，根据衡量民主质量和实力的常规短期指标——程序性、比较性和历史性——巴西似乎已经步入正轨。该国正以一种尽管是新的但充满活力的民主走向 21 世纪。毕竟，两个最强大的政党——巴西社会民主党和劳工党——轮流执政。人们普遍理解并接受普选是获得政治领导权的唯一合法手段。该国制度健全，选举定期举行，且权力转移无停顿。事实上，1985 年至 2015 年，巴西的权力转移比其他任何共和时期都要多。此外，理事机构通过的公共政策必须提交全民投票，包括经济不平等立法。主要为公民权的权利列表被大大加长了。在经济方面，巴西的民主使稳定性得到提高，恶性通货膨胀得到控制，货币更加坚挺。[1]所有这一切都发生在 30 年的时间里，这让巴西人民感到乐观。

但是，在 2015 年到 2017 年之间出现了问题。尽管到 2014 年中，媒体不断报道政府腐败，司法部门也饱受同样问题的困扰，但一切尚在掌控中。应对腐败问题的能力似乎强于其成为普遍问题的倾向。不幸的是，这种评估是错误的。令人眩晕的变化即将来临。巴西的民主力量受到了考验。民主程序陷入危机，事实变得越来越难以查清。当所有这一切都在发生时，巴西的经济就在我们眼前陷入了螺旋式下降。

历史学家往往很谨慎，常常无奈地警告说，历史只有事后 589
才能看见。他们了解到，时间不会直线前进，也不一定会逐步发展。从现在的角度来看，由于同时期事态的进展模糊了我们的视线，除了熟悉的迂回曲折之外，在地平线上几乎看不到什么。当然，时事对我们这本书的写作产生了影响，但在接下来的几页中，我们想指出一些我们当时无法预测而此时正在进行的进程。

事实上，当我们回头看时，我们可以说这个国家已经有些问题了。从 2012 年开始，这些迹象越来越明显，尤其是在经济方面。[2]在此之前，一直存在充分就业和健康的劳动力市场。尽管如此，还是有一些迹象表明，由于财政赤字居高不下，公共财政陷入困境。然而，政府仍有自己的经济议程，并决心坚持到底。2012 年 4 月，时任总统迪尔玛·罗塞夫在一次电视广播中宣布将通过公共部门银行降低实际利率并增加对消费者的信贷额度。5 月，消费者用电成本下降；8 月公布了一项涉及铁路、公路和机场的公共工程计划，这些计划旨在增加投资、创造就业机会、改善国家的基础设施和物流能力。

迪尔玛·罗塞夫总统第一任期内通过的经济方案依赖于国家参与刺激巴西工业部门。巴西国家经济社会发展银行被要求投资于政府确定的公司。该战略是为了减轻他们的税收负担并控制国外资本流入以保护巴西工业，被称为“新经济矩阵”（Nova Matriz Econômica）。

但是，该计划产生的后果很严重。诚然，巴西受到了以欧洲为震中的第二阶段国际金融危机以及中国经济增长势头放缓的严重影响，但造成负面影响的主要原因是政府的经济政策。罗塞夫总统迫使利率下降，使自己陷入了与金融部门的不和，金融部门普遍面临信贷风险增加和利润减少的预期。与此同
590 时，为刺激商业活动而准许的免税政策消耗了公共资源，却没

有获得经济重新增长的成效。

在罗塞夫总统上任前的那段时间里累积起来的问题如滚雪球般演变成了雪崩。例如，国库不得不拿出资金来支持政府承诺的降低电力成本；巴西国家石油公司面临着可怕的损失，截至2014年底，损失接近500亿美元，因为罗塞夫政府对汽油实行了人为的价格管制；巴西财政状况恶化，减损了国际投资者对巴西经济未来的信心；通货膨胀加剧。2015年，经济直线下滑：国家陷入衰退，通货膨胀持续，高利率周期重新开始——达到每年14.25%，投资崩溃，且经济萎缩开始威胁到劳动力市场。国外也发出了警告信号，国际信用评级机构、国际货币基金组织（IMF）和世界银行等国际多边机构纷纷发出警报。

经济困境是问题之一。然而，除了经济困境外，还有另一个紧迫的复杂因素——民众动乱，它表现在巴西各地举行的一系列示威活动中，揭露了大量被压抑的沮丧情绪。2013年6月7日，由左翼各政党激进分子组成的“免费搭车运动”(Movimento Passe Livre，MPL）在圣保罗街头发起，要求取消公共交通的涨价。令人惊讶的是，这些最初被认为是地方性的示威活动掀起了一股巨大的浪潮，席卷全国，吸引了大量人群的加入并带来了他们的计划和希望。2013年6月，抗议活动在更多地点举行，成千上万的人聚集在一起，他们似乎不知从何而来——他们实际上来自四面八方。470场抗议席卷了巴西12个州的首府和每一个大城市，表达了人民极度的不满和沮丧，此外还推动了一个有些混乱的改革议程。后者质疑一切，从足球运动员的高薪到教师的低薪。政客和腐败不能逍遥法外，政府支出政策因缺乏对巴西基础设施的投资而受到批评， 591

并且人们要求进行教育改革。唯一不容违背的是排除主要政党作为改革的推动者。[3]这些计划提出，应中断计划在接下来几年举行的大型赛事，包括2013年国际足联联合会杯、2014年国际足联世界杯和2016年奥运会。据《圣保罗页报》2013年6月18日版令人惊诧的公告，“成千上万的人将走上街头抗议一切”。

在最激烈的时刻，人们有一种感觉，那就是瓶子已经爆开，盖子再也无法盖上。压垮骆驼的最后一根稻草是圣保罗州州长热拉尔多·阿尔克明（Geraldo Alckmin）[4]下令采取的警察暴力镇压行动。6月13日，警方对聚集在圣保罗市主干街道圣保罗人大道上的人群进行镇压，导致128名抗议者受伤。警察镇压的野蛮行为改变了公众舆论，并在全国产生了反响。示威活动规模越来越大——6月13日，约有6500人参加了在圣保罗人大道举行的抗议活动；6月17日，有6.5万人做出同样的举动。

警报已经响起，但很难解释。“在两周内，巴西这个被所有人列举为成功案例的国家——这个国家遏制了通货膨胀、整合了边缘群体、消除了赤贫，简而言之，这个已经成为国际典范的国家——完全被另一个国家取代，在那里公共交通、教育和医疗均彻底失败，且其政客令人尴尬，他们丝毫没有考虑到猖獗的腐败。这两个国家哪一个才是真实的？”散文家兼文学评论家罗伯托·施瓦茨问道。[5]他并不是唯一感到困惑的人。政府推迟了将近一个月才做出回应。直到6月底，罗塞夫总统才在电视上就抗议活动提出了一系列相当抽象且执行复杂的政策，当时她的支持率处于历史最低水平。她谈到了财政责任、控制通货膨胀、举行公民投票以建立一个新的议会来进行政治改革，以及在交通、医疗和教育方面的新投资，但实际上什么都没有付诸实施。

观察到这些抗议活动中出现新的连锁反应，也令人沮丧。事实上，它们与以往任何类型的动荡都截然不同。它们远远超越了先前抗议政府无能和迟钝的示威活动。从广义上讲，这些抗议活动一开始是由一种自由主义狂潮引发的，这是一种关注自我的激进主义。强烈的个人战斗意识和倒退的政治幻想包围 592
着这场运动，这就是新奇之处。对立的理想弥漫在气氛中，导致各种提议和动员，这些提议和动员同时将人们分开并又聚集在一起。

从某种程度上说，2013 年开始的示威活动的不同之处在于其形式。它们主要是通过运动、团体和个人组织起来的，这些运动、团体和个人采取自主行动，表现出各种各样的战斗性。它们不依靠具有既定指挥链的有组织集会。相反，它们主要是通过社交媒体组织的。但它还有很快就会出现的另一面，即所谓的“黑群”。这些抗议者戴着面具，穿着深色衣服，看起来很军事化。他们自称为自由主义者，但他们的态度是标准化、暴力和具有侵略性的，试图模仿西雅图和柏林的自卫示威者。他们打碎商店、银行和政府大楼的窗户，并用石块和棍棒袭击防暴警察。[6]这场“戏”还有另一方面，至少在当时它不那么明显，更难以想象，即目标明确的同质群体联合起来参加示威活动。

到 2013 年，在抗议活动的边缘已经出现了这种奉行个人主义激进主义的迹象。其特点是带有仇恨和对对话越来越反感的不妥协。[7]各种利益团体——企业集团、女权运动、LGBT 团体、反种族主义组织、学生团体，等等——的联合似乎已经被取代，失去了权力地位。这些团体以前是示威活动的组成部分，带来了创新的氛围。出乎意料的是，抗议者的政见出现了很大的不同和分歧，他们的参与类型也发生了变化。之前的运动动力消失不见，“免费搭车运动”失去了对示威者及其要求的控制。

这是一个相当大的逆转。巴西已经出现了分裂的迹象，但在 2015 年至 2016 年的示威活动过程中，这些裂痕变得无法修复。[8]当时罗塞夫政府是主要目标，而腐败则是不满的主要根源。某些以前沉默的团体也发出了声音。它们的特点是保守主义和倒退的观点，如恢复军事独裁的想法，以及倒退的公民和
593 社会权利议程。此外，这些走到抗议活动最前线的团体开始控制大部分活动。其后果令人震惊：左派失去了对抗议活动的控制；温和的中间派退出，或者与右派结盟；针对政客的普遍仇恨浮出水面，并且暴发。

示威活动仍在继续，吸引了成千上万的人，但这些变化现在非常明显。示威者存在分歧，他们的议程相互矛盾。人们参与抗议，要么支持政府，要么反对政府。在国外常见的两极分化现在以一种独特的热带和巴西的方式扎下根来。支持政府的示威活动通常在工作日举行，一般在下午 6 点以后开始。抗议者用红色填满街道，他们的衣服、旗帜和饰带均为红色，随时准备不惜一切代价保卫劳工党。反对政府的抗议活动通常发生在早上，最好是在星期日，参与者主要穿着绿色和黄色的衣服，就像巴西国家足球队的球衣。他们要求弹劾罗塞夫总统，并指责卢拉和劳工党腐败。他们还扛着卢拉和罗塞夫总统穿着囚服的充气人偶。[9]

种种迹象表明，巴西正陷入麻烦。尽管如此，政府还是设

法使自己远离这些问题，至少目前是这样，尽管问题的迹象无处不在。2014 年 3 月，联邦警察发现巴西利亚的一个加油站是非法金融活动的据点。当人们意识到同一个加油站既洗车又洗钱后，事态一发不可收拾：联邦警察联合联邦公共事务部进行的调查很快被称为“洗车行动”（Lava Jato）。[10]资金追踪终结于巴西利亚，但始于一家位于巴拉那州隆德里纳市的公司。该案由巴拉那州库里蒂巴市第 2 联邦法庭的塞尔吉奥·莫罗（Sérgio Moro）法官主审。该联邦法庭是 2003 年由联邦司法委员会在巴西全国设立的几个专门调查洗钱案件的联邦法庭之一。这不是一件小事，巴西人没过多久就意识到局势的严重性和涉案金额的巨大。调查揭露了巴西石油公司一项价值数十亿美元的腐败计划，涉及该公司高层多人、巴西组成企业联盟的16 家最大的建筑公司以及巴西的 5 个主要政党——巴西民主 594
运动党、进步党、民主社会党、劳工党和巴西社会民主党。一切都相互关联，包括建筑项目、合同，以及对政客、政党和公职人员的贿赂。建筑公司定期开会，商定巴西石油公司项目的合谋投标方案。他们商定价格，分配合同，并商定为政党和参与该计划的政客预留的贿赂金额。

这项调查揭露了卷入这个庞大腐败计划的各类人，包括公务员、美元买卖者、商人、妇女和政客，并披露了在过去 30 年中，腐败是如何成为巴西一种可行的治理形式的，适用于联邦、州和市各级公共生活。[11]从未有过如此多的高层管理人员和大企业主被送进监狱。这份名单包括一系列建筑公司的高层：安德拉德·古铁雷斯公司、卡马戈·科雷亚控股公司、OAS 公司、凯罗斯·加尔旺公司和 UTC 工程公司的总裁，以及 Engevix 公司和小门德斯工程公司的副总裁。而且，似乎这还不够，2015 年 6 月，联邦警察将马塞洛·奥德布雷希特（Marcelo Odebrecht）送进了监狱。奥德布雷希特是一名工程师，是巴西最大的建筑公司同时是巴西第二大私营公司的总裁。

除建筑和工程公司以外，库里蒂巴市第 2 联邦法庭的调查揭示了巴西商界和政治体系之间关系的广度和深度。一届政府下台，又一届政府上台，公司单独或以企业联盟的形式为国有公司和强大的政府部门的利益付费。为了换取宽容和准入，他们为政党提供资金，并单独向政客支付报酬。被巴拉那州联邦警察逮捕的美元交易商揭露了冰山一角，包括阿尔贝托·尤赛夫（Alberto Youssef）、卡洛斯·阿比卜·沙特尔（Carlos Habib Chater）、内尔玛·科达马（Nelma Kodama）和同样锒铛入狱的巴西石油公司前董事保罗·罗伯托·达·科斯塔（Paulo Roberto da Costa）。据其中一些人称，巴西石油公司的高级管理人员是掠夺该公司的同谋，他们每个人都代表一个政党。其他人则负责洗钱和收益分配。

总统竞选活动于 2014 年 6 月开始。这是一场艰难的比赛，
595 结果非常接近，毫无疑问这个国家已经变得分裂。第二轮选举只剩下两名候选人，即劳工党的迪尔玛·罗塞夫和巴西社会民主党的阿埃西奥·内维斯（Aécio Neves）。两党都在点票之前声称获胜。但在 2014 年 10 月 26 日，迪尔玛·罗塞夫以 54501118 票（51.64%）击败 51041155 票（48.36%）的阿埃西奥·内维斯再次当选。[12]巴西确实已经分裂。

选举结果公布 4 天后，阿埃西奥·内维斯和巴西社会民主党正式要求最高选举法院重新计票。他们希望由联盟从败选政党中选出的专家对选举过程进行审计和核实。他们声称选举结

果造假，但目的是置疑迪尔玛·罗塞夫任职的合法性，使其胜利无效。这是自军事独裁统治以来，第一次有败选候选人挑战选举结果，并试图否决多数票。这个国家正变得越来越激进。几个派系鼓吹这种分歧，这使以前本就很难进行的对话变得不可能。在公共场合，甚至在最私人的场合，政治讨论已经变得非常有争议，而且令人不快。

罗塞夫总统迟迟没有意识到危机的严重性，以及危机发展的速度。在整个竞选过程中，她承诺，一旦连任，她将保持经济政策正常。她保证，她的政府不会采取限制性或隐性措施，这与其对手所承诺的恰恰相反。罗塞夫总统强调了她认为不容破坏的经济政策。她宣布，她将维持政府在教育、医疗、住房和社会福利工作方面的投资，并将保障社会福利计划，包括休假和社会保障（包括每年额外的一个月薪水，即“十三薪”）的权利。尽管如此，罗塞夫总统在宣誓就职后的三个星期里一直躲在巴西利亚的普拉纳托宫里。最后，2015 年 1 月，她做了与她承诺的完全相反的事情。政府在新任期伊始彻底反转，凭借发展主义议程当选的她抛弃了该议程。他们把目光瞄准了失业保险、遗属养老金和工资津贴等政策。政府通过了一项既反干涉又正统的计划，这实际上与反对派的提议非常相似。罗塞夫总统在竞选期间曾将这一计划称为“经济衰退、失业、 596
工资下降和社会经济不平等加剧”的捷径。[13]

总统的灾难性策略导致她采取的是一项完全违背其承诺的经济政策。她似乎认为，鉴于财政问题和经济危机，除了依靠传统解决方案之外别无他法。政府为此大转弯付出了沉重代价。罗塞夫总统“成功”破坏了其支持基础，并为仍在试图使其任期不合法化的反对派提供了“弹药”。

可能正是在这个时候，“机会窗口”出现了。从 2015 年 1 月罗塞夫总统第二任期开始到 2016 年 8 月参议院弹劾投票，越来越多的人坚信民主总统选举可以被否决、他们自己的意愿可以在社会推行。批评和质疑政府管理不善导致公共债务激增是一回事，而试图通过坦白来说可疑的法律手段进行体制改革，且明确目标就是让总统下台则完全是另一回事。

这个团体聚集了对联邦政府怀有敌意的各种利益集团，包括商人、实业家、银行家、议员、记者、法官和中产阶级某些阶层。他们赞成符合他们眼前利益的立法，并组织了一个提出统一目标同时独立运作的反对派联盟。[14]除此之外，他们还有一个共同目标，那就是推翻政府。这个联盟能够煽动抗议活动，并从国会内外召集少数愿意违背政府利益的国会领导人，其中包括时任众议院议长爱德华多·库尼亚（Eduardo Cunha），时任巴西副总统、巴西民主运动党主席米歇尔·特梅尔（Michel Temer）和时任巴西社会民主党主席、参议员阿埃西奥·内维斯。在一年半的时间里，罗塞夫政府遭遇了一系列令人难以置信的危机。各种危机不计其数：失业率上升，经济形势恶化；从库里蒂巴传来的腐败指控源源不断，它们最初集中在劳工党，尤其是前总统卢拉身上；抗议和不容忍越来越
597 普遍；国会系统地抵制政府举措；与此同时，副总统公开密谋接任领导职务。当丰当大坝（Fundão dam）溃决，导致米纳斯吉拉斯州马里亚纳数人死亡时，情况变得越来越糟。这是巴西经历过的最严重的环境灾难。在那场灾难之后，寨卡病毒和登革热病毒暴发，对这些病毒的处理证明了政府在应对此类紧急情况方面准备不足，更不用说缺乏政策了。[15]即使巴西在 2014 年世界杯对阵德国的比赛中失利，也不会进一步扰乱这

个国家。如果在那之前的重大危机似乎主要发生在足球场上，那么它们现在已成为日常生活的一部分。

反对派联盟以实用主义武装自己。他们的计划是推动政府垮台，并决定谁应该在过渡时期接手，以及在短期内应该实施哪些变革。他们提出了一项中规中矩的政策，其中巴西的危机本质上与整个政府尤其是与罗塞夫总统有千丝万缕的联系。然而，这次突击却有不同之处：它严格地保持在民主仪式的界限之内。利用民主工具并严格遵守法律以反对民主建立的价值观和制度，这是巴西历史上完全闻所未闻的策略。

该策略以所谓的“财政踩踏板”（fiscal pedalling，意为“违规处理的会计账目”）为基础，经济学家用这个术语来描述政府将应付的款项从一个月推迟到下一个月，或从这一年推迟到下一年。财政部求助于其他机构来改善现金状况，并人为地增加基本盈余，从而使政府呈现虚增的财务业绩。历届政府均采用过这种方法，事实上，这个比喻再恰当不过了——毕竟，如果骑车人停止踩踏板，自行车就会翻倒。[16]

2015 年 12 月，时任众议院议长爱德华多·库尼亚[17]着手处理弹劾呼吁。库尼亚被证明是位非常强大的领导者。他通过为近 100 名众议院候选人获得非法竞选资金，“成功”将国会腐败提升到一个全新的高度。他的政治权力源于他对来自 8 个
不同政党、近 250 名议员组成的有凝聚力团体的领导地位，这 598
些议员在某些情况下是任人唯亲的关系。这个团体被称为“大集团”（blocão）。库尼亚自 2014 年以来一直与政府为敌，他经常使用的手段是勒索和威胁对手。2016 年 4 月 17 日，众议院通过了弹劾罗塞夫总统的决议，并于 2016 年 8 月 31 日得到参议院确认。库尼亚被捕入狱，后来因腐败、非法向海外汇

款和洗钱被判处 15 年监禁，做出这一裁定的是库里蒂巴联邦法官塞尔吉奥·莫罗。[18]

我们还需要一段时间才能完全了解 2015 年至 2017 年发生在巴西的事情。遵守法律的常规程序被用来服务于与我们公共机构中所保留的民主价值观背道而驰的利益。这一策略被部分巴西民众采纳并接受，这是他们在没有做出适当批判性判断且没有意识到对巴西民主的代价的情况下采纳并接受的。[19]

罗塞夫总统确实没有履行政府的财政义务，并且在选举年，她批准了极不负责任的政府支出。然而，弹劾也确实得到了国会的支持，而国会成员多数都曾被指控贪污腐败。政府的违规行为很严重，但反对派有一个明确的议程，即使用他们指控罗塞夫总统采用的同样方法继续执政。这给我们留下了一个无法回避的问题：以公共利益的名义，用这些方法罢免民选官员是否正当？反对派议员所使用的法律机制与被指控执政不力的罗塞夫总统所使用的法律机制是出于同样的原因，甚至出于更为虚假的理由。

就在弹劾投票前几天，米歇尔·特梅尔临时政府领导人、参议员罗塞·德·弗雷塔斯（Rose de Freitas）[20]在接受采访时直截了当地指出：所谓的“财政踩踏板”技术只是一种形式、一种借口。罗塞夫总统的倒台不仅仅是基于这些指控，而是由于整个局面。“政府为什么会倒台？在我看来，这与这起‘财政踩踏板’事件无关，［那件事］无关紧要。很简单，政府处
599 于瘫痪状态，没有方向，没有任何执政基础。人们受够了，且国会不会给她通过立法所需的票数。”[21]这位参议员说得很诚恳，但对“财政踩踏板”指控的正当性已变得难以维持。与前总统费尔南多·科洛尔·德·梅洛的弹劾程序以及他随后于

1992 年辞职的情况一样，公众舆论并未达成一致。巴西人民仍然存在分歧。3 月 13 日，大约 50 万名抗议者在圣保罗市圣保罗人大道示威，他们高喊：“迪尔玛滚出去!”此外他们还在公寓的窗户边敲打锅碗瓢盆。5 天后，人数明显更少的人群——约 10 万人——带着标语牌走上同一条大街，标语牌上写着“不要政变”。

弹劾投票当天，联邦区公共安全秘书处下令在部委广场（巴西利亚许多重要联邦政府大楼的所在地）周围修建 2 米高的金属围栏，这是一个明显的时代标志。此举背后有一个明确的、准说教式的含义：将支持弹劾的示威者与反对弹劾的示威者分开。这堵墙就在首都内部将巴西的分裂从象征性的领域转移到了现实的领域。一方面，就反对派而言，应对国家危机的办法是攻击劳工党政府，他们将混乱的事态归咎于劳工党政府。他们相信副总统米歇尔·特梅尔能创造奇迹，他可以组建一个团队，在短期内结束危机。另一方面，政府支持者谴责他们所称的“政变”以及他们所认为的阻挠民主进程的企图。也有人质疑整个过程的公正性。弹劾投票前一天，记者埃利奥·加斯帕里（Elio Gaspari）在《圣保罗页报》专栏指出：“政府瘫痪、缺乏方向和管理国家的能力可能是人们想要推翻政府的原因——成千上万的人走上街头正是要求推翻政府，但这些都不是弹劾的合理理由。”他从教义上解释说：这不符合宪法。[22]

对总统迪尔玛·罗塞夫的弹劾暴露了巴西危机的严重性。对政治和政客普遍失去信心使情况变得更糟。事实上，治理不善的例子一个个被曝光，随之而来的只是增加了怀疑的情绪。许多上台的政客没有以透明和诚实的方式行事，为了与如此费

600 劲融入制度的民主价值观保持一致，他们以往常一样的方式行事。他们没有保留前几届政府的社会收益；相反，他们中的许多人以越来越大胆的方式回归（或从未放弃）以前的风气，如世袭制、政治庇护制和任人唯亲。

巴西的民主有危险吗？这个问题还无法回答。有一点是肯定的：如果社会对权利的保护视而不见，民主总是脆弱的。在巴西这样一个极不平等的社会中，扭曲的焦点必须立即放在人权和保障上述权利上，而这些权利是通过政府的财政支持实现的。[23]

制度无法保护它们，且利用民主规则来破坏它们会从内到外摧毁它们。这完全没有言过其实。毕竟，特梅尔政府采取的首批措施之一是取消处理民权和人权事务的各部级秘书处，而这些秘书处的主要目标是减少巴西的不平等和促进社会包容。这些是以前保护妇女、土著居民、非洲人后裔和逃奴堡居民的部门。随着内阁的组成，特梅尔总统充分暴露了他对多元化社会的漠不关心。新内阁照片显示内阁成员全部为白人男性，主要是特梅尔总统那一代人和社会经济群体。

某种不平衡造成了巴西权力的行使方式。负责权力平衡的机构之间的动态发生了根本性变化。尤其显著的是（在如此短的时间内）行政和立法机关权威的急剧下降，因为它们未能遏制庇护主义和腐败的做法。目前在巴西，无论是行政机关还是国会，其行政能力、合法性和声誉都遭受了巨大损失，而司法机关的情况却截然相反——其势力范围已显著扩大。这种不平衡的风险在于，手握任何一种权力的人都开始将自己视为社会唯一的美德之镜。如果说解决现在如此根深蒂固、几乎成为一种自然现象的腐败问题真的很重要，那么重建政府各部门

之间的权力平衡也至关重要。否则，他们在履行职责时就有可 601
能受到不利的干扰。防止滥用权力只有一种方法，这种方法被称为宪法。

虽然打击腐败的程序、做法和背景在过去 30 年中发生了巨大变化，但与此同时，道德准则也变得越来越僵化，而且出现了一种指责个人的趋势，而个人本身并没有错。但是，个人责任不应以承认一种需要同样认真面对的更广泛的政治文化为代价。这种将政治领域缩小到道德主义、个人主义和任人唯亲的特征可以从喧嚣的激进主义的表现中看出。这就好像巴西民众已经习惯了在某种过山车上过他们的日常生活，把新闻当作迷你剧或肥皂剧来消费。然而，巴西民众的愤怒显然已经平息，这是最令人震惊的事情。2015 年至 2016 年，导致民众走上街头并声称巴西腐败的唯一解决方案是通过刑事诉讼程序的愤怒情绪似乎已经消失殆尽。要么是消失殆尽，要么全耗在了 2016 年 8 月。此后再也没有人在街上抗议了。

尽管时间不长，但仍难以理解为什么大规模的反腐败抗议活动消失了。我们也不知道为什么会在有那么多关于任人唯亲和挪用公款的指控时发生这种情况。一方面，作为巴西民主建设的主要参与者，劳工党未能有系统地重新树立其作为不受腐败影响政党的声誉。针对该党几位领导人的腐败指控，该党成员也未能进行回应。另一方面，政府也远非清白无罪的。在投票弹劾时任总统罗塞夫不到一年后，巴西最高法院法官埃德森·法欣（Edson Fachin）开始对现任政府的 8 名部长进行调查。被调查者名单还包括众议院议长和参议院议长、24 名参议员、40 名联邦众议员、3 名州长以及 1988 年以来当选的所有巴西总统，坦克雷多·内维斯和伊塔马尔·佛朗哥除外。前

总统罗塞夫的对手阿埃西奥·内维斯也在被调查之列。调查内
602 容包括腐败、意识形态造假、洗钱、欺诈和成立企业联盟等指控。巴西主要政党也被指控挪用公款和非法筹措竞选资金，包括民主党（Democratas，DEM）、民主工党、巴西民主运动党、进步党和巴西社会民主党。特梅尔总统本人已尽其所能为自己开脱罪责，并阻止总检察长对他可能被动参与腐败的调查。为此，他换掉了宪法和司法委员会的代表，同意修改联邦预算，就其政府第二层和第三层的职位进行谈判，并向每个政党的代表做出让步，包括那些影响环境的代表。[24]

在撰写本书时，危机已十分严重。然而，人们可能会因此而提出一些尚未被提出的、非常严肃的问题。这场危机甚至可能推动变革，在公共领域和政治领域产生有意义的言行。

我们已经写过，巴西历史不是命中注定的——它是由选择、计划及其后果构成的。我们都知道这不是该国首次面临规模和比例均如此庞大的危机。近距离看到的一切似乎都是巨大的，没有未来，也没有潜在的出路。但是，如果历史能帮助我们回忆过去，它也必然会揭示巴西多年来多次依赖反思时期的事实。顺便说一句，这个国家总能找到自己的出路。

贝洛奥里藏特/圣保罗，2017 年 8 月

译后记

写作一部内容全面广泛，既通俗易读，又具有学术价值的历史著作并非一件容易的事。莉利亚·莫里茨·施瓦茨和埃洛伊萨·穆尔热尔·斯塔林这两位拥有丰富写作经验的巴西著名历史学家做到了。然而，作者在写作本书时并未将其视为传统意义上的巴西史。正如作者在引言中提到，“本书不是要讲述巴西的故事，而是要让巴西成为故事”。作者选择传记形式“作为从历史角度理解巴西的另一种形式”，目的是揭示“公共领域和私人领域之间的深刻联系”。历史学家埃尔瓦多·卡布拉尔曾指出，人们必须“站在过去人的立场上”，才能将公众与私人联系起来，进入一个不属于我们的时代，打开一扇不属于我们的门，了解历史上的人们的感受，并试图理解传记中的主体，即本书中的巴西人民。在这部全面的国家“传记”中，作者描述了过去约 500 年来塑造其国家的历史和社会进展：从殖民主义和“蔗糖文明”时期巴西社会赖以存在的野蛮的奴隶制，到巴西淘金热、君主制、第一共和国，再到独裁统治，最后到当下的民主制度及其所有的成功和不足。除了描述巴西这个国家的进步和美好，作者也丝毫没有粉饰对国家构成威胁的不平等、不公正和腐败，因为“历史是巴西唯一可以依靠的资源，可以为该国的过去提供未来。……未来可能是光明的。”

《巴西：一部传记》葡萄牙语版本于 2015 年 1 月出版，作者在原书结尾处没有对巴西的未来做出明确预测。尽管如此，作者表示对巴西前景充满期待和希望。然而，时隔三年，在英文版出版时，面对陷入困境的巴西，作者反观书中的乐观评估时表示，“我们欣喜地认为巴西在通往民主的道路上已经站稳了脚跟，这一点我们错了”。那么，2015 年至 2017 年间巴西到底发生了什么，让本书作者前后立场转变如此之大？

首先，作为拉美最大经济体，巴西在 21 世纪初迎来了“黄金十年”发展期，但结构性制约逐渐显现。受益于全球大宗商品市场的繁荣，盛产铁矿石、石油以及农产品的巴西经济在 2002 年后开始腾飞。据英国《经济学人智库》（EIU）公布的调查报告，2009 年巴西 GDP 为 1.53 万亿美元，超过俄罗斯成为世界第八大经济体。然而，随着全球经济放缓，大宗商品价格下跌，以基础矿产品、大宗农产品、禽畜肉产品以及原油出口为支撑的巴西经济受到巨大冲击。2011—2012 年巴西经济增长乏力，2014 年进入停滞状态，2015 年开始衰退。据经济指标网（TRADING ECONOMICS）数据，巴西 2016 年第三季度 GDP 增长率为-0.6%，公共债务占 GDP 的 66.23%。巴西经济在繁荣时期过度依赖大宗商品出口和国内消费需求，过早地去工业化导致工业竞争力落后、经济结构单一、生产力落后。巴西经济放缓从根本上来说是结构性放缓，巴西经济陷入困境本质上是经济结构单一的制约。

其次，巴西政坛动荡不安，不同政治势力之间交锋不断。2016 年 8 月 31 日，巴西参议院举行最后一轮投票，最终以 61 票赞成、20 票反对通过总统弹劾案，罗塞夫的总统职务被罢免。历时数月的巴西总统弹劾案终落帷幕，巴西正式进入特梅尔时代。弹劾案结束虽然意味着政治不确定性的基本终结，但巴西政坛依然动荡不断。弹劾案引发了罗塞夫支持者大规模的游行，几十万民众走上街头对弹劾案表示抗议。随着巴西石油公司腐败案的持续发酵，8 月 31 日才当选的新总统特梅尔就职不到一个月就因涉嫌贪腐被调查。

再者，现金转移支付等减贫手段效果显著，但两极分化等问题加剧。近年来，巴西加大了对社会救助项目的投入，减贫效果显著。自 2000 年至 2014 年，社会救助项目支出从 GDP 的 1.5%增长至 2.65%，其中支出最多的项目分别为农村养老金项目和家庭补助金项目。2011 年巴西启动“巴西无贫困计划”（Brasil Sem Miséria），旨在通过现金转移支付和其他支持性政策创造更多就业机会帮助巴西的贫困和绝对贫困人口摆脱贫困。据统计，绝对贫困减少的 20%和不平等减少的 15%都归功于该项目。尽管如此，巴西依然存在较严重的贫困问题，具体表现为贫困群体大、贫困程度深、贫富分化差距大、区域发展差异大等。2016 年第一季度，巴西基尼系数上升了 3.5，这也是 1995 年以来首次上升。当时的经济危机不仅导致失业率攀升，影响了收入分配的情况，也加重了社会不平等。

最后，城市暴力与犯罪等社会治安问题突出。2016 年里约夏季奥运会在吸引全世界目光的同时，也折射出巴西自身的“痼疾”。奥运会期间，各种耸人听闻的抢劫案频频登上媒体头条，一方面反映了媒体对巴西的“刻板印象”，另一方面也真实地照射出巴西深层次的社会治安问题。暴力与犯罪活动不仅威胁到公民的安全，而且造成巨大的社会、经济损失。研究表明，巴西的犯罪直接成本约占国内生产总值的 5%，其社会成本可能相当于经济产出的 4%。暴力和犯罪通过限制经济活动和不同程度地影响贫困社区的生活，使社会贫困和社会排斥的问题更加严重。巴西的暴力事件在近年来尽管略有下降，2013 年仍有 53000 多起谋杀案件登记在册。暴力事件总体呈下降趋势，但在巴西北部和东北部呈上升趋势。巴西的社会治安问题剥夺了许多巴西人分享国家近年来宏观经济增长收益的权利，也阻碍了减少贫困和促进社会共同繁荣的进程。除此之外，巴西还面临公共债务激增、通货膨胀高企、失业率持续上升等一系列危机。

当然，作者在书中对巴西近期事件和人物的评述还有待进一步的验证。例如，作者在英文版后记中将这一系列经济和社会危机归咎于罗塞夫总统的灾难性经济策略。然而，2017 年 6 月 9 日，巴西最高选举法院以 4 比 3 的投票结果裁决 2014 年总统选举获胜者罗塞夫无罪。事实证明，2016 年针对罗塞夫的弹劾案显示巴西的民主制度受到了威胁。此外，巴西这一系列危机表明经济发展才是硬道理。高度依赖大宗商品出口、过早推行“去工业化”、经济结构单一等是制约巴西经济发展的主要问题。巴西历史发展的反复性和曲折性也暗示着巴西经济存在的深层结构性问题正是悬在巴西发展之路上的达摩克利斯之剑。

有关本书的翻译，我遵循的原则是在忠实原文的基础上尽可能做到“达”和“雅”。但是，由于一些专业词汇尚无既定译法，加之本人水平有限，书中难免有疏漏之处，敬请各位读者赐教。最后，我想说当我在阅读这本书时，确实像是在读一本传记。书中的“巴西”不再是媒体报道中冷冰冰的字眼，而是从历史的时空中走出来的活生生的“个体”。这些个体既包括佩德罗·阿尔瓦雷斯·卡布拉尔、冈加·尊巴、佩德罗二世、伊莎贝尔公主、奥多罗·达·丰塞卡、马查多·德·阿西斯、热图利奥·瓦加斯、卡门·米兰达等，也包括我在巴西结识的好友 Cecília、Eduardo、Luís、Olívia、Sandra、Sónia、Vânia 和 Welbi。正是通过让读者与真实、具体的他/她产生联结，这部巴西“传记”让我们明白了是什么成就了“巴西”，是什么造就了热情潇洒、自由包容的巴西人。

注　释

603 本书葡萄牙语版的完整参考书目可以在巴西原版中找到。

引　言

1. 本书最初写于 2014 年。在后记中，我们讨论了自那时以来发生的变化。

一　巴西

1. 塞尔吉奥·波尔图（Sérgio Porto，1923—1968）的笔名，他是巴西散文家、记者和作曲家。
2. 1492 年 10 月 12 日，克里斯托弗·哥伦布在西班牙天主教双王费尔南多和伊莎贝拉的命令下率领第一支远征队到达美洲。
3. 本章后面将解释“食人”和“同类相食”之间的语义区别。
4. 《创世记》的叙述（9:20–9:27）令人困惑。挪亚咒诅含的儿子迦南，而不咒诅含。对于引发咒诅行为的解读也存在许多争议，许多学者认为咒诅是一种更严重的罪行。
5. 挪亚对含的咒诅包括据说是其后代的非洲黑人。《创世记》列出其后代的章节（10:6–10:20）对此没有解释。《米德拉什》声称，含的一个儿子古实是撒哈拉以南的非洲人，咒诅就是通过他传下来的。
6. 洛伦佐·迪·皮尔弗朗切斯科·德·美第奇（1463—1503）在其堂兄“华丽者”洛伦佐的指导下接受教育。他的一位老师是亚美瑞格·韦斯普奇的叔叔乔治·安东尼奥·韦斯普奇（Giorgio Antonio Vespucci）。亚美瑞格本人是洛伦佐的同学，他既是朋友又是雇员。16 世纪初，亚美瑞格·韦斯普奇从新世界寄来的大部分著名信件都是写给洛伦佐的。
7. Francisco Bethencourt, *Racisms: From the Crusades to the Twentieth Century*. Princeton: Princeton University Press, 2013, pp.102–4.

604
8. 葡萄牙勃艮第王朝国王，1248 年至 1279 年在位。
9. 可参阅 Júnia Ferreira Furtado, *O mapa que inventou o Brasil*. Rio de Janeiro: Versal, 2013 及其他。
10. 葡萄牙阿维斯王朝国王，1438 年至 1481 年在位。
11. 葡萄牙阿维斯王朝国王，1481 年至 1495 年在位。
12. 以下关于大发现期间海上生活的评论来自 Paulo Miceli, *O ponto onde estamos: Viagens e viajantes na história da expansão e da conquista*. Campinas: Editora da Unicamp, 2008。

13. 意即板条箱不能装过多的货物。
14. 拉丁语中的“百倍”，历史上的质量单位，相当于 100 磅（45.35 公斤）。
15. Miceli, *O ponto onde estamos*, p. 77.
16. Padre Fernando Oliveira, *A arte da guerra do mar*. Lisbon: Naval Ministry, 1969, p. 77.
17. 由圣科斯马斯治愈的一种神秘疾病。圣科斯马斯和圣达米安（St Damian）这对孪生圣徒是医生，正是他们发现了奇迹般的疗法。在戴克里先（Diocletian）的迫害中，他们于公元 300 年前后在奇里乞亚被捕并被斩首。
18. Joaquim Romero de Magalhães, ‘Quem descobriu o Brasil’, in Luciano Figueiredo (Org.), *História do Brasil para ocupados*. Rio de Janeiro: Casa da Palavra, 2013.
19. Miceli, *O ponto onde estamos*, p. 171.
20. 佩罗・瓦斯・德・卡米尼亚（约 1450—1500），葡萄牙骑士，1500 年随卡布拉尔前往印度。他撰写了卡布拉尔船队 1500 年 4 月发现巴西的官方报告（《佩罗・瓦斯・德・卡米尼亚书信》）。那年晚些时候，他在加尔各答的一场骚乱中丧生。
21. 来自拉丁语 Vera Crux。
22. “巴伊亚”（Bahia）在葡萄牙语中意为“海湾”。该州以首府萨尔瓦多所在的“诸圣湾”（Bahia de Todos os Santos）命名。
23. 葡萄牙阿维斯王朝国王，1495 年至 1521 年在位。
24. 帕拉塞尔苏斯（1493—1541），文艺复兴时期的瑞士－德意志医生、神秘学者、炼金术士和占星家。他坚持从自然中观察而不是查阅古代文献，这与他那个时代的医学实践背道而驰。
25. 吉罗拉莫・卡尔达诺（1501—1576），意大利数学家、医生、哲学家和占星家。他是一名积习难改的赌徒，制定了概率论的首要规则，著有 200 多本关于医学、数学、哲学和音乐的书。
26. Pêro Vaz de Caminha, *Carta de Pêro Vaz de Caminha*, April 1500.
27. 法国瓦卢瓦－昂古莱姆王朝国王，1515 年至 1547 年在位。
28. 葡萄牙阿维斯王朝国王，1521 年至 1557 年在位。
29. 该术语目前用于指代巴西东北部内陆的半干旱灌木林地，在殖民地早期有更广泛的应用，指的是该领土广阔的未经开发的内陆地区。
30. 萨尔瓦多以南直线距离 211 公里处的一个沿海城镇。
31. 关于“巴西”的名字，参阅 ‘O nome Brasil’ (Revista de História,n. 145, pp. 61–86, 2. sem. 2001), and *Inferno Atlântico* (São Paulo: Compan hia das Letras, 1993, pp. 29–32), both by Laura de Mello e Souza 及其他。
32. 在葡语中写作 Pau-Brasil。
33. 费尔南多・德・诺罗尼亚（约 1470—约 1540）声称自己是第一个发现犹如天堂般群岛的欧洲人，这个群岛以他的名字命名，是位于累西腓（Recife）东北 545 公里处大西洋群岛中最大的一个。有关谁首先到达该岛存在争议，该岛最初被命名为“圣若昂”，这是施洗约翰的名字。

34. See S. D’Agostini et al., ‘Ciclo econômico do paubrasil’. Available at:<http://www.biologico.sp.gov.br/docs/pag/v9_1/dagostini.pdf>. Accessed on 15/12/2014.
35. João de Barros with Laura de Mello e Souza, *Inferno Atlântico*, p. 24.
36. 佩罗·德·马加良斯·甘达沃（约 1540—约 1580），葡萄牙学者、历史学家。他的《圣十字省省史》（俗称《巴西》）出版于 1576 年。这本书描述了巴西的发现及其殖民的最初几年，以及不为欧洲人所知的奇异动植物群。它还描述了一只海怪，据说它出现在圣维森特领地（今圣保罗州）的海岸附近，并被当地居民杀死。
37. 葡萄牙国家档案馆即“档案塔”（Torre do Tombo）是葡萄牙最古老的机构之一。它最初于 1378 年设立在圣若热城堡的一座塔楼中（tombo 意为“宪章登记册”，torre 意为“塔楼”），一直是葡萄牙国家中央档案馆之一。
38. Sérgio Buarque de Holanda, *Visão do Paraíso*: *Os motivos edênicos no descobrimento e colonização do Brasil. 6th* edn. São Paulo: Brasiliense, 2002.
39. De Mello e Souza, *Inferno Atlântico*.
40. 下文关于 15 世纪旅行者报告的内容基于 *O sol do Brasil: Nicolas-Antoine Taunay e as desventuras dos artistas franceses na corte de d. João* by Lilia Moritz Schwarcz (São Paulo: Companhia das Letras, 2008) 中的研究。
41. 9 世纪关于圣布兰丹（约 484—约 577）到“赐福岛”的传奇旅程的记述。
606 42. 艾西库斯·伊斯特是 7—8 世纪由教会的希罗尼穆斯长老（假托圣哲罗姆之名）所写的《宇宙志》的主人公，据称该书是从希腊语原文翻译为拉丁语的。它描述了艾西库斯从爱尔兰到印度的旅行，以及他与异国人的接触。
43. 皮埃尔·戴伊（1351—1420），法国神学家、占星家和红衣主教，著有 170 本书。在影响克里斯托弗·哥伦布的作品《世界的形象》中，他讨论了地球的形态。
44. 曼德维尔是这部大受欢迎的《约翰·曼德维尔游记》（可能为虚构）的编纂者，该游记记述了他所谓的环游世界之旅。
45. 信息来自 José Roberto Teixeira Leite, ‘Viajantes do imag inário: A América vista da Europa, século xvii’ (São Paulo, Revista Usp, no. 30, pp. 32–45, June/August 1996)。See also Guilhermo Giucci, *Viajantes do maravilhoso: O Novo Mundo* (São Paulo: Companhia das Letras, 1992); Howard Rollin Patch, *El otro mundo en la literature medieval* (Mexico: Fondo de Cultura Económica, 1956); Joaquín Gil Aléxis Chassang, *Historia de la novela y de sus relaciones com la antigüedad griega y latina* (Buenos Aires: Poseidon, 1948).
46. Teixeira Leite, ‘Viajantes do imaginário’.
47. See Laura de Mello e Souza, *O diabo e a terra de Santa Cruz*. São Paulo: Companhia das Letras, 1986.
48. 安东尼奥·皮加费塔（Antonio Pigafetta，1491—1534），来自威尼斯共和国的意大利学者和旅行者，他与葡萄牙探险家费尔南多·德·麦哲伦

（Fernão de Magalhães）第一次远征东印度群岛。他们于 1519 年（在里约热内卢市存在之前）进入瓜纳巴拉湾。作为麦哲伦的助手，他留下了一份准确的航海日志，其中记录了大量有关地理、气候、动植物群以及探险队所访问地区居民的数据。

49. 葡萄牙阿维斯王朝国王，1557 年至 1578 年在位。
50. 本章稍后将讨论法国在瓜纳巴拉湾沿岸建立"法属安塔提克"殖民地的企图。第二章将讲述他们在北部马拉尼昂领地建立圣路易斯市的过程。
51. Pero de Magalhães Gândavo, *Tratado da terra & história do Brasil*. Org. de Leonardo Dantas Silva. Recife: Fundação Joaquim Nabuco, Massan gana, 1995, pp. 19 and 24.
52. Gândavo, ibid., pp. 24, 27 and 29.
53. 书名的英语翻译为 *History of Santa Cruz Province, commonly known as Brazil*。该书尚未出版英语版。
54. Serge Gruzinski, *La colonisation de l'imaginaire: Sociétés indigènes et occidentalisation dans le Mexique espagnol*, XVIe–XVⅢe siècle. Paris: Gallimard, 1988. 607
55. 比埃尔・德・龙沙（1524—1585）是法国文艺复兴时期的诗人，被同时代人称为"诗人王子"。他在读了安德烈・特韦的《法属安塔提克的特色》后，写下了《哀叹财富》。他将印第安人称为"快乐的人"，他们应该不被打扰且"无忧无虑地"生活（《环球百科全书》）。
56. Ronsard with Manuela Carneiro da Cunha, 'Imagens de índios do Brasil', op. cit., p.4.
57. 法国瓦卢瓦王朝国王，1547 年至 1559 年在位。1533 年，他和凯瑟琳・德・美第奇结婚，当时他们都只有 14 岁。
58. Ferdinand Denis, *Une fête brésilienne célébrée à Rouen en 1550*. Paris: Techener Librarie, 1850.
59. Carneiro da Cunha, 'Imagens de índios do Brasil', op. cit, p.5.
60. 德尼・狄德罗（Denis Diderot, 1713—1784）是《百科全书，或科学、艺术和工艺详解词典》的编者［与让・勒朗・达朗贝尔（Jean le Rond d'Alembert）一起，直到 1759 年］，该书于 1751 年至 1772 年在法国出版。
61. 克劳狄乌斯・托勒密（Claudius Ptolemy，约 90—约 168）是来自亚历山大港的希腊 – 埃及作家，其《地理学指南》是 2 世纪罗马帝国地理知识的汇编。文艺复兴时期，一系列带有更新地图的新版本出版了。
62. 塞巴斯丁・缪斯特（1488—1552）是一位德意志制图家和宇宙学家，他的《宇宙志》出版于 1544 年，是德意志人对世界最早的描述。
63. "……在哥伦布和韦斯普奇航行之前，一直流传着传说，……传说食人族与非洲神话中的狗头人有关联，正如拉伯雷的《巨人传》所附的定义"（*African Cultures and Literatures* edited by Gordon Collier）。
64. Quoted by Carneiro da Cunha, 'Imagens de índios do Brasil', p.5.
65. 文学上的浪漫派印第安主义支持者是小说家若泽・德・阿伦卡尔（Jesé

de Alencar，1829—1877）和诗人贡萨尔维斯·迪亚斯（Gonçalves Dias，1823—1864）。该运动试图通过对殖民地早期巴西土著民族的浪漫描写来建立民族认同感。

66. Montaigne, 'The Cannibals', Essays. Translated into Portuguese by Sérgio Milliet. São Paulo: Abril Cultural, 1972, pp. 101–6. (Coleção Os Pensadores)
67. 书名英语翻译为 *The Singularities of Antarctic France*。
68. André Thevet, *As singularidades da França Antártica*. Lisbon: [n.p.], 1878, pp. 146–80.

608 69. 让·德·莱里（1536—1613）是一名加尔文主义者，1556 年来到法属安塔提克殖民地。创建该殖民地的法国海军上将尼古拉·迪朗·德·维尔盖尼翁最初接受新教徒，然而，八个月后，他指责他们是异端，并将他们驱逐出境。莱里和其他新教徒投靠了图皮南巴人。其中三人后来返回殖民地，并被维尔盖尼翁处决。莱里和其他传教士乘坐一艘不适合航行的旧船返回法国。后来，莱里写了他的《殉道者史》（1564），其中专门用一章来纪念那三个被谋杀的同伴，标题是“在美洲土地上对忠实信徒的迫害”。

70. 书名的英文翻译为 *History of a Voyage to the Land of Brazil*。
71. See Carneiro da Cunha, 'Imagens de índios no Brasil'.
72. Jean de Léry, 'Preface', in *Histoire d'un voyage fait en la terre du Brésil, autrement dite Amerique*. Genebra: A. Chuppin, 1580, pp.2–9.
73. Ibid., p. 227.
74. 莱里在他的《桑塞尔镇令人难忘的历史》（*Memorable History of the Town of Sancerre*）中讲述了这些杀戮的历史，在其中指责法国人比他在巴西遇到的同类相食的印第安人更加野蛮。
75. See Frank Lestringant, 'De Jean de Léry a Claude Lévi Strauss: Por uma arqueologia de *Tristes Trópicos*', *Revista de Antropologia,* São Paulo, vol. 43, no. 2 (2000).
76. 位于今圣保罗州海岸线上，圣维森特岛东北部。
77. Hans Staden, *Duas viagens ao Brasil*. São Paulo: Hans Staden Society Publications, 1942 [1557], ch. 42, part 1.
78. Ibid., pp. 161 and 185.
79. Ibid., pp. 196–8.
80. Carneiro da Cunha, op. cit., p.14.
81. 关于土著立法的整段文字都是基于 Beatriz Perrone Moisés 在由 Manuela Carneiro da Cunha 编撰的 *História dos índios no Brasil* 中的优秀文章“Índios livres e índios escravos”（São Paulo: Companhia das Letras, 1992, pp.115–32）。
82. 圣何塞·安切塔（1534—1597，2014 年被教宗方济各册封）是一位西班牙耶稣会传教士，是最早将天主教传入巴西的神父之一，也是圣保罗的建立者之一（1554 年）。他被认为是殖民地建立后第一个世纪里最有影响力的人物之一。

83. 奥斯瓦尔德·德·安德拉德（1890—1954）是巴西圣保罗现代主义的创始人之一。这句话出自他的《食人宣言》(1928)，他在这本书中抨击了葡萄牙人和传教士的遗留影响。
84. 随后的多数评论都基于 Carlos Fausto,*Os índios antes do Brasil*（Rio de Janeiro: Zahar, 2000）和上文已经引用过的由 Manuela Carneiro da Cunha 编 609
撰的 *História dos índios no Brasil*。
85. 干旱的草原散布着生长不良的植被，这是巴西中央高原（今巴西首都巴西利亚的所在地）的特征。
86. 在巴西东北部的考古遗址中发现了"阿拉图"陶器即梨形葬礼骨灰盒的样本。"阿拉图"陶器受到了卡拉贾人（Carajá）"乌鲁"传统的影响。 See Gabriela Martin, *Pré-história do nordeste do Brasil*。
87. 土著居民住所的名称之一。通常由木头或竹子制成，并用稻草或棕榈叶覆盖。
88. 称作"Ocara"。
89. Eduardo Viveiros de Castro, *A inconstância da alma selvagem*. São Paulo: Cosac Naify, 2002.
90. 帕图斯潟湖（直译为"鸭子湖"）是巴西最大的潟湖。
91. 今流经圣保罗市污染严重的河流。源头位于马尔山，河口位于圣保罗州内陆巴拉那河上的朱比亚（Jupiá）水坝。
92. 这条河流构成了圣保罗州与其南邻巴拉那州的边界。
93. 群体之间的划分也是基于 Fausto，*Os índios antes do Brasil*, pp. 68–70。
94. 皮拉蒂宁加（在图皮－瓜拉尼语中意为"待干的鱼"）是第一个定居点所在的高原的名称，圣保罗市就是从这里发展起来的。1554 年，包括曼努埃尔·达·诺布雷加和何塞·安切塔在内的 12 名耶稣会士在安加保河（Anhangabaú）和塔曼杜阿特河（Tamanduateí）之间的陡峭山顶上围绕着一所用夯土建造的耶稣会修道院（皮拉蒂宁加圣保罗修道院）建立了这个定居点。见第三章。
95. 这些关于圣保罗印第安人被剥削的思考基于 John Monteiro，*Negros da terra: Índios e bandeirantes nas origens de São Paulo* (São Paulo: Companhia das Letras, 1994)。
96. Fausto, *Os índios antes do Brasil*, pp. 78–9.
97. Pierre Clastres, op. cit.
98. 1608 年生于里斯本，1697 年逝于巴伊亚，他是一位伟大的天主教讲坛演说家，是为数不多的描述殖民地早期情况的原始资料来源之一。
99. See Viveiros de Castro, *A inconstância da alma selvagem*.

二　蔗糖文明

1. 甜菜糖出现的时间更晚，从 19 世纪开始才成为西方饮食的一部分。
2. 关于糖的历史这一部分的介绍主要基于 Sidney Mintz 影响深远的著作 610
Sweetness and Power: The Place of Sugar in Modern History (New York:

Penguin, 1985)。

3. 后来成为恩里克一世，葡萄牙阿维斯王朝国王，1578 年至 1580 年在位。
4. 葡萄牙和西班牙使用的历史重量单位，最初是四分之一公担（25 磅）。
5. Muscovado 或 mascavado—— mascavar 的过去分词，该词用于指分离劣质糖，比喻“掺假的”（*Dicionário Aurélio*）。
6. Stuart Schwartz, *Sugar Plantations in the Formation of Brazilian Society: Bahia, 1550–1835*. Cambridge: Cambridge University Press, 1986.
7. 西班牙和葡萄牙王室政治联合时期的前两位国王，这一时期的西、葡被称为伊比利亚联盟或“腓力王朝”。哈布斯堡王朝的腓力二世，1556 年至 1598 年为西班牙国王，1581 年继承葡萄牙王位，成为葡萄牙的腓力一世。他还是尼德兰七省的领主，在他与英格兰玛丽一世（1554—1558 年在位）结婚期间，他是英格兰和爱尔兰国王。他的儿子继承了其王位，成为西班牙国王腓力三世和葡萄牙国王腓力二世（1598—1621 年在位）。
8. See Marshall Sahlins, ‘Cosmologias do capitalismo: O setor transpacífico do “sistema mundial”’, in *Cultura na prática*. Rio de Janeiro: Editora da Ufrj, 2004, chapter 13.
9. 葡萄牙阿维斯王朝国王，1495 年至 1521 年在位。
10. See Vera Lúcia Amaral Ferlini, *A civilização do açúcar: Séculos XVI a XVIII*. São Paulo: Brasiliense, 1984.
11. 曼努埃尔一世之子，葡萄牙国王，1521 年至 1557 年在位。
12. 即由宗教引发的战争。
13. 巴伊亚领地（今巴伊亚州）的一个地区，包括“诸圣湾”（该殖民地的第一个首府萨尔瓦多的所在地）海岸沿线的肥沃土地。
14. 雅瓜里皮（在图皮 – 瓜拉尼语中意为“美洲豹河”）是第一个建在雷孔卡沃巴伊亚诺的城镇。
15. 尽管葡萄牙人很快就镇压了这个异教团体，但它一直活跃到 17 世纪的第二个十年。 See Ronaldo Vainfas, *A heresia dos Índios: Catolicismo e rebeldia no Brasil colonial*. São Paulo: Companhia das Letras, 1995.
16. 塞古鲁港位于巴伊亚南部，是紧邻圣克鲁斯 – 卡布拉利亚（Santa Cruz Cabrália）南部的自治市，卡布拉尔于 1500 年抵达圣克鲁斯 – 卡布拉利亚。
17. 圣维森特领地（今圣保罗州）桑托斯港周围的低洼地带。如今，桑托斯是
611 为该州首府圣保罗服务的港口。圣保罗位于皮拉蒂宁加高原内陆大约 70 公里处，海拔 790 米。
18. 吉尔贝托·弗莱雷（1900—1987）是巴西著名的社会学家和人类学家，其最著名的作品《华屋与棚户》（1933）仍然被认为是巴西的经典之作，尽管它的一些种族预设引发了许多争论。
19. Quoted by Manuel Diegues Junior in *O engenho de açúcar no Nordeste*. Rio de Janeiro: Ministério da Agricultura; Serviço de Informação Agrícola, 1952.
20. 在旧时葡萄牙，1 阿罗瓦相当于 32 磅或 14.5 公斤。
21. See Engel Sluiter, ‘Os holandeses antes de 1621’, *Revista do Instituto de*

Arqueológico, Histórico e Geográfico de Pernambuco, Recife, vol. 46 (1967), pp. 188–207.

22. Boris Fausto, *História do Brasil*, 4th edn. São Paulo: Edusp, 1996.
23. Schwartz, *Sugar Plantations in the Formation of Brazilian Society*, p. 159. 关于海盗，参阅 Jean Marcel Carvalho França and Sheila Hue, *Piratas no Brasil: As incríveis histórias dos ladrões dos mares que pilharam nosso litoral*. São Paulo: Globo, 2014。
24. Andréia Daher, 'A conversão dos Tupinambá entre a oralidade e a escrita nos relatos franceses dos séculos xvi e xvii', *Horizontes antropológicos*, Porto Alegre, vol. 10, no. 22 (July/December 2004).
25. 指圣路易斯岛（*Ilha de São Luís*，又称 island of Upaon-Açu），位于巴西北部海岸的圣马科斯湾，1612 年法国人在那里建立了定居点。1615 年，它被葡萄牙人征服并更名为圣路易斯，即马拉尼昂领地（今马拉尼昂州）的首府。
26. Paul Louis Jacques Gaffarel, *Histoire du Brésil français au seizième siècle*. Paris: Maison Neuve, 1878.
27. 荷属巴西问题上最杰出的专家是外交官和历史学家埃瓦尔多·卡布拉尔·德·梅洛（Evaldo Cabral de Mello）。后文中的信息几乎都来源于他的作品：*O negócio do Brasil: Portugal, os países baixos e o Nordeste*, 1641–1669 (Rio de Janeiro: Topbooks, 2003), *Rubro veio: O imaginário da restauração pernambucana* (Rio de Janeiro:Topbooks,2005), and *Nassau: Governador do Brasil holandês* (São Paulo: Compan hia das Letras, 2006)。
28. 1549 年，巴西第一任总督托梅·德·索萨（1503—1579）创建了萨尔瓦多。1763 年首都迁至里约热内卢，1960 年迁至巴西利亚。
29. 巴西的海岸线毗邻大西洋，全长 7491 公里。
30. 即意大利耶稣会士乔瓦尼·安东尼奥（Giovanni Antonio），他 1649 年生于意大利，1716 年逝于巴伊亚。他以假名安德烈·若昂·安东尼尔（André João Antonil）于 1711 年在里斯本出版的《以毒品和矿藏看巴西的文化和繁荣》（"Culture and Opulence of Brazil throngh its Drugs and Mines"）被认为是有关 18 世纪初巴西社会和经济状况最重要的信息来源之一。
31. Wolfgang Lenk, 'Guerra e pacto colonial: Exército, fiscalidade e administração 612
colonial da Bahia (1624–1654)'. Campinas: Unicamp, 2009. Thesis (PhD in Economic Development).
32. See Hugo Coelho Vieira, Nara Neves Pires Galvão and Leonardo Dantas Silva, *Brasil holandês: História, memória, patrimônio compartilhado*. São Paulo: Alameda, 2012.
33. Rômulo Luiz Xavier Nascimento, '"Entre os rios e o mar aberto": Pernam buco, os portos e o Atlântico no Brasil holandês'. Also in Vieira, Galvão and Silva, Brasil holandês, p.193.

34. 新基督徒是塞法迪犹太人（伊比利亚犹太人），除了一些例外，他们均被迫皈依罗马天主教。
35. José Antonio Golsalves de Mello, *Tempo dos flamengos: Influência da ocupação holandesa na vida e na cultura do Norte do Brasil*. São Paulo: José Olympio, 1947, p.61.
36. 甘蔗榨汁后的残渣（*bagaço*）。
37. 一种颜色黑亮、类似雉鸡的鸟，最初发现于巴西东北部的森林中，但现在已在野外灭绝。
38. Sérgio Buarque de Holanda (ed.), *A época colonial*. São Paulo: Bertrand Brasil, 2003, p. 271. vol. 1: *Do descobrimento à expansão territorial* (Coleção História Geral da Civilização Brasileira).
39. 葡萄牙国王，1640 年至 1656 年在位。
40. 葡萄牙语 “Cortes” 或 “Courts”，来自拉丁语 “cohors”，可以追溯到中世纪。它们是国王为进行磋商和审议而召集的政治会议，在 14 世纪和 15 世纪达到权力的顶峰。
41. See Cabral de Mello, *Rubro veio*, 2005.
42. See Evaldo Cabral de Mello, *O Brasil holandês* (São Paulo: Companhia das Letras, 2010), Rubro veio and Nassau; and Pedro Puntoni, *Guerras do Brasil* (1504–1604) (São Paulo: Brasiliense, 1992). (Coleção Tudo é História)
43. 根据阿尔贝托·达·科斯塔·席尔瓦（Alberto da Costa e Silua）采用的标准，“被奴役”的是第一代非洲人。该术语强调奴役的强制本质，因此更符合这样一种概念，即他们不是自愿处于这种情况的。
44. 指圣保罗州居民。（圣保罗市居民被称为 “paulistanos”。）
45. John Monteiro、Pedro Puntoni 和 Hal Langfur 展示了 18 世纪和 19 世纪印第安人奴隶制在米纳斯吉拉斯的持续存在，因此人们无法讨论一种制度向另一种制度的过渡。
46. Alberto da Costa e Silva，*A enxada e a lança: A África antes dos Portugueses*. Rio de Janeiro: Nova Fronteira, 2010.
47. 用甘蔗蒸馏后制成的，现在是巴西国酒。
613 48. Schwartz, *Sugar Plantations in the Formation of Brazilian Society*, p. 73.
49. “华屋”，直译为“大屋”，而“糖厂”包括“华屋”、“棚户”（奴隶区）、制糖厂和周围的种植园，这两者都是拥有奴隶的蔗糖贵族权力的象征。“棚户”这个词同样是奴隶被迫屈服的象征。
50. 一种高大的草，在巴西仍用作乡村住宅盖屋顶的草料。图皮人称它为 “ssa'pé”, 意即“可照亮、点燃的”，因为它很容易着火。
51. 以上两句直接引语都出自 Schwartz, *Sugar Plantations in the Formation of Brazilian Society*, p.209。
52. 富裕家庭收养外人并把他们当作家庭成员的习惯做法一直延续到 20 世纪。这些人被称为 “agregados” 或 “agregadas”。
53. 格尼帕果是一种红褐色水果，可以产生深蓝色的染料，被印第安人用作人体彩绘。芒格巴果树生长在巴西东北部灌木林地中。

54. Gilberto Freyre, *Açúcar: Uma sociologia do doce, com receitas de bolos e doces do Nordeste do Brasil*. São Paulo: Companhia das Letras, 1987.
55. Junior, *O engenho de açúcar no Nordeste*; Leila Mezan Algranti, 'Os liv ros de devoção e a religiosa perfeita (normatização e práticas religiosas nos recolhimentos femininos do Brasil colonial)', in Maria Beatriz Nizza da Silva (ed.), *Cultura portuguesa na Terra de Santa Cruz* (Lisboa: Estampa, 1995, pp. 109–24); Leila Mezan Algranti, 'Mulheres enclausuradas no Brasil colonial', in Heloisa Buarque de Holanda and Maria Helena Rolim Capelato (eds.), *Relações de gênero e diversidades culturais na América Latina* (Rio de Janeiro and São Paulo: Expressão Cultural/Edusp, 1999, pp. 147–62. *Coleção América 500 Anos*, 9).
56. 按照北欧标准，巴西人喜好甜食，这是一种起源于制糖时期使用大量糖制作甜点的传统。
57. 关于该表达的分析，参阅 Ricardo Benzaquen, *Guerra e paz: Casa-grande & Senzala e a obra de Gilberto Freyre nos anos 30* (São Paulo: Editora 34, 1994)。
58. 金邦杜语是安哥拉西北部安邦杜人所说的班图语。
59. Schwartz, *Sugar Plantations in the Formation of Brazilian Society*, p. 125.
60. "波萨尔人"是新来者（被认为是"懵懂无知的人"），而"拉迪诺人"则是第二代或更后一代（被认为是"聪明的人"）。
61. Francisco Bethencourt, *Racisms: From the Crusades to the Twentieth Century*. Princeton: Princeton University Press, 2013.
62. Ibid., p. 173.
63. 关于巴西依赖和资助政策的基本分析，参阅 Roberto Schwarz, *Ao vencedor as batatas: Forma literária e processo social nos inícios do romance brasileiro* (São Paulo: Duas Cidades, 1977 [5th edn. rev. São Paulo: Duas Cidades; Editora 34, 2000])。
64. 由动物牵引力推动的磨坊。前者用牛，而后者用马。 614
65. André João Antonil, *Cultura e opulência do Brasil*, 3rd edn. Belo Horizonte and São Paulo: Itatiaia/ Edusp, 1982.
66. 意为"令人刺痛"或"灼伤"的水。
67. Schwartz, *Sugar Plantations in the Formation of Brazilian Society*, p. 146.
68. 这些表达对应的英文分别是：Molasses white、dirty white、almost white、whitish、slightly mestizo。
69. 关于 1976 年全国住户抽样调查（PNAD）的数据，尤其可参见 Lilia Moritz Schwarcz, *Nem preto nem branco, muito pelo contrário: Cor, raça e sociabilidade brasileira* (São Paulo: Claro Enigma, 2013)。
70. Fausto, *História do Brasil*, p.48.

三 以牙还牙

1. Herbert S. Klein, *O tráfico de escravos no Atlântico: Novas abordagens para as Américas*. Ribeirão Preto: FUNPECEditora, 2006, pp.6–7.
2. Luiz Felipe de Alencastro, ‘As populações africanas no Brasil’. Available at:<http://www.casadasafricas.org.br/wp/wpcontent/uploads/2011/08/AsPopulacoesAfricanasnoBrasil.pdf>. Accessed on 2/06/2014.
3. Ciro Flamarion Cardoso, *A afro-América: A escravidão no novo mundo*, 2nd edn. São Paulo: Brasiliense, 1984. (Coleção Tudo é História)
4. 1665 年 10 月 29 日，在安布伊拉战役（或姆维拉战役）中，葡萄牙部队击败了刚果王国的部队，并将安东尼奥一世（也称为 Nvita a Nkanga）斩首。自 1575 年葡萄牙在安哥拉建立殖民地以来，曾经是贸易伙伴的两国之间的敌对情绪一直在增加。
5. Klein, *O tráfico de escravos no Atlântico*, p. 18.
6. 直译为“坟墓船”。“Tumbeiro”意即“抬棺材者”——把棺材抬至坟墓的人。
7. Herbert S. Klein, ‘Novas interpretações do tráfico de escravos do Atlân tico’, *Revista de História*, São Paulo, vol. 120 (January/July 1989), pp. 3–25. Available at: <http://www.revistas.usp.br/revhistoria/article/view/18589>. Accessed on 02/06/2014.
8. Ibid., p. 16.
9. Ibid., p. 12.
10. Wlamyra R. de Albuquerque and Walter Fraga Filho, *Uma história do negro no Brasil*. Salvador: Centro de Estudos AfroOrientais; Brasília: Fundação Cultural Palmares, 2006.
11. Sidney Mintz and Richard Price, *O nascimento da cultura afro-americana: Uma perspectiva antropológica*. Rio de Janeiro: Pallas; Centro de Estudos AfroBrasileiros, 2003.

615 12. Klein, ‘Novas interpretações do tráfico de escravos do Atlântico’, pp.16–17.

13. 萨泰里阿教是一种主要在西班牙殖民地发展的综合性宗教。今天，该教流行于西班牙语美洲和加勒比地区，特别是古巴。
14. 尤其可参阅 Clarival do Prado Valladares and his article ‘A iconolo gia africana no Brasil’, in *Revista Brasileira de Cultura* (Rio de Janeiro, MEC, year 1, July/September 1999, pp. 37–48), and Reginaldo Prandi, *Mitologia de orixás* (São Paulo: Companhia das Letras, 2004)。
15. Charles R. Boxer, *O império marítimo português: 1415–1825*. São Paulo: Companhia das Letras, 2002, pp.117–18.
16. 1680 年葡萄牙建立萨克拉门托殖民地。西班牙人在拉普拉塔河对岸的布宜诺斯艾利斯定居，他们对该殖民地的占有权提出了异议。在 1828 年乌拉圭建国之前，该殖民地在西班牙和葡萄牙之间的权力交替不少于六次。
17. 他的名字取自 1477 年至 1495 年的葡萄牙国王若昂二世。

18. 即“黄金海岸”，包括今加纳、贝宁、多哥和尼日利亚等国的海岸线。
19. David Eltis and David Richardson, *Atlas of the Transatlantic Slave Trade*.New Haven and London: Yale University Press, 2010.
20. Schwartz, *Sugar Plantations in the Formation of Brazilian Society*, pp. 280–1.
21. Albuquerque and Fraga Filho, *Uma história do negro no Brasil*.
22. Ambrósio Fernandes Brandão, *Diálogo das grandezas do Brasil* (1618).
23. Schwartz, *Sugar Plantations in the Formation of Brazilian Society*, p. 288.
24. See Manolo Florentino and José Roberto Góes, *A paz das senzalas: Famílias escravas e trafico atlântico, Rio de Janeiro, c.1790–c.1850* (Rio de Janeiro: Civilização Brasileira, 1997), and Robert Slenes, *Na senzala, uma flor: Esperanças e recordações na formação da família escrava* (Rio de Janeiro: Nova Fronteira, 1999).
25. Jorge Benci, *Economia cristã dos senhores no governo dos escravos*. Rome: Antonio de Rossi, 1705.
26. Amaral Ferlini, *A civilização do açúcar*.
27. “逃奴堡”（在本章后面解释）是由逃奴建立的定居点，它们遍布巴西。这些居民被称为“逃奴堡堡民”（Quilombolas）。
28. Didier Fassin, *La Force de l'ordre: Une anthropologie de la police des quartiers*. Paris: Seuil, 2012. (Coleção La Couleur des Idées)
29. See Schwartz, *Sugar Plantations in the Formation of Brazilian Society*.
30. Lilia Moritz Schwarcz and Maria Helena P. T. Machado, ‘Um pouquinho de Brasil: Por que deveríamos nos reconhecer nas cenas de 12 anos de escravidão’, Folha de S. Paulo, São Paulo (February 2014). Caderno Ilustrada, Ilustríssima, p. C2.
31. 关于这个问题有大量的参考书目。我们建议阅读 Stuart Schwartz, Reis and 616
Slenes。
32. See Letícia Vidor de Sousa Reis, *O mundo de pernas para o ar: A capoeira no Brasil, 3rd edn*. (Curitiba: CRV, 2010), and Carlos Eugênio Líbano Soares, *A capoeira escrava e outras tradições rebeldes no Rio de Janeiro, 1808–1850, 2nd edn*. (Campinas: Editora da Unicamp, 2004).
33. Pedro Paulo de Abreu Funari, ‘A arqueologia de Palmares; sua contribuição para o conhecimento da história da cultura afroamericana’, in João José Reis and Flávio dos Santos Gomes (eds.), *Liberdade por um fio: História dos quilombos no Brasil*. São Paulo: Companhia das Letras, 1996.
34. See Kátia de Queirós Mattoso, *Ser escravo no Brasil*. São Paulo: Brasiliense, 1982.
35. 关于“逃奴堡”作为奴隶制的“第三边缘”，参阅 João José Reis and Eduardo Silva, *Negociação e conflito: A resistência negra no Brasil escravista*. São Paulo: Companhia das Letras, 1989。
36. 关于在“逃奴堡”获得土地及耕种，参阅 Flávio dos Santos Gomes and

João José Reis, 'Roceiros, camponeses e garimpeiros quilombolas na escravidão e na pósemancipação', and Heloisa Maria Murgel Starling, Henrique Estrada Rodrigues and Marcela Telles (eds.), *Utopias agrárias*. Belo Horizonte: UFMG, 2008。

37. 现为巴伊亚州首府萨尔瓦多市的一个区。
38. 关于"犰狳洞"，参阅 Reis and Silva, *Negociação e conflito*。
39. 由 Flávio Gomes 创造的 "campo negro" 一词被用来分析围绕着逃奴堡的复杂社会关系网络。See Flávio dos Santos Gomes, *Histórias de quilombolas: Mocambos e comunidades de senzalas no Rio de Janeiro, século XIX*. São Paulo: Companhia das Letras, 2006.
40. 正文中给出的逃奴堡名称包括"奇迹"（Maravilha）、"地狱"（Inferno）、"Cipoteua"（图皮语，一种热带爬行动物）和 "Caxangue"（"黄金海岸"上的一个非洲地区）。
41. 关于亚马孙河下游地区的逃奴堡，参阅 Eurípedes Funes, 'Nasci nas matas, nunca tive senhor; história e memória dos mocambos do baixo Amazonas', in Reis and dos Santos Gomes (eds.), *Liberdade por um fio*。
42. 巴巴苏（Babaçu）是一种高大的羽状叶棕榈。
43. 一种开花的藤蔓植物，结具有药用价值的红色浆果。
44. 在殖民地，大多数主要城市都在沿海。沿海平原与内陆被森林覆盖的群山分隔开来，这一森林覆盖的山地即沿海森林地带。
45. 关于帕尔马雷斯，参阅 Flávio Gomes (ed.), *Mocambos de Palmares: História e fontes (séculos XVI–XIX)* (Rio de Janeiro: 7 Letras, 2010); Edison Carneiro, *O quilombo de Palmares* (São Paulo: Nacional, 1988); Décio Freitas, *Palmares: A guerra dos escravos, 5th edn*. rewritten, revised and expanded (1. Porto Alegre: Mercado Aberto, 1984)。

617 46. 关于"共和国"一词的使用，参阅 'Relação das guerras feitas aos Palmares de Pernambuco no tempo do governador dom Pedro de Almeida (1675–1678)', quoted in Gomes (ed.), *Mocambos de Palmares*, pp. 220 ff。另可见 Sebastião da Rocha Pita, *História da América portuguesa* (São Paulo and Belo Hori zonte: Edusp/Itatiaia, 1976, vol. 8, p. 215)。关于"共和国"一词在葡萄牙政治文化中的用法，参阅 Heloisa Maria Murgel Starling, 'A liber dade era amável ou como ser republicano na América portuguesa (séculos xvii e xviii)'. Belo Horizonte: UFMG, 2013. PhD (Brazilian history)。

47. 关于人口数据，参阅 Ronaldo Vainfas, *Antônio Vieira: Jesuíta do rei*. São Paulo: Companhia das Letras, 2011, p. 270。
48. 安东尼奥·弗雷德里科·德·卡斯特罗·阿尔维斯（1847—1871）是一位废奴主义诗人，24 岁时逝于肺结核。他因在《奴隶》和《运奴船》等诗中对奴隶制的强烈谴责而被称为"奴隶诗人"。
49. Castro Alves, 'Saudação a Palmares', in *Obra completa*. Rio de Janeiro: Nova Aguilar, 1960.

50. 1888 年 5 月 13 日，巴西废除奴隶制。
51. 关于巴西大众想象中各种版本的帕尔马雷斯的汇编，参阅 Jean Marcel Carvalho França and Ricardo Alexandre Ferreira, *Três vezes Zumbi: A construção de um herói brasileiro*. São Paulo: Três Estrelas, 2012。
52. "capitão" 一词的意思是"队长"，"mato"（木头、灌木丛或森林）指的是与城市相对的乡村。
53. 关于"逃奴捕手"，参阅 Silvia Hunold Lara, 'Do singular ao plural: Palmares, capitães do mato e o governo dos escravos', in Reis and Dos Santos Gomes (eds.), *Liberdade por um fio*。
54. 关于利用圣安东尼镇压逃奴，参阅 Luiz Mott, 'Santo Antônio, o divino capitão do mato', in Reis and Dos Santos Gomes (eds.), *Liberdade por um fio*。
55. 关于"捕获的物品"，参阅 Carlos Magno Guimarães, *Uma negação da ordem escravista: Quilombos em Minas Gerais no século XVIII*. São Paulo: Ícone, 1988。
56. 关于破坏制糖业的行为，参阅 Schwartz, *Sugar Plantations in the Formation of Brazilian Society*。
57. "特雷罗"（terreiro，来自拉丁语 "terrarium"）是一块土地夯实的空地。它现在仍然是非裔巴西人举行宗教仪式所在地的名称。
58. 例如，可参阅 Zeca Ligiéro, *Corpo a corpo: Estudo das performances brasileiras*. Rio de Janeiro: Garamond, 2011, especially chapter 3。
59. 关于坎东布雷教，参阅 Reginaldo Prandi, *Segredos guardados: Orixás na alma brasileira*. São Paulo: Companhia das Letras, 2005。 618
60. 格雷戈里奥·德·马托斯（1636—1696）是殖民地最著名的巴洛克诗人，以抨击天主教的讽刺诗而闻名。
61. Não há mulher desprezada/galã desfavorecido/que deixe de ir ao quilombo/dançar o seu bocadinho.
62. Gregório de Mattos, 'Preceito 1', in *Obra poética completa*. Rio de Janeiro: Record, 1984.
63. 关于卡伦杜仪式，参阅 José Ramos Tinhorão, *Os sons dos negros no Brasil: Cantos, danças, folguedos – Origens*. São Paulo: Ed. 34, 2008。

四 黄金！

1. 关于"卡塔瓜斯"，参阅 Ricardo Ferreira Ribeiro, *Florestas anãs do sertão: O cerrado na história de Minas Gerais* (Belo Horizonte: Autêntica, 2005, vol. 1, p. 113)；关于在葡属美洲发现黄金的文本，参阅 Sérgio Buarque de Holanda, 'A mineração: Antecedentes lusobrasileiros' (*História geral da civilização brasileira*. São Paulo: Difusão Europeia do Livro, 1960, i: A época colonial, vol. 2); Charles R. Boxer, *A idade de ouro do Brasil: Dores de crescimento de uma sociedade colonial*, 3rd edn. (Rio de Janeiro: Nova Fronteira, 2000), especially chapter 2 (*Original title: The Golden Age of Brazil 1695–1750: Growing Pains of a Colonial Society*. Berkeley: University of

California Press, 1962); Lucas Figueiredo, *Boa ventura! A corrida do ouro no Brasil (1697–1810) – A cobiça que forjou um país, sustentou Portugal e inflamou o mundo*, 5th edn. (Rio de Janeiro: Record, 2011)。

2. Sérgio Buarque de Holanda, *Visão do Paraíso: Os motivos edênicos no descobrimento e colonização do Brasil*. São Paulo: Companhia das Letras, 2010.
3. 这句话引自塞尔吉奥·布阿尔克·德·奥兰达的著作：*Visão do Paraíso*, p. 99。
4. 马尔山脉（Serra do Mar，海岸山脉）是巴西东南部 1500 公里长的一系列山脉和悬崖。
5. 关于首次发现黄金和进口美洲驼，参阅 Buarque de Holanda, *Visão do Paraíso*, p.237。
6. André João Antonil, *Cultura e opulência do Brasil por suas drogas e minas*, 3rd edn. Belo Horizonte: Itatiaia; São Paulo: Edusp, 1982.
7. Diogo de Vasconcelos, *História antiga das Minas Gerais*, 4th edn. Belo Horizonte: Itatiaia, 1999, p. 123.
8. "黑金"（Ouro Preto，音译"欧鲁普雷图"）是 1823 年，即巴西独立一年后，皇帝佩德罗一世给当时的米纳斯吉拉斯省首府起的名字，该城以前被称为里卡城。

619 9. 关于"黑金"这个词，参阅腹地研究专家（Sertanista）本托·杜·阿马拉尔·科蒂尼奥写给里约热内卢省督阿图尔·德·萨–梅内塞斯的信，日期为 1709 年 1 月 16 日，引自 José Soares de Mello in *Emboabas: Crônica de uma revolução nativista – Documentos inéditos* (São Paulo: São Paulo Editora, 1929, pp. 239 ff)。
10. 葡萄牙布拉干萨王朝国王，1683 年至 1706 年在位。
11. See 'Carta de d. João de Lencastro ao rei. Bahia, 7 de janeiro de 1701', in Orville A. Derby, 'Os primeiros descobrimentos de ouro nos distritos de Sabará e Caeté', *Revista do Instituto Histórico e Geográfico de São Paulo, vol. 5 (1889–1900)*. See also 'Copia do papel que o Sr Dom Joam de Lancastro fez sobre a recadaçam dos quintos do ouro das minas que se descobrirão neste Brazil na era de 1701. Bahia, 12 janeiro 1701', in André João Antonil, *Cultura e opulência do Brasil por suas drogas e minas: Texte de l' édition de 1711, traduction française et commentaire critique par Andrée Mansuy* (Paris: Institut des Hautes Études de l'Amérique Latine, 1965)。
12. Antônio Vieira, *Sermões: Obras completas do padre Antônio Vieira*. Porto: Lello e Irmão, 1959, vol. 5, p.271.
13. 这句话引自塞尔吉奥·布阿尔克·德·奥兰达的著作：*Caminhos e fronteiras*, 3rd edn. São Paulo: Companhia das Letras, 2001。
14. 关于圣保罗的起源，参阅 Mário Neme, *Notas de revisão da história de São Paulo* (São Paulo: Anhambi, 1959); Jaime Cortesão, *A fundação de São Paulo,*

capital geográfica do Brasil* (Rio de Janeiro: Livros de Portugal, 1955)。亦可参阅 Roberto Pompeu de Toledo, *A capital da solidão: Uma história de São Paulo das origens a 1900* (Rio de Janeiro: Objetiva, 2003)。

15. 关于对印第安人的虏获和监禁，参阅 John Manuel Monteiro, *Negros da terra: Índios e bandeirantes nas origens de São Paulo* (São Paulo: Companhia das Letras, 1994)。关于向原住民传授教义的做法和他们的反抗，参阅 Vainfas, *Antônio Vieira*。
16. 关于王家军械团探险之旅的启示，参阅 Jaime Cortesão, *Introdução à história das bandeiras* (Lisbon: Portugália, 1964, vol. 1, pp. 55 ff)。亦可参阅 Pedro Puntoni, *A guerra dos bárbaros: Povos indígenas e a colonização do sertão nordeste do Brasil, 1650–1720* (São Paulo: Fapesp; Hucitec; Edusp, 2012, pp. 196 ff)。
17. 关于在米纳斯吉拉斯发现黄金是王室和圣保罗“班德拉探险队”达成协议的结果的观点，最重要的可参阅 Francisco Eduardo de Andrade, *A invenção das Minas Gerais: Empresas, descobrimentos e entradas nos sertões do ouro da América portuguesa* (Belo Horizonte: Autêntica;Editora PUC Minas,2008)。
18. 多岩石的高原。
19. See,for example,Domingos Vandelli,‘Memória Ⅲ :Sobre as Minas de ouro do Brasil’, *Anais da Biblioteca Nacional do Rio de Janeiro*, Rio de Janeiro, vol. xx (1898), pp. 265–6.
20. See Waldemar de Almeida Barbosa, *Dicionário histórico-geográfico de Minas Gerais*. Belo Horizonte:Itatiaia,1995.(Série Reconquista do Brasil,181). 620
21. 直译为“燕子瀑布”。
22. 关于公民政府的设立与首批城镇的建立，参阅 Cláudia Damasceno Fonseca, *Arraiais e vilas d'el Rei: espaço e poder nas Minas setecentistas* (Belo Horizonte: Editora UFMG, 2011)。关于米纳斯吉拉斯黄金的发现，参阅 Sérgio Buarque de Holanda, ‘Metais e pedras preciosas, *História geral da civilização brasileira ; Antonil, Cultura e opulência do Brasil por suas drogas e minas; Vasconcelos,História antiga das Minas Gerais*。
23. 即米纳斯吉拉斯州居民。
24. 关于埃姆博阿巴战争，最重要的可参阅 Adriana Romeiro, *Paulistas e emboabas no coração das Minas: Ideias, práticas e imaginário político no século XVⅢ*. Belo Horizonte: Editora UFMG, 2009。
25. 关于费尔南·迪亚斯的传记，参阅 Afonso de E. Taunay, *A grande vida de Fernão Dias Pais*. Rio de Janeiro: José Olympio, 1955。
26. 关于萨巴拉布苏山脉的神话，参阅 Buarque de Holanda,*Visão do Paraíso*。
27. Quoted in ibid., p.84.
28. 奥拉沃·比拉克（1865—1918），巴西记者，被奉为巴西最重要的高蹈派诗人。

29. Olavo Bilac, ‘O caçador de esmeraldas’, *Obra reunida*. Rio de Janeiro: Nova Aguilar, 1996.
30. 关于瓦帕布苏湖的神话，参阅 Buarque de Holanda, *Visão do Paraíso*。
31. ‘E as esmeraldas/Minas que matavam/de esperança e de febre/e nunca se achavam/e quando as achavam/eram verde engano?’,from Carlos Drummond de Andrade,‘Canto mineral’, *Poesia completa e prosa*. Rio de Janeiro: Nova Aguilar, 1988.
32. 卡洛斯·德鲁蒙德·德·安德拉德（1902—1987），伟大的现代主义诗人之一。
33. 关于费尔南·迪亚斯的事业和发现的重要性，参阅 Andrade, *A invenção das Minas Gerais*, above all chapter 2。关于粮食分配战略，参阅 Buarque de Holanda, *Caminhos e fronteiras*。
34. 曼蒂凯拉山脉横穿东南部三个州——圣保罗、里约热内卢和米纳斯吉拉斯，它从南帕拉伊巴河岸开始，向东北方向延伸了 320 公里。
621 35. 关于 17—18 世纪通往米纳斯吉拉斯的道路，参阅 Heloisa Maria Murgel Starling, ‘Caminhos e descaminhos das Minas’, in Heloisa Maria Murgel Starling, Gringo Cardia, Sandra Regina Goulart Almeida and Bruno Viveiros Martins (eds.), *Minas Gerais* (Belo Horizonte: Editora UFMG, 2011)。
36. 指大刀或弯刀。
37. “Garganta” 是一个地质术语，指峡谷或深渊。这个词的一般意思是“喉咙”。
38. 关于佩德罗·汉纳金的探险，参阅 C. Adriana Romeiro, *Um visionário na corte de d. João V: Revolta e milenarismo nas Minas Gerais*. Belo Horizonte: Editora UFMG, 2001。
39. ‘Copia do papel que o Sr Dom Joam de Lancastro fez sobre a recadaçam dos quintos do ouro das minas que se descobrirão neste Brazil na era de 1701. Bahia, 12 janeiro 1701’, in Antonil, *Cultura e opulência do Brasil por suas drogas e minas*, p.587.
40. Antonil, *Cultura e opulência no Brasil por suas drogas e minas*.
41. 以竹子为食的蛀虫（“bicho” 意为虫子，“ taquara” 是一种小竹子）。
42. ‘O sertão era outro mar ignoto’, from Raimundo Faoro, *Os donos do poder: Formação do patronato político brasileiro*. São Paulo: Globo, 1991, vol. 2. p. 154.
43. ‘Representação de Pedro Barbosa Leal questionando as ordens de erigir duas casas de fundição, uma em Jacobina e outra em Rio das Contas, explicando que isso não evita o descaminho do ouro, e sugerindo que sejam construídas em Pernambuco, Bahia e Rio de Janeiro’, Rio de Janeiro: Fundação Biblioteca Nacional, Divisão de Manuscritos, II–31, 25, 009, pp. 36–40.
44. 关于道路的描述，参阅 Antonil, *Cultura e opulência no Brasil por suas drogas e minas*; Teodoro Sampaio, *O rio São Francisco e a Chapada Diamantina* (Salvador: Livraria Progresso, 1955)。关于走私路线，最重要

的可参阅 'Representação de Pedro Barbosa Leal questionando as ordens de erigir duas casas de fundição, uma em Jacobina e outra em Rio das Contas, explicando que isso não evita o descaminho do ouro, e suger indo que sejam construídas em Pernambuco, Bahia e Rio de Janeiro', op. cit。

45. 最初是指可以装进驴子或骡子驮的袋子里的谷物的数量，据称殖民地时期1蒲式耳相当于25公斤。

46. 在18世纪末，1里斯的价值相当于今天的50分雷亚尔。

47. Eduardo Frieiro, *Feijão, angu e couve*. Belo Horizonte: Imprensa da Universidade Federal de Minas Gerais, 1966, pp.56–7.

48. 一种大口径、拥有喇叭形枪口、近距离散射铅弹的短步枪。 622

49. See José Vieira Couto, *Memória sobre a capitania das Minas Gerais: Seu território, clima e produções metálicas*, ed. Júnia Ferreira Furtado. Belo Horizonte: Fundação João Pinheiro, 1994.

50. "Fluminense" 来自拉丁语，意为"河"，指的是里约热内卢州的人民和土地。"Baixada Fluminense" 是海岸和山脉之间低洼地带的名称。

51. 理查德·伯顿爵士《巴西高地探险记》(*Exploration of the Highlands of Brazil,* 1869) 中的一段话。

52. "Minhocas" 意为蚯蚓，"macaúba" 在图皮－瓜拉尼语中指一种棕榈树，"jaguara" 最初在图皮－瓜拉尼语中指"美洲豹"。(Dicionário Houaiss)

53. 关于商品进入米纳斯吉拉斯，可参阅 Angelo Alves Carrara, *Minas e currais: Produção rural e mercado interno de Minas Gerais, 1674–1807*. Juiz de Fora: Editora da UFJF,2007。

54. 关于圣巴托洛梅乌逃奴堡，参阅 Waldemar de Almeida Barbosa, *Negros e quilombos em Minas Gerais* (Belo Horizonte: n.p.,1972); 另可见 Carlos Magno Guimarães, *Uma negação da ordem escravista: Quilombos em Minas Gerais no século XVIII* (São Paulo: Ícone, 1988)。

55. 转引自 Almeida Barbosa, *Negros e quilombos em Minas Gerais*, p.121。关于在米纳斯吉拉斯街头售卖食物和蔬菜的黑人妇女，参阅 Laura de Mello e Souza, *Desclassificados do ouro: A pobreza mineira no século XVIII* (Rio de Janeiro: Graal, 1982)。

56. 转引自 Donald Ramos, 'O quilombo e o sistema escravista em Minas Gerais do século xvIII', in João José Reis Flávio dos Santos Gomes (eds.), op. cit., p. 186。关于食品店的总述，亦可参阅 Mello e Souza, *Desclassificados do ouro*。

57. 'Carta de dom Pedro Miguel de Almeida ao rei de Portugal, 13 de junho de 1718', *Revista do Arquivo Público Mineiro*,Belo Horizonte(1898), vol. III ,pp. 251–66.

58. 'Bando sobre quilombolas, 20 de dezembro de 1717', *Arquivo Público Mineiro*, Belo Horizonte, Seção Colonial, códice SC 11, p.269. See also Boxer, *A idade de ouro do Brasil*, pp.196–7.

59. See Magno Guimarães, *Uma negação da ordem escravista*; Queirós Mattoso,

Ser escravo no Brasil.

60. 关于盗贼团伙，最重要的可参阅 Carla Maria Junho Anastasia, *A geografia do crime: Violência nas Minas setecentistas*. Belo Horizonte: Editora UFMG, 2005。

61. 关于米纳斯吉拉斯贫困人口和流浪人口，最重要的可参阅 Mello e Souza, *Desclassificados do ouro*。

62. 他现在被认为是民族英雄和被称为 1789 年“米纳斯密谋”的主要宣传者。

623 63. 关于采矿技术，参阅 Sérgio Buarque de Holanda, ‘A mineração: antecedentes lusobrasileiros’, op. cit.; Buarque de Holanda, ‘Metais e pedras preciosas’; Antonil, *Cultura e opulência do Brasil por suas drogas e minas*; Boxer, *A idade de ouro do Brasil*, especially chapters 2 and 7。

64. 关于奴隶劳动力的数据，参阅 Douglas Cole Libby, ‘As populações escravas das Minas setecentistas: Um balanço preliminar’, in Maria Efigênia Lage de Resende e Luiz Carlos Villalta (eds.), *História de Minas Gerais: As Minas setecentistas*. Belo Horizonte:Autêntica; Companhia do Tempo, 2007, vol.1。

65. Antonil, *Cultura e opulência do Brasil por suas drogas e minas*, p.167.

66. 关于米纳斯吉拉斯税收，参阅 João Pandiá Calógeras, *As minas do Brasil e sua legislação* (Rio de Janeiro: Imprensa Nacional, 1905, 3 vols.); Virgílio Noya Pinto, *O ouro brasileiro e o comércio anglo-português* (São Paulo: Companhia Editora Nacional, 1979); Diogo Pereira de Vasconcelos, ‘Minas e quintos do ouro’, *Revista do Arquivo Público Mineiro*, Belo Horizonte, vol. 6, nos. 3/4 (July/December 1901), pp. 855–965。

67. 关于黄金产量统计，参阅 Noya Pinto, *O ouro brasileiro e o comércio anglo-português*, p.114。另可见 *Figueiredo, Boa ventura!*。

68. 这句话是弗里茨·特谢拉·德·萨莱斯（Fritz Teixeira de Sales）说的，转引自 Mauro Werkema, *História, arte e sonho na formação de Minas*. Belo Horizonte: DUO Editorial, 2010。

69. José Joaquim da Rocha, *Geografia histórica da capitania de Minas Gerais*. Belo Horizonte: Fundação João Pinheiro; Centro de Estudos Históricos e Culturais, 1995.

70. 关于里卡城，参阅 Cláudia Damasceno Fonseca, *Arraiais e vilas d’El Rei: espaço e poder nas Minas setecentistas* (Belo Horizonte: Editora UFMG, 2011); Laura de Mello e Souza, *Cláudio Manuel da Costa: O letrado dividido* (São Paulo: Companhia das Letras, 2011); Figueiredo, *Boa ventura!*; Manuel Bandeira, *Guia de Ouro Preto* (Rio de Janeiro: Ediouro, 2000); Lúcia Machado de Almeida, *Passeio a Ouro Preto* (Belo Horizonte: Editora UFMG, 2011)。

71. 意为会计室、账房。

72. 然而，诗人在诗的结尾处说，里卡城的教堂可以与罗马神庙的美丽和永恒媲美：Presentes tem talvez os Santuários/Em que se hão de esgotar tantos erários/Onde Roma há de ver com glória rara/Que debalde aos seus

templos disputara/A grandeza, o valor e a preeminência。 Cláudio Manuel da Costa,'Vila Rica', in Domício Proença Filho (ed.), *A poesia dos inconfidentes: Poesia completa de Cláudio Manuel da Costa, Tomás Antônio Gonzaga e Alvarenga Peixoto* (Rio de Janeiro: Nova Aguilar, 1996), 'Canto X', p. 443. 关于克劳迪奥·曼努埃尔·达·科斯塔的诗歌，参阅 Sérgio Alcides, *Estes penhascos: Cláudio Manuel da Costa e a paisagem das Minas* (São Paulo: Hucitec,2003)。关于城市空间在 17 世纪米纳斯吉拉斯诗人作品中 624
的重要性，最重要的可参阅 Reinaldo Martiniano Marques, *Poeta e poesia inconfidentes: Um estudo de arqueologia poética*(Belo Horizonte:Universidade Federal de Minas Gerais,1993)(PhD thesis)。

73. 《智利书信》是批评米纳斯吉拉斯省督和政府的无韵讽刺诗。这一系列诗歌以手稿的形式流传开来。诗中的叙述者是智利圣地亚哥的一位居民，圣地亚哥正好暗示着里卡城。
74. Tomás Antônio Gonzaga, 'Cartas chilenas', in Proença Filho (ed.), *A poesia dos inconfidentes*, letters 3, 5, 6, 12). See also Sérgio Buarque de Holanda, 'As Cartas chilenas', in Sérgio Buarque de Holanda, *Tentativas de mitologia* (São Paulo: Perspectiva, 1979), and Tomás Antônio Gonzaga, 'Cartas chilenas', in Proença Filho (ed.), *A poesia dos inconfidentes*, letter 3, pp.815, 818–19.
75. 关于米纳斯吉拉斯奴隶被给予自由和种族混合，参阅 Eduardo França Paiva, *Escravos e libertos nas Minas Gerais do século XVIII* (São Paulo: Annablume, 1995); Laura de Mello e Souza, 'Coartação; problemática e episódios referentes a Minas Gerais no século XVIII', and Laura de Mello e Souza, *Norma e conflito: Aspectos da história de Minas no século XVIII* (Belo Horizonte: Editora UFMG, 1999)。
76. 关于米纳斯吉拉斯的社会结构，参阅 Mello e Souza, *Desclassificados do ouro*。
77. 关于米纳斯吉拉斯的巴洛克风格，参阅 Rodrigo Almeida Bastos, 'O barroco, sagrado e profano; o regime retórico das artes em Minas Gerais no século XVIII', in Starling, Cardia, Almeida and Viveiros Martins (eds.), *Minas Gerais; Brasil barroco: Entre céu e terra* (Paris: União Latina; Petit Palais, 1999); Benedito Lima de Toledo, *Esplendor do Barroco luso-brasileiro* (São Paulo: Ateliê Editorial, 2012); Afonso Ávila, *Resíduos setecentistas em Minas: Textos do século do ouro e as projeções do mundo barroco*, 2 vols. (Belo Horizonte: Arquivo Público Mineiro, 2006)。
78. 关于修道会和世俗兄弟会，参阅 Caio Boschi, *Os leigos e o poder*. São Paulo: Ática, 1986。
79. Rodrigo José Ferreira Bretas, *Traços biográficos relativos ao finado Antônio Francisco Lisboa, distinto escultor Mineiro, mais conhecido pelo apelido de Aleijadinho* (Belo Horizonte: Editora UFMG, 2013); André Guilherme Dornelles Dangelo and Vanessa Brasileiro, *O Aleijadinho arquiteto e out- ros*

ensaios sobre o tema (Belo Horizonte: Escola de Arquitetura da UFMG, 2008).

80. 这句话出自 Mello e Souza, *Desclassificados do ouro*, p.38。

五 热带天堂

1. “Banda” 意为一片或一块土地；“além” 指在另一边、远处、那边。这个词组意为远离城市、穿过海湾、在河另一边的地区。
2. “Praça XV” 是 “Praça XV de Novembro” 的缩写，意即十一月十五日广场，它位于里约热内卢市中心。
3. 关于 17 世纪的里约热内卢，参阅 Vivaldo Coaracy, *O Rio de Janeiro no século XVII* (Rio de Janeiro: José Olympio, 1965); Maurício de Almeida Abreu, *Geografia histórica do Rio de Janeiro (1502–1700)* (Rio de Janeiro: Andrea Jakobsson Estúdio, 2010, 2 vols.)。关于瓜纳巴拉湾，参阅 Bia Hetzel, *Baía de Guanabara* (Rio de Janeiro: Manati, 2000)。
4. 关于 1660 年里约热内卢叛乱，参阅 Luciano Raposo de Almeida Figueiredo, ‘Revoltas, fiscalidade e identidade colonial na América portuguesa; Rio de Janeiro, Bahia e Minas Gerais,1640–1761’(PhD in history. São Paulo: FFLCH-USP, 1995, vol.1); Miguel Arcanjo de Souza,‘Política e economia no Rio de Janeiro seiscentista: Salvador de Sá e a Bernarda de 1660–1661’(MA in history. Rio de Janeiro: CFCHUFRJ,1994); Antônio Felipe Pereira Caetano,‘Entre a sombra e o sol: A Revolta da Cachaça, a freguesia de São Gonçalo do Amarante e a crise política fluminense’(MA in history.Niterói: UFF,2003)。
5. 圣克鲁斯堡位于尼泰罗伊市朱鲁朱巴区糖面包山的对面，保护着海湾入口。葡萄牙人 1584 年占领了这个地方，使之成为里约热内卢州最古老的堡垒。
6. 由维森特・杜・萨尔瓦多修士做出的估算，见 *Historia do Brazil 1560–1627* (Rio de Janeiro and São Paulo: Versal/Odebrecht,2008)。关于蔗糖文化，参阅 Roberto Simonsen, *História econômica do Brasil* (*1500–1820*) (São Paulo: Companhia Editora Nacional, 1962); Tamás Szmrecányi (ed.), *História econômica do período colonial* (São Paulo: Hucitec, 1996); Celso Furtado,*Economia colonial no Brasil nos séculos XVI e XVII* (São Paulo: Hucitec, 2001); Luiz Felipe de Alencastro, *O trato dos viventes: Formação do Brasil no Atlântico sul séculos XVI e XVII* (São Paulo: Companhia das Letras, 2000)。
7. 关于奴隶贸易和走私，参阅 Manolo Florentino (ed.), *Tráfico, cativeiro e liberdade: Rio de Janeiro, séculos XVII–XIX* (Rio de Janeiro: Civilização Brasileira, 2005)。
8. See Luís da Câmara Cascudo, *Prelúdio da cachaça: Etnologia, história e*
626 *sociologia da aguardente no Brasil* (Belo Horizonte: Itatiaia, 1986).
9. 关于萨 – 贝内维德斯，参阅 Charles R. Boxer, *Salvador de Sá e a luta pelo Brasil e Angola 1602–1686* (São Paulo: Edusp,1973); Francisco Adolfo de Varnhagen, ‘Biografia de Salvador Correia de Sá’(Rio de Janeiro, Revista do

IHGB, vol.3, 1841)。
10. Alencastro, *O trato dos viventes*, p.197.
11. 加利昂之岬现在是里约热内卢加利昂国际机场的所在地。
12. 'Carta dos oficiais da Câmara do Rio de Janeiro dirigida ao rei, em 31 de dezembro de 1660', in José Vieira Fazenda, 'Antiqualha e memórias do Rio de Janeiro', Rio de Janeiro, *Revista do IHGB*, vol.89 (1921), pp.9–33.
13. See Carl E. H. Vieira de Mello, *O Rio de Janeiro no Brasil quinhentista*. São Paulo: Giordano, 1996.
14. 圣塞巴斯蒂昂堡建于城堡山（Morro de Castelo）。里约热内卢镇最初由埃斯塔西奥·德·萨建于海湾入口处糖面包山脚下的狗脸山（Morro Cara de Cão），两年后的 1567 年，该镇搬迁至城堡山。
15. 热罗尼莫·巴尔巴略·贝泽拉（1616—1661）。
16. 关于叛乱，参阅 Almeida Figueiredo,'Revoltas, fiscalidade e identidade colonial na América portuguesa'。
17. Silvia Hunold Lara (ed.), *Ordenações Filipinas: Livro V*. São Paulo: Companhia das Letras, 1999.
18. Almeida Figueiredo,'Revoltas,fiscalidade e identidade colonial na América portuguesa', pp.277 ff. 关于大多数定居者叛乱背后的普遍动机，参阅 idem, 'Além de súditos: notas sobre revoltas e identidade colonial na América portuguesa', Niterói, *Tempo*,vol.5,n.10(2000),pp.81–95。
19. 关于 1666 年伯南布哥密谋，参阅 Evaldo Cabral de Mello, *A fronda dos mazombos: Nobres contra mascates, Pernambuco,1666–1715*. São Paulo: Ed.34, 2003。
20. Antônio Vieira, *Sermões*, vol.1. São Paulo: Hedra, 2003.
21. 'Esta é a causa original das doenças do Brasil: tomar o alheio, cobiças, interesses, ganhos e conveniências particulares por onde a Justiça se não guarda e o Estado se perde. Perde-se o Brasil (digamo-lo em uma palavra) porque alguns ministros de Sua Majestade não vêm cá buscar nosso bem, vêm cá buscar nossos bens'.
22. 今塞尔希培州。
23. 关于 17—18 世纪美洲殖民地叛乱和武装起义年表，参阅 Luciano Figueiredo, *Rebeliões no Brasil Colônia* (Rio de Janeiro:Jorge Zahar, 2005)。关于这些运动的概述，参阅 Laura de Mello e Souza,'Motines,revueltas y revoluciones em la America portuguesa de los siglos XVII y XVⅢ', in J. H. Lehuedé (ed.), *História general de America Latina* (Madrid: Trotta, 2000, vol.4)。
24. 关于贝克曼兄弟叛乱，参阅 Milson Coutinho, *A revolta de Bequimão* (São Luís: Geia, 2004); João Francisco Lisboa, *Crônica do Brasil colonial: Apontamentos para a história do Maranhão* (Petrópolis and Brasília: Vozes/Instituto Nacional do Livro, 1976)。 627

25. 格朗–帕拉（Grão-Pará）指的是今巴西北部与马拉尼昂接壤、位于亚马孙河流域的帕拉州。
26. Nosso Senhor dos Passos，指的是“苦路”或“拜苦路”。
27. 圣路易斯议事厅和海关所在地。
28. 巴伊亚领地（后来是省，现在为州）的居民。
29. 关于“独臂者叛乱”及其原因，参阅 Sebastião da Rocha Pitta, *História da América portuguesa* (Belo Horizonte and São Paulo: Itatiaia/ Edusp,1976); Braz do Amaral e Ignácio Accioli, *Memória histórica e política da província da Bahia* (Salvador: Imprensa Oficialdo Estado,1931,vol.3)。关于叛乱的意义，参阅 Jean Delumeau, *História do medo no ocidente 1300–1800* (São Paulo: Companhia das Letras, 1989)。
30. 在萨尔瓦多，一个陡峭得几乎垂直的山坡矗立在港口后面。海湾前面的城区被称为“下城”，而山顶上的老城被称为“上城”。它们由陡峭的斜坡街道连接，许多街道下坡时有急转弯。
31. “Dízimo”，即对农产品征收的 10% 的税。
32. See George Rudé, *Ideology and Popular Protest* (New York: Pantheon, 1980). See also Delumeau, *História do medo no ocidente 1300–1800*, especially chapter 4.
33. *Discurso histórico e político sobre a sublevação que nas Minas houve no ano de 1720.* Belo Horizonte: Fundação João Pinheiro/Centro de Estudos Históricos e Culturais, 1994, p. 59. 作者佚名，Laura de Mello e Souza 认为作者是堂佩德罗·米格尔·德·阿尔梅达–波图加尔和在米纳斯吉拉斯逗留期间陪同他的两位耶稣会士：若泽·马什卡雷尼亚什（José Mascarenhas）和安东尼奥·科雷亚（Antônio Correia）。See Laura de Mello e Souza,‘Estudo crítico’, in *Discurso histórico e político sobre a sublevação que nas Minas houve no ano de 1720*, op. cit.
34. 关于 18 世纪上半叶米纳斯吉拉斯发生的叛乱，参阅 Carla Maria Junho Anastasia, *Vassalos rebeldes: Violência coletiva nas Minas na primeira metade do século XVIII* (Belo Horizonte: Editora C/Arte, 1998)。关于卡塔斯阿塔斯和皮坦吉的叛乱，参阅 Vagner da Silva Cunha, *A ‘rochela’ das minas de ouro? Paulistas na vila de Pitangui (1709–1721)*. MA theses in history (Belo Horizonte: UFMG, 2009)。
35. 关于“里卡城煽动事件”的原因，参阅 ‘Termo que se fez sobre a proposta do povo de Vila Rica na ocasião em que veio amotinado a Vila do Carmo, 2 de julho de 1720’, *Arquivo Público Mineiro*, Belo Horizonte, seção colonial, códice SC 06, pp. 95–7。关于其历史，参阅 Feu de Carvalho, *Ementário da história mineira: Felipe dos Santos Freire na sedição de Villa Rica em 1720* (Belo Horizonte: Edições Históricas, 1933); Diogo de Vasconcelos, *História antiga das Minas Gerais* (Belo Horizonte: Itatiaia, 1999)。

628 36. 在殖民地时期的巴西,“ouvidor”（来自动词 ouvir，直译为“倾听者”）是掌管领地法律制度的高级法官。

37. The Morro do Arraial do Ouro Podre，即“烂金村后的小山”。
38. 关于“内陆地区的叛乱”，参阅 Diogo de Vasconcelos, *História média de Minas Gerais* (Belo Horizonte: Itatiaia, 1974); Junho Anastasia, *Vassalos rebeldes*, especially chapter 3。
39. ‘Carta do governador Martinho de Mendonça para Gomes Freire de Andrade, 23 de julho de 1736’, *Arquivo Público Mineiro*, Belo Horizonte, seção colonial, códice SG 55, fl.91–2.
40. ‘Carta do governador Martinho de Mendonça para o secretário de Estado Antônio Guedes Pereira, 17 de outubro de 1737’, Belo Horizonte, *Revista do Arquivo Público Mineiro*, vol.1(1896), p.662.
41. See Almeida Figueiredo, ‘Revoltas, fiscalidade e identidade colonial na América portuguesa’.
42. Evaldo Cabral de Mello 在比较分析 1710 年和 1711 年埃姆博阿巴起义和伯南布哥起义时指出了这一点。Cabral de Mello, *A fronda dos mazombos*, pp.358–9.
43. “马斯卡特战争”（Guerra dos Mascates，也称“小贩之战”）。Mascates，即“街头小贩”或“流动街头小贩”，是奥林达优雅的巴西居民用来指称累西腓粗俗的葡萄牙居民的贬义词。
44. 关于“马斯卡特战争”中人物和事件的复杂故事，尤其可参阅 Cabral de Mello, *A fronda dos mazombos*。
45. See Joaquim Dias Martins, ‘Os mártires pernambucanos, vítimas da liberdade nas duas revoluções ensaiadas em 1710 e 1817, Recife, 1853’, pp. 272–3, and Maximiano Lopes Machado, ‘História da província da Paraíba’ (Paraíba: Imprensa Oficial, 1912, p.366), quoted in Cabral de Mello, *A fronda dos mazombos*, pp. 308–9 and 311–12.
46. 当时被称为“letrados”，即“文人”。
47. 关于对密谋者的描述，参阅 Márcio Jardim, *A Inconfidência mineira: Uma síntese factual* (Rio de Janeiro: Biblioteca do Exército Editora, 1989)。贡萨加的传记可见 Adelto Gonçalves, *Gonzaga, um poeta do Iluminismo* (Rio de Janeiro: Nova Fronteira, 1999)。关于克劳迪奥·曼努埃尔·达·科斯塔，参阅 Sérgio Alcides, *Estes penhascos: Cláudio Manuel da Costa e a paisagem das Minas* (São Paulo: Hucitec, 2003); Laura de Mello e Souza, *Cláudio Manuel da Costa* (São Paulo: Companhia das Letras, 2011)。
48. 若泽·达·席尔瓦－奥利韦拉·罗林 (1747—1835)。 629
49. Capangueiros，即直接从矿工那里收购黄金和宝石的人。
50. 关于罗林神父的传记，参阅 Roberto Wagner de Almeida, *Entre a cruz e a espada: A saga do valente e devasso padre Rolim* (São Paulo: Paz e Terra, 2002)。关于被王室认定为非法的米纳斯吉拉斯精英的利益和活动，参阅 Kenneth Maxwell, *A devassa da devassa: A Inconfidência mineira Brasil-Portugal(1750–1808)*. São Paulo: Paz e Terra, 2009。
51. Francisco de Paula Freire de Andrade, ‘2a Inquirição: Rio, Fortaleza da Ilha

das Cobras – 25 de janeiro de 1790', in *Autos da Devassa da Incon- fidência Mineira*, vol. 5. Brasília and Belo Horizonte: Câmara dos Deputados/Imprensa Oficial de Minas Gerais, 1982, p.180.

52. 关于密谋的起因，参阅 Maxwell, *A devassa da devassa*; Roberta Giannubilo Stumpf, *Filhos das Minas, americanos e portugueses: Identidades coletivas na capitania de Minas Gerais (1763–1792)*. São Paulo: Hucitec, 2010。
53. See'Inquirição de Testemunhas(1).Testemunha 4a', in *Autos da Devassa da Inconfidência Mineira*, op.cit., p.156, vol.1.
54. Kenneth Maxwell (ed.), *O livro de Tiradentes: Transmissão atlântica de ideias políticas no século XVIII*. São Paulo: Penguin Classics Companhia das Letras, 2013.
55. 关于蒂拉登特斯的医术，参阅 Junia Ferreira Furtado,'Dos dentes e seus tratamentos: A história da odontologia no período colonial', in Heloisa Maria Murgel Starling, Betânia Gonçalves Figueiredo,Júnia Ferreira Furtado and Lígia Beatriz de Paula Germano (eds.),*Odontologia: História restaurada* (Belo Horizonte: Editora UFMG, 2007, pp. 49 ff)。关于蒂拉登特斯作为"新路"指挥官的活动，参阅 Carla Maria Junho Anastasia, *A geografia do crime: Violência nas Minas Setecentistas* (Belo Horizonte: Editora UFMG,2005),especially chapter 3。关于蒂拉登特斯的更多生平资料，参阅 Lúcio José dos Santos, *A Inconfidência mineira: Papel de Tiradentes na Inconfidência mineira* (Belo Horizonte: Imprensa Oficial, 1972)。
56. 若泽・若阿金・马亚 – 巴尔巴略 (1757—1788)。
57. 关于"米纳斯密谋"缺乏国际支持，参阅 Kenneth Maxwell,'A Inconfidência mineira: Dimensões internacionais', in Kenneth Maxwell, *Chocolate, piratas e outros malandros: Ensaios tropicais*. São Paulo: Paz e Terra, 1999。
58. 关于蒙面人，参阅 'Ofício do Visconde de Barbacena a Luís de Vasconcelos e Souza, vicerei,sobre o início da repressão em Minas', in *Autos da Devassa da Inconfidência Mineira*, op.cit., vol.8, pp.170–1。亦可参阅 'Inquirição das testemunhas, Casa do Ouvidor, 11011790', in *Autos da Devassa da Inconfidência Mineira*, op.cit., vol.2, pp.237 ff。

630 59. 关于举报，参阅 *Autos da Devassa da Inconfidência Mineira*, op.cit., vol.1。

60. 玛丽亚一世于 1777 年成为葡萄牙女王。
61. "Tribunais da Relação" 是葡萄牙高等法院，"Cadeia" 意即"监狱"。这些囚犯被关押在对里约热内卢地区（comarca，法区）有管辖权的高等法院的监狱里。
62. 蛇岛（Ilha das Cobras），位于瓜纳巴拉湾、距离市中心不远的岛屿。最初在 17 世纪早期，葡萄牙人为保护城市免受入侵而在此设防，1789 年岛上有三座堡垒。
63. 关于克劳迪奥・曼努埃尔・达・科斯塔的死，参阅 Jardim, *A Inconfidência mineira*; Mello e Souza, *Cláudio Manuel da Costa*。

64. 圣地亚哥的书出版于 1994 年，当时在军事政权（1964—1985）期间遭受酷刑的政治犯的“自杀”事件在国民记忆中仍然非常鲜活。
65. 感伤曲（Modinhas），是在街上和家庭聚会上用吉他伴唱的押韵短诗。
66. 1890 年，即共和国成立一年后，位于市中心最古老的广场之一兰帕多萨广场被更名为蒂拉登特斯广场，4 月 1 日被宣布为国定假日。
67. 正如殖民地时期巴西一位重要编年史家 Vilhena 在 *A Bahia no século XVIII* ,vol.2 (Salvador: Editora Itapuã, 1969, p. 425) 中所指出的那样。“pasquim”一词在葡萄牙被用来指某种小册子。
68. 在旧城的中心广场有木枷或刑柱。关于小册子出现的日期和地点，尤其可参阅 Luís Henrique Dias Tavares, *História da sedição intentada na Bahia em 1798* (‘A conspiração dos alfaiates’) (São Paulo and Brasília: Pioneira/ Instituto Nacional do Livro,1975)。
69. 总共有 11 本小册子。原件可以在巴伊亚州公共档案馆中找到 (Seção Histórica, maços 578 and 581)。国家图书馆的手稿部还有副本 (1–28;23/ nos.1–12, Coleção Martins)。它们全部由 Dias Tavares 出版：*História da sedição intentada na Bahia em 1798*, pp.22–40; Kátia de Queirós Mattoso, *Presença francesa no movimento democrático baiano de 1798* (Salvador:Editora Itapuã, 1969, pp.144–59)。
70. 关于“巴伊亚密谋”的历史，参阅 István Jancsó, *Na Bahia contra o Império: História do ensaio da sedição de 1798*. São Paulo and Salvador: Hucitec; EDUFba, 1996。
71. 1587 年至 1591 年，葡萄牙宗教裁判所开始记载在葡属美洲出现的诽谤性小册子。参阅 Emanuel Araújo, *O teatro dos vícios: Transgressão e transigência na sociedade urbana colonial* (Rio de Janeiro: José Olympio, 2008), esp.pp.330 ff。
72. 关于小册子的目标，参阅 Kátia de Queirós Mattoso, ‘Bahia 1789: Os panfletos revolucionários–Proposta de uma nova leitura), in Osvaldo Coggiola, *A Revolução Francesa e seu impacto na América Latina* (São Paulo: Nova Stella Editorial/ Edusp, 1990, pp.346 ff)。
73. See‘Panfleto 5o Prelo’, in Queirós Mattoso, *Presença francesa no movimento democrático baiano de 1798*, p.151.
74. 这场起义通常被称为“裁缝起义”。
75. ‘Perguntas a Antônio Ignacio Ramos: A Inconfidência da Bahia em 1798 – Devassas e Sequestros’, Rio de Janeiro, *Anais da Biblioteca Nacional*, vols. 43–4 (1920–1), pp.130–4. See also Dias Tavares, *História da sedição intentada na Bahia em 1798*, p.100.
76. 子安贝（búzio）在非洲宗教中被用来占卜。
77. ‘Continuação das perguntas a José de Freitas Sacoto,pardo,livre e preso nas cadeias desta Relação: Autos da Devassa do Levantamento e Sedição Intentados na Bahia em 1798’, *Anais do Arquivo Público da Bahia*, Salvador: Imprensa Oficial da Bahia, vol.XXXV(1961), p.129.

78. 关于题词和密谋旗帜，参阅 Bráz Hermenegildo do Amaral,‘A conspiração republicana da Bahia de 1798’, in Bráz Hermenegildo do Amaral, *Fatos da vida do Brasil*. Salvador: Tipografia Naval, 1941, p.14。
79. ‘Assentada: Autos da Devassa do Levantamento e Sedição Intentados na Bahia em 1798’, op.cit., vol.XXXVI, p.406.
80. ‘Perguntas a Joaquim José de Santa Anna:A Inconfidência da Bahia em 1798–Devassas e Sequestros’, *Anais da Biblioteca Nacional*, Rio de Janeiro,vol.45 (1920–1), p.119.
81. 关于对密谋的镇压，参阅 Patrícia Valim,‘Da contestação à conversão: a punição exemplar dos réus da Conjuração Baiana de 1798’, *Topoi*, Niterói, vol.10, n.18, pp.14–23, January/June 2009; István Jancsó,‘Teoria e prática da contestação na colônia’, in Jancsó, *Na Bahia contra o Império; história do ensaio da sedição de 1798*。

六　啊，船！海上宫廷

1. 本章是基于 Angela Marques da Costa、Paulo Cesar de Azevedo 和 Lilia Moritz Schwarcz 为 *A longa viagem da biblioteca dos reis: Do terremoto de Lisboa à Independência do Brasil* (São Paulo: Companhia das Letras, 2002) 一书进行的研究。
2. 在玛丽亚一世之子若昂六世 1818 年加冕为国王之前，我们称其为堂若昂。在他母亲被宣布无行为能力之后，我们称其为摄政王堂若昂。他的全名是若昂・玛丽亚・若泽・弗朗西斯科・沙维尔・德・保拉・路易斯・安东尼奥・多明戈斯・拉斐尔・德・布拉干萨。

632 3. Fernando Novais, *Portugal e Brasil na crise do antigo sistema colonial(1777–1808)*. São Paulo: Hucitec, 1989, p.18.

4. 比奥科岛、安诺本岛以及圣多美和普林西比都是几内亚湾的岛屿。
5. Ana Cristina Bartolomeu de Araújo, ‘As invasões francesas e a afirmação das ideias liberais’, in José Mattoso, *História de Portugal*. Lisboa: Estampa, 1989, p.17, vol.5: O liberalismo, 1807–90.
6. 私人哀悼期（Luto cerrado），字面意思是“封闭式哀悼”，在此期间，即使在室内也必须穿黑色衣服，且禁止任何形式的娱乐活动；公共哀悼期（luto aliviado），字面意思是“缓和式哀悼”，在此期间，着装规定和其他限制有所放宽。
7. Luiz Carlos Villalta, *1789–1808: O império luso-brasileiro e os Brasis* (São Paulo: Companhia das Letras, 2000), p.126. 关于葡萄牙的中立政策和法国大革命引发的恐惧，参阅 Lúcia Maria Bastos Pereira das Neves, *Napoleão Bonaparte: Imaginário e política em Portugal–c.1808–1810* (São Paulo:Alameda,2008)。
8. According to Pedro Penner da Cunha, *Sob fogo:Portugal e Espanha entre 1800 e 1820* (Lisbon: Horizonte, 1988), p.138. (Coleção Horizonte Histórico, 14)

9. Bartolomeu de Araújo,'As invasões francesas e a afirmação das ideias liberais', p.19.
10. J.B.F.Carrère, *Panorama de Lisboa no ano de 1796*. Lisboa:Biblioteca Nacional/Secretaria do Estado da Cultura, 1989, p.60.
11. Carl Israel Ruders, *Viagem a Portugal: 1798–1802*. Lisbon: Biblioteca Nacional/Secretaria de Estado da Cultura, 1981, p.36.
12. Bartolomeu de Araújo,'As invasões francesas e a afirmação das ideias liberais', p.21.
13. Carrère, *Panorama de Lisboa no ano de 1796*, p.56.
14. 奥利文萨（西班牙语为 Olivenza）位于西班牙和葡萄牙之间有争议的边界地带，在《巴达霍斯条约》（1801 年）中被割让给西班牙。尽管从那以后它一直受西班牙管辖，但葡萄牙声称该条约应被撤销，该镇及其周边领土应被归还给葡萄牙。
15. Bartolomeu de Araújo, 'As invasões francesas e a afirmação das ideias liberais', p.22.
16. Oliveira Lima, *Dom João VI no Brasil*, 3rd edn. (Rio de Janeiro: Topbooks, 1996), pp.177–89. See also Francisca L.Nogueira de Azevedo, *Carlota Joaquina na corte do Brasil* (Rio de Janeiro: Civilização Brasileira, 2003).
17. José Hermano Saraiva, *História de Portugal*. Mem Martins: Publicações EuropaAmérica, 1998, p.300.
18. Lima, *Dom João VI no Brasil*, p.43.
19. Alexandre José de Mello Moraes, *História da transladação da Corte portuguesa para o Brasil em 1807–1808*, vol.1. Rio de Janeiro: E.Dupont, 1982, p.112. 633
20. 若昂五世，葡萄牙国王，1706 年至 1750 年在位。
21. 路易斯·达·库尼亚，1662 年生于里斯本，1749 年逝于巴黎，是若昂五世统治时期的葡萄牙外交官。由于受到外国思想的影响，他被认为是一个崇洋媚外者。
22. Kátia de Carvalho, *Travessia das letras*. Rio de Janeiro: Casa da Palavra, 1999, p.156.
23. 'Relato de d. Rodrigo de Sousa Coutinho, conde de Linhares', Rio de Janeiro: Biblioteca Nacional,ms.II 30,35,60.
24. 佩德罗·米格尔·德·阿尔梅达·波图加尔·瓦斯康塞洛斯（1688—1756）在他被任命为米纳斯吉拉斯领地省督一年后，于 1718 年继承了第三代阿苏玛伯爵的头衔，他在米纳斯吉拉斯因镇压 1720 年"里卡城煽动事件"（也称为"费利佩·多斯·桑托斯叛乱"）而出名（见第四章）。
25. Carta de 30 de maio de 1801, Arquivo Público do Rio de Janeiro', in Lima, *Dom João VI no Brasil*, p. 45. 下文引用的被认为是阿罗纳侯爵所说的话均出自这一文件。
26. Joel Serrão, *Cronologia de Portugal*. Lisboa: Iniciativas Editoriais, 1971, p.

376.

27. Lima, *Dom João VI no Brasil*, p. 46; see also Maria Graham, *Journal or a Voyage to Brazil and residence there*, London, 1824 (London: Longman, 1824).
28. 规模巨大的马夫拉宫殿和修道院建于 1717 年至 1755 年期间。
29. Anônimo, 'Jornada do sr. d. João vi ao Brasil em 1807', in Ângelo Pereira, *Os filhos d'el Rei d. João VI*. Lisbon: Empresa Nacional de Publicidade, 1946, p.101.
30. Lima, *Dom João VI no Brasil*, p.49.
31. Anônimo,'Jornada do sr. d. João vi ao Brasil em 1807', p.101.
32. 摄政王和卡洛塔·若阿金娜有八个孩子："贝拉公主"玛丽亚·特蕾莎，玛丽亚·伊莎贝尔、玛丽亚·达·阿松桑、伊莎贝尔·玛丽亚、玛丽亚·弗朗西斯卡和安娜·德·热苏斯·玛丽亚公主，以及她们的两个兄弟——8 岁的佩德罗（未来的巴西皇帝和在位几周的葡萄牙国王）和他 6 岁的弟弟米格尔。
33. Lima, *Dom João VI no Brasil*, p.47.
34. Alan K. Manchester, 'A transferência da corte portuguesa para o Rio de Janeiro', in H. Keith and Edward S. F. (eds.), *Conflito e continuidade na sociedade brasileira, trs*. José Laurênio de Melo. Rio de Janeiro: Civilização Brasileira, 1970, p. 67.
35. *Carta do Visconde de Anadia ao Príncipe Regente, de 29 de setembro de 1807*. Rio de Janeiro: Arquivo Nacional/Fundo Negócios de Portugal, 1807, caixa 714.

634 36. "祝文"（Collecta pro quacumque Tribulatione, 拉丁语 , "collecta" 意即人们聚集在一起）是一种用于教堂仪式和游行的圣母祷文（向圣母玛利亚祈祷的一种形式）。

37. Camilo Luís Rossi, *Diário dos acontecimentos de Lisboa, por ocasião da entrada das tropas, escrito por uma testemunha*. Lisbon: Oficinas Gráficas da Casa Portuguesa, 1944, p.6.
38. Manchester,'A transferência da corte portuguesa para o Rio de Janeiro', p. 68.
39. 'Carta do frei Matias de São Bruno sobre notícias militares contra a Inglaterra. Cartuxa, 2 de novembro de 1807', in Enéas Martins Filho, p.51.
40. Martins Filho, p.16.
41. 'Parecer do Marques de Pombal, 2 de novembro de 1807', in ibid., p.59.
42. 若昂·罗德里格斯·德·萨 – 梅洛（João Rodrigues de Sá e Melo），1755 年生于阿威罗，1809 年逝于里约热内卢，后来成为阿纳迪亚伯爵。
43. Ibid., p.62.
44. Manchester,'A transferência da corte portuguesa para o Rio de Janeiro', p.181.
45. Lima, *Dom João VI no Brasil*, p.37.
46. Mello Moraes, *História da transladação da Corte portuguesa para o Brasil em 1807–1808*, p.53.

47. Rossi, *Diário dos acontecimentos de Lisboa*, p.9.
48. Domingos de Sousa Coutinho, *Cartas a Sua Alteza Real*. Rio de Janeiro: Biblioteca Nacional, 1807, ms.,10,3,29. 所有后续引述均来自该文件。
49. 堂佩德罗・若泽・若阿金・维托・德・梅内塞斯・科蒂尼奥（Dom Pedro José Joaquim Vito de Meneses Coutinho），约 1775 年生于里斯本，1823 年逝于巴黎。
50. 'Assento tomado em Conselho de Estado no Real Palácio da Ajuda em 8 de Novembro de 1807 na presença de S.A.R.O Príncipe Regente Nosso Senhor', in Martins Filho, op.cit., p.68.
51. Manchester,'A transferência da corte portuguesa para o Rio de Janeiro', p.181.
52. Penner da Cunha, *Sob fogo*, p.76.
53. Manchester,'A transferência da corte portuguesa para o Rio de Janeiro', p. 71.
54. 整段文字出自 Adolfo de Varnhagen, 'História da independência do Brasil', *Revista do IHGB*, Rio de Janeiro, vol.173(1962), pp.58–9.
55. 若阿金・若泽・德・阿泽维多（1761—1835），葡萄牙贵族，也是葡萄牙和巴西宫廷官员。
56. João Manuel Pereira da Silva, *História da fundação do Império brasileiro*, vol. 1.Rio de Janeiro: L.Garnier, 1865, pp.114–15.
57. 阿茹达宫最初由若泽一世于 1761 年下令修建，是在 1755 年摧毁了里斯本大部分地区的地震之后作为临时建筑被修建起来的。1802 年开始整修，而当王室前往巴西时，部分工程仍未完工。
58. *Exposição analítica e justificativa de conduta* ... Rio de Janeiro: Biblioteca 635
Nacional,1821,Rare words section,37,17,1,p.5.
59. Rossi, *Diário dos acontecimentos de Lisboa*, p.11.
60. Mello Moraes, *História da transladação da Corte portuguesa para o Brasil em 1807–1808*, p.61.
61. 爱尔兰中尉托马斯・奥尼尔是随同葡萄牙船队前往里约热内卢的一艘英国船上的军官，他在 1810 年出版了自己的记录。尽管这些记录被广泛查阅，但其事实和风格也被许多人认为言过其实。
62. Rio de Janeiro: Biblioteca Nacional,Seção de Obras Raras,32,1,11.
63. See Marques da Costa, Azevedo and Schwarcz, *A longa viagem da biblioteca dos reis*.
64. Emílio Joaquim da Silva Maia, Rio de Janeiro, Instituto Histórico e Geográfico Brasileiro,lata 245, doc. 7,[n.d.], and Pereira da Silva, *História da fundação do império brasileiro*,p.118.
65. 堂努诺・达・席尔瓦・特洛・德・梅内塞斯・科尔特・雷亚尔（1746—1813）的世袭头衔，他也是第七代阿韦拉什伯爵（Count of Aveiras）。
66. Mello Moraes, *História da transladação da Corte portuguesa para o Brasil em 1807–1808*, p.6.
67. Emílio Joaquim da Silva Maia,'Embarque,séquito e viagem da família

real portuguesa. Arribada à Bahia. Estado do Brasil no tempo de colônia. Desembarque no Rio de Janeiro. Primeiro Ministério Português que funcionou no Brasil', Rio de Janeiro, Instituto Histórico e Geográfico Brasileiro, lata 345, doc. 7 [n.d.].

68. Pereira da Silva, *História da fundação do império brasileiro*, p.121.
69. *Exposição analítica e justificativa da conducta e vida pública do visconde do Rio Seco* ... Rio de Janeiro:Imprensa Nacional,1821,pp.3–4.
70. 如 Pereira da Silva, *História da fundação do império brasileiro*, p.119 中所述。
71. Tobias do Rego Monteiro, *História do Império: A elaboração da independência*, vol. 1. Belo Horizonte and São Paulo: Itatiaia/Edusp (1981), p.66. See also Oliveira Martins, *Don João VI no Brasil* (Brasília: Fundação Projeto Rondon,1987), p.8.
72. Pereira da Silva, *História da fundação do império brasileiro*, p.287. 格雷厄姆·穆尔（Graham Moore）指挥的船只有“马尔伯勒号”（*Marlborough*）、“伦敦号”（*London*）、“贝德福德号”（*Bedford*）和“君主号”（*Monarch*）。
73. Ibid., p.289.
74. Kenneth Light, p.110.
75. Manchester, 'A transferência da corte portuguesa para o Rio de Janeiro', p.188.
636 运送王室成员的船只有：最大吨位且配备 84 门大炮的“王家王子号”、配备 64 门大炮的“阿丰索·德·阿尔布克尔克号”和配备 74 门大炮的“葡萄牙女王号”。该中队还包括配备 74 门大炮的“巴西亲王号”、配备 74 门大炮的“美杜莎号”、配备 74 门大炮的“亨利伯爵号”、配备 64 门大炮的“马蒂姆·德·弗雷塔斯号”和配备 64 门大炮的“堂若昂·德·卡斯特罗号”（*D. João de Castro*）。还有巡防舰——配备 44 门大炮的“弥涅耳瓦号”、配备36门大炮的“海豚号”和配备32门大炮的“乌拉尼亚号”，双桅横帆船——配备 20 门大炮的“复仇号”、配备 22 门大炮的“飞行者号”和配备 22 门大炮的“莱布雷号”，以及供应物资的货船“忒提斯号”（*Thetis*）。Rio de Janeiro: Biblioteca Nacional, mss.1,31,30,63.
76. Pereira da Silva, *História da fundação do império brasileiro*.
77. *Relação das pessoas que saíram desta cidade para o Brasil, em Companhia de S. A.R, no dia 29 de novembro de 1807. Lisboa, 29 de novembro de 1807*. Rio de Janeiro: Instituto Histórico e Geográfico Brasileiro, lata 490, pasta 29. 15 fls.
78. *Papéis particulares do conde de Linhares*. Rio de Janeiro: Instituto Histórico e Geográfico Brasileiro, mss. 1, 29, 20, 1, doc.7.
79. Allan K. Light, pp. 110 and 112.
80. Nireu Oliveira Cavalcanti, *A cidade de São Sebastião do Rio de Janeiro: As muralhas, sua gente, os construtores, 1710–1810* (Rio de Janeiro: UFRJ, PhD thesis in history, p. 160)，引用 Antonio Marques Esparteiro, 'Transmigração da família real para o Brasil'，提供了所有船只上船员人数的详细数字 , in *História Naval Brasileira*. Rio de Janeiro: Ministério da Marinha,1979, pp.325–

51, book 2, vol.2。

81. Pereira da Silva, *História da fundação do império brasileiro*, p. 121. Mello Morais 给出的数字是 30000 人 (Rio de Janeiro: Biblioteca Nacional, mss. 2, 30, 23, 6, n. 5); O'Neill 说有约 16000—18000 名臣民上船，包括 4000 名士兵。José Vieira Fazenda ('Antiqualha e memórias do Rio de Janeiro', *Revista do IHGB*, Rio de Janeiro, vol. 142, book 88 [1920]) 计算出里约热内卢人口在三个月内增加了 20000 人。Cavalcanti 总结说，当时大约有 5000 人（1997 年）。Jurandir Malerba (*A corte no exílio: Civilização e poder no Brasil às vésperas da independência, 1808–1821*. São Paulo: Companhia das Letras, 2000) 在脚注中引用了其他作者的观点和数字，计算出平均为 15000 人，其中 Rocha Martins 认为是 13800，Soriano 认为是 15000 人。Alan K. Manchester 在文章 'A transferência da corte portuguesa para o Rio de Janeiro' 中意识到差异，她认为是 10000 人。Luiz Edmundo 计算出的数字是 15000 人。
82. 'Rodrigo José Ferreira Lobo, Capitão de Mar e Guerra Comandante – Bordo da fragata Minerva, 31 de janeiro de 1808', *Papéis relativos à vinda...*, (1808), pp.19 and 21.
83. Mello Moraes, *História da transladação da Corte portuguesa para o Brasil em 1807–1808*, p.72, and Kenneth Light, p.112. 关于旅行日程和条件的详细信息，参阅 Kenneth Light。
84. 这四种都是当时传统的纸牌游戏：法罗（faraó 或 Farabank，有一个庄家和多名玩家）、伊斯佩尼弗雷（espenifre，其中两张梅花是最大的牌）、四个手指（pacau）和苍头燕雀（chincalhão）。 637
85. 朱诺将军抵达里斯本时，似乎能看到远处的舰队。
86. Varnhagen, 'História da independência do Brasil', p.59.
87. 罗西乌广场自中世纪以来一直是里斯本的主要广场之一，是民众起义、庆祝、斗牛和被处决的场所。它在地震后被重建为庞巴尔风格。
88. Domingos Alves Branco Barreto, *Memória dos sucessos acontecidos na cidade de Lisboa, desde vinte e nove de novembro de 1808*. BN/Mss/I 134no.7.
89. Rossi, *Diário dos acontecimentos de Lisboa*, p.15.
90. Varnhagen,'História da independência do Brasil', pp.58–9.
91. Rossi, *Diário dos acontecimentos de Lisboa*, p.29.
92. Pereira, *Os filhos d'el Rei d.João VI*, p.120.
93. 克卢什国家宫在葡萄牙被称为"葡萄牙的凡尔赛宫"，位于克卢什镇（里斯本和辛特拉之间）。它被建造为堂若昂的父亲——布拉干萨的堂佩德罗的避暑胜地。后来，这座宫殿被用作女王玛丽亚一世的独立住所。
94. Arquivo Nacional Torre do Tombo, Ministério do Reino, maço 279.
95. Rio de Janeiro, Biblioteca Nacional, mss.10, 3, 29.
96. See Lúcia Maria Bastos Pereira das Neves, *Napoleão Bonaparte: Imaginário e política em Portugal– c.1808–1810*. Rio de Janeiro: Alameda, 2008.

97. 塞巴斯蒂昂一世（1554—1578），葡萄牙国王，1557 年至 1578 年在位。他在摩洛哥与摩尔人战斗时失踪（被认为是阵亡）。他死后的继任危机导致葡萄牙在伊比利亚联盟期间的权力衰弱，因而他被称为“被期望者”（O Desejado）。

七 堂若昂和他的热带宫廷

1. 本章部分基于 Angela Marques da Costa、Paulo Cesar de Azevedo 和 Lilia Moritz Schwarcz 为 *A longa viagem da biblioteca dos reis* 一书撰写的原文。
2. 这里的信息是基于两年后到达巴伊亚的玛丽亚·格雷厄姆所作的记述。Maria Graham, *Diário de uma viagem*.Belo Horizonte and São Paulo: Itatiaia/Edusp,1990,p.164. (Coleção Reconquista do Brasil,157).
3. 相当于一个手臂展开的长度。
4. Luís dos Santos Vilhena, *Recopilação de notícias soteropolitanas e brasílicas*. Bahia:Imprensa Oficial do Estado,1922 [1802].
638 5. Arquivo Nacional (981.42 v 711). *Cartas de Vilhena: Notícias soteropolitanas e brasílicas por Luís dos Santos Vilhena*. Bahia: Imprensa Oficial do Estado, 1922, p.36.
6. Graham, *Diário de uma viagem*, pp.167–8.
7. 棕榈油（又称棕油），从油棕中提取的棕榈油，是巴伊亚典型的非裔巴西菜肴中不可或缺的成分。
8. Pierre Verger, *Fluxo e refluxo do tráfico de escravos entre o Golfo do Benin e a Bahia de Todos os Santos: Dos séculos XVII a XIX*. São Paulo and Brasília: Corrupio/Ministério da Cultura, 1987, p. 8.
9. Sergio Buarque Holanda, 1976, pp.71–2.
10. Ibid., p.76.
11. 《和平友好条约》于 1815 年被维也纳会议废除。
12. *Relação das festas que se fizeram no Rio de Janeiro quando o Príncipe Regente N. S. e toda a sua Real Família chegaram pela primeira vez àquela capital*. Lisbon: Impressão Régia, 1810, p.4.
13. “Sé” 是 “Sedes Episcopalis” 的缩写，巴西城市中主教辖区的教堂即主教座堂。
14. Gastão Cruls, *Aparência do Rio de Janeiro: Notícia histórica e descritiva da cidade*, vol.1. Rio de Janeiro: José Olympio, 1952, p.238.
15. Norbert Elias, *A sociedade da corte: Investigação sobre a sociologia da realeza e da aristocracia de corte*. Rio de Janeiro: Zahar, 2001.
16. Luís Edmundo, *O Rio de Janeiro no tempo dos vice-reis*. Brasília: Senado Federal, 2000, p.34(Coleção Brasil 500 Anos).
17. 此处描述基于 ibid.，pp.123–30(Coleção Brasil 500 Anos)。
18. “吻手礼” 是起源于中世纪的普通人民对葡萄牙王室的崇敬传统。这是一种公开的仪式，在这种仪式中，封臣与君主直接接触，在吻手之后，他们可以向君主请求王室的恩惠。它对于国王作为父亲和保护者的角色具有重要的象征意义。

19. 路易斯·贡萨尔维斯·多斯·桑托斯（1767—1844），教师和教士，其著作提供了19世纪上半叶巴西生活的重要信息来源。Luís Gonçalves dos Santos, *Memórias para servir à história do Brasil*. Belo Horizonte and São Paulo: Itatiaia/Edusp, 1981, p.175。
20. Luiz Edmundo, *A corte de d. João no Rio de Janeiro (1808–1821)*, vol. 1. Rio de Janeiro: Conquista, 1939, pp. 84, 113, 164, 226 and 228.
21. 圣克里斯托旺的乡村地区被沼泽地带与城镇中心隔开，后来在若昂六世统治时期，沼泽地带被填平后并入城镇，称为新城。
22. Cruls, *Aparência do Rio de Janeiro*, pp.241–2. 639
23. 用当时的葡萄牙语行话来说，即“Toma-larguras”。根据历史学家 Nireu Oliveira Cavalcanti 的说法，实际作为住所征用的房屋不超过140所。王家图书馆的雇员 Luís Marrocos 在给父亲的一封信中说：“我们在等待载满了人的战列舰‘圣塞巴斯蒂昂号’的到来……我为他们感到遗憾，因为他们在这里连一栋房子也找不到……”(Luís Joaquim dos Santos Marrocos, ‘Carta n. 14, Rio de Janeiro, 27 de fevereiro de 1812’, *Anais da Biblioteca Nacional do Rio de Janeiro*, vol. LVI. Rio de Janeiro: Ministério da Educação, 1934, p. 61.)
24. Lilia Moritz Schwarcz, *As barbas do Imperador: D. Pedro II, um monarca nos trópicos*. São Paulo: Companhia das Letras, 1998, p.159.
25. 这两个名称的原文分别为“Ordem da Espada”和“Grã-cruz, Comendador and Cavaleiro”。
26. Faoro, *Os donos do poder*.
27. Lima, *Dom João VI no Brasil*, p.54.
28. Luiz Norton, *A corte de Portugal no Brasil* (São Paulo: Companhia Editora Nacional, 1938), p. 40. 据推测，这一比较起源于 Hipólito da Costa，并发表在《巴西利亚邮报》上，如下所示，这反映了该报的影响力。
29. Faoro, *Os donos do poder*, vol.1, p. 251. Quotation attributed to Hipólito da Costa.
30. Faoro, *Os donos do poder*,vol.1,p.251.
31. *Ordenações filipinas*, Book Ⅲ, título 75, paragraph 1, with Silvia Hunold Lara (ed.), Ordenações filipinas: Livro V. São Paulo: Companhia das Letras, 1999, p. 30.
32. 见第五章注释39。
33. Ibid., p.33.
34. Manuel Luís Salgado Guimarães, ‘Cronograma avulso, 1750–1808’, in *Nação e civilização nos trópicos*. Rio de Janeiro: Vértice, 1985.
35. Lima, *Dom João VI no Brasil*, p.162.
36. 1706年在累西腓和1746年在里约热内卢分别尝试建立印刷厂。更多详情，参阅 Carlos Rizzini, *O livro, o jornal e a tipografia no Brasil: 1500–1822*. São

Paulo: Imprensa Oficial, 1988, p.310。

37. Leila Mezan Algranti, *D. João VI: Bastidores da Independência* (Rio de Janeiro: Ática,1987); idem,'Os bastidores da censura na corte de d.João', Seminário Internacional d.João VI, um Rei Aclamado na América, Anais da Biblioteca Nacional (Rio de Janeiro:Museu Histórico Nacional, 2000), p.83.

640 38. Ana Maria Camargo and Rubens Borba de Moraes, *Bibliografia da Impressão Régia do Rio de Janeiro*, vol. 2. São Paulo: Edusp/Kosmos, 1993, p.229.

39. Tereza Maria R. Fachada L Cardoso, 'A Gazeta do Rio de Janeiro: Subsídios para a história da cidade', *Revista do IHGB*, Rio de Janeiro, vol. 371 (April/June 1991).

40. Rizzini, *O livro, o jornal e a tipografia no Brasil*, p.332.

41. 这个潟湖以罗德里戈・德・弗雷塔斯・德・卡瓦略（Rodrigo de Freitas de Carvalho, 1684—1748）的名字命名，他是一名葡萄牙骑兵军官，他的妻子继承了包括里约热内卢许多地区在内的大片私有土地。

42. Rizzini, *O livro, o jornal e a tipografia no Brasil*, p.257.

43. Lilia Moritz Schwarcz, *O espetáculo das raças: Cientistas, instituições e questão racial no Brasil do século XIX*. São Paulo: Companhia das Letras, 1993,p.70.

44. See Schwarcz, Marques da Costa and Cesar de Azevedo, *A longa viagem da biblioteca dos reis*.

45. Faoro, *Os donos do poder*, vol. 1, p. 252; Varnhagen, 'História da inde pendência do Brasil', pp.102–3.

46. Varnhagen, 'História da independência do Brasil', pp.102–3.

47. Lima, *Dom João VI no Brasil*, pp.478–9.

48. 'Almanac histórico da cidade de S. Sebastião do Rio de Janeiro' (Revista do IHGB, Rio de Janeiro, book XXI, 1. trim. 1858, pp. 5–7) 至少谈及 20 个机构。See Graça Salgado (ed.), *Fiscais e meirinhos: A administração no Brasil Colonial* (Rio de Janeiro and Brasília: Nova Fronteira/Instituto Nacional do Livro, 1985).

49. Lima 在 *Dom João VI no Brasil* 中所用的表达，p.71。

50. 居民人数没有确切数字。Boris Fausto 称有 10 万人，而其他旅行者认为是 8 万人。即便如此，1817 年，Spix 和 Martius 计算出该市人口为 10 万。据 Pizarro 的计算，1789 年该市人口为 43780。1817 年至 1821 年生活在巴西的 Pohl 认为有 82000 名居民。Renault 计算后得出 1808 年为 8 万人，1821 年 112695 人。1799 年的官方人口普查统计了 43376 名居民。

51. Johann Baptist von Spix and Carl Friedrich Phillip von Martius, *Reise in Brasilien*. São Paulo: Companhia Editora Nacional, 1938, p. 91, part I, vol. II.

52. 约翰・勒科克是约克郡的一名商人，1808 年 6 月，在王室一行到达巴西 3 个月后来到巴西。10 年来，他在巴西做生意并发表一些尖酸刻薄的评论，1820 年他把这些评论发表在他的 *Notes on Rio de Janeiro and the Southern*

Parts of Brazil 中。

53. Seção de Obras Gerais da Biblioteca Nacional, 294, 5, 17. Francisco José da Rocha Martins, *A Independência do Brasil: No rumor duma epopeia o levedar duma nação forte* (Lisbon: Lvmen, 1922).
54. Delso Renault, *O Rio antigo nos anúncios de jornais (1808–1850)*. Rio de Janeiro: José Olympio,1969, p.26.
55. Maria Beatriz Nizza da Silva, *Vida privada e quotidiano no Brasil: Na época de d. Maria I e d. João VI*, 2nd edn. Lisbon: Estampa, 1993, p.243.
56. 西奥多・冯・莱特霍尔德（1771—1826）是摄政王的一位顾问的亲戚。他和侄子（或外甥）路德维希・冯・兰戈（Ludwig Von Rango）来到巴西，打算收购一个咖啡种植园。他们很快放弃了这个想法，并且回到欧洲。1819 年，他们出版了《两个普鲁士人眼中的里约热内卢》（*Rio de Janeiro seen by two Prussians*）。
57. Nizza da Silva, *Vida privada e quotidiano no Brasil*, p.244.
58. 圣安娜广场以 1854 年为修建里约热内卢第一个火车站而拆除的教堂命名，是当时该市最大的娱乐区，也是举行宗教和国家纪念活动的主要场所。
59. T. von Leithold and L. von Rango, *O Rio de Janeiro visto por dois prussianos em 1819*. São Paulo: Companhia Editora Nacional, 1966, p. 97.
60. 若泽・毛里西奥・努内斯・格拉西亚神父（Padre José Maurício Nunes Garcia，1767—1830），奴隶之孙，是巴洛克式宗教音乐作曲家，也是管风琴和羽管键琴演奏家。1819 年，他在殖民地首演了莫扎特的《安魂曲》，1821 年又首演了海顿的《创世记》。
61. Benedicto Freitas, *Santa Cruz, fazenda jesuítica, real e imperial*, 3 vols. Rio de Janeiro:, 1985–7, p. 131.
62. 马科斯・安东尼奥・波图加尔（1762—1830）是葡萄牙古典歌剧和宗教音乐作曲家。他应堂若昂之邀来到里约热内卢。
63. 圣克鲁斯庄园最初是一个修道院和农场，占地面积广阔，由耶稣会士于 1570 年建立，耶稣会士开始了将奴隶训练成音乐家的悠久传统。1759 年耶稣会士被驱逐后，庞巴尔侯爵宣称该庄园属于王室。
64. *O Paiz*, Rio de Janeiro, 10 October 1908, quoted by Freitas, *Santa Cruz, fazenda jesuítica, real e imperial*, vol. 1, p. 140.
65. Barreto Filho and Hermeto Lima, *História da polícia do Rio de Janeiro: Aspectos da cidade e da vida carioca*, 3 vols. Rio de Janeiro: A Noite, 1939–43, vol.2, 1831–1870, p.199.
66. 1808 年 5 月 13 日的王家法令，其中堂若昂授权米纳斯吉拉斯省督向博托库多人开战。(‘Carta régia ao governador e capitão general da capitania de Minas Gerais sobre a guerra aos índios botocudos’, Rio de Janeiro: Biblioteca Nacional, mss. II, 36, 05, 47, 6 pp.)
67. Viterbo Sousa, *Dicionário histórico e documental dos arquitectos, engenheiros e construtores portugueses*. Lisbon: Casa da Moeda/Imprensa Nacional, 1988, p. 65.

68. $000 是 1 千里斯的符号，故此处 40$000 rs 指 4 万里斯。
69. See Gilberto Freyre, *O escravo nos anúncios de jornais brasileiros do século XIX: Tentativa de interpretação antropológica, através de anúncios de jornais brasileiros do século XIX, de característicos de personalidade e de formas de corpo de negros ou mestiços, fugidos ou expostos à venda, como escravos, no Brasil do século passado*, 2nd edn (São Paulo and Recife: Companhia Editora Nacional/Fundaj, 1979). 关于圣保罗的报纸上同样的主题，参阅 Lilia Moritz Schwarcz, *Retrato em branco e negro: Jornais, escravos e cidadãos em São Paulo no final do século XIX* (São Paulo: Companhia das Letras, 1987)。
70. *Sinhô branco também furta/ Nosso preto furta galinha/furta saco de fei- jão/ Sinhô branco quando furta/Furta prata e patação/ Nosso preto quando furta/ Vai parar na [Casa de] Correção/Sinhô branco quando furta/Logo sai sinhô baron.*
71. Nizza da Silva, *Vida privada e quotidiano no Brasil*, p. 267.
72. J. F. Almeida Prado, *D. João VI e o início da classe dirigente do Brasil: 1815–1889*. São Paulo: Companhia Editora Nacional, 1968, p. 240. (Brasiliana, 345)
73. 据 Manolo Florentino 统计，1790 年至 1830 年间，共有 706870 名非洲人在里约热内卢港上岸。而 Mary C.Karasch 则认为该数字至少为 602747，且分布如下：1800 年至 1816 年为 225047，1817 年至 1843 年为 377700。
74. Filho and Lima, *História da polícia do Rio de Janeiro*, vol. 2, 1831–1870, p. 186.
75. Jean Baptiste Debret, *Voyage pittoresque et historique au Brésil*. Paris: F. Didot Frères, 1835.
76. Lima, *Dom João VI no Brasil*, p. 241.
77. Filho and Lima, *História da polícia do Rio de Janeiro*, vol. 2, 1831–1870, p. 211.
78. 基于路易斯·马罗科斯（Luís Marrocos)1816 年 3 月 30 日寄给他父亲的信。
79. 对玛丽亚一世葬礼的描述大多出自 Lima, *Dom João VI no Brasil*, pp.583–90。
80. 《保罗和维尔吉尼》是一本很受欢迎的儿童读物，1787 年由法国作家雅克 – 亨利·贝尔纳丹·德·圣皮埃尔（Jacques-Henri Bernardin de Saint Pierre, 1737—1814) 撰写。
81. Lúcia M. Bastos Neves,'O privado e o público nas relações culturais do Brasil com França e Espanha no governo Joanino', Seminário Internacional d. João vi, um Rei Aclamado na América, *Anais da Biblioteca Nacional*.Rio de Janeiro: Museu Histórico Nacional, 2000, pp.100–1.
82. See Lilia Moritz Schwarcz, *O sol do Brasil: Nicolas-Antoine Taunay e as desventuras dos artistas franceses na corte de d. João*. São Paulo: Companhia das Letras, 2008.
83. 尼古拉 – 安托万·陶奈 1821 年返回法国，普拉迪耶 1818 年回国。勒布雷顿回到弗拉门戈海滩的一所房子，于 1819 年 5 月去世。

84. See Maria Odila Dias Leite, 'A interiorização da metrópole (1808–1853)', in Carlos Guilherme Mota, *1822: Dimensões*, 2nd edn. São Paulo: Perspectiva, 1985.
85. Mary C. Karasch, *A vida dos escravos no Rio de Janeiro (1808–1850)*. São Paulo: Companhia das Letras, 2000, p.75.
86. *Correio Brasiliense*, London, vol. XVIII , no. 108 (May 1817).
87. 卡埃塔诺·平托·蒙特内格罗，1748 年生于葡萄牙，1827 年逝于里约热内卢，1804 年至 1817 年任伯南布哥领地都督和省督。
88. Carlos Guilherme Mota, *Nordeste 1817*. São Paulo: Perspectiva, 1972.
89. Evaldo Cabral de Mello, *A outra independência: O federalismo republicano de 1817 a 1824*. São Paulo: Ed. 34,2004.
90. Carlos Guilherme Mota, 'O processo de independência no Nordeste', in idem, *1822: Dimensões*, p. 227.
91. *Gazeta do Rio de Janeiro*, Rio de Janeiro, vol.11, no.1 (7 February 1818).
92. Ibid., vol. 12, no. 2 (10 February 1818).
93. See Iara Lis Carvalho e Souza, 'D. João vi no Rio de Janeiro: Entre festas e representações', Seminário Internacional d. João VI, um Rei Aclamado na América, *Anais da Biblioteca Nacional*. Rio de Janeiro: Museu Histórico Nacional, 2000, pp. 58–60.
94. Adolfo Morales de los Rios, *Grandjean de Montigny e a evolução da arte brasileira*. Rio de Janeiro: A Noite, 1941.
95. 马克·费雷斯（1788 年生于法国，1850 年逝于巴西里约热内卢）和他的弟弟泽佩林·费雷斯（1797 年生于法国，1851 年逝于巴西里约热内卢）分别是雕塑家和雕刻师。
96. See the document 'Sobre a aclamação do sr. d. João Sexto no Rio de Janeiro, 1818', in the Arquivo Nacional.
97. See Filho and Lima, *História da polícia do Rio de Janeiro*, vol. 2, 1831– 1870, p.212.
98. 在她前往巴西之前，婚礼在没有王子在场的情况下于维也纳举行，见下文。
99. Lima, *Dom João VI no Brasil,* p. 539.
100. Almeida Prado, *D. João VI e o início da classe dirigente do Brasil*, p. 9.
101. Quoted by Malerba, *A corte no exílio*, p. 63.
102. See Filho and Lima, *História da polícia do Rio de Janeiro*, vol. 2, 1831– 1870, pp.213–14.

八 父亲离开，儿子留下

1. 本章的部分研究是基于 Angela Marques da Costa, Paulo Cesar de Azevedo and Lilia Moritz Schwarcz, *A longa viagem da biblioteca dos reis* 一书。
2. José Antonio de Miranda, *Memória constitucional e política: Sobre o Estado*

presente de Portugal e do Brasil, 1821. Rio de Janeiro: Biblioteca Nacional, Seção de Obras Raras, 37, 18, 11, pp. 37–8.

3. 关于葡萄牙革命及其在巴西的后果，参阅 Pereira das Neves, *Napoleão Bonaparte*。
4. *O Português*, vol.I (30 April 1814), pp.11–12, quoted by Mattoso, História de Portugal,vol.V, p. 48.
5. *O Campeão*, vol.II (16 June 1820), p.412, quoted by ibid., vol.IV, p.50.
6. Lima, *Dom João VI no Brasil*, p. 21.
7. 古代以色列的议会既是司法机关又是立法机关。
8. 关于“犹太公会”，在众多成果中可参阅 Mattoso, *História de Portugal*, vol. V, pp. 54–5。
9. 堂佩德罗·德·索萨·霍尔斯坦（Dom Pedro de Sousa Holstein，1781 年生于撒丁王国都灵，1850 年逝于里斯本）一直留在葡萄牙抗击拿破仑的入侵。1811 年，堂若昂任命他为驻马德里大使，1812 年任命他为驻伦敦大使，1815 年他代表葡萄牙出席维也纳会议。1817 年，他被任命为海外贸易大臣，前往里约热内卢。
10. See José Murilo de Carvalho and Lúcia Bastos, known as Francisco de Sierra y Mariscal, ‘Ideas geraes sobre a revolução do Brazil e suas consequencias’, *Anais da Biblioteca Nacional*, Rio de Janeiro, 1926, vols. 43–4.
11. Boris Fausto, *História do Brasil* (São Paulo: Edusp, 2001, p.130). 共济会可以追溯至中世纪，到了现代它已经成为一个反专制主义的秘密组织，并与民族解放运动联系在一起。
12. Rio de Janeiro: Impressão Régia, 1820, 17 pp. Rio de Janeiro: Biblioteca Nacional, Seção de Obras Raras, 37,15,5.
13. Otávio Tarquínio de Sousa,1988, p.139.
14. See José Murilo de Carvalho, Lúcia Bastos and Marcelo Basile, *Às armas, cidadãos! Panfletos manuscritos da independência do Brasil(1820–1823)*.São Paulo and Belo Horizonte: Companhia das Letras/Editora UFMG, 2012.

645 15. 1808 年至 1821 年，在威廉·贝雷斯福德（William Beresford，1768—1856）日益专制的统治下，葡萄牙实际上成了受英国保护的领地。
16. Maria Graham, *Journal of a Voyage to Brazil and Residence there*. London: [n.p.], 1824.
17. Quoted by José Alexandre de Mello Moraes, *História do Brasil-Reino e do Brasil-Império*. Belo Horizonte and São Paulo: Itatiaia/Edusp, 1982, p.124.
18. *Gazeta Universal* (1823), quoted by Pereira, *Os filhos d’el Rei d. João VI*.
19. Lima, *Dom João VI no Brasil*, p.30.
20. Fausto, *História do Brasil*, p.130.
21. Lima, *Dom João VI no Brasil*, pp.149–50. 其他海外领地的相关数据摘自 António Henrique Rodrigo de Oliveira Marques, *História de Portugal*, vol.Ⅲ. Lisbon: Palas, 1986, pp.58–9。

22. 弗朗西斯科・穆尼斯・塔瓦雷斯（1793 年生于累西腓，1876 年逝于累西腓），神父，1817 年伯南布哥革命领导人之一。
23. 佩德罗・德・阿劳若・利马，奥林达侯爵（Marquis of Olinda，1793 年生于锡里尼亚恩，1870 年逝于里约热内卢）。
24. 弗朗西斯科・维莱拉・巴尔博扎（Francisco Vilela Barbosa），第一代巴拉那瓜侯爵（1769—1846），后来在佩德罗一世统治时期和摄政时期担任海军大臣，也是帝国参议员。
25. 西普里亚诺・若泽・巴拉塔・德・阿尔梅达（1762 年生于萨尔瓦多，1838 年逝于纳塔尔）。他是巴西第一个共济会分会——光明骑士分会（Loja Cavaleiros da Luz，1798 年成立于萨尔瓦多）的成员，曾参与 1798 年“巴伊亚密谋”和 1817 年伯南布哥革命。
26. 弗朗西斯科・阿戈什蒂纽・戈梅斯是一位神父，他后来创办了名为《巴西自由之盾》（*Escudo da Liberdade do Brasil*）的支持独立的刊物。
27. 里约热内卢有 5 名代表，圣保罗 6 名，圣卡塔琳娜 1 名，巴伊亚 9 名，伯南布哥 8 名，帕拉伊巴 3 名，北里奥格兰德 3 名，塞阿拉 4 名，皮奥伊 2 名，马拉尼昂 2 名，格朗 - 帕拉 4 名，戈亚斯 2 名，南里奥格兰德 2 名，米纳斯吉拉斯 11 名，圣埃斯皮里图 1 名。此外，还有阿拉戈斯 2 名，内格罗河 2 名，西斯普拉廷 1 名。
28. 若泽・博尼法西奥・德・安德拉达 - 席尔瓦（1763—1838）。正如我们所看到的那样，他将在巴西独立运动中发挥重要作用。
29. Fausto, *História do Brasil*, p.132.
30. 若阿金・贡萨尔维斯・莱多（1781—1847），巴西记者、政治家和共济会会员，是独立时期自由民主派领袖。
31. Letter from Dom Pedro, 8 June 1821, quoted in Tarquínio,, vol. II, p. 236.
32. Letter of 10 December 1821, quoted in Lima, *Dom João VI no Brasil*, pp. 149–50.
33. Oliveira Martins, p. 185.
34. 利奥波丁娜的这些信件发表在《历史研究会杂志》（*Revista do Instituto Histórico*）上，题为 'Cartas inéditas da 1a Imperatriz D. Maria Leopoldina (1821–1826)', *Revista do IHGB*, vol. 75 (1912), book 126, part II, pp. 109–27。 646
35. 'Diga ao povo que fico'. 这份宣言中的动词用的是现在时，史称“费科宣言”（意即“我将留下”，“fico”意为留下）。
36. 根据巴西官方历史，这些是佩德罗一世所说的话。从那时起，学校就一直在教授、孩子们也在背诵这些话。
37. Passages quoted by Lima, *Dom João VI no Brasil*, p. 197. See also in IHGB (DL.480.18), 'Centenário do 'Fico' (9 January 1822). 'Prefeitura do Distrito Federal' (January 1922), p. 30. 'Facsímile dos documentos do Senado da Câmara do Rio de Janeiro existentes no Arquivo Municipal' (January/ August 1822), 1922.
38. Lima, *Dom João VI no Brasil*, p. 218.
39. *Correio do Rio de Janeiro*, no. 56 (19 June 1822), p. 2.

40. 其中包括安东尼奥・卡洛斯・里贝罗・德・安德拉达・马沙多－席尔瓦（Antônio Carlos Ribeiro de Andrada Machado e Silva，1773 年生于桑托斯，1845 年逝于里约热内卢），政治家和记者，若泽・博尼法西奥的侄子，以批评专制主义著称。
41. 迪奥戈・安东尼奥・费若（1784 年生于圣保罗，1843 年逝于圣保罗）。见下文。
42. 若泽・利诺・多斯・桑托斯・科蒂尼奥（1784 年生于萨尔瓦多，1836 年逝于萨尔瓦多）。
43. 关于时局和更激进团体活动的概述，参阅 Renato Lopes Leite, *Republicanos e libertários: pensadores radicais no Brasil da Independência*. Rio de Janeiro: Civilização Brasileira, 2000。
44. Isabel Lustosa, Insultos impressos: *A guerra dos jornalistas na Independência*. São Paulo: Companhia das Letras, 2000, p.134.
45. 关于该数据和选举程序的更多详情，参阅 Oliveira Martins, pp.309–11。
46. 'D. Pedro I, Príncipe Regente. Manifesto de independência. Rio de Janeiro, 1 de agosto de 1822', Rio de Janeiro: Biblioteca Nacional, ms. I, 36, 28, 009, p. 1.
47. Fernando Novais e Carlos Guilherme Mota, *A independência do Brasil*. São Paulo: Hucitec, 1996, p. 54.
48. 'Manifesto do Príncipe Regente do Brasil aos governos e nações amigas. 6 de agosto de 1822', *Código Brasiliense ou Coleção das Leis, alvarás, decretos, cartas régias etc. promulgadas no Brasil desde a feliz chegada do príncipe Regente Nosso Senhor a estes estados com um índice cronológico (1808–1837)*. Rio de Janeiro: Biblioteca Nacional, Seção de Obras Raras, 4, 1, Impressão Régia, Tipografia Nacional e Imperial, 1811–38.
49. Ourviram do Ipiranga às margens plácidas——巴西国歌的第一行。
647 50. 桑托斯侯爵夫人后来成为王子最爱的情人。见下文。
51. Tarquínio, vol II, p.33.
52. Quoted in Tarquínio, vol. II, p.36.
53. 'Memória sobre a Independência do Brasil pelo Major Francisco de Castro Canto e Mello, gentil homem da Imperial Câmara', Rio de Janeiro: Instituto Histórico e Geográfico Brasileiro, box 400, doc. 8, 1864.
54. 'Memória ... Castro Canto e Mello', in ibid.; see also 'Fragmento de uma memória sobre a independência do Brasil, onde se encontram alguns trechos sobre os serviços do Conselheiro José Joaquim da Rocha', Rio de Janeiro, Arquivo Nacional, codex 807, vol.3,1864.
55. Quoted in Tarquínio, vol. II, p.37.
56. 'Memória ... Castro Canto e Mello', op. cit.
57. BN/PR SOR 92 (1) *O Espelho*.
58. Quoted by Lustosa, *Insultos impressos*, p.242.
59. Iara Lis Carvalho Souza, *A independência do Brasil. Rio de Janeiro: Zahar*,

1999, p.257.

60. Antônio Augusto de Lima Júnior, *Cartas de D. Pedro I a D. João VI relativas à independência do Brasil*. Rio de Janeiro: Gráfica do Jornal do Comércio, 1941, p.74.
61. See Cabral de Mello, *A outra independência*.
62. Maria Odila Leite da Silva Dias, 'Historicidade da condição feminina no Brasil Colonial para o curso de pósgraduação Problemas Brasileiros', lecture given on 22 August 1986, p.165.

九 "我们有了独立"

1. José Murilo de Carvalho, A construção da ordem: *A elite política imperial*, 2nd edn. Rio de Janeiro: UFRJ/Relume Dumará, 1996.
2. Luiz Felipe de Alencastro and Fernando A. Novais (eds.), *História da vida privada no Brasil*. São Paulo: Companhia das Letras, 1997, vol.2: *Império – A corte e a modernidade nacional*.
3. 巴西帝国虽然幅员辽阔，但显然没有任何海外领土，尽管这是"帝国"一词在英语中的含义。
4. Ilmar Rohloff de Mattos, 'O gigante e o espelho', in Keila Grinberg and Ricardo Salles (eds.), *O Brasil imperial*. Rio de Janeiro: Civilização Brasileira, 2009, vol. II: 1831–1870.
5. 《罗马主教礼书》，拉丁语为 *Pontificale Romanum*，是用拉丁语写成的天主教的礼拜仪式书，其中包含主教举行的仪式，其第一个版本可追溯到 9 世纪。教宗克勉八世（在位时间 1592—1605 年）出版了一个标准版本，用于整个罗马礼。此处提到的就是这个版本。
6. Ricardo Salles, *Nostalgia Imperial*. Rio de Janeiro: mimeo [n.d.], p.74. 648
7. Debret, *Voyage pittoresque et historique au Brésil*, p.326.
8. Ibid., pp.327–9.
9. 'Memória estatística do Império do Brasil', *Revista do IHGB*, Rio de Janeiro, 1987, in Grinberg and Salles (eds.), *O Brasil imperial*, p. 210.
10. Mariza de Carvalho Soares and Ricardo Salles, *Episódios da história afro-brasileira*. Rio de Janeiro: DP&A, 2005.
11. Mary C. Karash, *Slave Life in Rio de Janeiro: 1808–1850*. Princeton: Princeton University Press, 1987, p.335.
12. 'Portugal e o Brazil', *O Campeão Portuguez em Lisboa*, vol. I, no. VI (11 May 1822), p. 83.
13. Lúcia Bastos Neves, 'Estado e política na independência', in Grinberg and Salles (eds.), *O Brasil imperial*, p.130.
14. Marques da Costa, Azevedo and Schwarcz, *A longa viagem da biblioteca dos reis*.
15. Ilmar Rohloff de Mattos, *O tempo Saquarema*. São Paulo: Hucitec/MinC/ Pró-

Memória/Instituto Nacional do Livro, 1987, p. 88. (Coleção Estudos Históricos, 10)

16. Luiz Felipe de Alencastro, 'L'Empire du Brésil', in Maurice Duverger (ed.), *Le Concept d'empire*. Paris: Presses Universitaires de France, 1980.
17. Luiz Felipe de Alencastro, 'Le Commerce des vivants: Traites d'esclaves et "pax lusitana" dans l'Atlantique Sud'. Paris Nanterre: Université Paris X, 1986. PhD.
18. Manolo Florentino, *Em costas negras: Uma história do tráfico de escravos entre a África e o Rio de Janeiro*. São Paulo: Companhia das Letras, 1997.
19. Beatriz Gallotti Mamigonian, 'A proibição do tráfico atlântico e a manutenção da escravidão', in Grinberg and Salles (eds.), *O Brasil imperial*, pp.207–33.
20. Alcir Lenharo, *As tropas da moderação: O abastecimento da Corte na formação política do Brasil*, 2nd edn. Rio de Janeiro: Secretaria Municipal de Cultura, 1992.
21. See Marcello Otávio Neri de Campos Basile, *Anarquistas, rusguentos e demagogos: Os liberais exaltados e a formação da esfera pública imperial (1829–1834)*. Rio de Janeiro: IHUFRJ, 2000. (Master's dissertation in Social History).
22. 在里约热内卢和北部各州，1 蒲式耳等于 27225 平方米。尽管在米纳斯吉拉斯，测量值更大（等于 48400 平方米），但议会很可能采用的是前者。
23. Sérgio Buarque de Holanda, *O Brasil monárquico*, 4th edn. São Paulo: Difel, 1986, vol.3: O processo de emancipação.(Coleção História Geral da Civilização Brasileira)

649 24. Ronaldo Vainfas (ed.), *Dicionário do Brasil imperial: 1822–1889*. Rio de Janeiro: Objetiva, 2008.

25. See the letters of Santos Marrocos (Biblioteca Nacional) in Marques da Costa, Azevedo and Schwarcz, *A longa viagem da biblioteca dos reis*.
26. 亨利 – 邦雅曼 · 贡斯当 · 德 · 勒贝克（Henri-Benjamin Constant de Rebecque, 1767—1830）瑞士 – 法国政治活动家和作家。
27. Richard Graham, *Clientelismo e política no Brasil do século XIX*. Rio de Janeiro: Editora da UFRJ, 1997.
28. Lustosa, *Insultos impressos*, pp. 231–3.
29. See João Armitage, *História do Brasil*. Belo Horizonte and São Paulo: Itatiaia/Edusp, 1981, pp. 205–8.
30. 约翰 · 阿米蒂奇（1807—1856）是一位英国旅行家，他写的《巴西史》从外国人的视角讲述了独立进程的故事。
31. 蜡菊（Sempre-viva，字面意思为"永远活着"）是一种特殊的花。它的花瓣在寒冷的天气里合拢，在气温上升时开放，给人的印象是它总是活着的，因此得名。
32. Basile, *Anarquistas, rusguentos e demagogos*.
33. Ibid., pp.20–3.

十 摄政时期或“寂静之声”

1. 关于这场辩论以及联邦制在独立进程中的意义，参阅 Cabral de Mello, *A outra independência*。
2. 若阿金·纳布科（1849—1910），政治家、废奴主义者。
3. Marco Morel,‘O pequeno monarca’, *Nossa História*, Rio de Janeiro: Vera Cruz, 3, no. 26 (December 2005), pp. 14–17.
4. *Aurora Fluminense*, Rio de Janeiro, no. 470 (11 April 1831), p.2.
5. 关于佩德罗二世的童年，在众多研究中可参阅 Schwarcz, *As barbas do Imperador*。
6. Murilo de Carvalho, *A construção da ordem*.
7. Miriam Dolhnikoff, *O pacto imperial: Origens do federalismo no Brasil*. São Paulo: Globo, 2005, pp.89–93.
8. 黄头卡拉卡拉鹰，隼的一种。
9. 来自图皮语 “aîuruîuba”（aîuru= 鹦鹉，îuba= 黄色）。
10. “破衫战争”的支持者。见本章注释 4。
11. 源于图皮语 “karamu’ru”。
12. 瓜纳巴拉湾的岛屿。
13. 里约热内卢的孪生城，在瓜纳巴拉湾的另一边。
14. 红木（Urucum，图皮语中的“红色”）是一种热带灌木，从中可提取橙红色染料。
15. 瓜拿纳（Guaraná）是一种生长在亚马孙平原的槭树科爬藤植物。
16. Maria Januária Vilela Santos, *A balaiada e a insurreição de escravos no* 650 *Maranhão*. São Paulo: Ática,1983.(Coleção Ensaios,101)
17. 若泽一世，葡萄牙布拉干萨王朝第五位国王，1750 年至 1777 年在位。
18. 玛丽亚一世，葡萄牙女王，1777 年至 1816 年在位，其子在她被宣布无行为能力后成为摄政王。见第六章和第七章。
19. See Manuel Valentim Alexandre, *Os sentidos do império: Questão nacional e questão colonial na crise do Antigo Regime português*. Porto: Afrontamento, 1993.
20. 亚马孙河流域一种树的图皮语名称，其种子含有具药用价值的油。
21. 可从其根部提取染料的植物。
22. Arthur César Ferreira Reis, ‘O GrãoPará e o Maranhão’, in Sérgio Buarque de Holanda (ed.), *História Geral da Civilização Brasileira*, 4th edn. São Paulo: Difel, 1978, vol. II: O Brasil monárquico.
23. Magda Ricci,‘Cabanos, patriotismo e identidades: Outras histórias de uma revolução’, in Grinberg and Salles (eds.), *O Brasil imperial*.
24. 不说图皮语的印第安人群体。
25. See Ricci, ‘Cabanos, patriotismo e identidades’, pp.189–90.
26. 欧克利德斯·达·库尼亚（1866—1909）是圣保罗工程师、地质学家和记者，他的著作《腹地》记载了卡努杜斯战争（1896—1897，见第十三章）。

27. Euclides da Cunha, 'Da independência à República', in ibid., *À margem da história*. Porto: Lello e Irmão, 1926, p. 63.
28. 关于乌鲁布逃奴堡的起义，参阅 João José Reis, *Rebelião escrava no Brasil: A história do levante dos Malês em 1835* (São Paulo: Companhia das Letras, 2003, pp. 100 ff)。关于"坎东布雷教"一词的用法，参阅 Reis and Silva, *Negociação e conflito*, p. 41。
29. 关于 18 世纪末至 19 世纪上半叶巴伊亚的政治背景，参阅 Reis, *Rebelião escrava no Brasil*, especially part I。
30. 关于 1807 年叛乱，参阅 ibid., pp. 71 ff。
31. 克里奥尔人是出生在巴西的奴隶，因此是巴西人，而不是从非洲"进口"的第一代奴隶。
32. 关于 1814 年叛乱，参阅 Stuart B. Schwartz, 'Cantos e quilombos numa conspiração de escravos Haussá; Bahia, 1814', in Reis and dos Santos Gomes (eds.), *Liberdade por um fio*。
33. 关于 1835 年叛乱，参阅 Reis, *Rebelião escrava no Brasil*。
34. 大多数人被驱逐至非洲，尤其是安哥拉。
35. 葡萄牙语是 "um partido desorganizador"。

651 36. Paulo César Souza, *A Sabinada: A revolta separatista da Bahia* (São Paulo: Companhia das Letras, 2009). 关于反抗的描述，我们参考了这本书以及 Luiz Vianna Filho, *A Sabinada: A república baiana de 1837* (Rio de Janeiro: José Olympio, 1938)。

37. Keila Grinberg, 'A sabinada e a politização da cor na década de 1830', in Grinberg and Salles (eds.), *O Brasil imperial*, p. 275.
38. Hendrik Kraay, 'As Terrifying as Unexpected: The Bahian Sabinada, 1837–1838', *The Hispanic American Historical Review*, Durham, NC, vol. 72, no. 4 (November 1992), p. 521.
39. 关于该地区以前历史的段落大多引自 Sandra Jatahy Pesavento, 'Uma certa revolução farroupilha', in Grinberg and Salles (eds.), *O Brasil imperial*, pp. 235–40。
40. Sesmaria（源于葡萄牙语 sesma、拉丁语 sexima，意为第六部分）是葡萄牙分配生产用地的法律制度。
41. See, among others, Spencer Leitman, *Raízes socioeconômicas da Guerra dos Farrapos*. Rio de Janeiro: Graal,1979.
42. See, among others, Maria Medianeira Padoin, *Federalismo gaúcho: Fronteira platina, direito e revolução*. São Paulo: Companhia Editora Nacional, 2002.
43. 关于该地区概况，参阅 César Augusto Barcellos Guazzelli, *O horizonte da província: A república rio-grandense e os caudilhos do rio da Prata, 1835–45*. Rio de Janeiro: IHUFRJ, 1998. PhD thesis in History。

44. See Sandra Jatahy Pesavento, *A revolução farroupilha*. São Paulo: Brasiliense, 1985, p.12. (Coleção Tudo é História, 101)
45. 距离南里奥格兰德省首府 344 公里的一个城市。
46. 巴拉那、圣卡塔琳娜和南里奥格兰德。
47. 其中一部分信息是由 Matheus Gato de Jesus 进行的研究，对此我们表示感谢。这里的文本请见 ‘Intelectuais negros maranhenses na formação do Brasil moderno (1870–1939)’. São Paulo: FFLCHUSP, July 2013. Relatório de qualificação。
48. See, among others, Fabiano Vilaça dos Santos, *O governo das conquistas do norte: Trajetórias administrativas no Estado do Grão-Pará e Maranhão (1751–1780)*.Availableat:<http://www.teses.usp.br/teses/disponiveis/8/8138/tde06072008140850/ptbr.php>. São Paulo: FFLCHUSP, 2008, p. 37. PhD thesis in Social History. In book form: Fabiano Vilaça dos Santos, *O governo das conquistas do norte: Trajetórias administrativas do Grão-Pará e Maranhão* (São Paulo: Annablume, 2011).
49. 亚马孙河左岸最大的支流。
50. 大食蝇霸鹟是一种在巴西到处（包括城镇）可见的鸣禽。在英语中它被称 652
为 “Great Kiskadee”。这两个名称都模仿了它的叫声。“Bem-te-vi” 的意思是 “我看见你了！”
51. Claudete Maria Miranda Dias, *Balaios e bem-te-vis: A guerrilha sertaneja*, 2nd edn. Teresina: Instituto Dom Barreto, 2002.
52. See, among others, Maria Janotti de Lourdes Mônaco, *A Balaiada* (São Paulo: Brasiliense, 1987) (Coleção Tudo é História, 117); Maria Villela Santos, *A Balaiada e a insurreição de escravos no Maranhão* (São Paulo: Ática,1983).
53. 即上文提到的卡希亚斯男爵，他将成为巴西历史上最著名的军事人物。
54. See Lúcia Maria Paschoal Guimarães, ‘Sociedades políticas’, in Vainfas (ed.), *Dicionário do Brasil imperial*.
55. Gilberto Freyre, *Sobrados e mucambos: Decadência do patriarcado rural no Brasil*, 8th edn. Rio de Janeiro: Record, 1990, pp.389–90.

十一　第二王朝时期

1. Tobias Barreto series, Rio de Janeiro: National Library Archives.
2. 有关佩德罗二世祝圣和加冕的文件，见 Arquivo Nacional, Fundo Casa Imperial。
3. 佩德罗一世回到葡萄牙后与他的弟弟米格尔一世进行了一场战争，后者在专制主义派的帮助下夺取了王位。1834 年，米格尔一世及其支持者最终被击败，而佩德罗一世的女儿玛丽亚作为玛丽亚二世统治葡萄牙直到 1853 年去世。
4. See the document ‘Descripção do Edificio construido para a solemnidade da coroação e sagração de S. M. O Imperador O Senhor D. Pero II’, Publicações

do Arquivo Nacional, 1925.

5. See the edition of 15 July 1841 of the *Jornal do Commercio*.
6. 圭亚那动冠伞鸟（Rupicola rupicola），南美洲雀形目鸟类的一种。
7. *Manual de acompanhamento do Imperador no dia de seu aniversário e aclamação*. Thypografia Nacional, 1841.
8. 亲吻君主之手的习俗来自葡萄牙，以向君主鞠躬的姿态表现宫廷的恭顺特征。若昂六世将它融入巴西的仪式：每天晚上 8 点，星期天和节假日除外，他都在圣克里斯托旺宫接见民众。
9. 保罗·巴尔博扎在 1868 年去世前一直担任皇室管家。
10. 佩德罗二世写给保罗·巴尔博扎的信，Biblioteca Nacional, 26 February 1863。

653 11. Alencastro, 'L'Empire du Brésil', p.502.
12. Manolo Fiorentino, *Em costas negras*. São Paulo: Companhia das Letras, 2008.
13. Luiz Felipe de Alencastro, *Le Commerce des vivants: traites d'esclaves er 'pax lusitana' dans L'Atlantique Sud*. Paris: Universite de Paris X, 1986. PhD thesis, Murilo de Carvalho, A construção da ordem.
14. Jorge Caldeira, *Mauá: Empresário do Império*. São Paulo: Companhia das Letras, 1995, p.241.
15. 伊里内乌·埃万热利斯塔·德·索萨（Irineu Evangelista de Sousa, 1813—1889），马乌阿子爵，巴西企业家、实业家、银行家和政治家。1871 年，他被《纽约时报》称为南美大陆的"罗斯柴尔德"。他被授予男爵头衔（1854 年）和伟大的马乌阿子爵头衔（1874 年）。
16. 从 1870 年代开始，政府开始资助移民，收回了农民的专属自主权，移民问题才得以解决。参阅 preface to Sérgio Buarque de Holanda's *Memórias de um colono no Brasil* (1850) by Thomas Davatz (Belo Horizonte and São Paulo: Itatiaia/Edusp, 1980), and Murilo de Carvalho, *A construção da ordem*, p.316。
17. *O espetáculo das raças* 一书分析了种族理论在选择以白人为主的移民群体方面的影响。更多细节参阅 *Raça, ciência e sociedade*, eds. Marcos Chor Maio and Ricardo Ventura Santos (Rio de Janeiro: Fiocruz/Centro Cultural Banco do Brasil, 1996)。
18. Alencastro, *Le Commerce des vivants*, p.515.
19. 关于这个问题的更多细节，我们建议参阅 Sidney Chalhoub, *Cidade febril: Cortiços e epidemias na corte imperial*. São Paulo: Companhia das Letras, 1996。
20. 这里的原文使用的是"court"，但和其他大多数情况一样，指的是里约热内卢市，而不是宫廷本身。
21. 关于城市奴隶制的这段文字基于 Maria Helena Machado Lilia Schwarcz 在 2013 年 10 月与 Instituto Moreira Salles 合作举办的国际研讨会 Emancipação, Inclusão e Exclusão: Desafios do Passado e do Presente 上提交的论文。

22. 若阿金・马里亚・马沙多・德・阿西斯（1839—1908），诗人兼小说家，巴西文学院创始人，被认为是巴西最伟大的作家之一。
23. “Fulano”是一个通用名，有点像美式英文中的“某约翰”。Fulano、Betrano、Sicrano 相当于汤姆、迪克和哈利。
24. Machado de Assis, *Papéis avulsos*. Rio de Janeiro and Belo Horizonte: Garnier, 1989, pp. 118 and 120.
25. José de Alencar, *O tronco do ipê*. São Paulo: Ática, 1995, p.14. 654
26. 卡洛斯・戈梅斯（1836—1896）是帝国时期一位重要的古典音乐作曲家。他曾在意大利学习，创作威尔第风格的歌剧，这种风格在他有生之年非常流行。他最著名的歌剧之一是《瓜拉尼》。
27. 马丁斯・佩纳（1815—1848），巴西最好的滑稽剧作家之一。他的“风尚喜剧”为他赢得了“巴西莫里哀”的称号。
28. Darcy Damasceno (ed.), *Martins Pena: Comédias*. São Paulo: Ediouro, 1968, p. 78.
29. Wanderley Pinho, *Salões e damas do Segundo Reinado*. São Paulo: Martins, 1942, p.5.
30. 若昂・毛里西奥・万德莱（João Maurício Wanderley，1815—1889），科特日皮男爵，第二王朝时期重要的政治家、参议员和大臣。
31. Machado de Assis, *Relíquias da Casa Velha*. Rio de Janeiro and Belo Horizonte: Garnier,1990,pp.17 and 27.
32. 《拉默特年鉴》由德意志人爱德华・拉默特和海因里希・拉默特兄弟制作，1844 年至 1889 年间每年由宫廷发行。它包含了宫廷官员、大臣和各省官员的任命、统计数据、立法信息以及商品和服务广告。
33. Ibid.
34. 坎普斯戈伊塔卡济斯（Campos dos Goytacazes）位于今里约热内卢州的北部海岸。
35. 当时这些省会的人口分别为 354396 人、1083039 人和 1398097 人 (Murilo de Carvalho, *A construção da ordem*, p.104)。
36. José Murilo de Carvalho, *Teatro de sombras: A política imperial*. Rio de Janeiro: Vértice/Iuperj,1988; Murilo de Carvalho, A construção da ordem, p. 84.
37. Murilo de Carvalho, *A construção da ordem*, p. 210. See also José Murilo de Carvalho, Dom Pedro II (São Paulo: Companhia das Letras, 2007).
38. Ilmar Rohloff de Mattos, *O tempo de Saquarema*, p. 51.
39. Murilo de Carvalho, *A construção da ordem*, p. 56.
40. Ibid.
41. 西尔维奥・瓦斯康塞洛斯・达・西尔韦拉・拉莫斯・罗梅罗（Sílvio Vasconcelos da Silveira Ramos Romero，1851—1914）是一位文学评论家、诗人、哲学家和政治家，曾就读于累西腓法学院。
42. Sílvio Romero, *Doutrina contra doutrina: O evolucionismo e o positivismo na República do Brasil*. Rio de Janeiro: Lucta, 1895, p.38.
43. See Murilo de Carvalho, *A construção da ordem*.

655 44. 1847 年，随着国务会议主席的引入，佩德罗二世仅任命主席，而主席又任命其他成员（Murilo de Carvalho, *A construção da ordem*, p. 49）。

45. Murilo de Carvalho, *A construção da ordem*, p. 84.

46. 阿丰索·塞尔索·德·阿西斯·菲格雷多（Afonso Celso de Assis Figueiredo，1860—1938）是巴西政治家、历史学家、诗人和记者。

47. Afonso Celso de Assis Figueiredo, *Oito annos de parlamento: Poder pessoal de d. Pedro II*. São Paulo: Melhoramentos, 1928, p. 21.

48. 相信教宗在所有精神问题和信仰问题上拥有绝对权力的政党。这个名称起源于法国。

49. Machado de Assis, *Papéis avulsos*, p. 74.

50. Murilo de Carvalho, *Teatro de sombras*, p.374.

51. Afonso Arinos de Melo Franco, *A câmara dos deputados: Síntese histórica*. Brasília: Centro de Documentação e Informação, 1978, p.114.

52. 奥诺里奥·卡内罗·莱昂（1801—1856），巴拉那侯爵，是保守党的创始人之一，1853 年担任部长会议主席。

53. Benedict Anderson, *Comunidades imaginadas: Reflexões sobre a origem e a difusão do nacionalismo*. São Paulo: Companhia das Letras, 2008.

54. AnneMarie Thiesse, *La Création des identités nationales*. Paris: Seuil, 1999.

55. See the article by José Augusto Pádua, 'Natureza e sociedade no Brasil monárquico', in Grinberg and Salles (eds.), *O Brasil imperial*, and Schwarcz, *As barbas do Imperador*.

56. Antonio Candido, *O romantismo no Brasil*, 2nd edn. São Paulo: Humanitas, 2004, p.81.

57. 弗朗西斯科·阿道弗·德·瓦尔哈根（1816—1878），巴西士兵、外交官和历史学家。他在 1854 年至 1857 年出版的两卷本《巴西通史》使他被公认为历史学家。

58. 曼努埃尔·德·阿劳若·波尔图·阿雷格里（1806—1879），作家、画家和艺术评论家，也是皇家美术学院院长。

59. 若阿金·诺尔贝托·德·索萨－席尔瓦（1820—1891）是与皇帝关系密切的知识分子和艺术家圈子中的一员。

60. 若阿金·曼努埃尔·德·马塞多（1820—1882），巴西医生、政治家和著名的浪漫主义运动作家，也是巴西历史地理学会的秘书。他还作为大受欢迎的《一个深色皮肤的女人》（*A Moreninha*, 1844）的作者而为人熟知。

61. 1817 年，巴伐利亚国王马克西米利安一世将冯·马齐乌斯（1794—1868）和约翰·巴普蒂斯特·冯·施皮克斯（Johann Baptist von Spix）派往巴西。他们从里约热内卢出发游历，经过巴西南部和东部的几个省份，还到了亚马孙河。

656 62. 彼得·威廉·隆德（1801—1880）1833 年从他的祖国丹麦移居巴西，他在巴西米纳斯吉拉斯的达斯韦利亚斯河谷进行了 10 年的石灰岩洞穴挖掘工作。

63. 路易·库蒂（1854年生于法国，1884年逝于里约热内卢），一位法国内科医生和生理学家。1876年到达巴西后不久，他就开始在国家博物馆的实验室研究植物毒药——箭毒。
64. 埃米尔·奥古斯特·戈尔迪（1859—1917）是一位瑞士－巴西博物学家和考古学家。1884年，他被邀请担任位于格朗－帕拉的贝伦一个新博物馆的馆长。
65. 奥维尔·阿达尔伯特·德比（1851—1915）是一位美国地质学家，曾与查尔斯·弗雷德里克·哈特一起在巴西帝国第一地质委员会工作。1877年，委员会解散后，德比决定留在巴西，并接受了里约热内卢国家博物馆的一个职位。
66. 查尔斯·弗雷德里克·哈特（1840—1878），加拿大－美国地质学家、古生物学家和博物学家，专门研究巴西地质。
67. 奥古斯特·弗朗索瓦·玛丽·格拉齐欧（1828—1906），法国景观设计师和植物学家。1858年，应佩德罗二世的邀请，他迁至里约热内卢担任公园和花园主管，并负责圣克里斯托旺宫的园林景观设计。
68. Simon Schwartzman, ‘A ciência no Império’, in *Um espaço para a ciência: A formação da comunidade científica no Brasil*, 2001. Available at:<http://www.schwartzman.org.br/simon/spacept/pdf/capit3.pdf>. Accessed on 30 January 2015.
69. 以下关于浪漫派印第安主义的段落基于 Lilia Moritz Schwarcz，*As barbas do Imperador*。
70. Candido, *O romantismo no Brasil*, p.27.
71. Pedro Puntoni,‘Gonçalves de Magalhães e a historiografia do Império’, *Novos Estudos Cebrap*, São Paulo, no. 45 (1996).
72. 巴尔塔萨·达·席尔瓦·利斯博阿（1761—1840）是巴伊亚的一位地方法官和历史学家。
73. 安东尼奥·贡萨尔维斯·迪亚斯（1823—1864）不仅是一位浪漫主义诗人，也是一位著名的剧作家。
74. Gonçalves Dias, *Poesias completas*, 2nd edn. São Paulo: Saraiva, 1957, p. 525.
75. 若泽·德·阿伦卡尔（1829—1877）是巴西政治家和多产的作家。
76. Gonçalves de Magalhães, *A confederação dos Tamoios*, 3rd edn. Rio de Janeiro: Garnier, 1864, pp. 353–4.
77. 辛普利西奥·罗德里格斯·德·萨（1785年生于佛得角，1839年逝于里约热内卢），生于葡萄牙的画家和艺术教授，1809年移居巴西。他被任命为宫廷画家和葡萄牙未来女王玛丽亚·达·格洛丽亚公主的私人艺术家庭教师。
78. 费利克斯－埃米尔·陶奈（1795—1881），陶奈男爵，尼古拉－安托
万·陶奈之子，1816年随父亲前往巴西。三年后，尼古拉－安托万返回 657
法国，将他在皇家美术学院的职位留给了费利克斯。1835年，他被任命为年轻皇帝的希腊语、绘画和文学导师。

79. 维克托·梅雷莱斯·德·利马（1832—1903）是受皇帝保护的画家之一，因其气势恢宏的历史风景画而受到特别的认可。
80. 若泽·玛丽亚·梅代罗斯（1849—1925），成为巴西公民的葡萄牙画家。1868 年，他进入皇家美术学院，与维克托·梅雷莱斯一起学习。1884 年，皇帝授予他皇家玫瑰勋章，以表彰他的画作《伊拉塞玛》。
81. 加布里埃尔·苏亚雷斯·德·索萨（1540—1591），葡萄牙探险家和博物学家。
82. 塞巴斯蒂昂·达·罗沙·皮塔（1660—1738），巴西诗人和历史学家。1730 年，他出版了《葡属美洲的历史：从 1500 年的发现至 1724 年》（*History of Portuguese America from the Year 1500 of its Discovery to the Year 1724*）一书。

十二 巴西君主制的终结

1. Francisco Fernando Monteoliva Doratioto, *O conflito com o Paraguai: A grande guerra do Brasil*. São Paulo: Ática, 1996, p.7.
2. 弗朗西斯科·伊纳西奥·德·卡瓦略·莫雷拉（Francisco Inácio de Carvalho Moreira，1815—1906），佩内杜男爵，是第二王朝时期一位重要的政治家和外交官。1852 年，他被任命为驻美国大使，然后担任驻英国全权公使。
3. 扎卡里亚斯·德·戈伊斯 – 瓦斯康塞洛斯（Zacarias de Góis e Vasconcelos，1815—1877），皮奥伊省和塞尔希培省省长，巴拉那新政府的第一任省长，巴伊亚省议员，后来成为代表巴伊亚的帝国众议员和参议员（1864 年至 1877 年），海军部、司法部和财政部部长，三次担任部长会议主席。
4. 欧塞比奥·德·凯罗斯·科蒂尼奥·马托佐·达·卡马拉，1812 年生于罗安达，1868 年逝于里约热内卢，1848 年至 1852 年任司法部部长，1850 年废除奴隶贩运的法律条文的作者，该法被称为《欧塞比奥·德·凯罗斯法》。
5. Robert W. Slenes, '"Malungu, Ngoma vem!": África coberta e descoberta no Brasil', *Cadernos do Museu de Escravatura*, Luanda, vol. 1 (1995); Chalhoub, Visões da liberdade.
6. Hebe Mattos, 'Raça e cidadania no crepúsculo da modernidade escravista no Brasil', in Grinberg and Salles (eds.), *O Brasil imperial*, vol. 3: 1870– 1889, pp. 20–2.
7. 这里无法解释这些事件的所有错综复杂之处。更多详情参阅 Doratioto, *O conflito com o Paraguai*; Ricardo Salles, *Guerra do Paraguai: Escravidão e cidadania na formação do Exército* (Rio de Janeiro: Paz e Terra, 1990); André Toral, Adeus, *Chamigo brasileiro: Uma história da guerra do Paraguai* (São Paulo: Companhia das Letras, 1997); Evangelista de Castro Dionísio Cerqueira, *Reminiscências da campanha do Paraguai, 1865–1870* (Rio de Janeiro: Biblioteca do Exército, 1979); Milda Rivarola, *Vagos pobre y soldados*

(Assunção: Centro Paraguaio de Estudos Sociológicos, 1994); John Schulz, *O Exército na política: Origens da intervenção militar: 1850–1894* (São Paulo: Edusp, 1994); and Luiz Alberto Moniz Bandeira, *O expansionismo brasileiro e a formação dos estados na Bacia do Prata* (Brasília: UnB; São Paulo: Ensaio, 1995)。

8. 马黛茶是南美传统的富含咖啡因的泡腾茶，特别盛行于阿根廷、智利南部、乌拉圭、巴拉圭、玻利维亚查科地区和巴西南部。

9. 乌鲁瓜亚纳是南里奥格兰德省东部边境的地区，与阿根廷和乌拉圭接壤。

10. Doratioto, *O conflito com o Paraguai*, p. 22.

11. 关于巴西军队的发展，参阅 Schulz, *O Exército na política*; Nelson Werneck Sodré, *História militar do Brasil* (Rio de Janeiro: Civilização Brasileira, 1965)。

12. Machado de Assis, *Iaiá Garcia*. Rio de Janeiro and Belo Horizonte: Garnier, 1988, p.72.

13. 里亚丘埃洛海战发生在 1865 年 6 月 11 日。巴罗索海军上将指挥的巴西舰队摧毁了巴拉圭海军。

14. Machado de Assis, *Histórias sem data*. Rio de Janeiro and Belo Horizonte: Garnier, 1989, p.117.

15. 若阿金·马克斯·利斯博阿（Joaquim Marques Lisboa，1807—1897），塔曼达雷侯爵，自由党人，是巴西第一位本土海军上将。

16. 若泽·安东尼奥·皮门塔·布埃诺（José Antônio Pimenta Bueno，1803—1878），圣文森特侯爵，曾任警察局长、马拉尼昂和里约热内卢高等法院法官、对外贸易部部长、司法部部长和部长会议主席。1849 年，皮门塔·布埃诺离开自由党，与保守党联手。

17. 小若泽·托马斯·纳布科·德·阿劳若（1813—1878）曾任帝国众议员、圣保罗省省长、司法部部长和帝国参议员。

18. IHGB, tin 322 – file 317, report by Councillor Nabuco de Araújo. See Lilia Moritz Schwarcz, Lúcia Klück Stumpf and Carlos Lima Junior, *A Batalha do Avaí: A beleza da barbárie – A Guerra do Paraguai pintada por Pedro Américo* (Rio de Janeiro: Sextante, 2013).

19. 若泽·玛丽亚·达·席尔瓦·帕拉尼奥斯（1819—1880），里约布兰科子爵，帝国时期（1822—1889）一位重要的君主主义者、政治家、外交官和记者。

20. *Atas do Conselho de Estado Pleno*, Terceiro Conselho de Estado, 1865–7, 2 659
April 1867. Available at: <http://www.senado.gov.br/publicacoes/anais/ pdf/ACE/ATAS6Terceiro_Conselho_de_Estado_1865–1867.pdf>. Accessed on 30 January 2015; see also Ricardo Salles, 'La Guerra de Paraguay, la cuestión servil y la cuéstion nacional en Brasil (1866–1871)', in Ana María Stuven and Marco A. Pamplona (eds.), *Estado y nación en Chile y Brasil en el siglo XIX* (Santiago: Ediciones Universidad Católica de Chile, 2009), p. 123.

21. Grinberg and Salles (eds.), *O Brasil imperial*, p. 133.

22. 1868年12月6日上午，卡希亚斯率领16999名步兵、926名骑兵和742名炮兵攻占巴拉圭的比耶塔镇。他们计划攻击巴拉圭军队的后方。但是，索拉诺发现盟军已在他的军队后方登陆，并派出5000人在一条横跨伊托罗罗河（Itororó）的狭窄通道上拦截敌人。
23. 阿瓦伊战役于1868年12月发生在巴拉圭境内的一条名为阿瓦伊的小河旁。许多人认为这是南美洲历史上最血腥的战役。
24. 1868年12月21日凌晨2点，卡希亚斯离开比耶塔，到中午时准备突袭巴拉圭河一条小支流岸边的洛马斯瓦伦蒂娜斯要塞。巴拉圭的防御终于在12月27日被攻破。洛佩斯带着他的骑兵逃走了。
25. 乌迈塔要塞是巴拉圭河河口附近的防御据点。
26. 曼努埃尔·路易斯·奥索里奥（Manuel Luís Osório，1808—1879），埃尔瓦尔侯爵（Marquis of Hevva），是拉普拉塔河地区最有声望的军官。他参加了自"破衫战争"（他最初支持叛军）以来的每一场战役。他在夺回乌鲁瓜亚纳方面发挥了重要作用。在阿瓦伊战役中，在成功占领敌人炮兵阵地后，他的脸部受伤，他随后用斗篷掩盖伤口。
27. 字面意思是"他的身体是封闭的"。这种普遍的信仰起源于非裔巴西教派，信奉者相信通过祈求奥里莎，身体可以免受所有外部伤害。
28. Ibid., p. 177.
29. 在这场被巴拉圭人称为"Acosta-Ñu"的战役中，索拉诺方多人阵亡，因而他派出戴着假胡子、手持旧武器作战的男童。
30. Doratioto, *O conflito com o Paraguai*, p. 94.
31. See Schulz, *O Exército na política*, p. 60.
32. *A Vida Fluminense*, Rio de Janeiro, no. 128 (1870).
33. 弗朗西斯科·曼努埃尔·巴罗索·达·席尔瓦（Francisco Manuel Barroso da Silva），1804年生于里斯本，1882年逝于蒙得维的亚，亚马孙男爵，是领导巴西人在里亚丘埃洛海战中取得胜利的指挥官。
660 34. 佩德罗·阿梅里科·德·菲格雷多－梅洛（1843—1905）1854年移居里约热内卢，并获得皇家美术学院的奖学金。
35. 瓜拉拉佩斯战役发生在葡萄牙王政复辟战争之后。葡萄牙王政复辟战争结束了伊比利亚联盟，并在1640年恢复了葡萄牙对荷兰的独立，荷兰最终在1654年投降。梅雷莱斯试图将这场"光荣"的战争与巴拉圭战争进行比较。
36. 路易斯·莫罗·戈特沙尔克（1829—1869），美国作曲家和钢琴家。他一生游历广泛，曾到过古巴、波多黎各以及其他中美洲和南美洲国家。
37. 贝尔纳多·若阿金·达·席尔瓦·吉马良斯（1825—1884），诗人、小说家，著有小说《女奴伊佐拉》（*A Escrava Isaura*）和《神学院学生》（*O Seminarista*）。
38. See Sidney Chalhoub, *A força da escravidão*. São Paulo: Companhia das Letras, 2012.
39. See Carvalho, *Teatro de sombras* and *A construção da ordem*, p. 290.

40. 关于渐进主义的主题，参阅 the article by Maria Helena P. T. Machado, 'Teremos grandes desastres se não houver providências enérgicas e imediatas: a rebeldia dos escravos e a abolição da escravidão', in Grinberg and Salles (eds.), *O Brasil imperial*, vol. 3: 1870–1889, pp. 371–3。
41. Renato Lemos, 'A alternativa republicana e o fim da monarquia', in Grinberg and Salles (eds.), *O Brasil imperial*, vol. 3: 1870–1889, p. 411.
42. José Murilo de Carvalho,'República, democracia federalismo:Brasil 1870–1891', *Varia História*, Belo Horizonte, vol. 27, no. 45 (January/June 2011), pp. 146–7.
43. See Lemos, 'A alternativa republicana e o fim da monarquia', p. 414.
44. *Harper's Weekly*, New York (1876), p.16.
45. See Sergio Goes de Paula, *Um monarca da fuzarca: três versões para um escândalo na corte*. Rio de Janeiro: Relume Dumará, 1993.
46. 劳尔·庞培亚（1863—1895），巴西记者和作家，因其小说《奥阿特诺》（*O Ateneu*）享誉全国。
47. Gilberto Freyre, *O perfil de Euclides da Cunha e outros perfis*, 2nd edn. Rio de Janeiro: Record, 1987, p. 123.
48. 关于卡斯特罗·阿尔维斯，参阅 Alberto da Costa e Silva, *Castro Alves: Um poeta sempre jovem*. São Paulo: Companhia das Letras, 2006 (Coleção Perfis Brasileiros)。
49. Pedro Calmon, *História de dom Pedro II*. Rio de Janeiro: José Olympio, 1975, p.1398.
50. 安东尼奥·达·席尔瓦·雅尔丁（1860—1891），废奴主义者和共和派人士，他的演讲吸引了大批听众。
51. 路易斯·贡萨加·平托·达·伽马（1830—1882），母亲是黑人，父亲是白人，10 岁时为奴，17 岁以前一直都不识字。他通过法庭获得了自由，并成为一名为奴隶辩护的律师。
52. 若泽·卡洛斯·杜·帕特洛西尼奥（1854—1905），作家、记者、活动家 661
和演说家。
53. 安东尼奥·本托·德·索萨·卡斯特罗（1843—1898），法官和废奴主义者。他有一家名为《救赎》（*A Redenção*）的主张废奴的报纸。
54. 这些报纸有：*Jornal do Commercio, A Onda, A Abolição, Oitenta e Nove, A Redenção, A Vida Semanária, Vila da Redenção, A Liberdade, O Alliot, A Gazeta da Tarde, A Terra da Redenção, O Amigo do Escravo, A Luta, O Federalista*。
55. See Angela Alonso, *Joaquim Nabuco: Os salões e as ruas*. São Paulo: Companhia das Letras, 2012. (Coleção Perfis Brasileiros)
56. Machado, 'Teremos grandes desastres se não houver providências enérgicas e imediatas', p.380.
57. 关于主张废奴的逃奴堡及其与废奴运动的关系，参阅 Eduardo Silva, *As*

camélias do Leblon e a abolição da escravatura: Uma investigação de história cultural (São Paulo: Companhia das Letras, 2003)。另可见 Chalhoub, *Visões de liberdade*。

58. 关于雅巴夸拉逃奴堡，参阅 Maria Helena P. T. Machado, O plano e o pânico, 尤其是第四章。
59. 奥拉沃·布朗斯·马丁斯·多斯·吉马良斯·比拉克（1865—1918），高蹈派诗人，1888 年因发表《诗歌》(*Poems*）而闻名。
60. 科埃略·内图（1864—1934）是一位政治家和多产的作家。
61. 安德烈·平托·雷博萨斯（1838—1898）是一位军事工程师和作家。在第二王朝时期，雷博萨斯因通过从城外的水源输送水来解决城市的供水危机而在里约热内卢成名。他在巴拉圭战争期间担任军事工程师。1880 年代，他开始积极参与废奴事业，创立了巴西反奴隶制协会。
62. 弗朗西斯科·德·宝拉·内伊（1858—1897），诗人和记者，也是里约热内卢“美好年代”放荡不羁的艺术家团体的成员。
63. 关于莱伯伦逃奴堡及其理想主义者，尤其可参阅 Silva, *As camélias do Leblon e a abolição da escravatura*。
64. Coleção Tobias Monteiro, Rio de Janeiro: Acervo Biblioteca Nacional.
65. Besouchet, *Pedro II e o século XIX*, p.495.
66. 小若泽·玛丽亚·达·席尔瓦·帕拉尼奥斯（José Maria da Silva Paranhos Júnior，1845—1912），里约布兰科男爵，里约布兰科子爵之子。
67. Oliveira Lima, *O Império brasileiro*. São Paulo: Melhoramentos, 1927.
68. 鲁伊·巴尔博扎（1849—1923）是当时非常有影响力的政治家。
69. Heitor Lyra, *História de dom Pedro II*, 3 vols. (Belo Horizonte and São Paulo: Edusp/Itatiaia, 1977), 1st edn. (São Paulo: Companhia Editora Nacional, 1938–40), p.387.
70. 阿德里亚诺·杜·瓦莱在共和国的第一个月未经审判即被释放。
71. 若昂·阿尔弗雷多·科雷亚·德·奥利韦拉（1835—1919）是一位保守派政治家。
72. 菲斯卡尔岛是瓜纳巴拉湾中的一个小岛。它的名字（fiscal 的意思是“检查员”）源于它是港务局的基地。
73. 关于对该舞会的出色分析，参阅 Carvalho, *A construção da ordem*, pp. 388–91。
74. 陆军元帅德奥多罗·达·丰塞卡（1827—1892）是成为共和国第一任总统的军人。
75. 本杰明·康斯坦特（1836—1891）是 1889 年共和派起义的发言人之一，并负责起草 1891 年临时宪法。
76. 弗雷德里科·索隆·达·桑帕约·里贝罗（约 1839—1900）是参加过巴拉圭战争的巴西政治家。在共和国成立前夕，据说他散布了一个谣言，称德奥多罗和本杰明·康斯坦特已遭帝国警察逮捕。
77. 金蒂诺·安东尼奥·费雷拉·达·索萨·博卡尤瓦（1836—1912），记者和政治家，是推动巴西宣布成立共和国过程中的核心人物。

78. 弗朗西斯科・格利塞里奥・德・塞凯拉・莱特（1846—1916），政治家，在共和国的建立过程中同样发挥了中心作用。
79. 阿里斯蒂德斯・达・西尔韦拉・洛博（1838—1896）是一位废奴主义者、共和派政治家和记者。
80. 原文为 "jangadeiro"。"Jangada" 是一种带有三角帆的原始木质渔船，仍在使用它的渔民被称为 "jangadeiro"。
81. Pedro Calmon, *O rei filósofo: a vida de dom Pedro II*. São Paulo: Companhia Editora Nacional, 1938, p. 203.
82. Besouchet, *Pedro II e o século XIX*, p. 542.
83. Machado de Assis, *Esaú e Jacó*. Rio de Janeiro: Garnier, 1988, p.142.

十三 第一共和国

1. Alencastro and Novais (eds.), *História da vida privada*, vol. 2: *Império – A corte e a modernidade nacional*.
2. See Carvalho, *A formação das almas*.
3. 莱奥波尔多・米格斯（1850—1902）是一位巴西指挥家和作曲家。
4. Antonio Candido, 'A literatura durante o Império', in Sérgio Buarque de Holanda (ed.), *História Geral da Civilização Brasileira*. São Paulo: Difel, 1976, book II: O Brasil monárquico, vol. 3: Reações e transições.
5. 该标题指的是就共和国总统将由圣保罗（生产咖啡）和米纳斯吉拉斯（拥有奶牛场）的候选人轮流担任达成的默契。
6. 关于宪法，参阅 Jairo Nicolau, *Eleições no Brasil: Do Império aos dias atuais* (Rio de Janeiro: Zahar, 2012); Américo Freire e Celso Castro, 'As bases republicanas dos Estados Unidos do Brasil', in Ângela de Castro Gomes, Dulce Pandolfi and Verena Alberti (eds.), *A República no Brasil* (Rio de Janeiro: Nova Fronteira; CPDOCFGV, 2002)。 663
7. 关于武装部队，尤其是陆军，参阅 Frank D. McCann, *Soldados da pátria: História do exército brasileiro 1889–1937* (São Paulo: Companhia das Letras, 2007); Schulz, *O Exército na política*。
8. 关于弗洛里亚诺和"弗洛里亚诺主义"，参阅 Lincoln de Abreu Penna, *O progresso da ordem: O florianismo e a construção da República* (Rio de Janeiro: 7Letras, 1997); Suely Robles Reis de Queiros, *Os radicaisda República: Jacobinismo, ideologia e ação – 1893–1897* (São Paulo: Brasiliense, 1986)。
9. Steven Topik, *A presença do Estado na economia política do Brasil de 1889 a 1930*. Rio de Janeiro: Record,1987.
10. 关于"州长政策"和第一共和国的制度工程，参阅 Renato Lessa, *A invenção republicana: Campos Sales, as bases e a decadência da Primeira República brasileira*. Rio de Janeiro: Vértice/Iuperj, 1988。
11. 关于欺诈制度，参阅 Nicolau, *Eleições no Brasil*；Carvalho, *Cidadania no*

Brasil。

12. 关于“上校主义”，参阅 Victor Nunes Leal, *Coronelismo, enxada e voto: O município e o regime representativo no Brasil* (São Paulo: Companhia das Letras, 2012); José Murilo de Carvalho, ‘Mandonismo, coronelismo, clientelismo: Uma discussão conceitual’, in José Murilo de Carvalho, *Pontos e bordados: Escritos de história e política* (Belo Horizonte: Editora UFMG, 1998); and Maria Isaura Pereira de Queiroz, *O mandonismo local na vida política brasileira e outros ensaios* (São Paulo: Alfa-Ômega, 1976)。
13. 关于移民问题的段落主要基于 Lilia Moritz Schwarcz 为 *História do Brasil Nação: 1808–2010* (Rio de Janeiro: Objetiva/ Mapfre, 2012) 系列第三卷所做的研究，她是该系列的协调人。
14. Zuleika Alvim, ‘Imigrantes: A vida privada dos pobres do campo’, in Nicolau Sevcenko (ed.), *História da vida privada* (São Paulo: Companhia das Letras, 2001),vol.3: República: Da belle époque à era do rádio, p.220.
15. Ibid.,p.221.
16. Ibid.,pp.283–4.
17. Maria Thereza Schorer Petrone,‘Imigração’, in Boris Fausto (ed.), *História geral da civilização brasileira* (Rio de Janeiro: Difel,1977),vol. Ⅲ : O Brasil republicano,p.97.

664 18. Fernando Henrique Cardoso, ‘Dos governos militares a PrudenteCampos Sales’, in Fausto (ed.), *História geral da civilização brasileira*, vol. 1: Estrutura de poder e economia (1889–1930), p.20.
19. 米纳斯吉拉斯州首府。
20. 对圣保罗、贝洛奥里藏特和里约热内卢这三个大城市的描述基于 Lilia Moritz Schwarcz 和 Angela Marques da Costa 为 *1890–1914: No tempo das certezas.*São Paulo: Companhia das Letras, 2000 一书所做的研究。
21. 类似于“跳蚤坑”的东西。
22. 其中的 caixotim 指纸板箱隔间。
23. See Lima Barreto, *Marginália*. São Paulo: Brasiliense,1961, p.33.
24. 关于贝洛奥里藏特，参阅 Beatriz de Almeida Magalhães and Rodrigo Ferreira Andrade, *Belo Horizonte: Um espaço para a República*. Belo Horizonte: UFMG, 1989。
25. 关于“疫苗叛乱”，参阅 José Murilo de Carvalho, *Os bestializados: O Rio de Janeiro e a República que não foi*. São Paulo: Companhia das Letras, 1987。
26. See Gilberto Hochman, ‘Saúde pública ou os males do Brasil’, in André Botelho and Lilia Moritz Schwarcz (eds.), *Agenda brasileira: Temas de uma sociedade em mudança*. São Paulo: Companhia das Letras, 2011.
27. See, among others, Schwarcz, *O espetáculo das raças*.
28. 葡语为“barbeiro”，学名是“Triatominae”。
29. Hochman, ‘Saúde pública ou os males do Brasil’.

30. 关于“鞭子叛乱”，参阅 Edmar Morel, *A Revolta da Chibata: subsídios para a história da sublevação na Esquadra pelo marinheiro João Candido em 1910*, 5th ed. (Rio de Janeiro: Paz e Terra, 2009); Carvalho,‘Os bordados de João Cândido’, in *Pontos e bordado*。
31. 关于军队，参阅 McCann, *Soldados da pátria; Carvalho, Forças Armadas e política no Brasil*。
32. See below – the modernists and the *Semana de Arte Moderna of 1922*.
33. Mário de Andrade, *O turista aprendiz*. São Paulo: Livraria Duas Cidades, 1976, p.20.
34. 关于欧克利德斯·达·库尼亚，参阅 Roberto Ventura, *Euclides da Cunha: Esboço biográfico – Retrato interrompido da vida de Euclides da Cunha*. São Paulo: Companhia das Letras, 2003。
35. 字面意思是“干旱地区”或“荒地”。该书由 Penguin Classics 出版。
36. 关于《腹地》，参阅 Euclides da Cunha, *Os sertões: Campanha de Canudos* (Rio de Janeiro: Francisco Alves, 1923); Ventura, *Euclides da Cunha*; Luiz Costa Lima, *Terra ignota: A construção de Os sertões* (Rio de Janeiro: Civilização Brasileira, 1997); Walnice Nogueira Galvão, *Correspondência de Euclides da Cunha* (São Paulo: Edusp, 1997)。
37. 关于卡努杜斯，参阅 Henrique Estrada Rodrigues, Bruno Pimenta Starling and 665
Marcela Telles, ‘O novo continente da utopia’, in Delsy Gonçalves de Paula, Heloisa Maria Murgel Starling and Juarez Rocha Guimarães (eds.), *Sentimento de reforma agrária, sentimento de República* (Belo Horizonte: UFMG, 2006); Pauliane de Carvalho Braga, Raissa Brescia dos Reis and Ana Letícia Oliveira Goulart, ‘Canudos’, in Heloisa Maria Murgel Starling and Pauliane de Carvalho Braga (eds.), *Sentimentos da terra* (Belo Horizonte: PROEX/ UFMG, 2013)。
38. Euclides da Cunha, *Os Sertões* (1902). São Paulo: Cultrix, 1973, p.392.
39. Duglas Teixeira Monteiro, ‘Um confronto entre Juazeiro, Canudos e Contestado’, in Boris Fausto (ed.), *História geral da civilização brasileira* (Rio de Janeiro: Difel,1977), vol.2: Sociedade e instituições (1889–1930).
40. 关于工人阶级与工业化，参阅 Francisco Foot Hardman and Victor Leonardi, *História da indústria e do trabalho no Brasil: Das origens aos anos 1920* (São Paulo: Ática, 1991); Lúcio Kowarick, *Trabalho e vadiagem: A origem do trabalho livre no Brasil* (São Paulo: Brasiliense, 1987); Paulo Sérgio Pinheiro and Michael Hall, *A classe operária no Brasil: 1889–1930 – Documentos* (São Paulo: Alfa-Ômega, 1979, vol. 1)。
41. 更多详情参阅 José Antonio Segatto, *A formação da classe operária no Brasil*. Porto Alegre: Mercado Aberto, 1987。
42. 关于巴西的无政府主义，参阅 Francisco Foot Hardman, *Nem pátria, nem patrão! Memória operária, cultura e literatura no Brasil* (São Paulo: Editora Unesp, 2002); Daniel Aarão Reis Filho and Rafael Borges Deminicis (eds.),

História do anarquismo no Brasil (Niterói: Editora UFF, 2006, vol. 1); Boris Fausto, *Trabalho urbano e conflito social* (Rio de Janeiro:Difel,1977);Edilene Toledo, *Anarquismo e sindicalismo revolucionário: Trabalhadores e militantes em São Paulo na Primeira República* (São Paulo: Fundação Perseu Abramo, 2004)。

43. Boris Fausto, 'Expansão do café e política cafeeira', in Boris Fausto (ed.), *História geral da civilização brasileira* (Rio de Janeiro: Difel,1977), vol.1: Estrutura de poder e economia (1889–1930).See also Fausto, *Trabalho urbano e conflito social*, especially chapter 6.
44. Nísia Trindade Lima, 'Campo e cidade: Veredas do Brasil moderno', in Botelho and Schwarcz (eds.), *Agenda brasileira*.
45. See Milton Lahuerta, 'Os intelectuais e os anos 20: Moderno, modernista, modernização', in Helena Carvalho de Lorenzo and Wilma Peres da Costa (eds.), *A década de 1920 e as origens do Brasil moderno*. São Paulo: Editora Unesp, 1997.
46. Alessandra El Far, *A encenação da imortalidade: Uma análise da Academia Brasileira de Letras nos primeiros anos da República (1897–1924*). Rio de Janeiro: Fundação Getúlio Vargas, 2000.

666 47. Mário de Andrade, *Macunaíma: O herói sem nenhum caráter*. Brasília: CNPQ, 1988, pp. 37–8.
48. Alfredo Bosi,'Situação de Macunaíma', in ibid.
49. André Botelho, *De olho em Mário de Andrade : Uma descoberta intelectual e sentimental do Brasil*. São Paulo: Companhia das Letras, 2012.
50. 关于西亚塔阿姨，参阅 Carlos Sandroni, *Feitiço decente: Transformações do samba no Rio de Janeiro (1917–1933)*. Rio de Janeiro: Zahar/Editora UFRJ, 2001。
51. 非裔巴西宗教的每个新加入者都是奥里莎"欧雄"（Orisha Oxum，发音为 Oshung）之子或之女，欧雄是具有约鲁巴血统的掌管淡水的女性神。
52. 小阿尔弗雷多·达·罗沙·维亚纳（Alfredo da Rocha Viana Jr，1897—1973，俗称皮辛吉尼亚，出生于里约热内卢，是一位作曲家、编曲者、长笛演奏家和萨克斯管演奏家。
53. 埃托尔·多斯·普拉泽雷斯（1898—1966）是里约热内卢桑巴的先驱之一，也是一位自学成才的素人画家。
54. 位于里约热内卢卡特蒂区的总统官邸。
55. 曼努埃尔·巴斯托斯·蒂格雷（1882—1957）是一个多才多艺的人。他是一名记者、诗人、作曲家、剧作家、讽刺作家、工程师和图书管理员，还从事广告工作。
56. Mônica Pimenta Velloso, *Modernismo no Rio de Janeiro: Turunas e quixotes*. Rio de Janeiro: FGV, 1996.
57. 这里指的是曼努埃尔·玛丽亚·巴尔博扎·杜·博卡热（Manuel Maria

Barbosa du Bocage，1765—1805），葡萄牙诗人，以讽刺诗闻名。

58. Brito Broca, *A vida literária no Brasil – 1900*, 5th edn. Rio de Janeiro: José Olympio, 2005, p. 44.
59. Gilberto Freyre, *Casa-grande & senzala*. Rio de Janeiro: Maia & Schmidt/ José Olympio, 1933, p.307.
60. Ricardo Benzaquen, *Guerra e paz*. São Paolo, Ed.34, 1994.
61. João Batista Lacerda, *Sur les métis au Brésil*. Paris: Imprimerie Devougue, 1911.
62. 阿卢伊奇奥·坦克雷多·贡萨维斯·德·阿泽维多（1857—1913）是巴西自然主义作家之一。
63. Lima Barreto, *Contos completos de Lima Barreto*, ed. and introduction by Lilia Moritz Schwarcz. São Paulo: Companhia das Letras, 2010.
64. See Antonio Sérgio Alfredo Guimarães, 'La République de 1889: Utopie de l'homme blanc, peur de l'homme noir', *Brésil(s): Sciences Humaines et Sociales*, Paris, vol. 1 (2012), pp. 149–68, and 'A República de 1889: Utopia de branco, medo de preto', *Contemporânea – Revista de Sociologia da UFSCar*, São Carlos, vol. 1, no. 2 (2011), pp. 17–36.
65. Maria Cristina Cortez Wissenbach, 'Da escravidão à liberdade: Dimensões de uma privacidade possível', in Nicolau Sevcenko (ed.), *História da vida privada* (São Paulo: Companhia das Letras, 2001), vol. 3: República: Da belle époque à era do rádio. 667
66. Ibid.
67. Antonio Candido, *Os parceiros do Rio Bonito*, 9th edn. São Paulo: Editora 34, 2001.
68. 若泽·本托·雷纳托·蒙泰罗·洛巴托（1882—1948）是一位非常重要的作家、评论家和编辑。
69. Lima,'Campo e cidade'.
70. 这三种食物分别是：在已用于烹调鱼的水中煮沸的木薯粉，水中煮沸的木薯粉或玉米粉，烘烤后的花生碎加上糖和木薯粉。
71. Manuela Carneiro da Cunha, 'Política indigenista no século XIX', in idem, *História dos índios no Brasil*.
72. Information taken from Carneiro da Cunha, *História dos índios no Brasil*, p. 133.
73. Barreto,'Três gênios da secretaria', in idem, *Contos completos de Lima Barreto*.
74. 关于尉官，参阅 McCann, *Soldados da pátria*; Carvalho, *Forças Armadas e política no Brasil*; Mário Cleber Martins Lanna Júnior,'Tenentismo e crises políticas na Primeira República', in Lucilia de Almeida Neves Delgado and Jorge Ferreira (eds.), *O Brasil republicano: O tempo do liberalismo excludente* (Rio de Janeiro: Civilização Brasileira, 2007), vol.1: Da Proclamação da República à Revolução de 1930。

75. 兵营坐落在科巴卡巴纳海滩尽头的岬角上。
76. 关于“普列斯特斯 / 米格尔 · 科斯塔纵队”，参阅 McCann, *Soldados da pátria*; Domingos Meirelles, *As noites das grandes fogueiras: Uma história da Coluna Prestes* (Rio de Janeiro: Record, 1995)。
77. 欧里科 · 加斯帕尔 · 杜特拉（Eurico Gaspar Dutra）将军，巴西总统，1946—1951 年在位。
78. Maria Alice Rezende de Carvalho, *Quatro vezes cidade*. Rio de Janeiro: 7Letras, 1994.
79. Roberto Schwarz, ‘Nacional por subtração’, in idem, *Que horas são?* São Paulo: Companhia das Letras, 2009.

十四　桑巴、无赖做法、专制主义

1. “无赖”（malandro）和“无赖做法”（malandragem）在英语中没有直接对等的词。“无赖”（malandro）指具有里约热内卢特征的、迷人的、有诱惑力的、通常无所事事的男人。
668 2. 关于 1910 年选举，参阅 Borges, *A batalha eleitoral de 1910*。
3. 在 1891 年宪法和 1930 年革命之间，各州州长被称为“主席”（president）。1930 年，瓦加斯用联邦接管员取代了大多数“主席”。1946 年的宪法确立了现各州行政首长即“州长”头衔。
4. 关于工人运动与 1920 年代的镇压措施，参阅 Boris Fausto, *Trabalho urbano e conflito social* (São Paulo: Difel, 1977); Everardo Dias, *História das lutas sociais no Brasil* (São Paulo: Alfa Omega, 1977)。关于“普列斯特斯 / 米格尔 · 科斯塔纵队”，参阅 Meirelles, *As noites das grandes fogueiras*。
5. 关于米纳斯吉拉斯和圣保罗之间的协议、其矛盾对立和政治体系的稳定性，参阅 Cláudia Maria Ribeiro Viscardi, *O teatro das oligarquias: Uma revisão da ‘política do café com leite’* (Belo Horizonte: C/Arte, 2011); John Wirth, *O fiel da balança: Minas Gerais na federação brasileira (1889–1937)* (Rio de Janeiro: Paz e Terra, 1982)。
6. 这座新古典主义宫殿作为新弗里堡男爵的家庭住宅建于 1855 年，位于里约热内卢的弗拉门戈海滩。1897 年，政府买下了它，并将它改建为总统官邸。
7. 吉尔伯托 · 德 · 利马 · 亚马多 · 德 · 法里亚（1887—1969），塞尔希培州联邦众议员兼参议员。
8. Gilberto Amado, *Depois da política*. Rio de Janeiro: José Olympio, 1968.
9. 关于华盛顿 · 路易斯的选择，参阅 Cláudia Maria Ribeiro Viscardi, *O teatro das oligarquias: Uma revisão da ‘política do café com leite’*; Boris Fausto, *A Revolução de 1930: História e historiografia* (São Paulo: Brasiliense, 1994)。关于咖啡的重要性，参阅 Sérgio Silva, *Expansão cafeeira e origem da indústria no Brasil* (São Paulo: AlfaOmega, 1986)。
10. 关于安东尼奥 · 卡洛斯，参阅 Lígia M. L. Pereira and Maria Auxiliadora

Faria, *Presidente Antônio Carlos: Um Andrada da República*. Rio de Janeiro: Nova Fronteira, 1998。

11. 关于南里奥格兰德，参阅 Joseph Love, *O regionalismo gaúcho* (São Paulo: Perspectiva, 1975); 关于帕拉伊巴，参阅 Leda Lewin, *Política e parentela na Paraíba: Um estudo de caso da oligarquia de base familiar* (Rio de Janeiro: Record, 1993)。另可见 Ângela Maria de Castro Gomes et al., *Regionalismo e centralização política: Partidos e Constituinte nos anos 30* (Rio de Janeiro: Nova Fronteira, 1980)。
12. 关于瓦加斯和若昂·佩索阿的生平细节，参阅 Lira Neto, *Getúlio: Dos anos de formação à conquista do poder (1882–1930)*. São Paulo: Companhia das Letras, 2012, vol. 1。
13. 关于"自由联盟"和其计划，参阅 Boris Fausto, *A Revolução de 1930: História e historiografia*; Lúcia Lippi de Oliveira (ed.), *Elite intelectual e debate político nos anos 30: Uma bibliografia comentada da Revolução de 1930* (Rio de Janeiro: Fundação Getulio Vargas, 1980); Milton Lahuerta,'Os intelectuais e os anos 20: Moderno, modernista,modernização', in Helena Carvalho de Lorenzo e Wilma Peres da Costa (eds.), *A década de 1920 e as origens do Brasil moderno* (São Paulo: Unesp, 1997)。
14. "Caravanas" 指大量结队而行的人。 669
15. 关于自由队列和自由联盟的纲领，参阅 Fausto, *A Revolução de 1930*。
16. Franklin Martins, *Quem inventou o Brasil?* Rio de Janeiro: Nova Fronteira (forthcoming).
17. 埃瓦里斯托·德·莫赖斯（1871—1931）是 1902 年巴西社会党的创始人之一。
18. 毛里西奥·派瓦·德·拉塞尔达（1888—1959）是共产党人。战后，他脱党加入了全国保守民主联盟。
19. 关于西尼奥，参阅 Martins, *Quem foi que inventou o Brasil?*; J. B. da Silva (Sinhô), 'Eu ouço falar (Seu Julinho)'(Rio de Janeiro: Odeon, 1929)。
20. 关于选举结果，参阅 Neto, *Getúlio*。
21. 关于普列斯特斯，参阅 Domingos Meirelles, *1930: Os órfãos da Revolução*. Rio de Janeiro: Record, 2005。
22. 关于若昂·佩索阿谋杀案，参阅 Meirelles, *1930*; 另可见 José Joffily, *Anayde Beiriz: Paixão e morte na revolução de 30* (Niterói: CBAG,1980)。
23. 关于女王镇起义，参阅 Inês Caminha Lopes Rodrigues, *A Revolta de Princesa: Uma contribuição ao estudo do mandonismo local* (João Pessoa: A União, 1978); Meirelles, 1930。
24. Quoted in Meirelles, 1930, p. 532.
25. 关于 1930 年起义期间的军事行动，参阅 Frank D. McCann, *Soldados da pátria: História do Exército brasileiro – 1889–1937* (São Paulo: Companhia das Letras, 2007); José Murilo de Carvalho, *Forças Armadas e política no*

Brasil (Rio de Janeiro: Zahar, 2005)。

26. Pedro Nava, *O círio perfeito*. São Paulo: Ateliê Editorial, 2004.
27. 关于塔沃拉逃跑的经历，参阅 Neto, *Getúlio*, p.415。
28. 关于华盛顿·路易斯的反应和倒台，参阅 Meirelles,*1930*; Neto,*Getúlio*。
29. Quoted in Meirelles, *1930*, p. 619.
30. 关于史学述评，参阅 Marieta de Moraes Ferreira and Surama Conde Sá Pinto,'A crise dos anos 1920 e a Revolução de 1930', in Delgado and Ferreira (eds.), *O Brasil republicano*, vol.1。
31. 关于临时政府的措施，参阅 Dulce Pandolfi,'Os anos 1930: As incertezas do regime', in Delgado and Ferreira (eds.), *O Brasil republicano*, vol.2; Neto, *Getúlio*。
32. Quoted in Neto, *Getúlio*, p.520.
33. 关于瓦加斯的劳工政策，参阅 Carvalho, *Cidadania no Brasil* ; Ângela Maria de Castro Gomes, *Cidadania e direitos do trabalho* (Rio de Janeiro: Zahar, 2002)。

670 34. 关于 1932 年选举法，参阅 Carvalho, *Cidadania no Brasil*; Jairo Nicolau, *Eleições no Brasil: Do Império aos dias atuais* (Rio de Janeiro: Zahar, 2012)。

35. 关于埃尔维拉·科梅尔，参阅 Lélia Vidal Gomes da Gama, *Elvira Komel: Uma estrela riscou o céu*. Belo Horizonte: Imprensa Oficial do Estado de Minas Gerais, 1987。
36. 关于政治力量，参阅 Ângela Maria de Castro Gomes, 'Confronto e compromisso no processo de constitucionalização', in Boris Fausto (ed.), *O Brasil republicano*. São Paulo: Difel, 1981, vol.3。
37. 关于 1932 年圣保罗人起义，参阅 Hélio Silva, *A guerra Paulista: O ciclo de Vargas* (Rio de Janeiro: Civilização Brasileira, 1976, vol. 2); Maria Helena Capelato, *O movimento de 1932: A causa Paulista* (São Paulo: Brasiliense, 1981); Lira Neto, *Getúlio: Do governo provisório à ditadura do Estado Novo (1930–1945)* (São Paulo: Companhia das Letras, 2013, vol. 2)。
38. Oswald de Andrade, *Marco zero: A revolução melancólica*. Rio de Janeiro: Civilização Brasileira, 1978.
39. Quoted in Silva, *A guerra paulista*.
40. 关于工厂工人的缺席，参阅 Capelato, *O movimento de 1932*; Leôncio Basbaum, *Uma vida em seis tempos* (São Paulo: Alfa Omega, 1978)。
41. 关于 1932 年的军事行动，参阅 McCann, *Soldados da pátria*; Neto, *Getúlio*。
42. 关于瓦加斯的措施，参阅 McCann, *Soldados da pátria*; Neto, *Getúlio*。
43. 关于制宪议会和 1934 年宪法，参阅 Carvalho, *Cidadania no Brasil*。
44. 关于瓦加斯的评论，参阅 Neto, *Getúlio*, p. 189。
45. 该表达出自诺贝特·弗雷（Norbert Frei）。参阅 Norbert Frei, *L'État Hitlérien et la société allemande: 1933–1945* (Paris: Seuil,1994), p.95。
46. 关于"巴西整合运动"，参阅 Marcos Chor Maio and Roney Cytrynowicz,'Ação

Integralista Brasileira: Um movimento fascista no Brasil (1932–1938)', in Lucilia de Almeida Neves Delgado and Jorge Ferreira (eds.), *O Brasil republicano: O tempo do liberalismo excludente – da proclamação da República à Revolução de 1930*。另可见 Marilena Chaui, 'Apontamentos para uma críticada Ação Integralista Brasileira', in André Rocha (ed.), *Escritos de Marilena Chaui: Manifestações ideológicas do autoritarismo brasileiro* (Belo Horizonte: Autêntica; São Paulo: Fundação Perseu Abramo,2013, vol.2)。

47. 普利尼奥・萨尔加多（1895—1975）是巴西法西斯党的创始人之一。
48. 米格尔・雷亚利（1910—2006）是一位哲学家、诗人和法律学者。
49. 关于巴西武装部队中的法西斯主义，参阅 McCann, *Soldados da pátria*。
50. 关于民族解放同盟，参阅 Francisco Carlos Pereira Cascardo, 'A Aliança Nacional Libertadora: Novas abordagens', in Jorge Ferreira and Daniel Aarão Reis (eds.), *A formação das tradições (1889–1995)* (Rio de Janeiro: Civilização Brasileira, 2007); Marly Vianna, 'A ANL (Aliança Libertadora Nacional)', in Antonio Carlos Mazzeo and Maria Izabel Lagoa (eds.), *Corações vermelhos: Os comunistas brasileiros no século XX* (São Paulo: Cortez, 2003)。
51. 米格尔・阿尔贝托・罗德里戈・达・科斯塔（1885—1959）是一名军官，曾参加 1924 年的尉官起义、1930 年革命和 1932 年宪政革命。
52. 关于巴西共产党，参阅 Marly de Almeida Gomes Vianna, 'O PCB: 1929–43', in Ferreira and Reis (eds.), *A formação das tradições*; John W. Foster Dulles, *Anarquistas e comunistas no Brasil (1900–1935)* (Rio de Janeiro: Nova Fronteira, 1977)。
53. Quoted in Neto, *Getúlio*, p. 235.
54. Quoted in Francisco Carlos Pereira Cascardo, 'A Aliança Nacional Libertadora: Novas abordagens', in Ferreira and Reis (eds.), *A formação das tradições*, p. 475.
55. 关于共产国际及其在 1935 年起义中的参与，参阅 William Waack, Camaradas. *Nos arquivos de Moscou: A história secreta da revolução brasileira de 1935* (São Paulo: Companhia das Letras, 2004)。
56. 关于纳塔尔和伯南布哥起义，参阅 Marly de A. G. Vianna, *Revolucionários de 1935: Sonho e realidade* (São Paulo: Companhia das Letras, 1992); Hélio Silva, *1935: A revolta vermelha* (Rio de Janeiro: Civilização Brasileira, 1969); Paulo Cavalcanti, *O caso eu conto como o caso foi: Da Coluna Prestes à queda de Arraes* (Recife: Cepe, 2008, vol. 1), chapter 6。
57. 关于里约热内卢起义，参阅 McCann, *Soldados da pátria*; Vianna, *Revolucionários de 1935*; Silva, *1935*。
58. 关于瓦加斯统治下的镇压，参阅 Dulles, *Anarquistas e comunistas no Brasil (1900–1935)*; Vianna, *Revolucionários de 1935*; Waack, *Camaradas*。
59. 格拉西利亚诺・拉莫斯（1892—1953）是一位非常著名的巴西作家。
60. Graciliano Ramos, *Memórias do cárcere* (Rio de Janeiro: Record, 2007), vol.

II, pp. 69–70. 关于格拉西利亚诺，参阅 Wander Melo Miranda, *Graciliano Ramos* (São Paulo: Publifolha, 2004)。

61. 关于双重间谍，参阅 R. S. Rose and Gordon D. Scott, *Johnny: A vida do espião que delatou a rebelião comunista de 1935* (Rio de Janeiro: Record, 2010)。
62. 关于瓦加斯对政变的准备，参阅 Neto, *Getúlio*; Boris Fausto, *Getúlio Vargas* (São Paulo: Companhia das Letras, 2006)。
63. Quoted in Fausto, *Getúlio Vargas*, p. 75.
64. 关于“科恩计划”，参阅 McCann, *Soldados da patria*。
65. 阿尔贝托·托雷斯（1865—1917）是一位多产的作家和评论家。
66. 关于共同之处，参阅 Fausto, *Getúlio Vargas*。

672 67. Ramos, *Memórias do cárcere*, vol. I, p.34.
68. 关于镇压机构，参阅 Fausto, *Getúlio Vargas*; McCann, *Soldados da pátria*; Neto, *Getúlio*。
69. 国家调查警察部队的名称。
70. 关于与盖世太保的交流，参阅 Neto, *Getúlio*, p. 263。
71. Ibid., p.264.
72. 关于宣传机构和“新国家”的合法性，参阅 Lúcia Lippi Oliveira, Mônica Pimenta Velloso and Ângela Maria de Castro Gomes, *Estado Novo: Ideologia e poder* (Rio de Janeiro: Zahar, 1982); Dulce Pandolfi, *Repensando o Estado Novo* (Rio de Janeiro: Fundação Getulio Vargas, 1999)。
73. 关于诺埃尔·罗萨，参阅 João Máximo and Carlos Didier, *Noel Rosa: Uma biografia*. Brasília: Editora UnB/ Linha Gráfica Editora, 1990。
74. 关于审查制度，参阅 Robert M. Levine, *Pai dos pobres? O Brasil e a era Vargas* (São Paulo: Companhia das Letras, 2001, p. 94)。
75. 关于新闻与宣传部的活动，参阅 Magno Bissoli Siqueira, *Samba e identidade nacional: Das origens à era Vargas* (São Paulo: Unesp, 2012)。
76. 关于卡帕内马领导下的教育与卫生部，参阅 Helena Bomeny (ed.),*Constelação Capanema: Intelectuais e políticas*. Rio de Janeiro: Fundação Getulio Vargas, 2001。
77. 坎迪多·波尔蒂纳里（1903—1962）是一位非常重要的巴西画家。
78. 关于促进混合种族文化的过程和基于与大众艺术相关的地域文化产品的民族性建构，参阅 Lilia K. M. Schwarcz, ‘Complexo de Zé Carioca: Notas sobre uma identidade mestiça e malandra’, *Revista Brasileira de Ciências Sociais*, no. 29:10 (1995); Lilia M. Schwarcz, ‘Nem preto nem branco, muito pelo contrário: Cor e raça na intimidade’, in Lilia M. Schwarcz, *História da vida privada no Brasil* (São Paulo: Companhia das Letras, 2006, vol. 4)。另见可 Hermano Vianna, *O mistério do samba* (Rio de Janeiro: Zahar, 2012)。
79. 关于卡门·米兰达，参阅 Ruy Castro, *Carmen: Uma biografia* (São Paulo: Companhia das Letras, 2005)。另可见 Eneida Maria de Souza,‘Carmen Miranda:

Do kitsch ao cult', in Heloisa Starling, Berenice Cavalcante and José Eisemberg (eds.), *Decantando a República: Retratos em branco e preto da nação brasileira* (Rio de Janeiro: Nova Fronteira; São Paulo: Fundação Perseu Abramo, 2004, vol. 2)。

80. 在葡萄牙语中它被称为 *Serenata Tropical*。
81. 名词 bossa 很难翻译，它意味着风格、才华和魅力的结合。
82. Castro, *Carmen*, p. 322.
83. 关于睦邻政策及其文化产品，参阅 Antônio Pedro Tota, *O imperialismo sedutor: A americanização do Brasil na época da Segunda Guerra*. São Paulo: Companhia das Letras, 2000。
84. 关于乔鹦哥，参阅 Ruy Castro, 'Nascido no Copacabana Palace, Zé Carioca completa 70 anos', *Serafina, Folha de S. Paulo*, São Paulo (25 November 2012)。 673
85. 该表达出自卡米拉·费雷拉（Camila Ferreira）。参阅 Camila Manduca Ferreira,'Zé Carioca:Um papagaio na periferia do capitalismo', *Novos Rumos*, vol. 49, no. 1 (January–June 2012)。
86. 关于诺埃尔·罗萨的歌，参阅 Mayra Pinto, *Noel Rosa: O humor na canção*. São Paulo: Ateliê, 2012。
87. 事实上，巴西铃鼓（pandiero）类似于铃鼓（tambourine）。它有一个可调节的鼓膜和环绕边缘的金属钹，是桑巴的伴奏乐器。
88. Gilberto Freyre, *Casa-grande & senzala* (Rio de Janeiro: José Olympio, 1981). 关于弗莱雷，参阅 Schwarcz, 'Complexo de Zé Carioca'; Vianna, *O mistério do samba*。
89. Sérgio Buarque de Holanda, *Raízes do Brasil* (São Paulo: Companhia das Letras, 2006). 关于塞尔吉奥·布阿尔克·德·奥兰达，参阅 Robert Wegner, 'Caminhos de Sérgio Buarque de Holanda', in André Botelho and Lilia Moritz Schwarcz (ed.), *Um enigma chamado Brasil: 29 intérpretes e um país* (São Paulo: Companhia das Letras, 2009)。
90. Caio Prado Jr, *Formação do Brasil contemporâneo* (São Paulo: Brasiliense, 1979). 关于小卡约·普拉多，参阅 Bernardo Ricúpero, 'Caio Prado Junior e o lugar do Brasil no mundo', in André Botelho and Lilia Moritz Schwarcz (ed.), *Um enigma chamado Brasil: 29 intérpretes e um país*。关于三位作家对 1930—1940 年代文化生产的影响，参阅 Antonio Candido, 'A Revolução de 30 e a cultura', in Paula Monteiro e Álvaro Comin (ed.), *Mão e contramão e outros ensaios contemporâneos*。
91. 关于劳工立法和社会权利的实现，参阅 Carvalho, *Cidadania no Brasil*; Luiz Werneck Vianna, *Liberalismo e sindicato no Brasil* (Belo Horizonte: Editora UFMG, 1999, chapter 5)。
92. 关于"无赖做法"，参阅 Antonio Candido, 'Dialética da malandragem', in Antonio Candido, *O discurso e a cidade* (São Paulo: Duas Cidades; Rio de Janeiro: Ouro sobre Azul, 2004); Cláudia Matos, *Acertei no milhar: Samba e*

malandragem no tempo de Getúlio (Rio de Janeiro: Paz e Terra, 1982)。

93. Wilson Batista and Ataulfo Alves, ‘O bonde São Januário’. Performer: Cyro Monteiro. Victor 34.691a, 1940. 关于威尔逊·巴蒂斯塔，参阅 Rodrigo Alzuguir, *Wilson Batista: O samba foi sua glória!* (Rio de Janeiro: Casa da Palavra, 2013)。
94. 关于瓦加斯在战争期间的政治活动和现代化计划，参阅 Fausto, *Getúlio Vargas*; McCann, *Soldados da patria*; Neto, *Getúlio*。
95. 关于电报，参阅 Levine, *Pai dos pobres?*, p.100。

十五　是的，我们有民主！

1. 关于瓦加斯的政治策略，参阅 Neto, *Getúlio*。
2. 原同韵词的两行是：“Vote no Brigadeiro, que ele é bonito e é solteiro.”
3. 关于候选人，参阅 Maria Victoria de Mesquita Benevides, *A UDN e o udenismo: Ambiguidades do liberalismo brasileiro (1945–1965)* (Rio de Janeiro: Paz e Terra, 1981); Jorge Ferreira, *O imaginário trabalhista: Getulismo, PTB e cultura política popular 1945–1964* (Rio de Janeiro: Civilização Brasileira, 2005), especially chapter 1。
4. 关于这两段插曲，参阅 Michelle Reis de Macedo, *O movimento queremista e a democratização de 1945*. Rio de Janeiro: 7Letras, 2013, p. 105。
5. 关于军队内部尤其是陆军的变革，参阅 McCann, *Soldados da patria*; Carvalho, *Forças Armadas e política no Brasil*。
6. 葡萄牙语用同一个词表示“政治”和“政策”：*política*。
7. Quoted in Carvalho, *Forças Armadas e política no Brasil*, p. 82.
8. See especially ibid.
9. 关于普列斯特斯，参阅 Jorge Ferreira, *Prisioneiros do mito: Cultura e imaginário político dos comunistas no Brasil (1930–1956)* (Rio de Janeiro: Editora da UFF; Niterói: Mauad, 2002), especially chapter 9; Dênis de Moraes and Francisco Viana, *Prestes: Lutas e autocríticas* (Petrópolis: Vozes, 1982)。
10. 关于圣雅努阿里奥体育场集会，参阅 Moraes and Viana, *Prestes*; Mário Magalhães, *Marighella: O guerrilheiro que incendiou o mundo* (São Paulo: Companhia das Letras, 2012)。
11. 关于共产党的成长，参阅 Magalhães, *Marighella*, p. 157。
12. 关于圣保罗集会，参阅 Macedo, *O movimento queremista e a democratização de 1945*。
13. Sé 是主教区所在地（sede episcopalis）的缩写。因此，Praça da Sé 是主教座堂所在的广场。
14. 关于“新国家”的结束和瓦加斯人气的同步增长，参阅 Ângela de Castro Gomes, *A invenção do trabalhismo*. Rio de Janeiro: Vértice; Iuperj, 1988。
15. 关于“支持热图利奥”运动，参阅 Macedo, *O movimento queremista e a democratização de 1945*; Ferreira, *O imaginário trabalhista*, especially chapter 1。

16. Quoted in Neto, *Getúlio*, pp.466 ff.
17. Quoted in Ferreira, *O imaginário trabalhista*, p. 75.
18. 关于限制规定，参阅 Nicolau, *Eleições no Brasil*, pp. 89–90。
19. 关于全国民主联盟，参阅 Benevides, *A UDN e o udenismo*。
20. 关于拉塞尔达，参阅 Carlos Lacerda, *Depoimento* (Rio de Janeiro: Nova Fronteira, 1978)。另可见 Rodrigo Lacerda, *A República das abelhas* (São Paulo: Companhia das Letras, 2013); Otávio Frias Filho, ‘O tribuno da imprensa’, *piauí*, no. 91 (April 2014)。
21. Quoted in Claudio Bojunga, *JK: O artista do impossível* (Rio de Janeiro: 675
Objetiva, 2001), p.389.
22. 关于社会民主党，参阅 Lúcia Hipólito, *PSD: De raposas e reformistas* (Rio de Janeiro: Paz e Terra,1985)。
23. Quoted in Bojunga, *JK*,p.166.
24. Ibid.
25. 关于巴西工党，参阅 Lucilia de Almeida Neves Delgado, *PTB: Do getulismo ao reformismo* (São Paulo: Marco Zero, 1989)。
26. 关于作为政治计划的工人运动，参阅 Gomes, *A invenção do trabalhismo*. 另可见 Macedo, *O movimento queremista e a democratização de 1945*; Ferreira, *O imaginário trabalhista*, especially chapter 1。
27. 关于瓦加斯死后的工人运动，参阅 Ângela de Castro Gomes, ‘Trabalhismo e democracia: O PTB sem Vargas’, in Ângela de Castro Gomes (ed.), *Vargas e a crise dos anos 50*. Rio de Janeiro: Ponteio, 2011。
28. 关于巴西工党的详情，参阅 Delgado, *PTB*。
29. 关于这次集会及其后果，参阅 Macedo, *O movimento queremista e a democratização de 1945*, pp. 144 ff。
30. 关于选举结果，参阅 Boris Fausto, *História do Brasil* (São Paulo: Edusp, 2012), p.340; Thomas E. Skidmore, *Brasil: de Getúlio a Castello (1930–1964)* (São Paulo: Companhia das Letras, 2010), p.97。
31. 关于 1946 年宪法，参阅 Nicolau, *Eleições no Brasil* ; Carvalho, *Cidadania no Brasil*。
32. 该表达出自安格拉·德·卡斯特罗·戈梅斯（Ângela de Castro Gomes）。关于巴西 1946 年至 1964 年的民主经历，参阅 Jorge Ferreira e Ângela de Castro Gomes, *1964: O golpe que derrubou um presidente, pôs fim ao regime democrático e instituiu a ditadura no Brasil* (Rio de Janeiro: Civilização Brasileira, 2014)。
33. 关于冷战，参阅 Martin Walker, *The Cold War: A History*. New York: Henry Holt and Co., 1993。
34. 关于巴西共产党人增长的数字，参阅 Skidmore, *Brasil*, p.100。
35. Quoted in Fausto, *História do Brasil*, p.343. 关于对工人的镇压，参阅 Fernando Teixeira da Silva and Antonio Luigi Negro, ‘Trabalhadores, sindicatos

e política (1945–1964)', in Lucilia de Almeida Neves Delgado and Jorge Ferreira (eds.), *O Brasil republicano: O tempo da experiência democrática – da democratizaçãode 1945 aogolpe civil-militar de 1964* (Rio de Janeiro: Civilização Brasileira, 2008, vol.3); Ronald H. Chilcote, *O Partido Comunista Brasileiro: Conflito e integração – 1922– 1972* (Rio de Janeiro: Graal, 2002)。

36. 关于普列斯特斯的回应与共产党“被按下暂停键”，参阅 Magalhães, *Marighella*, pp.182 ff。

37. Quoted in Nicolau, *Eleições no Brasil*, p. 90.

676 38. 该计划被称为 SALTE 计划，由 Saúde（医疗）、Alimentação（食品）、Transporte（交通）和 Energia（能源）的首字母组成。

39. 关于杜特拉的决定以及禁止赌博和关闭赌场的法令，参阅 João Perdigão and Euler Corradi, *O rei da roleta: A incrível vida de Joaquim Rolla* (Rio de Janeiro: Casa da Palavra, 2012); Isabel Lustosa, *Histórias de presidentes: A República no Catete (1897–1960)* (Rio de Janeiro: Agir,2008)。

40. 关于立法机构的努力和瓦加斯的总统竞选，参阅 Fausto, *Getúlio Vargas*; Levine, *Pai dos pobres?*。

41. Quoted in Fausto, *Getúlio Vargas*, p.164.

42. Ibid., p.166.

43. 关于选票数字，参阅 Boris Fausto, *História do Brasil* (São Paulo: Edusp, 2012, p. 346); Skidmore, *Brasil*, p.113。

44. 关于能源政策，参阅 Hildete Pereira de Melo, Adilson de Oliveira and João Lizardo de Araújo, 'O sonho nacional: Petróleo e eletricidade (1954– 94)', in Gomes (ed.), *Vargas e a crise dos anos 50*。另可见 Maria Antonieta P. Leopoldi, 'O difícil caminho do meio: Estado, burguesia e industrialização no segundo governo Vargas (1951–1954)', in Gomes (ed.), *Vargas e a crise dos anos 50*。

45. 本塔夫人是一位和蔼可亲的老太太，她是“黄啄木鸟农场”的主人，而该农场正是作家大获成功的同名儿童读物的故事发生地。

46. Monteiro Lobato, *O poço do visconde* (São Paulo: Brasiliense, 1960), p.204. 关于洛巴托的政治运动，包括石油运动，参阅 Carmen Lúcia de Azevedo, Márcia Camargos and Vladimir Sacchetta, *Monteiro Lobato: Furacão na Botocúndia* (São Paulo: Senac, 2000), pp. 147 ff。

47. 关于全国学生会参与石油运动，参阅 Arthur Poerner, *O poder jovem: História da participação política dos estudantes brasileiros*. Rio de Janeiro: Booklink, 2004。

48. 关于电力生产的增长，参阅 Maria Antonieta P. Leopoldi, 'O difícil caminho do meio: Estado, burguesia e industrialização no segundo governo Vargas (1951–1954)', in Gomes (ed.), *Vargas e a crise dos anos 50*, p.185。

49. 关于钢铁工业和运输业，参阅 Leopoldi,'O difícil caminho do meio'。

50. 关于热图利奥·瓦加斯的民族主义发展计划，参阅 Pedro Paulo Zahluth

Bastos, 'Ascensão e crise do projeto nacionaldesenvolvimentista de Getúlio Vargas' and 'A construção do nacionalismo econômico de Vargas', in Pedro Paulo Zahluth Bastos and Pedro Cezar Dutra Fonseca (eds.), *A era Vargas: Desenvolvimentismo, economia e sociedade*。关于与之相关的发展项目，参阅 René Armand Dreifuss, *1964: A conquista do Estado* (Petrópolis: Vozes, 1981), especially chapters 1, 2, and 3。

51. 关于经济危机，参阅 Bastos,'Ascensão e crise do projeto nacional-desenvolvimentista de Getúlio Vargas'。关于冷战的重点，参阅 Walker, *The Cold War*。
52. 关于"30 万人罢工"，参阅 Paul Singer, 'A política das classes dominantes', in Octavio Ianni et al., *Política e revolução social no Brasil* (Rio de Janeiro: Civilização Brasileira, 1965); Delgado, *PTB*。
53. 关于古拉特，参阅 Jorge Ferreira, *João Goulart: Uma biografia* (Rio de Janeiro: Civilização Brasileira, 2011), especially chapters 2 and 3。
54. Quoted in Ferreira, *João Goulart*, pp. 103–4.
55. 关于媒体对全国民主联盟的支持及其在此期间的活动，参阅 Alzira Alves Abreu and Fernando LattmanWeltman, 'Fechando o cerco: A imprensa e a crise de agosto de 1954', in Gomes (ed.), *Vargas e a crise dos anos 50*。
56. Quoted in Paulo Markun and Duda Hamilton, *1961: O Brasil entre a ditadura e a guerra civil*. São Paulo: Benvirá, 2011, p.61.
57. 关于《上校宣言》，参阅 Ferreira, *João Goulart*; Skidmore, *Brasil*。
58. See Paulo Bonavides and Roberto Amaral, *Textos políticos da história do Brasil: República: Terceira República (1945–1955)* (Brasília: Senado Federal, 2002, p. 677); Skidmore, Brasil, p.169.
59. 关于与坦克雷多的对话，参阅 Carlos Heitor Cony, *Quem matou Vargas: 1954, uma tragédia brasileira* (São Paulo: Planeta, 2004), p.208。
60. 关于媒体，参阅 Alzira Alves Abreu and Fernando LattmanWeltman, 'Fechando o cerco: A imprensa e a crise de agosto de 1954', in Gomes (ed.), *Vargas e a crise dos anos 50*; Markun and Hamilton, *1961*。
61. 关于《最后时刻报》这一插曲，参阅 Ana Maria de Abreu Laurenza, *Lacerda x Wainer: O corvo e o bessarabiano* (São Paulo: Senac, 1998)。关于魏纳，参阅 Samuel Wainer, *Minha razão de viver: Memórias de um repórter* (Rio de Janeiro: Record, 1988)。
62. 关于袭击及其后果，参阅 Skidmore, *Brasil* ; Claudio Lacerda, *Uma crise de agosto: O atentado da rua Toneleros* (Rio de Janeiro: Nova Fronteira, 1994); Fausto, *Getúlio Vargas*; Ferreira, *João Goulart*。
63. Quoted in Ferreira, *João Goulart*, p.127.
64. 关于最后一次部长会议和自杀，参阅 Skidmore, *Brasil* ; Fausto, *Getúlio Vargas*。另可见 Cony, *Quem matou Vargas*; Rubem Fonseca, *Agosto* (São Paulo: Companhia das Letras, 1990)。
65. 关于抗议，参阅 Jorge Ferreira,'O Carnaval da tristeza: Os motins urbanos do

24 de agosto', in idem, *O imaginário trabalhista*。

678 66. 西尼兰地亚过去曾是并且现在仍是里约热内卢中心弗洛里亚诺·佩肖托广场的别名，这个广场的名字来源于陆军元帅弗洛里亚·佩肖托。

67. Quoted in Fausto, *Getúlio Vargas*, p.195.

68. Quoted in Bojunga, *JK*, p. 258.

69. 若热·费雷拉（Jorge Ferreira）的观点。参阅 Ferreira,'O Carnaval da tristeza', in idem, *O imaginário trabalhista*。

十六　1950—1960 年代

1. 关于雅卡雷阿坎加起义，参阅 Bojunga, *JK*。
2. 关于 1955 年总统选举，参阅 Benevides, *A UDN e o udenismo*; Skidmore, *Brasil*; Bojunga, *JK*。
3. 在议会制下，如果任命首相，总统的权力就会被削减。
4. Quoted in Ferreira, *João Goulart*, p.148.
5. 关于卡费政府，参阅 Skidmore, *Brasil*。关于政变与反政变，参阅 Ferreira, *O imaginário trabalhista*, especially chapter 4; Flávio Tavares, *O dia em que Getúlio matou Allende e outras novelas do poder* (Rio de Janeiro: Record, 2004), especially chapter 3。
6. 在巴西，众议院议长位列总统继任次序第三。
7. 关于下级军官与工人运动之间的关联，参阅 Ferreira, *O imaginário trabalhista*, especially chapter 4。
8. 关于儒塞利诺与军方的关系，参阅 Bojunga, *JK*; Ricardo Maranhão, *O governo Juscelino Kubitschek* (São Paulo: Brasiliense, 1984); Maria Victoria Benevides, *O governo Kubitschek: Desenvolvimento econômico e estabilidade política* (Rio de Janeiro: Paz e Terra, 1976)。
9. 关于"目标计划"，参阅 Benevides, *O governo Kubitschek*; Miriam Limoeiro Cardoso, *Ideologia do desenvolvimento: Brasil JK-JQ* (Rio de Janeiro: Paz e Terra, 1977); Clovis de Faro and Salomão L. Quadros da Silva, 'A década de 50 e o Programa de Metas', in Ângela de Castro Gomes (ed.), *O Brasil de JK* (Rio de Janeiro: Fundação Getulio Vargas, 1991)。
10. 关于 1950 年代的日常生活，参阅 Joaquim Ferreira dos Santos, *1958: O ano que não devia terminar* (Rio de Janeiro: Record, 1997)。
11. 关于铺设的公路，参阅 Bojunga, *JK*, p. 407。
12. Quoted in ibid., p. 398.
13. 关于贝伦—巴西利亚公路的建设，参阅 Bojunga, *JK*。
14. 关于儒塞利诺·库比契克的从政风格，参阅 ibid.; Skidmore, *Brasil*。
15. 关于拉塞尔达的评论，参阅 Lacerda, *A República das abelhas*。
16. 关于发展主义，参阅 Cardoso, *Ideologia do desenvolvimento*; Celso Furtado, *Desenvolvimento e subdesenvolvimento* (Rio de Janeiro: Fundo de Cultura, 1961); Francisco de Oliveira, *A economia brasileira: Crítica à razão dualista*

(Petrópolis: Vozes, 1981)。

17. 关于巴西高等研究所，参阅 Caio Navarro de Toledo (ed.), *Intelectuais e política no Brasil: A experiência do Iseb*. Rio de Janeiro: Revan, 2005。 679
18. 关于欠发达，参阅 Furtado, *Desenvolvimento e subdesenvolvimento*; Maria da Conceição Tavares (ed.), *Celso Furtado e o Brasil* (São Paulo: Fundação Perseu Abramo, 2001);Oliveira, *A economia brasileira*; Marcelo Ridenti, *Brasilidade revolucionária* (São Paulo: Unesp, 2010)。
19. 关于竞技场剧院，参阅 Izaías Almada, *Teatro de Arena: Uma estética de resistência* (São Paulo: Boitempo, 2004); Sábato Magaldi, *Um palco brasileiro: O Arena de São Paulo* (São Paulo: Brasiliense, 1984)。
20. 关于维拉克鲁斯电影公司，参阅 Sidney Ferreira Leite, *Cinema brasileiro: Das origens à retomada* (São Paulo: Fundação Perseu Abramo, 2005); Maria Rita Galvão, *Burguesia e cinema: O caso Vera Cruz* (Rio de Janeiro: Civilização Brasileira, 1981)。
21. 不要与同名作者混淆，他们并没有亲属关系。
22. "Cangaçeiros" 指在东北部内陆灌木林地进行恐怖活动的武装匪徒。
23. 关于"巴西式闹剧"，参阅 Suzana Ferreira, *Cinema Carioca nos anos 30 e 40: Os filmes musicais nas telas da cidade* (São Paulo: Annablume, 2003); Sérgio Augusto, *Este mundo é um pandeiro* (São Paulo: Companhia das Letras/Cinemateca Brasileira, 1989)。
24. 关于内尔松·佩雷拉·多斯·桑托斯和《里约 40 度》，参阅 Helena Salem, *Nelson Pereira dos Santos: O sonho possível do cinema brasileiro* (Rio de Janeiro: Record, 1996); Leite, *Cinema brasileiro*。
25. 鲁伊·格拉 1931 年出生于当时还是葡萄牙殖民地的莫桑比克。他作为演员和电影导演而出名。
26. 格劳贝尔·罗沙（1939—1981）是同一批有影响力的电影的创作者，特别是《黑上帝白魔鬼》和《痛苦的大地》(*Terra em transe* ，1967 年）。
27. Glauber Rocha, *Revolução do Cinema Novo*. Rio de Janeiro: Alhambra'Embrafilme, 1981, pp.393–4.
28. 《第 5 号巴西风格的巴赫曲》是埃托尔·维拉 – 罗伯斯为不同乐器和声音组合而创作的 9 首组曲系列。
29. 关于格劳贝尔·罗沙和"新电影"运动，参阅 Ismail Xavier, *Cinema brasileiro moderno* (São Paulo: Paz e Terra, 2001); Rocha, *Revolução do Cinema Novo*; Raquel Gerber et al., *Glauber Rocha* (São Paulo: Paz e Terra,1977); Lucia Nagib, *A utopia no cinema brasileiro:Matrizes,nostalgia,distopias* (São Paulo: Cosac Naify, 2006), especially chapter 1; Eduardo Escorel,'Deus e o diabo–ano I: Glauber Rocha no turbilhão de 1964', *piauí*, no.90 (March 2014)。
30. 关于巴萨诺瓦作为一种运动，参阅 Ruy Castro, *Chega de saudade: A história e as histórias da Bossa Nova* (São Paulo: Companhia das Letras, 1990); idem, 680

A onda que se ergueu no mar: Novos mergulhos na Bossa Nova (São Paulo: Companhia das Letras, 2001)。

31. 关于巴萨诺瓦作为音乐语言，参阅 Luiz Tatit, *O século da canção* (Cotia: Ateliê, 2004); Walter Garcia, *Bim Bom: A contradição sem conflitos de João Gilberto* (São Paulo: Paz & Terra, 1999)。
32. 关于巴萨诺瓦作为商业产品，参阅 José Gave, *Momento Bossa Nova*. São Paulo: Fapesp/Annablume, 2006。
33. 关于巴萨诺瓦的国际化，参阅 Castro, *Chega de saudade and A onda que se ergueu no mar*。
34. 关于“目标计划”的瓶颈，参阅 Carla Maria Junho Anastasia,‘From Drummond to Rodrigues: Venturas e desventuras dos brasileiros no governo JK’, in Wander Melo Miranda, *Anos JK: Margens da modernidade* (São Paulo: Imprensa Oficial do Estado de São Paulo; Rio de Janeiro: Casa de Lúcio Costa, 2002); Skidmore, *Brasil* ; Maria Antonieta P. Leopoldi,‘Crescendo em meio à incerteza: A política econômica do governo JK’, in Gomes (ed.), *O Brasil de JK*。
35. Roberto Campos, *A lanterna na popa*. Rio de Janeiro: Topbooks, 1994, 2 vols.
36. *Revista Brasiliense*, nos. 35–36 (1961), p. 29. Cited in Bojunga, *JK*, p. 340.
37. 这句话出自 Benevides, *O governo Kubitschek*。
38. 关于通胀率，参阅 Maria Antonieta P. Leopoldi,‘Crescendo em meio à incerteza: A política econômica do governo JK’, in Gomes (eds.), *O Brasil de JK*。
39. 关于“平行政府”，参阅 Benevides, *O governo Kubitschek*。
40. 关于“目标计划”的局限性与农村问题，参阅 Vânia Maria Losada Moreira, ‘Os anos JK: Industrialização e modelo oligárquico de desenvolvimento rural’, in Delgado and Ferreira (eds.), *O Brasil republicano*; Skidmore, *Brasil*。
41. 关于起义，参阅 Thiago Lenine Tito Tolentino,‘Margens da marcha para o Oeste: Luta pela terra em Trombas e Formoso, Porecatu e sudoeste do Paraná’, in Heloisa Marcia Murgel Starling and Pauline de Carvalho Braga (eds.), *Sentimento da terra*. Belo Horizonte: Proex, 2013。
42. 关于“农民联盟运动”，参阅 Antônio Montenegro, ‘As Ligas Camponesas e os conflitos no campo’, in Rita de Cássia Araújo and Túlio Velho Barreto (eds.), *1964: O golpe passado a limpo* (Recife: Fundação Joaquim Nabuco/ Massangana, 2007); Joseph Page, *A revolução que nunca houve: O Nordeste do Brasil (1955–1964)* (Rio de Janeiro: Record, 1972)。
43. 关于弗朗西斯科·茹利昂，参阅 Cláudio Aguiar, *Francisco Julião: Uma biografia*. Rio de Janeiro: Civilização Brasileira, 2014。
44. 关于游击队训练营，参阅 Flávio Tavares, *Memórias do esquecimento: Os segredos dos porões da ditadura* (Rio de Janeiro: Record, 2005); Aguiar, Francisco Julião; and Claudia Moraes de Souza, *Pelas ondas do rádio; cultura*

popular, camponeses e o rádio nos anos 1960 (São Paulo: Alameda, 2013)。

45. 保罗·内维斯·弗莱雷（1921—1997）是巴西教育家和哲学家，批判教育学的主要倡导者，他将批判教育学称为“被压迫者教育学”。 681
46. 关于“基础教育运动”，参阅 Ana Emília de Carvalho and Bruno Viveiros Martins, ‘MEB, MCP, UNE e CPC: Cultura e educação no campo na década de 1960’, in Starling and Braga (eds.), *Sentimentos da terra*。关于巴西共产党，参阅 Angelo Priori, ‘O PCB e a questão agrária: Os manifestos e o debate político acerca de seus temas’, in Antonio Carlos Mazzeo and Maria Izabel Lagoa (eds.), *Corações vermelhos: Os comunistas brasileiros no século XX* (São Paulo: Cortez, 2003)。
47. 关于巴西利亚项目与建设，参阅 James Holston, *A cidade modernista: Uma crítica de Brasília e sua utopia* (São Paulo: Companhia das Letras, 1993); Bojunga, *JK*; Lauro Cavalcanti,‘Brasília: A construção de um exemplo’, in Miranda, *Anos JK*; Tavares, *O dia em que Getúlio matou Allende e outras histórias*, especially chapter 4。
48. 关于贝洛奥里藏特与巴西利亚的关系，参阅 Helena Bomeny,‘Utopias de cidades: As capitais do modernismo’, in Gomes (eds.), *O Brasil de JK*。
49. 奥托·拉腊·雷森德（1922—1992）是各报纸的历史专栏作家。
50. Quoted in Bojunga, *JK*, p. 398.
51. 这句话出自 Manuel Bandeira 标题为 “Lúcio Costa” 的专栏，*Jornal do Brasil*, Rio de Janeiro (24 March 1957), p.5。
52. 关于工人和卫星城，参阅 Holston, *A cidade modernista*; 关于巴西利亚建设期间的工人，参阅 Tavares, *O dia em que Getúlio matou Allende e outras histórias*, especially chapter 4。
53. 关于儒塞利诺·库比契克的策略，参阅 Sheldon Maran,‘Juscelino Kubitschek e a política presidencial’, in Gomes (ed.), *O Brasil de JK*。
54. 关于雅尼奥·夸德罗斯的候选资格、竞选活动和全国民主联盟的支持，参阅 Benevides, *A UDN e o udenismo*; Skidmore, *Brasil* ; Dulci, *A UDN e o antipopulismo no Brasil*。
55. 关于雅尼奥·夸德罗斯，参阅 Ricardo Arnt, *Jânio Quadros: O Prometeu de Vila Maria* (Rio de Janeiro: Ediouro, 2004); Tavares, *O dia em que Getúlio matou Allende e outras histórias*, especially chapter 4。
56. 关于陆军元帅洛特的候选资格，参阅 Hippolito, *PSD*; Ferreira, *João Goulart*。
57. 关于选举结果，参阅 Skidmore, *Brasil*, p.233; Ferreira, *João Goulart*, p.213。
58. 关于对外政策，参阅 Brás José de Araújo, *A política externa do governo Jânio Quadros*. Rio de Janeiro: Graal, 1981。
59. 关于雅尼奥的总统任期，参阅 Skidmore, *Brasil*; Ferreira, *João Goulart*。 682
60. See Arnt, *Jânio Quadros*, p.154.
61. 总统官邸。

62. See Tavares, *O dia em que Getúlio matou Allende e outras histórias*, p.167.
63. 关于然戈的出行和与雅尼奥的冲突，参阅 Ferreira, *João Goulart*。关于切·格瓦拉授勋，参阅 Markun and Hamilton, *1961*, especially chapter 4。
64. Quoted in Amir Labaki, *1961: A crise da renúncia e a solução parlamentarista* (São Paulo: Brasiliense, 1986, p.47). 关于辞职，另可见 Arnt, *Jânio Quadros*; Skidmore, *Brasil*。
65. Quoted in Labaki, *1961*, pp.51–2.
66. 当时，各武装部队都有部长。
67. Argelina Figueiredo 的观点。参阅 Argelina Cheibub Figueiredo, *Democracia ou reformas? Alternativas democráticas à crise política – 1941–1964* (São Paulo: Paz e Terra, 1993)。
68. 关于政治危机和对政变的抵制，参阅 Figueiredo, *Democracia ou reformas?*; Labaki, *1961*; Markun and Hamilton, *1961*; Ferreira, *João Goulart*; Flávio Tavares, *1961: O golpe derrotado – Luzes e sombras do Movimento da Legalidade* (Porto Alegre: L&PM, 2011)。
69. 关于布里佐拉，参阅 F. C. Leite Filho, *El caudillo: Leonel Brizola – Um perfil biográfico*. São Paulo: Aquariana, 2008。
70. 关于“合法电台”，参阅 Tavares, *1961*; Juremir Machado da Silva, *Vozes da legalidade: Política e imaginário na era do rádio* (Porto Alegre: Sulina, 2011); Aloysio Castelo de Carvalho, *A rede da democracia: O Globo, O Jornal e Jornal do Brasil na queda do governo Goulart (1961– 1964)* (Niterói: Editora da UFF, 2010)。
71. 关于戈亚斯州，参阅 Maria Dulce Loyola Teixeira, *Mauro Borges e a crise político-militar de 1961: Movimento da legalidade*. Brasília: Senado Federal, 1994。
72. 关于然戈，参阅 Ferreira, *João Goulart*, especially chapter 6。

十七　波诡云谲

1. 1 月是雅尼奥·夸德罗斯，8 月是拉涅里·马兹利（临时总统），9 月是然戈（若昂·古拉特）。
2. 关于然戈政府，参阅 Ferreira, *João Goulart* ; Moniz Bandeira, *O governo João Goulart e as lutas sociais no Brasil (1961–1964)* (Rio de Janeiro: Civilização Brasileira, 1978); Marco Antonio Villa, *Jango: Um perfil (1945–1964)* (São Paulo: Globo, 2004)。
3. 关于对外政策，参阅 Miriam Gomes Saraiva and Tulio Vigevani, ‘Política externa do Brasil:Continuidade em meio à descontinuidade, de 1961 a 2011’, in Daniel Aarão Reis, Marcelo Ridente and Rodrigo Patto Sá Motta (eds.), *A ditadura que mudou o Brasil*. Rio de Janeiro: Zahar, 2014。
683 4. 关于土地改革的各种计划，参阅 Mario Grynspan,‘O período Jango e a questão agrária: Luta política e afirmação de novos atores’, in Marieta

de Moraes Ferreira (ed.), *João Goulart: Entre a memória e a história* (Rio de Janeiro: Fundação Getúlio Vargas, 2006); Leonilde Servolo de Medeiros,*Reforma agrária no Brasil: História e atualidade da luta pela terra* (São Paulo: Fundação Perseu Abramo, 2003); Aguiar, *Francisco Julião*。关于土地所有者，参阅 Heloisa Maria Murgel Starling, *Os senhores de Gerais: Os novos inconfidentes e o golpe de 1964* (Petrópolis:Vozes, 1986)。关于土地占用、抢劫和谋杀，参阅 Page, *A revolução que nunca houve*。

5. 关于工会和工人罢工，参阅 Lucília de Almeida Neves, *CGT no Brasil (1961–1964)* (Belo Horizonte: Vega, 1981)。
6. 关于该国左派的多样性，参阅 Jorge Ferreira and Daniel Aarão Reis (eds.), *Nacionalismo e reformismo radical (1945–1964)* (Rio de Janeiro: Civilização Brasileira,2007,vol.2); Ferreira, *João Goulart*。
7. 关于核心改革，参阅 Daniel Aarão Reis, *Ditadura e democracia no Brasil: Do golpe de 1964 à Constituição de 1988* (Rio de Janeiro: Zahar, 2014); Ferreira, *João Goulart*。
8. 米格尔·阿赖斯（1916—2005）、莱昂内尔·布里佐拉和路易斯·卡洛斯·普列斯特斯被军方视为独裁时期（1964—1985）最激进因此也是最危险的左翼政治家，还有一些人最初希望将他们排除在 1979 年的大赦之外。1962 年，阿赖斯首次当选为伯南布哥州州长。军事政变后，他拒绝下台，因此被捕并被监禁 11 个月，然后流亡阿尔及利亚。回国后，他于 1986 年和 1994 年两次当选为伯南布哥州州长。其孙爱德华多·坎波斯（Eduardo Campos，1964—2014），连任两届伯南布哥州州长，是 2014 年大选的总统候选人。在竞选期间，他在一次飞机事故中丧生，引起了全国骚动。
9. 关于 1962 年选举，参阅 *Revista Brasileira de Estudos Políticos*, Belo Horizonte: UFMG (16 January 1964); Skidmore, *Brasil*。关于米格尔·阿赖斯，参阅 Antonio Torres Montenegro and Taciana Mendonça dos Santos, ‘Lutas políticas em Pernambuco: A Frente do Recife chega ao poder (1955–1964)’, in Ferreira and Reis (eds.), *Nacionalismo e reformismo radical (1945–1964)*, vol.2。
10. See Roberto Garcia, ‘Castello perdeu a batalha’, *Veja*, no.444 (9 March 1977), p.6.
11. 关于巴西高级战争学院，参阅 Alfred Stepan, *Os militares na política* (Rio de Janeiro: Artenova, 1975); Eliezer R. de Oliveira, *As Forças Armadas: Política e ideologia no Brasil (1964–1969)* (Petrópolis: Vozes, 1976)。
12. 关于社会调查与研究所，参阅 Dreifuss, *1964*; Starling, *Os senhores das* 684
Gerais; Thiago Aguiar de Moraes, *Entreguemos a empresa ao povo antes que o comunista a entregue ao Estado. Os discursos da fração vanguardista da classe empresarial gaúcha na revista Democracia e Empresa do Instituto de Pesquisas Econômicas e Sociais do Rio Grande do Sul (1962–1971)* (Porto Alegre: FFCH-PUCRS, 2014). MA dissertation in History. Mimeographed。
13. 关于 IPES 制作的电影，参阅 Denise Assis, *Propaganda e cinema a serviço*

do golpe (*1962–1964*). Rio de Janeiro: Mauad/Faperj, 2001。

14. 关于公投的票数，参阅 Ferreira, *João Goulart*, p.323。
15. 关于下级军官对布里佐拉的支持，参阅 Filho, *El caudillo*。另可见 Ronaldo Vainfas, 'A luz própria de Leonel Brizola: Do trabalhismo getulista ao socialismo moreno', in Jorge Ferreira and Daniel Aarão Reis Filho (eds.), *As esquerdas no Brasil: Revolução e democracia* (Rio de Janeiro: Civilização Brasileira, 2007, vol.3)。
16. Quoted in Villa, *Jango*, p.118. 关于向国会提出的要求及其后果，参阅 Ferreira, *João Goulart*; Skidmore, *Brasil*。
17. 1960 年，在政府迁往巴西利亚后，瓜纳巴拉州成立，卡洛斯·拉塞尔达任州长，首府为里约热内卢。
18. 关于军士起义，参阅 Almoré Zoch Cavalheiro, *A legalidade, o golpe militar e a rebelião dos sargentos*. Porto Alegre: AGE, 2011。
19. 关于行政机构瘫痪，参阅 Wanderley Guilherme dos Santos, *Sessenta e quatro: Anatomia da crise* (São Paulo: Vértice, 1986)。关于激进化的后果，参阅 José Murilo de Carvalho, 'Fortuna e Virtù no golpe de 1964', in Carvalho, *Forças Armadas e política no Brasil*。关于经济危机与美国提供资金，参阅 Ferreira, *João Goulart*, pp. 351 and 376。
20. 关于中央车站集会，参阅 Alberto Dines et al., *Os idos de março e a queda em abril* (Rio de Janeiro: José Alvaro, 1964)。关于然戈的发言，参阅 Ferreira, João Goulart, pp. 425 ff。
21. 关于总统讲话，参阅 Ferreira, *João Goulart*; Skidmore, *Brasil*。
22. 关于圣保罗的"与上帝同在的家庭争取自由游行"，参阅 Solange de Deus Simões, *Deus, patria e família: As mulheres no golpe de 1964* (Petrópolis: Vozes, 1985); Dines et al., *Os idos de março e a queda em abril*。
23. Quoted in Ferreira, *João Goulart*, p. 438.
24. 关于全国各地的游行，参阅 Aline Presot,'Celebrando a "Revolução": As Marchas da Família com Deus pela Liberdade e o golpe de 1964', in Denise Rollemberg and Samantha Viz Quadrat (eds.), *A construção social dos regimes autoritários: Brasil e América Latina*. Rio de Janeiro: Civilização Brasileira, 2010, vol.2。
25. 关于水兵起义及其后果，参阅 Dines et al., *Os idos de março e a queda em abril*; Elio Gaspari, *A ditadur envergonhada* (São Paulo: Companhia das Letras, 2002); Avelino Bioen Capitani, *A rebelião dos marinheiros* (São Paulo: Expressão Popular, 2005)。

685 26. 关于船上的水兵，参阅 Anderson da Silva Almeida, 'A grande rebelião: Os marinheiros de 1964 por outros faróis', in Reis, Ridente and Motta (eds.), *A ditadura que mudou o Brasil*。

27. 关于政变日期，参阅 Starling, *Os senhores de Gerais*。关于美国、特遣部队和"山姆兄弟"行动，参阅 Phyllis R. Parker, *1964: O papel dos Estados*

Unidos no golpe de Estado de 31 de março (Rio de Janeiro: Civilização Brasileira, 1977); Carlos Fico, *O grande irmão: Da operação Brother Sam aos anos de chumbo – O governo dos Estados Unidos e a ditadura militar brasileira* (Rio de Janeiro: Civilização Brasileira, 2008); Flávio Tavares, *1964: O golpe* (Porto Alegre: L&PM, 2014)。

28. 关于流行用语、演讲及其后果，参阅 Dines et al., *Os idos de março e a queda em abril*; Gaspari, *A ditadura envergonhada*; Ferreira, *João Goulart*。
29. 关于安塞尔莫下士，参阅 Marco Aurélio Borba, *Cabo Anselmo: A luta armada ferida por dentro* (São Paulo: Global, 1981); Urariano Mota, *Soledad no Recife* (São Paulo: Boitempo, 2009)。
30. 关于然戈从里约热内卢、巴西利亚和阿雷格里港到蒙特维的亚的旅程，参阅 Ferreira, *João Goulart*。关于布里佐拉的抵抗计划，参阅 Filho, *El caudillo*。
31. 这四次军事干预分别是军方解除瓦加斯的权力，军方在瓦加斯自杀后进行干预，军方干预以准许儒塞利诺·库比契克就职，军方决定让然戈在议会制度下掌权。
32. 关于米纳斯吉拉斯州和起义，参阅 Starling, *Os senhores de Gerais*。关于共谋者的理由，参阅 Olympio Mourão Filho, *Memórias: A verdade de um revolucionário* (Rio de Janeiro: L&PM, 1978); Carlos Luís Guedes, *Tinha que ser Minas* (Rio de Janeiro: Nova Fronteira, 1979)。
33. 关于儒塞利诺，参阅 Ferreira, *João Goulart*, p.256。
34. 关于坦克雷多·内维斯与国会会议，参阅 Ferreira, *João Goulart*。
35. 关于卡斯特略·布朗库当选，参阅 Lira Neto, *Castello: A marcha para a ditadura* (São Paulo: Contexto, 2004)。关于解除刑罚，参阅 Lúcia Klein and Marcus Figueiredo, *Legitimidade e coação no Brasil pós-64* (Rio de Janeiro: ForenseUniversitária, 1978); Maria Helena Moreira Alves, *Estado e oposição no Brasil (1964–1984)* (Petrópolis: Vozes, 1984)。
36. 关于 IPES 对国家的“占领”，参阅 Dreifuss, *1964*, especially chapter 9。
37. 意为在共和国总统的领导下。
38. 关于军队内部团体，参阅 Maud Chirio, *A política nos quartéis: Revoltas e protestos de oficiais na ditadura militar brasileira*. Rio de Janeiro: Zahar, 2012。
39. 关于危机，参阅 Carlos Chagas, *A guerra das estrelas (1964–1984): Os bastidores das sucessões presidenciais*. Porto Alegre: L&PM, 1985。
40. 关于卡斯特略之死，参阅 Neto, *Castello*。
41. 关于科斯塔 – 席尔瓦政府和继任危机，参阅 Carlos Castello Branco, *Os militares no poder. O Ato 5* (Rio de Janeiro: Nova Fronteira, 1978, vol.II); Carlos Chagas, *A ditadura militar e os golpes dentro do golpe (1964–1969)* (Rio de Janeiro: Record, 2014)。
42. 由军队部长、三军参谋长和军官内阁首长组成的委员会。
43. 关于危机，参阅 Gaspari, *A ditadura envergonhada*, especially the introduction;

Maria Celina D'Araujo and Celso Castro (eds.), *Ernesto Geisel* (Rio de Janeiro: Fundação Getulio Vargas, 1997); Sylvio Frota, *Ideais traídos* (Rio de Janeiro: Zahar, 2006)。

44. 关于 IPES 的参与，参阅 Dreifuss, *1964*。
45. 关于德尔芬·内图的陈述，参阅 Rafael Cariello, 'O chefe', *piauí*, no. 96 (September 2014), p.23。
46. 关于迈尔松·达·诺布雷加的陈述，参阅 Cariello, ibid., p.24。
47. 关于埃尔纳尼·加尔韦亚斯的陈述，参阅 Cariello, ibid., p.22。
48. 指的是“稳定就业”，这是大多数公务员享有的一项权利，他们通过考试被录取，除极端情况外，不得被解雇。
49. 关于卡斯特略政府的经济政策，参阅 Francisco Vidal Luna and Herbert S.Klein, 'Transformações econômicas no período militar (1964–1985)', in Reis, Ridente and Motta (eds.), *A ditadura que mudou o Brasil*; Alves, *Estado e oposição no Brasil (1964–1984)*。
50. 关于孔塔任，参阅 Edgard Leite Oliveira, *Conflito social, memória e experiência: As greves dos metalúrgicos de Contagem em 1968*. Belo Horizonte: UFMG, 2010.MA dissertation in Education。
51. 关于奥萨斯库罢工，参阅 Marta Gouveia de Oliveira Rovai, *Osasco 1968: A greve no feminino e no masculino*. São Paulo: USP, 2012.PhD dissertation in History。
52. 关于“巴西经济奇迹”，参阅 Luna and Klein,'Transformações econômicas no período militar (1964–1985)'; Gaspari, *A ditadura envergonhada*; Luiz Carlos Delorme Prado e Fábio Sá Earp,'O "milagre"brasileiro: Crescimento acelerado, integração internacional e concentração de renda (1967–1973)', in Lucilia de Almeida Neves Delgado and Jorge Ferreira (eds.), *O Brasil republicano: O tempo da ditadura – Regime militar e movimentos sociais em fins do século XX* (Rio de Janeiro: Civilização Brasileira, 2007)。
53. 关于 AERP，参阅 Carlos Fico, *Reinventado o otimismo: Ditadura, propaganda e imaginário social no Brasil* (Rio de Janeiro: Fundação Getulio Vargas, 1997)。AERP 制作的电影副本（16 毫米）可在葡萄牙文化中心推广主任办公室和巴西利亚大学找到。

687 54. 关于跨亚马孙公路，参阅 Daniel Drosdoff, *Linha dura no Brasil: O governo Medici (1969–1974)* (São Paulo: Global, 1986); Murilo Melo Filho, *O milagre brasileiro* (Rio de Janeiro: Bloch, 1972)。

55. See *Anais do Senado Federal*, vol. 3 (1972), p. 93.
56. Edmar L. Bacha and Roberto M. Unger, *Participação, salário e voto: Um projeto de democracia para o Brasil*. Rio de Janeiro: Paz e Terra, 1978.
57. 当时的电视节目主持人。
58. See Márcio Moreira Alves, *Tortura e torturados*. Rio de Janeiro: Idade Nova, 1966.

59. 关于 1968 年的政治局势和马尔西奥·莫雷拉·阿尔维斯的发言，参阅 Zuenir Ventura, *1968: O ano que não terminou* (Rio de Janeiro: Nova Fronteira, 1988); Gaspari, *A ditadura envergonhada*。
60. 这是 Anthony Pereira 的观点。参阅 Anthony W. Pereira, *Ditadura e repressão: O autoritarismo e o estado de direito no Brasil, no Chile e na Argentina* (Rio de Janeiro: Paz e Terra, 2010)。
61. Arthur da Costa e Silva et al., 'À nação. Ato Institucional' (9 April 1964), in Carlos Fico, *Além do golpe: Versões e controvérsias sobre 1964 e a ditadura militar*. Rio de Janeiro: Record, 2004, pp.339 ff.
62. See Alves, *Estado e oposição no Brasil (1964–1984)*; Heloisa Starling et al., *Relatório parcial de pesquisa: Instituições e locais associados a graves violações de direitos humanos* (Brasília: Comissão Nacional da Verdade, 2014).
63. 关于 IPMs，参阅 Chirio, *A política nos quartéis; Alves, Estado e oposição no Brasil (1964–1984)*。
64. 关于数据，参阅 Lúcia Klein and Marcus Figueiredo, *Legitimidade e coação no Brasil pós-64* (Rio de Janeiro: ForenseUniversitária, 1978)。
65. 关于“广泛阵线”，参阅 Célia Maria Leite Costa, 'A Frente Ampla de oposição ao regime militar', in Moraes Ferreira (ed.), *João Goulart*。
66. 关于国家革新联盟，参阅 Lucia Grinberg, *Partido político ou bode expiatório: Um estudo sobre a Aliança Renovadora Nacional (Arena), 1965–1979* (Rio de Janeiro: Mauad X, 2009)。
67. 关于巴西民主运动，参阅 Maria Dalva Gil Kinzo, *Oposição e autoritarismo: Gênese e trajetória do MDB*. São Paulo: Idesp/ Vértice, 1988。
68. 在巴西，投票过去曾是并且现在仍是强制性的。
69. Grupo de Levantamento da Conjuntura.
70. 关于 SNI、情报和镇压系统，参阅 Dreifuss, 1964; Lucas Figueiredo, *Ministério do silêncio: A história do serviço secreto brasileiro de Washington Luís a Lula (1927–2005)*(Rio de Janeiro: Record, 2005); Carlos Fico, *Como eles agiam:Os subterrâneos da ditadura militar – espionagem e polícia política* (Rio de Janeiro: Record, 2001); Samantha Viz Quadrat, *Poder e informação: O sistema de inteligência e o regime militar no Brasil* (Rio de Janeiro: UFRJ/ PPGHIS, 2000)。
71. 关于戈尔贝里，参阅 Elio Gaspari, *A ditadura derrotada* (São Paulo: Companhia das Letras, 2003); Dreifuss, *1964*。
72. *O Satânico Dr No* 是《007 之诺博士》这部电影在巴西和拉美其他地区发 688
行时的片名。
73. 关于 CIEX，参阅 Claudio Dantas Sequeira,'O serviço secreto do Itamaraty'。这是2007年7月23日至26日在《巴西利亚邮报》上发表的七份系列报告。
74. 关于 Dops 和警察局，参阅 Mariana Joffily, 'O aparato repressivo: Da arquitetura ao desmantelamento', in Reis, Ridenti and Motta (eds.), *A ditadura que mudou o Brasil*。

关于 CIE、Cenimar 和 Cisa，参阅 Heloisa Starling,'Relatório de acompanhamento e avaliação de resultados de consultoria especializada para fornecer subsídios para as atividades de pesquisa da Comissão Nacional da Verdade'(Brasília:Comissão Nacional da Verdade,15 July 2013)。

75. 关于公司和与德尔芬·内图的会议，参阅 Gaspari, *A ditadura escancarada*, pp. 62 ff; Antonio Carlos Fon, *Tortura: A história da repressão política no Brasil* (São Paulo: Global, 1979), pp.54 ff; Marcelo Godoy, *A casa da vovó: Uma biografia do DOI- Codi (1969–1991), o centro de sequestro, tortura e morte da ditadura militar* (São Paulo: Alameda), pp.220 and 412–13。

76. 关于 Oban，参阅 Mariana Joffily, *No centro da engrenagem: Os interrogatórios na Operação Bandeirante e no DOI de São Paulo (1969–1975)* (São Paulo: Edusp, 2013); Godoy, *A casa da vovó*。关于 Codi 和 DOI，参阅 Ministério do Exército, Centro de Operações de Defesa Interna (Codi/I Ex.), 1970, seventeen typed pages. Acervo Projeto República: núcleo de pesquisa, documentação e memória da UFMG. Arquivo Cenimar。

77. 关于失踪和秘密中心，参阅 Heloisa Starling et al.,'Centros clandestinos de violações de direitos humanos. Relatório preliminar de pesquisa' (Brasília: Comissão Nacional da Verdade, March 2014)。关于酷刑，参阅 Heloisa Starling and Danilo A. Marques,'Tortura em quartéis e instituições militares. Relatório preliminar de pesquisa' (Brasília: Comissão Nacional da Verdade, May 2013); Elio Gaspari, *A ditadura escancarada* (São Paulo: Companhia das Letras, 2002)。

78. 关于学生，参阅 Maria Ribeiro do Valle, *1968: O diálogo é a violência – Movimento estudantil e ditadura militar no Brasil* (São Paulo: Editora da Unicamp, 2008)。

79. 奥托·玛丽亚·卡尔波（1900—1978）出生于维也纳的一个犹太人家庭。尽管葡萄牙语并非他的母语，但他撰写了八卷本的《西方文学史》，并且该书过去常被用作参考书。

80. Quoted in Ventura, *1968*, p.123. See also Mylton Severiano (ed.), *A ditadura militar no Brasil: A história em cima dos fatos* (São Paulo: Caros Amigos, 2007).

81. 关于该教堂，参阅 Paulo César Gomes, *Os bispos católicos e a ditadura militar brasileira: A visão da espionagem* (Rio de Janeiro: Record, 2014); Kenneth P. Serbin, *Diálogos na sombra: Bispos e militares, tortura e justiça social na ditadura* (São Paulo: Companhia das Letras, 2002)。

689 82. 用于电击的小型发电机。

83. 出现在巴西国旗上的文字。

84. 堂埃尔德·卡马拉（1909—1999）是解放神学的支持者，以一生与贫困做斗争而闻名。

85. 关于拉马尔卡，参阅 Oldack Miranda and Emiliano José, *Lamarca: O capitão da guerrilha* (São Paulo: Global, 2004); Judith Lieblich Patarra, *Iara: Reportagem biográfica* (Rio de Janeiro: Rosa dos Tempos, 1993)。关于左翼革命运动，参

阅 Marcelo Ridenti and Daniel Aarão Reis (eds.), *História do marxismo no Brasil: Partidos e movimentos após os anos 1960* (Campinas: Editora da Unicamp, 2007, vol.6)。

86. 关于马里盖拉，参阅 Magalhães, *Marighella*。
87. 关于绑架，参阅 Silvio DaRin, *Hércules 56: O sequestro do embaixador americano em 1969* (Rio de Janeiro: Zahar, 2008); Alberto Berquó, *O sequestro dia a dia* (Rio de Janeiro: Nova Fronteira, 1997)。
88. 关于阿拉瓜亚游击队，参阅 Elio Gaspari,'A floresta dos homens sem alma', in Elio Gaspari, *A ditadura escancarada* (São Paulo: Companhia das Letras, 2002); Leonencio Nossa, *Mata! O major Curió e as guerrilhas no Araguaia* (São Paulo: Companhia das Letras, 2002)。
89. 关于农村工人，参阅 Heloisa Starling et al., 'Mortos e desaparecidos na área rural. Relatório final de pesquisa'. Brasília: Comissão Nacional da Verdade, November 2013。
90. Jader de Figueiredo Correia,'Relatório' (Brasília: Ministério da Justiça, 1967). Acervo Projeto República: núcleo de pesquisa, documentação e memória da UFMG. Arquivo: Indígenas.
91. 卡拉巴尔全名为多明戈斯・费尔南德斯・卡拉巴尔（Domingos Fernandes Calabar，约 1600—1635），传统上被认为是巴西历史上的卖国贼。
92. 关于卡拉巴尔，参阅 Ministério do Exército, 'Parecer "Calabar o elogio da traição"', 1973, eight typed pages. Acervo Projeto República: núcleo de pesquisa, documentação e memória da UFMG. Arquivo CIE。
93. 关于审查制度，参阅 Heloisa Starling and Ana Marília Carneiro, 'Política de censura. Relatório preliminar de pesquisa'. Brasília: Comissão Nacional da Verdade, July 2014。
94. 这是一个旨在促进生物医学领域的研究和发展的科学研究所。
95. 该表达出自 Michel de Certeau，参阅 Michel de Certeau, *A invenção do cotidiano: Artes de fazer*. Petrópolis: Vozes, 2002。
96. 关于"格洛里亚 8 人组"，参阅 José Rubens Siqueira, *Viver de teatro: Uma biografia de Flávio Rangel*. São Paulo: Nova Alexandria, 1995。
97. 关于守夜，参阅 Ventura, *1968*, pp. 95–6。关于剧院，参阅 Yan Michalski, *O teatro sob pressão: Uma frente de resistência* (Rio de Janeiro: Zahar, 1985)。
98. Quoted in Claudia Calirman, *Arte brasileira na ditadura: Antonio Manuel, Artur Barrio, Cildo Meireles*. Rio de Janeiro: Réptil, 2013, p.49.
99. 关于视觉艺术，参阅 Calirman, *Arte brasileira na ditadura*; Paulo Sérgio Duarte, *Anos 60: Transformações da arte no Brasil* (Rio de Janeiro: Campos Gerais, 1998)。
100. 恩菲尔（1944—1988）的漫画激发了巴西人的想象力。
101. 关于流行歌曲，参阅 Heloisa Maria Murgel Starling,'Canção popular e direito de resistência no Brasil', in Heloisa Maria Murgel Starling, Newton Bignotto,

Leonardo Avritzer, Fernando Filgueiras and Juarez Guimarães (eds.), *Dimensões políticas da Justiça* (Rio de Janeiro: Record, 2012)。关于热带主义，参阅 Christopher Dunn, *Brutalidade jardim: a Tropicália e o surgimento da contracultura brasileira* (São Paulo: Unesp, 2009)。关于“街角俱乐部”，参阅 Bruno Viveiros Martins, Som imaginário: A reinvenção das cidades nas canções do Clube da Esquina (Belo Horizonte: UFMG, 2009)。关于媚俗歌曲，参阅 Paulo César de Araújo, *Eu não sou cachorro, não: Música popular cafona e ditadura militar* (Rio de Janeiro: Record, 2002)。

102. 其含义是“我们周围正在发生的恐怖事件（对那些犯下暴行的人来说）可能显得平淡无奇，但总有一天它们会成为头条新闻（被曝光并受到谴责）”。

十八　走向民主

1. “Navegar é preciso”是葡萄牙诗人费尔南多·佩索阿的一首诗的标题。从字面上看，它的意思是“航行至关重要”，但这个短语有多层次的含义。
2. 由奥斯卡·尼迈耶于1959年设计的普拉纳托宫有一个混凝土坡道，用于仪式场合。
3. *Senhor* (1987).
4. 关于菲格雷多政府，参阅 Alexandre Garcia, *Nos bastidores da notícia* (São Paulo: Globo, 1990), especially the second part; Saïd Farhat, *Tempo de gangorra: Visão panorâmica do processo político-militar no Brasil de 1978 a 1980* (São Paulo: Tag et Line, 2012); Lucas Figueiredo, *Ministério do silêncio: A história do serviço secreto brasileiro de Washington Luís a Lula (1927–2005)* (Rio de Janeiro: Record, 2005)。
5. 关于政治体系的军方减压计划，参阅 Alfred Stepan, *Os militares: Da abertura à Nova República* (Rio de Janeiro: Paz e Terra, 1986); Brasilio Sallum Jr, *Labirintos: Dos generais à Nova República* (São Paulo: Hucitec, 1996); Gaspari, *A ditadura derrotada*; Elio Gaspari, *A ditadura encurralada* (São Paulo: Companhia das Letras, 2004)。
6. “Abertura”字面意思是“打开”或“开放”，这个词用来指国家逐渐再民主化的过程。

691 7. 关于尤利西斯·吉马良斯的反对派候选人资格，参阅 Luiz Gutemberg, *Moisés: Codinome Ulysses Guimarães – Uma biografia* (São Paulo: Companhia das Letras, 1994)。另可见 Kinzo, *Oposição e autoritarismo: Gênese e trajetória do MDB*; Ana Beatriz Nader, *Autênticos do MDB, semeadores da democracia: História oral de vida política* (São Paulo:Paz e Terra, 1998)。

8. 关于布里佐拉和民主工党，参阅 João Trajano SentoSé, *Brizolismo: Estetização da política e carisma* (Rio de Janeiro: Fundação Getulio Vargas, 1999)。
9. 关于要求，参阅 Stepan, *Os militares*; Sallum Jr, *Labirintos*。

10. *Folha de S. Paulo* (5 April 1978), pp. 4–5. 关于戈尔贝里，参阅 Gutemberg, *Moisés*。
11. 关于盖泽尔政府时期的经济危机，参阅 Luna and Klein,'Transformações econômicas no período militar (1964–1985)'。
12. 关于瓦努基谋杀案及其后果，参阅 Caio Túlio Costa, *Cale-se: A saga de Vannucchi Leme, a USP como aldeia gaulesa, o show proibido de Gilberto Gil*. São Paulo: Girafa, 2003。
13. 关于保禄·立德·阿恩斯，参阅 Ricardo Carvalho (ed.), *O cardeal da resistência: As muitas vidas de dom Paulo Evaristo Arns* (São Paulo: Instituto Vladimir Herzog, 2013)。
14. 关于埃尔佐格谋杀案，参阅 Hamilton Almeida Filho, *A sanguequente: A morte do jornalista Vladimir Herzog* (São Paulo: AlfaOmega, 1978); Audálio Dantas, *As duas guerras de Vlado Herzog: Da perseguição nazista na Europa à morte sob tortura no Brasil* (Rio de Janeiro: Civilização Brasileira, 2012); Fernando Pacheco Jordão, *Dossiê Herzog: Prisão, tortura e morte no Brasil* (São Paulo: Global, 2005)。
15. See Gaspari, *A ditadura encurralada*, pp.177 and 215.
16. 关于对共产党的打击，参阅 Gaspari, *A ditadura encurralada*; Figueiredo, *Ministério do silêncio*。
17. 关于主教埃尔德，参阅 Dantas, *As duas guerras de Vlado Herzog*, pp.318–19。
18. 关于反对派联盟与捍卫民主自由，参阅 Mário Sérgio de Moraes, *O ocaso da ditadura: Caso Herzog* (São Paulo: Barcarolla, 2006)。
19. 关于 CEBs，参阅 Maria Victoria de Mesquita Benevides, *Fé na luta: A Comissão de Justiça e Paz de São Paulo, da ditadura à democratização* (São Paulo: Lettera.doc, 2009); Marcos Napolitano, *1964: História do regime militar brasileiro* (São Paulo: Contexto, 2014)。
20. 关于少数派政治运动，参阅 Céli Regina Jardim Pinto, *Uma história do feminismo no Brasil* (São Paulo: Fundação Perseu Abramo, 2003); João Silvério Trevisan, *Devassos no paraíso: A homossexualidade no Brasil, da Colônia à atualidade* (Rio de Janeiro: Record, 2007); Lucy Dias, *Anos 70: Enquanto corria a barca* (São Paulo: Senac, 2001); James Green,'Mais amor e mais tesão: A construção de um movimento brasileiro de gays, lésbicas e travestis', *Cadernos Pagu*, no. 15 (2000), pp.271–95。
21. 关于非传统出版物，参阅 Bernardo Kucinski, *Jornalistas e revolucionários nos tempos da imprensa alternative* (São Paulo: Edusp, 2003); Maria Paula Nascimento Araujo, *A utopia fragmentada: As novas esquerdas no Brasil e no mundo na década de 1970* (Rio de Janeiro: Fundação Getulio Vargas, 2000)。 692
22. 《讽刺报》——19 世纪讽刺小册子的名称——与英国出版物《私探》（*Private Eye*）的版式和编辑路线相似。

23. 关于学生运动，参阅 Gaspari, *A ditadura encurralada*；Costa, *Cale-se*. See also Paulo Leminski, *Distraídos venceremos* (São Paulo: Brasiliense, 1987)。
24. 关于反正统文化运动及其与巴西的关系，参阅 Ken Goffman and Dan Joy, *Contracultura através dos tempos* (Rio de Janeiro: Ediouro, 2007); Santuza Cambraia Naves and Maria Isabel Mendes de Almeida (eds.), *'Por que não?' Rupturas e continuidades da contracultura* (Rio de Janeiro: 7Letras, 2007); Luiz Carlos Maciel, *O sol da liberdade* (Rio de Janeiro: Vieira & Lent, 2014); Dias, *Anos 70*。
25. 关于反正统文化运动的诗人，参阅 Heloisa Buarque de Hollanda, *Impressões de viagem: CPC, vanguarda e desbunde – 1960/70* (São Paulo: Brasiliense, 1980)。关于"吉卜赛之云"，参阅 Sérgio Cohn (ed.), *Nuvem Cigana: Poesia e delírio no Rio dos anos 70* (Rio de Janeiro: Beco do Azougue, 2007)。
26. 关于《致巴西人的信》，参阅 Napolitano, *1964*。
27. Quoted in Cezar Britto,'O herói da redemocratização', *Folha de S.Paulo* (17 October 2008), p.A3.
28. 关于将盖泽尔比作伊迪·阿明，参阅 Gutemberg, *Moisés*。
29. "S.A." 代表 Sociedade anónima，即有限责任公司。
30. 关于"8 人集体宣言"，参阅 Napolitano, *1964*。
31. 圣保罗工业带通常被称为"圣保罗州 ABC"，因为包括工业城镇圣安德烈（Santo André）、圣贝尔纳多 – 杜坎普（São Bernardo do Campo）和圣卡埃塔诺（São Caetano）。
32. 关于 1978 年罢工及其后果，参阅 Laís Wendel Abramo, 'O resgate da dignidade: A greve metalúrgica em São Bernardo', in Zilah Abramo e Flamarion Maués (ed.), *Pela democracia, contra o arbítrio: A oposição democrática do golpe de 1964 à campanha das Diretas Já* (São Paulo: Fundação Perseu Abramo, 2006); Ricardo Antunes, *A rebeldia do trabalho: O confronto operário no ABC paulista: As greves de 1978/80* (Campinas: Ed. da Unicamp, 1988); Paulo Markun, *O sapo e o príncipe: Personagens, fatos e fábulas do Brasil contemporâneo* (Rio de Janeiro: Objetiva, 2004)。

693 33. "Boias-frias" 是农村工人，他们会带上午餐在黎明时分被卡车运送到甘蔗种植园。他们的午餐是装进锡饭盒或塑料饭盒的，这种饭盒被称为 boia，不能保温。
34. 关于"新工联主义"，参阅 Antunes, *A rebeldia do trabalho*; Ricardo Antunes and Marco Aurélio Santana, 'Para onde foi o "novo sindicalismo"? Caminhos e descaminhos de uma prática sindical', in Reis, Ridenti and Motta (ed.), *A ditadura que mudou o Brasil*; Markun, *O sapo e o príncipe*。
35. 关于中央工人工会的成立，参阅 Gelsom Rozentino de Almeida, *História de uma década quase perdida: PT, CUT, crise e democracia no Brasil – 1979–1989* (Rio de Janeiro: Garamond, 2011);Leôncio Martins Rodrigues, *CUT: Os militantes e a ideologia* (Rio de Janeiro: Paz e Terra,1990)。

36. 在英语中常被称为 Brazilian Labour Party。
37. 关于劳工党的成立，参阅 Zilah Abramo and Maués (eds.), *Pela democracia, contra o arbítrio*; Markun, *O sapo e o príncipe*; Lincoln Secco, *História do PT* (São Paulo: Ateliê, 2011)。
38. 又叫椰子草或爪哇草（学名 Cyperus rotundus）。
39. Quoted in Markun, *O sapo e o príncipe*, pp. 227–8.
40. 这是一个解放神学教会组织。
41. 关于桑托・迪亚斯之死，参阅 Benevides, *Fé na luta*。
42. 关于数据，参阅 'Relatório final', *Brasil Nunca Mais* (São Paulo: Arquidiocese de São Paulo, 1985); *Direito à verdade e à memória* (Brasília: Comissão Especial sobre Mortos e Desaparecidos, 2007); *Tribunale Bertrand Russel II* (Rome: Fundação Lelio Basso, 1974, 1975, 1976)。
43. 关于特雷齐尼亚・泽尔比尼，参阅 Paulo Moreira Leite, *A mulher que era o general da casa: Histórias da resistência civil à ditadura*. Porto Alegre: Arquipélago, 2012。
44. "忠实老鹰"是圣保罗州非常受欢迎的足球队科林蒂安的官方球迷俱乐部。
45. 关于 MFPA、CBAs 和大赦运动，参阅 Abramo and Maués (eds.), *Pela democracia, contra o arbítrio*; Haike R. Kleber da Silva (ed.), *A luta pela anistia* (São Paulo: Ed. Unesp; Arquivo Público dos Estado de São Paulo; Imprensa Oficial, 2009)。
46. 关于大赦法，参阅 Glenda Mezarobba,'Anistia de 1979: O que restou da lei forjada pelo arbítrio?', in Cecília MacDowell Santos, Edson Teles and Janaína de Almeida Teles (eds.), *Desarquivando a ditadura: Memória e justiça no Brasil* (São Paulo: Hucitec, 2009, vol. 2); Carlos Fico, Maria Paula Araujo and Monica Grin (eds.), *Violência na história: Memória, trauma e reparação* (Rio de Janeiro: Ponteio, 2012), especially pp. 25–7; Da Silva (ed.), *A luta pela anistia*。
47. 关于行动中的这部分人，参阅 Chirio, *A política nos quartéis*。 694
48. 关于盖泽尔的声明，参阅 D'Araujo and Castro (ed.), *Ernesto Geisel*, p.225。
49. 关于冲突，参阅 Gaspari, *A ditadura encurralada*。
50. 关于死亡人数和对酷刑的谴责，参阅 'Relatório final' (Brasília: Comissão Nacional da Verdade, December 2014);'Relatório final', *Brasil Nunca Mais*;'Direito à verdade e à memória'。
51. 关于怀疑，参阅 Anna Lee and Carlos Heitor Cony, *O beijo da morte* (Rio de Janeiro: Objetiva, 2003); Ferreira, *João Goulart*。关于儒塞利诺・库比契克，参阅 'Laudo referente à análise dos elementos materiais produzidos em virtude da morte do expresidente Juscelino Kubitschek de Oliveira e de Geraldo Barros' (Brasília: Comissão Nacional da Verdade, 2014)。
52. 关于恐怖主义活动的增加，参阅 Gaspari, *A ditadura encurralada*; Figueiredo, *Ministério do silêncio*; Chirio, *A política nos quartéis*; José A.

Argolo, Kátia Ribeiro and Luiz Alberto M. Fortunato, *A direita explosiva no Brasil: A história do grupo secreto que aterrorizou o país com suas ações, atentados e conspirações* (Rio de Janeiro: Mauad, 1996)。

53. 关于菲格雷多，参阅 José Casado, '50 anos do golpe/Riocentro', *O Globo*, Caderno especial (6 October 2014), pp.2–5。
54. 关于菲格雷多政府的瘫痪，参阅 Stepan, *Os militares*; Sallum Jr, *Labirintos*。
55. 关于《丹特·德·奥利韦拉修正案》和"实现直接选举，从此刻起！"运动，参阅 Alberto Rodrigues, *Diretas Já: O grito preso na garganta* (São Paulo: Fundação Perseu Abramo, 2003); Domingos Leonelli and Dante de Oliveira, *Diretas Já: 15 meses que abalaram a ditadura* (Rio de Janeiro: Record, 2004)。
56. 关于金融丑闻，参阅 Rodrigues, *Diretas Já*。
57. 莫雷拉·佛朗哥，1987 年至 1991 年里约热内卢州州长。
58. Proconsult 是一家被雇来计算选票的公司，它使用当时先进的软件作为操纵选票的手段。
59. 关于"Proconsult 丑闻"，参阅 Paulo Henrique Amorim and Maria Helena Passos, *Plim-Plim: A peleja de Brizola contra a fraude eleitoral*. São Paulo: Conrad, 2005。
60. 这是里约热内卢市中心的一座大型新古典主义教堂，是该市的标志之一。
61. 后来连续两届担任共和国总统。
62. 他于 1983 年至 1987 年担任圣保罗州州长，见下文。

695 63. 巴西利亚的主干大道。
64. Quoted in Leonelli，De Oliveira, *Diretas Já*, pp. 518–19。关于两位候选人，参阅 Gutemberg, *Moisés*。
65. 关于坦克雷多，参阅 José Murilo de Carvalho, 'Ouro, terra e ferro: Marcas de Minas', in Heloisa Maria Murgel Starling, Gringo Cardia, Sandra Regina Goulart Almeida and Bruno Viveiros Martins (eds.), *Minas Gerais* (Belo Horizonte: UFMG/Fapemig, 2011); Vera Alice Cardoso Silva and Lucilia de Almeida Neves Delgado, *Tancredo Neves: A trajetória de um liberal* (Petrópolis: Vozes, 1985)。
66. 关于坦克雷多的策略，参阅 Gilberto Dimenstein et al., *O complô que elegeu Tancredo* (Rio de Janeiro: Editora JB, 1985); Figueiredo, *Ministério do silêncio*。
67. 关于自由阵线党和马卢夫，参阅 Eliane Cantanhêde, *O PFL*. São Paulo: Publifolha, 2001。
68. 关于"民主联盟"，参阅 Dimenstein et al., *O complô que elegeu Tancredo*; Cantanhêde, *O PFL* ; Sallum Jr, *Labirintos*。
69. Quoted in Gutemberg, *Moisés*, p.204.
70. 关于坦克雷多患病及病逝，参阅 Antônio Britto, *Assim morreu Tancredo: Depoimento a Luís Claudio Cunha* (Porto Alegre: L&PM, 1985); Figueiredo, *Ministério do silêncio*。

71. 阿埃西奥·内维斯（生于 1960 年）是坦克雷多的孙子。
72. 关于尤利西斯和巴西民主运动党，参阅 Gutemberg, *Moisés*。
73. 关于萨尔内，参阅 Malu Delgado, ‘Maranhão 2014’, *piauí*, São Paulo, no. 98 (November 2014), pp. 25–30; Cantanhêde, *O PFL*。关于当代“上校主义”，参阅 José Murilo de Carvalho, ‘As metamorfoses do coronel’, *Jornal do Brasil*, Rio de Janeiro (6 May 2001), p.4。
74. 关于制宪议会和 1988 年宪法，参阅 Marcos Emílio Gomes (ed.), *A constituição de 1988: 25 anos* (São Paulo: Instituto Vladimir Herzog, 2013); Carvalho, *Cidadania no Brasil*; Nicolau, *Eleições no Brasil*; Adriano Pilatti, *A Constituinte de 1987–1988: Progressistas, conservadores, ordem econômica e regras do jogo* (Rio de Janeiro: Lúmen Júris, 2008)。
75. Available at < http://www.planalto.gov.br/ccivil_03/constituicao/constituicaocompilado.htm>. Accessed 3 February 2015.
76. Ulysses Guimarães, ‘A Constituição Cidadã’. Speech delivered in the National Congress on 5 October 1988, in Gomes (ed.), *A Constituição de 1988*, pp. 270–1.
77. 关于巴西民主运动，参阅 Marcos Nobre, *Imobilismo em movimento: Da abertura democrática ao governo Dilma*. São Paulo: Companhia das Letras, 2013。
78. 关于巴西社会民主党，参阅 Jales R. Marques and David V. Fleischer, *PSDB: De facção a partido* (Brasília: Instituto Teotônio Vilela, 1999)。
79. 关于费尔南多·恩里克·卡多佐，参阅 Markun, *O sapo e o príncipe*. 关于巴西分析与规划中心，参阅 Flávio Moura and Paula Montero (eds.), *Retrato de grupo: 40 anos do Cebrap* (São Paulo: Cosac Naify, 2009)。
80. 关于“克鲁扎多计划”，参阅 Carlos Alberto Sardenberg, *Aventura e agonia:* 696
Nos bastidores do cruzado (São Paulo: Companhia das Letras, 1987); Miriam Leitão, *Saga brasileira: A longa luta de um povo por sua moeda* (Rio de Janeiro: Record, 2011)。
81. 关于科洛尔和竞选，参阅 Mario Sergio Conti, *Notícias do Planalto: A imprensa e o poder nos anos Collor* (São Paulo: Companhia das Letras, 2012); Carlos Melo, *Collor: O ator e suas circunstâncias* (São Paulo: Novo Conceito, 2007); Markun, *O sapo e o príncipe*。
82. Quoted in Markun, *O sapo e o príncipe*, p. 229.
83. 关于“科洛尔计划”及其后果，参阅 Leitão, *Saga brasileira*。
84. 关于科洛尔政府的腐败，参阅 Conti, *Notícias do Planalto*; Luciano Suassuna and Luís Costa Pinto, *Os fantasmas da Casa da Dinda* (São Paulo: Contexto, 1992); Markun, *O sapo e o príncipe*。关于保罗·塞萨尔·法里亚斯，参阅 Lucas Figueiredo, *Morcegos negros* (Rio de Janeiro: Record, 2013)。
85. 保罗·塞萨尔·法里亚斯于 1996 年 6 月 23 日在他位于阿拉戈斯州首府马塞约的海滨住所被谋杀。佩德罗·科洛尔 1994 年 12 月 19 日死于脑癌，终年 42 岁。

86. 关于尤利西斯和弹劾，参阅 Gutemberg, *Moisés*; Conti, *Notícias do Planalto*。
87. 关于伊塔马尔·佛朗哥政府，参阅 Ivanir Yazbeck, *O real Itamar: Uma biografia* (Belo Horizonte: Gutemberg, 2011)。
88. 关于大规模杀戮，参阅 Eugenia Paim, Márcia Lathmaher and Rosilene Alvim (eds.), *Uma noite tão comprida* (Rio de Janeiro: 7Letras, 2011); Geraldo Lopes, *O massacre da Candelária* (Rio de Janeiro: Scritta, 1994)。
89. 关于说唱，参阅 Wivian Weller, *Minha voz é tudo o que eu tenho: Manifestações juvenis em Berlim e São Paulo*. Belo Horizonte: UFMG, 2011。
90. 关于"雷亚尔计划"，参阅 Leitão, *Saga brasileira*; Markun, *O sapo e o príncipe*; Luiz Filgueiras, *História do Plano Real* (São Paulo: Boitempo, 2000)。

结语　历史不是算术

1. André Botelho and Lilia Moritz Schwarcz (eds.), *Cidadania, um projeto em construção: Minorias, justiça e direitos* (São Paulo: Companhia das Letras, 2013); see also Carvalho, *Cidadania no Brasil*.
2. See Lynn Hunt, *A invenção dos direitos humanos: Uma história* (São Paulo: Companhia das Letras, 2009).
3. 原文为拉丁文：Servus non habet personam。换言之，奴隶非人。
4. Marcel Mauss, *Sociologia e antropologia*, 4th edn. São Paulo: Cosac Naify, 2011.
5. Roberto Schwarz, 'As ideias fora do lugar', in *Ao vencedor as batatas: Forma literária e processo social nos inícios do romance brasileiro*. São Paulo: Duas Cidades, 1988.

697 6. Anderson, *Comunidades imaginadas*.
7. See Ridenti, *Brasilidade revolucionária*.
8. 1824 年宪法不承认奴隶，并将选举权授予土地所有者，从而赋予大多数人口"次公民"的地位。
9. Maria Helena P. T. Machado,'Os caminhos da Abolição: Os movimentos sociais e a atuação dos escravos'. Manuscript. San Francisco: Latin American Studies Association, 2012.
10. Guimarães,'La République de 1889'.
11. 在联合国《人类发展报告》公布的 2015 年人类发展指数中，巴西在拉美国家中排名第 8，位于智利、乌拉圭、巴拿马、古巴、哥斯达黎加、委内瑞拉和墨西哥之后。该指数基于预期寿命、识字率、教育和生活水平。在世界排名中，巴西排在第 75 位。
12. 关于卢拉政府的政策，参阅 Carvalho, *Cidadania no Brasil*; José Maurício Domingues, *O Brasil entre o presente e o futuro: Conjuntura interna e inserção internacional* (Rio de Janeiro: Mauad X, 2013)。
13. 关于腐败，参阅 Heloisa Maria Murgel Starling, Newton Bignotto, Leonardo Avritzer

and Juarez Guimarães (eds.), *Corrupção: Ensaios e críticas* (Belo Horizonte: Editora UFMG, 2008); Célia Regina Jardim Pinto, *A banalidade da corrupção: Uma forma de governar o Brasil* (Belo Horizonte: Editora UFMG, 2001)。

14. 关于 CNV，参阅 Napolitano, *1964*; Fico, Araujo and Grin (eds.), *Violência na história*。

英文版后记

1. 关于指标和巴西民主质量，参阅 Leonardo Avritzer, *Impasses da democracia no Brasil* (Rio de Janeiro: Civilização Brasileira, 2016); Fabiano Santos and José Szwako, 'Impasses políticos e institucionais no cenário atual', in André Botelho and Heloisa Murgel Starling, *República e democracia: Impasses no Brasil contemporâneo* (Belo Horizonte: Editora UFMG, 2017); Robert Dahl, *Polyarchy: Participation and Opposition* (New Haven: Yale University Press, 1971)。
2. 关于经济预测和经济政策说明，参阅 André Singer,'A (falta de base) política para o ensaio desenvolvimentista', in André Singer and Isabel Loureiro, *As contradições do lulismo: a que ponto chegamos?* (São Paulo: Boitempo, 2016); André Singer, 'Cutucando onças com varas curtas: o ensaio desenvolvimentista no primeiro mandato de Dilma Rousseff (2011–2014)', *Novos estudos*, São Paulo, Cebrap, no.102 (July 2015); Claudia Safatle, João Borges and Ribamar Oliveira, *Anatomia de um desastre: Os bastidores da crise econômica que mergulhou o país na pior recessão de sua história* (São Paulo: Portfolio-Penguin, 2016); Brasílio Sallum Jr, 'A crise política de 2015–16: para além da conjuntura', in Botelho and Starling, *República e democracia*; Miriam Leitão, *A verdade é teimosa* (Rio de Janeiro: Intrínseca, 2015)。
3. 关于 2013 年的示威活动以及整个 2016 年 8 月发生的示威活动，参阅 698 Angela Alonso, 'Protestos em São Paulo de Dilma a Temer', in Botelho and Starling, *República e democracia*; André Singer,'Brasil, junho de 2013: classes e ideologias cruzadas', *Novos Estudos*, São Paulo, Cebrap, no. 97 (November 2013); Marcos Nobre, *Choque de democracia: Razões da revolta* (São Paulo: Companhia das Letras, 2013); Eugênio Bucci, *A forma bruta dos protestos: Das manifestações de junho de 2013 à queda de Dilma Rousseff em 2016* (São Paulo: Companhia das Letras, 2016); João Feres Jr et al.,'A mídia impressa na cobertura das manifestações de junho' (Caxambu: Anpocs, 2014)。
4. 属于巴西社会民主党。
5. Roberto Schwarz,'Sobre Cidades rebeldes', in Raquel Rolnik et al., *Cidades rebeldes: Passe Livre e as manifestações que tomaram as ruas do Brasil* (São Paulo: Boitempo, 2013), p. 3.
6. 关于“黑群”，参阅 Bucci, *A forma bruta dos protestos*; Francis Depuis Déri, *Black blocs* (São Paulo: Veneta, 2014)。关于对这些群体的不同看法，参阅

Luiz Eduardo Soares, 'Entrevista com um vândalo', 2014。

7. 关于个人主义激进主义和对抗运动剧目中的冲突，参阅 Alonso,'Protestos em São Paulo de Dilma a Temer', in Botelho and Starling, *República e democracia*。
8. 为了将转变置于大背景中理解，参阅 Avritzer, *Impasses da democracia no Brasil* (especially chapter 3); Alonso,'Protestos em São Paulo de Dilma a Temer', in Botelho and Starling, *República e democracia*。
9. 关于星期日示威活动，参阅 Bucci, *A forma bruta dos protestos*。
10. 关于“洗车行动”及结果，参阅 Rodrigo de Almeida, *À sombra do poder: os bastidores da crise que derrubou Dilma Rousseff* (São Paulo: Leya, 2016); Safatle, Borges and Oliveira, *Anatomia de um desastre*; Vladimir Netto, *Lava Jato: O juiz Sergio Moro e os bastidores da operação que abalou o Brasil* (Rio de Janeiro: Primeira Pessoa, 2016); Paulo M. Leite, *A outra história da Lava Jato* (São Paulo: Geração Editorial, 2015)。

699 11. 关于腐败现象与巴西大背景，参阅 Leonardo Avritzer, Newton Bignotto, Juarez Guimarães and Heloisa Starling, *Corrupção: ensaios e críticas* (Belo Horizonte: Editora UFMG, 2012); Célia Regina Jardim Pinto, *A banalidade da corrupção: uma forma de governar o Brasil* (Belo Horizonte: Editora UFMG, 2011); Bruno Wanderley Reis,'Financiando os que vão ganhar', *Folha de S. Paulo*, 18 September 2016, pp. 4–5。

12. 关于 2014 年选举及其后果，参阅 de Almeida, *À sombra do poder*; Safatle, Borges and Oliveira, *Anatomia de um desastre*。
13. Marcos de Moura e Souza,'Dilma diz que PSDB quer “trazer de volta recessão e desemprego”', *Valor Econômico*, 30 May 2014. 关于经济政策的转变及其后果，参阅 Singer,'A (falta de base)política para o ensaio desenvolvimentista'; Sallum Jr,'A crise política de 2015–16', in Botelho and Starling, *República e democracia*。
14. 关于反对派政治代表及其干预机制的建立，参阅 Wanderley Guilherme dos Santos, *A democracia impedida: o Brasil no século XXI* (Rio de Janeiro: Editora FGV, 2017); Fábio Wanderley Reis,'Crise política: a “opinião pública” contra o eleitorado', in Luis Felipe Miguel and Flávia Biroli, *Encruzilhadas da democracia* (Porto Alegre: Zouk, 2017)。
15. 关于迪尔玛·罗塞夫第二任期的危机，参阅 de Almeida, *À sombra do poder*。
16. 关于“财政踩踏板”和弹劾程序，参阅 de Almeida, *À sombra do poder*; Safatle, Borges and Oliveira, *Anatomia de um desastre*。
17. 属于巴西民主运动党。
18. 在撰写本书时，该议员仍在关押中。关于爱德华多·库尼亚，参阅 de Almeida, *À sombra do poder*; Leonardo Avritzer,'Democracia no Brasil: do ciclo virtuoso à crise política aberta', in Botelho and Starling, *República e*

democracia。

19. 关于民主程序的运用及其在巴西的起源，参阅 dos Santos, *A democracia impedida*; Santos and Szwako,'Impasses políticos e institucionais no cenário atual'。
20. 属于巴西民主运动党。
21. Marina Dias, 'Líder do governo rejeita pedaladas e defesa de Dilma usará fala em processo', *Folha de S. Paulo*, 25 June 2016.
22. Elio Gaspari, 'Há golpe', *Folha de S. Paulo*, 29 June 2016. 关于金属围栏及其政治象征意义，参阅 Alonso,'Protestos em São Paulo de Dilma a Temer', in Botelho and Starling, *República e democracia*。
23. 关于从内部破坏巴西的民主制度，参阅 Newton Bignotto,'O fascismo no horizonte', *Cult*, no. 212, 6 May 2016。
24. 关于调查，参阅 'Oito ministros, comando do Congresso e 24 senadores são investigados no stf', *Folha de S. Paulo*, 12 April 2017, pp. A1–A11。2017 年 6 月至 8 月，有关米歇尔・特梅尔的协商几乎每天都有报道，尤其是《环球报》和《圣保罗页报》。

索 引

（索引中页码为本书页边码）

图书在版编目(CIP)数据

巴西：一部传记 / （巴）莉利亚·莫里茨·施瓦茨（Lilia Moritz Schwarcz），（巴）埃洛伊萨·穆尔热尔·斯塔林（Heloisa Murgel Starling）著；熊芳华译.-- 北京：社会科学文献出版社，2023.9

书名原文：Brazil：A Biography

ISBN 978-7-5228-1517-6

Ⅰ.①巴… Ⅱ.①莉… ②埃… ③熊… Ⅲ.①巴西-概况 Ⅳ.①K977.7

中国国家版本馆 CIP 数据核字（2023）第 039263 号

审图号：GS（2023）1595 号。书中地图系原文插附地图。

巴西：一部传记

著　　者 / ［巴西］莉利亚·莫里茨·施瓦茨（Lilia Moritz Schwarcz）
　　　　　［巴西］埃洛伊萨·穆尔热尔·斯塔林（Heloisa Murgel Starling）
译　　者 / 熊芳华

出 版 人 / 冀祥德
责任编辑 / 沈　艺
责任印制 / 王京美

出　　版 / 社会科学文献出版社·甲骨文工作室（分社）（010）59366527
　　　　　地址：北京市北三环中路甲 29 号院华龙大厦　邮编：100029
　　　　　网址：www.ssap.com.cn
发　　行 / 社会科学文献出版社（010）59367028
印　　装 / 南京爱德印刷有限公司

规　　格 / 开　本：889mm×1194mm　1/32
　　　　　印　张：28.375　插　页：1　字　数：650 千字
版　　次 / 2023 年 9 月第 1 版　2023 年 9 月第 1 次印刷
书　　号 / ISBN 978-7-5228-1517-6
著作权合同登记号 / 图字 01-2017-2369 号
定　　价 / 168.00 元

读者服务电话：4008918866